가족치료 이론과 기법 4판

가족치료 이론과 기법 4판

김혜숙 저

THE THEORY AND PRACTICE OF
FAMILY THERAPY

학지사

서문

만물이 소생하는 봄, 우리는 사랑을 하고 결혼을 한다.

뜨거운 여름, 태양 앞에 시원한 그늘을 찾고 갑작스러운 장마와 강한 태풍도 경험한다.

결실의 계절 가을, 찰나의 만족감과 즐거움도 경험하지만 마음은 허전하고 공허하며 의미 없는 삶에 방황하기도 한다.

순백의 겨울, 계절의 마지막 순간에 산속 깊은 마른 가지에도 피어오른 눈꽃을 보며 감동한다.

우리의 가족도 봄, 여름, 가을, 겨울을 맞이하고 또 일상을 반복하며 많은 경험을 한다. 가족의 소중함과 가치를 잃고 방황하기도 하고 항상 그 자리에 있어 준 가족이 당연하다고 생각했는데, 그것이 결코 당연하지 않은 엄청 큰 축복이었음을 나중에 깨닫게 된다. 삶의 희로애락을 함께하면서 배우고 성장하며, 자녀들을 키워 내는 가정이 누구에게는 행복한 보금자리이지만 누구에게는 아쉽고 힘들며 지치고 싸워야 하는 힘겨운 곳이기도 하다.

어느 내담자는 고백처럼 "나의 영혼이 구멍이 난 곳이죠." "가정은 무서움의 공간이었죠." "부모는 왜 나를 낳았는지 모르겠어요. 버릴 거라면, 돌보지도 못할 거라면……." 하고 하소연한다. 장-다비드 나지오(Juan-David Nasio)[1]는 "무의식은 최초의 경험을 반복하려는 강박적 힘이다." "반복을 통해서 우리는 배우고 창조해서 자신의 정체성을 확인할 수 있는 긍정적인 점이 있지만, 반복은 무심코 어린 시절의 외상을 재연하거나 상처를 되풀이하거나 똑같은 시련 앞에서 실패를 거듭한다는 점에서 병리적이

---

1) Nasio, Juan-David(2015).

다."라고 말한다.

　최초의 대인관계에서 경험한 상처나 불행, 열등감, 낮은 자존감은 거의 원가족에 뿌리를 두고 있다. 가정에서 경험한 애정결핍과 미해결욕구는 다시 부부관계에서 역기능적으로 나타나고, 자기도 모르게 자녀에게 그 불행과 상처를 반복한다. 맥락적 가족상담사 보스조르메니-나지(Boszormenyi-Nagy)는 "마치 건물의 회전문을 통과하듯이 가족은 세대전수를 통해 비슷한 삶을 살아간다."라고 역설한 바 있다. 이것이 가정의 특성이다. 원인을 인식하지 못하면 관계에서 역기능의 패턴은 지속되고 바람직하지 않은 생활방식과 습관은 끊임없이 반복된다. 가족에게서 나타나는 역기능적인 관계의 고리를 끊고 새로운 삶의 방식을 지향하는 것이 가족상담이다. 가족에서 경험한 좌절과 고통이 수정되고, 오히려 인생의 징검다리 역할을 할 수 있도록 한다.

　유럽과 북미에서 시작된 가족치료는 이제 반세기를 넘어섰다. 국내에서도 가족상담은 전성기를 누리며 발전하고 있다. 사회복지학을 비롯하여 상담학, 정신의학, 가족학, 심리학 등 다양한 전공 분야에서 연구와 교육이 활발하게 이루어지고 있다.

　가족치료를 통해서 새로운 삶의 기회를 찾고, 희망의 끈을 놓지 않으며 성장하고 변화하는 내담자를 볼 때 상담사로서 지속적으로 임상현장에 머물게 하는 원동력을 얻고는 한다.

　이번에 제4판으로 출간되는 이 책이 대학교나 상담대학원, 교육대학원, 사회복지대학원 등 교육현장에서뿐만 아니라, 임상현장에서도 널리 활용되길 바란다.

　저자는 독일에서 가족상담으로 석·박사를 마치고, 대학교와 대학원에서 가족상담 및 치료를 강의하고 있으며, 마인드웰 심리상담센터에서 부부상담과 가족상담으로 임상의 끈을 놓지 않고 있다. 또한 서울가정법원에서 15년 이상을 가사조정위원으로 전문성을 발휘하며 이혼 조정을 하고 있다. 이처럼 제자들을 가르치는 이론적인 교육과 상담의 현장에서 균형을 이루려고 노력하고 있다.

　제4판에서는 특히 제1장 '가족치료의 이해'를 기존의 내용을 바탕으로 서구와 국내의 발달과정으로 새롭게 정리하였다. 그리고 제11장 '가족모형 세우기'는 저자가 개발한 상담도구를 상담현장에서 활용하는 데 도움이 되는 새로운 내용을 첨가하였다. 물론 이 책이 내용적으로 완벽하지는 않지만, 상담현장에서 가족의 상처 회복과 건강하고 새로운 부부관계에 크게 기여하길 바란다. 그리고 부족하고 미흡한 부분에 대해서는 독자들의 아낌없는 지적을 바란다.

이 책은 총 11장으로 구성되어 있다.

제1장은 '가족치료의 이해'로, 가족치료의 발달과정과 배경 그리고 국내 가족치료의 발전과정을 다루었다.

제2장은 '가족사정과 평가'로, 사정을 위한 가족의 구조와 기능, 초기 상담과정과 문제 탐색, 사정도구, 사정평가척도를 다루었다.

제3장은 '구조적 가족치료'로, 미누친(Minuchin)의 구조적 가족치료이론과 주요 개념, 치료기법을 다루며, 실습으로 사례연구를 소개하여 구조적 가족치료의 목표와 개입기술의 이해를 돕고자 하였다.

제4장은 '경험적 가족치료'로, 사티어(Satir)의 경험적 가족치료이론과 주요 개념, 치료기법, 치료과정을 다루며, 가족조각이나 원가족 도표를 활용한 치료방법을 다루었다.

제5장은 '다세대 역동 가족치료'로, 보웬(Bowen)의 다세대 역동 가족치료이론, 자아분화 개념과 주요 개념, 치료과정과 치료기법을 다루었다.

제6장은 '밀라노 가족치료'로, 셀비니 팔라촐리(Selvini Palazzoli)와 동료들에 의한 밀라노 가족치료이론의 주요 개념, 치료과정과 치료기법을 다루었다.

제7장은 '해결중심 가족치료'로, 구성주의이론인 드 세이저와 김인수(S. De Shazer & Insoo Kim Berg)의 해결중심 가족치료이론의 기본 철학과 주요 개념, 해결을 위한 다양한 질문법과 칭찬, 메시지 작성을 다루었다.

제8장은 '부부상담의 이론과 기법'으로, 핸드릭스(Hendrix)의 이마고 부부관계치료의 이론적 배경과 치료기법, 발달과정의 상처와 힘겨루기 패턴, 이마고 대화법, 가트만(Gottman)의 부부상담이론과 치료과정 그리고 심상부부치료를 다루었다.

제9장은 '가족미술치료'로, 실제로 상담에서 가족에게 적용할 수 있는 미술활동, 언어적 가족합동화, 자유화, 추상적 가족화, 동적 가족화, HTP 그림검사, DAS 그림검사와 미술치료 사례 소개 및 가족과의 활동을 다루었다.

제10장은 '애착이론과 부모교육'으로, 볼비(Bowlby)의 애착이론 개념과 고든(Gordon)의 부모교육인 P.E.T. 그리고 가트만(Gottman)의 자녀와의 감정코치 대화기술을 다루었다.

제11장은 '가족모형 세우기'로, 저자가 개발한 나무로 만든 사람 모형의 상담도구를 상담현장에서 적절하게 활용할 수 있는 다양한 방법을 다루었다.

　　이 책이 제4판의 개정판으로 나오기까지 많은 관심과 사랑을 베풀어 주신 분들께 감사드린다. 먼저 나의 뿌리인 가족과 가정에서 전적으로 협조해 주신 사랑하는 남편, 나의 내담자들, 나의 강의에 더욱 열정을 갖게 해 주는 백석대학교 대학원생들에게 감사드린다.

　　무엇보다도 제4판 출간을 허락하시고 관심을 가져 주신 학지사의 김진환 사장님과 정승철 상무님께도 깊은 감사를 드린다. 그리고 이 책을 간결하고 멋지게 구성해 주신 편집부 조은별 씨의 수고와 노고에 감사를 드린다.

　　숨을 들이쉬면서 마음에는 평화
　　숨을 내쉬면서 얼굴에는 미소
　　나는 느낀다. 내가 살아 숨 쉬는 지금 이 순간이
　　가장 경이로운 순간임을

　　　　　　　　　　　　　　　　－틱낫한의 '평화로움'에서－

　　일상에서 내가 먼저 미소 지을 수 있다면, 평화롭고 행복할 수 있다면, 나 자신뿐만 아니라 내 주위의 모든 사람에게도 영향을 줄 것이다.

2022년 8월
김혜숙

차례

03 | 구조적 가족치료 • 95

08　부부상담의 이론과 기법 • 265

09 가족미술치료 • 339

10 애착이론과 부모교육 • 383

01 가족치료의 이해

> 우리는 관계 속에서 태어났고
> 관계로 인해 상처받았으며
> 그리고 관계를 통해 회복될 수 있다.
> ─하빌 핸드릭스(Haville Handrix)─

1. 가족치료의 발달배경

1) 새로운 가족치료 패러다임의 발달

현대 가족치료라는 신세대 학문이 탄생하기까지 그 역사가 반세기를 넘지 않는다. 전통과 역사를 자랑하는 신학이나 철학에 비하면 역사가 짧은 학문임에는 틀림없다. 가족치료의 이론과 방법은 매우 다양한 학문적인 토양 위에서, 예를 들면 물리학, 생물학, 인류학, 심리학, 정신의학 등 많은 연구와 함께 발전해 왔다.

20세기 초까지 물리학과 학문의 주류였던 서구의 '뉴턴적 사고' '기계론적 사고' '환원주의적 사고' '결정론적 사고'는 1920년대의 양자물리학이나 상대성이론을 뒤이은 시스템이론의 등장으로 '전일적(holistic)' '체계적' '생태계적'인 세계관으로의 전환으로 이루어졌고, 그 가운데서 가족치료의 태동도 함께 일어났다(Capra, 1995).

전통적 세계관인 기계론적 사고를 바탕으로 한 인간관은 인간문제의 원인이나 결과를 인과론에서 찾으려고 했고, 고장난 기계를 수정·보완하듯이 고치면 다시 기능할 수 있다고 믿었다. 생명에 대한 기계론적인 사고를 대표하는 사람은 조지 엔젤(George Angel)로 "생의학모델의학이란 인체는 기계고, 질병은 이 기계 고장의 결과며, 의사의 역할은 기계를 수리하는 것이다."(Capra, 1984)라고 하였다.

1930년대 생물학자인 루드비히 폰 버틀란피(Ludigwich von Bertalanffy)에 의한 생물학적인 관점은 인간을 유기체로 보는 관점으로 변화시키는 계기가 되었다. 그는 1968년 비엔나에서 『일반체계이론(General System Theory)』을 발표하고, 물리학자 월터 캐넌(Walter Cannon)은 '항상성(homeostasis)'이론을, 수학자인 노버트 위너(Nobert Wiener,

1948)는 하버드 대학교에서 '사이버네틱스(cybernetics)'이론을 발표하였다. 영국의 인류학자인 그레고리 베이트슨(Gregory Bateson)과 동료들은 가족이 단순히 개인의 집단이 아니라 유기체적인 단위로 기능하는 특성이 있다고 하였다. 그리고 학습이론을 비롯한 전통적인 기계론적 사고나 모델이 생명 현상과 다문화를 설명하기에는 한계가 있음을 지적하였다. 그는 인간의 사회체계를 하나의 유기체 기능으로, 피드백의 순환적인 과정을 결정적인 중요한 요인으로 보았다.

1940년대에 체계이론은 수학, 물리학, 공학에서 유래하여 기계나 생물학적 단위들의 구조와 기능을 설명하는 모델을 구성하기 시작했고, 단순한 기계나 제트엔진, 인간의 인공두뇌 같은 다양한 사물에서 '전체는 그것을 형성하는 부분들의 집합'이라는 사실을 발견하였다.

기계론적 사고나 환원주의가 부분을 강조하였다면 체계이론의 등장은 부분보다 전체를 더 강조한 것으로 전일적·생태적 관점, 유기체론적 개념이 등장한다. 체계이론은 현대 물리학자들이 발견한 우주는 더 이상 분리된 객체로서의 기계가 아니며, 유기적으로 연결된 전체로서 조화를 이루고 역동적인 관계망으로 그 속에는 관찰자의 의식까지도 포함하고 있다고 주장한다. 그리하여 관찰자의 주관적 인식과정인 앎이 더 중요하게 대두되었고, 다른 모든 것을 동시에 이해한다는 것은 불가능해졌으며 과학의 방식은 사물의 본질에 대한 근사치로 실제 세계에 대해 제한적이 된 것이다(Capra, 1995).

또한 인간에 대한 이해에 있어서도 개인의 질병과 고통, 사물을 이해하는 방식에 따라 다르게 볼 수 있는 출발점이 되었다. 개인의 문제나 고통의 원인을 심리 내적인 요인으로만 보았다면 개인이 유기체적으로 상호작용하는 모든 대인관계와 가족관계 그리고 그들의 환경을 중요한 요인으로 볼 수 없었을 것이다.

가족도 하나의 유기체처럼 환경과의 상호작용이 건강에 매우 중요한 기능을 한다. 체계이론은 가족치료의 발달에 중요한 영역으로 자리매김을 하게 되었다.

자연과학자, 사회과학자, 특히 임상전문가, 심리학자, 사회복지학자, 인류학자, 언어학자들은 인간문제를 이해하는 데 새로운 시각과 패러다임을 형성하기 시작하였다. 인간의 문제에 대한 기계론적이고 환원주의적 세계관인 전통적 접근법을 넘어선 생태계적 세계관으로 생체, 심리사회 문화적인 새로운 패러다임이 문을 열기 시작했다.

카프라(F. Capra)는 물리학에서 이루어 낸 몇 가지 개념적 혁명을 기계론적인 세계관에 한계가 있다는 것을 분명히 밝히고 유기적·생태적 세계관으로 변화하는 것이라고 보았다. 우주는 무수히 많은 은하계로 연결되어 있으며 우주의 팽창과 수축은 마치 인간의 심장과도 비슷하다는 것이다. 우주는 살아 있는 역동적인 관계의 그물망이며 그 속에는 관찰하는 인간의 의식과 방법까지도 포함된다(Capra, 1995). 이런 세계적인 사조에 힘입어 개인의 문제를 다루는 시각, 관점도 더 발전하여 생태적인 접근을 하게 되었고, 문제해결을 위한 시도도 전통적인 개인치료와는 다른 양상으로 변화하였다.

사람의 경우에는 고장 난 자동차의 엔진처럼 부분만 바꾸어서 되는 것이 아니라 문제가 되는 부분들, 상황, 맥락, 환경까지도 유기적으로 연결되어 있어서 문제가 되는 사람만 치료하는 것이 쉽지는 않다. 사람의 행동은 상황에 따라 다를 수 있고, 특히 가족 안에서는 동일한 상황에서도 내담자마다 인식의 수준에 따라 행동이나 반응이나 대처방식도 다르게 경험될 수 있기 되기 때문에 사람을 객관적, 과학적, 개량적으로 판단하는 것은 어렵다.

심리학은 인간의 마음을 연구하는 학문이다. 정신의학에서는 마음을 뇌의 기능이고 뇌의 뉴런의 활동으로 보는 반면, 사회학자나 인류학자는 마음을 관계 안에서 이루어지는 역동적인 것으로 본다. 마음은 관계 안에서 에너지로 표현되고 이 에너지의 흐름이 때로는 너무 많아서 넘치거나 너무 적어져서 생기는 부조화 상태가 심리적으로는 혼돈이나 경직으로 나타난다.

마음은 관계 안에서 고통을 경험하기도 하고 외상 충격 같은 트라우마를 겪기도 한다. 인간관계에서 발생한 것들로 인해 환경과 대상에 대한 부적응이 나타나고 자아를 통합하는 능력에 손상을 입은 것이다. 발달상의 트라우마를 경험한 아이들의 뇌에서는 변연계의 손상을 볼 수 있다. 치료를 한다는 것은 통합을 추구한다는 것이다. 즉, 연결이 단절된 무수히 많은 뉴런의 재구성은 뇌의 가소성이나 회복탄력성이 일어나는 것으로 통합이라 할 수 있다. 통합의 과정에서 겪는 관계 안에서의 새로운 대상과 긍정적인 경험들은 뇌의 기능에도 변화를 준다. 나와 너의 관계, 나와 가족의 관계, 나와 집단의 관계에서 단절되었던 것을 연결함으로써 조화를 이루는 것이다. 관계 안에서 적절한 분화와 연결성이 나오는 것이 통합으로 가는 것이다.

생태학적인 관점에서 인간은 아주 복합적인 환경과 상호작용하는 적극적인 존재며, 어려운 환경을 극복하기도 하고 현재의 고난이나 역경이 후에는 오히려 삶의 자양분이 되기도 하는 창의적인 존재다. 개인의 문제나 고통, 증상에 대한 접근방법도 전통적인 개인심리치료에서 바라보는 개인 내적인 문제보다는 관계성과 맥락이라는 상호작용, 관계 패턴, 삶의 의미에 더 관심을 가지게 되었다. 이것이 가족치료의 근간을 이루는 새로운 패러다임의 전환이 된 것이다. 그러나 개인심리치료나 체계론적 그리고 구성주의적 가족치료는 오늘날 서로 보완적이며 통합적으로 활용되고 있다.

2) 사회복지실천에서의 발달

19세기 말 영국과 미국의 민간 중심의 자선조직협회(COS) 중 주로 중산층의 여성들로 구성된 우애방문단은 가족에 초점을 두었다. 클라이언트 가정을 직접 방문하여 의식주, 가정생활, 아동에 대한 교육, 가계경제 등을 사정하고 개입하였다.

1908년 사회사업가였던 메리 리치먼드(M. Richmond, 1917)는 자선조직협회의 경험과 지식을 체계화하여 『사회진단(Social Diagnosis)』이라는 책을 출판하였다. 이 책에서는 가족 결속력의 개념이나 가족과 사회를 상호 간에 영향을 주고받는 체계로 보았다. 이러한 관점과 영향력은 가족치료의 초석이 되었다. 그녀는 가족들의 정서적인 연결은 매우 중요하며, 서로 생존하고 발전할 수 있는 능력으로 보았다. 또한 『실제 가족의 진짜 이야기(Real Story of Real Family)』라는 책을 통해 한 부모와 네 자녀가 지원받은 9년 동안의 가족치료 사례를 발표하였다. 사회복지 분야에서는 이미 빈곤층 가족에 대한 개입에서 '가족과 함께, 가족 속에서'라는 용어를 사용하기 시작하였고 빈곤층, 장애인, 가족관계에 어려움이 있는 대상을 서비스하면서 전체로서의 가족을 다루었다. 가족대상 사회복지실천은 초기 사회복지사의 훈련에 매우 중요한 역할을 하였다. 정신건강 분야에서도 가족의 문제를 개인으로 따로 분리해서 보지 않고 부모들과 면담을 중요시하였다. 가족의 문제해결을 위한 개입에서도 가족의 관계와 구조를 중요한 요인으로 보았다. 1948년 사회복지사인 토웰(Charlotte Towel)은 가족구성원 간의 역동성이라는 시각에서 가족과 가족문제를 다루면서 온전한 치료를 위해서는 전체 가족이 참여하여야 한다고 주장하였다.

생태체계적인 관점이란 사회복지사들이 클라이언트를 환경과 상호작용하는 존재로 보는 '환경속의 인간'이라는 관점에서 실천적 측면을 보완한 것이다. 인간을 이해하기 위해서는 인간의 심리내적인 특성만을 고려하는 것이 아니라 개인이 처한 상황, 환경과 통합하여 총체적으로 이해해야 한다는 것이다. 사회복지실천에서는 서비스를 제공하기 위하여 초기에는 개인대상, 가족대상, 집단대상의 실천들을 하면서 대상별로 분리하였으나, 이후 통합적인 모델들이 등장하면서 클라이언트에 대한 사례 관리나 샐리비(D. Saleebey)와 밀리(K. Miley)의 강점관점, 역량강화모델로서 개인적·대인관계적·사회문화적 측면의 힘을 키우고 스스로 자기결정권을 강화하는 것을 강조하였다.

사회복지 분야에서 출발한 가족치료는 반세기를 거치면서 세계적인 가족상담사를 배출하였다. 사티어(V. Satir), 팹(P. Papp), 호프만(L. Hoffman), 월시(F. Walsh), 아폰테(H. Aponte), 화이트(M. White), 김인수(Insoo Kim Berg)와 드 세이저(S. De Shazer), 카터(B. Carter), 몬탈보(B. Montalvo), 맥골드릭(M. McGoldrick)이 대표적인 인물이다.

3) 다양한 분야에서 관계중심이론의 발달

1950년대부터 인간의 병리를 이해하는 관점들이 다양한 심리학 분야에서도 나타나기 시작하였다. 레빈(Kurt Lewin, 1951)은 집단의 역동이나 장이론(field theory)에서 집단은 부분들의 합보다 크다는 체계이론의 개념을 주장하여 인간의 행동은 개인과 환경 간의 상호작용의 결과라는 입장을 도입하였다. 그는 집단에서의 토의가 개인 지도보다 더 효과적이라는 것, 개인 만남보다 가족 공동의 만남이 더 큰 의미가 있다는 것을 강조하였다. 집단행동의 모든 변화는 상호관계성에서 집단의 익숙한 고정적인 틀을 해체하고 동요시킨 후에야 집단원들이 변화를 받아들여 이루어진다는 것이다. 가족들도 개인치료와는 달리 누군가 증상을 보이는 어려움으로 인해 웬만한 큰 혼란을 경험하지 않으면 고정적인 패턴인 삶의 방식을 바꾸려 하지 않는다. 집단의 역동에서 과정과 내용에 대한 구분도 중요시한다. 말의 내용도 중요하지만 어떻게 이야기하는가의 과정도 중요하다. 집단의 역동에서 역할이론은 가족에게도 중요한 영향력을 미친다. 한 번 역할이 고정되면 상호관계가 쉽게 변하지 않고 서로를 강화하거나 상대방이 변하기만을 기대한다.

초기의 정신과 치료나 아동상담에서는 환자와 부모를 만나게 하는 것을 금지하고 오로지 환자의 치료에만 초점을 두었다. 부모는 가해자이고 자녀는 희생자라는 인식과 부모를 만나는 것이 자녀에게 해롭다는 생각들은 개인병리를 개인에게만 한정하려는 것이었다. 그러나 레비(D. Levy, 1943)는 자녀들의 심리적인 문제의 원인을 어머니의 과잉보호로 보았다. 자녀에 대한 과잉집착이나 과잉보호가 대인관계의 문제를 가져온다고 주장하였다.

대상관계이론에 따르면, 초기에 양육자인 대상과의 관계경험의 질에 따라 개인의 성격 형성, 대인관계능력이 이루어진다고 본다. 즉, 초기 대상과의 관계가 아이의 마음속에 내재화되고 개인의 대상관계 패턴 형성에 지대한 영향을 미친다(최영민, 2012). 대인관계를 강조한 설리반(Sullivan, 1938)은 개인의 성격을 초기 대인관계 속에서 존재했던 경험과 서로 상호작용하는 것들의 유형으로 본다. 성격은 개인과 개인 사이에서 달라질 수도 있다고 보았다. 어린 시절 양육자와의 관계에서 불안이 적은 어머니와의 경험은 '좋은 나'를 형성하고 불안이 높은 어머니로부터 '나쁜 나'로 성격을 형성한다고 주장한다. "불안은 대인관계의 발달 경로를 결정하는 요소다."(Sullivan, 1953)

대부분의 정신증 환자는 불안이 엄습하면 불안을 통제하고 자기를 보호하고자 하는 안전욕구가 위협을 당하기 때문에 경직된 자기체계, 즉 자기방어가 강하게 나온다. 그리고 타인의 의견이나 입장을 수용하기가 어렵고 반응이 무반응이고 부정적인 사고가 많다. 심한 성격장애자들은 세상을 보는 관점이 매우 제한적이며 사람을 봐도 일부만 보고 반응하며 자기 입장만 고수한다. 하지만 자아의 성장은 관계 안에서 직접적으로 부딪히고 고통도 경험하며 문제를 해결하는 과정 속에서 이루어진다.

양육방식의 중요성을 강조한 위니컷(Winnicott, 1963)은 양육자에게 의존할 수밖에 없는 유아에게는 양육을 위한 어머니의 돌봄과 성장을 위한 촉진적 환경이 필요하다는 것을 주장하였다. 초기의 절대적 의존 상태에 있는 유아에게 어머니는 촉진적 환경으로 유아의 욕구와 몸짓을 잘 알고 반영해 주는 역할을 해야 한다(Winnicott, 1963). 아이에게 만족스러운 어머니의 돌봄은 안아 주기로 어머니의 지각과 공감에 의해 결정되며, 안아 주는 환경에서 아이의 타고난 잠재력은 존재의 연속성(continuity of being)이 된다(Winnicott, 1960). 어머니가 유아에게 아무것도 요구하지 않으면서 함께 있어 줄 때, 유아는 형태 없음과 홀로 있음의 상태를 편안하게 경험한다. 어머니의 반영하는 기능은 유아의 의도와 뜻을 정확하게 비추어 주는 것이다(Winnicott, 1971). 유아가 자신의 경험에 방해를 받거나 침범을 당하는 일이 장기간 발생하게 될 때 유아의 경험은 파편화되고, 타인의 요구들에 자신을 강제로 맞추게 되어 '가짜자기'를 형성한다(Winnicott, 1960). 성인이 되어서 대인관계의 어려움을 겪고 있는 사람들은 무엇보다도 자신들의 성장과정 속에 좋은 관계 경험들이 없고, 나쁜 관계 경험으로부터 형성한 왜곡된 인식을 가진 채 살아가고 있다.

1938년에 애커만(Nathan Ackerman)은 가족을 심리적이고 사회적인 단위로 보고 관찰하면서, 치료는 개인, 가족, 지역사회 안에서 계속적으로 변화하는 역할관계에 초점을 두어야 한다고 하였다. 그는 의사소통에 관심을 두었고, 가족의 항상성을 개념화하였으며, 이 항상성이 깨질 때 가족 내에 문제가 발생한다고 주장하였다.

볼비(John Bowlby, 1949)는 아이들을 정신분석적 접근으로 치료하면 변화가 매우 느리다는 것을 깨닫고, 부모들을 자녀들과 함께 면담하고 해석을 해 줌으로써 서로의 관점을 이해할 수 있게 하였다. 이러한 연구들은 가족원의 병리를 서로 간에 일어나는 일과 누구에 의해 어떻게 침범당해서 흔들리며 증상으로 나타나는지와 관련하여 설명해 주었다. 병리에 대한 관점이 기존에는 개인 내면의 역동에만 머물렀다면, 이제는 개인의 병리를 서로 간의 상호작용에 의해 생겨난다는 전제하에 살피게 되었다. 그래서 가족의 문제가 상호작용적이고 상황적이라는 것을 훨씬 더 중요하게 수용하게 되었다.

가족에서도 '확인된 환자(identified patient)' 개인의 증상은 개인 혼자만의 것이 아니라 가족 전체 체계의 역기능과 병리적인 가족구조의 반영이라는 것이 가족치료에서 중요시하는 관점이다(Minuchin, 1977; Satir, 1975). 오늘날 가족치료는 체계론적이고 통합적인 접근으로, 개인보다는 가족이라는 환경 안에서 병리적인 면에 가장 효율적으로 접근하고 있다. 가족을 살아 있는 하나의 유기체로 보고 한 개인의 변화가 가족의 체계를 변화시킨다고 본다.

가족치료는 가족구성원들 사이의 관계를 규명하는 전문직으로 발돋움하면서 역사적으로 결혼상담에서 시작되었다. 그 이후, 특히 정신과 의사, 목사, 교사 등이 자신의 직분을 수행하면서 동시에 부부위기상담을 다루게 되었다. 그러한 과정을 거치며 심리분석 영역에서 부부와 아동문제를 본격적인 상담 주제로 발전시켰고 오늘날 가족치료에 이르게 되었다. 미국에서는 1950년대를 전후로 가족의 기능과 역기능을 연구하고 가족의 결속력을 강화하기 위한 부부성장 프로그램 등이 등장하기 시작하였다. 이것이 가족치료운동의 근간이 되어 가족치료가 형성되고 발전하게 되었다(Nichols & Schwartz, 2004). 이처럼 가족치료는 다양한 학문의 토대 위에서 정신과에서는 의사들이 조현병 환자들을 치료하면서, 아동상담가는 아동을 상담하면서, 전문상담가는 일반인들을 대상으로 결혼상담과 부부상담을 하면서 발전하였다고 할 수 있다.

가족상담 및 치료란 가족의 문제해결을 위하여 개인의 행동이 가족에게 영향을 미치므로 가족을 치료의 단위로 두고 상담하는 것이다. 가족상담은 가족원의 문제나 고통, 가족 간의 성격 차이로 인한 갈등과 위기상황에서 구체적이고 성취할 수 있는 목표를 설정한 후 단기적인 해결에 초점을 둔다. 가족상담은 개인상담, 부부상담, 가족상담 등 여러 형태로 이루어진다. 가족원의 정신장애(예: 조현병)나 정서장애(예: 불안장애) 등 건강문제를 치료하는 데 개인치료보다 가족치료가 더 효과적이라는 연구결과가 있다. 가족상담사는 심리상담 및 가족상담 이론과 실제를 훈련받은 사람으로 결혼, 부부, 가족의 체계 안에서 정신장애와 정서장애를 사정하고 치료할 자격을 갖춘 전문가이면서 평균 13년의 임상실습을 거친 임상전문가를 말한다(www.aamft.org).

　다양한 학문적인 배경 위에서 발전한 전통적인 심리치료와 현대적 가족치료의 세계관, 기본 가정과 철학, 우주관 등의 차이점을 요약하면 〈표 1-1〉과 같다.

〈표 1-1〉 전통적 심리치료와 현대적 가족치료의 비교

비교	전통적 심리치료	현대적 가족치료
세계관	• 기계론적 세계관, 환원주의, 물질주의	• 생태체계론적 세계관, 전일적, 총체적
생명관	• 조지 엔젤의 생의학모델의학이란 "인체는 기계며 질병은 이 기계가 고장 난 결과고 의사의 역할은 기계를 수리하는 것"이다.	• 모든 유기체인 생명은 자라고, 그 과정에서 결정되며 새로운 환경에 적응하는 자율성 그리고 창조성이 있는 존재다.
우주관	• 우주는 물질이 모든 실존의 근본이며 물질세계는 분리된 객체로 만들어진 거대한 기계와 같다. 우주를 분리된 객체로 구성된 기계로 보았다.	• 우주는 상호조화를 이루는 전체적 · 역동적인 관계의 망이며, 관찰하는 인간의 의식도 포함한다.
사상과 철학	• 합리적인 사상, " 나는 생각한다. 고로 존재한다(Cogito, ergo sum)." 정신과 육체의 분리, 서구의 문화정신과 물질의 분리, 환원 가능함 • 르네 데카르트의 철학, 합리적, 이성적 • 아이작 뉴턴의 물리학 • 17, 18, 19세기 계몽주의 철학	• 전인적 사고, 총체적 사고 • 현대 물리학자(아인슈타인, 하이젠베르크) • 헤겔의 변증법적 상호작용(이것저것 모두) • 20세기 포스트모더니즘과 구성주의 철학 • 노자의 도교사상(전인적, 통합적, 생태적)
증상에 대한 관점	• 증상의 원인 • 증상의 억제 • 증상 제거	• 증상의 실존적 의미 부여 • 증상의 의미 해석 • 증상의 상호연관성
기본 가정	• 원인과 결과의 직선적 인과관계 • 이분법적 • 유전결정주의	• 상호적, 순환적 인과관계 • 변증법적(이것저것 모두) • 자기조직의 역동성, 자기창조성

과학적 접근	• 프랜시스 베이컨의 과학적 방법론 • 과학자들의 정량과 측정에 대한 주요 쟁점 강조 • 객관성의 과학, 주체와 객체의 분리 • 객관주의적 과학(양적 방식)	• 인식의 과학 • 주체와 객체의 상호작용 • 주관주의적 과학(질적 방식) • 심미, 윤리, 감각, 질, 형상, 모든 감정을 중시함
지배문화	• 서양의학, 서양문화	• 동양문화, 동양의학, 음양사상
종교적 배경	• 유대교, 기독교	• 힌두교, 불교, 도교
치료과정의 관점	• 객관적인 진단과 평가자료 • 행동의 구조 변화	• 개인의 주관적인 마음 • 인식행위 • 해석이 중요
문제에 대한 관점	• 개인 내면의 역동 • 개인의 특성 • 문제행동	• 가족의 환경인 상호관계성 • 가족의 기능 • 가족의 맥락과 환경

4) 서구 가족치료의 발달과정

1940년대 제2차 세계대전이 끝난 후 경제적인 문제와 더불어 심리적인 어려움으로 인해 가족 내에서 많은 문제가 발생하였다. 따라서 정신의학이 전문 분야가 되었고, 의과대학에서 정식으로 정신분석이론을 다루게 되었다. 1940년대는 정신과 의사들과 정신분석가들에 의하여 정신질환자 가족의 역동성에 대한 연구가 체계화되면서 가족치료에 대한 관심이 집중되었지만, 괄목할 정도의 성과는 이루지 못하였다. 또한 각 분야에서 협의회나 조직체가 설립되기 시작하였고, 초기에는 조현병 환자와 가족에 대한 연구가 주를 이루었으나 나중에는 일반적인 가족에 관한 연구도 활발해졌다.

가족치료는 미국에서 제2차 세계대전 후 1950년대를 기점으로 출발하였다. 세계대전의 영향뿐만 아니라 산업화과정에서 유발된 가정문제가 사회문제로 대두되었고, 전 세계적으로 가정의 해체가 급증하면서 가족치료의 필요성이 요구되었다. 1960년대는 가족치료가 합법적인 정신치료로 인정되면서 고통을 겪고 있는 정신질환자, 빈곤층 가족들을 대상으로 활발한 연구가 이루어진 가족치료의 확대기였다. 1970년대는 각 가족치료학파의 활동이 두각을 나타낸 시기로, 가족치료의 정립기이며 혁신기라고 할 수 있다. 이어서 1980년대 이후에는 각 가족치료학파 이론들이 왕성하게 활동하는 전성기

를 맞이한다. 이 시기는 가족치료가 유럽과 미국에서 꽃을 피운 시기로 가족치료의 성
장 및 전문화기로 구분되며, 또한 통합론적인 입장을 내세우는 새로운 국면을 맞이하
게 되었다. 1990년대 이후에 접어들면서 가족치료이론들은 통합기를 맞이하여 포스트
모더니즘의 영향을 받았고 구성주의이론과 사회구성주의이론이 등장하였다.

(1) 1950년대: 가족치료이론의 태동기

가족치료 발달은 정신과에서 조현병 환자 가족에 대한 연구에서 시작되었다. 1950년
대 캘리포니아주 팔로알토에서 베이트슨(G. Bateson)은 조현병 가족연구 프로젝트를
통해 가족의 의사소통에 역점을 두고 정신과 의사인 돈 잭슨(Don Jackson)과 제이 헤일
리(Jay Haley), 존 위클랜드(John Weakland)와 함께 연구하였다. 그 결과, 조현병의 원인
을 병리적인 가족들의 상호관계성과 의사소통의 맥락에서 찾게 되었다. 1956년 그들의
유명한 보고서인 「Toward a Theory of Schizophrenia」는 '이중구속' 개념을 발표하여
조현병 환자들의 문제를 생의학적 모델이 아닌 가족적 맥락인 대화의 기능 속에서 찾
아 가족치료에 큰 의미를 제공하였다. 이중구속이란 메시지를 받은 사람이 이중구속에
처해서 혼란에 빠지는 경우로, 말하는 사람이 언어적 메시지와 비언어적 메시지를 모
순되게 보내는 것이다. 메시지를 받는 사람은 약자로 상대방에게 질문을 하지 못한다.
생존이 달린 아이는 부모의 모순된 말에 순응하고 어떤 말이 진짜 의미인지 판단이 어
려우며 모든 말 속에 어떤 의미가 숨어 있는지 생각해야만 하고 무반응할 수 있다. 현
대 뇌신경과학자들은 조현병을 뉴런의 기능이나 호르몬의 이상으로도 설명하지만, 역
기능적인 가족들의 고착되고 경직된 무반응들은 여전히 가족을 다루는 임상에서 유용
하다. 가족 내에서 나타나는 이중구속의 상황들을 보면 다음과 같다.

- 가족 중 배우자나 아이에게 "나를 사랑한다는 것을 무엇으로든지 보여 달라."라고
  요청하고는, 배우자나 아이가 자신의 방식대로 사랑을 표현하면(꽃을 사 주기, 청소
  를 하기 등) "그건 내가 해 달라고 요구했기 때문에 무효야."라고 무시해 버려 사랑
  을 표현할 방법에서 이중구속에 처하게 된다.
- 가족들이 특히 알아서 해 달라고 요구할 때도 요구에 따라 해 주어도 마음에 안 든
  다는 표정으로 반응하고, 해 주는 사람은 무엇을 해도 상대방의 만족을 채우기가
  어렵게 되며 진짜 원하는 것이 무엇인지 알지 못하게 된다. 건강한 사람의 반응은
  항상 구체적으로 질문하고 원하는 것을 표현하지만 이중구속에 처한 가족은 지속

성과 반복성이 이루어지면서 그 관계의 패턴이 고착될 우려가 있다. 특히 힘이 없는 자녀는 생존을 위해서 부모의 관계패턴에 순응해야 하므로 역기능적인 가족에서의 이중구속을 확인하는 것은 여전히 상담사의 개입에서 중요한 부분이다.

이중구속 상황은 다음과 같은 몇 가지 조건에서 성립된다.

- 두 사람 이상이 관계를 맺고 있고, 그 가운데 한 사람은 지위가 약한 희생자로 지정된다.
- 이들 간의 관계 경험은 일시적이 아니라 지속성이 있어야 한다.
- 희생자에게 1차 부정명령이 내려진다.
- 1차 부정명령과 불일치하는 2차 부정명령이 더욱 추상적인 차원에서 내려지는데, 이는 처벌이나 생존을 위협하는 신호로 보내지기 때문에 따르지 않을 수 없다.
- 희생자가 이 상황에서 빠져나가지 못하도록 하는 3차 부정명령이 내려진다.
- 마지막으로, 희생자 자신이 이중구속 상황에 빠져 있음을 지각하였을 때는 이미 이상의 모든 과정에서 빠져나올 수 없게 된다. 그리고 앞의 각 과정에 대해 공포나 분노를 느끼게 된다. 이 상황이 되면 서로 불일치하는 부정명령은 환청으로도 들을 수 있게 된다.(정문자 외, 2007; 정혜정, 이형실 공역, 2001)

1950년대부터 가족치료가 조현병 환자들을 대상으로 본격적으로 발전하기 시작하였다. 환자가 퇴원한 이후 집에서 생활하면서 증상이나 문제가 재발하는 것을 보면서 조현병 환자 가족이 가족치료의 주 대상이 되었다.

리츠와 동료들(Lidz, Fleck, & Cornelison, 1965)은 예일 대학교에서 초기에는 거부적인 어머니를 조현병 가족의 특성으로 보았다. 또한 조현병 환자 가족의 종단연구를 통하여 아버지에 대한 병리적인 특성을, ① 너무 지배적이거나 심한 권위주의로 인한 지속적인 부부갈등, ② 자녀들에게 적대적인 아버지, ③ 편집증적 과대망상의 아버지, ④ 삶에서 실패한 무기력한 아버지, ⑤ 너무 수동적이고 온순한 아버지로 자녀의 동일시가 되지 못한다고 주장하며, 차라리 아버지의 부재가 더 나을 수 있다고 하였다. 나중에는 부부관계의 문제로 관심을 돌려 '부부불균형(marital skew)'과 '부부균열(marital schism)'의 개념을 발표하였다. 부부불균형(marital skew)은 부부간의 권력이 지나치게 한쪽으로 기울어져 있어서 강한 배우자가 약한 배우자를 지배함으로써 부부간 갈등이 표면화되는 것을 막는 경우다. 그래서 부부는 힘의 균형을 유지하는 데 실패할 뿐 아니라, 부부간에 허용되는 것과 실제로 느끼는 것 사이의 불일치를 공개적으로 표현할 수 없게 된다. 부부균열은 부부가 서로 역할을 하지 않고서 각자 자신의 기대와 욕구를 충족하기 위하여 상대방의 동기를 억누르고, 특히 부모로서의 지위도 무시한 채 억압하는 것이다.

가족 상호작용과 조현병 가족에 대한 연구는 국립정신건강연구소의 윈과 동료들(Wynne et al., 1958)의 연구에서도 볼 수 있다. 그들은 환자의 부모들을 상담하면서 실제와 다르게 긍정적·부정적 감정들이 두드러지게 나타나는 특성을 발견하여, 의사소통 유형에서 '거짓상호성' '거짓적대성'의 개념을 발표하였다. 거짓상호성은 가족들이 위선적으로 거짓된 상호작용을 하는 것이다. 가족 안에서 개인의 정체성이나 진짜 욕구들은 숨겨야만 하고 겉으로는 모두 결속된 모습을 보여야 한다고 믿기 때문에 거짓으로라도 가족원이 서로 친밀한 모습을 보여야 한다. 실제로 가족들은 무감각하며, 어떤 친밀감도 나눌 수 없고, 갈등을 숨기며, 역할은 경직되어 있고, 유머와 자발성이 떨어진다. 거짓적대성도 솔직한 상호작용이 아니라 적대적·파괴적인 상호작용을 하므로 의사소통을 왜곡하며 현실에 대한 지각을 손상시키고 합리적인 문제해결이 어렵다. 가족 속에서 자신의 진짜 욕구나 정체성을 찾아가기가 어렵고, 가족은 어떠한 경우에도 함께해야만 한다는 믿음 때문에 가족 안에서 허용되지 않는 것은 배척하고 폐쇄적이 되어 가족 밖에서의 의미 있는 경험들, 자신의 능력을 의심하고 다시 안전한 가족의 경계로 들어가려고 하면서 혼란상태에 빠지게 된다.

윈은 1978년까지 600여 정신분열증 가족들이 사용하는 의사소통의 유형을 집중적으로 연구한 결과, '의사소통 일탈(communication deviance)' 개념으로 사고장애보다는 상호작용 적인 관점을 더 부각시킴으로써 정신분열증을 개인의 정신내적 문제에서 대인관계적 현상으로 보기 시작한 공로가 컸다.

보웬(M. Bowen, 1978)은 정신과 의사로 정신질환이 있는 아동과 그 가족관계에 관심을 가졌다. 특히 모자의 공생관계에 관심을 가졌으며, 아동의 정서적 문제는 어머니가 가진 문제의 산물로 생각하였다. 보웬은 가족이 표면상 기능을 잘하고 있지만, 주관적인 감정과정과 객관적인 사고과정 사이의 구별이 어렵다는 것을 발견하였고, 이것을 통해 자아분화와 융합 및 삼각관계 그리고 가족의 정서체계와 관련된 개념들을 발전시켰다. 환자의 질병을 이해하기 위해서는 전체 가족체계의 정서를 파악해야만 하고, 그래야 치료가 가능하다고 보았다. 1957년 가족치료 활동의 본격적인 발전을 주도하면서 조현병에서 병리적 가족환경의 결과로서의 가족요인을 중요하게 보았다.

확실하게 정신분석과 결별하고 체계이론을 가족치료에 적용한 상담사는 돈 잭슨(Don Jackson)이다. 그는 1958년 MRI(Mental Research Institute)를 설립하고 가족들의 언어적인 상호작용과 규칙들에 관심을 갖게 되었다. 가족들의 '항상성' 개념, 관계성에서 상보적이냐 대칭적이냐, 가족규칙과 질서를 사용하였다. 인간문제를 주어진 맥락에서 서로 행동하는 방법에 의해 생겨난다고 전제하며 상호작용적이고 상황적이라 보았다. 그의 저서 『조현병 증세와 가족의 내적 역동(Schizophrenic Symptoms and Family Interaction)』(Jackson & Weakland, 1959)에서는 조현병 환자의 증상이 어떻게 가족의 안정성을 유지하게 하는가를 설명하고 있다. 조현병 자녀의 증상은 가족의 맥락에서 부모의 문제가 과대하게 반복적으로 변형되어 드러나는 것이라고 하였다. 그는 가족 개인의 증상을 상호작용적이고 상황 속에서 반복적·지속적인 행동에 의한 것으로 보았다. 문제가 언제 어떤 상황에서 발생하는지, 누가 누구에게 관여하고 어떻게 반응하는지를 관찰함으로써 가족들은 병든 가족원을 필요로 하기도 하고 때로는 자녀를 희생양으로 삼기도 한다는 것을 알 수 있었다.

이 시기에 영국의 로널드 래잉(R. Laing)은 가족체계의 상호작용과 의사소통의 중요성에 관한 개념을 발전시켜 환자로서의 전체 가족을 보기 시작하면서 가족 안에서의 과정을 설명할 수 있는 이중구속, 유사성, 상호관계, 왜곡화, 신비화(아이의 경험을 부모가 부인, 왜곡하는 것), 연합의 정도, 삼각관계, 가족경계선 등의 용어를 발전시키게 되었다.

(2) 1960년대: 가족치료이론의 확대기

1960년대는 가족치료에 대한 관심이 매우 고조되어서 정신장애의 새로운 치료방법으로 인정받기 시작했고, 전체 가족을 함께 치료하게 되었다. 여전히 많은 상담사는 '확인된 환자(IP)'가 가족체계의 희생양이라는 것을 인정하면서도 개인치료를 택하고 있다. 그러나 가족 지향적인 상담사들은 치료의 초점을 개인의 지각, 행동과 같은 것이 아닌 가족의 구조나 상호작용 유형에 두면서 친밀한 사람과의 행동 유형 변화에 치료의 목표를 두었다. 그리고 치료 대상도 병원에 입원한 조현병 환자와 그 가족의 범주에서 빈곤가족과 소수민족 그리고 가족 및 지역사회건강센터 등으로 넓혀 나갔다.

애커만(N. Ackerman)은 이 시기의 가장 영향력이 있는 사람 중의 하나로, 1940년대와 1950년대에 가족진단을 위해 저소득층·중산층·상류층 가족 모두를 포함하여 가정방문을 시도하였다. 1957년 뉴욕가족연구소를 설립하여 정신분석가로서 가족적인 접근을 시도하였다. 1958년에는 『가족생활의 정신역동(The Psychodynamics of Family Life)』을 출판하여 정동장애의 치료에서 가족치료적인 개입이 더 효과적이라는 것을 알렸고, 1966년에는 『문제가족을 치료한다(Treating the Troubled Family)』를 계기로 가족 구성원을 하나의 전체적인 체계로 보는 체계론적인 관점으로 가족치료의 선구자 역할을 하게 되었다. 특히 아동상담과 성인 심리치료에 관심을 보이면서 심리사회적 치료 모델을 발전시켰다. 1962년에 애커만(N. Ackerman)과 잭슨(D. Jackson)의 최초 학술지인 『가족과정(Family Process)』이 출판되었고, 역기능적 가족을 좀 더 이해하기 위해 체계이론의 활용 방안을 연구하면서 정체감의 형성을 도모하였다. 또한 연구자와 임상가의 모임들이 결성되었다.

특히 1960년대 초반에 등장한 미누친(S. Minuchin)은 인상적인 임상가로 주목을 받았다. 가족들을 지지하고, 부추기며, 자극하고, 당황하게 함으로써 상황이 요구하는 변화 속으로 몰아가는 직관과 카리스마가 있는 상담사였다. 그는 도시에 사는 슬럼가의 빈민가족과 아동 및 비행청소년에 대해 선구자적인 연구를 하여 구조적 가족치료이론을 발달시켰다. 가족문제가 나타나는 사회적 환경이나 맥락을 염두에 두고 실제적인 문제 해결을 위한 치료적 접근방법으로, 경계의 개념 및 가족 하위체계 간의 상호작용과 신체적 증상으로 나타난 역기능 문제에 관심을 가졌다. 비행청소년과 학업성취 저하 및 학업 부적응과 정신지체장애 및 부부갈등 등으로 문제 영역을 확대하였다. 1965년 필라델피아의 아동지도클리닉 소장으로 초빙되어 동료들과 함께, 1967년에는 헤일리가 합류하면서 가족치료의 센터로 발전한 계기가 되었다.

이 시기의 가족상담사들은 다른 관련 영역들과 적극적인 유대관계를 통하여 교육과 훈련에 관심을 가지게 되었고, 대학과 치료기관의 워크숍을 통하여 임상사례 발표회도 자주 시행하였다. 상담사들은 가족구조를 사정평가하며, 전문가의 지식과 권위를 내세우고 사회적 보편성과 맥락 안에서 규범과 기준에 따라 행동의 변화를 시도하였다. 가족의 구조적인 기능인가 역기능인가를 규정하는 규칙, 역할, 삼각관계, 의사소통, 경계선, 자아분화, 순환관계 개념이 활개를 쳤다. 상담사는 가족들을 기능인가 역기능인가로 나누고 적극적인 치료적 개입을 위하여 전략과 계획을 세워서 진행하였다.

이 시기 에모리 대학교의 휘태커(C. Whitaker)는 동료들과 함께 애틀랜타 심리치료클리닉에서 경험주의적 심리치료를 개인, 가족, 부부집단에 적용하고 발전시켰다.

(3) 1970년대: 가족치료이론의 정립기

1970년대에는 체계이론에 입각한 가족치료가 많은 발전과 이론적 도입으로 호응을 얻게 되었고, 가족치료이론과 기법에도 혁신적 변화와 발달이 있었다. 의사소통이론과 체계적 접근법을 통합하고 잭슨과 헤일리, 사티어가 발전시킨 베이트슨의 의사소통이론과 보웬의 이론 등이 활용되었다. 그리고 에릭슨의 최면치료와 의사소통 치료기법이 헤일리의 전략적 치료로 발전하게 되었고, 미누친의 구조적 가족치료 등이 등장하게 된다. 이들은 현재 나타나고 있는 증상에 초점을 두고 문제의 범위를 좁게 규정하여 개입전략을 계획하는 방법을 적극적으로 활용하였다. 1970년대의 대표적인 가족상담사인 미누친(1974)은 가족들의 변화를 위하여 합류하였고, 가족의 구조를 평가·제시하고 가족의 고질적인 균형을 깨기 위한 시도가 이루어졌다.

체계이론을 토대로 발전한 가족치료이론들은 구조적 가족치료, 전략적 가족치료, 보웬의 다세대 가족치료, 밀라노 모델이다. 이 시기에 미국부부상담협회(AAMC)는 가족치료에 관심이 많아지면서 1970년에 미국부부 및 가족상담협회(AAMFC)로 개칭하였고, 이후 1978년 미국부부 및 가족치료협회(AAMFT)로 재개칭하게 되는데, 이것은 시대적 상황에 따른 가족치료의 필요성 때문이라고 볼 수 있다.

이 시기에 팔로알토(Palo Alto)의 정신건강연구소(MRI)에서는 분노, 우울증, 부부갈등, 성문제, 가족문제, 약물중독 등과 같은 임상적인 문제를 치료하기 위해 체계적 개념을 기초로 독창적인 기법들을 발전시킨다. 문제를 단기간에 해결하고 증상을 경감시키는 의사소통과 상호작용이론 및 치료기법을 활용하면서 단기전략적 가족치료를 발달시켰다. 시간을 10회 이내로 제한하며 실용적이고 단계적인 전략을 가진 치료방법으로서 일상생활에 있어 정상적인 적응상의 어려움을 수반할 때 적용하면 매우 효과적이다.

1978년에 설립된 밀워키(Milwakee) 단기가족센터에서는 드 세이저와 김인수(S. De Shazer & Insoo Kim Berg)가 해결에 초점을 두는 혁신적인 기법으로 해결중심적 단기치료 모델을 발달시켰다.

또한 이탈리아에서는 MRI의 전략적인 치료에 영향을 받은 밀라노의 정신과 의사들인 팔라촐리(Palazzoli)와 동료들이 '밀라노 모델'을 발전시켰다.

영국에서는 런던의 가족치료연구소에서 스키너(R. Skynner, 1975)가 정신역동적인 가족치료를 사용하였다. 독일에서는 헬름 스티얼린(H. Stirlin, 1979)이 문제청소년들을 대상으로 정신역동이론과 체계이론을 통합하여 문제해결을 시도하였다.

보스조르메니 나지(I. Boszormenyi-Nagy, 1984)와 동료인 스파크(G. Spark)는 세대의

역동을 중요시한 맥락적 가족상담사다. 일상적인 치료목표와 기술에 윤리적 책임성을 더 추가한 것으로 가족들의 신뢰와 충성심을 기초하여 당연한 의무와 권리 사이에 균형을 취해야 한다고 주장하였다.

사이버네틱스 원리처럼 상담사는 마치 기계를 조정하는 역할을 감당하였으며, 가족들에게 문제를 정의하고 이를 해결하기 위하여 가족들이 무엇을 해야 하는지를 제시하도록 하는 것이었다. 상담사는 때로는 지시로 때로는 전략을 사용하여 역설적인 개입을 함으로써 단기치료적인 발판을 마련하였다. 1960년대와 1970년대 가족상담사들은 규칙이나 조정, 통제, 체계의 복합성, 피드백 개념을 가족에 적용하였다. 체계의 특성인 규칙과 개방성, 항상성, 통제들이 가족들에게도 특성으로 작용하고 있다고 믿었다. 유기체의 체계 유지는 환경과의 상호작용인 투입과 산출의 지속적인 피드백과정으로 이루어지듯이, 사이버네틱스체계를 유지하는 것도 부분이든 전체든 순환적 피드백과정으로서 힘, 통제, 조정, 목표 설정으로 조직을 구조화하고 재구성하는 것은 일차적 사이버네틱스라고 규정하였다(Boeckhorst, 1993: 10).

(4) 1980년대: 가족치료의 전성기

1980년대에는 이미 발달한 이론들을 토대로 다양한 가족치료이론이 보급되어 가족치료가 사회적인 변화와 함께 활짝 꽃을 핀 시기였다고 할 수 있다. 이전까지는 독자적인 학파와 개념을 이끄는 개인 상담사들에 의한 가족치료가 주도적이었지만, 다양한 가족치료의 접근법이 세계적으로 알려지면서 포스트모더니즘, 구성주의, 여권주의, 다문화주의의 영향을 받아 치료기법에서도 큰 변화가 일어났다. 1980년대에는 각 학파의 개념이 이론적 기법을 통합하려고 하는 움직임이 일어났고, 이는 MRI와 전략적 치료의 영향을 받은 해결중심치료에서 주도적으로 이루어졌다.

부모와 가족들의 문제에 대한 대처방식능력을 기능적으로 확대하려는 움직임이 심리교육 모델이 등장하며 예방 차원이 강조되었다. 대표적인 인물인 앤더슨(C. Anderson)은 1986년 상담사와 내담자 가족과의 상호작용, 내담자 가족들에 대한 생각의 변화나 수용, 지지와 의미 구현을 위해서는 내담자 가족을 협력적인 파트너로 보아야 한다고 하였다(김유숙, 2006).

1980년대 미국에서는 가족치료 관련 전문잡지 20여 종이 발간되었고, 가족치료연구센터 300여 개가 설립되었다. 미국부부 및 가족치료협회 외에도 미국가족치료협회와 미국심리학회, 가족심리협회 등이 가족치료 전문기구로 부상하면서 다양한 활약을 하게 되었다.

일본에서는 1984년 가족치료학회가 창립되었고 한국에서는 1980년대 초부터 가족치료가 사회복지학과나 대학원에서 또는 관련학과 대학원이나 상담대학원에서 관심을 보이기 시작하였다. 1988년에는 외국에서 가족치료를 배우고 온 정신과 의사, 심리학자, 사회복지사, 정신간호사를 주축으로 한국에서도 한국가족치료학회가 결성되어 자격증 관리와 국제적인 세미나 개최로 발전을 거듭하였다(김유숙, 2005).

1980년대는 대표적으로 전략적인 가족치료 모델들이 환기를 띠던 시기였다. 워싱턴에서는 헤일리(J. Haley)와 그의 부인 마다네스(C. Madanes)가 저서 『문제해결치료(Problem-Solving Therapy)』(1977)를 통해 전략적인 가족치료의 저변확대를 하였고, 미국 팔로알토의 MRI(The Palo Alto Mental Research Institute)에서는 단기치료집단인 위클랜드, 와츠래비크, 피시(J. Weakland, P. Watzlawick, & R. Fisch)의 공동 저서 『변화(Change)』와 『변화의 전략(The Tactics of Change)』을 통해 의사소통을 적용하여 변화를 시도하였다. 전략적 치료의 개입방법들은 최면치료사로 탁월한 명성을 날린 밀턴 에릭슨(Milton Erickson)의 단기치료방법들을 많이 적용하였다. 특히 MRI에서 사용되는 문제해결 방식으로 문제해결을 위한 방법들을 검토하고, 과거에 시도하였던 방법들이 역기능적임에도 하나의 패턴으로 자리 잡아 반복적으로 사용하다 보니 문제 속으로 더 빠지게 되는 경우가 많아서 이미 시도된 방식과는 정반대로 문제해결 방식을 바꾸는 것이었다.

이탈리아의 밀라노팀인 팔라촐리(S. Palazzoli)와 동료들은 『역설과 반역설(Paradox and Counterparadox)』(1978)의 순환질문법과 역설적인 방법으로 섭식장애 가족들에게 가족치료의 위력을 과시하였다.

가족치료 모델에서 중심부에 서지는 않았지만, 1980년대부터 꾸준히 알려진 이론으로는 경험적 상담사인 사티어(V. Satir, 1979)와 휘태커(C. Whitaker), 다세대 역동상담사인 보웬(M. Bowen, 1976), 드 세이저와 김인수(S. De Shazer & Insoo Kim Berg)의 단기해결중심 모델, 헝가리 출신 의사인 보스조르메니 나지와 스파크(Boszormenyi-Nagy & Spark)의 맥락적 가족치료도 가족의 윤리적 측면을 강조하며 세대 간의 충성심을 개념화하였다.

(5) 1990년대 이후: 구성주의 가족치료

가족치료의 전성기를 지나면서 강력한 치료이론가들에 대한 비판 또한 만만치 않았다. 가족치료가 문제해결에 가장 효과적이라는 전제가 항상 옳은 것만은 아니었다. 객관적인 전문가로 알려진 가족상담사들에게 도전장을 던진 것은 인식론과 구성주의이론가들이었다.

칠레의 신경생물학자인 마투라나와 바렐라(H. Maturana & F. Varela, 1987)는 개구리의 시력에 대한 실험을 하였다. 그 결과 개구리의 눈은 기능적으로 측면만을 볼 수 있으며, 혀로 파리나 곤충을 잡아먹는 것이 개구리의 가장 중요한 관심사로 개구리는 측면으로 보는 것만으로도 충분하다는 것이다. 하인즈 폰 포스터(H. von Foerster, 1981)의 신경망에 대한 연구들은 뇌의 인식론을 바탕으로 구성주의로 발전하였다. 세상을 지각하고 이해하는 방식이 두뇌가 세상을 카메라와 같이 있는 그대로 찍는 것이 아니라, 오히려 관찰자의 신경체계에 의해 조직된 형태로 경험을 저장한다는 것이다. 인간의 앎이라는 것은 주관적인 경험을 자신만의 안경을 낀 채 해석하고 그 틀을 통해 세상을 바라보는 것이다.

구성주의 이론가인 켈리(G. Kelly, 1955)는 인간이 나름대로의 독특한 환경을 구성하고 창조하여 세상에 대한 개념을 형성한다고 하였다. 그래서 자신의 사건을 구성하고 만들며 이런 구성을 근거로 행동하고 예측한다. 이런 의미에서 이전까지는 가족의 체계를 강조할 때 행동의 변화에 초점을 두었다면, 구성주의에서는 개인적인 해석과 인지적인 측면인 자신의 문제를 보는 관점, 전제, 가치를 더 중요시하게 되었다. 상담사의 역할은 이제 내담자를 변화시키는 것이 아니라 내담자가 자신의 삶에 대해 스스로 새로운 의미부여를 잘할 수 있도록 함께 작업하는 것이 되었다.

1990년대 이후 가족치료는 기존의 행동 변화에서 의미 변화로 초점을 이동하면서 발전을 거듭하였다. 대표적인 치료 모델은 해결중심치료와 이야기치료, 반영적 대화치료다. 오늘날 가족치료의 특징은 관계 맥락에서 문제를 다루면서 가족체계를 변화시키는 것을 목표로 하고, 또한 가족 안에 내재되어 있는 문제나 갈등을 이해하고, 동시에 가족을 인정하고 가족구성원 개인에게 감추어진 능력을 유용하게 활용하도록 스스로 발견하게끔 돕는 데 그 목적이 있다는 것이다. 그러나 앤더슨과 굴리시안(Anderson & Goolishian, 1988)의 반영적 대화치료에서는 "언어가 실재를 반영하는 것이 아니라 실재를 만든다."라고 주장한다. 개인이 의미를 부여하는 것이 진실이고 주관적으로 구성하는 의미의 세계가 실재라는 것이다. 개인을 가족이라는 관계 맥락에서 접근하고 목표를 정해서 개입하였다면 이제는 개인이 자신의 가족이나 관계를 어떻게 경험하는지, 자신의 경험세계가 어떤 의미가 있는 것인지, 자신의 경험을 어떻게 구성할 것인지가 중요하게 부각되었다.

2. 가족치료이론의 발달적 배경

1) 체계이론의 공로

미국에서 초기에 가족상담의 발전과 이론 개발에 공헌한 사람들은 정신과 의사들이었지만 이들 외에 사회학자, 임상심리학자, 사회복지학과 관련 전문가들과 아동이나 부부 및 가족을 이론적으로 연구하거나 현장에서 돕는 가족상담사, 부부상담사, 아동상담사들의 공헌 역시 무시할 수 없었다. 이들은 각자 자기 분야에서 가족상담을 시도하고 이론과 기법 개발에 힘써 왔다.

체계이론과 사이버네틱스이론의 영향으로 가족치료이론이 발전하였다. 1940년 초 오스트리아 생물학자인 폰 버틀란피(L. von Bertalanffy)는 원래 내분비체계 조직 사이의 상호작용을 연구하면서 일반체계이론에서 '체계란 서로 주고받는 요소의 복합체다.' '전체는 부분의 합보다 더 크다.'라는 가정들을 주장하였다. 카프라는 일반체계이론에서 뜻하는 체계 개념을 다음과 같이 정의하고 있다. "시스템이론이란 세계를 모든 현상의 상호연관성과 상호의존성에 의해 파악하는 것이며, 이 기본구조에서는 그 특성이 서로 형성하고 있는 부분으로 환원될 수 없는 통합된 전체를 시스템이라고 부른다. 살아 있는 조직체, 사회 및 생태계는 모두 시스템이다."(Capra, 1984: 42).

살아 있는 모든 생명체는 서로 상호작용하며, 더 큰 체계를 위하여 하위체계들을 형성하고, 체계는 경계선을 유지하고 개방하여 외부와도 상호작용을 하므로 생명력을 계속 유지할 수 있다는 이론이 개인체계와 가족체계, 사회체계에도 적용되었다.

체계이론을 가족치료에 적용하는 데에 크게 기여한 사람은 베이트슨(G. Bateson)이다. 그는 1946년 사이버네틱스 이론가인 위너(N. Wiener)와의 만남으로 피드백의 순환적인 개념을 의사소통이론에 적용하여 가족치료에서 의사소통의 중요성을 강조하였다. 돈 잭슨(D. Jackson)은 체계이론의 항상성 개념을 가족들에게 적용하여 치료적인 개입을 시도하였고, 조현병 환자들을 대상으로 연구한 애커만, 윈, 보웬도 환자들을 체계적인 관점에서 연구한 선구자들이다. 가족치료에 적용한 체계이론의 내용을 간단히 정리하면 다음과 같다.

- 인간에 대한 이해가 생물학적 · 심리적 · 사회문화적 존재로 서로 상호작용하는 가운데 인간의 성격이나 행동을 이해할 수 있는 틀이 마련되었다.
- 개인의 심리적인 고통은 관계 및 사회적 맥락과 연결시키지 않고는 이해할 수 없게 되었다. 자아, 인격, 마음, 정신병의 진단 기준 등은 상호관계에서 발생하는 맥락과 사회적 맥락을 제외하고는 의미를 붙이기 힘들게 되었다. 인간의 고통과 증상 등을 해소하기 위해서는 이 고통을 야기하는 데에 관련된 사람들의 상호관계성과 사회와 문화, 정치와 환경과의 맥락에서도 큰 체계를 고려하게 되었다.
- '전체는 부분들의 총합 그 이상이다.'라는 개념은 각 가족이 다른 특성을 취하는 이유를 이해하게 하였고, 가족 내의 상호작용과 의사소통, 규칙, 역할, 개방성 등은 독자적인 가족구조와 환경을 만들어 가기 때문에 가족의 형상도 다르게 나타난다는 것을 이해하게 되었다. 개인의 초점에서 가족의 관계 유형으로 전환할 수 있었다(Von Schlippe, 1993).
- 체계의 특성 가운데 항상성(homeostasis)은 가족들이 균형과 조화에 위협을 당할 때는 다시 원상 복귀하려는 경향이 강하다는 것이다. 가족구성원들은 증상을 보이는 사람이 웬만한 혼란을 겪지 않으면 삶의 방식을 바꾸려 하지 않는다. 가족들은 변화를 원하지만 변하지 않으려는 속성이 있다. 잭슨은 역기능적인 가족들이 변화를 위해 노력함에도 점점 내담자들이 고착상태에 빠지는 것을 항상성으로 설명할 수 있다고 하였다. 또한 이 개념은 나중에 가족들을 자기조절능력이 있는, 자율성과 창의적을 가진 긍정적인 자원이라고도 보았다.
- 동등종결성(equifinality)은 처음의 조건이 어떠하든 수단과 방법이 다르더라도 동일한 최종 상태의 목적에 도달할 수 있는 체계의 속성이다. 즉, 투입이나 전환과 상관없이 산출이 동일하다는 개념이다. 가족상담사마다 사용하는 수단과 방법은 다르지만 어떤 치료적인 방법을 사용하여도 가족의 역기능적인 문제를 해결하는 목적에 도달할 수 있다는 것이다(Nichols & Schwartz, 2004).
- 다중종결성(multifinality)은 처음의 조건과 방법이 비슷하다고 할지라도 다른 결과가 야기된다는 체계의 속성으로, 상담사가 비슷하고 동일한 방법을 내담자에게 사용하여도 그 결과는 체계에 따라서 다르게 나타날 수 있다는 것이다.
- 체계가 생존하기 위해서는 외부와 지속적인 정보교환과 에너지교환이 이루어져야 하는데, 인간의 정보인 인식, 관찰, 통찰, 사고, 감정은 모두 의사소통에 의하여 이루어진다. 그래서 가족들의 생존방식이자 반응방식인 의사소통은 외부의 정보와

물질적 교환이 가능하며, 내적으로는 가족들의 역할이나 규칙을 만든다(Ritscher, 1998).

처음으로 체계이론을 교육환경에 적용한 브론펜브레너(Bronfenbrenner, 1981)는 시스템을 네 가지로 분류하여 설명하였다. 그리고 생태학적인 관점에서 개인의 유능성, 적응능력이나 관계성은 환경과의 상호작용에 의하여 영향을 주고받는 것으로 보았다.

가장 작은 단위로서 나와 다른 사람이 관계를 맺고 역할과 활동을 하는 대인관계를 미시시스템(microsystem), 개인의 활동이 이루어지는 가정과 학교, 직장과 가정, 교회활동 등 두 가지 이상의 환경에서 일어나는 과정과 활동체계를 중간시스템(mesosystem), 중간체계를 포괄적으로 다루는 지방정부나 의료체계, 정치, 경제체계인 외적 시스템(exosystem), 국가의 가치나 종교, 법, 문화, 이념인 사회문화체계를 거시시스템(macrosystem)이라 하였다. 사회구조적인 맥락에서 개인에게 적용되는 세금이나 법의 안전망 장치 등은 개인에게 직간접적으로 영향을 미친다.

체계이론의 적용은 개인을 환경과 상호작용하는 존재로 보고 다차원적인 개입을 하는 중요한 근거가 되었다. 개인 내면의 역동에만 초점을 맞추는 것이 아니라 개인에게 미치는 환경의 부정적 · 긍정적 요인, 개인-환경과의 적합성, 개인-환경과의 상호교환, 교환을 방해 · 지지하는 요인도 사정과 개입의 대상이 되었다.

체계이론을 개인에게 적용하기 위해서는 네 가지 체계의 상호작용과 역동성이 개인의 삶에 어떤 영향을 미치는지를 알아야 하고, 이것은 변화를 시도할 때 체계 속에서 개인과 환경의 맥락을 이해할 수 있는 중요한 근거가 되었다.

2) 일차적 사이버네틱스이론

(1) 사이버네틱스의 개념

가족치료이론에 씨를 뿌리게 한 사이버네틱스이론은 다양한 학문 분야의 이론가이며 수학자인 위너(N. Wiener), 뉴맨(J. Von Neumann), 피츠(W. Pitts), 내과 의사인 비젤로(J. Bigelow), 생리학자인 맥클론(W. McCullon)과 데노(L. De No), 심리학자인 레빈(K. Lewin), 인류학자인 베이트슨(G. Bateson)과 미드(M. Mead), 경제학자인 모르건스턴(O. Morgenstern) 등의 공헌이 있었다. 1948년 위너의 저술에서 사이버네틱스의 유래를 찾아볼 수 있다.

유럽에서는 폰 버틀란피(Von Bertalanffy, 1968)의 '일반체계이론'과 같은 개념으로 사이버네틱스의 개념이 더 잘 알려져 있다. 사이버네틱스를 피드백의 기제에 따라서 'simple cybernetics' 또는 '일차적 사이버네틱스'라 하고 'cybernetics of cybernetics' 또는 '이차적 사이버네틱스'라고 한다. 일차적 사이버네틱스(first-oder cybernetics)는 '생물체계와 사회체계에 있어서 순환적인 인과관계와 피드백의 기제에 관한 과학'으로, 일반체계이론에서 주장하는 것처럼 생명체가 환경과 지속적인 상호작용에 의하여 생명을 유지해 나가는 유기체적 모델과 동일하다(Keeney, 1983; 정혜정, 2004). 이차적 사이버네틱스(second-oder cybernetics)는 피드백과정에도 다양한 수준이 있다는 것을 강조하며, 유기체가 상호작용뿐만 아니라 자율성(autonomy)이나 자기조직의 원리(self-organization), 자기준거성(self-reference, 구조적 결정론)의 특성을 갖는다는 것이다. 이개념은 이차적 사이버네틱스에서 더 설명할 것이다.

사이버네틱스라는 용어는 배의 조종사(steersman)를 의미하는 그리스어인 'kybernetes(키잡이)'에서 유래된 것으로 기계와 살아 있는 유기체 사이에서 통제와 자기조절을 연구하는 것이다(Capra, 1995).

우리가 사용하는 '사이버'도 위너(Wiener)의 사이버네틱스에서 유래한 것이다. 정보현상에 대한 새로운 인식에 기초하여 소통과 관리문제를 탐구하는 새로운 학문 분야로 자동계산기의 이론이나 제어이론, 정보통신이론 등이 대표적이다. 위너는 "정보를 받고 사용하는 과정은 외부환경의 우발성에 대비해서 우리가 적응하고 그 환경 속에서 효과적으로 삶을 살아가는 과정"(Wiener, 1948)이라고 하였다. 사이버네틱스는 '인공두뇌학' 혹은 '인공지능학'이라는 새로운 학문으로도 대두되었다. 인공두뇌학에서 인간은 특수한 정보처리기계로, 기계의 관점에서 이해되기 시작하였다.

(2) 기계와 유기체의 차이성

기계와 유기체의 차이를 설명한다면 기계의 작동은 만들어지는 구조에 의하여 결정되는 반면, 유기체는 과정 중심으로 유기체의 구조가 과정에 의해서 결정된다. 기계는 잘 맞는 부품에 의하여 미리 정해진 방법으로 결정된다면, 살아 있는 유기체는 전체 수준을 위한 일정한 규칙과 행동패턴을 보이지만, 그 체계 간의 관계는 고정되어 결정되지 않는다. 유기체가 새로운 환경에 적응하도록 하는 것은 융통성이다. 기계는 원인과 결과에 따라 직선적인 형태로 작용하기 때문에 고장의 원인을 쉽게 확인할 수 있다. 이와 반대로 생명체인 유기체의 작용은 피드백 고리라는 순환적인 패턴에 의하여 이루어지는데, 즉 A는 B에 영향을 주고 B는 C에 영향을 주고 C는 다시 A에 영향을 주는 식으로 피드백할 것이다. 이러한 시스템에서 어떤 결함이 생기거나 고장이 났을 때는 상호연관성과 의존성에 의하여 어떤 것이 문제의 원인인지는 중요하지 않다. 살아 있는 유기체에 대한 이런 순환적인 사고는 인간의 질병을 단일적·직선적인 사고로 연결시키는 생의학적인 모델이 문제가 된다는 것을 암시한다. 또한 유기체 개개인의 모든 육체적·정신적 특징이 유전적 요인에 의하여 통제되거나 명령된다고 믿었던 과거의 유전결정주의(genetic determinism)가 잘못된 것임을 보여 주는 것이다. 유전자는 단지 질서를 위한 전체 시스템의 한 부분이며, 시스템적인 유기체에 순응하는 것이라고 본다(Von Schlippe, 1993).

초기에 사이버네틱스이론에 대한 관심은 물질이나 내용보다는 조직, 유형, 과정에 있었다. 피드백과정뿐만 아니라 정보처리과정, 의사소통 유형에 초점을 두고 기계와 살아 있는 유기체를 비교연구하였다. 베이트슨(G. Bateson, 1981)은 사이버네틱스이론을 가장 먼저 가족의 체계와 구조에 도입하여 적용하였고, 피드백의 정보를 변화시키는 데에 관심을 두었다. 즉, 가족체계를 안정을 유지하기 위해서 과거에 시행했던 결과를 다시 투입하여 스스로 조절하는 과정으로 보았다. 그래서 상담사가 치료과정에서 이것에 대한 피드백 정보를 바꾸어 주므로 가족 변화를 시도할 수 있다는 관점이었다.

가족과의 관계에서 문제의 본질을 좀 더 명확하게 이해하기 위해서는 순환적인 인과관계의 관점이 필요하다. 가족 안에서 문제의 원인이 결과가 되기도 하고 결과가 원인이 될 수도 있다고 보기 때문이다. 가족들의 행동은 서로가 서로에게 강한 영향력을 주기도 한다. 역기능적인 가족의 특징은 문제가 악순환적인 연쇄고리로 나타난다는 것이다. 상담사의 개입은 이런 악순환적인 고리를 기능적인 고리로 변화시키는 데에 전략을 두고 있다.

(3) 항상성 개념

항상성(homeostasis) 시스템은 유기체가 환경과 상호작용하는 데에 여러 가지 선택을 할 수 있다는 것이다. 어떤 방해가 있을 때에 생명체는 원상태로 다시 되돌아가려는 경향이 있다. 피드백 구조가 작동하는 것은 균형과 안정 상태를 유지하려는 경향을 갖기 때문이다. 추울 때는 36.5도의 체온을 유지하기 위해 열을 내고 더울 때는 땀을 흘림으로써 항상성을 유지시켜 준다. 부적 피드백(negative feedback)은 인간의 체온이나 혈압처럼 환경이 상당히 변할 때 비교적 일정하게 체계 자체를 유지해 주는 것이다. 정적 피드백(positive feedback)은 급진적인 변화가 일어났을 때에 체계가 변화를 받아들였음을 인정하는 것이다. 다시 말해, 체계 전체를 변화시키는 피드백이며, 어떤 일탈을 없애는 대신에 강화하는 것이다. 이런 변화된 현상은 발전과 학습, 진화의 과정에서 중요한 역할을 한다. 피드백과정은 항상 맥락에 따라 좋거나 나쁘게 평가될 수 있어 상대적이다. 부적·정적 피드백은 어떤 것의 원인이 되지 않는다. 피드백과정은 자기조정 기제로 작용되고 안정과 변화로 체계의 생존을 유지하는 꼭 필요한 기제다(Schlippe & Schweitzer, 1996).

기능적인 가족이 되기 위해서는 자녀가 성장하는 것에 따라서 부모도 변화에 적응을 해야 한다. 부모가 자녀의 나이에 맞추어 적절하게 변화하는 과정은 정적 피드백이 작동되는 것이다. 반면에, 부모가 대학생인 자녀에게 계속해서 과잉간섭한다면 자녀는 부모에게 강하게 반발하고 저항할 것이다. 이것도 거부와 반항의 유형으로 부적 피드백이 작동한 것이다. 기능적이든 역기능적이든 부적·정적 피드백은 가족체계의 안정을 유지하는 데에 이용된다. 가족상담사들은 가족들이 변화를 위하여 치료를 원하면서도, 한편으로는 변화를 수용하기보다는 오히려 현재의 역기능적인 상태를 유지하려는 경향을 발견하였다. 이것은 가족들이 항상성을 유지하려는 것이며, 가족 내 환자의 증세가 좋아지고 호전되는 경우 다른 가족구성원에게 문제가 생기는 경우도 발견되고, 가족들이 저항하는 것도 발견되었다.

잭슨(D. Jackson, 1965)의 사례에서 보면, 우울증이었던 부인이 점차 호전되자 남편은 부인의 상태가 악화되었다고 불평하였다. 부인이 완전히 회복되자, 남편은 마침내 자살해 버렸다. 남편은 아픈 아내와 함께 살 때만 안정성을 유지할 수 있었던 것이다. 초기 가족상담사들은 치료적 변화가 일어나기 전에 가족을 흔들거나 동요시켜서 가족의 항상성을 깨뜨리는 데에 많은 에너지를 사용하였다.

(4) 가족치료의 적용

일차적 사이버네틱스이론에 의하면 전체성과 상호연관성의 특징은 한 부분의 변화가 다른 전체의 변화에 영향을 미친다는 것이다. 가족들은 서로가 일정 수준의 결속과 구조를 유지하고 있어서 어느 한 부분 또는 어느 한 사람의 변화가 다른 사람의 변화도 초래할 수 있다고 본다. 이런 맥락에서 가족 중 누가 증세나 고통으로 호소한다는 것은 문제를 중심으로 강하게 조직되어 있다는 것을 의미한다. 이런 문제를 개인병리로만 보고 개인치료를 한다면 가족의 구조적인 체계와 맥락을 무시한 것이 되기 때문에, 개인의 병리를 가족과의 관계성 안에서 전체적으로 보는 관점이 필요하다. 이것이 가족치료의 핵심이라고 볼 수 있다.

일차적 사이버네틱스이론에서 상담사는 가족이라는 블랙박스의 관찰자로, 가족을 체계로부터 거리를 두고 객관적으로 관찰하고 의도적인 개입으로 변화를 시도한다. 변화의 목표에 대해 언급하자면 "체계적으로 체계를 위한 목적이나 체계의 목적은 관찰에 의하여 만들어진다. …… 관찰자의 메타언어로 언급된다."(Pask, 1969: 23)

가족이라는 체계의 외부 관찰자로서 상담사는 정신내적인 과정보다는 의사소통과 행동의 상호작용에 더 관심을 두고, 가족과 분리되어 있으므로 조정이 가능하다고 보았다. 상담사의 준거틀에 의하여 목표 지향적으로 문제 정의가 이루어지고 치료 목표나 개입에 있어서도 의도적인 기술이나 방법으로 영향력을 행사할 수 있으며 변화시킬 수 있다는 것을 전제로 하고 있다.

일차적 사이버네틱스를 바탕으로 발전한 체계론적 가족치료이론들은 가족의 구조, 가족의 기능, 가족의 관계성, 경계선, 규칙, 역할, 의사소통, 삼각관계, 자아분화 개념으로 기능인지 역기능인지를 객관적으로 설명할 수 있다고 보았다. 그래서 가족들의 문제를 파악하고 변화를 꾀하기 위하여 상담사의 치료전략과 기법을 발전시켰다. 대표적인 이론으로 사티어의 경험적 이론, 보웬의 다세대 모델이론이 관계적인 측면뿐만 아니라 개인의 심리내적체계도 다룬다면, 미누친의 구조적 이론, 헤일리의 전략적 가족치료이론, 밀라노팀의 밀라노 모델은 가족의 관계 측면을 더 강조하는 경향이 있다.

3) 후기 가족치료이론의 배경

(1) 포스트모더니즘과 이차적 사이버네틱스이론

일차적 사이버네틱스이론이 모더니즘의 사조 위에서 체계이론을 바탕으로 가족치료를 발전시켰다면, 이차적 사이버네틱스 인식론은 포스트모더니즘의 영향을 받았다고 볼 수 있다.

포스트모더니즘이란 1960년에 일어난 문화운동이면서 정치, 경제, 사회의 모든 영역과 관련되는 한 시대의 이념이다. 모더니즘이 본질주의와 보편주의, 이분법적 사고를 강조한다면 포스트모더니즘은 다양성과 차이성, 비본질주의를 강조한 사조로 인간을 이해하고 사회를 인식하는 방법에서 차이를 둔다. 개성, 자율성, 다양성, 대중성을 중시한 포스트모더니즘은 절대적인 이념이나 가치, 사상을 거부했기에 탈이념이라는 정치이론을 낳는 결과를 가져왔다(정혜정, 2004). 이런 사조의 영향으로 치료에서도 무엇이 기능적이고 무엇이 역기능적인가도 보는 관점에 따라서 다르고 문제 정의도 달라질수 있다고 보게 되었다. 모더니즘에서는 치료를 사회적으로 수용되는 기준과 맥락에 따라서 사정평가하고 변화를 시도했다면, 포스트모더니즘에서는 가족의 기능과 역기능은 단일한 기준에 의해 평가될 수 없고 개인적인 경험이나 처한 상황에 따라서 다르며 절대적으로 옳은 기준은 없고 모두 상대적이라고 본다.

일차적 사이버네틱스이론에서는 관찰자의 준거틀에 의하여 역기능적인 가족들을 사정하고 평가하여 기능적으로 변화하도록 개입하는 것이 중요하였다. 가족의 문제를 발견하고 구조를 변화시키기 위하여 관찰자의 전문적인 지식과 기술이 동원되었다. 관찰자로서 상담사는 내담자의 경험과 문제에 대한 의미나 신념, 가치체계를 관찰자의 준거틀에 의하여 판단하였다.

살아 있는 유기체는 환경과 상호작용할 뿐만 아니라 유기체 자체가 이미 상당한 자율성과 자기조직능력을 가지고 있음에도 이 점을 간과하고, 관찰자인 상담사의 개입기술을 더 중요시 여겼던 것이다. 또한 내담자와 상담사의 상호작용을 고려하지 않았던 점들도 비판의 대상이 되었다. 체계론적인 가족치료에서는 가족들의 단순한 피드백과정에 중점을 두고 개입하였다면, 이차적 사이버네틱스이론에서는 모든 체계가 피드백과정을 통하여 환경과 상호작용할 뿐만 아니라 더 높은 수준의 피드백과정에 의하여 전체 체계를 유지해 간다는 것을 강조하였다. 이차적인 인식론에서는 일차적인 성격이나 특성 외에도 체계의 자율성이나 구조적 결정권, 자기준거성을 강조하게 되었다(Keeney, 1987; Kriz, 1981).

이차적 사이버네틱스이론의 발전은 후기 가족치료 발전의 기초가 되었다.

이차적 사이버네틱스이론은 베이트슨의 『마음의 과학』(1972, 1990)에서 많은 영향을 받았다. 마음의 기준은 기계와 유기체 간의 결정적인 차이로 "마음은 살아 있는 시스템의 기본적 성질이다." "마음은 살아 있는 것의 본질이다."(Bateson, 1979)라며 자기조직 시스템의 특징들로 자기갱생의 역동성을 말한다.

생물학자 조지 코길(George Coghill)은 유기체의 특성을 구조와 기능과 정신작용으로 설명하며, 마음의 기능을 행동으로만 제한해서는 안 되고 더 높은 수준의 복잡성과 비공간적, 비시간적 특성이 있으므로 정신작용은 행동 그 이상을 의미한다고 하였다. 마음이라는 현상은 육체뿐만 아니라 정신작용, 사회체계와 집단무의식, 생태체계, 전 우주를 통해서도 볼 수 있다. 모든 생명의 현상의 서로 연결되어 있는 패턴과 관계성을 중요시 여겼다(Capra, 1986).

　체계들은 주어진 구조 안에서 서로 상호작용하며, 체계들이 맥락 안에서 어떻게 상호작용하는가 하는 것은 체계의 구조에 의해 정해진 범위 안에서 상호 연관성과 피드백과정에 의해서 이루어진다. 전체 조직이 변화하지 않은 맥락에서 구조적 변형을 시도하는 것이 변화일 수 있다. 이러한 변화는 상담사의 어떤 특정한 개입으로 이루어지는 것이 아니라, 새로운 행동에 대한 영향을 이야기하고 반응하며 수정하는 과정에서 묘사된 상호작용에서 변화의 특징이 보인다면 피드백이 확립되었다고 볼 수 있다. 엄밀한 의미에서 치료란 있을 수 없고 변화를 위한 환경 맥락을 제공함으로써 체계의 인식 변화를 시도한다.

　마투라나와 바렐라(Maturana & Varela)는 가족들이 표현하는 여러 다른 서술이 똑같은 체계에 대한 다른 관점이라고 말하는 것이 아니다. 체계가 존재하는 방식은 단 한 가지만이 아니며, 절대적이고 객관적인 가족이란 없다는 것을 뜻하고, 가족원마다 각각 다른 가족을 가지며, 이러한 가족의 다름은 절대적으로 정당하다는 것을 말한다. (Maturana & Varela, 1987: 36)

　루드비히는 상담사가 관찰자이자 동시에 관찰 대상자가 된다고 보았다. 목표에 대한 준거틀도 관찰자에 의한 것이 아니라 내담자의 자기준거틀에 기반하고 있다. 상담사는 개인의 인식론에 근거하여 자기준거적이어서 절대적으로 무엇이 진실이고 아니고의 결정 여부가 어렵다. 또한 상담사와 가족의 상호관계성에 의한 피드백의 분석과 초점이 바뀐다. 자율적인 체계는 상호작용을 하는 가운데 현재의 순간에서도 변화가 일어날 수 있다고 보는 견해다. 여기서 상담사는 무엇이 맞고 틀린지 어떠한 준거도 제시하지 않으며, 어떤 관점도 다른 관점을 무시할 수 없다. 이것은 어디까지나 강조의 문제고 선택한 차원의 문제다. 상담사는 인간이 실제나 진실을 구성하는 것은 사회적이고 문화적인 환경에 의해서라는 사회구성주의자들의 이론에 동의하고 있다(Ludewig, 1992: 59).

　이차적 사이버네틱스이론에서는 '정신병'이라는 증상행동을 맥락 안에서 이해하거나 맥락과의 적합성을 살핌으로써 재정의할 수 있다. 처치맨(Churchman)의 주장대로 문제를 해결하기 위해서는 문제의 맥락을 아는 것이 중요하다. 문제를 문제로 규정하는 사상이나 모델, 패러다임을 아는 것이 중요하다. 개인의 문제를 가족의 맥락에서 보았다면 이를 사회의 맥락에서 보는 것도 유용하다. 이차적 사이버네틱스이론에서는 내담자의 인식론적인 세계관, 가치체계, 관점이 더 의미 있게 작용되기 시작하였다.

특히 인간관계의 핵심인 대화는 그 속에 있는 줄거리나 내용보다는 사람 사이의 관계를 규명하는 것으로, 대화를 통하여 관계와 패턴으로 나타나는 실재를 인식할 수 있다고 보았다. 지각의 과정에서 인간은 대화를 통하여 개인의 리듬을 서로 맞추고 상호 연결시키므로 유대감, 공감, 조화를 이룰 수 있다. 이런 관점은 분명히 체계론적 가족치료와는 거리가 있는 단기해결중심치료, 이야기치료, 반영적 대화치료 모델에 적용되기 시작하였다.

(2) 구성주의이론과 사회구성주의이론

마투라나와 바렐라(Maturana & Varlela, 1987)의 인식론에서부터 출발한 사회구성주의이론은 20세기 말 탈근대주의로 전환하게 되는 계기를 마련하였으며, 포스트모더니즘을 추구하는 사회과학과 자연과학에도 많은 영향을 미쳤다.

사회구성주의는 세상에 태어나면서부터 그 사회의 문화나 가치, 신념, 제도, 관습, 행동방식 등을 습득하며 가족에서, 그리고 사회에서 하나의 구성원으로 적응하도록 해 준다. 사회화과정을 통하여 자신을 이해하고, 타인과 소통하는 방식들은 언어라는 매개체를 이용한다.

사회구성주의의 기본전제는 다음과 같다. 첫째, 실재는 사회적으로 구성된다. 사회적인 신념, 법칙, 관습, 의식주나 습관, 사회적 관계 등은 사람들이 살면서 만들어가는 것이다. 둘째, 실재는 언어를 통하여 구성된다. 실재를 바라보는 관점, 세상이나 신념은 객관적으로 존재하는 것이 아니라 언어적 상호작용을 통하여 변화할 수 있다. 셋째, 실재는 이야기를 통해 조직되고 유지된다. 이야기는 실재에 대한 지식을 조직하고 유지하고 순환하는 데에 중요한 역할을 한다. 넷째, 본질적인 진실이란 존재하지 않는다. 우리가 할 수 있는 것은 경험을 해석하는 것인데 언제나 다양한 해석이 가능하고 어떤 해석도 다 옳다고 말할 수 없다(Freedman & Combs, 1996).

구성주의에서는 객관적인 관찰자가 존재할 수 없다고 본다. 그러나 중간적인 절충안을 찾는다면 세계의 규칙을 들 수 있는데, 이 세상에서 경험하고 이해한 세계의 규칙들은 우리의 관계적인 상호관련성과 상호의존성에 의해서 생성되는 것이다.

체계는 지속적으로 변화를 추구하면서 동시에 역동적 균형을 유지하려는 성향 때문에 변화와 규칙적인 안정을 되풀이하면서 역동적인 인간의 삶의 경험에서 오는 모든 것을 포함한다. 우리의 진실처럼 다른 사람의 진실도 가치 있고 똑같이 합법적이 되는 것이다. 다른 사람의 진실도 생존을 위한 구조적 체계의 유지를 위한 것으로 이해하며,

우리가 함께 공존할 수 있는 기회는 공동의 세계를 구성해 나가면서 삶의 영역에서 배제하는 것이 아니라 포함되는 관점으로 찾을 때 가능하다. 양단의 갈등이나 문제는 항상 존재해 왔으며, 앞으로도 계속 존재할 것이다(Maturana & Varela, 1987: 264).

마투라나와 바렐라는 우리에게 '인식에 대한 인식의 의문성'을 강조하여 제안한다. 우리가 진리라고 믿는 것, 어떤 실재라고 믿는 것은 신이 창조해 둔 어떤 고정적이고 불변의 것이 아니다. 우리가 지각하고 이해하는 세계는 다른 사람들과 함께 구성해 나가는 하나의 세계일 뿐이다. 이 세계는 스스로 자동적으로 변하는 것이 아닌 인간이 적극적으로 참여하고 다름과 차이를 극복해 나가면서 발전하는 것이다. 차이와 다름의 역동성이 있었기에 사회적 과정, 문화와 인류의 역사가 이루어졌다고 본다. 이 부분은 많은 가족이 어떻게 서로의 다름과 차이를 갈등이 아닌 삶의 역동으로 받아들여 긍정적인 창조를 위한 밑거름으로 삼아야 하는지를 보여 준다(Marturana & Valera, 1987: 263).

- 마투라나의 인식론은 인간이 어떻게 인식하고 구성하느냐에 따라 우리의 세계와 환경은 다른 방식으로 창조되어 나간다는 것이다. 우리가 사고하고 이해하는 방식이 이 실제를 구성하게 하는 중요한 전제와 가정이 된다. 상담사의 역할은 내담자의 가치인식을 존중하며 자신의 지각된 실제를 다른 사람과 공유하면서 지각을 더 효과적으로 새롭게 구성하도록 돕는 데에 있다.
- 굴리시안과 앤더슨은 대화중심적 상담사로 인간이 삶을 어떻게 해석하느냐에 핵심을 두고 대화를 통하여 삶의 의미를 추구하는 치료 모델을 개발하였다. 대화과정을 통하여 내담자들 스스로가 문제에 대해 새로운 관점을 갖고 인식을 바꾸게 됨으로써 의미 전환이 이루어지는 것을 강조한다(H. Goolishan & H. Anderson, 1990).
- 굴리시안과 앤더슨의 구성주의이론에 따르면 언어가 실제를 반영하는 것이 아니라 실제를 만들어 낸다. 새로운 것은 관계중심적이었던 가족치료를 개인의 대화방식에 더 큰 의미를 부여하는 대화중심적 치료로 만들었다는 점이다(Goolishian & Anderson, 1992).
- 가족치료는 구성주의이론의 영향을 받아 실제 세계를 신이 창조한 다른 세상에 있는 어떤 것이 아니라 인간의 구성에 의한 것으로 여겼다. 인간의 뇌는 마치 카메라처럼 세상을 본 그대로 찍어 내는 것이 아니라 단지 현실을 반영하는 것이라고 보았다. 구성주의적 사고로 인하여 과거의 객관적인 진리나 관찰자에 의해 제공되었

던 준거틀 등은 도전을 받게 되었다. 상담사의 준거틀은 오히려 내담자를 있는 그
대로 보는 데에 장애가 되었고, 다른 것들을 관찰하는 데에 장애가 되기도 했다.

- 인간은 외부의 세계에서 관찰하고 지각한 것을 바탕으로 한 심상을 통해 자신의 실
제(reality) 세계를 창조해 낸다. 그러나 실제에 대한 평가는 부정확한 경우가 많다.
이는 자신의 감각기관의 한계, 자신의 인식을 입증하기에 부적절한 메커니즘 때문
이다. 어떤 순간에는 과거와 현재, 미래에 대한 불안과 걱정으로 매순간에 살지 못
한다. 따라서 우리는 우리가 되었으면 하는 바람이나 생각에 따라 듣고 싶은 대로
듣고, 이해하고 싶은 대로 이해하면서 나만의 실제를 인식하기도 한다. 그래서 실
제의 세계가 우리가 원하는 대로 될 때는 매우 즐거워한다. 그러나 원하는 것과 실
제가 부합하지 않는 좌절 경험들은 우울이나 질병으로 그 메커니즘이 드러난다.

인간은 각자 나름대로 유전과 경험, 선입견과 지각방식을 구성하기 때문에 서로 약
간은 다른 방식으로 이해하며 또한 다르게 실제를 창조한다. 이런 의미에서 각자가 인
식하고 지각한 실제는 진실이며 똑같이 정당하고 공평하다. 이런 관점에서는 관찰자마
다 자기의 실제가 있어서 많은 실제가 존재하며, 지각된 실제는 정당한 것이다. 그래서
엄밀한 의미에서 객관성은 존재하지 않으며, 다룰 수 있는 것은 관찰자와 관찰 대상자
와의 상호관련성에 대한 인정이다. 이런 과정은 곧 대화로, 언어 속에서 만들어 내는
능력이다. 우리는 언어를 통하여 세상과 상호작용하며 행동을 수정하고 자신만의 세계
를 탄생시킨다.

"인식하는 것이 행하는 것이고 행하는 것이 곧 인식하는 것이다."(Maturana & Varela,
1987: 31)라는 주장처럼 아주 많은 세계 가운데 하나의 세계를 인식하는 것이다. 마치
그림 속 동물이 나무 위에서 혀로 먹이를 잡는 것처럼 하나의 자신의 세계에서 인식하
고 행하는 것이다. 아는 것은 객관성과 상관이 없으며, 오히려 효과적인 행동과 더 관
련이 있다. 우리는 인식하면서 무엇을 어떻게 알고 통찰했는가에 따라 스스로의 행동
을 창조한다(Maturana & Varela, 1987: 263).

(3) 사회구성주의와 반영적 대화치료

협력언어체계 모델은 '대화치료' '협력적 대화'라고 부르는데, 굴리시안과 앤더슨
(1992)은 포스트모더니즘과 구성주의를 접목하여 개발한 효과적인 치료기법이다. 노르
웨이 정신과 의사인 앤더슨은 1980년대 중반 정신병 환자들이 가족이나 친구 없이 혼

자서 치료를 받아야 하는 상황을 안타까워하였는데, 초기 구조적 모델, 전략적인 MRI 모델, 밀라노 모델 등에 만족하지 못하고, 상담사가 내담자 가족에 대해 가진 생각들을 왜 숨겨야 하는지 그 의문에 대한 답을 찾고자 치료적 반영팀을 고안하였다.

치료과정은 상담실에서 상담사가 내담자 가족들과 대화를 하고 난 후 관찰실에서 치료과정을 지켜본 상담사와 상담을 진행한 상담사가 팀을 이루어서 대화를 하면 가족들은 이 치료팀들이 이야기하는 내용들을 모두 듣고 관찰한다. 치료팀에서 보는 가족들에 대한 내용은 "……인 것 같아요, 확실치는 않지만." 이런 식으로 표현하는 것이 더 좋다. 이 과정을 지켜본 후 가족들은 다시 상담에 임하며 이때는 첫 상담 때와는 다른 새로운 이야기며 의미부여를 할 수 있게 된다.

상담사는 특정 기법이나 틀을 갖지 않고 치료적 대화의 참여자로 활동한다. 내담자와의 상호작용 가운데 내담자의 준거틀에 의한 문제를 인식하고 그들이 의미하는 변화에 더 관심을 갖게 된다. 상담사는 아주 비의도적이며 가족의 변화를 위한 방향이나 목표를 이끌지도 않는다. 내담자를 변화시키려 하기보다는 변화를 위한 배경이나 환경을 조성하고, 스스로 삶에 새로운 의미를 부여하도록 장을 마련해 주는 것이 더 중요하다. 치료팀이 없는 경우에 내담자 가족들은 서로의 이야기를 어떻게 들었는지를 반영하며 대화하는 이마고 대화법을 활용한다. 또한 상담사 자신의 생각을 말할 수 있고, 내담자 가족들은 상담사의 말을 어떻게 들었는지 물을 수 있다. 가족들은 대화를 통하여 하나의 상황에 대해 옳다고 생각하는 다양한 관점이 있다는 것을 알게 된다.

굴리시안과 앤더슨(1992)은 대화중심적 치료의 핵심을 다음과 같이 정의하였다.

- 상담사는 대화의 전문성과 책임성을 가지며 심리적으로 안정된 공간과 과정의 의미를 제공하므로 서로의 참여를 촉진시킨다.
- 치료과정의 핵심은 상담사와 내담자 간의 대화방식을 공유하는 것이다. 상호탐색과 교류와 반응으로 새로운 방식을 구성하며, 변형적이고 창조적인 자발성이 일어남에 따라 대화는 전환이 가능하다.
- 대화는 서로 공유하는 탐구로서 각자 다른 관점을 가진 전문가 사이의 협력적인 탐색이다.
- 변화는 대화 속에서 만들어지며, 쌍방적 대화(상담사와 가족 간, 가족과 상담사 간)과정을 위한 공간과 기회를 만들어 줌으로써 대화 가능성의 여지가 생기고, 대화와 관계에서 사고, 감정, 행동의 변화가 발생한다.

- 대화의 새로운 형태 속에서 관계의 새로운 형태가 발생한다. 그래서 사람들은 서로에 대하여, 자신에 대하여 다르게 생각하고 경험하기 시작한다. 이런 과정 속에서 변화가 가능해진다.

상담사는 더 이상 전문가적인 위치에 있는 관찰자가 아니라 아니라 내담자와 파트너관계로, 고정관념이나 어떠한 편견, 비판 없이 내담자의 있는 그대로를 수용하고 존중해야 한다. 대화치료에서 상담사의 태도와 관점은 다음과 같다.

- 사회구성주의자들에게 상담사는 더 이상 외부 관찰자가 아니라 관찰되는 현실을 구성하는 한 부분이다. 앤더슨과 굴리시안(1992)은 내담자에 대한 이런 태도를 '알지 못하는(not-knowing)' 자세로 표현한다. 이는 주의 집중하기, 존중하며 반영하기, 신뢰와 믿음 형성, 협력적인 자세로 상담사의 개방적인 자세를 의미한다.
- 세상에 대한 이해는 오직 언어로만 가능하다. 언어를 통하여 인간은 서로의 관점과 방식을 이해하고 소통한다. 언어 속에서 자신의 행동을 조정하고 자신의 세계를 만들어 간다. 상담사는 가족이 어떤 식으로 변해야만 한다는 사고방식에서 탈피하여, 가족과 함께 참여함으로써 대화의 촉진자 역할을 한다. 이야기상담사인 화이트는 가족들의 대화과정에서 그들의 삶을 재저작하거나 가족들이 병리적이지 않은 부분들의 이야기를 전개하며 새롭게 재구성하도록 협력한다(White, 1995).
- 절충과 통합, 이해와 수용을 더 많이 활용한다. 상담사는 내담자에게 적합한 다양한 이론과 방법을 절충하고 통합하는 기술들이 더 필요하게 되었다. 부정적인 경험이나 실패가 내담자의 관점을 수정하기 어렵게 하는 것이 아니라 변화하고자 하는 우리의 의식과정에 도움이 되는 촉매제로 사용될 수 있다고 본다. 어떤 기술을 제대로 습득하기 위해 시행착오를 거듭하는 것은 언제나 피할 수 없는 것으로, 상담사는 내담자의 실패, 고통, 문제, 실수, 어려움도 좀 더 잘 하기 위한 시도였고, 시련을 통해 오히려 자아가 단단해지는 과정으로 이해하고 수용할 수 있게 된다.
- 내담자 사이에서 다양성 문제에 더 주목할 필요가 있다. 모든 진리는 상대적이므로 사물을 바라보고 이해하는 관점이 한 가지 이상 있으며, 상담사의 관점이 내담자의 관점보다 더 옳거나 객관적이라고 주장하기가 어렵다. 내담자들이 삶을 어떻게 살아야 하는지를 가르치는 것이 아니라 스스로가 배우도록 도와주는 것이다.
- 켈리(G. Kelly, 1995)는 인간이 나름의 독특한 환경을 구성하고 창조하여 세상에 대

한 이해와 개념을 만들어 간다고 보았다. 개인은 사건이나 상황을 해석하고 조직하며 행동을 예측하게 한다. 경험을 해석하는 주관적인 틀을 통해 세상을 이해하기 때문에 낡은 개념을 수정하고 다른 렌즈로 세상을 볼 수 있도록 하는 것과 같다고 말한다.

- 내담자와 상담사는 그들의 상황에 대한 인식의 변화가 더 중요하다고 본다. 체계이론에서는 행동의 변화에 초점을 두었다면 구성주의에서는 상황에 대한 개인의 인식과 개인적인 해석을 더 중요시한다. 가족들이 생각하는 병리나 문제가 '어떤 진실'이 아니라 어느 정도는 사회적으로 구성된 맥락에 의한 것으로 재정의된다면, 가족들은 그들의 상황에 새로운 의미가 부여되므로 삶에 대한 대안적인 이야기를 발전시킬 수 있는 희망, 가능성을 보게 된다.

- 가족들은 대화를 통해서 세상에 대한 개인의 많은 생각을 형성하고 수정한다. 가족들이 행복하게 살 수 있는 방안은 자신의 대화방법을 새롭게 재구성함으로써 문제에서 벗어나는 것이다. 내담자의 삶이 처해 있는 실제 사회적 상황보다 개인이 어떻게 자신의 상황을 인식하고 있는가가 더 중요하다. 그리고 개인 자신의 현실 구성이 개인적인 것에만 한정되지는 않으므로 사회적인 구성에도 개인의 책임이 있다.

우리의 몸을 인도하는 불빛은 마음이고 마음을 인도하는 불빛은 우리의 신체다.

인간이 자신을 어떻게 인식하고 있는가에 대한 자아개념도 중요하다. 비교적 만족스러운 삶, 행복한 삶을 위해서는 자기이해와 수용이 필요하며, 현실적이고 적합한 자아개념이 따라야 한다. 자기신뢰와 믿음, 자존감이 있고 수치스럽지 않으며, 떳떳하고 자신에게 당당한 모습, 창조적으로 자신의 삶을 만들어 가는 책임성, 자신의 강점과 약점을 알고 이것에 정직하며, 자기를 올바르게 잘 알고, 자기다운 모습에 만족하고 감사하며, 그래야 현실에서도 효과적으로 대처할 수 있고 행복하고 건강한 자아로 삶을 영위할 수 있다고 본다.

미드(Mead, 1964)는 인간이란 타인에게 자신을 비추어 보아 자신을 인식하고, 자신의 인식 속에서 타인이 의미를 가지므로 타인과 관계를 맺어 자신의 삶에 특별한 의미를 부여한다고 하였다. 이는 관계성의 중요성을 강조한 것으로 자신의 느낌이나 감정, 사고 한계나 기대 등을 잘 알아차리는 능력, 타인을 공감하고 지각하는 능력, 자신의 욕구를 잘 알고 표현하는 대화의 능력, 상대방에게 자신을 이해시키고 설득시키는 기술은 인간관계를 잘할 수 있는 필수적인 것들이다.

구성주의자들이 개인의 주관적인 마음, 인식, 해석을 중요시한다면, 사회구성주의자들은 개인에게 영향을 미치는 사회적인 환경이나 사회가 만들어 내는 언어의 영향력을 더 강조한다.

가족치료에서 구성주의와 사회구성주의의 영향을 받은 새로운 모델로는 드 세이저와 김인수(S. De Shazer & Insoo Kim Berg)의 단기해결중심 가족치료, 화이트(M. White)의 이야기치료, 앤더슨과 굴리시안(Anderson & Goolishian)의 반영적 대화치료가 대표적이다.

3. 국내 가족치료의 발전과정

국내에서 가족치료는 미국에서 교육을 받은 사회복지 전공교수들에 의하여 시작되었다. 1979년 이화여자대학교 대학원 사회사업과에 가족치료가 정규과목으로 개설되었다. 이후 여러 대학교와 대학원에서 가족학과, 사회복지학과, 상담전공 등에 '가족상담'이 정규과목으로 개설되었다. 1980년대 후반부터 번역서, 학위논문, 저서, 상담사례집, 관련 논문이 출간되기 시작하였다. 1988년에는 관련 학회도 설립되어 워크숍 개최, 학회지 발간 등 활발한 모임과 연구도 이루어졌다. 가족상담 관련 논문과 연구는 상담분야 실무자들의 가족상담 및 치료에 대한 관심을 유발하였다. 가족상담 및 치료에 대한 고조된 관심, 대학 및 실천영역에서의 저변확대는 외국이론과 외국의 저명한 학자들의 공헌도 있지만 부부문제, 가정폭력, 아동과 청소년 문제, 노인문제 등 이 시대의 가족문제가 심각한 사회문제로 인식되어 가족상담 및 치료의 필요성이 절실해진 것에서 그 이유를 찾을 수 있다(김혜숙 외, 2012).

1993년에는 『한국가족치료학회지』가 창간되어 현재까지 이 분야의 전문적인 학술지로 발전하고 있다. 또한 가족치료 관련 학과나 전문대학원이 많이 개설되었고 가족상담소나 연구소가 증가하면서 많은 가족과 부부의 갈등 및 문제를 다루게 되었다.

2000년부터 급성장한 가족치료 분야는 간호학, 가족학, 교육학, 교육심리, 상담학, 목회상담학, 사회복지학, 심리학, 아동가족학 등 다학제와 교류하며 가족치료학회, 가족관계학회, 가족복지학회 차원에서 가족상담사 자격증을 수여하고 있다. 민간 차원의 사단법인에서도 교육이수와 더불어 자격증을 주고 평생교육원 차원에서도 가족상담이 개설되어 상당히 보편화되어 있다. 한국은 아직까지 국가공인 가족치료 자격증이 발급

되고 있지는 않다.

1997년 국가가 가족문제에 공식적으로 개입할 수 있는 「가정폭력방지 및 피해자보호 등에 관한 법률」이 제정되고, 지역에는 가정폭력상담소와 피해자 보호시설 등이 설치되기 시작하였다. 또한 가정폭력 피해자를 위한 전국적인 네트워크를 형성하고 있는 '여성긴급전화 1366'이 설치되었다. 전화상담과 방문상담 그리고 모자 보호시설을 갖추고 있는 쉼터는 성폭력이나 가정폭력 피해여성과 아동들이 도움을 받을 수 있는 공인된 시설이다.

1990년대 후반에 제정된 가정 관련 법률과 이에 근거한 제도의 도입은 성폭력상담소, 가정폭력상담소, 장애인성폭력상담소, 청소년상담원 등 가족문제와 직간접으로 연관 있는 기관과 시설의 설립으로 이어졌으며, 이러한 기관과 시설은 피해자 상담 및 치료, 보호활동 등과 함께 전문가 양성교육과 훈련을 실시하고 있다(김혜숙 외, 2012).

2005년부터 「건강가정기본법」이 시행되었고, 2022년 현재 여성가족부 산하 전국에 건강가정지원센터가 133개소이며, 지역사회에서 건강한 가정을 구현하기 위한 목적으로 가족의 복지 증진, 가족의 관계 증진, 자녀양육 지원, 이혼예방 및 이혼가정 지원 등을 실천하고 있다.

가족치료가 가족관계의 갈등이나 문제는 물론 인간의 부적응이나 대인관계문제 해결을 돕는 하나의 전문적인 심리치료로 확고한 위치를 확보하였다. 개인의 부적응이나 병리적인 면을 이해하고 개입하기 위해서는 가족들의 의사소통이나 상호관계성을 형성하는 역기능적인 패턴을 이해하지 않고서는 어렵게 되었다.

21세기에 들어와서 가정문제의 심각성, 자녀의 학교 관련 문제 그리고 다문화가정의 확산 등으로 인해 가족상담 및 치료의 수요가 급증하고 있으나 아직은 양적·질적인 면에서 만족할 만한 수준이 못된다. 그 이유는 많겠으나 가족상담 및 치료에 대한 일반인의 이해 부족, 전문상담 인력의 부족과 예산지원의 미흡, 상담 및 치료기관 협력체제의 미비 등이 대표적이다. 또한 상담사나 심리상담사들의 부족한 전문성과 임상경험, 슈퍼비전의 부실함, 업무량 과다 등이 이유가 된다. 최근 들어 증가하고 있는 가족상담 및 치료의 수요에 부응하기 위해서는 법률 및 제도적인 지원과 함께 유능한 가족상담 및 치료 전문가의 양성과 충원, 체계적이고 내실 있는 보수교육, 효과적인 상담 및 치료 프로그램 개발, 상담 및 치료 전문가 처우 개선, 부족한 예산문제의 해결 등이 절실하다(송성자, 2004).

가족치료의 실천현장을 보면 지역사회의 복지관, 지역사회의 아동 및 청소년 가족을 위한 상담실, 건강가정지원센터와 다문화가족지원센터, 성폭력 및 가정폭력상담소, 학교상담실, 청소년상담복지센터, 정신건강증진센터, 재난보호시설 및 트라우마센터, 기업상담, 군상담, 법원상담 등이 있다. 최근 이혼의 증가로 인하여 법원에서 숙려기간 동안 부부상담을 받아 볼 것을 권고함으로써 이혼 전후 상담이 증가하고 있는 추세다.

건강가정다문화가족지원센터에서 다루는 상담의 유형을 보면 부모자녀문제, 의사소통, 개인심리문제, 가족갈등, 가정폭력문제 순위로 나타났다. 건강가정다문화지원센터에서 진행되는 상담들은 거의 10회기 이내의 단기상담으로 진행되므로 정신적으로 취약한 내담자인 경우에는 지속성이 부족하여 상담의 효과를 보기에 다소 어려움이 있을 수 있다. 여성가족부에서는 성폭력, 근친상간의 문제, 학교폭력, 자살시도, 범죄피해자, 정신적 외상치료 등 가족구성원의 가족상담 및 돌봄지원도 시행하고 있다.

가족의 문제는 날로 복잡하고 다양해지며 고령화 사회의 노인가족문제, 재난사고로 인한 트라우마, 다문화가정과 북한이탈주민의 부적응문제, 나홀로가족 등 미래 가족상담사의 전문적인 역할이 더욱 강조되고 있다.

한국을 비롯한 아시아 국가들이 참여하는 AAFT 학술대회가 매년 개최되어 아시아 지역에서 가족치료연구와 임상적 교류가 활발하게 전개되고 있다. 최근 동양문화와 가족치료에 역점을 둔 영문 국제학술지 『Asian Journal of Family Therapy』를 한국에서 최초로 창간하고 온라인 국제교류 플랫폼을 구축하였다. 동양권에서 선도적 위상을 인정받는 주체로서 한국 가족치료는 아시아 가족치료 발전에 기여하는 것은 물론 동양문화와 가족치료가 교차하는 글로벌연구 및 실천 현장과 지속적으로 교류하면서 국내외 현장의 호혜적 발전에 기여할 것으로 기대된다(정문자 외, 2007).

코로나19 상황에서 가족들의 심리, 정서 지원을 위해 가족상담의 중요성이 날로 확대됨에 따라 지속적이고 안전한 가족상담 서비스 제공을 위해 화상상담을 중심으로 비대면 가족상담 운영방안도 더욱 필요해졌다. 한국건강가정진흥원의 2021년 온라인 가족포럼에서는 실태조사를 통한 전국 가족센터 상담 관련 실무자의 요구 파악 및 다수의 전문가 자문을 거쳐 표준화된 매뉴얼 제작의 필요성을 제안하였고, 매뉴얼 구성을 통해 비대면 화상 가족상담의 운영과정 및 비대면 가족상담 시 우려되는 무단 녹화, 무단 녹음 등 윤리적인 측면에서 고려되어야 할 법적 근거 등을 제시하였다. 이를 통해 가족센터 비대면 화상 가족상담의 전문성 향상 및 상향 표준화 등 발전 방향을 모색하였다. 비대면 화상 가족상담의 활성화를 위해 가족센터별 화상 가족상담을 위한 표준화된 동일 플랫폼 및 다양한 상담 콘텐츠 마련의 필요성을 제안하였고, 나아가 AI, VR, 메타버스, 애플리케이션, 챗봇 등을 활용한 IT 기반의 다양한 상담환경의 조성의 필요성도 제안하였다(한국건강가정진흥원, 2021년 제3차 온라인 가족포럼).

　현재 우리나라 전문가로서 부부 가족상담사 자격증은 아직 국가 공인 자격증은 없고 주로 학회 중심으로 발급되고 있다. 한국가족치료학회, 한국상담학회 산하 부부가족상담학회, 한국가족관계학회, 한국정신분석심리상담학회 등에서 소정의 필기시험과 자격심사과정을 통하여 가족상담 슈퍼바이저, 가족상담사 1급, 가족상담사 2급 또는 부부가족상담사 1~2급 등이 배출되고 있고, 각 지역사회에서 전문가족상담사들의 역할이 매우 커지고 있다.

02 가족사정과 평가

1. 가족사정의 이해

가족상담사는 가족문제의 해결을 위해 가족들을 만나고 직접 면접을 하면서 관찰과 탐색도 한다. 사정은 가족문제가 어디에서 어떻게 작용하는지, 왜 그런지를 알아가는 과정이다. 문제해결을 위해서는 가족 스스로 자기통찰과 변화의 동기가 중요하므로 질문을 통해서 촉진하기도 하고 적절한 개입방법을 함께 찾아 나서게 된다. 가족을 사정할 때는 가족구성원들과 면접, 관찰, 평가척도인 체크리스트를 활용하여 가족의 다양한 욕구와 문제 상태, 대처방식 등을 파악하고 앞으로 나아갈 방향과 목표들을 설정할 수 있다. 가족의 무엇을 어떻게 사정할 것인가에 해당되는 사정의 내용은, 가족기능과 구조에 대한 사정으로 가족의 경계, 가족원의 의사소통, 가족규칙과 역할, 가족생활주기, 가족원의 강점 및 자원, 가족 내의 역할, 가족의 권력, 희생양, 삼각관계가 해당된다. 그리고 가족사정의 도구를 활용하는 사정으로는 표준화된 평가척도를 이용하는 것과 투사적 검사를 사용하는 사정도구가 있다.

1) 가족사정의 개념

가족사정은 상담과정에서 가족의 궁극적인 문제뿐만 아니라 개입을 위해서도 필수적인 과정이다. 가족사정(family assessment)은 내담자가 호소하는 문제와 관련하여 가족을 하나의 '단위'로 보고 가족 내적 요인 및 가족 외적 요인 그리고 이들 양자 간의 상호작용 등을 파악하는 것이다. 그리고 가족의 다양한 정보를 수집하고 분석하여 가족에 대한 개입을 계획하는 과정을 말한다. 궁극적으로 내담자의 문제가 무엇이고, 그 문제해결을 위해서는 무엇이 필요하며 무엇이 변화되어야 하는지를 종합적으로 분석하고 개입을 하는 과정이다.

진단이 병리적이고 문제 중심적인 측면이라면 사정은 가족의 기능과 구조, 역할, 의사소통, 강점과 자원까지도 파악하는 것이다. 가족사정에서 가족의 구성원에 대한 개별적인 접근으로 과거에서부터 현재의 문제나 욕구뿐만 아니라 가족의 상호작용을 하는 관계성, 가족의 심리정서적 반응과 대처방식 더 나아가 문화적 요인까지도 다룬다.

2) 가족사정의 내용과 영역

가족사정을 할 때 상담사는 가족개인의 욕구나 문제, 갈등이나 원함이 무엇인지, 가족의 상호작용에 영향을 미치는 대상, 구성원의 가치나 성격, 가족이 지향하는 목표나 관계성의 갈등, 가족원의 직업세계, 지역사회와 문화까지도 모두 포함한다.

가족사정의 내용과 영역으로는 다음과 같다.

- 가족기능과 구조를 파악하기 위해서는 가족의 하위체계, 가족원의 경계선, 가족원의 의사소통, 가족의 규칙, 가족규범과 역할, 가족의 신화, 원가족 내의 역할, 가족의 권력구조, 희생양, 가족의 강점과 자원, 문제해결방법 등을 질문하고 탐색함으로써 사정한다.
- 가족의 역사적인 측면을 사정하기 위해서는 가족의 가계도나 가족의 생활주기, 생활력 도표를 활용하여 원가족과 핵가족의 세대와 공간을 넘나들면서 세대 전수의 특성과 생활주기상의 발달과업이나 위기, 가족의 중요한 사건들을 시계열적으로 파악한다.
- 가족의 생태 환경적인 측면에서는 가족들에게 지대한 영향을 미치는 사회적, 관습적, 환경과의 에너지 교환, 스트레스, 자원의 양과 종류 등을 알 수 있는 생태도를 활용한다.
- 표준화된 척도로는 맥매스터의 가족사정척도(FAD), 결혼만족도검사, 올슨의 순환모델, TCI(Temperament and Character Inventory, 기질성격검사), MBTI 검사 등을 활용하여 가족의 구조나 관계성의 특성 및 개인의 성격이나 기질이 관계성에서 어떻게 반응하고 부족한 점이 어떤 것인지 좀 더 객관적으로 알 수 있다.
- 가족에 대한 투사적 검사로는 TAT(주제통각검사), 동적 가족화, HTP(집·나무·사

람 그림검사)를 활용하여 사정할 수 있다.

3) 가족기능과 구조 이해

가족기능이란 가족집단이 가족성원이나 사회에 대하여 행하는 지속적인 작용 또는 작용관계로서 가족이 수행하는 역할, 행위로서의 가족행동을 의미하며, 가족구성원들의 의사소통, 상호작용방식, 문제해결방법, 역할분담 등 다양한 요소가 포함된다. 가족의 기능은 시대나 그 사회문제가 개인 및 집단에게 요구하는 가치에 따라 달라질 수 있다.

구조적 가족상담사인 미누친(Minuchin, 1977)은 기능적 가족의 특성을 다음과 같이 설명한다.

- 가족구성원들 사이에 경계가 분명하고 자율성이 있다.
- 가족구성원들은 서로에 대해 깊은 신뢰감을 가지고 있다.
- 가족규칙은 가족발달에 맞게 변화되고 유연하다.
- 부모가 서로 연합하여 권력을 가지되 위협적이지 않다.
- 가족의 발달단계에서 요구되는 과업을 수행하는 데 있어서 융통성을 발휘한다.
- 환경체계와 분명히 구분되는 동시에 개방적이고 융통성이 있으며, 개방형 가족체계의 적응적인 경계를 갖고 있다.
- 구성원 개개인의 역할이 분명하지만, 가족생활주기의 변화에 따라 융통성이 있다.

(1) 가족구성원 간의 경계

가족 내 구성원 간의 경계선은 서로 허용할 수 있는 접촉의 양과 질로 가족기능을 평가하는 유용한 기준이 된다. 경계선이 약한 사람은 원가족으로부터 통제나 과잉보호, 학대를 받은 사람이다. 그래서 의존적이며, '자기'가 없고 상대를 통해 '자기'를 확인하려고 한다. 경계선이 약한 사람은 타인에 대한 차이를 인정하지 못하고 지나치게 간섭하고 통제하려고만 한다. 반면에 경계선이 강한 사람은 경직되어 친밀감과 소속감이 없고, 개인주의적 성향이 강하다. 경계선이 분명하다는 것은 나의 것, 너의 것, 우리의 것에 대해 서로 존중한다는 것이다. 가족원들은 시간, 공간, 재정, 가사 등의 경계선을 서로 설정할 수 있어야 한다. 가족원들은 서로 명확한 경계로 자율성과 독립성, 책임성을 유지해야 한다. 그러나 구성원들이 너무 밀착된, 그래서 경계가 혼돈된 경계선과 유리된 가족에게 나타나는 경직된 경계선은 역기능적이라고 할 수 있다(Minuchin, 1977).

〈표 2-1〉 역기능적 경계선

혼돈된 경계선	경직된 경계선
• 가족원 간 지나친 간섭과 개입 • 가족원의 감정과 생각의 차이성을 수용 못함 • 지나친 가족의 구속과 응집력 • 가족원의 자율성 부족	• 가족원 간 상호작용 부족 • 가족원 간 친밀감 부족 • 가족응집력과 결속이 낮음 • 다른 가족원에 대한 무관심

(2) 가족 외부와의 경계

가족 하위체계의 경계 유형, 역할, 힘에 대해서 탐색해 보면 〈표 2-2〉와 같다.

모든 가족은 가족 외부환경인 친인척, 새로운 사람 사귀기, 종교활동, 여가활동, 직업, 정보 등 경계의 침투성에 따라 기능과 역기능으로 나눌 수 있다. 경계의 침투성을 구분하는 기준은 가족체계에 제3자의 개입이 허용되고 환영받는 정도, 가족구성원이 외부인과 정서적 관계를 맺는 것을 허용하는 정도, 외부환경과 정보와 자원을 교환하는 정도에 따라서 개방형 가족, 폐쇄형 가족, 방임형 가족으로 구분된다.

개방형 가족은 다른 가족에게 악영향을 주거나 가족규범을 위반하지 않는 범위 내에서 외부와의 경계가 융통적이며 스스로 통제할 수 있다. 그러나 폐쇄적 가족은 외부

〈표 2-2〉 가족의 경계, 역할, 세력, 힘 찾기

가족의 하위체계 경계 유형	역할	세력, 힘 결정권
1. 부부체계 사이에 경계가 있으며, 융통성이 있는가?	부부 사이에서 서로의 역할은? 만족스러운 것은? 불만족스러운 것은?	부부간에 누가 어떤 면에서 더 세력 행사(의사결정권)를 하는가?
2. 부모자녀체계의 각 체계 사이에 경계가 있으며, 융통성이 있는가?	부모-자녀관계에서 부부 각각의 역할은?	부모-자녀관계에서는 누가 더 의사결정이나 힘이 있는가?
3. 형제자매체계 사이에 경계가 있으며, 융통성이 있는가?	자녀들의 가정에서의 역할은?	자녀들끼리 서로 세력, 힘 의사결정은 누가 더 어떠할 때 행사하는가?

와의 경계가 지나치게 강하고 침투력이 없어 외부와 상호 정보교환을 하지 않는 유형
이다. 가족구성원끼리는 애증의 관계, 강한 의존의 관계, 융합 의존적 관계로 상호작
용을 한다. 폐쇄형 가족은 가정폭력피해가족, 알코올중독가족 등에게서 종종 발견된
다. 또한 방임형 가족은 가족 외부와의 구분에 경계가 거의 없고, 방어를 하지 못하므
로 외부로부터의 침입에 제한이 없어 시부모나 친정 부모가 자기 집처럼 드나들면서
간섭한다.

(3) 가족원의 의사소통

가족들은 매일 대면하면서 의사소통을 하지 않을 수 없다. 가족원의 의사소통은 의
사 전달뿐만 아니라 관계 규정과 행동방식을 통제하고 조절하는 기능을 하게 된다. 의
사소통은 가족 내에서 가족 간의 경계, 애정, 위계질서, 규칙, 역할, 행동방식 등을 표현
하는 중요한 통로가 된다. 따라서 가족원이 주고받는 의사소통 내용이나 방식은 가족
원에게 정서적으로 영향을 미치는 매우 중요한 요소다. 그래서 가족문제를 사정하기
위해서는 가족들이 서로 어떤 내용과 방식으로 의사소통을 하는지 주의 깊게 살펴보아
야 한다.

① 기능적 의사소통의 특징

기능적 의사소통이란 가족원들이 서로 억압받지 않고 자유롭게 사실이나 감정을 표
현하는 긍정적인 의사소통 유형이다. 메시지를 전달할 때 의견, 생각, 느낌을 분명하고
정확하게 전달하며, 또한 대상에게 직접적으로 해야 의사소통의 명확성이 높다(김혜숙
외, 2012). 가족원의 의사소통 사정에서 고려해야 할 요소로는 다음과 같다.

- 의사소통의 일치성과 명확성
- 효과적인 의사소통을 방해하는 요인(비난, 무시, 부정, 경멸, 자기방어, 회피)
- 의사소통의 표현성과 수용성
- 가족의 정서 및 감정표현 범위와 허용성

기능적 의사소통의 예로는 고든(T. Gordon)의 '나−전달법(I-message)'을 사용하는
것이다. 즉, 상대방에게 '나'를 주어로 하여 자신의 감정을 솔직하게 표현함으로써 상대
방을 존중하면서도 자신의 주장을 전달할 수 있는 방법이다. 가족들이 서로 예의를 지

키며 관계를 잘하기 위해서는 자기주장능력이 있어야 한다. 즉, 부탁하기, 요청하기, 거절하기, 설득하기, 자기 감정 표현하기 등이다.

② 역기능적 의사소통의 특징

역기능적 의사소통은 상대방에게 비난적인 표현을 하며 애매모호하고 간접적인 방식으로 의사소통을 하는 것이다. 서로 더 많은 솔직한 표현을 주저하고 회피적인 태도를 보인다. 따라서 역기능적인 의사소통 방식이나 태도는 가족에게 심각한 상처를 주고 고통을 안겨 줄 수 있다. 가족들이 이중적인 메시지를 보내는 것은 말과 행동을 다르게 하고, 언어적 메시지와 비언어적 메시지가 불일치하며, 걱정이나 애정의 의도가 상반되게 화로 표출되는 것이다.

가트만(Gottman)은 부부관계에서 역기능적인 대화방식 중 가장 바람직하지 않은 것으로 비난하기를 말한다. '너-전달법(You-message)'이라고 할 수 있다. "너는 왜 그렇게 항상 느리니? 그러니 공부도 못하지!"처럼 상대방의 인격을 무너져 내리게 무시하는 태도를 말한다. 대화 주제가 상황이나 사건에 머무르지 못하고 성격이나 외모, 원가족의 부모교육 등을 말하는 것은 매우 위험하다. 이것은 즉각적인 자동반응으로 상대를 공격하고 무시하고 회피해 버리는 생존의 방식으로 자기방어를 유발하기 때문에 관계를 더욱 악화시킨다.

경험적 가족상담사인 사티어(Satir)는 역기능적인 의사소통을 비난형, 초이성형, 산만형으로 구분하여 설명하였다. 베이트슨(Bateson)은 조현증(정신분열증) 환자 가족에게서 부모와 자녀 사이에 나타나는 이중구속의 모순을 찾아내었다. 이중구속은 언어적 메시지와 비언어적 메시지의 불일치로 혼란을 초래한다. 아이 입장에서 엄마가 자기를 때리면서 "너를 사랑해서 그런 거야."라고 하는 것도 불일치적인 것이다. 이중구속 의사소통은 말을 받은 사람에게 보낸 사람의 말에 복종할 것과 불복종할 것을 동시에 요구하는 불일치로 어떤 행동을 해도 메시지를 보낸 사람의 마음에 들 수 없도록 만든다. 그래서 메시지를 받는 사람은 혼란을 느낄 수밖에 없다. 특히 아동들은 아직 부모에게 이런 대화의 모순을 지적하고 주장할 수 없으며 순응할 수밖에 없으므로, 이런 대화가 반복적일 때는 심각한 왜곡을 초래할 수 있다.

위장의 의사소통은 가족 내에서 불화나 갈등을 모호하게 가면을 쓰고 회피하는 반응 유형이다. 문제의 본질은 다루지 않고 피하고 위장술로 드러나서 가족들은 더욱 갈등이 고조된다.

(4) 가족규칙

사티어는 문제는 가족이 아니라 가족의 규칙이라고 규정한 바 있다. 가족 간에 지켜야 할 의무나 태도에 대한 지침이나 권리 등을 가족규칙이라고 한다. 가족규칙은 가족 내에서의 관계나 역할 수행과 행위지침에 대한 지도 원리로서, 모든 가족이 대부분 동의하지만 말로 표현되지 않는 경우가 많다. 특히 암묵적인 규칙은 가족들의 반복적인 생활을 통해서 만들어진 것으로, 예를 들면 아버지가 술을 마시고 오면 큰소리로 질책을 가해서 잠든 척해야만 하는 것이다. 이런 것은 불안상황에서 자기를 위장하는 것으로 회피하는 대처방식이 학습되어 나타난다. 따라서 전체 가족과 개인 가족구성원들이 효과적이고 합리적으로 기능하도록 하는 규칙을 수립하는 것이 중요하다.

기능적 가족에서는 가족 내에 규칙이 명확하고 합리적이고 융통성이 있으나 역기능적 가족의 경우에는 가족규칙이 경직되어 있으며, 적은 수의 규칙에 의해 운영되는 경우가 많다. "어떤 실수도 해서는 안 된다." "오직 공부를 잘해야만 아들로서 인정을 받을 수 있다."라고 하는 것은 규칙이 엄하고, 비현실적으로 경직된 생활패턴을 형성할 수 있으며, 타인에 대한 수용을 어렵게 만든다. 반면, 규칙이 너무 느슨하고 지나치게 허용적인 가정에서 자라면 지켜야 할 공동 규범이나 생활 규범을 습득하지 못해서 대인관계에서도 규칙을 지키기보다는 자유분방하게 생활하려고 할 것이다.

가족의 성장과 변화를 방해하는 역기능적인 규칙들을 찾아내어 바람직하게 바꿀 수 있도록 한다. 예를 들면, "항상 (반드시) ~해야 한다."라는 규칙을 "나는 ~을 하는 것을 선택한다."로 바꾸어 볼 수 있다.

"가족은 각자의 생각과 그것에 대한 다른 사람의 의견도 중요한 거야."가 기능적이라면, "여자는 불공평한 대우를 받아도 감정을 표현하면 안 된다."라는 역기능적인 규칙이 지금의 부부관계에서도 작동하여 억압적이고 회피적인 행동으로 고착되게 한다. 다음은 가족의 역기능적인 규칙의 예다.

- 가족의 일을 집 밖에서 이야기해서는 안 된다.
- 아버지 또는 어머니를 비판해서는 안 된다.
- 성은 나쁜 것이다. 가벼운 여자가 되어서는 안 된다.
- 부모님이 걱정하신다. 그러니 말하면 안 된다.
- 부모님을 기쁘게만 해 드려야 한다.
- 기분이 좋다고 해서 그 감정을 가볍게 드러내지 마라.

• 어떤 일이든 실수를 하면 안 된다. 완벽하게 처리해야 한다.

규칙 탐색 시 질문의 예시는 다음과 같다.

• 가족 내 현존하는 규칙은 무엇인가?
• 가족의 규칙 가운데 변화가 필요한 것은 무엇인가?
• 기능적인 규칙과 역기능적인 규칙은 어떤 것인가?
• 규칙을 "나는 ~하기로 선택한다."로 말해 본다.
• 어떤 규칙이 나의 행동이나 성격에 영향을 미쳤는가?

(5) 원가족에서 나의 역할 찾기

어렸을 때부터 누구나 가정에서 어떤 역할을 배우며 성장한다. 부부 사이에 미해결 과제가 있을 때 자녀가 그것을 떠맡게 되는데, 이것이 주어진 '역할'이다. 부모가 부모 역할을 제대로 수행하지 못할수록, 부부 사이가 나쁠수록, 부모가 자녀를 위해 준비되어 있지 않을수록, 그리고 자녀를 소중하게 대해 주지 않을수록 자녀는 여러 역할을 맡을 수밖에 없다. 그렇게 되면 자녀는 역할과 자신을 동일시하게 되고, 그 역할이 마치 자신이라 생각하고 내면화하여 자신의 진정한 욕구나 원함은 잃어버리게 된다. 가족 속에서의 역할은 내가 원한 것이 아니라 가족체계가 나에게 그렇게 하도록 배정해 준 것이다. 이런 역할들은 연극 대본과도 같아서 각자 어떻게 행동해야 할지, 허락되고 허락되지 않은 감정이 무엇인지를 가족에게 지시한다. 원가족에서 성장하면서 가족 안에서 해 오던 역할, 곧 내면화된 역할을 먼저 찾아내는 것이다. 예를 들면, 아버지가 남편의 역할을 제대로 못할 때 아들이 그 역할을 떠맡고, 어머니가 아내의 역할을 제대로 못할 때는 딸이 그 역할을 떠맡는 경우가 많다. 이 경우에는 자녀가 가족 속에서 대리 배우자의 역할을 맡았다고 할 수 있다. 그리고 이 역할을 자신과 동일시함으로써 자기 상처가 남게 된다. 따라서 배정된 역할을 많이 받을수록 상처는 클 수밖에 없다.

역기능 가정에서 자녀가 대리 배우자, 영웅, 문제아의 역할을 수행하며 내면화된 나의 역할을 유지하고자 할 때 가족 전체의 증상이 드러나기도 한다. 부모 사이에서 자신이 어떤 역할을 하고 자랐는지 탐색한다. 성장하면서 가졌던 역할을 파악하면 현재 부부나 가족관계의 패턴이 보인다.

원가족에서 역기능적인 역할은 다음과 같다(오제은, 2003).

- 희생양: 부부문제나 갈등을 해소하려는 시도로, 자녀 중 한 사람을 선택하여 문제아로 낙인찍어 문제 증상을 일으키는 가족의 재물이 된다.
- 잃어버린 아이: 잃어버린 아이는 분명히 가정 내에 있음에도 마치 존재하지 않는 사람처럼 존재 자체가 중요하지 않게 여겨진다. 방치하거나 소홀히 대함으로써 존재의 중요성이 부각되지 않는 자녀다.
- 마스코트: 가정에서 마스코트처럼 우습게 행동하거나 귀엽게 구는 것을 통해 가정 안의 긴장감이나 갈등을 줄이려고 노력하는 아이로, 분위기메이커 역할을 한다.
- 순교자: 자신을 진흙바닥에 던짐으로써 다른 사람들이 진흙을 밟고 지나갈 필요가 없도록 하는 순교자 역할을 맡는다. 예를 들어, 첫째 자녀가 주로 동생들을 위하여 공부를 포기하고 공장에서 일하면서 학비를 대 주는 것이 있다.
- 영웅: 성공을 이룸으로써 가정을 더 빛나고 좋게 보이려고 노력한다. "우리 집은 엉망이지만 나는 아무 문제가 없어." 영웅은 지속적으로 성취해야 하는 부담을 져야 하고 경쟁적이며 목표를 추구하기 때문에 진정한 내면의 소리를 듣지 못한다.
- 문제아: 가정이나 사회에서 문제를 일으키는 반사회성으로 가족들에게 화가 나 있고, 그들로 하여금 대가를 치르게 하는 방법을 알고 있다. 부모의 가장 약한 아킬레스건을 알고 상처를 주려고 행동한다.
- 대리 배우자: 배우자를 대신하는 정서적인 위로자 또는 지지자다. 배우자에게 정서적인 안정을 주는 행동으로 때로는 성적인 내용을 포함할 수도 있다.
- 어린 부모: 부모가 그 역할을 제대로 하지 못하는 경우, 형제 중에 누군가 나머지 형제를 돌보는 사람을 말한다. 이 아이는 막중한 책임감으로 부담과 좌절을 경험하기도 한다. 부모 역할을 받지 못해서 부모로서 주는 것에 학습이 안 된 채로 부모가 된다.
- 어린 왕자/공주: 이 아이는 아무런 잘못도 할 수 없다. 가정에서 훌륭한 인물이 나왔다는 것을 보여 주기 위해 언제든지 들어 올릴 수 있는 가정의 트로피와 같은 존재로 절제나 한계를 잘 모른 채 성장한다.

(6) 가족생활주기

가족문제의 대부분은 생활주기 가운데 어떤 단계의 중단 또는 위치 변화가 있을 때 발생한다. 가족은 가족생활주기의 단계를 거치면서 각 단계의 적응과정에서 많은 스트레스를 경험할 수 있고, 스트레스가 심하면 가족의 위기 혹은 가족문제가 발생할 수 있

〈표 2-3〉 카터와 맥골드릭의 가족생활주기

구분	Carter & McGoldrick	
세대	3세대	
단계	발달과업	
1	결혼 전기	• 원가족과의 관계로부터 분화 • 친밀한 이성관계의 발달 • 일과 재정적 독립 측면에서 자신을 확립
2	결혼 적응기	• 부부체계의 형성 • 배우자가 포함되도록 확대가족, 친구와의 관계 재정비
3	자녀 아동기	• 부부체계에 자녀를 위한 공간 만들기 • 자녀양육, 재정, 가사에 공동 참여 • 부모, 조부모 역할이 포함되도록 확대가족과의 관계 재정비
4	자녀 청소년기	• 청소년 자녀가 가족체계에서 출입이 자유롭도록 부모-자녀관계를 변화 • 중년기 부부의 결혼 및 진로 문제에 재초점 • 노인세대를 돌보기 위한 준비 시작
5	자녀 독립기	• 부부체계를 2인군 관계로 재조정 • 성장한 자녀와 부모와의 관계로 성인 대 성인의 관계로 발전 • 사돈과 며느리, 사위, 손자가 포함되도록 관계 재정비 • 부모 또는 조부모의 무능력과 죽음의 대처
6	노년기	• 신체적 쇠퇴에 직면하면서 자신과 부부의 기능과 관심사를 유지 • 다음 세대가 중추적 역할을 하도록 지원 • 연장자가 할 수 있는 일을 직접 수행하면서 자신의 지혜와 경험이 활용될 수 있는 여지를 마련 • 배우자, 형제, 친구의 죽음에 대처하면서 자신의 죽음을 대비하며 삶을 되돌아보고 통합

출처: Carter & McGoldrick (1996: 2) 재인용.

다. 가족을 사정할 때는 가족이 생활주기를 어떻게 경험하였고, 현재 어느 생활주기에 처해 있으며, 이에 대해 각 성원이 어떻게 반응하는지 등의 적응 상태와 평가 등을 사정한다. 가족의 생활주기를 사정함으로써 가족원들의 욕구와 과업수행 여부, 욕구충족 여부를 파악할 수 있다.

카터와 맥골드릭은 부모세대와 자녀세대를 연결하는 결혼한 성인자녀를 포함하는 3세대 중심의 6단계 가족생활주기뿐만 아니라 이혼, 재혼 가족의 발달단계도 제시하였다. 그들이 말하는 가족생활주기는 가족이 기능적 방법으로 들어오고 나가며 발달하는 것을 지원하기 위한 관계체계의 확장, 수축 및 재조정의 과정을 뜻한다. 『가족생활주기』는 가족역사의 중요성을 상기시키면서 가족생활주기의 개념을 널리 보급하는 데 기여하였다(Nichols & Schwartz, 2004; 김영애 외 역, 2002 재인용).

우리나라의 경우 한국인구보건원에서 WHO(1978) 모형에 기초하여 2세대를 기준으로 부부의 결혼연령, 첫 자녀 출산, 단산, 막내 자녀의 결혼, 배우자의 사망으로 구분하였다(한국인구보건원, 1982).

가족생활주기를 사정하는 질문의 예는 다음과 같다.

- 현재의 가족은 어떻게 시작되었는가?
- 가족의 생활주기는 어디에 위치하고 있으며, 가족원의 발달단계에서 가족들이 겪는 문제나 스트레스, 갈등은 무엇인가?
- 가족구성원들은 생활주기에 맞는 자신들의 과업을 어떻게 잘 수행하고 있는가? 잘 수행하지 못한 것은 어떤 이유 때문인가?
- 이 가족이 가지고 있는 발달단계상의 위기에 대처하는 방법과 해결하는 방법은 무엇인가? 앞으로의 발달단계에서 잘 준비해야 할 것은 어떤 것인가?

(7) 기타 가족사정 내용

① 가족의 권력구조
가족 내의 권력이란 가족 중 한 구성원이 다른 구성원의 행동 변화를 지시할 수 있는 힘을 말한다. 가족 내에서 다른 가족원의 욕구를 물질, 사회적 지위, 결정권, 애정, 인정 등으로 채워 줄 가족은 권력을 행사한다. 각 구성원이 서로에게 행사하는 영향력의 크기와 의사결정과정, 개인의 행동을 허용할 수 있는 범위와 이러한 유지기능에 대한 지도력을 가짐으로써 자신의 힘을 최대화한다. 가족의 권력은 위계질서를 만들어 내므로 누가 권력 행사를 하는가, 누가 누구를 지배하고 통제하는가, 어떤 식으로 가족들은 반응하는가를 파악한다.

② 희생양
희생양이란 가족 내에서 가족성원 중 한 명을 골라내어 특이하고 일탈적이라고 여겨지게끔 하는 사람을 말한다. 부모가 자신들의 갈등을 해결하기 위해 다른 가족성원에게서 문제를 찾거나 작은 문제를 과장하는데 이를 '희생양과정'이라 하고, 문제가 있다고 여겨지는 사람을 '희생양(혹은 속죄양, scapegoat)'이라고 하며, 보통 가족 중 환자로 지목된 사람이다. 일반적으로 희생양의 대상은 자녀가 된다. 희생양은 가족의 문제를 위해 부당하게 비난을 받는다. 이들은 가족의 문제를 책임지고, 가출이나 약물 사용, 비행 등과 같은 자기파괴적인 행동을 한다.

③ 가족의 강점

가족은 약점이 아닌 강점을 더 강조하면서 가능하도록 해야 한다. 상담사는 가족이 가진 그 강점을 사용하여 선택하고 결정하는 것을 도와야 한다. 예를 들면, 문제에 대해 가족구성원들이 서로 의논하고 도움을 받아들이는 자세, 고통스러운 문제를 해결하려는 태도, 가족구성원들에 대한 관심 표현, 가족문제를 발견하려는 노력, 가족원의 성장과 발전을 위한 변화의 자세 등이다. 가족의 건강성은 가족원 상호작용의 본질, 가족원이 주고받는 지지에 따라 결정되는 것이다. 〈표 2-4〉는 가족의 강점 사정도구 중 일반 가족을 대상으로 소개한 것이다. 이를 통해 가족의 강점과 본인 개인의 강점을 열 가지씩 찾아 본다.

〈표 2-4〉 나와 가족의 강점 찾기

구분	나	가족(배우자, 자녀)
강점 찾기(잘하는 것, 장점, 긍정적인 자원)		
성장하고 싶은 욕구		

2. 가족상담의 초기과정

1) 상담의 구조화

첫 면접상담에서 상담사는 가족상담에 대한 전체적인 구조를 짠다. 상담에서 구조화란 상담의 전 과정을 순조롭게 하기 위하여 상담사와 가족 간의 바람직한 변화를 위해서 안정적인 장소, 시간과 주기, 가족들이 지켜야 할 행동 규범이나 상담사의 역할에 대하여 나누는 것이다. 상담 구조화과정은 크게 세 가지 영역으로 구분하여 제시할 수 있다. 그것은 상담 여건의 구조화, 상담관계의 구조화 그리고 비밀보장의 구조화에 관한 것이다. 상담 여건에 관한 구조화는 상담시간, 상담 횟수, 상담 장소, 상담시간에 늦거나 약속을 지키지 못할 일이 발생하였을 경우 연락하는 방법 등에 대한 구조화이다. 상담관계에 대한 구조화는 상담과정이 어떻게 진행되며, 상담사와 내담자가 어떤 역할을 하는가를 알려 주는 구조화다. 마지막으로, 비밀보장에 대한 구조화는 상담사가 내담자에 대한 비밀보장을 유지하고 지켜 줄 의무가 있음을 알리는 과정이다. 아울러 비밀보장이 특수한 경우에는 한계가 있음을 알려 줄 필요가 있다. 내담자에게 법적 문제가 발생한 경우나 자살, 성폭력, 아동폭력 등의 위기로 제3자에게 알릴 필요성이 있는 경우에는 내담자에게 비밀보장에 대한 예외가 있음을 설명해 준다(천성문 외, 2006).

　　가족상담소를 방문한 가족은 상담이 처음이라면 긴장감과 약간의 두려움이 있을 수 있다. 상담사는 친절하고 세심하게 가족상담의 과정이나 절차에 대해 안내해 준다.

- 상담사의 간단한 자기소개 및 가족원 소개
- 상담사가 가족상담이 어떻게 진행되고, 상담사가 한 명인지 공동으로 두 명인지 소개한다. 두 명의 상담사인 경우 한 상담사는 관찰을 통해서 더욱 치료를 잘할 수 있게 돕는다는 것을 알려 주고 동의를 구한다.
- 치료과정을 비디오로 녹화하거나 녹음할 경우에는 충분한 설명과 동의를 구하고 동의서를 작성하도록 한다.
- 치료시간은 보통 1시간~1시간 30분이 소요됨을 알려 준다.
- 예정된 상담에 대한 단기 횟수나 상담료에 대한 안내(지불방식, 상담료, 취소나 불참 시 24시간 전에 할 것)를 한다.
- 상담에 가족 중에 누가 참석하는지는 상담사의 판단에 따라 내담자와 합의하여 결정하도록 한다(부부와 자녀, 부부만, 어머니와 자녀, 개인면담 여부).
- 비밀보장에 대한 안내(면담 중에 말한 내용은 면담 후 말하지 않는다. 가족의 문제는 비밀이 보장된다. 단 연구목적이나 슈퍼비전을 받을 때는 이름이나 개인 신상을 수정해서 알린다.)를 한다.
- 내담자의 행동과 규범에 대해서는 상담의 원활한 진행을 위해 가족들이 서로 말할 때 폭언이나 폭력을 행사하지 않기, 상담에서 말한 내용 가운데 불만이나 갈등은

상담시간에 다루도록 하기, 한 사람씩 말하도록 하며 다른 사람의 말을 끊지 않기, 무엇보다도 상담에서 자신의 감정이나 생각을 솔직하게 말하기, 과제를 주면 잘 해 오기 등을 안내해 준다.

- 상담사의 역할 범위와 한계를 지정해 줄 필요가 있다. 상담사는 가족문제의 해결사도 아니고, 가족원의 누구 한 사람만을 지지하지 않으며, 중립적이고, 개인의 의견을 존중하는 사람이라는 것을 알려 준다. 문제의 근본이나 원인을 함께 탐색하며, 서로의 갈등이나 의견을 조정해 주고, 의사소통 방식들을 교육하며, 문제해결을 위하여 함께 최선을 다하며 노력하는 사람이라는 것을 알려 준다(김혜숙 외, 2013).

가족문제가 자녀문제일 경우에는 가능한 한 부모 모두가 상담에 참석하도록 권유한다. 부부상담도 원칙적으로는 두 사람이 함께하는 것이 바람직하지만, 부부의 갈등이 심한 이혼위기 부부나 외도로 인한 갈등이 심한 부부는 서로 논의하여 개별적으로 분리하여 상담을 한다. 그리고 합의하에 함께 상담할 수 있다.

초기에 상담사는 현 내담자의 문제가 위기상황인지, 응급상황인지, 만성적인 정신질환의 문제인지, 문제에 대해 어떻게 호소하고 있는지를 잘 파악한다. 가족상담에 앞서 가족이 표출하고 있는 문제의 배경에 알코올문제나 가정폭력문제, 성학대, 자살, 가족원의 타살문제가 개입되어 있는지 꼼꼼히 살펴볼 필요가 있다.

가정폭력 피해자로서 위협을 느낀다면 여성긴급상담전화 1366을 통해 안전을 최우선으로 고려하여야 한다. 즉시 폭력현장으로부터 대피할 수 있는 방안을 마련토록 도움을 제공해야 할 것이다. 가족이 표출하고 있는 폭력문제에 알코올문제가 개입되어 있는지 여부를 꼼꼼히 살펴볼 필요가 있다. 알코올 의존자는 자신뿐 아니라 가족 전체에게도 심각한 영향을 미치므로 치료가 우선되어야 한다는 것을 강조해야 한다.

또한 가족에서 아동학대나 성학대가 발견되면 내담자의 비밀보장과는 상충되므로 상담사는 법적 신고의무자로서 아동학대 및 성학대 전문기관과 연계하여 돕도록 한다.

2) 초기 상담의 진행과정

가족과 상담사는 처음으로 대면하기 때문에 상담사는 가족들에게 방문한 것을 칭찬하며 마음의 문을 열고 대화를 잘할 수 있도록 분위기 조성을 해야 한다. 상담사는 초기과정에서 가족들과 치료적 관계 형성을 잘하는 것이 중요하다. 가족들은 문제로 인한 심리적인 상처와 불안감이 많다 보니 자기방어에 아주 익숙해져서 아직 문제에 대한 관점이 상대방 중심인 경우가 많다. 상담사는 이런 가족들의 심리 상태를 잘 알고 초반에는 가벼운 대화로 자신에 대한 소개, 오는 과정, 개인적인 취향, 서로의 관심사를 나누면서 친근한 관계를 형성해야 한다. 상담사는 개개인의 의견을 존중하고 수용하면서, 특히 어려운 상황이나 고통을 호소할 때는 충분히 공감하고 반영해 준다. 상담사는 가족들의 대화과정에서 정서의 흐름이나 대화의 주제, 개개인의 생각이나 주장을 잘 이해하면서 가족 안에 함께 합류하는 과정이 필요하다. 가족들의 상호작용을 적극적으로 촉진하며 개개인의 특성이나 긍정적인 의도, 진심 등을 잘 파악하여 반영해 준다. 상담사는 초기에 어느 누구 편으로 치우치지 않도록 하며 균형감을 유지하고 온화한 분위기에서 차분하게 진행하도록 한다.

가족들에게 문제에 대한 관점이나 대처방식, 목표 설정을 위한 질문들을 하면서 진행한다.

- 가족들이 상담기관을 처음 어떻게 접하고, 누가 보내서 왔는지 아니면 자발적으로 오게 되었는지 이야기한다.
- 가족들이 문제에 대한 각자의 입장과 견해를 설명하도록 기회를 준다. 자녀도 자기 입장에서 문제에 대하여 이야기하도록 한다. "여기에 오신 목적이 무엇입니까?" "제가 어떻게 여러분 가족을 도와드릴 수 있을까요?"라고 물을 수 있다.

상담사는 가족의 문제를 잘 해결하도록 도와주고 원조하는 사람으로 상담의 전체과정을 이끌어 간다. 특히 가족 중 한 사람이 어떤 증세나 어려움을 당하고 있다면 그 사람 개인의 문제라기보다는 가족원의 전체적인 구조를 파악하고 서로 어떤 관계를 형성하며, 어떤 영향력이 있는지를 알게 해야 한다. 가족의 문제는 여러 가지 복합물로 하나의 원인을 찾으려 하기보다는 관계 방식의 패턴을 찾는 것이 중요하다. 사고나 행동의 패턴 속에서 가족의 문제는 반복적으로 나타난다. 가족들은 초기엔 다른 사람의 변화를 요구하지만 서로 자신의 변화에 초점을 두도록 인도해야 한다. 그래서 가족들이 서로 협조적으로 문제해결을 위해 노력해야 가능하다는 것을 알려 준다(김혜숙 외, 2012).

3) 문제상황에 대한 다각적인 탐색

(1) 문제상황에 대한 탐색

가족의 문제들을 탐색할 때 상담사는 누가, 무엇이 문제이고 어려움인지 먼저 파악한다. 가족들의 문제에 대한 연결이나 개입 정도의 수준을 파악할 수 있도록 한다. 문제에 대하여 가족들에게 순환질문으로 하는 것이 더 효과적이다. 예를 들면, "누가 ~할 때 누구는 무엇을 하나요?" "누가 힘들어하는 것을 보는 당신은 어떤 감정이 드나요?"라고 탐색한다. 대체로 가장 힘든 아내나 남편이 문제에 대한 호소를 피력한다. 문제상황에 대한 것을 구체적으로 다음과 같이 질문할 수 있다(김혜숙 외, 2013).

- 가족의 문제를 누가 가장 먼저, 어떻게 알아차렸는가?
- 문제상황은 현재 어떤 상황으로 진행 중인가? 앞으로 또 어떻게 될 것이라 보는가?
- 가족은 문제의 원인이 무엇이라고 생각하는가?
- 문제는 언제부터 얼마 동안 지속되어 왔는가?
- 문제로 인해 가장 큰 어려움을 호소하는 사람은 누구인가?
- 가족의 이 문제를 누구는 알고 누구는 모르고 있는가?
- 문제에 어떤 사람들이 개입되어 있는가?
- 문제가 일어나는 상황(시간, 장소, 조건)이 별도로 존재하는가? 아니면 문제가 지속적으로 발생하는가?
- 가족들은 앞으로 어떤 행동을 하기를 원하는가?
- 가족들에게 문제가 다 해결된다는 것은 무엇인가?

초기에는 가족들이 한 사람을 문제의 원인으로 생각하고 방어하는 경향이 있지만 점차적으로 자신의 행동이 가족들에게 어떤 영향을 끼쳤는지를 알게 된다. 각자가 문제해결을 위해 어떤 행동을 원하는지를 가족들이 서로 이야기를 하도록 함으로써 상담사는 문제에 대한 잠정적 가설을 세울 수 있다.

(2) 문제에 대한 동기나 입장 탐색

가족들이 문제를 어느 정도 느끼고 지각하는지, 심각성이나 해결의지가 얼마나 강한지 동기를 알아볼 수 있다.

동기를 평가하는 방법으로는 어떻게 가족상담소에 오게 되었는지? 어떤 변화를 희망하는지? 등을 본인과 배우자, 때로는 자녀에게 물을 수도 있다. 긍정적인 동기를 평가할 수 있는 또 다른 단서는, ① 말하고 싶어 하는 태도, ② 눈물 등을 통한 솔직한 감정표현, ③ 인사하는 태도의 진지성, ④ 감사의 표현, ⑤ 남을 비난하지 않고 스스로 책임지려는 자세 등이다(Broch & Barnard, 1988).

문제상황 변화의 필요성에 대한 태도 탐색으로는 다음과 같다.

- 변화가 필요함을 인정하고 변화에 능동적인 태도를 보이는가?
- 현재 상황이 바람직하지 않음은 인정하지만, 참기 힘든 정도는 아니므로 특별한 변화를 필요로 하지는 않는다는 수동적인 태도를 보이는가?
- 현재 상황의 변화를 간절히 원하지만 자신이 원하는 방식으로만 변화를 원하는가?

가족들이 상담사를 만나고자 하는 절박한 동기를 탐색한다. '내담자 가족이 왜 하필이면 지금 상담사를 찾았는가?'는 증세가 발현되어서 더 이상 참을 수 없는 상황이나 어려움은 치료에 긍정적일 수 있다. 지금 문제가 너무 절박한 상황이라면 문제에 대한 심각성과 해결 의지를 엿볼 수 있기 때문이다. 상담사는 가족들의 동기 의지나 절박한 상황을 치료에서 잘 활용해야 한다.

(3) 문제에 대한 대처와 시도 탐색

대부분의 가족은 자신들이 경험하고 있는 문제나 어려움을 해결하기 위해 나름대로의 노력을 기울인다. MRI 이론에서는 문제 자체보다는 문제를 해결하려고 시도한 해결 방식이 문제라고 지적한다. 가족이 자신들의 문제를 해결하기 위한 노력이 얼마나 효과가 있었는지, 오히려 더 큰 문제가 발생하지는 않았는지 다음을 통해 탐색할 수 있다(Fisch, Weakland & Segal, 1982).

- 가족은 문제해결을 위해 어떤 노력을 해 왔는가?
- 문제해결을 위하여 누구는 노력하고 누구는 관망만 하는가?
- 다른 사람들이 문제해결을 위해 가족에게 권유한 시도는 무엇이 있었는가?
- 가족체계 밖의 전문기관의 도움을 통한 문제해결 노력은 무엇이었나?
- 지금까지의 노력 중에서 도움이 되었던 것과 도움이 되지 않았던 것은 무엇인가?

• 가족 나름대로의 시도를 고려하고서도, 또는 다른 사람의 시도 권유를 받고도 그것
  들을 실행에 옮기지 않은 이유는 무엇인가?

4) 상호작용의 의미체계 탐색

가족구성원들은 자신들이 일상적 경험을 과거로부터 어떻게 인식하였으며 어떤 믿음체계를 갖고서 현재를 조망하고 반응하는지 알 필요가 있다. 과거에 발생한 사건에 대해 어떤 기억을 갖고 있으며, 그와 관련하여 어떤 감정을 의식적 또는 무의식적으로 갖고 있는지를 살펴봄으로써 가족구성원들의 의미체계를 파악할 수 있다.

가족의 의미체계는 가족구성원들이 주변 사물에 대해 인식하고 평가하는 경향을 나타내는 것으로, 개인이 향후 경험하게 될 내·외부 상황을 어떻게 파악하고 해석하며, 그 경험에 대해 어떻게 반응할 것인가를 미리 파악하는 데 도움이 되는 개념이다(엄명용 외, 2008).

> "직장생활 가운데 극도의 스트레스에 시달리고 있는 아내가 자신의 상황에 대한
> 어려움을 남편에게 호소한다. 이럴 때마다 남편은 아내에게 직장에서 당하는 어려움
> 에 대한 해결방법을 충고한다. 아내와 남편 사이에 이러한 상호작용이 되풀이되는
> 가운데 아내는 남편에 대한 기대를 접었으며, 앞으로는 어떤 어려움이 있어도 남편
> 과는 이야기를 나누지 않을 것이라고 밝혔다. 남편은 자신의 진지한 충고를 외면하
> 며 이렇게 행동하는 아내를 도저히 이해할 수 없다고 한다."(엄명용 외, 2008)

예시에서 아내가 남편으로부터 기대하는 것은 상황해결을 위한 충고가 아니라 자신이 처한 어려움에 대한 남편의 따뜻한 이해의 말 한마디였다. 한편, 남편은 아내가 처한 힘든 상황에 대한 공감 및 인정보다는 냉정한 이성에 바탕을 둔 합리적 충고를 해왔던 것이다. 아내는 남편의 반응에 대해 자기 나름대로의 기대를 갖고 있었던 것이다. 이런 의미부여에 대한 해석을 서로가 명확히 안다면 부부가 말과 행동에서 서로 어떻게 해야 하는지를 명확히 알 수 있을 것이다(김혜숙 외, 2013).

5) 상담의 목표 탐색하기

상담에서 가족들이 원하는 것이 무엇이고, 앞으로 상담의 목표를 무엇으로 정해야 할지 우선순위를 정해야 한다. '가족 가운데 누가 무엇이 어떻게 되기를 원하는가? 누구는 어떤 것을 원하지 않는가?'를 파악한다. 예를 들어, 아내는 남편이 술을 마시는 것을 절제하기를 바라지만, 남편은 사업상 그렇게 하기는 힘들다고 이야기할 수 있다. 아내는 이혼을 원하지만, 남편은 그럴 수 없다고 하기도 한다. 처음부터 최종적인 치료목표보다는 단계적인 해결방안을 마련하는 것이 바람직하다. 가족들에 대한 충분한 사정단계를 거치면서 문제의 핵심을 잘 찾아내고 적절한 개입을 통해서 변화를 시도할 수 있다.

가족의 문제는 아내나 남편 중심의 일방적인 의사결정이나 강한 통제로 인한 어려움일 수도 있고, 가족 내에서 갈등해결을 제대로 처리하지 못해 긴장의 방출로 언어폭력이나 구타가 발생하기도 한다. 그리고 종종 가족들의 문제에 대한 이중적인 태도가 문제일 수 있고, 문제를 해결하는 방식에서 큰 차이를 보이며 더 큰 문제로 악화될 수도 있다. 가족들이 구체적으로 무엇이 어느 정도 변해야 치료를 종결할 수 있을지를 탐색함으로써 상담사는 가족들과 함께 치료목표에 대한 방향 설정과 치료의 초점을 결정해 나갈 수 있다.

가족들은 초기에는 자기방어로 자기를 보호하려고 하기 때문에 타인에게만 초점을 두지만 상담이 진행되면 점차적으로 자신에 대한 성찰과 상호관계하는 방식이나 대처방식을 다르게 할 수 있게 된다. 자신이 어떻게 변화하여야 하고, 시간이 어느 정도 필요하며, 가족들이 앞으로 어떤 모습이 될 것인지 희망을 갖고 적극적으로 임할 수 있다. 물론 상담목표는 면담이 진행되는 과정에서 조금씩 수정될 수도 있고, 가족들의 변화로 목표가 달라질 수도 있다. 처음에는 자녀문제에 대한 행동의 변화가 목표였지만 치료과정에서 부부간의 바람직한 의사소통과 갈등해결로 목표가 바뀔 수도 있다 (김혜숙 외, 2013).

3. 가족사정도구

가족문제를 사정할 때 사용되는 사정도구를 활용하여 가족의 문제나 해결방안에 대해 구체적으로 접근을 할 수 있다. 가족들에 대한 많은 정보를 한눈에 알 수 있는 가계도나 생태도, 가족의 생활연대기가 있다. 가족에 대한 이해를 돕기 위해서 투사적 검사로 동적 가족화를 그려 보면 가족원에 대한 인식과 관계성의 정도를 알 수 있다.

1) 가계도

가계도(genogram)는 2~3세대 이상의 가족들에 대한 정보를 주는 것으로 결혼이나 이혼, 사망 등 중요한 생활사건이나 관계성을 도표로 그려 작성하는 방법이다. 가계도를 통해 여러 세대에 걸쳐 발전된 가족의 역할, 유형, 관계 등을 알 수 있으며, 가족구성원들의 세대 간 정서·행동상의 문제행동 패턴을 검토하는 데 유용하다. 가계도는 각각 배우자 원가족의 세대 특성을 한눈에 볼 수 있고, 현재 가족구성원의 문제와 행동을 다양한 관점에서 이해할 수 있다는 장점이 있다.

(1) 가계도를 통해 알 수 있는 정보

- 전형적으로 가계도는 초기 면담에서 그리며 그 이후 새로운 정보가 나타날 때마다 수정해 나간다. 가족구성원에 대한 상세 정보로 나이, 출생 및 사망 시기, 직업, 교육 수준, 결혼관계, 동거, 이혼, 재혼, 입양, 병력, 인종집단, 사회계층, 종교와 같은 사회적 정보를 알 수 있다.
- 각 구성원과의 관계로는 누가 서로 단절인지, 또는 융합, 밀착, 갈등, 소원한 관계적인 측면을 알 수 있다.
- 가족의 역사적인 사건이나 트라우마, 즉 자살, 타살, 알코올중독, 약물중독, 성폭력 및 근친상간 등을 알 수 있다.

(2) 가계도 작성 요령

가계도를 작성할 때 상담사는 이론적 근거, 소요 시간, 어떤 사건의 순서로 그려 가는가에 대한 설명을 하면서 시작한다. 가계도는 상담사가 면담과 함께 자연스럽게 얻은 정보를 바탕으로 그려 간다. 보통 여성은 동그라미로, 남성은 네모로 표시한다. 네모나 동그라미 밖의 이중 테두리는 개인 클라이언트를 표시한다. 동일 세대의 가족구성원은 수평선으로 그리고 결혼하여 생긴 자녀는 부모의 수평선 밑에 수직선으로 연결한다. 자녀는 연장자부터 연소자로 나이 순서에 따라 왼쪽부터 오른쪽으로 서열한다.

가족구성원의 이름과 연령은 네모나 동그라미 안에 표기한다. 가족구성원이 사망하였다면 사망 연도, 사망 연령, 사망 원인을 간단히 기록한다. 사망, 이혼 및 재혼 등과 같은 중대한 사건을 표시하고 재발된 행동양식을 나타내기 위한 다른 기호 또는 도식을 참고한다. 가계도 상징과 관계 표시는 [그림 2-1]을 참고한다.

(3) 가계도를 통한 평가

① 가족의 구조를 파악한다
가족의 구성이 핵가족, 한부모가족, 재혼가족, 3세대 동거가족, 비혈연가족 등 현재 어떠한 가족의 구성인가 파악하고 각 구성원이 안고 있는 문제점도 살펴본다.

가족원의 출생 순위, 형제의 성별, 연령의 차, 형제 위치에서 오는 차이로 인한 경험과 영향력을 탐색한다.

② 세대를 통하여 반복되는 유형을 확인한다
가족들의 역할과 관계 유형으로는 누가 어떤 역할을 감당하였고 가족들은 누가 누구와 특별히 단절관계, 갈등관계, 친밀관계였는지, 왜 그랬는지를 세대를 통해서 파악한다. 구조 유형은 사별이나 이혼으로 인한 가족의 구조와 반복되어서 나타는 문제나 질병, 알코올문제, 사고사, 자살이 세대를 통해서 반복되고 있는지를 분석한다.

③ 인생의 중대 사건을 파악한다
가족의 경제적인 생활 변화나 가족원의 죽음, 자살 등 중대 사건에 의한 충격과 그 영향은 어떤 것이 있는지를 살핀다. 가족의 사건이 사회, 정치, 경제의 영향을 받았는지도 평가한다.

④ 삼각관계 유형을 파악한다
부모와 자녀 간의 삼각관계로 부부의 단절로 인한 자녀와의 밀착관계, 이혼이나 재혼을 한 가정의 삼각관계, 위탁아동, 입양아 가족의 삼각관계, 다세대에 걸친 삼각관계, 가족 이외의 술, 여자, 일과의 삼각관계 등을 찾아본다.

⑤ 가족의 균형과 불균형을 파악한다
가족의 구조나 역할에서 보호자, 의존자, 제공자, 희생자 등 역할이 균형적인가 불균

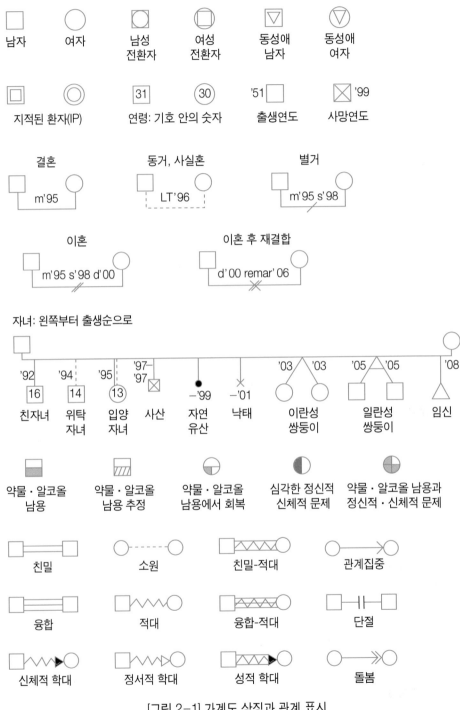

[그림 2-1] 가계도 상징과 관계 표시

출처: McGoldrick, Gerson, & Poetry (2008).

형적인가, 가족의 기능이 어디가 어떻게 균형적인가 불균형적인가, 가족의 항상 상태가 깨져 있는 것이 무엇인가, 균형을 잡으려고 어떻게 대처하고 있는가를 파악한다. 때로는 가족의 어떤 균형 유지방법이 오히려 기능장애를 초래하기도 한다.

⑥ 가족의 자원 유무를 탐색한다

가족원의 소속감이나 유대감, 가족원의 가치나 신념, 종교, 건강이나 취미활동, 재산이나 경제력, 교육적 가치, 친인척의 원조 및 친분, 사회적 관계망 등의 유무와 정도를 파악한다(김혜숙, 2003; 서혜석 외, 2013).

2) 생태도

생태도(ecomap)는 1975년 앤 하트만(Hartman)이 고안한 가족관계에 대한 도식으로, 클라이언트 및 클라이언트와 관련된 사람, 관련된 환경의 영향 및 그 상호작용의 변화를 묘사하기 위해 사용된다. 생태도는 '환경 속의 인간'에 초점을 두기 때문에 클라이언트를 생태학적 관점에서 이해하는 데 도움이 되며, 클라이언트 가족에게 결핍과 부족, 유용한 자원이나 환경, 가족체계에 스트레스를 주는 것이 무엇인지, 그리고 이들 체계 간의 관계가 어떻게 유지되고 있는지에 관한 많은 정보를 제공한다.

(1) 생태도의 기능

가족생활 및 가족이 집단, 단체, 조직, 다른 가족, 개인들과 맺는 관계의 본질에 대하여 전체적인 시각 또는 생태학적 시각을 갖도록 돕는다. 가족기능에 영향을 미치는 개인적·사회적·심리적·영적 영향요인을 그려 내기 위해서 상담사와 내담자의 공동노력을 필요로 한다.

생태도는 결혼 및 가족상담, 입양과 위탁가정 연구 등의 다양한 상황에도 활용된다. 내담자와 상담사 모두에게 문제에 대한 통찰력을 얻도록 해 주며, 건설적인 변화를 더 잘 모색할 수 있도록 해 준다. 생태도는 기본적인 사회적 정보를 간편하게 기록하는 방법이므로 전통적인 사회력과 사례 기록을 보완하는 역할을 한다.

생태도의 장점은 다음과 같다(Hartman, 1978).

- 내담자의 주요 주변 환경체계, 가족과 그들의 관계, 주변 체계 간의 관계 등을 알

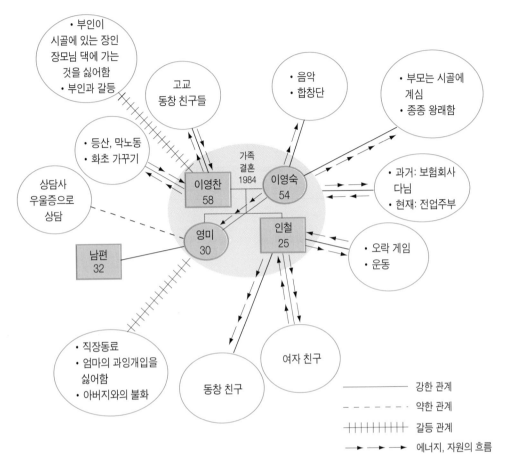

[그림 2-2] 생태도의 예와 사용하는 기호

수 있다.

• 가족을 둘러싼 자원 또는 에너지의 유입, 유출을 알 수 있다.
• 가족의 위기나 스트레스 요인들을 찾아낼 수 있다.
• 가족의 적응과 대처능력을 향상시킬 수 있는 외부요인을 확인할 수 있다.
• 가족에게 연결·동원·추구되어야 할 자원을 확인할 수 있다.

(2) 생태도 작성방법

• 핵가족을 표현하는 원을 중앙에 그려 클라이언트와 그 가족을 표시한다.
• 가족이 일상적으로 상호작용하는 관련된 주변 환경체계(직장, 병원, 학교, 친구, 사회복지관, 오락, 확대가족성원 등)는 중심원 주변에 각각의 원으로 표시한다. 가족과 환

경체계의 관계를 다양한 선으로 표현한다. 점선(----)은 미약한 관계, 사선(╫╫)은 긴장이 많거나 갈등적인 관계를 보여 준다. 실선(──)은 긍정적 관계를 나타내는데 실선이 굵을수록(━) 밀착관계를 나타내며, 가족 및 관련체계 사이의 자원 및 의사소통 교환인 에너지의 직접적인 흐름의 방향은 화살표로 나타낸다.

4. 사정평가척도

가족의 전반적인 기능을 평가하는 척도로는 맥매스터의 가족사정척도(FAD)와 올슨의 순환 모델이 있다. 한국형 결혼만족도검사는 부부를 이해하는 데 유용하여 규준화되어 있고, 매뉴얼을 갖추고 있는 척도다. ENRICH(Enriching Relationship Issues, Communication and Happiness, 부부 제반관계, 의사소통 및 행복증진 프로그램) 프로그램 검사는 이미 결혼한 커플들을 위해 중요한 관계문제에 대한 정보를 제공한다.

1) 맥매스터의 가족사정척도

맥매스터의 가족사정척도(McMaster Family Assessment Device: FAD)는 캐나다의 맥매스터 대학교 정신과에 재직하던 엡스타인 등(Epstein et al., 1978)에 의해 개발되었다. 이 사정척도는 가족기능을 평가하고 진단하는 데 뛰어난 준거틀을 제공하고 있다는 평가를 받고 있다. 맥매스터 모델은 가족기능을 문제해결, 의사소통, 가족의 역할, 정서적 반응성, 정서적 관여, 행동통제, 전반적 기능의 7개 하위영역으로 구성하였고 원 문항은 총 53문항이다(Epstein et al., 1993). 국내에서는 한국의 문화적 특성을 고려해 수정된 단축형[1]이 주로 사용된다.

맥매스터 모델에서는 가족의 기능의 양상을 다음과 같이 평가하였다(Epstein et al., 1978; 김혜숙 외, 2012).

(1) 가족들의 문제해결능력

문제해결과정에서는 기본적인 과제(의식주 해결), 발달적 과제(가족생활주기의 과제),

---

1) 단축형 34문항(정수경, 1993) 척도 내용은 뒤에 수록함.

위기적 과제(죽음, 질병, 실업, 재해, 이주) 등 위기상황들을 가족들이 어떻게 잘 해결해
나가느냐가 건강의 지표가 된다.

(2) 가족들의 의사소통의 수준: 의사소통의 정확성, 개방성, 직접성, 일치성이 중요

가족 내에서의 정보가 어떻게 교환되는지, 주로 언어적 의사소통에 의한 것의 정보
수집(비언어적 의사소통인 억양, 태도, 표정, 시선, 신체언어도 중요하지만 구체적인 자료 수
집이 용이하지 않아서 배제)이 더 중요하다. 의사소통을 결정하는 중요한 요소는 의사소
통을 하는 사람이 의견을 얼마나 솔직하고 명료하게 전달하는가, 의사소통의 양은 충
분한가, 의사를 전달하고자 하는 사람이 존재하는가, 마음이 얼마나 열려 있는가 등이
다.

(3) 가족의 역할: 역할 분담과 책임이 적절한지의 여부

가족이 주어진 업무나 과제 달성을 위하여 역할을 적절하게 나누었는지, 너무 과다
한지, 공평한지, 불공평한지, 역할에 대한 책임은 잘 이루어지는지 알 수 있다.

(4) 가족들의 정서적 반응성

가족들이 나타내고 경험하는 감정정서, 즉 애정, 안정, 즐거움, 두려움, 분노, 우울 같
은 정서 경험의 다양성 정도가 가족에게 주어진 자극에 따라 적절한 내용과 적절한 양
의 감정으로 반응할 수 있는 능력을 말한다. 내용 면에서 두 가지로 말하면, 첫째, 가족
성원이 일상적 정서생활에서 광범위한 느낌을 경험하고 반응하는가, 둘째, 경험되는
정서는 상황적 맥락에서 자극에 부합하는가이다. 가족들의 반응은 안정감과 위기감으
로 구분하는데, 안정감은 애정, 즐거움, 기쁨 같은 정서며 위기감은 두려움, 슬픔, 분노,
우울, 상처 같은 정서다. 건강한 가족은 적절한 강도와 지속성을 가지고 다양한 정서를
표현할 수 있는 환경이 가능하다. 그러나 역기능적인 가족은 반응하는 정서의 범위가
제한적이거나 과대·과민반응을 한다.

(5) 가족들의 정서적 관심과 배려성 정도

가족들이 서로 간의 관심과 활동, 사건, 가치에 대해 갖고 있는 관심의 정도를 파악
한다. 정서적으로 서로 관여하는 정도를 다섯 가지로 분류한다.

- 서로 전혀 관여하지 않는 수준으로 서로에게 무관심, 소원한 경우
- 감정이 배제된 관여로 의무감이나 통제를 위하여 필요할 때만 관여
- 자기도취적 관여로 다른 사람에 대한 관여가 자기중심적이며 자기 존재 가치를 유지하기 위하여만 관여
- 공감적 관여의 단계로 어떤 문제에 관여할 때 상대방의 감정을 공감하고 무엇이 필요한지를 진정으로 알아주고 이해하는 관여 수준으로, 가장 바람직함
- 공생적 관여로 지나치게 관여하고 침범하여 개인의 자율성을 방해함

(6) 가족들의 행동통제 방식

가족들의 행동통제를 위하여 경직, 유연, 방임, 혼돈으로 분류하여 유연한 행동통제가 지지적이며 교육적으로 바람직하다고 본다.

행동통제의 네 가지 유형의 특성은 다음과 같다.

- 경직된 통제는 어떤 통제가 행해지는지를 예측하는 것은 쉬우나 건설적이지 못하다. 일상생활 유지를 현재 상태로 유지하는 반면, 적응력과 변화의 유연성이 낮다.
- 유연한 통제는 예측 가능하고, 건설적이며, 환경 변화에 적절하게 적응 가능하다. 다소 지지적 · 교육적이고 과제 달성이 용이하다.
- 방임적 통제는 어느 정도 예측이 가능하지만 건설적이지 못하다. 어떤 일을 준비하고 실행할 시 우유부단하고, 결단력이 없다. 무질서가정에서는 충동적이고 공격적인 성향을 통제하지 않는다.
- 혼돈된 통제는 예측할 수 없으며 때로는 너무 엄격하고 때로는 너무 자유방임적이다. 그래서 어떤 일이 일어날지 예측이 어렵다. 감정적 · 가변적인 통제다.

(7) 가족의 전반적 기능　차원은 가족의 건강 및 병리를 총체적으로 측정하는 것으로, 즉 가족기능의 효과성을 살핌

2) 올슨 등의 순환 모델

가족사정도구로 사용되는 순환 모델(circumplex model)은 미네소타 대학교의 올슨 등(Olson et al., 1989)이 가족체계이론을 바탕으로 가족기능에 관한 50여 개의 개념을

추출, 분석하여 귀납적으로 발전시킨 개념이다. 이들은 가족을 평가하는 순환 모델을 발표하여 그 후 몇 차례에 걸쳐서 가족응집성과 적응성 측정척도[2](Family Adaptability and Cohesion Evaluation Scales: FACES)라는 질문지를 개발하였다. 이 척도는 가족이 현재 가족을 어떻게 인식하고 있느냐는 현실 가족과 가족이 어떻게 되었으면 좋겠다는 이상적 가족에 대하여 각각 질문지에 대답하도록 구성되어 있다(Olson, Russell & Sprenkle, 1989). 순환 모델의 FACES(Family Adaptability and Cohesion Evaluation Scale)는 수십 년간 검증되어 오면서 현재 FACES IV까지 개발되어 있다.

(1) 응집성

응집성(cohesion)은 가족 간의 정서적 친밀감, 거리감, 정서적 지지와 같은 개념이다. 가족 간의 상호작용과정 및 결과를 결정짓는 일차적 기능을 말한다. 응집성은 외적으로는 가족경계선의 침투성을, 내적으로는 가족 간의 친밀감을 나타나는 개념이다. 응집성의 수준은 정서적 유대감이 거의 없는 유리된 가족, 적당히 낮게 분리된 가족, 적당히 높게 연결된 가족, 정서적 유대감이 너무 강한 밀착된 가족으로 구분하였다.

응집성이 낮은 수준은 유리와 분리로, 응집성이 높은 수준은 연결과 밀착으로 구분하였다. 응집성이 연결과 분리 수준에 있는 가족은 독립과 연결이 균형을 이루게 되어 가족기능이 원활하고, 개인의 발전도 최적의 수준을 이루게 되며, 상황적 스트레스와 변화에 보다 융통성 있게 잘 대처하게 한다(Olson et al., 1983). 극단 수준(유리와 밀착)의 가족은 문제를 안고 있는데, 밀착된 가족의 경우 과도한 동일시로 인한 가족원의 과잉간섭과 통제로 지나친 소속감과 충성심 같은 역기능을 보인다. 반면, 유리된 가족은 지나친 개인주의로 인해 가족과 공동의 참여가 적고 상호작용의 결여로 대인관계 능력이 떨어진다. 따라서 정서적 유대가 너무 약하거나 너무 강한 경우 가족의 기능은 건강하지 못하다고 볼 수 있다.

(2) 적응성

순환 모델의 두 번째 차원은 적응성(adaptability)으로 안정 지향과정과 변화 지향과정에서의 변화의 양을 말한다. 적응성의 수준은 가족이 가족 내외의 변화에 따라 지도력이나 역할관계, 관계규칙 등의 영역에서 얼마나 융통성을 발휘할 수 있는가 하는 능

---

2) 순환 모델의 자기보고식 척도- FACES II, 34문항은 pp. 92-93에 실려 있다.

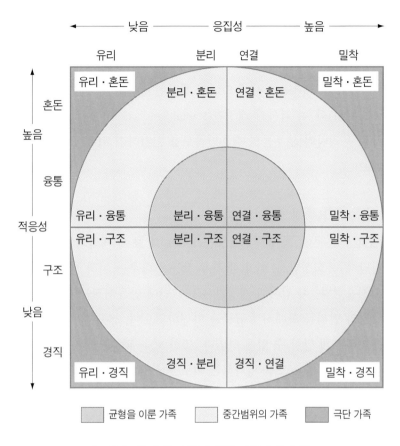

[그림 2-3] 순환 모델에 의한 가족체계 유형

출처: Olson, Russell, & Sprenkle (1989).

력이다. 순환 모델에서 적응성의 수준이 높은 경우는 혼돈, 낮은 경우는 경직으로, 중간 범위는 구조적 · 융통적 수준으로 나눈다. 적응성이 매우 낮은 경직된 가족이나 너무 높은 혼돈된 가족은 역기능적인 반면, 적응성이 적절하게 중간 수준인 경우의 가족의 기능은 최적의 수준이라고 할 수 있다.

이러한 응집성과 적응성의 두 차원을 서로 교차시키고 응집성의 4수준과 적응성의 4수준을 서로 연결하면 16개의 구성성분으로 나뉜다. 이는 다시 세 가지 가족 유형, 즉 응집성과 적응성이 모두 중간 수준인 균형을 이룬 가족, 한 차원은 극단에 위치하고 다른 차원은 중간 수준에 있는 중간 범위 가족, 응집성과 적응성이 모두 극단의 위치에 있는 극단가족으로 나뉜다. 역기능적인 가족에서는 극단의 가족 위치와 중간 범위의 가족 위치가 변화의 대상으로 개입의 목표를 세울 수 있다.

3) 한국형 결혼만족도검사

한국형 결혼만족도검사(Korean-Marital Satisfaction Inventory: K-MSI)는 미국의 임상심리학자인 스나이더(Snyder) 박사에 의해서 개발된 결혼만족도검사(Marital Satisfaction Inventory: MSI, 1981)와 이 검사의 개정판(Marital Satisfaction Inventory, Revised, MSI-R, 1997)을 기초로 우리나라 부부들의 결혼만족도를 평가하기 위해 만들어진 검사다[권정혜, 채규만(2002)].

(1) 도구의 목적과 특징

결혼만족도검사(K-MSI)의 원형인 MSI는 1980년대 초에 제작되어 약 20년간 부부상담사, 가족상담사, 목회상담사, 이 밖에 부부 갈등을 다루는 여러 정신건강 전문가가 중요한 도구로 사용했다. 이 검사의 개정판은 1997년에 만들어졌는데, 원판에 비해 표준화 집단의 규모와 범위를 확대시켜 규준을 마련하였으며, 280문항을 160문항으로 줄여 응답자가 쉽고 빠르게 답할 수 있게 하였다. 또한 MSI-R에는 결혼만족의 중요한 측면인 부부관계 내 공격행동 정도를 평가하는 척도를 첨가하였다.

K-MSI는 '예' 혹은 '아니요'로 응답하는 160문항으로 구성된 자기보고식 검사다. 이 검사의 목적은 부부갈등으로 상담을 받으러 온 부부들의 전반적인 결혼불만족 정도와 결혼생활의 11개 영역에 대한 세부적 결혼불만족을 평가하는 데 있다. 적은 비용과 노력으로 세밀하고 민감한 정보를 빠르게 얻을 수 있다는 장점이 있으며, 검사결과는 부부치료를 할 때 라포를 형성하는 좋은 자료가 되는 동시에 치료 동기를 높여 줄 수 있다. 또한 다면적 척도이므로 부부치료에서 중점을 두어야 할 영역을 발견하는 데 도움이 되며, 부부치료를 통해 얻은 성과를 평가하는 데 유용하게 사용될 수 있다.

(2) 척도의 구성

K-MSI는 두 개의 타당도 척도(비일관적 반응 척도, 관습적 반응 척도)와 한 개의 전반적인 만족도를 측정하는 척도(전반적 불만족 척도) 그리고 결혼생활의 세부 영역별 불만족을 측정하는 11개 척도를 포함하여 총 14개 척도로 이루어져 있다. 비일관적 반응 척도, 관습적 반응 척도, 비관습적 성역할 태도 척도를 제외하고는 모든 척도에서 불만족 정도를 측정하여 점수가 높을수록 그 영역에서 불만족의 수준이 높다는 것을 의미한다. 각 하위척도를 설명하면 〈표 2-5〉와 같다.

〈표 2-5〉 결혼만족도검사의 하위 척도

K-MSI(한국)	주요 내용
비일관적 반응 척도	개인이 얼마나 일관적인 방식으로 응답했는가를 평가하기 위한 타당도 척도다.
관습적 반응 척도	응답자가 자신의 부부관계를 사회적으로 바람직한 방향이나 관습적인 태도로 응답한 정도를 평가하기 위한 척도다.
전반적 불만족 척도	결혼생활에 대한 전반적인 불만족이나 분위기를 말해 주는 지표로서 임상이나 상담장면에서 부부관계 문제를 발견하기 위한 선별검사로 사용할 수 있다.
정서적 의사소통 불만족 척도	배우자를 통해 느끼는 애정이나 정서적인 친밀감의 결여 정도를 측정한다.
문제해결 의사소통 불만족 척도	부부간의 의견 차이를 해결하기 위한 의사소통의 문제를 평가한다.
공격 행동 척도	배우자의 언어적, 신체적 공격 및 위협적 행동 수준을 평가한다.
공유시간 갈등 척도	부부가 함께 여가활동에 보내는 시간과 부부의 동료애를 평가한다.
경제적 갈등 척도	가계 관리에서 겪는 배우자와의 갈등과 의견불일치 정도를 평가한다.
성적 불만족 척도	배우자와의 성생활에서 성행위의 빈도와 질 그리고 다른 성적 활동에 대한 불만족 수준을 평가한다.
비관습적 성역할 태도 척도	성역할에 대해 가지고 있는 비관습적 혹은 비전통적 태도를 평가한다.
원가족 문제 척도	응답자의 원가족 내에 존재하는 갈등의 정도를 평가한다.
배우자 가족과의 갈등 척도	배우자의 가족 때문에 생겨난 부부간 갈등 정도를 평가한다.
자녀 불만족 척도	자녀와의 관계에 대한 질을 평가하고 자녀의 정서 상태 및 행동에 대한 걱정, 갈등을 평가한다.
자녀양육 갈등 척도	자녀를 양육하는 과정에서 부부간에 겪는 갈등의 수준을 평가한다.

4) 예비 커플 및 커플 엔리치검사[3]

PREPARE-ENRICH(PREmarital Personal And Relationship: PREPARE, Evaluation and Nurturing Relationship Issues, Communication and Happiness: ENRICH) 검사는 미국의 상

---

3) PREPARE-ENRICH검사의 내용은 Enrich Korea의 PREPARE-ENRICH 프로그램에서 요약, 정리함.

담 분야에서 널리 쓰이고 있는 프로그램이다. Prepare는 결혼을 앞둔 예비커플을 위해, Enrich는 이미 결혼한 부부의 관계 성장을 위해 사용하는 프로그램이다. 이들 프로그램은 미네소타 대학교 교수인 올슨(David H. Olson) 박사와 동료들에 의해, Prepare 프로그램은 1977년에, 그리고 Enrich 프로그램은 1981년에 개발되었으며, 이후 전 세계 13개국에서 사용되고 있다. 엔리치 국내 홈페이지 주소는 www.enrichkorea.org이다.

Prepare-Enrich 프로그램은 165문항으로 된 질문지에 기초해서 커플 사이의 관계강점 혹은 성장해야 할 점을 분석 평가한 컴퓨터 보고서를 중심으로 성격특성, 커플 유형, 결혼기대/만족, 성격문제, 의사소통, 갈등해결, 재정관리, 여가활동, 스킨십, 성생활, 자녀/양육, 가족/친구, 역할관계, 신앙생활, 성장배경의 영역을 다룬다.

ENRICH(Evaluation and Nurturing Relationship Issues, Communication and Happiness: 부부 제반관계, 의사소통 및 행복증진 프로그램)는 이미 결혼한 커플들을 위해 중요한 관계문제에 대한 정보를 제공한다. ENRICH는 결혼한 지 2년 이상 된 부부들을 위한 프로그램으로 부부관계에서 관계강점 영역과 성장필요 영역을 평가하고 관계 성장을 위한 계획을 개발하는 데 도움을 주는 유용한 도구다.

부부에게서 보편적으로 갈등을 일으키는 영역들은 크게 네 개, 즉 성격 특성의 문제, 개인 내면의 문제, 대인관계문제, 외적인 문제로 구분하여 〈표 2-6〉으로 제시하였다.

긍정적 부부 의견일치점수인 PCA(Positive Couple Agreement)가 80~100%인 범위면

〈표 2-6〉 부부의 보편적인 문제와 PREPARE-ENRICH 영역

보편적인 갈등문제	PREPARE-ENRICH 영역	
성격 특성의 문제	•자기주장 •자신감	•회피성 •파트너 지배성
개인 내면의 문제	•이상주의적 왜곡 •결혼기대도 •결혼만족도	•성격문제 •종교적 신앙
대인관계문제	•의사소통 •갈등 해소 •자녀/양육	•자녀/양육 •역할관계 •스킨십/성관계
외적인 문제	•원가족 •재정 관리	•가족/친구

관계강점 영역이지만, 0~20%인 범위면 성장필요 영역으로 구분된다. PCA 점수를 근거로 부부유형 도표를 확인하고 전반적인 부부관계 상태를 살펴본다. ENRICH 검사의 결과를 통해 다섯 가지 부부관계 유형이 발견된다. 가장 행복한 부부 유형은 활기찬 부부이며, 그다음은 조화로운 부부, 전통적인 부부, 갈등 있는 부부, 활기 없는 부부 순이다.

- 활기찬 부부: 대부분의 영역에서 최고의 PCA 점수가 나타난다. 가장 행복한 부부유형으로 대부분의 커플관계 영역에서 강점을 가지고 있으며, 의사소통, 갈등해결, 재정 관리 그리고 성관계 영역에서 두드러진 강점을 보인다. 이 유형의 부부 중 14%만이 이혼을 생각해 본 적이 있다고 응답하였다.
- 조화로운 부부: 1~2개의 영역을 제외하고는 대부분의 영역에서 높은 PCA 점수를 보인다. 이 유형의 부부는 행복하며, 활기찬 부부만큼은 아니지만 많은 강점을 가지고 있다. 이 유형의 부부 중 28%만이 이혼을 생각해 본 적이 있다고 응답하였다. 대부분의 커플관계 영역에서 만족하고 있으며, 특히 갈등해결과 역할관계 영역에서 높은 점수를 보인다.
- 전통적인 부부: 의사소통이나 갈등해소에서 다소 낮은 PCA 점수를 보이나, 전통적 영역(자녀/양육, 가족/친구, 신앙)에서 상대적으로 높은 점수를 보인다. 이 유형의 부부는 종교관, 전통적인 역할관계, 가족과 친구들과의 강한 유대와 같은 전통적인 영역들에서 강점을 가지고 있기 때문에 전통적인 부부 유형이라 부른다. 반면, 성격문제, 의사소통, 갈등해결과 같은 영역에서는 점수가 낮았고, 이 유형의 부부 중 37% 이상이 이혼을 생각해 본 적이 있다고 응답하였다.
- 갈등 있는 부부: 많은 영역에서 낮은 PCA 점수를 보이며, 이 유형의 부부는 행복하지 않다고 느끼고 여러 개의 성장필요 영역을 가지고 있지만, 부부관계를 개선할 수 있는 가능성은 가지고 있다. 이 유형 중 73%가 이혼을 생각해 본 적이 있다고 응답하였다. 이 유형의 부부들은 많은 영역에서 의견의 불일치를 보이기 때문에 갈등 있는 부부라고 부르며, 특히 의사소통과 갈등해결 영역에서 점수가 낮다. 부부치료를 받으러 오는 가장 대표적인 부부 유형이 바로 갈등 있는 부부 유형이다.
- 활기 없는 부부: 대부분의 영역에서 가장 낮은 PCA 점수를 보인다. 이 유형의 부부는 매우 불행하다고 느끼며 거의 모든 영역에서 개선이 요구된다. 이 유형의 부부 중 2/3인 69%가 둘 다 부부관계에 만족하지 못하며 90% 이상이 이혼을 생각한 적

이 있다고 응답하였다. 갈등 있는 부부와 활기 없는 부부는 부부치료와 부부관계 개선 프로그램을 받을 필요가 있다(김덕일, 나희수, 2011).

이 프로그램을 사용하면 부부문제의 원인을 정확히 진단하여 보여 주고, 파악된 문제를 어떻게 다룰 것인지 상담 방향 설정에 적절하게 잘 개입할 수 있으며, 부부를 상담하는 상담사의 능력이 강화된다.

실습하기

1) 원가족의 역할에서 나의 역할은 무엇이었고 그 역할이 나의 삶에 끼친 영향력은 무엇인지 나누어 본다.

2) 역기능적인 가족규칙 가운데 "~해야만 한다."를 "~를 하기로 선택한다."라고 바꿔서 말해 본다.

3) 우리 가족의 강점과 나의 강점 열 개를 찾아서 나누어 본다.

4) 맥매스터 가족사정척도(FAD)와 올슨의 순환 모델 체크리스트를 작성해 보고 결과에 대하여 나의 가족을 사정해 본다.

---

(1) FAD 척도

맥매스터의 가족사정척도(FAD)는 원 문항은 총 53문항(Epstein et al., 1978)이지만 한국의 문화적 특성을 고려해 수정된 단축형 34문항(정수경, 1993)이 주로 사용된다. 단축형의 각 하위 영역에 해당하는 문항은 다음과 같다.

- 문제해결 문항: 14, 22, 34
- 의사소통 문항: 2, 10, 25, 33
- 가족역할 문항: 8, 13, 20, 27, 30
- 정서적 반응성 문항: 5, 7, 11, 18, 23
- 정서적 관여 문항: 15, 17, 19, 21, 24, 31
- 행동통제 문항: 4, 9, 17, 26, 28
- 가족의 일반적 기능 문항: 1, 3, 6, 12, 16, 29, 32

각 항목의 점수를 합하고, 건강하지 않은 기능을 기술하는 문항은 역으로 채점해서 합산한다. 총점이 높을수록 가족기능이 건강한 것이다.

(2) 척도 내용

〈표 2-7〉 FAD(Family Assessment Device)

• 다음은 귀하의 가족을 나타낸 질문입니다. 해딩하는 곳에 표시해 주시기 바랍니다.

| 매우 그렇다 1 | 그런 편이다 2 | 그렇지 않다 3 | 전혀 그렇지 않다 4 |

우리 가족은

1. 서로를 잘 이해하지 못하기 때문에 우리가 해야 할 일을 계획하지 못한다. ( )
2. 누군가가 기분이 나쁘면 왜 그런지 안다. ( )*
3. 위기가 닥치면 서로에게 도와달라고 부탁할 수가 있다. ( )*
4. 갑자기 큰일을 맞게 되면 어찌할 바를 모른다. ( )*
5. 서로에 대한 애정표현을 하지 않으려고 한다. ( )
6. 슬픈 일이 있어도 서로에게 그런 얘기를 하지 않는다. ( )
7. 자신에게 중요한 일일 때만 서로에게 관심을 가진다. ( )
8. 집에서 할 일이 충분히 나뉘어져 있지 않다. ( )
9. 규칙을 어겨도 그냥 지나간다. ( )
10. 빗대서 말하기보다는 직접 솔직하게 이야기한다. ( )*
11. 감정적으로 반응하지 않는 식구들이 있다. ( )
12. 우리가 두려워하는 일이나 걱정에 대해 이야기하기를 꺼린다. ( )
13. 각자의 역할을 다하지 못한다. ( )
14. 집단문제를 해결하려고 애쓴 후에 그것이 잘되었는지 아닌지에 대해 이야기하곤 한다. ( )*
15. 지나치게 자기중심적이다. ( )*
16. 서로에게 감정을 표현할 수가 있다. ( )*
17. 화장실을 사용하는 방식이 정해져 있지 않다. ( )
18. 서로에 대한 사랑을 표현하지 않는다. ( )
19. 우리에게 관계있는 일에만 서로 관여하게 된다. ( )
20. 식구들이 개인적인 관심사를 알아볼 시간이 별로 없다. ( )
21. 개인적으로 얻는 것이 있다고 생각할 때 서로에게 관심을 보인다. ( )
22. (나쁜) 감정문제가 나타나면 거의 풀고 지나간다. ( )*
23. 다정다감한 편은 아니다. ( )
24. 어떤 이득이 있을 때만 서로에게 관심을 보인다. ( )
25. 서로에게 솔직하다. ( )*
26. 어떤 규칙이나 기준을 고집하지 않는다. ( )

27. 어떤 일을 부탁하고 나서 나중에 다시 일러 줘야 한다.   (   )
28. 집에서 지켜야 할 약속들을 어기면 어떻게 되는 건지 모른다.   (   )
29. 함께 있으면 잘 지내지 못한다.   (   )
30. 가족으로서 각자가 해야 할 일에 대해 불만을 가지고 있다.   (   )
31. 비록 좋자고 하는 것이지만 서로의 생활에 너무 많이 개입한다.   (   )
32. 서로를 믿는다.   (   )*
33. 누가 해 놓은 일이 마음에 들지 않으면 그 사람에게 말한다.   (   )*
34. 문제를 해결하려고 할 때 여러 가지 방법을 생각해 본다.   (   )*

*은 역채점 문항/점수가 높을수록 가족기능이 좋은 것임

출처: 정수경(1993).

(3) 순환 모델의 자기보고식 척도(FACES II)

순환 모델의 척도로 30문항으로 구성되어 있으며, 홀수 번호 문항은 응집성에 관한 문항이고, 짝수 번호 문항은 적응성에 관한 문항이다. FACES II에서는 응집성과 자율성을 측정하는 문항은 제외시키고 응집성을 정서적 유대감으로 정의하였다. 응집성의 경우 유리에서 연결, 적응성에서는 경직에서 융통을 측정하기에 가장 좋은 척도다.

문항번호 3, 9, 15, 19, 24, 25, 29는 역점수로 계산한다.

〈표 2-8〉 순환 모델 자기보고식 척도(FACES II)

전혀 그렇지 않다 1   다소 그렇지 않다 2   그저 그렇다 3   다소 그런 편이다 4   매우 그렇다 5

1. 우리 가족은 서로 돕는다.   1 2 3 4 5
2. 우리 가족은 누구나 쉽게 자기 생각을 가족에게 이야기한다.   1 2 3 4 5
3. 고민이나 비밀이 있으면 가족이 아닌 사람과 이야기하거나 의논하는 편이다.   1 2 3 4 5
4. 집안의 중요한 일을 결정할 때는 모든 가족이 참여한다.   1 2 3 4 5
5. 우리 가족은 집에 오면 그날 있었던 일을 서로에게 이야기한다.   1 2 3 4 5
6. 우리 형제는 부모님의 교육이나 생활지도방법에 대한 우리의 생각을 말씀드리곤 한다.   1 2 3 4 5
7. 집안에 일이 생기면 우리 가족은 함께 일을 처리한다.   1 2 3 4 5
8. 문제가 생기면 우리 가족은 함께 의논하고 의논을 통해 만족한 해결책을 찾으려고 한다.   1 2 3 4 5
9. 우리 가족은 멋대로 행동하는 경향이 있다.   1 2 3 4 5
10. 우리 가족은 돌아가면서 집안일을 돌본다.   1 2 3 4 5
11. 우리 가족은 각자의 친구를 좋은 친구로 인정한다.   1 2 3 4 5
12. 우리 집의 규칙은 상황에 맞게 조절된다고 본다.   1 2 3 4 5

13. 우리 가족은 자신의 일을 결정하기 전에 가족들과 먼저 상의하는 편이다.   1 2 3 4 5

14. 우리 가족은 하고 싶은 말이 있으면 스스럼없이 이야기하는 편이다.   1 2 3 4 5

15. 우리 가족은 집안을 위해서 무엇을 해야 할지를 모르는 것 같다.   1 2 3 4 5

16. 우리 부모님은 우리 형제의 의견을 존중해 주시는 편이다.   1 2 3 4 5

17. 나는 부모님과 형제에게 깊은 애정과 친밀감을 느낀다.   1 2 3 4 5

18. 우리 부모님은 상이나 벌을 공정하게 주시는 편이다.   1 2 3 4 5

19. 가족이 아닌 사람에게 더 깊은 친밀감과 편안함을 느낀다.   1 2 3 4 5

20. 우리 가족은 문제나 고민거리가 생기면 새로운 해결방법을 찾아보려고 한다.   1 2 3 4 5

21. 우리 가족은 가족이 내린 결정을 잘 따른다.   1 2 3 4 5

22. 우리 가족은 집안일을 나누어서 하며, 자기가 맡은 일에 대해 책임감을 갖고 있는 편이다.   1 2 3 4 5

23. 우리 가족은 함께 여가시간을 보내는 것을 좋아한다.   1 2 3 4 5

24. 우리 가족의 규칙은 바꾸기가 힘들다.   1 2 3 4 5

25. 우리 가족은 집에서 서로 대하기 싫어한다.   1 2 3 4 5

26. 우리 가족은 어떤 문제가 생기면 그 문제에 대해 서로 상의하는 편이다.   1 2 3 4 5

27. 우리 가족은 서로의 친구에 대해 잘 알고 있다.   1 2 3 4 5

28. 우리 가족은 마음속에 있는 생각을 이야기하는 것을 서로 꺼리는 것 같다.   1 2 3 4 5

29. 가족 전체가 합심하여 행동하기보다 몇몇 가족원끼리만 짝을 지어 행동하는 편이다.   1 2 3 4 5

30. 우리 가족은 취미활동을 같이 하는 편이다.   1 2 3 4 5

03 구조적 가족치료

– Salvador Minuchin

한 장의 종이는 수많은 다른 요소가 모여서 생긴 결과다.
구름이 없다면 물이 있을 수 없고 물이 없다면 나무들이 자랄 수 없다.
한 장의 종이에는 마음, 대지, 나무꾼, 구름, 햇살이 그 안에 들어 있다.
만일 그대가 종이 아닌 요소들을 그 근원으로 되돌려 버린다면 종이는 더 이상 존재할 수 없다.
종이는 얇지만 그 안에는 전 우주의 모든 것이 담겨 있다.
– 틱낫한의 '이해의 중심' 중에서 –

1. 구조적 가족치료이론의 배경

체계론적인 이론을 이용한 구조적 가족치료는 1970년대에 미국에서 가장 각광을 받은 이론으로 아동정신과 의사인 살바도르 미누친(S. Minuchin)과 동료들에 의해 발전하기 시작하였다. 그는 아르헨티나 출생으로 1950년대 미국에서 정신분석 훈련을 받았다. 미누친은 윌트위크(Wiltwyck)에서 학교 의사로 일하면서 하류층 가족과 이민 온 유색계 가족들을 상담하면서 빈곤가족들을 대상으로 한 새로운 치료이론의 필요성을 느꼈다. 미누친은 동료들과 함께 치료이론의 개념을 연구, 발전시키며 자체적으로 교육과 훈련을 시작하였다. 예전까지 행하던 상담사의 폐쇄적인 방식에서 과감히 탈피하여, 일방경을 사용하여 상담사의 치료과정을 공개하며 관찰하는 방법을 시도하였다. 윌트위크에서 미누친은 동료들인 거니(Guerney), 몬탈보(Montalvo), 로스만(Rosman), 슈머(Schumer)와 함께 임상의 성공적인 결과에 힘입어 자신들의 개념과 기법을 담아 1967년 『슬럼가의 가족(Famile of the Slums)』이란 책으로 발표하였다.

1965년 필라델피아의 아동상담 클리닉 책임자로 있으면서 헤일리(Haley)와 함께 구조적 가족치료이론과 기법을 더욱 세련되게 체계화하였다. 아동상담 클리닉은 미누친의 구조적 치료이론의 적용과 그의 열정적이고 유머스럽고 믿음직한 태도에 힘입어 날로 발전하여 10년 후에는 직원들이 300여 명이 넘는 대규모 클리닉으로 확장되었다. 필라델피아의 책임소장으로 은퇴하기 전, 1974년에 그는 『가족과 가족치료(Families and Family Therapy)』를 출판하였다. 이 책은 구조적 가족치료기법과 개념을 적용한 임상사례로 전 세계적으로 잘 알려진 지침서가 되었다. 세계적으로 잘 알려진 구조적 가족치료이론에 공헌한 사람으로는 전략적 가족상담사로 잘 알려진 헤일리를 비롯하여 몬탈보, 로스만, 아폰테(Aponte), 피시맨(Fischman) 등이 있다.

미누친은 필라델피아에서 치료훈련 책임자로 은퇴한 후, 뉴욕에 가족학연구소를 설립하여 가족상담사들을 훈련하다가 1996년 은퇴하였다.

구조적 가족치료모델은 기능적이고 역기능적인 가족구조의 상대성을 가족체계, 위계질서, 규칙, 역할, 협상과 조정으로 명확하게 규정하여 가족의 구조와 맥락 안에서 변화를 시도함으로써 가족치료의 특성을 잘 드러내고 있다.

구조적 가족치료가 널리 알려진 이유 가운데 하나는 당뇨나 거식증, 천식아동을 둔 가족뿐만 아니라 비행청소년 가족, 알코올이나 약물중독 가족, 부부위기의 가정 등 다양한 문제가족들을 다룰 수 있다는 장점 때문이다. 구조적 가족치료의 또 다른 장점은 상담사와 임상가에게 치료과정이 어떻게 진행되는지를 분명하게 제공한다는 것이다(von Schlippe & Schweitzer, 1996).

구조적 가족치료는 구조가 기능을 규정하고 결정한다는 마투라나(Maturana)의 '구조결정론' 관점과 유사하지만, 상담사의 개입 부분에서는 마투라나와 의견을 달리하고 있다. 미누친은 가족 간의 새 교류 창조를 위해서 의도적인 개입을 하는 반면, 마투라나는 구조적 결합과 비의도적인 관점과 인식론을 강조하고 있다.

2. 가족과 체계

가족치료이론들은 가족을 하나의 살아 있는 생명체로 보는 체계론적인 관점과 인간의 내면을 다루는 심리학적인 접근과의 통합에 기초하고 있다. 체계론적인 시각에 의하면 하나의 시스템이란, 즉 체계란 서로 상호작용하는 부분들의 합 이상이며, 각 체계들은 다른 체계들과 함께 하위체계와 상위체계로 구성되며 전체 체계를 형성한다(von Bertalanffy, 1968).

인간도 하나의 독립된 개체이면서 동시에 가족에 속하고 직장인으로 사회에 속한 사회 시스템에, 그리고 한 국가의 시스템에, 더 나아가서는 우주의 시스템에 속한다. 가족 안에서도 가족이라는 전체 시스템에는 부부 시스템과 부모 시스템, 자녀 시스템의 하위체계가 존재한다. 모든 하위 시스템은 전체 시스템의 구성요인이면서 동시에 각각의 체계들은 서로 상호작용하며 각자의 자율성이 존재한다. 하위체계 없이는 전체 체계가 존재하지 않으며, 전체 체계 없이는 또한 하위체계도 존재하지 않는다.

아서 쾨스틀러(Arther Koestler)는 이처럼 전체이면서 부분인 시스템을 '홀론(holon)'이라고 표현하였다. 각각의 홀론은 전체와 부분으로 통합하려는 경향과 자기개성을 유지하려는 경향을 가지고 있다. 생물학적 또는 사회적 조직 속에서 홀론은 조직의 성층 질서를 유지하기 위해서 자기개성을 유지해야 하나, 전체 조직을 위해서는 전체의 요구에 순응해야 한다. 이 두 경향은 서로 상반되나 보완적이다. 건강하고 살아 있는 가족, 조직, 사회는 이런 홀론의 성질인 통합성과 자기주장 사이에서 조화를 유지해야만 한다. 이런 조화는 정적인 것이 아니라 두 개의 상보적 경향 사이에 역동적인 상호작용이 이루어지게 하며, 이것이 전체의 시스템을 유연하게 하고, 변화를 가능하게 만들며, 자연의 진화를 스스로 창조한 것이다(Koestler, 1978).

세계적인 물리학자 카프라(Capra)는 시스템 수준 간의 관계를 '시스템 나무'로 다음과 같이 표현하였다(Capra, 1984: 266).

살아 있는 생명체는 나무처럼 모든 시스템 간에 상호작용과 상호의존으로 연결되어 있으며, 서로를 위한 공존의 협력관계다. 나무줄기가 개개의 유기체이지만 더 큰 사회적·생태적 시스템으로 연관성을 갖는 것과 같이 사회적·생태적 시스템 역시 나무구조의 유기체를 갖는다. 각각의 시스템은 자율적인 자기조직이 가능하며, 전체 시스템을 위한 통합적인 경향들과 서로 역동적인 균형을 이루고 있다.

나무가 그 뿌리와 잎으로부터 영양분을 섭취하는 것처럼 어느 한쪽도 어느 한쪽을 지배하지 않고 전체가 잘 성장할 수 있도록 각자의 역할을 잘 담당하며 조화하는 가운데 상호작용하는 것이다. 생태계 시스템의 중요한 특징 중의 하나는 유기체들이 서로 연관성과 의존성으로 협력하는 경향이다. 토머스는 생물세계에서는 "고립된 존재란 있을 수 없다."(Thomas, 1975: 83)라고 주장하였다.

가족의 시스템도 나무시스템처럼 한 가장이 가족들을 전부 지배하고 통제하는 독재체제가 아니라 가족들의 욕구가 상호 간에 충족되며 자신의 역할에서 자율성과 책임성이 강조되는 상호의존적인 관계다.

가족의 전체 시스템은 상위체계와 하위체계 간의 상호작용에 의하여 존재한다. 하위체계들은 전체 시스템처럼 똑같은 방식으로 존재하며, 전체 시스템을 유지하도록 기능한다. 가족이라는 전체 시스템은 부부라는 하위체계, 자녀라는 하위체계 없이는 존재하지 않는다. 전체 시스템은 하위체계들보다 더 상위의 질서를 가지고 하위체계들을

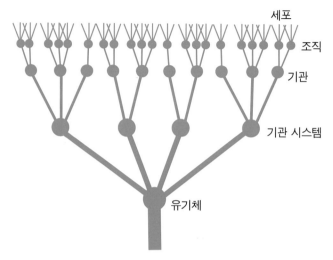

[그림 3-1] 생명체의 다양한 수준을 나타내는 시스템 나무

조정하는 역할을 한다. 부모 하위체계는 자녀 하위체계보다 더 우선순위를 가지며 위계질서를 유지한다. 부모들의 행동은 자녀들의 행동보다 더 우위에 있으며, 전체 시스템을 총괄 관리하는 역할을 한다.

가족의 전체 시스템이 건전하게 잘 돌아가기 위해서는 체계 간의 위계질서가 잘 지켜지며, 체계 간의 시스템이 외부에 개방되어 다른 체계들과 에너지와 정보 교환이 이루어져야 한다. 동시에 하위체계들은 전체 시스템의 통제를 넘어서지 않아야 한다. 가족 개인들의 욕구와 상호교류가 가족 안과 밖에서 적절하게 잘 이루어질 때에 개인은 사회의 변화 속에서 잘 적응할 수 있고 자신의 자아실현도 가능하다. 개인은 가족이라는 조직 안에서 자신의 정체성과 개별성을 잃어버리지 않으면서 동시에 다른 가족들과 결속력을 유지하며 정서적 관계가 단절되지 않도록 상호작용이 활발해야 한다.

3. 기능적인 가족

1970년대에 체계론적인 관점에서 출발한 구조적 가족치료는 가족 하위체계, 규칙, 역할, 위계질서, 경계, 연합 등의 개념을 가족에 적용하기 시작하였다. 이러한 개념들을 가족구조에서 각 가족성원들의 위치와 가족관계, 가족기능, 가족문제 등에 관한 관점을 구조화시키는 데 중요한 요인으로 본다.

미누친(Minuchin, 1977)은 구조란 개념을 가족이 상호작용하는 방식, 패턴으로 일관성 있고 반복적이며 예측할 수 있는 가족의 행동양식으로 보았다. 그래서 가족의 상호작용, 상호거래 패턴, 즉 언제, 누가, 누구와 어떻게 관계를 형성하며 행동하는지를 알면 쉽게 가족의 구조를 파악할 수 있다고 보았다. 가족들의 이런 상호과정은 무의식적으로 일관성 있게 반복되면서 암묵적으로 나타나기 때문이다. 미누친(Minuchin, 1974: 51)이 관찰한 바에 의하면 "누구에게, 언제, 어떻게 이야기하고 있다는 반복적인 상호교류는 가족체계의 기초가 된다." 이들 유형은 구조적이며 기능적이거나 역기능적이 될 수 있다.

구조적 가족치료이론은 체계인 가족의 유형, 과정, 기능, 변화를 관찰하는 데 도움이 되는 유용한 도구다. 그리고 상담사들에게 기능적인 가족의 경우에 가족에서 이루어져야 하는 것들에 대한 구체적이며 개념적인 지도를 제시하고, 역기능적인 가족일 경우에는 가족에서 잘못되어 있는 것에 관한 지도를 제공해 준다. 그래서 구조적 접근법은 소년비행, 거식증환자 가족, 약물남용 가족, 사회경제 수준이 낮은 가족, 알코올중독 가족 등에게 성공적으로 사용되어 왔다(정혜정, 이형실 공역, 2001).

미누친은 증상을 가지고 있는 사람을 확인된 환자(identified patient)라고 할 때 환자의 증상은 체계를 유지시키는 것이라고 보았다. 따라서 증상은 가족의 역기능을 표현할 수 있으며, 개인의 특별한 생활환경 때문에 발생한 증상이 가족체계를 유지 및 강화시켰을 수도 있다고 본다. 가족체계가 증상을 강화·유지시키기도 하고 때로는 증상을 완화시키기도 한다고 본다. 그러므로 기능적으로 변화된 가족체계는 현재 문제시되는 환자의 증상을 사라지게 할 수 있다고 믿는다. 결론적으로 가족구조와 체계가 변화될 때 역기능적인 가족 개인의 역할, 행동이 변화될 수 있다고 전제한다.

구조적 가족치료는 마치 유기체가 외부 환경과 상호교류함으로써 생명체가 지속하고 발달하듯이, 가족도 하나의 사회적 체계로서 가족 안과 밖의 상황 속에서 움직이며 변화하는 것을 기본 전제로 하고 있다. 가족도 외부의 자극에 의해서 균형을 상실할 수 있으며 항상성이 깨질 수 있다. 심한 스트레스 상황이나 위기상황에서 가족의 구조가 적합하게 재적응하지 못하면 불균형 상태로 고착될 수 있다. 개인의 증세는 외부의 자극에 제대로 적응하지 못할 때에 발생할 수 있다.

미누친(Minuchin, 1977)은 가족의 특성을 다음과 같이 설명하고 있다.

• 가족구조는 끊임없이 변화하고 있는 개방된 사회문화체계다.

- 가족은 재구조화를 필요로 하는 성공적인 단계를 거쳐 발달한다.
- 가족은 가족성원들의 사회심리적 성장과정을 유지하고 좀 더 발전시키는 방법으로 환경에 적응한다.

이러한 기본 전제를 기초로 기능적인 가족은 다음과 같은 특성들을 가지고 있다.

- 가족의 각 발달단계별 또는 특별한 상황에서 탄력성 있게 변화할 수 있는 융통성이 있어야 한다.
- 가족 내의 구성원들은 분명한 경계로 자기정체성을 상실하지 않으면서 정서 교류가 있어야 한다.
- 가족 안에서 부모의 권력, 결정권, 세력, 위계질서가 자녀들에 의해 방해받지 않아야 한다.
- 부부간의 욕구 충족과 문제해결을 위하여 공정한 협상과 조정능력이 있어야 한다.
- 가족이 내적, 외적 환경으로 많은 스트레스를 받을 때 가족들은 새로운 기능을 발휘하여 상황에 잘 적응해야 한다.

기능적인 가족관계와 역기능적인 가족관계의 특징을 간단하게 설명하면 〈표 3-1〉과 같다.

〈표 3-1〉 역기능적인 가족과 기능적인 가족의 특성

역기능적인 가족	기능적인 가족
• 가족의 규칙, 역할이 너무 완고함	• 가족의 규칙, 역할이 융통성 있음
• 세대 간의 경계가 불분명함	• 세대 간의 경계가 명확함
• 폐쇄적인 의사소통	• 열린 의사소통, 협동적
• 가족의 주기 단계에 고착	• 가족의 주기단계에 변화
• 강한 통제나 강한 의존성	• 자율적인 책임 강조
• 한 사람이 희생양	• 적절히 분배된 문제
• 가족체계가 폐쇄적	• 가족체계가 개방적
• 상호 간의 협상과 조정이 어려움	• 상호 간의 협상과 조정이 가능
• 가족들이 비현실적이며 이상적인 기대나 욕구	• 가족들이 현실적인 기대나 욕구
• 가족의 자원이 결핍, 고립	• 가족의 자원이 풍부, 사회관계망적임

4. 체계론적인 가족구조 사정

1) 가족 하위체계

미누친은 가족치료에서 가족의 기능이 기능적인가 또는 역기능적인가를 사정평가하고 가족들에게 제시한다. 가족들이 상호 간의 경계와 규칙, 역할로 자신의 개별화와 동시에 전체 가족의 시스템을 넘지 않으며 공동체의 통합성을 추구할 수 있어야 한다. 핵가족에서의 가족 하위 시스템들을 보면 다음과 같다.

(1) 부부 하위 시스템

부부의 상호작용하는 방식이 중요하다. 일상생활에서 서로의 역할과 책임이 분명하고, 개방적인 의사소통으로 서로 존중하며 배려하는 관계를 하는가는 부부들의 만족도나 자존감에 영향을 미친다. 상담사는 면접을 통하여 부부의 관계성을 다양한 측면에서 탐색하고 사정평가한다. 부부가 중요한 의사결정을 혼자서 지배적으로 하는가, 아니면 상호보완적으로 하는가, 문제해결능력이나 대처능력에서 부부는 어떤 방식을 취하는가, 정서적인 친밀함을 어떻게 표현하는가, 스트레스 상황에서 부부가 서로 어떻게 반응하는가, 부부의 역할에서 서로가 동의하는가, 부부의 성적인 만족 정도는 어떠한가, 부부 하위체계의 경계선이 서로 간에 분명한가, 그리고 원가족으로부터도 자아분리가 되어 있는가, 아니면 경제적으로 의존하고 있는가를 고려한다. 부부는 가정의 총책임자로서 자신의 정체감을 잃지 않으면서 각자의 역할과 행동에 대한 책임을 질 수 있어야 한다.

(2) 부모-자녀 하위 시스템

부모-자녀 하위 시스템에서는 부모가 자녀들과 상호관계하는 방식에 초점을 두고 사정한다. 양육과 돌봄, 교육과 사회화에 기능적인가(자유형, 방임형, 통제형, 민주-통제형), 부모가 자녀 교육에서 일관성이 있는가, 가족의 합의된 규칙이 있는가, 부모의 권위와 통제력이 기능적인가, 가족의 위계질서가 있는가, 주요 결정권이나 세력이 자녀에게 치우쳐서 기능하는가를 고려한다. 특히 부모-자녀 간의 분명한 경계와 역할이 적절하게 이루어지고 있는지도 중요하다.

잘못된 부모-자녀 하위체계의 예를 보면 다음과 같다.

- 부모가 자녀를 적절하게 통제하지 못하고 방치한 경우: 부모는 자녀의 생활태도, 방식, 습관, 윤리도덕적인 금기사항, 해야 할 것과 해서는 안 되는 것들을 일관성 있게 지도해 주고 때로는 적절하게 자녀를 통제할 수 있어야 한다.
- 부모가 자녀를 충동적이고 감정적으로 다루는 경우: 대인관계에서 최초의 경험이 부모인데, 부모가 어떤 일정한 규칙이나 가이드라인을 제시하지 못하고 감정적으로만 다루게 되면 자녀는 불안감이 높고, 다른 아이들에게도 충동적으로 대하며, 적절한 자기 욕구나 감정 표현이 어렵다.
- 부모가 자녀를 너무 편애하는 경우: 부모가 자녀를 일방적으로 편애하는 것은 자녀를 자신으로 보고 자기를 사랑하는 것과 같다. 편애는 다른 자녀를 열등감에 시달리게 하고 자신감보다는 좌절감을 경험하게 하여 낮은 자존감을 형성한다.
- 부모가 자녀의 관심이나 호기심을 배제하고 지나치게 지배하거나 통제하는 경우: 부모가 자녀의 호기심이나 관심을 무시하고 부모중심적으로 이끄는 강한 통제는 한편으로는 순종적인 가짜 자아의 아이로, 다른 한편으로는 강한 반발과 공격적인 아이로 만들 수 있다.
- 부모가 자녀와 상호작용을 하지 않고 귀찮아하거나 자녀와 놀아 주지 않는 경우: 자녀는 관계성의 경험이 빈약하여 또래집단과 어울리는 것이 어렵고 외톨이가 되기 쉽다. 자아가치나 자존감이 낮고 긍정적인 자아상을 형성하기 어렵다.
- 자녀가 부모역할을 감당하거나 빨리 정신적으로 어른이 되는 경우: 자녀로서의 위치나 역할보다는 어른으로서의 책임감이 막중하게 되면 감당하기 어려운 현실 속에서 좌절감을 경험한다. 생존의 욕구가 강하며 어린 시절 경험하지 못한 것들에 대한 공허감, 우울감, 채우지 못한 것들이 보상심리로 나타날 수 있다.

(3) 형제 하위 시스템

자녀들이 형제자매체계에서 함께 어울리며 놀며 경쟁하며 사회화를 배우고 협동심과 이해능력, 상호 문제해결능력 등을 기른다. 형제 하위체계에서 형제자매들은 어떤 방식으로 갈등이나 문제를 해결하는가, 상호 간의 분리와 결속이 적절한가, 가족 밖 환경과의 교류는 어떤가 탐색이 필요하다. 상담사는 부모와 자녀 사이에서 서로 다른 세대 간의 차이나 관점들을 이어 주는 교량의 역할을 해야 한다. 부모의 특별한 편애는 누구에게 작용하는지, 형제자매들끼리 누구와 더 밀착되어 있고 누구와는 소원한지, 누구와는 경쟁관계이고 누구와는 협동적인지 탐색한다. 형제자매가 질병에 시달리거나 죽은 가족원은 가족들이 정서적으로 밀착되거나 고착되어 있는 경우가 있다.

2) 위계질서

모든 체계는 하위체계와 상위체계로 나누어지며, 가장 작은 체계를 유기체에서는 세포라고 한다면 사회체계에서는 한 개인이라고 할 수 있다. 마치 살아 있는 유기체가 세포에서부터 발달하여 하나의 조직을 이루고 조직은 더 나아가 기관을 이루며 기관은 유기체를 형성하는 것처럼, 인간 사회에서도 개인이 모여서 한 가정을 이루고 그다음으로 학교나 직장생활 같은 사회체계를 이루며 사회는 또 국가를 형성한다.

가족이라는 전체 체계가 잘 유지되기 위해서는 부부체계와 자녀체계가 서로 위계질서 안에서 하위체계들을 잘 조정하고 조화롭게 질서를 유지해야 한다. 부부체계는 자녀체계보다 더 우위에 있으며, 전체 가족을 책임지는 총사령부 같은 역할을 하며, 전체 가족의 방향 설정과 행동방식들을 결정하는 곳이다.

기능을 잘하는 가족은 부부 사이의 개인차를 인정하고 협조를 통하여 갈등을 성공적으로 해결하며 상호 간의 욕구를 충족하므로 강한 부부체계를 형성한다. 부모로서 부부는 자녀 앞에서 서로의 권위를 세워 주고 부부관계와 부모로서 결정을 할 때에 서로 동등한 권력을 갖는다. 자녀교육에서도 서로의 방법에 공개적으로 동의하지 않을 수 있으나, 의견 일치가 안 된다고 부부싸움에 자녀를 끌어들이지 않는다. 세대 간에는 분명하고 정확한 경계가 있고, 자녀가 부부만이 갖는 체계(성, 부부 불일치에 대한 타협)에 개입하지 않는다. 부부체계 안에서 부부간의 권력이 서로 동등하지 못하고 한쪽이 상대방을 지배하는 방식이나 한쪽에 대한 일방적인 희생의 강요는 해결되지 않는 갈등의 뿌리를 내리고 배우자나 아이에게 문제의 증상이 나타날 수 있다.

부모와 자녀 간의 위계질서가 위배되었을 때, 예를 들면 부모의 사랑과 애정이 거꾸로 되어서 부모가 자녀에게 사랑과 애정을 지나치게 기대한다든지, 자녀가 부모보다 더 많은 세력과 권력을 가지고 부모를 통제하려 할 때, 즉 아이가 이상행동(가출, 컴퓨터 중독)이나 증상을 통해서 가족을 지배하고자 할 때 문제는 더욱 심각해지며 혼란을 초래한다.

3) 규칙

가족은 서로 반복적인 상호작용에 의하여 규칙이 형성된다. 가족의 규칙은 가정 안에서 힘의 분배와 역할들을 규정하며, 행동방식들이 결정된다. 또한 규칙은 가정 안에서의 가르침과 가치관과도 연결되며, 가족의 전통과도 관계가 있다.

가족 안에서 보이는 확실한 규칙과 보이지 않는 은밀한 규칙들이 있는데, 이 규칙들이 누구에 의해서 누구를 위해서 규정되었는가를 밝히는 것이 중요하다. 자녀들이 성장하면서 가족의 규칙을 결정하는 데에 함께 참여하는지, 아니면 부모들에 의한 결정인지, 아니면 아버지 독단적인 결정인지 규칙의 결정의사도 중요시 여긴다.

베이트슨과 잭슨(Bateson & Jackson, 1964)에 의하면 규칙 가운데도 비규범적인 규칙이 있는데, 이것은 가족들이 은밀하게 암묵적으로 행하는 것으로 이중적인 행동구조를 만들어 내고 유지한다. 예를 들면, 가족 안에 정신질환자나 정신분열증 환자가 있는데, 누구도 그것에 대해서 이야기해서는 안 되고 환자가 없는 척해야 하며 아무 문제도 없는 척 행동해야 한다. 또한 어머니가 아버지에 의하여 구타당한 것을 자녀가 보았는데, 엄마가 다음 날 "아무것도 아니야."라고 사건에 대하여 부인하는 경우 자녀는 이야기를 할 수 없게 된다.

규범적인 규칙은 몇 시에 저녁식사를 하고, 자녀가 언제까지 집에 돌아와야 하며, 남편이 외박을 해서는 안 되고, 또한 사람들에게 친절해야 하며, 교회에 갈 때는 어떤 복장을 입어야 한다는 등의 상세하고 구체적인 행동 유형과 관련이 있다면, 은밀한 규칙은 가족마다 상황에 따라서 나름대로 행동 유형을 만들어 낸다. 가족의 은밀한 규칙은 감추어져 있기 때문에 가족들이 그것을 인식하거나 알아차리기는 쉽지 않다. 가족들의 반복적인 행동방식에 준거하여 추론해 내는 것이다.

역기능적인 가족일수록 규범적인 규칙보다는 비규범적이고 은밀한 규칙에 의해서 가족들이 행동하며, 역기능적인 가족일수록 규칙이 융통성이 없고 제한되어 있고 절대적일 수 있다. 때로는 문제 가정의 규칙은 부모의 잘못된 신념이나 가치관에서 유래될 수 있고, 또한 자신의 불안감을 극복하기 위한 자기중심의 규칙일 때가 있다. 규칙의 예는 다음과 같다.

- "밥 먹을 때 말을 해서는 안 된다."
- "집안에서는 조용히 굴어야 한다."

- "여자는 가정의 화목을 위해 희생을 해야만 한다."
- "남자는 부엌일을 해서는 안 된다."
- "밤 9시까지는 꼭 집에 들어와야 한다."(대학생 자녀에게)

헤일리(1977)는 가족의 규칙에는 개인의 행동 유형을 지배하는 연쇄적인 특징이 있다고 주장한다. 이런 연쇄는 종종 순환적이며 연쇄가 부정적이고 역기능적일 때는 악순환이라고 한다. 일반적으로 가장 흔한 예를 들어 설명하면 다음과 같다.

1. 남편이 회사에서 안 좋은 일로 화가 나서 아내에게 신경질적으로 대하면,
2. 아내는 자녀에게 화를 내고,
3. 자녀는 반항적으로 행동하고,
4. 이를 본 남편은 다시 화를 낸다.

가족의 순환 가운데 건강하고 기능적인 것도 많다. 부모가 자녀에게 배려하고 귀 기울이며 애정표현이 순환적으로 이루어질 때는 화목하고 평화로운 관계가 형성될 수 있다. 가족들의 행동방식은 일단 일정한 순환 유형의 규칙을 받으면 그것은 계속해서 반복되기도 하며 다른 형식으로 다시 나타날 수 있다. 대부분의 가족은 규칙에 지배를 받거나 유형화된 행동을 선택했다는 사실을 의식하지 못한다.

사티어(V. Satir)는 가족의 생활을 바다에 떠 있는 빙산에 비유하여 설명하였다. 가족생활 전체는 복잡한 연쇄결합 세트이기 때문에 대부분이 가족구성원들의 무의식 속에서 일어난다고 주장한다(Satir, 1972).

4) 경계선

구조주의 가족치료에서 경계선(boundaries)의 개념은 매우 중요하다. 모든 생명체가 외부와의 적절한 상호교류를 통해서 수용능력과 선택능력에 의하여 스스로 작용하는 것처럼 경계는 무엇이 내 것이고 내 것이 아닌지, 무엇을 허용하고 허용하지 않을 것인지, 무엇을 선택하고 선택하지 않을 것인지를 지각하게 해 주는 것이다. 자신의 경계를 분명하게 설정하고 행하는 사람은 자신의 정체성이 확실한 사람이다. "심리적 의미에서의 경계선이란 타인과 분리된 자신의 인식을 의미한다. 우리의 존재 자체와 우리가

아닌 것, 우리가 선택할 것과 선택하지 않을 것, 우리가 참을 것과 참지 말아야 할 것, 우리가 느끼는 것과 느끼지 않는 것, 우리가 좋아하는 것과 좋아하지 않는 것, 우리가 원하는 것과 원하지 않는 것을 말해 준다. 경계선은 우리의 본질을 말해 준다."(Cloud, 1990: 123)

　자기 자신과 타인과의 분명한 경계는 내가 정말 누구인지를 알고, 자신이 아닌 것을 거부할 줄 안다. 나의 신체와 감정, 행동에서도 내 것인지 타인의 것인지를 확실히 안다. 자신의 사고와 감정은 자신의 것이다. 어떤 상황에서 표현하는 기쁨이나 분노, 화냄, 짜증스러운 태도나 부드러운 태도도 자신의 선택이고 자신에게 책임이 있다. 많은 가족이 경계선의 결핍으로 많은 문제에 봉착하기도 한다. 어떤 사람은 부모의 요구 때문에 자신이 원하는 것, 하고 싶은 것을 선택할 수 없고, 부모를 기쁘게 하기 위하여 항상 거절할 수 없고, 다른 사람에게 책임을 미루기 때문에 자기 인생을 책임질 수 없는 사람도 있다. 경계선의 결핍이나 무너짐은 자신의 신체적·감정적·정서적 측면의 자학이며 폭행이다. 경계선이 약한 사람일수록 다른 사람으로 하여금 끊임없는 감독과 지시와 통제를 하도록 허용한다. 심지어 다른 사람의 구타와 폭행도 허용하며 자신에게 상처를 입히는 것도 허용한다. 상담사는 가족 안에서 언제부터 누구에 의하여 경계선이 무너졌고 어떻게 다시 세울 수 있는지 탐색해야 한다.

　가족의 시스템에서 안과 밖을 명료하게 구분하는 데에 필요한 것도 경계선이다. 미누친(1977)은 경계선은 가족들이 서로 접근 가능한 것의 양과 종류를 규정해 주며, 가족구성원 안에서도 가족 하위체계 간에 정체감, 기능, 관계 유형을 조정하는 기능을 한다고 말한다. 미누친은 가족들의 관계 속에서 하위체계의 상호관계 기능을 명확한 경계, 밀착된 경계, 경직된 경계로 구분하였다. 가족들이 적절히 기능적으로 유지하기 위해서는 가족 하위체계의 경계선이 명확해야 하고, 개인 성원들이 심한 방해나 장애 없이 활발한 교류가 있어야 한다고 주장하였다. 가족 내에서 경계선의 정도는 가족들의 기능 및 역기능과 상관관계가 있다고 보았다. 그는 모든 가족이 밀착된 경계선과 경직된 경계선을 양극으로 하는 연속선상의 어느 지점에 위치한다고 보았다.

　미누친(1977)은 가족진단과 치료적 개입을 위한 측정도구의 하나로 가족체계의 경계선 기능을 사용하였다. 가족들이 너무 밀착된 구조의 경계는 분명한 가족경계로, 너무 경직된 가족의 경계는 개방적이고 융통성 있는 가족경계로 만드는 데에 치료적 접근을 시도하였다.

　경직된 경계(rigid boundary)는 가족들이 지나치게 개인적이며 독립적이다. 가족들이 서로 정서적으로 지지와 위로, 힘을 받지 못하고 아주 경직되어 있는 가족으로, 외부로 부터는 소외되어 있고 가정 안에서는 부모의 권위가 강조되며 상호 간의 의사소통이 부족하다. 가족 간의 친밀함이 유아적이며, 가족구성원 중 누가 우울하거나, 죽고 싶다거나, 학교를 가지 않는 경우 등 심각한 상태로 드러나기 전에는 서로의 문제를 알기 힘들다. 가족 상호 간에 격리된 가족들로 서로 간에 관심이 없고 부모와의 관계도 소원하며 부모에 대한 존중감도 없다. 부모-자녀관계에서 부모는 부모고 자녀는 자녀로 상호 간의 정서적 교류가 전혀 없다. 이런 가족구조에서는 가족들의 에너지나 관심이 다른 데로 향하고 있는 경우가 종종 있다. 청소년들이 상대적으로 가족의 관심과 지지를 받지 못하게 되면 강한 유대관계와 소속감을 심어 주는 비행집단에 빠져들 수 있다.

　가족체계가 외부와 불확실하고 밀착된 경계(diffuse boundary)로 형성된 가족들은 외부에서 오는 간섭과 문제로도 가족들이 문제에 깊이 빠질 수 있다. 가족구성원 간에도 감정들이 지나치게 얽혀 있어 사소한 일에도 갈등이 발생한다. 가족 하위체계 간의 적절한 분리가 필요하다. 모든 문제에 서로가 깊이 관여하고 구속과 간섭이 심해서 너의 일, 나의 일이 구분 없고, 너의 감정, 나의 감정, 너의 욕구, 나의 욕구가 분명하지 않다. 하위체계 간에 서로 지나치게 밀착되어 개인의 자아의식과 책임감이 발달되지 못한다. 보웬(Bowen)은 이런 사람을 '미분화된 자아'라고 한다. 한국의 공생적 부부관계나 부모-자녀관계, 시어머니와 밀착된 아들로 인한 고부간의 갈등 가족에서 종종 볼 수 있다.

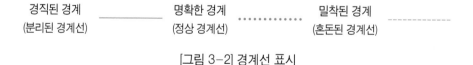

[그림 3-2] 경계선 표시

　미누친(1977)은 밀착된 가족은 가족원의 개별성과 독창성이 없으며, 자발성과 책임감이 낮고, 서로 간의 차이점이나 분리에 대한 강한 두려움과 불안감을 나타낸다고 하였다. 이런 밀착된 가정에서는 불안정한 정서, 우울증, 정신·신체적 질병 등의 정서장애가 나타날 수 있다. 실제로 천식아동, 식욕부진아, 당뇨 아동의 가족특성을 보면 다음과 같다.

- 부모의 과잉보호와 밀착된 관계
- 가정 안에서 완고한 규칙과 권위에 의한 강압과 억압
- 갈등, 회피 혹은 부인
- 부모의 갈등에 자녀가 개입

명확한 경계(clear boundary)는 하위체계들의 기능이 이상적이라고 할 수 있다. 분명한 경계를 형성하는 가족 하위체계들은 서로 관심을 가지며, 상호 간의 지지와 지원, 협력이 이루어진다. 개인의 개별성과 독립성이 인정되면서 동시에 가족 전체에 대한 배려도 할 줄 안다. 상호 간에 의사소통이 원활하게 이루어지고, 새로운 변화를 위하여 공정한 협상과 거래가 이루어진다. 누가 누구를 위하여 희생하지 않으며 서로의 역할, 규칙에 융통성이 있다. 가족들은 새로운 상황에 적절하게 반응하여 가족의 안정을 도모한다. 가족들의 발달단계에 또는 구조 변화에 잘 적응한다. 가족 간에 유머와 웃음이 있는 자연스러운 분위기가 흐른다.

5) 역할

가족구성원 각자의 역할은 가정의 중요한 기능이다. 부모는 자녀를 양육하고 가르쳐서 자립과 독립을 할 수 있도록 책임을 수행해야 한다. 역기능적인 가정은 부모의 역할과 자녀의 역할이 분명하지 않고 자녀가 부모역할을 대행하는 경우가 많다. 한 자녀가 부모를 대신해서 배우자 대신 역할을 감당하는 경우를 부모화(parentification)라고 한다. 부모 중 한 사람이 없을 때 맏이가 일시적으로 동생들을 돌보고 책임지는 것은 부모역할을 이해할 수 있는 좋은 기회이지만, 이런 역할이 고착되고 지나치게 많이 감당해야 할 경우에는 심리적인 압박감과 함께 자기 성장에 에너지를 쏟지 못하고 다른 사람을 위한 책임과 의무에 시달리게 된다.

부부간의 싸움 중재나 재혼의 갈등문제나 부부의 외도문제, 부모의 도박 등에 자녀가 개입하여 배우자의 역할을 대신 감당해야 할 경우 자녀는 막중한 책임감과 해결할 수 없는 무기력함에 좌절을 경험하며, 낮은 자아존중감이나 삶의 비관에 시달리기도 한다.

기능적이지 못한 가족에서 나타나는 역할의 특징들은 다음과 같다.

- 역할을 잘 수행하지 못함: 역할에 대한 지식이나 상식의 부족 또는 능력이 부족하여 이행하기 힘들다(부모가 자녀교육과 발달단계에 대한 지식 결핍).
- 역할 불분명: 가족 안에서 역할을 서로 미루고 누구의 역할인지 불분명하다. 그래서 서로 상대방을 비난하기 쉽다.
- 고정불변한 역할: 아주 작은 일에서부터 큰 일까지 모든 업무나 일을 정해 놓고 어떠한 경우에도 유동적이지 못하고 고정적이다.
- 강압적인 역할: 가정에서 희생자의 역할이나 힘든 일을 강제적으로 떠맡는다.
- 너무 과다한 역할: 한 사람이 가정 안에서 가사, 자녀양육 및 지도, 직업, 과다한 역할을 맡아 심한 스트레스를 받는다.
- 무역할: 가정에서 아무 역할이 없으며 다른 사람의 역할을 도와주지도 않고 방관만 한다(Textor, 1985).

6) 세력과 위계질서

가족구성원들은 각자의 지위나 위치에서 따라서 반복적으로 상호작용하는 가운데 세력(power)을 유지하며 변화하기도 한다. 누가 세력을 더 많이 행사하느냐에 따라서 가족들의 위계질서도 결정된다. 가족구조를 파악하기 위해서는 누가 누구에게, 무엇을 위해서 세력을 행사하며, 또한 세력 행사에 의하여 누가 적극적으로 또는 수동적으로 행동하는가, 아니면 영향력을 행사하는 사람에게 누가 자발적으로, 강압적으로 대응하는가 등의 가족의 역동성을 파악할 수 있어야 한다.

세력과 관련된 역기능적인 가족의 문제는 다음과 같은 특징으로 나타난다.

- 가족 내에서 기능적인 세력의 부족이다. 세력을 행할 수 있는 능력이 부족해서 세력을 행할 수 없거나, 가족 중 누군가가 세력 행사를 허용하지 않는 경우다. 아버지가 자녀들을 강하게 통제하고 교육시키는 능력이 없어서 자녀가 어머니에게 강하게 대들며 위협적인 태도를 보이는 경우다.
- 세력의 수행기능의 약화다. 이것은 부모가 자녀들을 통제하고 지시할 수 있는 세력이 없는 것을 말한다. 예를 들어, 부모가 자기 자녀들을 조부모에게 양육과 교육을 하도록 위탁한 경우에는 자녀들에 대한 세력 기능이 약할 수밖에 없다.
- 세력을 어느 한 사람만 과다하게 행사하는 것이다. 가족 중에 남편 혼자서 많은 세

력을 가지고 행사하고 다른 가족들은 모두 따라가야만 하는 경우 불만과 불평이 내재해 있다. 가족 가운데 세력이 약하고 힘이 없는 사람이 지위와 권력을 가진 사람에게 대항하기 위하여 다른 가족구성원 또는 다른 세대의 구성원과 연합하는 경향이 있는데, 이것이 삼각관계를 이룬다.

헤일리는 삼각관계에서 가족 중 누군가 문제 증상을 나타내는 사람은 낮은 지위와 권력 때문에 다른 사람을 쉽게 통제하기 위한 싸움에서 보다 유리한 위치를 확보하기 위한 수단으로 문제 증상을 나타낸다고 보았다. 증상을 갖는 사람은 이것을 통하여 관계에서 유리한 입장을 가질 수 있는 혜택을 누리는 반면, 다른 가족은 증상을 통하여 체계의 항상성을 계속 유지할 수 있다는 부가적인 이점이 생기는 것으로 보았다.

또한 가족 안에서의 세력다툼은 위계질서의 혼란을 초래할 수 있다고 헤일리(1976)는 보았다. 예를 들어, 정서적으로 문제행동을 보이는 자녀에게 어머니가 자신의 위치를 이용하여 행동에 대한 명령을 했으나 자녀가 그것을 거부하게 되면, 어머니는 자녀가 문제행동을 일으킬까 두려워서 명령에 거부한 것을 야단치지 못하고 자신과 동등한 지위로 간주하게 된다. 그 결과 가족 안에서 위계질서가 불분명해지고 혼란을 초래하게 된다.

가족 안에서 위계질서는 가족들의 상호작용과 반복적인 순환과정에 의하여 형성되므로 역기능적인 상호작용 패턴을 잘 규명할 수 있어야 한다.

헤일리(1976)는 가족의 보편적인 위계질서의 요소를 세대선(generational line)으로 보고 조부모, 부모, 자녀 3세대로 나누어 조부모가 부모보다 더 높은 위계를, 부모가 자녀보다 더 높은 위계를 차지하는 것을 인정하였다. 그러나 이러한 세대선을 사이에 두고 세력과 지위가 뒤바뀔 수 있는 상황을 다섯 가지 범주로 설명하였다(von Schlippe, 1993).

- 자녀가 부모의 생활을 책임질 때
- 자녀가 부모를 교육하고 지시하고 간섭하고 통제할 때
- 세대 내(핵가족)의 상호관계보다 세대 간(확대가족)의 상호관계가 더 강할 때
- 부모가 자신의 흥미나 욕구 충족을 위하여 자녀와 동맹관계를 형성할 때
- 한 부모와 다른 세대에 속한 자녀가 다른 부모에게 대항하기 위하여 연합할 때
  (예: 할머니가 손녀와 연합하여 어머니에게 대항하는 경우)

7) 삼각관계

모든 가족관계, 남녀의 이성관계 또는 친구관계에서도 삼각관계(triangulation)를 종종 볼 수 있다. 삼각관계는 때로는 너무 밀착된 불안정한 상태를 피하기 위해서, 갈등의 실마리를 풀기 위하여 형성되기도 한다. 일반적으로 가족 안에서의 삼각관계는 갈등과 문제가 심한 부부가 자녀를 제삼자로 끌어들여 자신들의 문제를 대신해 자녀에게 초점을 맞춰 갈등을 해소하려는 것을 종종 볼 수 있다.

삼각관계의 형태로 가족의 구조를 잘 설명한 상담사는 미누친의 '연합', 보웬의 '희생양', 헤일리의 다세대를 통한 '왜곡된 삼각관계'를 들 수 있다.

두 사람의 관계가 너무 밀착되어 갈등이 있거나, 또는 관계가 소원해질 경우에 제삼자를 관계 속에 끌어들여 긴장을 완화시키고 일시적인 문제해결을 시도한다. 삼각관계의 유형으로 '연합(coalition)'이 있다. 연합은 가족들이 제삼자에 대항하기 위하여 부모가 자녀와 서로 결탁하는 것을 말한다. 연합에는 안정연합(stabile coalition)과 우회연합(detouring coalition), 세대 간의 안정연합(transgenerationale stabile coalition)이 있다(von Schlippe, 1993).

- 안정연합: 예를 들면, 가족 안에서 부부간에 문제나 갈등이 있을 때 아내가 자녀와 연합함으로써 자기편을 만들어서 심리적으로 안정감을 찾고 남편을 가족관계에서 '왕따'처럼 따돌리며 무시하는 경우다. 남편을 무시함으로써 대항하려는 의도로 남편을 은근히 지배하고 통제하려는 것이다. 남편이 자녀와 연합하는 반대의 상황도 일어날 수 있다.

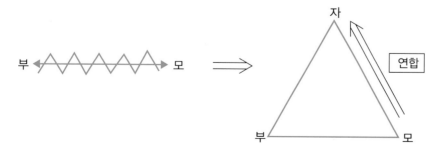

[그림 3-3] 안정연합의 삼각관계

• 우회연합: 두 사람의 갈등이나 문제를 제3자에게 회피하므로 근본적인 갈등해결은 어렵지만 순간의 문제해결방식으로 가정에서 흔히 볼 수 있다. 부부간에 갈등이 심한 경우 아내가 남편에게 문제에 대한 불만이나 갈등을 직접 대화로 해결하지 못하고 자녀에게 불만을 토로하여 직접적인 갈등을 우회해서 푸는 현상이다. 예를 들면, 숙제를 안 했다고 또는 어느 특정한 이유를 만들어서 자녀를 크게 야단침으로써 남편에 대한 불만과 보복심리를 우회해서 푸는 경우가 있다. 이런 반복적인 부모의 행위는 자녀를 불안감에 휩싸이게 하며, 자신감이 없고, 엄마의 일관성 없는 태도에 상반적인 적대 감정을 가지게 할 수 있다. 자녀가 어려운 상황에 빠져 있을 때 이상행동으로 표출하든지, 아니면 우울증에 빠지든지 하면 부부는 자녀의 문제 증상 때문에 다시 표면적으로 대화가 되고 부부관계의 체계를 유지한다. 이런 가족은 자녀의 문제 증상으로 인하여 역기능적으로 부부체계가 유지된다고 볼 수 있다.

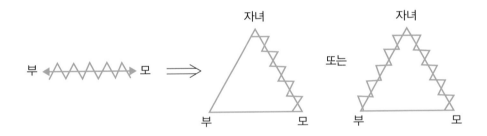

[그림 3-4] 우회연합의 삼각관계

• 세대 간 안정연합: 가족 간의 연합이 세대 간에 형성되는 경우다. 세대 간의 연합은 핵가족 세대 간에 또는 확대가족 세대 간에 모두 가능하다. 부부간의 갈등으로 부부가 둘 다 자녀들과 연합하는 경우는 아래 세대 간의 안정연합이며, 부부가 자신들의 부모들과 정서적으로 밀착하여 연합하는 것은 위 세대 간의 안정연합이다. 위아래 세대 간의 대항적 연합은 문제증상을 가진 자녀와 한 부모가 연합할 때 확대가족의 조부모와 한 부모가 연합하여 상대 배우자에게 대항하는 경우가 있을 수 있다.

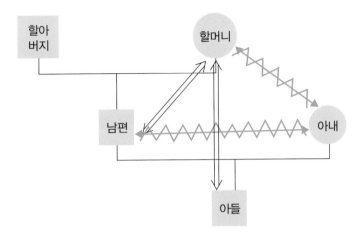

[그림 3-5] 세대 간의 삼각관계

삼각관계는 꼭 자녀나 사람만이 대상이 아니라 일이나 알코올 또는 약물 등도 부부 갈등의 회피로 삼각관계를 형성한다. 부부문제가 많고 싸움이 많은 가정의 남편은 술을 통해서 자신의 불안한 마음을 달래려고 한다. 이때 술의 역할은 힘든 부부관계를 지탱하게 하여 주는 제3자의 역할을 한다. 삼각관계가 병리적인 가족구조에 기여한다는 것을 통찰하게 하므로 다세대중심의 상담사인 보웬도 탈삼각관계를 치료목표로 삼았다.

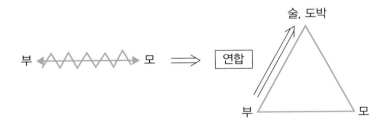

[그림 3-6] 술, 도박의 삼각관계

5. 구조적 가족치료의 기법

1) 가족치료의 목표

일반적으로 구조주의적 상담사들은 가족의 문제나 병리증상이 가족의 역기능적인 구조에 의한 것이라고 가정한다. 예를 들면, 가족 하위체계 간에 너무 밀착된 가정은 개인의 경계가 무너지고, 자기와 타인의 구별이 어려우며, 또한 너무 경직된 가족의 경계는 가족 상호 간의 교류가 너무 부족해 결속력이 없다. 상담사는 무엇보다도 가족의 상호작용을 촉진시키며 가족 내에서 무슨 일이 벌어지는지를 관찰하고 사정할 수 있어야 한다. 문제라고 규정하는 것과 문제를 지속시키는 가족의 구조를 파악해야 한다. 가족사정을 위해서는 전체 가족을 포함하는 것이 바람직하다. 전체 가족의 상호작용을 관찰함으로써 가족구조에 대한 전체 그림을 그릴 수 있다.

다음은 구조주의적 가족치료에서 추구하는 일반적인 치료목표다.

- 부모와 자녀 간에 명확한 위계질서 확립으로 권위를 행사함
- 부부의 연합과 일관성 있는 양육방식
- 가족구성원들의 적절한 역할과 책임감 조성
- 기능적인 의사소통과 상호교류 활발
- 가족구성원이 희생양에서 벗어나 가족의 결속력 구축
- 가족체계의 상호교류 규칙을 재구조화

구조주의적 가족치료에서 상담사의 역할은 지도자적 위치로 가족에 대한 개입에 적극적이며 권위적이다. 상담사가 내담자 가족들을 때로는 지지하고 교육하며 안내하는 것은 치료 초기에 합류하는 데에도 필요하지만, 가족들의 재구조화를 위해서도 필요하다.

가족들은 서로의 관점에서 문제를 어떻게 정의하고 표현하는지 그 과정을 통해서 각자의 관점이 노출된다. 상담사는 초반에는 가족들이 편안하게 이야기를 잘할 수 있도록 공감하고 지지하거나 편이 되어 주기도 하며 합류한다. 또한 가족들의 문제를 가족으로만 제한하지 않고 외부적인 스트레스 요인이나 학교, 직장, 사회적인 관계망도 다룬다. 미누친(Minuchin, 1977)이 주장하듯이 "병리는 환자 안에서, 사회 맥락 안에서, 그

들 사이의 상호작용에" 있을 수 있다고 보았다. 상담사는 가족들에 대한 세심한 관심과 관찰로 사정을 정확히 하는 것이 목표를 설정하는 데에 도움이 된다.

구조적 치료에서 상담사는 강한 개입을 하기도 하고, 상호작용을 촉진하는 법을 보여 주기도 하고, 가족들이 또한 상호 간에 어떻게 교류하고 행동해야 하는지도 가르친다. 그리고 부모들이 자녀에게 어떻게 반응해야 하는지를 가르치기도 한다. 또한 가족들이 외부세계의 어떤 도움을 받기도 하고, 어떻게 적응해야 하는지 안내하기도 한다. 구조주의 상담사는 교사의 역할, 지도자의 역할, 지지할 수 있는 친구로서의 역할도 필요하다.

2) 구조주의적 치료과정

구조주의 가족치료에서는 두 명의 상담사가 한 팀으로 구성되어 일한다. 치료실에 설치된 일방경을 통하여 가족들을 관찰할 수 있도록 하며, 가족의 증상 유지 패턴에 관한 가설을 세우고 가족에 대한 평가와 사정을 하고 치료계획을 함께 세운다.

미누친(1977)은 가족의 재구조화와 가족체계의 변형을 촉진하기 위하여 가족치료과정을 3단계로 구분하였다.

- 상담사는 기존의 가족구조인 패턴에 합류한다.
- 가족의 역기능적 구조를 평가하고 사정한다.
- 가족구조를 변화시키기 위해 환경을 조성하며 재구성한다(가족의 기능적인 역할을 수행하도록).

가족사정의 목적은 가족의 문제를 해결하는 데에 많은 자료를 통하여 치료계획을 세우는 것이다. 가족의 상호작용을 사정하는 데에 있어서 상담사는 치밀한 계획과 전략이 필요하다. 관심을 가져야 할 주된 영역은 다음과 같다(Minuchin, 1977).

- 가족구조의 상호교류 유형과 대안적인 상호교류 유형
- 변화하는 상황에 대한 반응으로서 체계의 동맹, 연합, 가족체계의 융통성과 재구조화의 능력을 평가
- 각 구성원의 행동에 대한 가족체계의 감수성을 조사하며 가족의 분리 상태를 평가

- 가족의 현재 상황, 즉 가족환경에서 생활지지체계와 스트레스요인을 분석
- 가족의 발달단계와 단계에 적합한 과업수행능력을 평가
- 가족이 상호교류 유형을 유지하기 위하여 환자의 증상을 이용한 방법

3) 합류화

합류하는 것은 상담사가 초반에 가족의 현실상황에 들어가 함께 경험하는 과정이다. 합류(joining)는 가족의 구조를 관찰하고 있는 그대로 존중해 줌으로써 이루어진다. 가족의 상호교류과정에 상담사가 합류하는 것은 상담사의 역할을 활성화하고, 가족성원 간의 상호교류를 다루는 기술이다. 상담사가 가족들과 좋은 관계가 잘 이루어져야 신뢰할 수 있다. 초반에는 특히 도전보다는 가족들에게 편안함과 공감, 지지가 제공되며 이해와 수용이 중요하다. 좋은 관계를 형성하여야 가족은 대안적이고 발전적인 구조를 위하여 상담사를 믿고 따를 수 있다.

가족체계에 합류하기 위하여 상담사는 가족의 다음과 같은 조건들을 잘 파악할 수 있어야 한다.

- 가족의 조직과 유형이 역기능일지라도 먼저 받아들이고 수용한다.
- 가족의 상호작용양식 패턴의 장점을 경험한다.
- 중립화(neutralitat)한다. 즉, 가족 가운데 소외당하거나 희생양이 된 가족성원의 고통을 느낄 수 있어야 하고 공감해 주어야 한다.
- 가족성원들이 가장 중요시하는 가치나 자아존중감 정도를 알아야 한다.
- 가족성원들과 함께 문제 탐색과정에 참여하여야 한다.
- 가족들의 의사소통의 속도, 언어 스타일, 행동방식을 알고 따라야 한다.

구조적 가족치료에서 합류를 촉진시키기 위한 방법으로 상담사들은 유지, 추적, 모방의 기술을 이용한다.

- 유지(적응하기): 상담사는 기존의 가족구조를 이해하고 유지해 나가는 것을 존중하고 그것을 따르려고 한다. 가족의 위계질서나 가족성원의 상호작용을 파악하고, 가족구조를 있는 그대로 유지하면서 가족성원들과 접촉하며, 가족 하위체계의 특정한

상호교류 유형에 접근한다. 가족들의 장점이나 숨은 능력을 인정하고 지지하며 가족의 위치를 확인한다.

- **추적(따라가기)**: 상담사가 가족이 있는 그대로의 의사소통과 행동의 내용을 추적하고 계속하도록 권장하는 기술이다. 추적은 질문을 명확히 하고 의견을 수용하게 하며 초점을 확대하는 것을 의미한다. 상담사는 가족들이 말하는 것에 대해 도전하거나 강요하지 않는다. 관심을 표현하는 말(예: "그렇군요." "네, 그러세요." 등) 또는 "어떻게 생각하세요?" 등 내용을 명료화하기 위한 질문이나 핵심용어를 반복하는 등 친밀한 관계 형성을 위한 기술이다.
- **모방(흉내 내기)**: 상담사는 가족의 언어적·비언어적인 의사소통(예: 제스처, 말하는 태도, 억양, 얼굴 표정)과 감정의 표현을 모방함으로써 가족에게 합류한다.

초반에 가족들은 서로가 공격적이고 할 이야기가 많고 이해받지 못하고 있다고 생각한다. 이런 감정을 조금 무너지게 할 수 있는 방법은 가족의 말에 모두가 경청하며 공감해 주는 것이다. 상황에 대한 모든 가족의 설명을 듣고 이해하고 인정해 주는 것으로 안정감을 찾을 수 있다. 상호 간의 공감적인 연결을 느끼도록 가족들에게 다가가는 것이 상담사의 기술이다. 상담사가 초반에 상호과정으로 가족을 따르고 합류하면, 그 다음 단계로 가족들은 곤란하고 역기능적인 유형을 좀 더 지양하면서 기능적인 구조로 향하는 상담사를 따르는 것이 가능해진다. 가족의 구조나 행동 패턴이 역기능적이라고 해도 그것은 가족의 강력한 지탱임을 인식하면서 상담사는 그 자체를 존중해야 한다. 동시에 치료의 목적이 가족의 구조 변화라는 것에 초점을 두고 큰 그림을 그려야 한다.

4) 재구조화를 위한 기법

가족구조를 변화시켜 일반적으로 나타나는 증상을 해결하기 위해서는 개인의 심리적 수준보다는 체계 내에 있는 상호관계에서 오는 역기능적인 행동의 문제에 초점을 둔다. 역기능적인 가족구조에서 기능적이고 바람직한 가족의 구조를 형성하도록 변화를 시도하는 것을 재구조화라고 한다(Minuchin, 1977).

구조주의 가족치료에서는 가족 간의 역기능적인 기존의 상호교류를 다르게 재창조함으로써 가족의 구조를 재구조화하는 데에 힘쓴다. 구조적 가족치료의 치료전략은 다음과 같다(Nichols & Schwartz, 2004).

- 상담사가 가족에게 합류하기
- 가족의 역기능적인 상호작용, 대처방식 탐색하기, 사정과 평가
- 역기능적인 상호작용을 다루면서 상담사가 강하게 개입하기, 직면시키기
- 부모-자녀체계 경계선 확립하기
- 가족의 힘, 균형, 위계질서 무너뜨리기
- 가족의 신념이나 가치에 도전하기, 직면하기
- 가족의 새로운 재구조화 형성, 지지하기

상담사는 의도적이며 계획적으로 가족 간의 새로운 접촉과 교류를 통하여 지금과는 다른 가족의 구조가 형성되도록 재구조화를 위한 실연화, 과제 수행, 경계선 작업, 긴장 고조, 증상 활용을 이용한다.

(1) 실연화

실연화란 치료 면담 중에 가족에게 가족구성원 간의 상호작용 유형을 실제로 재현시키는 것이다. 내담자 가족들이 상담사 앞에서 가족의 문제나 갈등상황을 직접 행동으로 표출하도록 하는 것이다. 상담사는 우선 역기능적인 가족패턴을 활성화시키고, 그다음에 그것에 대처할 만한 대안적 방안을 가족들이 경험하도록 한다. 이것은 문제를 자기입장에서 언어로만 표현하는 한계성에서 벗어날 수 있고, 가족들이 문제-언어화에 대한 상담사의 해석 오류에서도 벗어날 수 있는 좋은 기회가 된다. 가족들이 말하는 내용보다는 상호작용하는 과정에 초점을 맞추고, 상담사는, 첫째, 내담자의 문제상황의 맥락을 잘 잡아낼 수 있어야 한다. 둘째, 상담사는 실연을 주도하며 대화를 촉진하기도 하고, 질문을 하며 직면시키기도 한다. 셋째, 내담자에게 실연을 수정하도록 지도나 격려를 함으로써 변화를 시도한다(Nichols & Schwartz, 2004).

예를 들어, 자녀 세 명을 혼자서 통제하기가 어렵다고 호소하며 불평하는 내담자가 있다. 자녀가 떠들고 야단법석을 부리면 이 어머니는 어떤 방식으로 자녀들을 통제하고 자녀들의 반응은 어떤지 역기능적인 상호교류 유형을 더 드러나게 시도할 수 있다. 그러면서 상담사는 이때 아버지는 어떻게 반응하는지, 상황을 회피하는지, 어머니를 도와서 함께 훈육하는지 실연을 더 촉진시킨다. 그리고 자연스럽게 좀 더 나은 대안적인 방안으로 수정해서 해 보도록 상담사가 보여 주기도 한다.

가족의 실연으로 상담사는 가족에 대한 더 많은 정보를 알 수 있는 이점도 있다. 부

부가 얼마나 오랫동안 대화를 할 수 있는가, 대화를 하면서 누가 더 공격적이 되는가, 누가 방어하는가, 부모들이 자신들의 갈등에 자녀들을 끌어들이는가, 자녀들이 부모의 방식에 어떻게 반응하는가 등으로 현재 드러난 문제 노출과 바람직한 개입으로 재구조화를 이루도록 한다.

실연화는 가족이 자신들의 문제에 관여하는 방법을 실제적으로 재현함으로써 그들 스스로가 문제를 가족구조라는 맥락 안에서 관찰하여 이해할 가능성이 높다. 가족들의 실연화의 경험은 문제를 가진, 즉 증상을 나타내는 개인중심의 사고에서 가족이 역기능적인 상황에 있다는 인식의 변화에 도움이 된다. 가족들이 또한 문제에 대해 서로 이야기하는 것이 아니라 문제를 실제로 경험하면서 상담사가 각각 관여해 가기 때문에 오히려 구조 개선의 움직임이 일어날 가능성도 크다.

상담사는 또한 가족구성원들을 조직함으로써 실연을 촉진시킬 수 있다. 상담사는 부모에게 "자녀가 규칙을 어긴 것에 대하여 어떻게 할 것인지 두 분이 함께 토론해 보는 것이 좋겠습니다."라고 권함으로써 그들의 부모 역할이 일관성 없고 서로 달랐던 것에서 합의점을 이끌어 낼 수 있도록 하는 것이다. 상담사는 가족들의 상호교류를 지지하고, 때로는 저지하기도 하고, 수정하고 변경하기도 하면서 개입하게 된다. 실연화는 바로 상담사가 가족에게 개입할 수 있는 구체적인 기회를 제공한다.

(2) 과제 수행

상담사가 가족 간의 어떤 특정한 새로운 구조를 창조하기 위하여 과제를 주는 것이다. 과제 수행에 전 가족을 참가시켜서, 기능적인 행동적 변화에 직접 관여하지 않은 가족은 과제 목록을 만들거나 한 주간 어떤 행동을 관찰하거나 시간 계획을 세우게 할 수 있다.

상담사에 의하여 지시된 과제는 언제, 어디서, 누구와, 어떻게 해야 하는 것인가를 명확히 설명해야 한다. 그리고 과제의 필요성과 효과성에 대해서도 알려 주는 것이 바람직하다. 예를 들면, 부부싸움을 자주 하는 부부에게 일주일에 한 번 저녁 시간에 고급 레스토랑에서 자녀 교육에 대해 30분 정도 대화를 나누고 그 결과를 적어서 가져오도록 한다.

또는 자녀와 갈등관계에 있는 어머니에게 자녀의 숙제 지도를 아버지가 하도록 하는 과제도 가능하다. 자녀는 아버지와 더 접촉할 수 있는 기회가 되고, 어머니와는 정서적인 갈등을 줄일 수 있게 된다. 이러한 과제의 목적은 치료목표와 연결되어 새로운 관계

를 형성하도록 돕고 갈등을 해결할 수도 있다. 또 누구와는 좀 더 명확한 경계를 유지하
도록 하는 가족의 구조 변화를 가져올 수 있다. 상담사에게는 매 회기마다 치료목표에
관계하는 정보를 수집하고 가족 간의 관계 개선을 다지는 중요한 작업이 될 수 있다.

(3) 긴장 고조

상담사가 가족의 구조를 변화시키기 위하여 가족체계의 경계선, 연합, 권력에 직접
개입하는 것이다. 기능적인 가족구조를 위하여 구조 개선의 방법으로 가족들의 긴장을
고조시키는 것이다. 긴장을 고조시킴으로써 가족구조를 재구조화하는 기술은 다음과
같다(Minuchin & Fishman, 1981).

- 가족 간의 상호작용 유형을 차단함으로써 가족의 긴장을 조성하는 것이다. 예로,
  가족 간에 밀착된 특정인과의 의사소통을 제한적으로 차단시킬 수 있다. 또는 한
  가족원을 소외시키는 것이다. 상담사의 의도적 개입으로 다른 가족원에게 인정받
  으려고 어떤 형태의 행동을 하려는 경향이 생기고, 다른 가족원이 관심을 갖는 기
  회도 생긴다. 그러므로 가족이 새로운 교류방식에 대한 대처방안을 찾을 수 있다.
- 가족들의 상이한 의견 차이를 강조함으로써 긴장을 조장한다. 가족들에게 문제에
  대한 의견을 질문하고 서로 의견이 다른 것을 의논하도록 한다. 그래서 다른 견해
  의 차이를 표현하게 함으로써 협력관계를 이룬 관계 유형을 저지하거나 또는 방해
  하는 것이다.
- 가족의 은폐하려는 갈등을 표면화시키는 것이다. 부부의 진짜 숨어 있는 갈등을 드
  러내도록 자극하는 것이다. 갈등이 겉으로 표출될 수 없는 가족들은 그 갈등을 해
  결하기 어렵다. 부부가 서로의 차이점을 드러내고 솔직하게 자신들의 원하는 것을
  놓고 다투게 함으로써 진짜 갈등을 해결할 수 있다.
- 가족구조 내의 연합에 합류하는 것이다.
  - 가족성원과 연합: 가족 내의 위계적 질서를 변화시키기 위하여 상담사는 자신의
    특수한 위치를 이용하여 지나치게 세력이 많은 어머니 편에 또는 힘이 없는 아버
    지 편에 설 수 있다. 어떤 가족원과 연합하여 공평하게 입장을 대변해 주고 의견
    을 제시해 준다.
  - 연합의 교체: 상담사가 비행청소년이 있는 부모에게 합류하여 자녀에게 규칙을
    둘 수 있는 권리가 부모에게 있다고 주장하고, 그다음에는 청소년 자녀 편에 서

서 자율적인 능력을 키우기 위해서는 부모와 타협할 권리가 있다고 조언해 준다.

(4) 증상 활용

상담사는 개인의 증상이나 문제를 가족의 역기능적인 가족구조 안에서 하나의 선택의 방법으로 본다. 그러므로 역기능적인 가족을 가장 빠르게 변화시키는 길은 현재 환자의 증상을 다루는 동시에 가족의 구조 변화를 시도하는 것이다.

증상을 활용하는 방법은 다음과 같다.

- 증상을 강화하는 것이다. 증상을 호소하는 개인은 증상에 시달리는 고통을 당하기도 하지만, 동시에 다른 이득을 얻을 수 있다. 가족원으로부터 지대한 관심의 대상이 되기도 하며, 자신의 은밀한 욕구를 채우려는 속셈도 있다. 이런 이차적으로 이득이 될 수 있는 것을 차단하도록 개인의 증상을 더욱 강화시키는 역설적인 방법의 시도다.
- 증상을 의도적으로 등한시하는 것이다. 개인 증상의 중요성을 무시함으로써 이제까지 증상 중심으로 이루어진 가족의 교류 유형을 변화시키려는 시도다. 개인의 증상보다는 다른 문제나 상황을 더 중시함으로써 상대적으로 증상을 약화시킬 수 있다.
- 증상에 새로운 명칭을 붙이는 것이다. 증상의 재명명화, 증상에 대한 긍정적인 의미부여다. 개인의 증상 중심 초점에서 상담사는 증상의 의미를 가족의 전체 체계로 바꿀 수 있는 이해와 안목이 필요하다. 상담사의 증상에 대한 의미부여와 해석은 아주 중요하므로 재정의를 통해서 가족들이 증상에 대한 이해와 시각을 달리하도록 한다.

(5) 경계선 작업

구조주의 가족치료에서 가족의 재구조화를 위해서는 부부체계 간의 명확한 경계와 부모와 자녀의 하위체계 간의 분명한 경계를 설정하는 것이 매우 중요하다. 자녀들이 부부체계보다 더 우위에서 힘과 세력을 과시하거나 부부체계가 서로 분파되어서 결속력을 발휘하지 못한 경우 역기능적인 가족이 되기 쉽다. 또한 부모가 자녀를 적절하게 통제하는 능력이 없을 때는 자녀에 의하여 휘둘림을 당하기도 한다.

한국의 가정에서는 어머니와 자녀의 밀착이 지나친 간섭과 개입으로 이어져서 자녀의 자율성이나 독립성이 현저하게 떨어지고 자녀의 반발이나 공격성이 대두되는 경우가 많다. 이때 아버지의 역할은 자녀와 거리를 두고 관찰자의 입장에서 자녀의 행동방식을 비난하고 방관자적인 태도를 취하는 것이다. 자녀의 공격성은 부모에 대한 비난과 책임전가로 관계를 악화시킨다.

소아정신과를 방문한 어머니가 열 살짜리 아들을 두 팔로 아들을 앉고 함께 의자에 앉아서 이야기할 때 아들의 얼굴을 자기 손으로 가리고 말하였다. "우리 아들이 지금 문제가 좀 있어요. 다른 아이들과는 전혀 어울리지 못하고……."

미누친과 피시맨(Minuchin & Fischman, 1981)은 어머니에게 그들의 앉은 모습, 행동방식, 의사소통방식(아들을 위하여 어머니가 다 말하는 방식)이 너무 밀착된 혼돈상태인 것을 다시 보여 준다. 이 세 가지 방식 가운데 상담사는 직관적으로 가족의 체계나 가설 설정으로 치료 개입이 가능하다. 가족들에게 의식적으로 사실에 직면하도록 서로 말없이 의자에 가서 다시 앉아 보라고 권유한다. 그리고 그 자리에서의 느낌이 어떠한지를 질문한다. 상담사는 가족들 간에 너무 밀착된 관계 또는 너무 소원한 관계는 상호 간의 명확하고 분명한 경계 설정을 하도록 가족들이 앉아 있는 위치를 재배치함으로써 소외된 사람과는 친밀하게, 너무 밀착된 사람과는 좀 더 떨어지게 앉도록 하면서 체계 간의 경계를 명확히 보여 준다. 때로는 구성원 간의 의도적인 행동으로 너무 밀착된 관계는 떨어져서 개인적인 공간과 시간을 더 확보할 수 있도록 돕는다. 너무 소외된 사람에게는 의도적으로 함께 레크리에이션이나 공동의 할 일들을 만들어서 서로의 시간을 갖도록 지지하거나 과제를 줌으로써 실행하도록 한다(Schlippe & Schwartz, 1996).

(6) 교육적인 개입

구조적 가족치료에서 상담사는 때로는 가족들과 합류하기도 하고, 제3자의 객관적인 입장을 취하면서 가족들과 함께 문제해결에 적극적으로 개입하는 전문가로 임한다.

가족의 문제는 잦은 갈등에 의한 부부싸움, 부모의 바람직하지 못한 양육방식이나 태도, 부부의 문제해결능력이나 대처능력이 현저히 떨어진 경우다. 상담사는 부모에게 부부간의 올바른 의사소통방식과 상호 간의 영향력을 인식하게 하는 태도를 가르쳐 주며, 교육적으로 모범적인 자세를 보여 준다. 예를 들면, 상대방에게 불만이 있을 때 비난하고 야단치는 너-전달법보다는 나-전달법으로 자신의 감정 상태를 표현할 수 있도록 하여 상대방의 입장을 존중해 줄 수 있는 방법들을 교육한다. 부모가 자녀들을 민주적으로 다루는 방식, 반응하는 태도, 자녀 일과 부모 일에 대해 한계를 구분하기, 부모로서 자녀를 존중하는 방법 등을 실제로 보여 주기도 하고, 훈육이나 비디오를 통한 교육적인 개입도 가능하다. 부모가 이제까지 자녀에게 권위적이고 일방적인 통제방법만 알고 다른 대안들은 모르기 때문에 좀 더 바람직한 교육방식이나 대안들을 알 수 있도록 하는 것도 상담사의 중요한 개입적인 측면이다. 상담에서 많은 부분이 대화 가운데서 교육적인 안내와 의식적인 개입으로 가족의 의사소통의 기술을 향상시키고 있다.

(7) 가족의 상호작용 인식

구조주의적 가족상담사는 가족들과 만나는 순간부터 가족의 역기능적인 구조를 주도면밀하게 사정하고 가족들을 잘 활용하여 적극적으로 개입하는 편이다. 가족들은 막다른 골목에 처한 것처럼 고착화된 경우가 종종 있다. 갈등 상태가 이제는 평형 상태가되어 더 이상 변화가 어려운 경우 상담사를 만나러 온다. 상담사는 가족구성원들의 평형 상태를 무너뜨리기 위하여 가족에게 합류하며 개개인에게 지지와 관심을 보인다. 현 체계의 평형 상태를 깨기 위하여 상담사의 힘이나 위치를 이용하여 자녀 편에서 지지하기도 하고 또는 부모 편에서 지지와 힘을 실어 주기도 한다. 그러면서 부모와 자녀의 갈등문제로 부부가 서로 비난하고 회피하는 행동에 어떻게 반응하는지 일관성 있게 대화를 하게 하였을 때에 부부간의 진짜 문제가 터지곤 한다.

> 어머니: 남편은 아이들의 문제를 전혀 문제로 보지 않고 자기변명만 하지요. 나를 도와주기
> 보다는 내가 하는 방식을 비난만 하지요.
> 아버지: 그래, 내가 아이들을 좀 야단치고 통제하려고 하면 당신은 얼마나 나에게 짜증을 내
> 고 비난을 했는데……. 나는 그래서 관여하고 싶지 않았어.

실제로 많은 문제가정에서는 아버지가 자녀에게 가까이 다가가기를 시도할 때에 어머니는 아주 교묘하게 자녀를 더 독차지하기 위하여 노력하며, 아버지의 서툰 다가가기 방식을 비난함으로써 다시 아버지를 관계 속에서 밀쳐 내 버린다. 이런 삼각관계 이면에는 부부들의 진짜 쟁점인 핵심 감정들이 숨어 있다. 내면의 불안과 투사, 자존심문제나 내가 더 우월하다는 인식, 힘이나 파워 게임, 열등의식, 심리적인 소외감 등이다. 자녀의 증세나 문제로 상담실을 찾아왔지만 두 사람의 진짜 갈등이 표면화되면 부부의

관계를 다룰 수 있게 된다.

상담사는 부부가 서로의 차이점, 상처와 고통에 대하여 이야기하게 하고 경청하게 하고 서로가 원하는 것들을 솔직하게 표현하게 한다. 그리고 마침내 부모로서 서로 협력하도록 하며, 부부로서 관계 유지를 위하여 노력하게 한다. 서로의 관계가 더 친밀해지고 인정받으며 지지받을 때에 부부는 자녀의 갈등에서도 협력적으로 대응할 수 있게 되는 것이다.

자녀가 공격적이고 이상행동을 보임으로써 부모를 통제하려고 하는 이유 중의 하나는 부모가 자녀의 양육에 대한 의견 차이를 회피하려고 하기 때문이다. 한쪽 부모가 다른 한쪽을 비난하고 비방하면 자녀들은 금방 알아차리게 된다. 상담사는 아버지에게 "자녀를 위하여 당신은 충분히 아버지로서의 역할을 하고 계시지 않는군요."라고 말하며 직면하게 만들고, 어머니에게 "당신은 의도적으로 아들과 아버지와 관계를 멀어지게 하고 있지는 않는지요?"라고 말하며 직면하게 만들 수 있어야 한다.

마치 이런 관계는 상담사와 아버지 사이에 문제가 있는 것처럼 상담사와 어머니가 문제가 있는 것처럼 보이지만, 실제로는 두 사람이 갖고 있는 변화에 대한 두려움의 싸움이 된다.

구조적 관점에서 상담사는 종종 가족원의 현실을 보는 관점인 지각체계에 직면하도록 하므로 가족의 상호작용이 달라지기도 하며, 또한 반대로 가족들 상호 간의 변화에 의하여 개인이 현실을 보는 관점이 달라지기도 한다. 가족들은 지속적이고 반복적인 관계경험에 의한 순환적인 관계다. 자녀가 공격적이고 신경질적이라고 말하는 부모는 자녀를 어떻게 통제하고, 어떤 방식으로 반응하는지가 더 중요한 변수가 된다. 자녀의 '문제행동'은 부모의 지나친 간섭과 통제에 의한 불안성인가? 반항과 저항인가? 아니면 도움을 요청하는 신호인가? 아니면 아이의 문제행동 때문에 엄마가 공격적이고 통제가 더욱 심한가?

가족들은 서로의 상호관계성을 알아차리고 지각하는 과정이 필요하다. 상담사는 가족의 전체 구조를 그리고, 각 하위체계인 개인이 갖는 상호작용 유형을 깨뜨리는 데에 초점을 둔다. 상담사는 적극적인 개입과 다양한 방법으로 가족들을 흔들기도 하고 지지하기도 하고 일관된 모습을 보이기도 한다.

6. 구조적 가족치료의 평가

1970～1980년대 구조적 가족치료는 가족의 밀착이나 경직된 가족들에게 적용하여 가족의 상호작용과 경계선 작업으로 많은 변화를 초래하여 급성장한 이론이다. 미누친의 책인 『가족과 가족치료』(1974)에서 보여 준 가족에 대한 합류나, 실연을 통한 개입이나, 가족의 평형상태를 깨뜨리는 직접적인 개입들은 정보 제공이나 충고도 아끼지 않는다. 그리고 저서인 『슬럼가의 가족들』(1967)에서는 빈곤층인 저소득층 가족의 구조적인 특성을 잘 설명하며, 자녀들을 방치하거나 과잉통제하는 가족들을 구조적으로 변화시키는 데에 성공적인 사례로 보였다.

시간이 흐르면서 구조적 가족치료는 역기능이냐 기능이냐의 가족에 대한 관점이 달라지고, 직접적인 상담사의 개입보다는 가족들을 충분히 수용하고 이해하면서 변화하기 시작하였다. 상담사의 많은 경험과 직관, 경험을 요구하는 상담사의 태도나 역할은 인간중심적이며 내담자중심적으로 가족 스스로가 변화하도록 인내심을 가지고 서서히 개입하게 되었다.

김유숙(2000a: 126)은 한국 가족은 분리와 밀착이 뒤엉켜 있어서 구조적 가족치료가 가족구조를 바꾸는 데에 상당히 효과적이라고 보았다. 실천적이고 절충적 접근을 시도하는 구조적 가족치료는 환경체계에 대한 적응장애가 있는 가정에도 효과적이다. 구조적 가족치료의 접근이 주로 낮은 계층의 자녀들의 등교 거부, 비행문제, 부모나 교사의 권위에 불복하는 행위, 지나친 밀착으로 인한 아동의 천식, 두통, 섭식장애 등이 치료의 대상이 되었다.

시대의 변화와 함께 한국 가정에서도 가족집단의 전통보다는 가족원의 평등과 민주주의적인 개인화가 서서히 늘어나는 추세다. 가족 안에서도 수직적인 위계질서보다는 수평적인 관계구조로 하위체계들의 경계가 명확해질 것으로 보인다. 그리고 가족들의 다양한 형태나 구조도 하나의 기능으로 보아야 한다. 누가 무엇을 기준으로 기능이냐 역기능이냐 하는 관점들은 상당히 약화될 것으로 보인다.

구조적 가족치료이론의 적용 범위는 매우 광범위하게 효과적으로 나타났다고 다음과 같이 보고되었다.

- 저소득층 자녀들의 방임이나 과잉통제에 대한 부모들의 행동을 변화하는 데에 효과적이었다(Minuchin, 1977).

- 주의력결핍행동장애 아동들을 대상으로 한 사춘기 자녀들에게 부모와의 부정적 의사소통, 갈등, 분노표현훈련 프로그램이나 행동조절훈련 프로그램 등이 효과적인 것으로 나타났다(Barkley, Guevremont, Anastopoulos, & Fletcher, 1992).
- 약물중독자나 알코올중독자와 그의 가족들에게 부모 역할을 가르침으로써 더 성공적이었다고 제시하였다(Grief & Dreschler, 1993).
- 신체질환이 있는 부모들은 자녀들을 부부의 논쟁에 끌어들이거나 자신들의 갈등을 자녀에게 우회해서 푸는 경향이 나타났다. 구조적 가족상담사들의 연구 결과로 자녀가 부모들의 스트레스와 갈등을 조절하는 수단으로 이용된다는 것이 입증되기도 하였다(Minuchin, Rosman, & Baker, 1978).
- 거식증 환자들(53명)을 대상으로 한 구조적인 가족치료방법에서는 환자의 90%가량이 호전되었다. 또한 섭식장애 아동을 둔 가족에서도 치료효과가 매우 컸다(Minuchin et al., 1978).

7. 사례연구

1) 사례: 성격장애의 청소년 가족

(1) 가족치료 의뢰과정

클라이언트는 4월 대학병원 신경정신과 외래를 통해 입원한 15세(중 3) 남학생이었다. 입원 3개월이 지나도록 약물치료와 정신치료, 환경치료에도 불구하고 호전이 별로 없었고, 부모와의 면회 후 더욱 심하게 불안, 초조한 증상과 안절부절못하는 모습을 보였다. 또한 병동 내에서 다른 환자와 싸우거나 병동 기물을 파괴하는 등의 문제행동이 많아지는 모습을 보여 가족문제에 대한 치료적인 개입이 있어야 함이 강조되었다. 그래서 대학병원 의료사회사업가에게 의뢰되어 가족상담을 실시하게 되었다.

(2) 제시된 문제

① 클라이언트 입원 시 주요 문제
- 묻는 말에 무조건 '모른다'는 말만 반복함

- 학교에서 아무것도 하지 않으며, 눈을 감고 앉아 있고, 학교를 가지 않으려 함
- 아버지를 미워하고 아버지 때문에 자신의 인생을 망쳤다며 원망함
- 잠을 안 자고 가끔 실실 웃고 혼자 중얼거림

② 가족문제

- 부부의 정서적 단절로 부부갈등과 불화가 매우 심각한 상황이었다. 부부가 가족 문제와 클라이언트의 문제를 서로에게 비난하고 무기력하게 대처하는 모습을 보였다.
- 부모-자녀관계에서 클라이언트는 아버지와는 냉담하고 적대적·방관적이면서 어머니와는 지나치게 밀착되어 있었다. 아버지는 아들에게 방임적이고 정서적으로 무기력한 태도를 보이고 있었다. 어머니는 아들에 대한 불안과 지나친 통제, 과잉보호로 밀착관계의 양상을 보이고, 아들은 어머니에 대한 적대적인 감정도 있어서 양가감정을 가지고 있었다.
- 작은아들의 죽음으로 인한 비애를 다루는 과정에서 가족 모두에게 해결되지 않은 상처와 죄책감이 존재하였다.

(3) 부모 원가족의 배경

① 조부

경상도 출신으로 성격이 급하고 이기적이며 자기주장이 강하고 보수적인 편이다. 남존여비사상이 강하여 여자를 무시하며 부인을 무시하고 구박하였다. 교육에는 개화되어 자수성가한 부농이었다. 그러나 딸들은 거의 공부를 시키지 않았다. 한학을 공부하여 유식하며, 아들에 대한 교육열이 매우 높았다. 차남인 클라이언트의 아버지에 대한 기대가 가장 커서 초등학교 때부터 서울로 유학을 시켰다. 자녀의 독립적인 행동을 장려하지 않았고 과보호적인 양육태도를 보였다. 아들이 중3 때 중풍으로 쓰러졌고 3년 후 돌아가셨다.

② 조모

온순하며 따뜻하고 인정이 많은 성격이며, 여자라는 것과 친정이 가난하다는 이유로 남편에게 구박을 받았다. 시부모를 모시고 살면서 집안일을 도맡아 하였다. 매사 남편

이 혼자서 결정하였고 부인은 소외되었다. 클라이언트의 아버지인 차남에 대해서는 남편의 독점으로 어머니 역할을 하지 못했다.

③ 외조부

사범대학교를 졸업하고 현재 교직에 있으며, 여성적이고 신경질이 많고 불안, 우울해하며 화를 잘 낸다. 집에서 정해 준 여자와 반강제적으로 결혼하여 부인을 미워하고 무시하였다. 외조부는 장녀인 클라이언트의 어머니와만 지나치게 밀착되어 지냈으며, 클라이언트의 어머니를 과보호하고 독점하였다. 다른 가족들은 소외감을 느끼고 살았고, 클라이언트의 어머니 역시 형제관계에서 소외되었다. 클라이언트의 어머니가 또래들과 어울리는 것도 방해하고 공부만을 강조하여 공부 이외의 모든 것을 다 대신해 주었다.

④ 외조모

초등학교를 중퇴하였고, 성격은 온순하고 따뜻하며 포용력이 있었다. 클라이언트의 어머니에 대한 남편의 양육태도가 잘못되었음을 알고 있었지만 부녀 사이의 결탁으로 소외된 삼각관계를 이루었다. 클라이언트의 어머니와는 소원한 관계로 지냈다.

(4) 핵가족의 배경

① 아버지

2남 2녀 가운데 둘째로 Y대학교 졸업 후 현재 회계사로 일하고 있으며, 경제적으로 넉넉한 편이다. 자신의 아버지와 성격이 비슷해 성실히 일하며 능력이 있지만, 권위적이고 이기적이며 인색한 편이다. 편애하던 막내아들이 교통사고로 죽은 이후 돈 버는 일에만 몰두한다. 대인관계 역시 폭넓지 않다.

성장 시 집안의 기대를 한 몸에 받으며 어른들의 과잉보호를 받았다. 아버지의 기대가 매우 컸고 교육 및 정서적 보살핌도 역시 많았다. 부유하고 가부장적인 대가족 속에서 과잉보호와 함께 어려서부터 외지로 보내져 모성 박탈 속에서 성장하였다. 권위적인 아버지의 영향력 아래 아버지를 동일시하고 아버지가 무시하는 어머니를 같이 무시하며 성장하였다. 따라서 어머니와는 정서적으로 소원한 관계를 이루며 성장하였다. 자기주장이 강하고 생활력이 강하다.

클라이언트의 조부가 능력이 떨어지는 장남 대신 클라이언트의 아버지를 편애하여 서울로 유학을 보내, 클라이언트의 삼촌은 동생인 클라이언트의 아버지에 대해 경쟁심이 심하였다. 형제간 싸움이 많았고 서울로 유학 온 후 접촉이 많지 않아 소원한 관계이며, 형제간에 서로 유대감 없이 성장하였다. 청소년 시기 아버지가 중풍을 앓다 사망하자, 동일시 대상 상실경험을 하였다. 이후로 부모의 지도 및 감독을 받지 못해 모든 일을 혼자 결정하는 데 불안감을 느꼈으며, 독립적 성인이 되는 과정에서 불안감을 경험하였다.

자신의 아버지와 같이 사회적으로 부를 쌓는 데는 성공하였으나, 가정에서 남편과 아버지로서의 역할은 매우 보수적이며 회피적이었고 부적절하였다. 아버지로서의 역할은 장남인 클라이언트에 대한 차별과 자신을 닮은 막내아들에 대한 편애로 나타났다. 애착을 가지고 있던 막내아들의 죽음으로 사랑의 대상을 잃은 후 남편으로서, 아버지로서 정서적인 역할이 부재한 상태다.

② 어머니

1남 3녀 가운데 장녀로 Y대학교 음악대학 졸업, 남편과는 캠퍼스 커플로 만났다. 결혼 후 피아노 학원을 경영하였으나, 3년 전 자궁암 수술 후로는 일을 하지 않고 있다. 자신의 아버지와 성격이 흡사하여 이기적이고 신경질적이며 지나치게 경쟁적이고 불안감이 높은 편이다. 대인관계가 빈곤한 편이다. 성장 시 부모 간의 정서적인 단절로 아버지의 과잉통제, 과잉보호를 받고 자랐다. 반면, 아버지가 무시하는 어머니를 같이 무시하며 성장하여, 정서적으로 미성숙하고 자기중심적이며, 어머니와는 정서적으로 친밀하지 않았고 소원한 관계였다. 아버지의 양육태도는 공부만 강조하였으며, 경쟁에서 우수하기를 바랐다.

클라이언트의 어머니는 남편에게 매우 일방적이었고, 요구적이며 자녀에게는 심하게 공부를 강요하였다. 성취에 대한 강한 집착을 보이고 안달형으로 과잉통제적이고 침투적이다. 작은아들 사망 후 비애와 죄책감이 아주 크며, 남편의 비난과 거부로 우울증이 있고, 불면증과 높은 수준의 불안을 가진 상태다.

③ 클라이언트

부모가 원하던 성과 아기로 정상분만, 정상발달하였다. 2세 때 연년생 동생이 출생하자 이후 심술을 많이 부리고 퇴행행동을 보였다. 유치원생활 시 또래와 잘 어울리지 못하고 주로 혼자 놀고는 하였다. 동생과는 잘 놀기도 하였으나 잘 싸웠고, 싸우면 동생에게 맞거나 져서 동생을 미워하였다. 초등학교 3학년 때 동생이 죽은 후 부모가 늘 싸웠고, 아버지는 가정에 방관적이었고, 어머니 역시 클라이언트를 일관성 없이 자신의 기분에 따라 양육하였다. 클라이언트는 거의 혼자 지내다시피 하였다. 공부는 초등학교 땐 어머니가 닦달하면 상위권, 내버려 두면 중하위권을 유지하였다. 중학교에 들어가면서 부모에 대한 반항심이 표출되기 시작하였다. 성적은 상위권과 하위권을 왔다 갔다 하였다. 중학교 3학년이 되어 명문 A고교에 들어가도록 강요가 심해지자, 다음과 같은 증상이 나타나기 시작하였다. 어머니를 욕하고 때리기도 하다 사과하고는 하였다. 아버지를 욕하고 원망하며, 분노하면 유리창을 깨고 자신의 머리를 벽에 박는 등의 행동을 보였다.

④ 클라이언트의 동생

외모나 성격 면에서 아버지를 많이 닮았었다. 형에 비해 매우 똑똑하고 영리하고 재롱이 많았다. 초등학교 2학년 때 어머니와 외출하였다가 교통사고로 사망하였다. 아버지가 특히 편애하고 좋아한 아들이었다.

(5) 가족역동 및 문제분석

① 가족의 촉발사건(자녀의 죽음)

가족으로서 어느 정도의 기능을 유지하다가 아버지가 편애하던 막내아들이 교통사고로 사망하면서 부부갈등이 심화되었고, 어머니는 심한 죄책감과 외상 충격으로 우울과 불안이 있고, 심리적 정서적으로 혼란스러운 상태다.

② 가족의 심리적인 역동

가족 초기단계부터 부부의 갈등이 아버지는 차남과 밀착되어 한편이고, 어머니는 장남인 클라이언트와 연합하며 편이 갈라져 가족 간의 분파현상이 있었다. 이로 인해 형제간의 경쟁심이 유발되었고, 가족들의 정서적인 유대감이 희박하였다. 그러던 중 작은아들이 갑작스럽게 사망하면서 아버지는 어머니의 부주의를 비난했고, 아내는 남편의 비난에 대한 극심한 죄책감으로 우울증과 불면증, 불안을 겪으며 정신적으로 황폐해지고 자신의 문제를 자녀에게 전가시켜 정서적으로 학대하곤 하였다.

남편은 아내에게 자주 이혼하자고 이야기하였고, 성적인 관계를 거부하였다. 아내는 대신 자녀와의 밀착관계에서 정서적으로 대치하며 남편을 거부하였던 것으로 보인다. 남편은 어머니를 무시하던 아버지를 동일시하면서 자신의 정체성을 적절히 확립하지 못했으며, 아내 역시 아버지가 무시하는 어머니를 같이 무시하며 성장하여 정서적으로 미성숙하고 자기중심적이며, 자신의 정체성 확립에 부적절한 면을 보여 주었다. 부부는 각자 원가족으로부터의 영향을 그대로 답습하는 것을 알 수 있다.

또한 부부 각자의 역할에 대해서도 남편은 가정에 방관적인 태도를 보였고, 아내도 자녀양육에 일관되지 않은 태도로 기분에 따른 자녀양육 태도를 보임으로써 각자의 역할에 충실하지 않았으며, 자기중심적인 태도를 보였다.

아내는 남편의 출근을 막으며 함께해 주기를 바라는 의존욕구를 표현하였으며, 남편이 함께해 주면 싸우는 갈등구조로 서로 짜증과 화를 내곤 하였다. 부부체계는 상호 간의 지지와 인정보다는 친밀감 결여로, 갈등구조인 비난과 회피, 방관과 무관심으로 정서적인 단절을 보이고 있었다. 어머니는 자신의 아버지처럼 아들을 과잉통제와 과잉보호로 일관성 없이 다루곤 하여 자녀를 심각한 혼돈 속에 빠뜨렸다.

③ 클라이언트의 심리적 · 정서적 상태

클라이언트는 어릴 때부터 아버지의 관심과 사랑보다는 어머니의 지대한 관심과 기대 속에서 과잉보호를 받으며 성장하였다. 아동기 이래 아버지에게는 심각한 정서적인 부성박탈을 경험하였다. 아버지에게는 적대적인 감정, 어머니에게는 내재된 분노와 함께 양가감정을 가지고 있다.

동생의 죽음으로 어머니는 극심한 죄책감 및 남편의 비난으로 인한 어머니 자신의 문제를 클라이언트에게 투사함으로써 클라이언트를 정서적으로 학대, 방치하였다. 클라이언트는 어머니와의 관계에서 불안한 밀착된 경계를 형성하였고, 정서적인 밀착의 양가감정을 가지고 있었다. 어머니에게 한편으로는 내재된 분노의 감정을 갖고 있으며 동시에 아버지에게는 약자인 어머니에 대해 불쌍한 마음도 있었다. 또한 동생의 죽음으로 인해 부모 자신들의 감정을 클라이언트로부터 분리하지 않고 서로의 감정에 구분이 없이 혼돈된 정서적인 감정을 드러내고 있었다. 부부가 클라이언트 문제에 대해서는 모두 무기력하게 느끼며 대처하고 있었다.

클라이언트 성장 시 가족 내에 해결이 안 된 죽음의 비애와 부모의 높은 수준의 갈등 및 불안으로 가족은 심각한 만성적 스트레스에 시달려 왔고, 이런 역기능적인 상황에서 클라이언트는 희생양이 됨으로써 자신의 억압된 분노와 혼란스러운 감정들을 표출하게 된 것으로 보인다.

④ 형제관계

클라이언트는 두 살 때 연년생인 동생이 출생하자, 심술을 많이 부리고 퇴행행동을 보였다. 동생과는 잘 놀기도 하였으나 잘 싸웠고, 싸우면 동생에게 맞거나 지고는 하여 동생을 미워하였다. 형제체계 내에서 클라이언트는 약자의 모습을 보였고, 동생은 강자의 입장에 놓여 있었다. 특히 동생은 아버지의 지대한 관심과 편애를 받고 있었다. 이러한 체계 내의 특성 안에서 동생의 죽음은 클라이언트에게 애도와 함께 죄책감을 갖게 만든 것으로 보인다(출처: 2001년, 박혜영, 퇴원을 거부하는 청소년 가족치료 사례에서 재구성 요약한 것임, S. 614–619).

2) 가족의 사정과 평가

1. 앞 사례에서 보이는 부부관계의 특성, 부모-자녀관계의 특성, 삼각관계, 역할, 가족의 세대전수들에 대하여 사정하며 토론한다.

2. 앞 사례의 가족가계도를 그리며 사정평가를 위하여 토론한다.

3. 구조적인 관점에서 가족치료 목표들을 계획해 본다.

4. 가족치료 목표들을 위한 치료적인 개입기술들을 토론한다.

3) 가족의 목표 설정

구조적 가족치료 단기목표들을 다음과 같이 정리하였다.

(1) 부부의 상호작용을 좀 더 기능적으로 변화시키기
① 부부관계에 내재되어 있는 과거의 갈등구조와 미해결 감정 다루기

② 자녀의 죽음에 대한 죄책감, 원망, 비난, 상처의 감정 다루기

③ 부부의 관계 회복을 위한 친밀감 형성하기

④ 부부체계를 강화하여 자녀의 문제에 한 팀으로 대처하기

(2) 부모-자녀관계에서 건강하고 기능적인 관계 회복하기

① 불안밀착된 모자관계에서 분명한 경계선 설정하기

② 어머니의 불안과 두려움의 감정 다루기

③ 어머니의 과잉보호나 강한 통제 다루기

④ 자녀의 욕구나 감정에 반응하기

⑤ 기능적이고 친밀한 부자관계 다루기

⑥ 아버지와 아들의 대화적인 친밀감 형성하기

⑦ 아버지와 아들의 시간적·공간적 공유하기

⑧ 부모의 바람직한 역할 감당하기

(3) 클라이언트의 바람직한 역할 수행과 정체성 형성하기

학교생활 적응 지도, 친구나 교외활동 및 취미생활 지원하기

(4) 가족의 재구조화를 위한 개입기술

- 부부관계에 내재되어 있는 과거의 갈등과 미해결 감정 다루기
  - 시기적으로 관계가 악화된 촉발된 사건들에 대하여 각자 이야기하도록 한다.
  - 그것을 함께 나누고 그것이 부부관계에 어떤 식으로 영향을 미쳤는지 탐색한다.
  - 부부가 한 사람씩 그동안 겪었던 자신의 고통에 대해 이야기하는 시간을 갖는다. 이때 한 사람은 무조건 잘 들어 주고 공감하며 반영하는 기술을 가르쳐 준다.
  - 부부가 서로의 갈등을 해결하는 대처방법들에 대하여 탐색하며 기능적인 것, 역기능적인 것들에 대하여 알도록 한다.
  - 부부가 서로의 장점들을 이야기하며 결혼생활에서 함께 이룬 것들 그리고 미래에 함께 하고 싶은 희망사항들을 이야기하도록 한다.
  - 서로에게 솔직해지면서 자신들이 서로에게 진정 원하는 바가 무엇인지를 이야기하는 시간을 갖게 한다.
- 자녀의 죽음에 대한 죄책감, 원망, 비난, 상처의 감정 다루기

- 과거에 충분히 처리하지 못한 각자의 비통함을 충분히 분출하게 하고 모든 상실감을 표현하게 하는 시간을 가지게 한다.
- 자녀를 잃은 슬픔이 자신에게 어떤 의미이며, 자신에게 어떤 영향을 미치는지를 부부가 나누게 하여 서로 어떻게 다른지를 보게 한다.
- 부부가 사망한 아이 및 서로에 대한 생각과 느낌을 표현할 수 있게 한다(사망한 아이의 묘지 근처에서 상담회기를 가지는 것을 고려한다).
- 아이의 죽음에 관한 실질적 상황에 대해 자세하게 이야기를 나누게 하고, 생존자로서의 죄책감과 그 사고를 막지 못했다는 데서 생겨나는 죄책감을 말로 표현하여 해소할 수 있게 한다.
- 자신이나 서로를 비난하는 것을 그만두게 하게 위하여 아이의 죽음과 관련하여 서로 안에 숨겨둔 원망이 있다면 상담회기 중에 모두 표출하게 하는 시간을 가진다.
- 인지행동적인 측면에서 허버트 앤더슨의 『상실과 슬픔의 치유』라는 책을 읽게 하고, 생존자로서 본인들의 죄책감뿐 아니라 남은 자녀가 가졌을 비합리적인 죄책감 및 슬픔, 상실의 감정들을 알고 잘 다룰 수 있도록 교육한다.

• 부부의 관계 회복을 위한 친밀감 형성하기
  - 먼저 올바른 의사소통을 할 수 있게 한다.
  - 부모의 원가족으로부터 전수된 것으로 추측되는 의사소통문제, 가치관, 양육방식을 파악하기 위해 가계도를 작성하면서 함께 대화한다.
  - 서로에 대해 비난하는 것을 피하고 초점을 현재 시제에 맞추어 '나-진술문'을 사용하도록 계약을 맺는다. 나-진술문을 사용하는 법에 대해 가르치고 상담사 앞에서 시연하게 한다.
  - 부부간의 의사소통을 구조화하기 위해 화자-청자기술을 소개하고 사용하게 한다. 또 반영적 경청을 시범으로 보여 줌으로써 혼동되는 말을 고쳐 말하게 하고, 이해가 되지 않을 경우 분명히 말해 줄 것을 요청하도록 가르친다.
  - 서로 긍정적인 피드백을 주는 과정을 가르치고 연습시킨다.
  - 부부들의 의사소통에 영향을 미칠 수 있는 내재된 역동(감추어진 분노, 회피행동)들이 무엇이 있는지 확인하고 해소시킨다. 서로 긍정적 감정을 갖도록 도와 친밀감을 느끼게 한다.

- 부부가 연애결혼을 했는데, 어떻게 서로 멀어지게 되었는지 함께 살펴보고, 서로 안에 있는 더 가까운 사이가 되고자 하는 갈망을 서로 깊이 탐색하게 한다.
- 부부가 가까워지는 것에 대해 어떤 기대와 느낌을 가지고 있는지 서로 나누도록 돕는다.
- MBTI를 실시한 뒤 서로의 장단점은 무엇이며, 서로의 다른 점이 부부관계에 어떻게 영향을 미치고 있는지 서로의 관점에서 이야기할 수 있게 하고 함께 토론해 본다.
- 하루에 한 가지씩 서로의 좋은 점을 찾아서 칭찬해 주는 것을 과제로 주고, 칭찬한 내용과 본인의 감정과 칭찬받은 상대의 반응을 적어 오게 한다.
- 긍정적이고 생산적인 부부 상호작용을 지원하고 증진시키기 위해 서로에게 '즐거움을 주는 행동'에 대해 토의하고 실제로 해 보도록 과제를 준다.
- 정기적으로 부부만의 시간을 갖도록 함께 계획을 짜고, 이것을 실천하도록 격려한다.

• 부부체계를 강화하여 자녀의 문제를 한 팀으로 대처하기
  - 부부가 자신들의 양육철학과 자녀에게 거는 기대가 무엇인지 서로 나누어 보게 한다.
  - 적절한 행동과 부적절한 행동에 관한 부부의 신념체계를 설문지를 통해 평가해 보고 결과를 가지고 함께 이야기해 본다. 이런 신념이 자녀에게 어떤 영향을 미쳤는지에 대해서도 이야기한다.
  - 부부가 단합하여 부모로서 함께 일관성 있는 집안 규칙을 정하고, 규칙 위반과 준수에 따른 결과도 구체적으로 정하게 한다(필요시 자녀를 포함한 가족회의에서 수정할 수 있다).
  - 부부가 서로 협조하여 자녀의 잘못된 행동에 맞서고, 보다 적절하고 바람직한 행동을 강화시키는 방향으로 노력하며, 자녀를 함께 감독하게 한 뒤 이를 기록하도록 부부에게 숙제를 준다.
  - 자녀에 관한 모든 일은 부부가 함께 의논하고 결정하도록 계약한다.
  - 부부가 함께 효과적인 부모훈련에 참석하게 한다.

• 불안밀착 모자관계에서 분명한 경계선 설정하기

- 아들에게 개별상담을 실시하여 독립적인 개인으로서 지지받을 수 있는 기회를 준다(죄책감 다루기, 자아정체감 찾기, 자존감 높여 주기).
- 모자간의 상호교류 유형과 역동을 조사하기 위해 가족화를 그리게 한다. 결과를 가지고 일대일 면담을 실시한다.
- 모자가 서로에게 가지고 있는 기대와 원함을 솔직히 나누어 보게 한다. 이때 자녀가 이야기하는 도중 어머니가 끼어들지 못하게 하고, 자녀가 독립된 개체로 존중받으면서 끝까지 자기의 생각을 이야기할 수 있도록 격려한다.
- 어머니에게는 부부로서의 위치가 우선순위임을 교육하고, 부모로서의 위치와 권한, 책임에 대해서 이야기 나누며, 자녀와의 관계에서 어디까지의 경계를 설정하면 좋을지 함께 토론한다. 설정한 경계를 지키도록 교육하고 매일의 결과를 적어오게 한다.

- 어머니의 불안과 두려움의 감정 다루기
  - 에런 벡(Aaron Beck)의 불안척도를 사용하여 어머니의 불안, 우울의 강도를 측정하여 불안의 실체를 분명히 한다.
  - 불안에 동반되는 비합리적인 생각을 갖고 있는지 알아보고, 그것이 가족에게 미치는 영향에 대해서 함께 탐색해 본다.
  - 불안은 관리할 수 있는 생존기제며, 강도의 변화가 따른다는 사실을 교육하고 불안 수준을 줄이기 위해서는 '직면'해야 함을 강조한다.
  - 가족에게 어머니의 불안과 두려움에 대해 나누게 하고, 가족들이 지지자로서 어떤 역할을 할 수 있는지 함께 탐색한 뒤 가정에서 실천하도록 교육한다.
  - 음악을 좋아한다면 음악을 통한 내적인 평화와 자유를 체험하도록 한다.

- 어머니의 과잉보호와 강한 통제 다루기
  - 어머니의 과잉보호와 통제의 행동이 어떤 것들이 있는지 분명히 알도록 나눈다.
  - 과잉보호와 통제를 하게 되는 이유가 무엇인지 깊이 탐색해 보게 한다.
  - 과잉보호나 통제를 하지 않는다면 어떻게 될 것이라고 생각하는지, 그래서 과잉보호를 포기하는 데 따르는 두려움이 있는지를 나누게 한다.
  - 과잉보호와 통제가 주는 부작용과 자녀에게 미친 영향력에 대해 설명하고, 자녀에게 어떠한 증상들이 있는지 어머니가 탐색해 보는 시간을 가진다.

- 자녀의 욕구나 감정에 반응하기
  - 부모와 자녀가 함께 자발적이고 허물없으며 긍정적으로 대화하는 빈도를 늘리도록 하여 자녀가 심리적·행동적 문제에 연관된 감정들을 자유롭게 표현할 수 있는 시간을 정기적으로 갖도록 한다.
  - 부모에게 자녀가 사춘기에 해당하므로 이때 자녀의 특징들을 알고 대처할 수 있도록 '한국청소년개발원'에서 발간한 『부모가 알아야 할 청소년기』를 읽고 오도록 준다.
  - 부모가 자녀의 얼굴 표정과 언어적·비언어적 반응에 대해 늘 민감하여 옳다 그르다 판단하지 말고 긍정적으로 받아 주고 정서적으로 지지해 주고 인정해 주도록 교육한다.

- 기능적이고 친밀한 부자관계 다루기
  - 부모가 문제를 어떻게 해결할 것인가 평가하기 위해 부모-자녀 갈등과 관련된 역할놀이를 한다. 그래서 자녀에게 대하는 그들의 접근방법의 강점과 약점이 무엇인지 알게 하고, 좋은 접근방법들을 함께 강구하며 그것에 관해 피드백을 준다.
  - 부모에게 분노조절기술을 가르쳐서 갈등을 보다 잘 완화시킬 수 있게 돕는다.
  - 부모에게 자녀들과 사용할 수 있는 대화기법과 문제해결기술(문제 정의, 브레인스토밍에 의한 해결책, 대안의 평가, 해결책의 실행, 실행평가 등)을 가르친다.
  - 정기적으로 가족모임 시간을 만들어 어머니가 아버지를 지지하고, 아버지가 아들을 가까이하며 관심을 보이는 기회를 갖도록 권장한다.
  - 관계가 좋아지려면 시간이 걸릴 것임을 알고 인내하며 지속적으로 노력하도록 격려한다.

- 아버지와 아들의 대화적인 친밀감 형성하기
  - 자녀가 자신이 아버지에게 무조건적으로 사랑받고 수용되는 존재임을 느낄 수 있도록 매일 말로 표현해 주도록 과제를 준다.
  - 자녀가 학교에서 돌아오면 실제 감정을 이야기할 수 있는 부드러운 분위기를 어머니가 조성하고, 아버지가 좋은 질문을 던지며, 자녀가 답변할 때는 아버지가 적극적으로 경청해 준다. 또한 아버지가 자녀에게 진심으로 관심을 가지며 걱정

하고 있다는 것을 자녀가 느낄 수 있도록 하되, 아이의 감정과 요구에 대해 절대 비난하지 않고, 긍정적으로 받아 주고 인정해 주고 지지해 주도록 교육한다.

- 휴대폰이 있다면 문자로, 아니면 이메일로 아버지가 먼저 날마다 자녀에게 관심을 표현하도록 한다. 만약 자녀에게서 답이 온다면 크게 기뻐하고 감사의 표현을 하여 자녀가 부모에게 귀한 존재임을 느낄 수 있게 격려한다.
- 집안에서 결정해야 할 사항이 있으면 기꺼이 자녀에게도 의견을 묻고 의논하는 기회를 가지도록 권유한다.

• 아버지와 아들의 시간적 · 공간적 공유하기
- 아침은 꼭 아들과 함께 먹는다는 규칙을 세워 시간을 맞추어 부자가 얼굴을 보며 매일 함께하는 시간을 갖도록 한다.
- 한 달에 한 번은 '아버지와 아들의 날'로 정하여 등산이나 운동, 여행, 목욕 가기 등 부자가 함께 계획을 짜고 그 계획들을 실천하며 함께 보내도록 과제를 준다.

• 자녀의 죽음에 대한 대처방안
- 부모는 자녀의 사망으로 비탄에 빠지며 삶을 무의미하게 느낀다.
- 어머니는 자녀의 죽음으로 심한 죄책감에 시달리며 정신적인 외상을 경험한다.
- 부모는 남은 자녀를 상실하지 않기 위하여 두려움으로 자녀를 과잉보호 및 통제하게 된다.

• 단기목표
- 각 가족들은 자녀의 충격적인 사망에 대한 비통함과 상실감을 표현하게 한다(자녀의 죽음에 관한 실질적인 상황에 대하여 자세하게 나눈다. 그리고 생존자로서의 죄책감과 그를 살리기 위하여 애를 써야 했다거나 고통을 덜어 줄 수 없었다는 점에서의 죄책감을 구별한다).
- 각 가족구성원들은 비통함이 자신에게 어떤 영향을 미쳤는가를 표현하게 하고 다른 가족들과 어떻게 다른지 구분하도록 한다.
- 가족들은 자녀의 죽음을 극복하기 위하여 서로가 무엇을 할 수 있는지 논의한다(자녀의 옷을 정리하기, 편지 쓰기, 마음 전하기, 추모제 갖기, 생일상 차리기 등 다양하게 시도한다).

- 슬픔을 극복하기 위한 행동적 대처전략을 함께 세우며 교육한다. 사망한 자녀는 살아남은 사람들이 어떻게 어떤 모습으로 살아가기를 바라겠는가? 만약 상황이 바뀌었다면 사망한 자녀는 반대상황에서 어떻게 대처했을 것인지 상상하게 한다.

- 가족들은 사망한 자녀가 어떻게 마음속에 살아 있는가에 관하여 얘기하며, 살아 있을 때 그 자녀의 특성을 생각해 보고 이야기하게 한다.

- 가족들은 더 이상 자녀의 죽음에 대해 자신이나 서로를 비난하는 것을 중단하고, 자녀의 죽음을 인정하며, 사후세계에 대한 종교적인 신념을 탐색한다. 자녀는 안전하며 고통으로부터 자유로운 곳에 있다고 생각한다.

- 부모는 남아 있는 자녀를 지나치게 과잉보호하는 부정적인 영향력을 함께 탐색하며 확인한다(신선인 외 공역, 2006: 116-117).

04 경험적 가족치료

- Virginia Satir

> 문제의 해결은 말에 의해서가 아닌 경험을 통해서만 가능하다.
> 초기의 두려움(슬픔, 분노)을 재경험하며
> 생생하게 수정하게 될 때에 치유는 일어난다.
> – 앨리스 밀러(Alice Miller) –

1. 경험적 가족치료의 배경

경험적 가족상담사인 사티어(V. Satir)는 인본주의적 인간관과 실존주의 철학을 기초로 자신의 치료 이념과 가치체계를 발전시켰다. 경험적 가족치료의 접근방식은 행동이론, 학습이론, 체계이론, 의사소통이론을 기본으로 하는 자아존중감, 자아가치와 신념, 가족규칙, 의사소통 유형에 주요 초점을 두고 있다. 사티어는 가족들이 서로 자신들의 감정을 적절하게 표현하며, 어떻게 상호 간에 반응하고, 어떻게 자신만의 고유한 의사소통과 행동방식의 패턴을 형성하는지를 주목하였다. 경험적 가족치료는 가족의 문제해결보다는 개인의 잠재적인 욕구와 자아 성장과 관계성의 변화를 위해 감수성을 높이고 지각의 수준을 높이며 방어기제를 감소시키는 데에 목적이 있다.

사티어는 위스콘신 대학교에서 교육학을 전공한 후, 초등학교 교사로 일하다가 시카고 대학원에서 사회사업을 전공하였으며, 1951년부터 사회복지사로 자신의 상담소에서 가족상담을 하기 시작하였다. 그 후 1959년에는 잭슨(D. Jackson)과 함께 MRI(Mental Research Institute) 설립을 도와 가족치료훈련 프로그램을 만들어 가족들의 경험중심활동과 교육적인 프로그램들을 발전시켰다.

1966년에는 캘리포니아 빅서(Big Sur)의 에살렌 성장센터에서 가족치료훈련 지도자로 일하면서 신체와 정신의 통합적인 접근을 지향하는 게슈탈트치료나 참만남, 감수성 훈련을 접목하여 경험적인 성장 모델을 발전시켰다.

30년 이상 정신병원과 가족치료 연구소에서 쌓은 자신의 가족치료경험을 살려 가족치료의 중요한 저서들을 남겼다. 주요 저서로는 『Conjoint Family Therapy』(1964),

『People Making』(1972), 『Helping Families to Change』(1977), 『Satir Step by Step』 (1983), 『The Satir Model』(1991) 등이 있다.

사티어는 무엇보다도 먼저 내담자를 이해하는 태도와 내담자가 자신의 존재와 가치를 통찰하며 진정한 참자기를 경험할 수 있도록 돕는다.

경험적 가족치료의 특성은, ① 자아존중감의 증진과 자기가치를 느끼며 인식하는 것, ② 개인적으로 자기성장을 할 수 있도록 함, ③ 가족 간의 의사소통을 통한 상호존중감, 신뢰감의 회복, ④ 직접적인 경험과 교육을 중요시함, ⑤ 삶의 경험을 긍정적인 자원으로 활용함, ⑥ 개인의 정서적인 고통과 애도 감정 표현과 승화, ⑦ 자신의 삶에 대한 선택과 결정권에 대한 책임 인식 등이다.

사티어는 가족 상호 간의 역동성과 솔직한 감정의 표현, 선택에 대한 많은 자유와 결정권 그리고 정직한 의사소통을 할 수 있도록 펄스(Fritz Perls)의 게슈탈트기법을 사용하여 개인의 욕구나 감정, 행동, 사고의 통합을 균형 있게 하였다. 지금-여기에 현존하는 의식의 흐름에 보는 순간을 다루는 실존주의적 태도와 현상학적인 개인의 주관적인 체험을 중시하였다.

경험적 치료에서는 예술치료나 심리극, 신체감각을 활용한 다양한 방법을 활용한다. 사티어는 가족조각, 심리역할극, 가족미술, 빈 의자 기법, 비유, 신체 접촉 등의 기법을 능숙하게 사용하였다. 자신의 카리스마와 인간적인 따뜻함과 온정, 신뢰감으로 가족들에게 희망과 용기를 주는 상담사로 잘 알려져 있다. 1988년 사티어가 췌장암으로 사망한 후, 페기 팹(Peggy Papp)이나 존 밴맨(John Banmen)은 경험적 가족치료이론을 좀 더 단기화하고 내담자의 내면의 경험세계를 탐색하고 변화하는 데에 주력하였다.

2. 경험적 가족치료의 목표

NLP(Neuro Linguistic Programming) 이론의 창시자인 신경언어학자들(Bandler, Grinder & Satir, 1978)은 인간의 개인적인 경험에는 개인만이 갖는 독특한 구조가 있다고 주장한다. 사람들은 자신의 지각과 경험에 의해서 만들어진 세상을 이해하는 틀이 실제적인 사실과 다르다는 것을 잘 알지 못하므로 많은 사람은 자신이 그린 지도와 실제 영토를 구분하지 못한다고 주장한다. 베이트슨(Bateson, 1981)은 "모든 의사소통을 하는 유기체는 이러한 지도를 영토로 오해하고 있다."라고 지적하였다.

신경언어학자들은 개인적인 경험에 의한 구조를 바꾸어 주므로 경험하는 것의 영향력도 바꿀 수 있다고 믿는다. 성공적인 삶을 이룬 사람들은 자신들이 보고 듣고 느끼고 생각하고 행동하는 데에 공통적인 특징들이 있다고 본다. 즉, 모델링을 통하여 성공의 이미지를 그리고 비슷하게 행동하는 것이다. NLP 치료는 이러한 성공적이고 긍정적인 패턴이나 모델들을 학습하여 개인의 성공을 끌어올리며 갈등이나 문제도 극복할 수 있다고 본다.

경험적 치료에서도 내담자의 주관적 체험과 경험을 중요시 여긴다. 자신이 세상을 이해하고 지각하는 자신만의 모델을 통찰할 수 있도록 도우며, 자신의 왜곡된 사고와 인지를 깨닫게 하고, 새로운 모델을 익힐 수 있게 학습의 기회를 제공한다(Schlippe, 1993).

사티어(Satir, 1972/1975)는 가족들의 미성숙한 태도, 역기능적인 의사소통, 낮은 자아존중감, 억압된 감정표현에 초점을 맞추고, 개인의 억압된 감정과 미해결된 사건과 사건의 영향력을 잘 다스릴 수 있도록 개입한다. 가족들이 가족조각과 같은 심리극을 연출하면서 자연스럽게 느끼고 체험하며, 자기 느낌과 감정들을 솔직하게 표현하게 하는 것이 중요하다. 그래서 가족들이 서로 새로운 시각으로 새로운 관계를 형성하고 서로를 이해할 수 있도록 돕는다.

경험적인 치료기법은 구조적이지 않으며, 미리 세운 계획 속에서 이루지지 않고, 상담사 자신의 성숙한 태도와 직관력, 창의력을 요구하는 기법이다. 상담사 자신이 가지고 있는 내적인 힘, 생기발랄함, 감수성, 관심의 표명, 인내심들이 어떠한 기법보다도 중요하다. 상담사와 내담자와의 신뢰 형성과 참만남을 중요시 여긴다.

가족상담에서는 가족조각, 원가족 도표, 은유, 재정의, 유머, 의사소통, 나의 표현, 밧줄 활용 등을 주로 사용한다. 인간을 긍정적으로 이해하는 시각과 따뜻한 태도는 치료과정에서 가족들의 부정적인 경험이나 태도를 오히려 상호 간의 결속이나 의미로 바꾸어 준다. 또한 상담사의 정확하고 분명한 일치적인 의사소통은 가족들이 배울 수 있는 기회가 되며, 가족이 유지하고 있는 작고 의미 있는 것들을 찾아내어 확대시키며 강화한다.

상담사는 내담자의 문제에 구속받지 않고 자신의 태도나 기법들을 창의적이며 자발적으로 활용한다. 상담사마다 다르게 진행될 수 있으며, 구체적인 기법이 제시되지 않아서 초보자는 이 모델을 모방하고 따라 하기가 어렵다는 제한이 있다(정문자, 2007).

사티어(Satir, 1975)는 가족들의 문제를 상담하면서 역기능적인 가족들의 공통적인 문제들을 발견하였는데, 일반적으로 다음과 같다.

- 가족들은 자아개념이 약하고 자아존중감이 낮다.
- 가족들이 대화에서 이중적이거나 분명하지 않고 솔직하지 않다.
- 가족의 규칙은 매우 엄격하며 융통성이 전혀 없다.
- 사회 참여나 활동들을 아주 강하게 통제하며 책임 회피의 유형들이다.

어머니가 자녀에게 항상 비난이나 책망하는 방식으로 반응했는지, 자녀를 인정하고 칭찬하는 방식으로 반응했는지에 따라 자녀들의 자존감과 자기가치에 대한 느낌은 다를 수 있다. 개인의 자아존중감은 부모-자녀관계에서 부모들의 반응과 태도에 의해 많은 영향을 받는다고 사티어는 주장한다(Satir, 1987).

대부분의 부모는 자신의 원가족에서 부모로부터 학습된 양육방식을 다시 자기 자녀에게 적용하는 경우가 많았다. 그래서 부모들의 역기능적인 의사소통이나 행동 가운데는 자신의 부모에게서 학습된 것들이 많았다. 상담사는 가족들이 이러한 자기인식과 통찰이 이루어지도록 하며, 새로운 의사소통방법이나 감정표현, 상대방과 나를 존중하는 방식들을 체험하고 학습하므로 변화를 시도할 수 있다고 보았다.

밴맨(Banmen, 2001)은 가족의 문제들을 기초로 궁극적인 목표를 설정하였는데, 자신의 자아가치와 존중감을 높이고 자기 인생에 대한 선택을 스스로 할 수 있는 능력과, 행동이나 결정에 책임을 지는 일치적인 사람으로 삼았다.

경험적 치료에서 가족들과 함께 치료과정에서 지향하는 목표는 다음과 같다(송성자, 1996; 김유숙a, 2000).

- 가족들이 서로 자기 자신들이 보고 느끼고 생각하는 것들에 대하여 분명하게 표현하도록 한다.
- 가족들이 새로운 희망을 가질 수 있도록 하며, 과거의 가슴 부풀었던 꿈들을 다시 자각하도록 한다.
- 가족들이 어떤 상황에서 새로운 시각과 통찰을 가질 수 있도록 교육하며, 어려운 상황을 대처하고 극복할 수 있도록 강화한다.
- 원가족에서 학습하고 배운 역기능적인 대처방식이나 틀에서 벗어나, 새로운 방식들을 시도한다.
- 자의식을 가지고 자신의 의사결정을 스스로 선택하게 함으로써 자신의 행동에도 책임을 지게 한다.

- 가족의 규칙을 분명히 하며, 부모들의 통제를 융통성 있게 한다.
- 가족들은 서로의 차이점을 알며, 자아 성장을 위하여 서로 지지해 준다.

3. 사티어의 심리내적 경험 모델

1) 경험의 여섯 가지 수준 탐색

심리내적 경험 모델에서 개인의 행동들은 수면 위에 떠오르는 빙산의 일부처럼 현상적으로 드러나는 대처방식들이다. 이런 행동들은 마치 빙산의 대부분이 물속에 잠겨 있는 것처럼 여섯 가지 요인인 대처방식, 자신의 감정, 지각, 기대, 열망, 자아라는 복합물의 결과라고 볼 수 있다. 사티어는 현재 내담자의 역기능적인 행동을 이해하기 위해서 어떤 사건이나 상황에 대한 영향력들을 개인의 여섯 가지 요인인 내면 수준에서 탐색해야 한다고 말했다. 그럼으로써 내담자 가족의 상호관계성과 개인의 심리내적 역동성을 다룰 수 있다.

치료과정에서 내담자의 상황에 따라서는 어느 한 수준에서부터 시작할 수 있고 모든 수준을 포함할 수 있다. 내담자의 심리내적 경험과 감정, 지각, 기대와 열망을 표출화하고 통합하여 변화의 과정으로 이끌 수 있다.

내담자의 분노, 화를 내는 방식에는 심리 내면에 무엇이 있는지 탐색할 필요가 있다. 분노 속에는 대개 상처나 두려움, 억울함이 있다. 분노의 감정을 자각하도록 상처와 두려움까지 포함하여 다룰 필요가 있다. 또한 분노의 감정 밑에는 지각과 기대가 있다. 외부의 사건을 어떻게 지각하고 판단했는지에 따라서, 그리고 충족되지 못하는 기대를 안고 산다면 화를 낼 것이다. 분노를 축적해 놓은 사람은 아주 조그마한 일에도 흥분하며 분노를 폭발하기 쉽다. 화는 모든 사람이 가지고 있는 자연스러운 감정이라고 받아들일 때에 화를 내는 대신 다른 대안을 찾을 수 있다. 자신의 감정을 인정하고 수용한 후 자아존중감 상태가 좋아지면 감정에 대해 무엇을 할지 결정할 수 있다. 특히 자아존중감이 높은 사람은 다른 사람의 행동에 대해 과민반응하지 않으며, 화를 낼 필요가 없다.

내담자의 삶 속에서 어떤 시기에 어떤 사건들이 역기능으로 작용하여 내면화되었는지를 발견하기 위하여 각 수준별로 탐색한다. 역기능적인 부분들을 변화시키기 위해서는 엉킴풀이를 한다. 현재 상황으로부터 과거의 두려움, 상처 등의 영향력을 분리시키는 과정으로, 현재 상황에 대하여 자기인식과 통찰에 책임을 질 수 있도록 한다. 과거의 학습된 부모의 역기능적이고 제한적인 모델에서 분리될 수 있도록 자각과 깨달음을 중요시한다. 내담자의 기대나 열망을 표출화시키고 현재 가능한 것들을 어떻게 이루어 나갈 것인지를 구체화함으로써 변화를 시도한다.

내담자의 내면 경험의 각 부분들을 변화하는 데에는 다음과 같은 탐색과정이 필요하다(정문자, 2007; 한국버지니아사티어연구회 역, 2002).

(1) 행동과 대처방안에 대한 탐색

내담자의 과거나 현재의 행동방식, 반응양식, 대처방식들에 대하여 알아본다. 스트

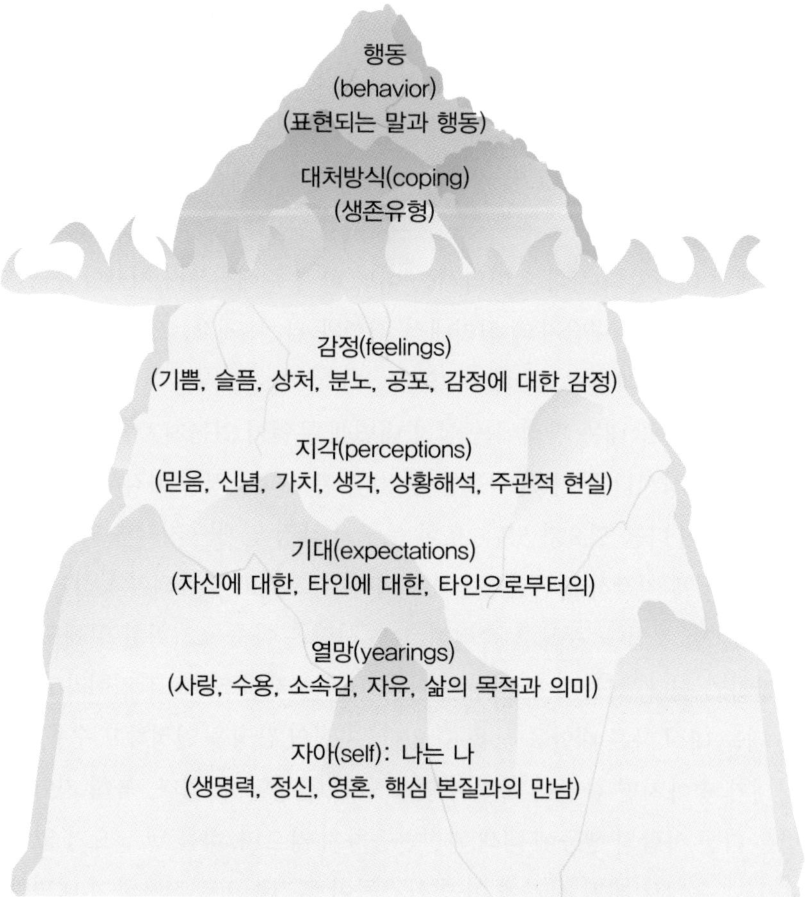

행동
(behavior)
(표현되는 말과 행동)

대처방식(coping)
(생존유형)

감정(feelings)
(기쁨, 슬픔, 상처, 분노, 공포, 감정에 대한 감정)

지각(perceptions)
(믿음, 신념, 가치, 생각, 상황해석, 주관적 현실)

기대(expectations)
(자신에 대한, 타인에 대한, 타인으로부터의)

열망(yearings)
(사랑, 수용, 소속감, 자유, 삶의 목적과 의미)

자아(self): 나는 나
(생명력, 정신, 영혼, 핵심 본질과의 만남)

[그림 4-1] 빙산에 비유한 사티어의 심리내적 경험 모델

출처: Banmen (2001).

레스상황이나 위기상황에서 무의식적으로 표출되는 행동방식들은 과거에 학습된 나의 행동 패턴들이다.

- 그때는 어떻게 하였나요?
- 무엇을 지금까지 해 보았나요?
- 상대방이 ~할 때 당신은 어떻게 하나요?
- 어떤 행동방식을 어떻게 변화시키고 싶은가요?
- 지금은 그 문제를 어떻게 다루나요?
- 힘든 상황에 어떻게 대처하나요?
- 상대방이 당신을 비난하거나 무시하면 어떻게 하나요?

---

(2) 감정에 대한 탐색

행동 이면에 있는 자신의 감정을 깊이 느끼고 자각할 수 있도록 감정의 깊이와 의미에 대하여 알아본다. 좋은 감정인지 부정적인 감정인지, 화남, 죄책감, 슬픔, 우울함, 두려움, 비참함, 무기력감, 죽고 싶은 느낌 등 그때의 감정들이 어떻게 느껴지고 감정과 만나는 나는 어떻게 느껴지는지 탐색한다. 혹시 감정이 스스로 말을 한다면 뭐라고 하는지, 감정이 신체적으로는 어떻게 느껴지는지, 그 감정은 과거 언제, 누구와 어떤 상황에서 경험한 것들이었는지 탐색한다.

- 누가 ~할 때 어떤 감정을 느끼나요? 그 감정을 어떻게 다루나요?
- 그 감정에 대한 감정은 어떻게 느끼나요?
- 그 감정이 무어라고 말하나요? 한번 들어 볼까요?
- 그 감정의 의미는 무엇일까요? 눈물의 의미는 무엇일까요?
- 지금 느끼는 감정과 함께 가슴속에는 무엇이 일어나고 있나요? 한번 들어가 보면 어떨
  까요?
- 그 슬픔(분노, 죄책감, 미움, 상처) 이면에는 또 어떤 감정이 있는지 말씀해 주겠어요?
- 그 감정이 신체적으로는 어디서 어떻게 느껴지나요?
- 지금 그 감정에 그대로 머무를 수 있겠나요?

- 이런 감정을 과거 언제, 누구에게 느낀 적이 있나요?
- 그런 감정에서 벗어나기 위하여 어떤 노력을 하였나요?

(3) 지각에 대한 탐색

지각체계는 상황이나 사건에 대한 개인의 사고방식, 신념, 가치체계로 상황에 대한 판단과 해석, 주관적인 관점이나 입장을 탐색한다. 내담자의 지각 형성은 다양한 경험을 통하여 형성된 것으로, 똑같은 사건이라도 개인적인 신념이나 가치관이 다르기 때문에 해석이 달라진다. 감정들을 알아차리게 하는 감정에 대한 지각, 자신을 보고 이해하는 틀이나 관점 그리고 타인을 이해하고 수용하는 관계성에 대한 지각, 신념이나 가치, 규칙에 대한 지각, 행동에 대한 지각탐색도 가능하다.

지각탐색과정은 내담자의 실제에 대한 왜곡된 생각이나 감정행동을 수정하고 새롭게 하기 위하여 새로운 정보를 추가시키는 것으로 실제적인 감정과 만날 수 있도록 한다.

상대방을 잘 이해하고 알기 위해서는 나의 관점이나 틀로만 해석하지 말고 상대방의 입장을 공감적으로 이해하고 수용하는 것이 중요하다. 내담자가 자신의 내면의 사고에 귀 기울이며 자신의 지각체계를 경험하고 재구조화하면 감정도 변하게 되고 반응방식도 다르게 나타난다.

- 이 사건에 대하여 어떻게 생각(판단, 해석)하였나요?
- 어떤 가치관이 나를 힘들게 하나요? 또는 어떻게 도움이 되나요?
- 상대방의 행동이나 동기에 대해 다르게 해석할 수는 없나요?
- 나의 잘못된 사고나 섣부른 판단은 어떤 것이 있었나요?
- 당신의 두려움은 궁극적으로 어떤 것에 대한 두려움이라고 생각하나요?
- 지금까지 살아온 당신의 삶에 대해서는 어떻게 생각하나요?
- 당신의 행동이 자신(다른 사람)에게 어떤 영향을 미친다고 생각하나요?

(4) 기대에 대한 탐색

기대는 자신에게 갖는 기대, 타인에게 갖는 기대, 타인이 나에게 갖는 기대 등 수용과 인정, 원하는 것을 탐색한다. 자기의 솔직한 기대를 표현하며, 기대를 충족시킬 수 있는 방법들은 무엇이며, 기대를 채우기 위하여 나는 어떤 노력을 어떻게 하였는지 알아본다.

상대방이 내 기대를 알아서 채워 주리라고 바라는 것은 무리다. 서로가 기대에 대한 의사소통으로 표출되며 방법들이 논의되어야 한다.

내담자의 충족되지 못한 과거의 기대들은 실망감이나 분노와 상처로 또는 무력감으로 낮은 자아존중감을 만들어 낸다. 그래서 자기기대에 미치지 못한다고 비난과 분노로 반응하고, 자기기대가 무시당했다고 생각하고, 이루지 못한 비현실적인 기대에 집착하게 된다. 사티어는 내담자들이 기대감을 표출하게 하며, 현실 가능한지 직면하게 하고 실제적인 대안을 선택할 수 있도록 한다.

자신의 기대를 적절하게 표현하기, 기대를 다른 방법으로 채울 수 있는 방안이나 이루지 못했던 기대를 현실에서 채울 수 있는 방안을 탐색하고 개발하기, 과거의 이루지 못했던 기대가 있었다면 더 이상 충족될 수 없다는 것을 인정하고 털어 버리기 등을 다룬다.

- 남편(자녀, 아내)에게는 아직까지 어떤 기대감이 있나요?
- 내 삶에서 아직도 붙잡고 있는 기대는 무엇인가요?
- 그 기대를 채우기 위하여 무엇을 하였나요?
- 원하는 그 기대를 지금은 놓아 버릴 수 있나요? 놓아 버리지 못한다면 그 이유는?
- 과거에 이루지 못한 기대를 채울 수 있는 현실적인 방안들은 무엇이 있을까요?
- 이 기대를 채우는 것이 당신의 삶에서는 어떤 의미가 있나요?

(5) 열망에 대한 탐색

사랑받고 싶은 마음, 사랑하고 싶은 마음, 수용과 인정을 받고 싶은 마음, 자신의 인생의 의미와 자유를 추구하는 마음 등 내면의 깊은 곳에 자신의 열망들이 어떤 것들이 있는지 탐색한다. 우리의 행동 이면에 있는 채워지지 않는 원함이나 열망들이 지각체계나 감정체계에 부정적인 영향을 미치며, 자존감에도 상당한 타격을 준다. 자기의 진짜 원함을 알아차리고 자각하고 인정함으로써 자신의 내적 생명력과 충만함을 만날 수 있다.

- 당신의 삶에서 원하는 것은 어떤 것인가요?

- 원하는 것을 채우기 위하여 당신은 어떤 노력들을 하셨나요?

- 인정받는다는 것을 어떻게 하면 알 수 있을까요?

- 당신의 삶의 진짜 의미는 어떤 것이라고 생각하나요?

- 당신은 사랑의 열망을 어떻게 충족시키고 있나요?

- 앞으로 열망을 채우기 위해서는 어떻게 해야 한다고 생각하나요?

- 당신의 원함이나 열망은 현실 가능하고 실행 가능한가요?

(6) 자아에 대한 탐색

자기에 대한 부정적·긍정적인 자아상으로 자아존중감과 자아가치, 삶의 본질과 의미를 탐색한다. 다른 사람과의 관계성에서 자아가치와 존중감은 어떠한지, 사랑받을 만한 가치가 있다고 생각하는지, 존중받을 만한 자아라고 생각하는지 탐색한다.

- 자기 자신에 대하여 어떻게 생각하나요?

- 자기 자신을 있는 그대로 수용할 수 있나요? 그렇지 못하다면 어떤 것들을 수용하기가 힘드나요?

- 자기 자신을 사랑하는 방법들은 어떤 것들이 있나요?

- 자신은 사랑받을 만한 가치가 있는 사람이라고 생각하나요?

- 나의 자아존중감을 높일 수 있는 방안이나 대안은 어떤 것들이 있나요?

- 내 삶의 진짜 의미는 어떻게 사는 것인가요?

개인의 심리내적 경험 모델은 내담자의 경험을 변화의 과정에 적용시킬 수 있는 기회를 제공한다. 또한 자신의 표현되지 못한 과거의 감정이나 충족되지 못한 기대와 역기능적인 대처방안들을 다루므로 긍정적으로 변화되고 싶은 것에 초점을 맞추게 된다.

지금 이 순간 어떻게 변화하기를 원하는지, 내면의 세계에서는 어떤 변화를 원하는지, 어떻게 노력할 것인지, 무엇을 보면 변화가 일어나는지를 알 수 있는지, 새롭게 된다는 것은 무엇을 의미하는지 변화에 대한 동기를 분명히 하고 탐색하는 것이 중요하다.

2) 경험적 치료의 과정

사티어(Satir, 1979)는 인간의 감정 가운데 두려움, 상처, 분노와 공포의 감정들을 치료적 관심이 되는 중요한 감정으로 보았다. 이런 감정들은 무의식 속에 깊숙이 자리하고 있어서 현재의 상황이나 대상에게도 사실을 왜곡하여 반응하는 경우가 많다. 또한 부정적인 감정들을 자기기대와 실망에서 오는 반응이라고 이해하고 통찰한다면 가족관계에서 얻은 상처나 분노를 새롭게 다룰 수 있다. 내담자의 부정적인 감정, 상처나 분노를 자기 자신으로부터 분리시키고 엉킨 감정을 푸는 데에 다양한 방법이 사용된다.

- 내담자와의 신체적인 접촉으로 라포를 형성하여 마음의 문을 열게 한다.
- 문제상황을 심각하게 느끼지 않도록 하기 위하여 가벼운 유머를 사용하여 긴장감을 제거한다.
- 조건 없는 수용을 통해서 개인적인 참만남을 갖는다.
- 내담자의 긍정적인 자원과 선택 가능한 대안들을 스스로 알도록 돕는다.
- 내담자가 희망을 갖도록 동기를 부여한다.

이런 방법들은 내담자가 자신의 부정적인 고통스런 감정을 직면하고 수용할 수 있도록 힘을 준다. 무엇보다도 내담자가 변화될 수 있다는 희망의 동기가 가장 중요하다.

사티어는 상담사가 일치적인 언행과 자신감과 신뢰 형성 그리고 능력이 있어야 한다고 강조한다. 사티어의 치료 모델에서 치료과정은 다음과 같이 이루어진다(정문자, 2007; Banmen, 2001).

- 상담사는 자신의 내적 · 외적으로 준비를 한다.
- 상담사는 내담자와 신뢰관계를 위한 라포를 형성한다. 예를 들어, "상담 시작 전에 자기 자신에 대해 말씀 좀 해 주시겠어요?"라고 질문할 수 있다. 내담자를 있는 그대로 수용하며 존중해 주고, 심리적으로 안정적인 분위기를 제공하며, 내담자와 자연스럽게 대화의 분위기를 맞춘다.
- 대화를 통해 내담자가 원하는 바가 무엇인지를, 상담사가 어떻게 도움이 될 수 있는지를 질문한다. "오늘 이 자리에서 어떤 일이 일어나길 바라십니까?" 내담자의 기대나 변화 가능성의 희망이 보이도록 하는 동기부여가 일어나도록 한다.

- 내담자의 현재 문제나 호소를 듣는다. 문제를 해결중심으로 바꾼다.
  - 현재의 문제가 내담자의 대처방식문제인지 알아본다.
  - 개인의 내면경험 모델을 적용하여 문제의 성격을 탐색한다.
  - 내담자의 현 상황과 가치를 인정한다.
  - 문제가 내담자에게 성장의 기회가 될 수 있도록 한다.
  - 부정적인 감정이나 호소 속에서 긍정적인 원함이나 가능한 목표로 바꾼다.
- 상담의 전 과정을 통하여 사정한다.
- 내담자의 대처 유형, 문제해결 시도방법, 내담자의 변화의지나 동기, 위기상황이나 스트레스 요인, 가족의 관계성, 규칙, 의사소통방식, 내담자의 기대나 열망, 자존감 수준을 사정한다.
- 치료의 초점을 어디에 둘 것인지 내담자와 함께 결정한다. 가족들의 변화의지와 동기를 확인하고 상담사의 역할도 분명히 해 둔다.
- 내담자나 내담자 가족의 장점을 한 개 이상 찾아서 이야기한다. 내담자의 내적 · 외적 강점을 이야기한다. 변화의 방해물들에 대해서도 이야기 나눈다.
- 상담사는 상담한 내용을 전체적으로 요약해서 정리해 주고 희망을 부여하며 종결한다. 상담에 대한 내담자의 피드백을 받기도 하고 상담사가 피드백을 주기도 한다. 필요하다면 교육도 가능하다.
- 다음 상담을 약속하며 과제를 주기도 한다.

3) 변화의 과정

기능적인 가족들은 상호작용이 활발하고 서로에 대한 배려와 존중감이 있어서 정서적 균형과 조화를 이룬다. 역할에 충실하며 개인의 존재가치를 느끼고 각자의 원함이나 욕구가 표출되며 이루어지도록 노력한다. 그래서 건강한 가정은 의사소통을 통해서 관계가 활발하게 이루어지는 반면, 건강하지 못한 가정은 대화의 단절로 정서적 교류가 침체 상태에 빠져 있다. 가족들의 방식은 고정적이고 일방적이어서 불공평하고 억울한 느낌들을 갖지만 표현이 어렵고 위장하며 억압한다. 가족들은 이런 관계 속에서 억압된 분노나 상처, 두려움, 상실감, 좌절감 등 부정적인 감정 속에서 나름대로의 지속적인 생존방식을 터득하게 된다. 회피나 무시, 비난이나 단절로 심리적으로 힘든 상황은 신체적 증상으로 나타난다. 그래서 가족들은 전문가를 찾고 변화를 원하지만 현 상태를 깨지 않으려는 항상성의 특성을 띠게 되는데, 이것은 생존을 위한 방식으로 자신이 알고 인식한 것에 최선을 다한 것이다. 문제의 가족들은 변화를 원하지만 진정한 변화는 다른 사람이 해야 한다고 생각한다.

사티어는 변화란 개인 내면의 부정적인 경험들을 현 시점에서 잘 알아차림으로써 자기통찰과 깨달음으로 이어지고 사고의 변화, 감정의 변화, 행동의 변화를 가져올 수 있다고 보았다. 특히 새로운 대처방식이나 반응양식들은 교육과 학습에 의한 새로운 적용으로 가능하다고 보았다. 내담자 가족들이 새로운 가치를 깨달으면 새로운 방식의 적용이 가능하며, 서로가 지지와 가능성, 희망을 보일 때에 가족들은 변화가 가능하다고 보았다.

사티어의 변화의 과정은 내면의 병리적인 것을 치료하는 생의학적 모델이 아니라 신체와 정신을 통합하는 전인적인 모델이다. 그래서 무엇보다도 개인 내면에 무엇이 일어나고 있는지, 과거와 현재 사건들의 영향력이 서로 어떻게 연관되어 있는지를 알아차리도록 하는 과정이 필요하다. 탐색과정을 통한 자기 발견과 통찰이 우선적으로 이루어져야 한다.

상담사는 내담자의 내적 상태나 지각능력을 잘 파악하는 것도 중요하지만, 언어 이면에 드러나지 않은 기대나 열망을 다루는 것도 중요하다. 이것은 상담사의 직관능력과 많은 경험이 요구되는 부분이다. 인간은 안전하고 편안한 가운데서 새로운 대처방식과 의사소통방식으로 관계를 개선하여 감정적·사고적·행동적 변화를 만들어 낸다.

로우션(Loeschen, 1998)은 사티어의 치료적 변화과정을 초기, 중기, 말기로 나누어 설명한다.

- 초기에는 준비단계로 접촉하기, 인정하기, 동기와 희망 갖기, 반영, 명료, 해석하기, 자각을 촉진하기, 심리내적 과정 촉진하기, 탐색하기, 조각하기가 있다.
- 중기에는 변화단계로 상담사의 개입을 통한 역기능적인 지각, 해석, 신념이나 기대에 도전하기, 새로운 대안을 교육하기, 모델화, 구체화시키기, 의사소통 교육하기가 있다.
- 말기에는 변화 유지를 위한 단계로 실제를 지도하기, 긍정적인 변화를 부각시키고 강화하기가 있다(정문자, 2007: 101).

4) 상담사의 역할과 자세

경험적 가족치료에서 상담사는 인간의 본성인 감정, 즉 정서적인 측면에 초점을 맞춘다. 볼비는 애착이론에서 "정서는 반응을 만들어 내고, 심리적인 애착을 형성하게 하며, 두 사람의 의사소통을 만들어 낸다."(Bowlby, 1989)라고 하였다. 애착이 불안정한 사람은 자신의 진짜 감정을 표출하지 못하고 내면의 두려움과 불안감 대신 화를 낸다. 그러므로 대상을 가까이 오지 못하도록 거리를 유지한다. 본인이 진짜 느끼는 감정이나 가까이 하고 싶은 감정과는 다르게 반응하는 것에 더 두려움을 갖고 부정적인 감정을 표출한다.

경험적 치료가 개인의 자기감정을 느끼고 표현하는 것을 강조하다 보니, 가족이라는 체계와 행동을 다루는 접근은 약하다는 평가를 받았다(Nichols & Schwartz, 2004). 치료 과정에서 게슈탈트의 치료기법이나, 참만남, 가족조각이나 가족그림, 빈 의자 기법 등이 다양하게 사용되지만, 상담사에 따라 다르게 사용될 수도 있다. 개인과 가족을 통한 성장과 관계의 중요성에 초점을 두는 공통분모인 치료 목적 외에 구체적으로 구조화된 기법은 없다. 따라서 상담사가 모방하거나 따라 하기가 힘들다는 제한점이 있다.

경험적 치료에서는 상담사가 어떤 기법보다도 더 중요한 기법이다. 상담사 자신을 활용하는 것이다. 내담자에 대한 강한 감수성과 배려성, 긍정적인 태도, 적극적이고 생기발랄한 모습 자체가 내담자의 마음을 평안하게 하고 진짜 마음을 열게 하는 것들이다.

상담사는 때로는 가족들에게 지지적일 수도 있고 도전적일 수도 있다. 적극적인 개입을 시도하기도 하며, 가족들의 익숙한 상호작용을 간과만 하지 않고 "네가 느낀 것을 부모님께 한번 말씀드려 보렴." "지금 당신은 무엇을 어떻게 느끼고 있습니까?"라는 질문으로 말로는 표현하지 않지만 정서적으로 비언어적으로 감정 신호를 보이는 것에 관심을 갖고 다룬다.

사티어(1972: 12)는 "가족들이 절망스럽고 무기력하고 외롭고 고통스러운 감정들을 숨기려고 애쓴다. 숨기기 위하여 소리치고 외치고 잔소리하고 비난하는 것으로, 서로에게는 무관심하며 서로의 비참과 절망 속에서 몇 년을 견디며 참아 내고 갈등의 연속을 경험한다."라고 말한다. 내담자 가족들이 자발적으로 개방하며 서로 간에 막힌 담을 무너뜨리듯이, 진짜 자신의 진술한 감정을 경험하고 다른 사람들이 느끼고 경험한 것들을 서로 나누도록 한다. 인간적인 참만남이 이루어지도록 상담사는 자신의 감수성, 모델링 역할을 한다.

사티어(1978)는 자신의 성장 모델에서 치료란 무엇보다도 성장과정의 체험연습임을 강조하며, 가족이 성숙한 인간으로 성장하도록 도와야 한다고 주장한다. 인간의 감정은 자신의 것이므로 책임을 져야 하며, 인간은 심리적으로 성장하고 발전하려는 욕구를 가지고 있고, 잘되고 싶어 하는 내적인 긍정적인 힘이 있다. 그래서 상담사는 개인의 욕구를 충족할 수 있는 자원이나 능력, 원함과 통합적인 인간상이 병리적인 면보다 더 중요하다고 본다.

경험적 치료에서 상담사의 역할을 요약하면 다음과 같다.

- 수용과 관심으로 가족들이 서로를 향하여 마음의 문을 열수 있도록 한다(공감과 지지, 수용하기).
- 상담사의 가장 강력한 기법은 상담사 자신으로 가족의 변화를 위한 촉매제가 되어야 한다.
- 상담사는 두려움에 대한 마음을 가족들과 한마음으로 이해하고 진실해야 한다.
- 상담사는 내담자 가족들이 개방하려고 할 때에 방어를 줄이고 자발적인 변화를 촉진할 수 있다고 본다. 그래서 이해받고 공감받을 수 있어야 두려움에서 편안한 감정으로 바뀐다.
- 상담사는 내담자 가족들에게 적극적이고 지지적이며 긍정적인 감정들을 부여하도록 모델을 보여 준다.
- 상담사는 감정적인 측면을 강조하기 위하여 가족조각, 역할극, 신체접촉, 밧줄기법 등 다양한 기법을 활용한다.
- 상담사는 역전이 감정들을 줄이기 위하여 내담자 가족과 개방적으로 감정을 나누는 것이 숨기는 것보다 더 효과적이다.
- 새로운 방법을 시도하고, 가장 적합한 방법을 찾아가는 과정은 상담사의 창의성과 재구성능력이 요구된다.
- 사티어는 변화를 증진시키기 위하여 은유기법(~처럼, ~같다)을 활용하여 이미지를 그리므로 시각, 청각, 신체감각을 활성화시켜 다시 지각의 변화과정으로 이끈다.
- 상담사는 내담자가 어떤 상황을 다른 관점에서 바라보게 하는 것이 내담자에게 하나의 지각과 관점, 희망, 새로운 그림을 제공한다고 보았다.

사티어와 동료들(Satir et al., 1991)는 내담자의 성장을 활성화시키고 내적인 성장을 위하여 상담사의 일치적인 자세와 의사소통이 매우 중요하다고 강조한다. 상담사는 내담자와 평등한 관계로 인간적으로 존중해야 하며 격려와 지지를 해야 한다.

일치적인 의사소통의 반응으로 변화하기 위하여 다음과 같은 단계들을 활용한다.

- 어떤 식으로 반응할 것인지에 대한 선택권은 나 자신에게 있다는 것을 자각하고 수용하게 한다.
- 현재 나의 마음 안에서 일어나고 있는 것들과 모든 차원(기대, 지각, 감정)에서 접촉하도록 한다.
- 내가 한 말, 비언어적 메시지, 행동을 나의 것으로 인정하고 소유하도록 한다.
- 나−전달법으로 반응하도록 한다. 나의 느낌과 상황을 표현한다.
- 말과 행동에 대한 책임을 스스로 지도록 한다.
- 다른 사람의 말과 행동을 보고 들을 뿐 아니라 내 마음에서 무엇이 일어나고 있는지를 서로 나누도록 한다.
- 다른 사람과 접촉할 때 신체적 거리에 주의를 기울이도록 한다. 눈높이를 맞추고 다른 사람과 평안한 거리를 유지한다.

4. 역기능적인 대처방식

경험적 치료에서는 개인의 의사소통방식을 어떤 장소나 시간, 대상, 상황에 맞는 자신의 대처방식의 하나로 환경에 의하여 습득된 과정으로 본다. 그래서 역기능적인 의사소통방식들은 새로운 학습과 교육에 의해서 변화될 수 있다고 믿는다. 인간의 의사소통은 언어적인 메시지와 비언어적인 메시지를 다 포함하는데, 그중에서 사티어는 가족들 사이에서 오가는 비언어적인 메시지와 표현들에 더 많은 관심을 가졌다. 말의 톤이나 억양, 목소리, 표정, 눈빛, 태도 등이 상대방의 감정을 더 상하게 할 수도 있고 자존심을 건드릴 수 있다고 보았기 때문이다.

사티어는 개인의 의사소통방식을 자신의 사고와 의사를 전달하는 매체일 뿐만 아니라 자아존중감과 자기가치를 표출하는 방식으로 보았다. 그래서 자아존중감의 수준을 바꿀 수 있는 중요한 도구로 간주하였다(Bandler & Grinder, 1980/1981; Satir, 1972).

사티어(1975)는 많은 가족을 치료하면서 내담자들의 공통점을 발견하였다. 가족들

가운데 누군가는 이중적인 메시지를 지속적으로 사용하고 있었다는 점, 즉 언어적 메시지와 비언어적 메시지가 일치하지 않고, 말과 행동이 다르며, 자신의 말과 내면의 의도가 일치하지 않는다는 것이었다. 문제가정에서는 누군가 이런 것을 지적한다거나 문제시하는 사람이 없었다. 특히 이중메시지를 전달하는 사람들의 감정 상태나 특징들은 다음과 같이 나타났다.

- 자존감이 낮으며 자신이 부족한 사람이라는 생각
- 남의 감정을 상하게 하는 것을 매우 두려워함
- 다른 사람의 보복에 대하여 매우 두려워함
- 다른 사람과의 관계가 단절될까 봐 두려워함
- 남에게 짐이 되는 것을 매우 부담스러워함
- 다른 사람과의 상호작용 자체에 어떤 중요성을 부여하지 않음

이런 감정 상태의 사람은 자신의 이중메시지에 대한 지각이 없었다. 또한 메시지를 받는 가족은 자신의 반응에 따라 다양하게 나타나는데, 상대방의 말만 듣고 나머지는 모두 무시하든지, 비언어적 부분은 고려하고 말만 무시하든지, 말의 주제를 바꾸든지, 전체 메시지를 모두 무시하든지 나름대로의 방어기제가 나타났다.

회유형인 경우 내면의 감정을 부인하고 억압하는 반면, 비난형은 자기감정을 타인에게 투사시킨다. 초이성형은 내면의 감정을 무시해 버리고 산만형은 자신의 감정을 왜곡시킨다. 그래서 가족들의 관계는 신뢰가 깨지고 불신과 거부나 회피로 이어지게 된다. 결국 가족들은 자존심이 상하고 자기가치나 존중감에도 의심을 품게 된다. 가정에서 가장 중요한 신뢰와 믿음이 깨지고, 애정에 금이 가며, 서로를 이해하지 못한다면 가족들은 스스로를 지키기 위하여 공격적으로 변하게 된다. 스트레스 상황에서는 더욱 자기가치가 위협을 받고 위기를 느끼기 때문에 인간은 누구나 자신을 보호하고 방어하기 위한 방법으로 역기능적인 의사소통을 사용한다.

사티어(1975)는 오랜 상담과 치료의 경험에 준거하여 사람들이 일반적으로 스트레스 상황에서 자신을 보호하고 방어하기 위해서 역기능적으로 대처하는 의사소통 유형을 네 가지로 분류하였다. 이러한 역기능적인 의사소통은 사람들이 자아존중이나 가치에 위협을 느낄 때에 반응하는 방식이다. 자신들이 어떤 상황에서 자존심이 상했다고 느끼고, 자기가치가 떨어졌다고 판단하며, 자기 자신이 잘못되었다고 두려워하고, 다른

사람의 감정을 두려워하며, 다른 사람과의 관계 단절을 두려워하고, 다른 사람을 존중하지 않는 경우에 나타나는 경향으로 보았다.

〈표 4-1〉은 역기능적인 의사소통 유형을 회유형, 비난형, 초이성형, 산만형으로 분류하여 특징, 치료 목표, 자아존중 요소를 비교 및 설명하였다.

〈표 4-1〉 역기능적 의사소통 유형

유형	특징	치료 목표	자아존중 요소
회유형	• 매우 순종적이고 자아개념이 약하며 의존적이고 상처받기 쉽고 자기억압적이다. • 상대방을 위한 쪽으로 모든 것을 맞추려 한다. • 다른 사람에게 해가 될까 두려워한다. • 자기학대, 우울증, 자살적인 성향이 있다. • 자기 자신을 무시하고 다른 사람을 중요시한다. • 소화기관의 고통, 당뇨, 편두통, 변비 등 신체적인 영향이 있다.	• 단계적으로 분노의 감정훈련, 자기주장훈련 • 차이점 인식, 자기가 원하는 것 표현하기 • 자기가치와 존중감 강화	• 자기: 자기에 대한 가치, 사랑, 존중 무시 • 타인: 다른 사람의 욕구나 가치 중시 • 상황: 주어진 여건이나 맥락 중시
비난형	• 완고하며 독선적이고 명령적이다. • 상대방을 무시하고 오직 자신의 사고가 제일이라고 생각한다. 안 되면 화를 낸다. • 융통성이 없고 다혈질적이며 다른 사람에게 책임을 전가한다. • 자신은 세상의 피해자이자 희생자라고 생각하며 열등의식이 있다. • 고혈압, 혈액순환의 어려움, 근육긴장의 신체적인 영향이 있다.	• 자기감정 조절, 긍정적 사고로 유도, 타인 존중과 배려 • 합리적·이성적 사고훈련, 적절한 신체접촉과 경계훈련 • 감수성훈련 • 적극적 경청과 의도성 알아차리기, 기대 표출	• 자기: 자아가치나 욕구를 중시, 우월감 • 타인: 다른 사람의 감정이나 가치를 무시, 상호작용이 잘 안 됨 • 상황: 주어진 자신의 상황 중시

초이성형	• 자신의 일에 지나치게 섬세하며 타인을 신뢰하지 못하고 철두철미하다. • 감정적인 부분에 매우 냉정하며 차가우나 내면적으로는 자상한 감정을 그리워한다. • 자기통제의 상실에 대한 두려움이 있다. • 완벽성을 추구하고 논리적으로 증명하려 하고 강박적이며 집착하고 공감이 부족하다. • 진짜 자아 접촉이 어렵고 감정을 억압한다. • 근육경직, 근육통, 심장마비, 성기능 저하 등 신체적인 영향이 있다.	• 감수성훈련, 신체이완훈련, 비언어적인 의사소통인 얼굴 표현, 목소리, 태도 통찰 • 상대방에 대한 배려와 공감감정 인식과 훈련 • 사고를 통한 감정의 변화	• 자기: 자기감정 억압, 외부로 보여지는 체면이나 위신 중시 • 타인: 다른 사람의 감정이나 욕구 무시 • 상황: 상황이 매우 중시됨, 객관적이고 합리적인 사고로 해결
산만형	• 다른 사람의 말이나 행동과 상관없이 행한다. • 대화의 내용에 초점이 없이 적절하게 반응하지 못한다. • 주의가 산만하며 부산하게 움직인다. • 타인의 인정을 원하며 소외에 대한 두려움을 가지고 있다. • 자신과 다른 사람의 상황을 모두 무시한다. • 신경계통의 장애, 위 장애, 당뇨, 편두통, 비만 등의 신체적인 영향이 있다.	• 주의집중, 상대방의 말을 끝까지 경청 • 자기 생각을 마지막까지 표현 • 자아존중감 향상, 명상훈련 • 감수성훈련, 신체접촉, 감각, 활동 받아 주기	• 자기: 자기감정 무시, 위선적이게 가장한 모습 • 타인: 다른 사람의 감정이나 욕구 무시 • 상황: 현재 상황을 인식 못함, 긴장감이나 위기 상황도 무시

출처: Satir (1975).

〈표 4-2〉 일치형 의사소통 유형

	특 징	치료목표	자아존중 요소
일치형	• 의사소통의 내용과 감정, 의도가 일치한다. • 자신의 사고, 감정, 기대, 원하는 것, 싫어하는 것에 대해 솔직하다. • 타인의 말을 잘 경청하며 존중하고 배려한다. • 생동적이고 유능하며 창조적인 행동양식 • 자기가치감이 높고 심리적 · 신체적으로 건강한 상태 • 주요 감정은 안정적, 차분, 평화로운, 사랑하는, 수용적이다. • 일치적 반응을 보인다. 다른 사람을 조정하지 않고 자신을 방어하지 않고 진정한 관계를 형성한다. • 자신의 말과 행동에 책임을 진다.	• 높은 자아존중감 • 언어적, 비언어적으로 일치적임 • 개방적 • 긍정적인 사고, 책임 있음 • 자신과 타인을 존중 • 균형과 조화 • 능력 있고 유능함	• 자기: 자기에 대한 가치, 사랑, 존중 • 타인: 다른 사람의 욕구나 가치 중시 • 상황: 주어진 여건이나 맥락 중시

5. 일치적 의사소통을 위한 작업

사티어(1982: 18)는 가족들의 의사소통과 메시지의 여러 수준 간의 불일치에 초점을 두어 가족의 역기능을 살폈다. 가족들의 불일치한 의사소통은 가족들이 느꼈지만 말할 수 없을 때(억압), 부인이 지배적인 남편에게 부당함을 느꼈지만 의식하지 못하고 자녀 쪽으로 반응할 때(투사), 의식적으로 느꼈지만 그 자체를 부인할 때(부정), 느끼지만 중요하게 생각하지 않고 무시할 때(무시) 나타난다고 주장한다. 일치형의 의사소통으로 반응하는 것은 점차 지각의 수준이 높아지면서 내면의 그림을 표현할 수 있고, 체계화하고 정리하여 설명할 수 있다. 일치형의 반응은 다른 사람과 건강한 관계를 갖고, 자신의 삶에 새로운 의미를 줄 수 있고, 자기 자신을 더 자기다워질 수 있게 한다.

사티어는 많은 내담자 가운데 역기능적인 방식으로 반응하는 사람들은 과거의 부정적인 경험을 통하여 현재의 제한된 자신의 모습을 좀 더 지각할 필요가 있으며, 자신을 객관적으로 보고 상황에 적절하게 대처할 수 있는 변화를 중요시한다고 하였다. 예를 들어, 부모의 대처방식을 비난하기보다는 그들로서는 그것이 최선이었다는 것을 인정하며, 자신의 가족과의 경험에 대한 해석을 달리하는 것이다. 가족 안에서 어떤 특별한 사건도 사건 그 자체가 큰 문제가 아니라, 그 사건의 영향력이나 의미 해석이 개인에게 미치는 영향이 훨씬 크게 나타난다.

사티어 등(1991)은 역기능적인 반응을 하는 사람들은 자신의 지각과 조화를 이루지 못한다는 것을 발견하였다. 일치성을 위한 작업에서 해석을 변화시킬 필요가 있으며, 나 수준에서의 자존감을 재확인할 필요가 있다. 상담사는 내담자에게 자기인정을 통해 스스로 중심이 되어 상황, 다른 사람 그리고 자신을 수용함으로써 현재에 충실하도록 가르칠 필요가 있다. 현재 일어나고 있는 역기능적인 대처방안은 지금까지의 경험에 의한 분노, 상처, 두려움 등 초기학습과 기억에 의한 것들이라고 전제한다. 그래서 어떤 말이나 감각, 소리, 그림, 냄새 등에 의하여 강한 자극을 받게 되면 대개 익숙하고 오래된 자기방식으로 반응하게 된다. 일치적인 반응은 내면에서 일어나고 있는 생각, 감정, 비언어적이고 신체적인 메시지에 대한 자각 그리고 경험에 의한 의미부여를 자각하는 것에서부터 시작된다.

사티어 등(1991)은 내담자에게 일치적인 의사소통을 하도록 돕기 위하여 다음과 같이 시행한다.

• 자기 자신, 다른 사람, 상황에 대하여 자각하도록 한다.
• 다른 사람과 대화를 할 때 충분한 관심을 보이도록 한다.
• 신체적 메시지를 자각하도록 한다.
• 자신의 대처방식과 가족규칙들을 자각하도록 한다.

일치성을 위한 작업에서 내담자가 어떻게 느끼고 있는가를 알고 표현하는 것은 희망을 갖게 할 수 있다. 치료과정에서 어떤 사람이 말과 감정 사이에서 불일치를 보인다면 언어적·비언어적 메시지의 일치를 방해하는 요인이 무엇인지 탐색하고 그 차이를 해결하는 것이다.

상담사는 내담자가 먼저 자신의 감정과 접촉해서 그것을 수용하고 다른 사람에게 나눌 수 있도록 하며, 이것을 다루어 나가는 데에 초점을 맞춘다. 즉, 내담자의 내적인 감정을 인정하고 수용하며, 표현할 수 있도록 하는 데에 중점을 둔다.

감정지수로 잘 알려진 다니엘 골만(D. Goleman)도 다른 사람과 조화를 이루기 위해서는 자신의 심리적인 평안이 먼저 회복되어야 한다고 주장한다. 일치형 의사소통을 위해서는 다음과 같은 단계로 표현하도록 한다.

- 자기 자신에게 주의를 집중한다.
  - 신체적인 신호에 주목한다.
  - 평안하게 호흡한다.
  - 자기가치감을 높인다.
  - 집중하고 자각한다.
- 상대방과 접촉한다.
  - 보고 듣는다.
  - 신체적인 메시지나 신호에 주목한다.
  - 존중하는 태도를 보인다.
  - 수용하고 신뢰한다.
- 주어진 상황 내에서 변화한다.
  - 문제가 아니라 대처방식을 다룬다.
  - 감정을 다룬다.
  - 기대들과 인식들을 재구조화한다.
  - 선택과 가능성을 높인다.
- 자기와 타인 그리고 상황과 경험의 수준을 새로운 상태로 변형시키고 통합한다.

내담자가 자기 자신을 일치적으로 표현하도록 하기 위해서 내담자의 지각(perception)과 해석(interpretaion), 기대, 자아와 의사소통이 조화가 되도록 하는 데에 초점을 둔다. 이 과정은 지각을 변화시켜서 다른 사람에게 투사했던 이루지 못한 기대를 자유롭게 하도록 하는 것으로, 자아 수준에서의 일치성과 자아에 맞는 자기기대와 자존감을 획득할 수 있게 함으로써 내적 성장을 촉진시켜 의사소통의 효율성을 증가시키며, 외부 세계와의 대응방식도 창조적으로 대처할 수 있도록 한다.

사티어의 일치형 의사소통에서는 일상적인 대화 속에서도 자신의 상황, 사고, 감정, 기대나 열망이 표현되도록 하는 것이 중요하다.

- **상황**: 현재나 과거에 일어난 상황에 대하여 자신의 편견이나 판단 없이 객관적으로 있는 사실 그대로를 말한다.
- **사고**: 자기의 생각이나 가치판단 상황에 대한 판단이나 해석을 주관적인 관점으로 이야기한다.

- 감정: 대화 가운데 상대방을 비난하지 않으면서 자기감정을 솔직하게 표현한다.
- 기대나 열망: 자신이 상대방에게 바라는 기대나 원함을 분명하게 표현한다. 또한 기대나 열망이 채워지면 어떠하다는 자존감 수준까지도 이야기하게 한다.

6. 가족재구성을 위한 과정

1) 재구성을 위한 탐색활동

사티어(1979)에 의하여 개발된 가족재구성은 집단으로 이루어지며, 1~3일에 걸쳐 집중적으로 이루어진다. 내담자의 현재의 상황에 영향을 미치는 요인들로는 내담자의 원가족 도표, 가족생활연대기, 영향의 수레바퀴를 그려서 준비한다. 내담자를 위한 준비과정들은 내담자 가족들이 변화하기를 원하는 것을 명확하게 알 수 있도록 도우며, 내담자 원가족과의 상호관계와 영향력, 자신의 충족되지 못한 기대나 열망, 자아존중감, 의사소통 및 대처방식으로 가족의 역동성을 탐색하고 바람직한 변화를 시도하기 위한 것이다.

(1) 원가족 도표

사티어는 내담자인 IP(Identified Patient) 대신 Star라는 용어를 즐겨 사용하였다. 원가족 도표는 부모와의 면담에 기초하여 작성한다. 가족재구성과정에 원가족 도표는 내담자의 현재 핵가족 1장, 남편의 원가족 1장, 아내의 원가족 1장씩 모두 그리도록 한다. 내담자가 현재 결혼하지 않은 경우는 내담자의 현 핵가족, 어머니의 원가족, 아버지의 원가족을 그린다. 이름, 나이, 종교, 직업, 교육 정도, 취미, 역기능적인 대처방식 등의 내용을 상세히 기록한다. 정보가 불확실한 것은 추측하여 완성하도록 한다.

이 도표의 목적은 가족들의 성격이나 행동방식, 의사소통 및 대처방식, 위기나 갈등 상황에 대한 대처, 가족 내의 친밀감과 거리감, 가족원의 신념이나 가치, 세대 간의 유사점과 차이점 그리고 내담자에게 어떠한 부분에서 변화가 필요한지도 파악할 수 있다.

원가족 도표에는 남자는 직사각형으로 여자는 원으로 표시하고, 사망한 가족은 직사각형 안에 사선을 긋는다. 그리고 사망한 나이와 이유를 적는다. 내용에는 다음과 같은 것을 정보기록으로 적는다. [그림 4-2]를 참고하도록 한다.

- 부모의 이름
- 결혼 연도, 이혼 연도
- 출생지와 생일
- 현재의 나이 또는 사망한 나이
- 종교
- 직업
- 취미
- 부모를 표현하는 세 가지 특징(형용사)
- 부모의 역기능적인 대처방식(회유, 비난, 초이성, 산만) 또는 일치형
- 가족관계 표시는 18세 이전의 특정 상황으로 표시함(굵은 선은 가족과 밀착관계, 물결선은 서로 갈등관계, 가는 선은 보통의 관계로 긍적적, 점선은 아주 소원한 관계임)

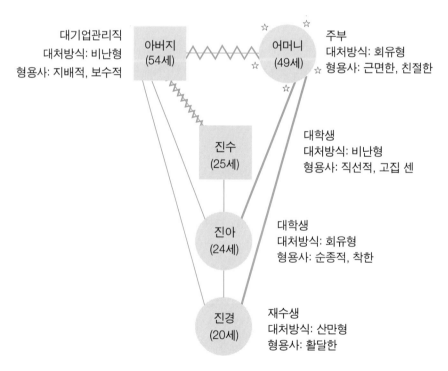

[그림 4-2] 원가족 도표

〈글상자 4-1〉 탐색과정에 대한 활동

내담자의 부모에 대한 탐색

• 부모가 원가족에서 성장과정 중 특별한 사건이나 기억되는 것은?

• 부모 원가족의 패턴(직업, 질병, 대처방안, 권력, 가부장적, 양성평등)

• 가족이 중요시했던 가치관이나 신념

• 가족의 비밀

• 가족의 문제점이나 갈등 요인

• 가족의 위기나 스트레스 요인

내담자의 성장배경 탐색

• 나의 유년기와 청소년기에 가장 영향력을 미친 사람은? 어떤 점에서?

• 성장과정에서 가장 큰 어려움이나 좌절감 경험은 어떤 것이 있었는가? 어떻게 극복하였는가? 아직도 극복 중인가?

• 아동기와 청소년기를 되돌아볼 때에 감사하고 싶은 것들은?

• 나의 청소년기 때의 행동방식이 달라진 것은 어떤 것이고 달라지지 않은 것은 어떤 것들인가?

• 가족들이 나의 생일이나 졸업, 특별한 날을 어떻게 축하해 주었는가?

• 나의 부모가 나에게 기대하였던 것은 어떤 것이 있었는가?

• 내가 부모에게 기대하였던 것은 어떤 것이 있었는가?

내담자 핵가족에 대한 탐색

• 내담자의 원가족과 현재 핵가족을 보면서 어떤 점들은 반복적이며 어떤 점들은 부모와 차이가 있는지 설명하도록 한다.

• 부부가 어떻게 만나서 결혼(재혼)하게 되었는지 결혼배경에 대해 이야기하도록 한다. 또한 결혼할 당시 어떤 기대와 희망을 갖고 있었는가?

• 결혼생활에서 가장 큰 위기는 무엇이었으며, 어떻게 대처하고 극복하였는가?

• 결혼 후 부모 역할과 기대에 미친 각자의 원가족의 영향력은 어떤 것들이 있었는지를 이야기하도록 한다. 지금도 갈등이 되는 것들은 어떤 것들인지, 극복하고 새로운 방식을 형성한 것은 어떤 것들이 있는지 이야기한다(자녀양육방식, 행동방식, 습관, 관심

과 배려, 규칙, 가치관 등).

- 부부가 삶 속에서 이루고 싶어 하는 각자의 꿈과 공동의 꿈은 무엇이지 이야기한다. 부모가 자녀들에게 꼭 남기고 싶은 좋은 신념이나 가치관 같은 정신적인 유산으로는 어떤 것들이 있는지 나눈다.
- 현재 핵가족에서 가장 우선적으로 변화시키고 싶은 것은 어떤 것인가 이야기한다.

원가족의 감정경험 탐색

- 내담자의 원가족에서는 감정들에 대한 표현이 어떠하였는가? 억압, 수용과 지지, 공감, 무시, 부정하였는가?
- 상처의 감정은?
- 분노의 감정은?
- 두려움과 공포의 감정은?
- 즐거움과 기쁨의 감정은?
- 슬픔과 애도의 감정은?
- 친밀감이나 사랑의 표현방식은?

가족규칙의 탐색

- 가족 안에서 꼭 지켜야 할 규칙은 어떤 것들이 있었는가?
- 가족들이 규칙을 어기면 어떻게 했는가?
- 가족들의 규칙은 정당하고 공정했는가? 불공정했다면 어떤 면에서?
- 이 규칙이 나에게는 어떤 영향을 미쳤다고 보는가?
- 규칙들을 바꾸었거나 수정한 것은 어떤 규칙인가?
- 자신은 어떤 규칙들이 어떻게 변해야 한다고 생각하는가?

원가족의 세대전수 탐색

- 신체적인 특성
- 습관, 행동방식이나 대처방식
- 좋아하는 것과 싫어하는 것
- 자녀양육방식

- 가치나 신념

- 종교관, 세계관

- 가족의 긍정적 자원이나 특징

과거 미해결문제 탐색

- 성장기의 경험 가운데 아직도 얽혀 있는 사건, 상황, 감정은 어떤 것인가?

- 위 사건이 지금의 나에게 미친 영향은 어떤 것인가?

- 아직도 집착하고 있는 배경은?

- 개인의 내적 경험 모델을 적용하여 빙산 탐색으로 자신의 감정, 지각, 기대, 열망, 자아 수준을 탐색해 본다.

- 자아존중감을 높일 수 있는 방안은? 어떻게 가능한가?

(2) 가족생활연대기

가족 가계도와 같이 3대 가족들의 사건들을 다루게 된다. 조부모의 출생에서부터 자신이 성인이 될 때까지 가족사 가운데 중요하고 영향력 있고 의미 있었던 사건들을 연대순으로 작성해 간다.

- 각 가족구성원의 출생 연도

- 이사, 결혼, 이혼, 죽음, 재혼, 불행한 사건, 가족의 중요한 사건, 졸업, 유학, 승진, 해고, 명퇴

- 전쟁, 자연재해, IMF 경제위기 등 역사적인 사건의 영향력도 포함한다.

(3) 수레바퀴

내담자의 가족관계와 인간관계의 영향력을 알 수 있는 수레바퀴 모양의 도표를 그린다.

내담자는 중앙에 원형으로 표시하고 그 주변에는 내담자가 아동기와 청소년기, 현재까지 영향을 미친 사람들을 모두 원형 안에 작성한다. 특별히 영향력을 주었던 사람들, 선생님, 친구, 애완동물, 소중한 물건도 포함된다. 내담자와 다른 사람과의 관계성을 직선으로 연결하여 표시하는데, 진하게 그리면 더 친밀하다는 것을 나타낸다. 보통관계는 좀 더 가늘게 표현하고 갈등관계는 물결선으로 표현한다. 주변 사람들은 내담자

에게 긍정적이든 부정적이든 영향을 미쳤고, 내담자가 어떤 방식으로든지 반응을 하면
서 상호작용을 가진 사람들이다. 내담자에게 주변 사람들이 많다는 것은 그만큼 다른
사람들을 통하여 배우고 반응하는 것으로 얻은 자원이 많다는 것을 의미한다.

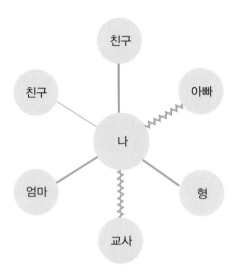

[그림 4-3] 영향력의 수레바퀴

① 아동기와 청소년기에 특별히 영향을 미친 사람들을 원 안에 작성한다.
② 다른 사람과의 관계성을 직선으로 표시하는데, 진하게 그리면 친밀감을, 물결선
  은 갈등구조를 나타낸다.
③ 주변 사람의 이름 아래에 세 가지의 형용사로 특징들을 묘사하여 적도록 하고 긍
  정적인지 부정적인지를 직선의 두께로 표시한다.

도표를 그리면 Star인 내담자를 중앙에 세우고 각 사건의 인물이나 영향력 있는 사건
의 대리인을 세우고 끈으로 내담자와 연결한다. 인물들이 차례로 돌아가면서 내담자에
게 영향력 있는 긍정적인 언어들을 한 마디씩 말해 준다. 끝나면 내담자는 감사를 표현
하며, 어떤 모습으로 변하고 싶다는 열망을 이야기한다.

2) 진행과정

상담사는 내담자가 변화하고자 하는 목표를 차트에 작성해서 벽에 붙인다. 내담자의

목표는 새로운 존재로 변화되기를 원하는 것으로, 과정 중심의 단순한 행동 변화에서부터 개인적으로 원하는 열망과 같은 깊은 수준도 포함된다.

　상담사는 내담자의 전반적인 삶에 대하여 함께 탐색해 나간다. 부모의 결혼과 자녀 출산 후 가족의 사건들, 형제관계, 성격, 의사소통 유형, 문제해결방안, 위기 극복 등에 대하여 이야기하도록 한다. 내담자는 자기 삶의 이야기를 하면서 자기의 옛 경험들을 잘 구성할 수 있도록 한다. 내담자의 전반적인 삶에 대한 이야기를 하므로 가족재구성을 위한 분위기가 조성되며, 내담자의 이야기가 다음과 같은 긍정적인 효과를 나타내도록 진행한다(Satir, 1979).

- 가족의 패턴, 과거의 사건들 그리고 내담자의 성장에 영향을 준 사람들이 현재의 문제와 어떤 중요한 관련성이 있었는지를 내담자의 삶의 흐름에 따라 전체적으로 볼 수 있도록 한다.
- 내담자의 가족이 스트레스나 분노의 상황이나 갈등과 어려움에 대처하는 방법을 알 수 있게 한다.
- 내담자의 부정적인 경험은 단지 사람들이 경험하는 방법 중의 하나라는 새로운 관점을 제시하고 경험 속에서 한편으로는 유용한 측면이 있음을 알게 해 준다.
- 가족연대기 속에 누구의 이름이 계속 나타나면 이러한 사실을 가족에게 일깨워 가족들도 그에 대한 의미를 다시 생각하게 한다.
- 내담자의 이야기를 듣는 동안 참가자들도 자연스럽게 내담자의 삶에 공감을 하고 동참하고자 하는 마음을 갖는다.
- 내담자의 열망, 기대, 지각, 느낌 등을 '개인 경험의 여섯 가지 수준'을 적용하여 이야기한다.
- 가족의 가치, 신념, 규칙 그리고 가족이 다른 구성원들을 어떻게 설명하는지 탐색한다.
- 변화될 부분이 있는 가족의 패턴들이나 과거의 부정적인 영향을 명확히 한다.
- 내담자에게 가장 중요한 사람은 누구이며, 내담자의 희망과 원하는 것을 드러내고 얼마나 충족되었는지를 확인한다.
- 삶의 긍정적인 면을 설명하고 인간에게는 언제나 새로운 가능성과 선택, 성장의 기회가 있다는 사실을 축하한다.

3) 가족재구성의 목표

　내담자의 역기능적인 대처 유형은 거의 부모-자녀관계의 조화롭지 못한 경험에서 시작되었다고 가정한다. 특히 자신과 중요한 사람과의 상호관계에서 배우고 터득한 결과들이다. 인간은 누구나 태어나서 자신을 다루는 방식, 타인이 나를 다루는 방식, 가족 내의 규칙과 역할을 배운다. 또한 위기를 극복할 수 있는 대처방식을 통해 삶의 여러 상황들을 대처하고 자신을 보호하는 기능으로 발전시킨다. 사티어 등(1991)은 내담자가 현재를 살고 있지만 과거의 인생 초기 방식이 거의 지배적이어서 불완전한 지각에서 벗어나지 못하고 있다고 보았다.

　따라서 가족재구성에서는 내담자가 과거를 잘 활용하여 현재를 잘 통찰하고 조화로운 생활을 할 수 있도록 하는 것이다. 과거의 경험과 상황에 의하여 결정된 것에서, 현재의 상황을 잘 이해하고 변화하여 자신의 삶에 선택과 자유를 가질 수 있도록 도와주는 것이다. 가족재구성은 내담자의 제한된 자각, 왜곡된 사고나 감정, 역기능적인 유형을 극복할 수 있도록 한다. 또한 내담자가 알고 있는 한계를 초월해서 새로운 삶의 목표를 가지고 더욱 성장하며 통합하여, 최상으로 기능할 수 있도록 하는 데에 초점이 맞추어진다.

　가족재구성을 위한 목표는 다음과 같다.

- 내담자가 가족재구성을 통해 성취하고 싶은 목표, 즉 자신이 변화되고 싶고 바라는 것을 표현하도록 한다.
- 내담자와 가족들이 가지고 있던 신념, 무지, 세상을 왜곡된 방식으로 이해해서 생기는 자각의 결핍, 의도를 오해하는 것들을 드러나게 해서 가족 간의 진실된 의도를 자각할 수 있게 함으로써 자기가치의 변화를 가져오도록 한다.
- 새로운 삶의 목표를 지향하고 성장할 수 있도록 한다.
- 내담자의 긍정적, 부정적 경험들에 대한 가치평가를 재조정한다. 단 한 번의 부정적인 경험이 긍정적인 자각을 제한하며 차단하게 한다.
- 내담자의 인생 초기에 형성된 지각이 가족에 대한 이해, 자기에 대한 지각을 왜곡시키는 경우가 많기 때문에 현재의 경험으로부터 과거에 대한 관점, 느낌을 변화시키도록 한다.

4) 변화의 수준

가족재구성은 우리의 몸과 마음이 스트레스나 생존경쟁 속에서 잘못 습득한 대처양식을 수정하여 자신의 삶을 표현하고 선택하고 경험하도록 한다. 내담자는 좀 더 긍정적이고 새로운 관점으로 자기와의 관계에서 과거 상황을 새로운 인식과 통찰로 바라보게 된다. 내담자 전반에 걸쳐 일어나는 과정으로 변화 수준을 보면 다음과 같다(정문자, 2007; 한국버지니아사티어연구회 역, 2002).

(1) 접촉하기

상담사는 내담자가 가족재구성을 통해 표현하기를 원하는 희망과 소원을 확인한다. 내담자인 스타의 원가족 도표, 가족생활연대기, 영향력의 수레바퀴를 준비한다. 이 회기에서는 내담자가 자신의 가족과 관계성에서 인생을 전체성과 연속성으로 지각하도록 한다.

(2) 감정을 해소하기

내담자가 안전하고 편안한 상태에서 자신의 느낌과 감정을 표출하고 재정리하며, 재구성하는 동안 적절한 시기에 그 느낌과 감정을 저버리게 한다.

(3) 경험을 현재화하기

내담자는 가족재구성을 하는 동안 자신의 유년기, 청소년기의 생활을 숙고하고 자기와 다른 사람, 상황에 대한 새로운 정보와 자각을 얻게 된다. 과거의 상황에 대한 새로운 정보와 지각을 부각시켜 부모의 사랑을 깨닫고 경험하여 부모와의 관계에 있어서 문제가 무엇이었는가를 알 수 있는 환경을 조성해 준다. 과거의 역기능적인 행동들을 했던 상황에 다시 처하게 하여 새로운 방식으로 행동할 수 있도록 하는 것은 내담자의 자존감을 높이는 데서 기인한다. 과거의 사건이나 일어난 사실들은 우리는 더 이상 변화시킬 수 없다. 단지 우리는 현재에 영향을 주는 측면을 변화시킬 수 있다.

(4) 몰랐던 것 새로 발견하기

내담자가 자신의 왜곡된 사고와 지각으로 제한된 인식의 틀을 깨고 중요한 새로운 생각들을 발견하도록 돕는다. 상담사는 새로운 가능성에 대한 탐색, 관련성, 해석, 직면을 통해 통찰이 이루어지도록 한다.

(5) 인지왜곡 확인하기

자동적 사고나 이분법적인 사고로 좋고 나쁨을 판단해 버리는 인지왜곡을 재구성과 정에서 가족의 규칙, 가족의 이슈나 신화, 역기능적인 대처방안들을 확인하고 이해할 수 있도록 한다.

(6) 과거를 수용하기

내담자가 자신의 과거에 대한 느낌, 지각, 기대를 수용함으로써 과거의 영향력을 재평가할 수 있도록 한다.

(7) 행동의 변화

내담자는 자신의 소속감과 인정을 받았다는 확신을 가지면서 자기존중과 가치를 인정하면 역기능적인 행동방식에서 변화를 가져올 수 있다. 이런 사고와 감정행동의 변화에는 상담사의 정서적인 지지와 격려가 필요하다.

(8) 에너지 변형하기

내담자의 느낌과 감정, 지각, 기대의 수준에서 부정적인 에너지를 긍정적인 에너지로 바꾼다. 분노를 억압하거나 변형된 모습으로 표출하기보다는 분노의 이면에 숨어 있는 자신의 기대나 충족되지 않은 소망들을 놓아 버림으로써 현재의 필요와 욕구를 충족할 수 있도록 에너지를 활용한다.

(9) 자각을 높이기

내담자는 자신에 대한 자기상, 원하는 이미지, 자신의 열망을 잘 의식하여 생명력을 의식하게 한다.

(10) 자원을 통합하기

내담자는 자신의 내면적인 부분이나 갈등들을 통합하고 더 높은 자아존중감으로 나타난다.

〈표 4-3〉 변화의 수준

일차 수준의 변화	이차 수준의 변화	삼차 수준의 변화
• 내담자의 내적인 감정을 인정하고 수용하며 표현할 수 있도록 함 • 가족과의 관계성에서 생명의 연속성 지각하기 • 감정을 해소하기 • 경험을 현재화하기 • 알려지지 않은 것 발견하기 • 인지왜곡 확인하기 • 과거를 수용하기 • 자기존중과 가치를 인정하여 역기능적인 행동방식에서 변화하기	• 자신에 대한 책임감을 더 느끼게 하는 내적 성장을 촉진 • 의사소통의 효율성을 증가시키며 외부세계와의 대응방식도 창조적으로 대처하도록 함 • 부정적 에너지를 긍정적 에너지로 변형하기 • 자각을 높이기 • 내적·외적 자원을 통합하며 자아존중감으로 나타내기 • 자신의 내면 소리에 초점 맞추기 • 개별화하기	• 명상이나 영적인 훈련을 통해서 자기와 생명의 에너지, 영성(spirituality), 신과 조화를 이루는 단계 • 일치적인 존재로 자신과 조화를 이루고 전인적이며 내적 평화와 중심을 잡는 단계

(11) 초점을 바꾸기

내담자 자신의 내면의 소리에 초점을 맞추고 과거의 영향력을 재해석하며 자신의 선택과 자유, 내적인 자원에 더욱 관심을 갖는다.

(12) 개별화하기

내담자는 가족에서 학습된 역기능적인 대처방안들에서 자기분리가 이루어진다. 자신의 가치, 욕구, 자원들이 무엇인지 알게 되며, 다른 사람과의 차이성을 존중하며 자아성장을 이룬다(한국버지니아사티어연구회 역, 2002).

5) 가족 조각하기

가족재구성과정에서 Star(내담자)의 원가족, Star 부모의 원가족, Star 부모의 결혼, Star의 가족 다시 조각하기 순으로 세대 간의 역동성을 보여 주면서 진행한다.

Star 가족재조각에서 상담사는 Star가 정신적으로 고통스러웠던 상황이나 장면을 회상해서 조각하도록 한다. 가족조각과정에는 Star의 역할도 대리인이 맡아서 Star의 대처 유형과 생존방식을 명확하게 보여 준다. 이런 상황에서 가족 대역을 하는 연기자들에게 어떤 느낌이었는지를 묻는다. 가족들의 내적 과정과 역동성이 드러나면서 Star는 자신과 다른 가족들에 대한 새로운 관점과 이해를 가질 수 있게 된다.

예를 들어, 회유형으로 반응하는 여성 내담자가 자기주장을 좀 더 잘할 수 있기를 바란다면, 과거의 억압적인 한 가지 장면을 선택해서 과장되거나 극단적인 형태로 극화시켜 Star가 지금까지 표현하지 못했던 감정이나 분노를 표출시키도록 하기 위함이다. Star의 대역자인 어린 자아가 새로운 선택을 하고 오랜 대처방식을 그만두도록 지시하며 격려하고 지지하도록 한다. Star의 어린 자아는 언니에게 억압된 것을 말하게 하거나 용감히 대항하게 하며, 무엇을 느끼는지 말하도록 하며, Star가 무엇을 하고 무엇을 안 할 것인지에 대한 결정을 함께 나눈다.

가족조각의 마지막 부분은 내담자의 다음과 같은 내용들이 다루어지도록 개입하며 돕는다.

- 자신의 이루지 못한 기대와 열망을 감정적인 정서로 표출하고 소유하기
- 부모의 강점, 약점을 명확히 하고 자신과 연결시키고 부모와 관계를 재정립하기

〈표 4-4〉 Star의 가족조각 진행 순서

Star의 원가족조각	Star 부모의 원가족조각	Star 부모의 만남과 결혼조각	Star의 가족재조각
• Star가 가족에게 심한 상처를 받았던 상황이나 충격적인 사건을 다룬다. • 부모의 대처방식이나 감정 지각하기, 감정을 새롭게 보는 관점 • 자기수용하기	• Star 어머니, 아버지의 원가족을 조각하는 가운데 어머니의 성장과정과 자신의 성장과정의 유사점은 무엇인지 발견하기 • 부모에 대한 이해, 어머니의 꿈과 좌절, 희망 보기 • 자기수용과 부모에 대한 친밀감을 형성하도록 한다.	• Star의 부모가 결혼 당시 가졌던 서로에 대한 기대와 꿈, 희망을 알 수 있도록 한다. • 부모가 원가족으로부터 가져온 부모의 대처방식들 다루기 • 초기 부모의 가족사에 대한 Star의 지각과 부부의 역동성을 이해하도록 한다.	• Star가 정신적으로 고통스러웠던 상황이나 장면을 조각한다. 대리인이 대신 Star의 대처 유형과 방식을 보여 준다. • 가족조각의 대리인들이 서로의 감정과 내면의 느낌들을 나눈다. • 자신의 가족들에 대한 객관적인 관점으로 이해와 통찰이 가능하다.

- 자신의 특성과 부모의 특성을 새로운 수준으로 수용하기
- 자신과 부모의 차이성과 유사성을 수용하기
- 부모에 대처방식이 부모로서는 최선이었고 잘되기를 바랐다는 것 수용하기
- Star가 과거에 이루지 못한 기대나 열망을 현실적으로 재구성하며, 자신의 자존감을 높이 인정하고 부모에게 감사하기

상담사는 Star의 과거와 현재, 강점과 약점, 차이짐과 유사짐을 세심하면서도 자연스럽게 다루어야 한다. 그래서 과거에 이루지 못했던 기대에서 벗어나 자유로움을 되찾고 자신의 인생에 대한 선택과 책임을 가지도록 한다. 자기 삶에 대한 자기의 역할이 무엇이고, 어떤 것은 새롭게 더 채워야 하고, 어떤 점은 수용하고 어떤 점은 과감히 버려야 하는지 나누고 다짐한다. 성장하는 나 자신을 축복하고 기쁨을 나누며 마무리한다.

7. 경험적 가족치료 실습

1) 자기 소개 및 변화를 위한 목표

* 다음의 내용을 두 사람씩 짝지어 서로 나누어 보시오.

1. 자신과 가족을 설명할 수 있는 특성을 형용사로 긍정적인 것 세 개, 부정적인 것 세 개로 설명한다.
   - 자신:
   - 가족:

2. 가족 내에서 자신의 역할은 무엇이며, 자신의 역할을 얼마나 잘 감당하고 있는지 스스로 평가해 본다.

3. 현재 자신과 가족과의 관계에서 변화하고 성장하고 싶은 측면은 무엇인지 적어 본다. 지금 현재 경험하고 있는 어려움은 무엇인지 적어 본다.

2) 개인 내면의 경험 탐색하기

부정적 감정이 느껴졌던 상황과 행동을 자신의 개인의 내면경험 모델을 적용하여 나누어 본다. (진행요령: 한 명은 상담사, 한 명은 내담자, 한 명은 관찰자로 선정한다. 내담자는 자신의 문제에 대하여 설명하고, 상담사는 개방적이고 탐색적인 질문을 활용하고, 관찰자는 모든 상황을 관찰 기록하여 상담사와 내담자에게 피드백한다.)

1. 상황에 대한 객관적 서술:

2. 상황에서 일어나는 행동:

3. 대처방식:

4. 감정 및 감정에 대한 감정:

5. 사고 및 판단, 해석:

6. 열망:

7. 자아:

3) 원가족 탐색하기

네 명씩 한 그룹을 만들어서 한 명은 Star 역할인 내담자 역을 하고, 다른 사람들은 상담사를 도와서 함께 Star의 원가족을 개방적으로 탐색하며, 나중에는 전체적으로 내담자 가족에 대한 긍정적, 부정적 피드백을 나눈다.

1. 당신이 자랄 때 부모님들은 부정적인 감정들을 어떻게 다루었습니까?

2. 가족들은 친밀감이나 애정 표현은 어떤 식으로 나누었습니까?

3. 가족 간의 갈등은 주로 어떻게 해결하였습니까?

4. 가족이 감추려 했던 비밀이 있었습니까? 당신은 그 비밀을 어떻게 알게 되었습니까?

5. 성장기 어린 시절에 큰 상실이나 불행한 사건이 있었습니까? 그것들을 어떻게 다루었습니까?

6. 부모님은 당신에게 어떻게 대우하였고 어떤 기대를 가지고 있었습니까?

7. 생일, 공휴일 등 중요한 날을 가족들은 어떻게 보냈습니까?

8. 어린 시절을 되돌아볼 때 가장 좋았거나 행복했던 추억들은 무엇입니까?

9. 사춘기 때의 가장 기억에 남은 사건이나 추억은 어떤 것이 있습니까?

10. 성장과정에 터득한 자아방어 대처방식(순종, 회피, 비난, 투사, 반동 형성, 억압, 불신, 고립, 소외, 우울) 가운데 아직도 유지하고 있는 것이나 변화한 것은 어떤 것들이 있습니까?

11. 배우자를 선택할 때 중요하게 생각했던 것은 무엇입니까? 당신의 원가족이 어떤 영향을 미쳤습니까?

4) 원가족 도표 그리기 및 탐색

1. 가족들을 연령 순서에 따라 배열하고 이름, 종교, 직업, 결혼 시기, 교육 수준 등 다양한 정보를 기록한다.

2. 각 사람의 성격을 나타내는 형용사를 세 개씩 도표 옆에 쓴다.

3. 각 사람의 의사소통의 대처방식(비난, 회유, 초이성, 산만, 일치형)을 도표 옆에 쓴다.

4. 가족구성원 간의 관계 양상의 특성을 부모와는 18세 이전에 선으로 표시한다.

5. 나의 현재 핵가족 한 장, 내 친정가족 한 장, 남편 가족 한 장을 그린다. (미혼자는 어머니 쪽과 아버지 쪽을 그린다.)

6. 현재 내 핵가족과 부모의 가족들과 비교해서 공통적인 점들은 어떤 것이고 새로운 것들은 무엇인지 논한다.

7. 현 가족에서 남편의 원가족과 내 원가족과의 긍정적인 것들과 차이점들을 나눈다. 내 핵가족에서 어떤 갈등이나 문제가 대두되었는가? 나는 어떻게 대처하였는가?

8. 내 가족의 자녀들에게 물려 주고 싶은 정신적인 유산, 가치, 행동방식들은 무엇인지 대화한다. (구체적으로는 자녀의 결혼식에서 부모로서 부탁하고 싶은 내용들을 다섯 가지 이상 편지로 써 보기)

5) 가족조각 실습하기

1. 원가족 조각하기

   자신이 성장한 원가족의 모습을 조각한다. 자신의 원가족의 모습을 조각해 보면 자신의 성장과정과 현재 자신이 자녀를 양육하는 과정에서의 유사점은 무엇인지를 발견할 수 있는 계기가 될 수 있다.

   남편 또는 아내의 가족도 모두 조각한다. 참가자들의 느낌과 소감을 나눈다.

2. 현재 가족 조각하기

   현재의 가족 역동을 조각하면 스트레스상황에서의 가족구성원들의 대처방식을 확인하게 된다. 누가 어려운 상황인가, 누구는 편한가, 누가 누구를 보는가? (가족이 아닌 참여자들로 가족을 조각하였을 경우, 역할을 맡은 사람들의 경험을 이야기하게 한다.)

3. 이상적 가족 조각하기

   부모가 자신이 가장 원하는 방식으로 이상적인 가족의 모습을 조각한다. 이상적 가족을 만들기 위해서 현재 내 자신이 어떻게 다르게 해야 되는지를 찾아내고, 행동적인 변화를 위하여 각자 나누어 이야기하게 한다. 그리고 과제로 연결한다.

05 다세대 역동 가족치료

– Murray Bowen

> 역기능적인 부모가 자신의 원초적인 고통을 자녀에게 재연하고 있다는 것이다.
>
> – 존 브래드쇼(John Bradshaw) –

1. 다세대 역동 가족치료이론의 배경

보웬(Bowen, 1913~1990)은 3남 2녀의 부유한 대가족에서 장남으로 태어났다. 그는 정신분석 훈련을 받은 정신과 의사로 지적이며 이성적이고 계획적이며, 이론에 의존한 상담사로 1990년 사망하기 전까지 가족치료이론과 발전에 열성을 보인 인물이었다.

보웬은 1950년대 후반에 유일하게 가족치료이론에 크게 기여한 사람으로, 초기에 그는 개인적 병리와 원인 분석에 치중한 정신분석을 기반으로 한 임상치료를 실시했다. 일하면서 그는 환자 자신이 병의 원인이며 환자가 병적이라고 생각하는 정신과 모델이 적합하지 않다는 것을 깨달았다. 특히 환자들의 정서적인 부분들이 밖으로 드러나지 못하고 묻혀 버리는 경향이 있다는 것을 관찰하였다.

가족치료 선구자의 한 사람인 보웬은 1946년부터 1954년까지 캔자스(Kansas)주 토페카(Topeka)의 매닝거 클리닉(The Menninger Clinic)에서 일하면서 정신치료에 환자의 어머니를 참여시키기 시작하였다. "어머니와 아이의 공생관계에서는 어머니의 불완전한 자아가 아기와 자신을 분화하는 것을 불가능하게 할 수 있다."라는 연구가설을 내세웠기 때문이다. 실제로 정신분열증 환자의 어머니는 자녀에게 지나친 애정과 결속으로 불안정한 애착을 보인다는 것을 발견할 수 있었다. 보웬은 매닝거 클리닉에서 국립정신건강연구소(National Institute of Mental Health)로 옮긴 후 어머니와 정신분열증 환자의 관계 속에서 그들 상호 간의 역기능적인 정서적 감정과 개인의 정신질병에 함께 관심을 두기 시작하였다. 초기에는 개인치료에 가족을 동반하는 정도였으나, 어머니와 환자의 관계를 전체 가족의 정서적 체계 및 관계체계의 통합으로 보기 시작했다. 그는 대부분의 환자가 어머니와의 불안정한 애착관계에 의해서 개별적으로 분화될 수 없었다는 것을 발견하였다. 또한 불안정한 애착관계를 유지하는 사람은 자기 자신을 지탱하고 유지하기 위해 다른 사람과 융합하는 경향이 있다고 보고하였다. 자신의 불안과 긴장을 조금이나마 해소하려는 의도로 삼각관계를 형성하려 한다는 것이다.

1959년 보웬은 조지타운 대학교 임상연구소에서 가족치료 훈련을 하면서 자신의 이론을 정립할 수 있었다. 1975년에는 핵가족과 원가족 사이에서 일어나는 정서적 단절과 사회적 정서과정에 관해 추가로 설명하였다.

보웬은 조지타운의 연구소에서 가족치료이론을 교육, 훈련함으로써 많은 제자를 양성하였다. 보웬의 가족치료이론은 게린(P. Guerin), 포가티(T. Fogarty), 맥골드릭(M. McGoldrick), 카터(E. Carter) 등에 의해 더욱 발전·확장되었으며, 포가티(Fogarty)와 게린(Guerin)은 뉴욕에 가족치료의 훈련과 실습을 위한 가족훈련소를 개설하였다. 카터는 부부치료를 위한 임상가로, 프라모(J. Framo)는 보웬의 이론에 많은 영향을 받고 저술가로 활동하였으며, 맥골드릭은 가족과 민족 간의 차이를 설명한 『민족성과 가족치료(Ethnicity and Family Therapie)』라는 저서를 남겼다.

보웬의 첫 논문은 1966년에 출판된 것으로 『임상에서의 가족치료의 활용(The use of family therapy in clinical practice)』이다. 1976년에는 그의 제자 게린이 『가족치료: 이론과 실제(Family Therapy: Theory and Practice)』를 편집 출판하였고, 1988년에 보웬은 그의 제자 커(M. Kerr)와 함께 출판한 『가족평가(Family Evaluation)』에서 자신의 치료이론을 광범위하게 체계적으로 자세하게 소개하고 있다.

보웬은 가족체계를 하나의 사회체계로 간주하여, 한 부분의 변화는 다른 한 부분의 변화를 초래한다는 상호관계성의 체계이론으로 문제의 원인과 치료를 선형적인 인과관계의 특징으로 묘사하고 있다.

치료적 접근이 개인을 변화시키므로 가족의 변화를 시도하지만, 이론에 의존한 단순한 관점 때문에 현실적인 문제에 대한 다양한 관점이 제한을 받고 있다. 보웬의 가족치료이론은 모든 가족에게 동일하게 적용되며, 개인, 가족, 상담사 모두에게 옳은 방법이 있음을 전제로 한다. 이것은 이차적 사이버네틱스의 옳고 그름과 좋고 나쁜 것은 관계의 맥락에서만 결정된다는 관점과 조금은 차이가 있어 보인다(정혜정, 이형실 공역, 2001).

2. 보웬의 주요 개념

보웬의 가족치료이론은 초기의 가족상담사들이 흔히 개인의 증상은 가족 내의 상호작용의 변화에 의하여 가능하다고 보았던 관점에서 더 나아가, 어떤 것이 과거와 현재의 역기능적인 패턴을 만들어 내고 유지시키는가에 대한 해답을 찾으려고 시도했다. 그러기 위해서 개인의 핵가족뿐만 아니라 원가족과의 관계망을 강조하지 않을 수 없었다. 대부분의 사람이 부모 곁을 떠나 독립적으로 살기는 하지만, 부모와의 미해결된 정서적 · 감정적 반응을 자신들의 핵가족 안에서 또다시 반복하는 패턴을 보이기 때문이다.

보웬은 자신의 정신분석을 바탕으로 하는 정신역동적 관점과 체계론적인 관점을 잘 연결시킨 상담사로, 가족상담사들보다 더 광범위하게 인간의 행동과 문제를 다루었지만 실제 치료 단위는 작다. 대부분 보웬의 내담자는 개인이나 부부였다. 그러나 그의 관심은 항상 개인의 뒷배경인 세대를 다루는 데에 초점을 두었다. 치료적인 접근에서 내담자들에게 세대 간의 상호관련성을 다시 한번 확인할 수 있었던 것과, 내담자의 부모와의 관계를 다시 회복시킨 것은 큰 영향력을 주었다.

보웬의 주요 개념으로 환경과의 관계에서 한쪽에는 긴장과 불안감에서 초래하는 강한 결속(togetherness)과 융합(fusion)의 경향이 존재한다면, 다른 한쪽에는 자율성과 개별성을 지향하는 '분화(differentiation)'가 있다. 이것은 그의 첫 가설인 '어머니와 아이의 공생관계'에서 긴장과 불안 상태에서 나타나는 '미분화된 자아집합체(undifferentiated family ego mass)'란 개념을 더욱 발전시킨 것이다. 자녀들은 출생과정을 통하여 완전 융합과 공생관계에서 서서히 벗어나, 자율성을 지닌 인간으로 성장한다. 그러나 정신분열증 환자 가족의 경우에서는 모자간의 강한 병리적 애착과 분리불안의 긴장이 주기적으로 반복되는 것을 발견하였다(Bowen, 1978).

불안하고 두려운 상태에서 개인은 융합을 이루려는 경향이 강해서 자아정체감과 발전을 지향하기가 어려워진다. 반대로 자아분화가 잘된 사람은 자신의 원가족으로부터의 정서적 분리가 적절하며, 감정과 이성적인 분별이 확실하여 창조적인 자아를 실현할 수 있다. 보웬은 개인 행동의 이런 성향은 개인의 원가족과 밀접한 관련이 있으며, 특히 원가족의 부모와 미해결된 강한 애착에서 벗어나야 자아분화가 적절히 이루어질 수 있다고 하였다.

보웬은 1963년 핵가족의 문제를 세대를 통해서 접근하는 주요 개념들로 자아분화(differentiation of self), 삼각화(triangels), 핵가족의 정서과정(nuclear family emotional process), 가족투사과정(family projection process), 다세대전수과정(multigeneration transmission process), 형제 순위(sibling position), 사회적 퇴행(social regression) 등을 설명하였다. 보웬은 또한 자신의 임상경험에 의하여 정서적 단절(emotional cut-off)과 사회적 정서과정(social emotional process)을 1975년에 추가로 설명하였다(Bowen, 1978).

1) 자아분화와 융합

보웬은 '자아분화(differentiation of self)'라는 개념을 두 가지로 설명하는데, 하나는 타인으로부터의 자기의 분리고 다른 하나는 감정과 정서를 지적 체계인 사고에 의해서 적절하게 잘 통제하고 분별하는 능력의 정도다.

감정체계가 충동적이면서 감정반사행동을 한다면, 지적 체계는 감정 충동에 의한 행동을 좀 더 효과적이고 합리적으로 변화시켜 주며, 이성적으로 생각할 수 있게 하며, 목표지향적인 활동을 가능하게 한다. 외부의 자극에 쉽게 반응하며, 화를 내고 큰소리치고, 물건을 부수는 행위는 감정반사행동을 쉽게 하는 사람들의 특징이다. 보웬은 이런 감정반사행동을 지적 사고에 의해 통제하지 못하는 사람들을 분화가 낮은 사람이라고 한다. 이런 사람은 감정체계와 지적 체계의 구별이 어려워 가족체계의 정서에 쉽게 융합한다. 이런 개인은 감정과 사고의 구별이 어려우며, 객관적인 사고를 하기가 어렵다. 자신의 자아정체감이 약하고 의존감이 강하며 개별성이 아주 약하다(Bowen, 1978).

자녀는 태어나면서부터 엄마의 감정체계에 영향을 받는다. 엄마의 감정적·정서적 체계가 신뢰와 배려, 확신과 즐거움으로 일관된다면 긍정적인 감정들의 기류에 반응하고, 엄마의 감정체계가 불안과 긴장, 화와 분노로 지배적이라면 자녀는 다른 선택의 여지가 없이 이런 감정에 반응하는 것을 터득할 것이다. 자녀는 성장하면서 점진적으로 자신의 능력을 발전시켜 엄마의 감정체계로부터 자유롭게 반응할 수 있는 능력을 키워 나간다. 성장하는 아동들은 가족과 정서적인 관계를 갖고 있는 것과 동시에 개인적으로 생각하고 느끼며 행동할 수 있고, 분화할 수 있다는 신념을 기초로 하고 있다.

보웬은 가족 내에서 감정적 상호의존 혹은 감정의 상호관계로부터 얼마나 자유로울 수 있는가 하는 감정적인 과정을 분화라고 한다면, 개인의 융합된 상태는 가족 내에서 감정적으로 상호 고착되어 있는 경우라고 설명한다. 융합된 가족은 다른 가족원을 자기 자신의 연장으로 보는 환상을 가지고 있으며, 개인 간의 분리와 성장을 거부하는 병리적인 면이 있다(Bowen, 1978).

　보웬은 분화 수준의 개념을 설명하는 데 기본적 수준과 기능적 수준을 구분하였다. 이 두 가지를 간략히 설명하면 다음과 같다.

- 기본적 수준의 분화
  - 출생가족으로부터 어린 시절에 형성된 자아를 통해서 이루어진다.
  - 한 번 일정한 수준의 분화가 이루어지면 환경의 변화에도 잘 변화하지 않는다.
  - 부모의 감정적 분화 정도에 크게 영향을 받는다.
  - 자신의 목표 달성을 위해 꾸준히 노력한다.
  - 감정반사행동과 지적 사고행동을 구별하며, 이성적으로 행동한다.

- 기능적 수준의 분화
  - 주어진 상황이나 환경에서 얼마나 자신의 목표를 달성할 수 있는지를 나타내는 개념이다.
  - 기본적 수준의 분화도가 낮은 사람은 위기 상황에서 쉽게 감정적 반사행동을 나타낸다.
  - 각 개인이 시간과 장소, 상황에서 얼마나 현명하게 대처할 수 있는지를 나타내는 능력 수준으로, 자신이 원하는 목표활동을 할 수 있는가의 정도를 말한다.

　게린(Guerin)은 기능적 분화 기능을 DSM-III의 축 V에서 개인적 역기능의 측정 분야와 유사하게 개인의 생산성, 관계 형성의 능력, 개인의 평안함의 능력으로 나누어 설명하고 있다. 개인의 생산성 능력이란 그 개인이 감당하고 있는 일이나 역할에서 발휘하는 능력과 효율성과 창의성 및 그 개인이 갖는 만족도의 정도를 의미한다. 관계 형성의 능력은 그 개인의 중요한 타인과의 연결을 의미하며, 이것은 개인의 생산성과 관련되어 평가된다. 개인의 평안함과 안전성을 추구하는 능력은 자신의 신체적·정서적 욕구를 돌보는 능력이다(Guerin & Pendagast, 1976).

　관계에서 가족원들은 감정지향적이 되고 사고 지향적인 행동의 성장에 방해를 받는다. 기본적 융합은 인간이 성년기 동안 갖는 평균 수준의 융합을 의미한다. 기능적 융합은 감정적으로 어떤 특정 상황에서 감정에 지배받게 되는 경우로, 긴장되고 불안한 상황에서 발생되고 얼마간 지속적이다. 대부분 기능적인 융합은 사람들이 나중에 후회

할 말과 행동들을 하는 결과를 낳는다.

감정과 사고의 분리가 적절히 이루어지지 못하고 구분할 수 없는 사람은 자아분화가 잘 이루어지지 않은 것으로, 긴장과 갈등을 극복하는 데 어려움을 겪는 사람들이다. 한국 사람들의 정서 가운데 특히 욱하는 성질이나 화내는 상황에서 곧바로 극단적으로 불상사를 일으키는 행동을 유발하는 것은 기능적인 융합이 감정적으로 되어 나타난 것이다. 기능적으로 융합된 상태에서 감정의 힘은 매우 강해진다. 감정이 너무 강해서 때로는 우리를 지배하고 통제하기 어려운 상황으로까지도 몰고 간다. 감정적인 융합의 기능을 잘 안다면 사람들은 감정적으로 일어나는 일에 대하여 좀 더 민감하게 자기통제의 한계성을 깨닫고 대처할 수 있다. 감정적으로 극한 상황에서는 먼저 그 상황을 빠져나가는 것이 현명하다. 대화를 멈추고 열까지 세는 것 또는 양해를 구하고 잠시 그 자리에서 벗어나는 것으로 상황을 모면해야 한다. 감정적으로 융합된 사람은 자신의 지적 체계 능력을 상실하므로 좀 더 많은 선택의 자유와 의지를 상실한다.

가족 안에서 융합은 스트레스 상황에서 더욱 악한 상황을 초래하는데, 특히 남성들의 폭력적 · 공격적인 행위들이 문제가 된다. 이런 남성들은 사실은 그런 의도가 아니었다고 말하고 다시 여성을 달래고 용서를 빌고 가족관계의 긴장을 완화시키려고 한다. 가정의 폭력은 여성과 남성 사이에 서로 공생적인 관계(거의 변하기 힘든 상호의존성)를 만든다. 그리고 가정폭력은 종종 세대에서 세대로 전달되기도 한다. 폭력가정에서 자란 아동은 폭력의 규칙과 양상을 이어받으므로 스트레스와 불안한 상황에서 자신의 문제해결 방안으로 폭력을 사용한다. 아동기에 부모로부터 학대를 많이 받고 자란 사람은 성인이 되어서 다시 폭력행위를 할 가능성이 높다.

보웬은 인간의 감정체계 외에 감정에 대한 느낌인 느낌체계, 사고하고 이성적으로 행동할 수 있는 지적 체계를 설명하고 있다. 느낌체계는 감정을 나타내는 자신에 대한 느낌을 말한다. 예를 들면, 남편에게 화를 내는 나의 느낌은 어떤 것인가? 창피한 느낌인지 부끄러운 느낌인지 스스로 지각하여 생긴 것이다. 지적 체계는 인간이 행동을 잘할 수 있도록 사고할 수 있는 능력이다. 인간의 사고능력은 가장 늦게 진화된 것으로 이성적 사고, 합리적 사고, 현명한 판단을 할 수 있다. 지적 체계는 유일하게 인간이 자기 감정을 다스릴 수 있고 사고에 대하여 의사소통할 수 있는 고차원의 세계다(Kerr & Bowen, 1988).

보웬은 가족이라는 감정적으로 얽혀져 있고 감정의 덩어리로 된 것에서 개별성과 독립성을 찾을 수 있는 가능성은 지적 체계의 활용에 있다고 본다. 감정보다는 지적 능력을 활용하여 부적응한 환경에서의 실패를 극복할 수 있다고 믿는 것이다. 가족이 가지고 있는 문제나 증상을 환경 적응의 실패로 보는 관점이다. 외부의 자극이나 내부의 자극에 의해 살아 있는 유기체가 균형을 깨뜨리고 불균형의 상태로 고착되면 부적응의 상태를 초래하는 것과 마찬가지다. 영국의 정신과 의사인 래잉(Laing)도 "정신분열증 환자의 체계가 있을 뿐이지, 정신분열증 환자는 없다."라고 단정하고 있다. 이론상으로 제시되는 내용으로 주관적으로 자신의 분화 수준을 판단하는 것이다.

〈글상자 5-1〉 보웬의 개인의 분화 수준 척도

- 가족들의 감정적인 관계체계에서 개인이 얼마나 의사결정을 하는지 주관적으로 느끼는 정도
- 자기 스스로 의사결정을 하면서 가족에게 민감하게 반응할 수 있는 정도
- 자신의 감정과 느낌에 따라 스스로 행동할 수 있으면서 동시에 가족의 한 구성원으로 머물 수 있는 정도
- 다른 사람의 책임소재를 분명히 알며 다른 사람을 책임질 수 있는 것을 아는 정도
- 불일치, 적대감정, 소외에 직면하면서도 자신에게 솔직하게 대할 수 있는 정도
- 다른 사람과의 관계에서 자신의 정체성을 잃지 않으면서 친밀감을 유지할 수 있는 정도
- 감정적인 반사행동을 하지 않고 이성적으로 반응하여 행동할 수 있는 정도

〈표 5-1〉 분화 수준의 정도와 특성

분화 수준	특성
0 가짜자기 감정반사적	• 주변 환경에 쉽게 영향을 받고, 삶이 전작으로 불안한 감정에 의해 지배된다. • 자기애적이며, 타인과 장기적인 관계를 유지하기 어렵다. • 타인의 반응과 평가에 매우 민감하다. • 심각한 만성적인 증상을 가지고 있다.
25	• 평온한 상태에서는 관계에서 균형을 유지할 수 있지만 스트레스상황에서는 균형을 잃기가 쉽다. • 삶의 에너지를 사랑과 인정을 추구하는 데 소모한다. • 상당 부분 가짜 자기(pseudo self)가 기능적 분화 수준을 이루며 살아간다. • 타인의 신념과 지식에 쉽게 영향을 받으며, 독립적인 의사결정이 어렵다.

50	• 만성불안이나 감정반사가 더 낮고, 어느 정도 독립적으로 생각하고 선택할 수 있다. • 개별성이 더 발달되어 있어 정서적으로 자유롭게 친밀한 관계를 유지할 수 있다. • 사고와 감정체계를 분리하여 사용하면서 자신을 통제할 수 있다. • 심한 스트레스 상황에서는 신체적 · 정서적 · 사회적 증상이 나타날 수 있으나 만성 증상으로 진전되지는 않고 회복이 더 빠르다.
75	• 자기지시적이며, 자신의 신념에 확신이 있다. • 목표 지향적이고, 원리 지향적이다. • 내면이 안정되어 있으며, 타인의 칭찬이나 비평에 영향을 받지 않는다.
100 목표지향적 진짜자기	• 관계에서 차이에 대한 관용과 존중심이 있으며, 융통성과 자율성을 가진다. • 높은 불안을 다룰 수 있는 능력이 있다.

출처: 김유숙(2002).

임의의 수치로 자아분화가 가장 낮은 상태를 0으로 보고 자아분화 수준이 가장 높은 상태를 100으로 하였다. 자아분화 수준은 모든 사람을 하나의 연속선상에서 범주화하는 방법을 사용하였다. 보웬은 개인의 자아분화 수준의 특성들을 나타내었다.

보웬은 자아분화 수준 평가를 정신병리나 건강을 측정하는 도구로 사용하지는 않았다. 자아분화 수준에 상관없이 인간은 심각한 스트레스나 위기상황에서는 역기능적인 증상을 나타낼 수 있다고 전제하기 때문이다. 일반적으로 75 정도의 자아분화 수준이 가장 보편적이고, 높은 자아분화 수준의 상태는 거의 불가능할 수 있으며, 개인의 개별성을 인정하면서 동시에 다른 사람과의 상호교류가 활발하게 일어나는 것이 중요하다고 본다(Kerr & Bowen, 1988).

2) 삼각관계

(1) 삼각관계의 특성

살아 있는 유기체가 구조와 과정, 가능의 요소들로 생명체를 유지하는 것처럼 인간의 가족관계도 마찬가지다. 삼각관계는 반복되는 구조를 가지며, 과정이 예측 가능한 감정반사적인 행동들이 나타난다. 삼각관계 이면에는 정서적 과정이 드러나게 된다. 기능적인 면에서도 개인들이 일대일의 관계에서 개인이 자율적으로 기능하는 것과는 반대로 작용한다. 삼각관계는 두 사람의 친밀감이나 거리감이 상대적으로 적은 움직임을 가지고 있고 고정적이다. 스트레스 상황에서는 개인의 관점이나 위치, 움직임이 더 고정적이 된다.

게린과 펜더게스트(Guerin & Pendagast, 1976)는 삼각관계가 활성화되면 대개 갈등으로 단절을 취하거나 개인의 불안, 우울, 신체적 증상이 나타난다고 하였다. 가족들 중에 한 사람의 고정적인 증상은 삼각관계와 연관이 많다. 예를 들어, 만성질환인 정신분열증, 류머티즘 관절염, 궤양성 대장염, 말기신장질환자가 있는 가족들을 보면 삼각관계와 연관이 있다. 증세는 극단적인 경직과 함께 더욱 활성화되고 환자의 증세를 없어지게 하기 어렵다. 삼각관계에서 활성화는 의식적이고 자각적인 것이 아니라 자동적인 정서과정이다. 첫째, 두 사람 간의 애착이 크면 클수록 반사행동을 할 잠재성도 크다. 둘째, 잠재된 삼각관계가 일단 구조화되면 존재는 영속적이고, 언제라도 활성화될 수 있으며, 세대에서 반복적이 된다.

(2) 삼각관계의 세대전수

아동기에 경험한 삼각관계의 틀이 특히 배우자와 자녀에게 반복되는 경향이 있다. 한 내담자의 고백에서도 볼 수 있다.

> 외아들인 K 씨는 아버지가 무섭고 다가가기 어려운 사람이라, 주눅이 들고 말하기도 불편한 대상이었다. 그래서 그는 모든 일을 어머니와 상의하고 시간을 함께 보내면서 성장하였다. 아버지는 무서운 존재로 단절되었고, 어머니는 자기를 이해해 주거나 지지해 주곤 하였다. 그런데 자신이 20대에 부모가 이혼하자, 당연히 K 씨는 어머니 편에서 어머니 입장을 잘 대변하며 어머니를 위해서는 모든 것을 참으려고 하였다. 때로는 어머니가 쏟아내는 아버지에 대한 비난이나 불만도 참으며 견뎌 냈다. 아들은 아버지와는 아예 단절하고 만나려고 하지도 않았다. 그러면서 자신에게 위궤양과 위염이 와서 고생하였다고 한다. 또한 자신에게 6세의 아들이 있는데, 부부간의 갈등과 싸움으로 힘들다고 하였다. 그러면서 자신이 자기 아버지처럼 되어 가는 것을 보고 놀랐다고 하였다. 아들에게는 엄하고 무섭게 대하는 자기 모습을 보았고, 그래서 아들이 자신을 피하고 경계하는 것을 느낀다고 했다. 아내가 강하게 아들에게 밀착되어 있는 것을 비난하고 부인에게 차갑게 대하는 자기 모습을 보면서 자기 부모와의 일차적인 삼각관계가 따라다니며 자기도 그대로 답습하고 있다는 것을 알게 되었다. 자기의 삶에서 남편의 역할이 무엇이고 아버지의 역할이 어떤 것인지를 인식하

고 재구성하지 않는 한 K 씨는 자신의 문제를 해결하기 어렵다(최선령 외 공역, 2006).

보웬(1978)은 가족이나 부부, 개인들이 삼각관계에 빠지지 않도록 상담사나 기능적인 가족원이 할 수 있는 것은 삼각관계의 주기를 깨거나 두 사람이 감정적으로 반응하는 동안 두 사람이 자신의 반응을 점검할 수 있는 자기에게로 초점을 맞추는 것이라고 하였다. 그리고 어느 한 사람 편에 서지 않는 것이다. 그러면 두 사람 사이에 감정반사행동은 자동적으로 줄어든다. 한 가족의 구성원들은 자기 감정에 책임을 지는 것이 중요하다. 또 삼각관계에서 상담사가 빠져나올 수 있는 방법으로는 한 사람이 다른 사람의 편에 서서 대응하지 않도록 하는 것이다.

(3) 부부문제의 순환고리

다음은 10대 자녀의 문제로 상담실을 찾아온 40대 초반 부부의 예다.

> 부부는 자녀의 행동이 공격적이고 통제 불가능하다고 하소연하였다. 남편은 아내의 교육과 양육방식을 비난하고, 아내는 남편이 실직하여 돈을 벌지 못해서 자기가 일을 하는데 언제 아이를 보느냐며 남편 탓을 하게 되었다. 부부의 문제는 항상 남편의 실직이며 딸의 문제행동이라고만 말한다. 아내는 남편이 무책임하고 딸을 돌보지 않고 바깥으로만 돈다고 비난하고, 남편은 아내 탓을 하며 자기방어하고 합리화하느라고 바쁘다. 이런 두 사람의 갈등과 싸움 사이에서 자녀는 아버지를 비난하는 어머니 편에서 함께 있지만, 어머니의 비난 수위가 높아지고 아버지에 대한 불만과 짜증이 자기에게로 투사되어 오자 공격성이 나타나고 가출까지 시도하였다.

자녀문제로 부부가 상담실에 왔지만 자연스럽게 부부의 부정적인 관계성이 노출되었다. 삼각관계의 본질인 두 사람 사이에 문제를 서로 회피한 것이 드러나게 된다. 이런 부부의 고질적인 순환관계를 먼저 다루어야 한다. 아내는 남편을 비난하지 않으면서 자신의 욕구나 기대를 말할 수 있어야 하고, 남편은 변명이 아니라 현실 가능한 협상을 할 수 있어야 한다. 자신의 상태가 나쁘다고 상대방을 탓할 수는 없다. 자신에게로 초점을 맞추는 것이 중요하다. 자신의 고통이나 힘든 것을 자기 외부세계에서 찾고자 하는 것은 자연스러운 감정반사행동이다. 자기 자신의 감정과 관계행동에 책임을 지도록 하는 의식적인 행동은 중요하다. 자신의 어떤 부분이 서로의 관계에서 불편함에 기여하고 있는지 자신의 부분을 바라볼 수 있어야 한다.

부부관계가 안정적이고 기능적이면 자녀와의 삼각관계를 다루게 된다. 자녀에게 초점을 두고 강하게 개입되어 있는 어머니와 자녀를 밀착관계에서 떼어 내고 아버지와의 관계를 시도한다. 자녀에게 집중했던 에너지나 관심을 멀리하자, 어머니는 침울해지고 화가 나며 공허감을 느낀다. 반면에 아버지와 자녀가 가까워진 것을 보면서 천천히 소외감정과 고립된 느낌을 경험하며 화를 내고 아이에 대한 아버지의 태도가 자기 마음에 들지 않는다고 말하며 시시히 개입하려고 한다. 어머니는 자녀에게 아버지의 미숙한 점들을 노출하며 긍정적으로 이야기하지 않는다. 어머니의 은밀한 개입은 아버지가 자녀에게 가까이 가는 것을 방해하고, 자녀가 어머니의 눈치를 살피게 하며 아이의 행동을 통제하려고 한다. 그래서 상담 도중에 어머니는 우리가 더 안 좋아졌다고 말하기도 한다. 상담사는 어머니의 보이지 않는 개입을 중단하도록 관계 설정을 명확히 하는 것이 중요하다. 부녀관계에서 아버지와 딸이 함께 하는 시간과 공유하는 것들을 서서히 늘여 가며 때로는 어머니에게는 말을 하지 않도록 한다.

상담사는 어머니의 내면에서 일어나는 투사적인 행동과 불안을 다룰 수 있어야 한다. 어머니가 불안으로 인하여 무엇을 하고 있는지 관찰해야 하고, 가족들이 움직이고 있는 방향이 어디인지, 누가 누구와 함께하는지, 누구는 멀어지는지, 자신의 삶의 의미와 불안의 상황을 감지하고 극복할 수 있는 대처방식들도 요구된다(최선령 외 공역, 2006).

보웬(1978)은 삼각관계를 가족관계 안에서 가장 불안정한 관계체계로 보며, 이때 개인의 행동은 감정반사행동이다. 삼각관계는 내담자로 하여금 뭔가를 자유롭게 할 수 없다는 좌절감 경험, 버림받는 것에 대한 두려움, 원하는 균형감 찾기의 불가능, 실패감을 느끼게 하여 불안과 우울이 동반된다. 가족들이 정서적으로 불안과 긴장이 없을 때는 안정된 관계를 유지하나, 불안한 사람은 제삼자를 자기편에 끌어들이든지, 술, 일, 여자로 삼각관계를 형성한다.

- 가족 외 삼각관계: 외도관계, 직업, 술, 경마, 도박, 취미나 여가와 삼각관계
- 가족 내 삼각관계: 원가족 부모, 친인척, 부모와 자녀 삼각관계(핵가족)

3) 핵가족의 감정체계

핵가족의 감정체계는 가족들이 감정적으로 강한 결속력과 연결 정도를 나타내는 것

을 의미한다. 보웬은 핵가족에서 형성되는 가족 간의 강한 정서적이고 감정적인 강한
유대감은 이미 자신들의 원가족 내에서 형성된 것을 다시 반복하는 것이라고 보았다.
자신의 원가족으로부터 자아분화가 안 된 사람은 결혼을 하여도 부부관계에서 강한 융
합을 이루려는 경향이 있다. 그래서 결혼을 할 때에 자기 자신의 분화 정도와 비슷한
수준의 배우자를 선택한다고 보았다. 감정적으로 강한 밀착과 의존성을 유지할 만한
사람을 선택함으로써 자신의 불안감을 해소하려 하는 것이다. 부부간의 강한 융합은
서로 어떠한 경우에도 만족할 수 없으며, 어렵고 힘든 상황에서는 상대방을 서로 비난
하며 책임을 지려 하지 않게 한다. 외부의 자극에도 민감하게 반응하며 감정적으로 쉽
게 단절하려는 경향이 있다. 부부의 문제가 자녀에게 다시 투사되고 역기능을 초래한
다. 핵가족에서 부부의 문제들은 자아분화 수준, 원가족과의 감정적 단절 정도, 가족
안에서의 스트레스 수준의 강도에 따라 다르게 나타날 수 있다. 보웬(1978)은 이러한
가족문제를 해결할 수 있는 효과적인 방법은 원가족과의 감정적인 단절을 회복하며 상
호작용을 변화시키는 것이라고 하였다.

4) 가족의 투사과정

가족의 투사과정은 가정에서 심한 스트레스나 위기의 상황, 갈등과 싸움의 관계에서
바람직스럽게 해결하지 못하고 부모의 문제나 갈등을 자녀에게 전가하는 것이다. 가족
의 투사 정도는 부모의 자아분화 수준과 상관관계가 있으며, 위기 상황에서의 불안감,
결혼과 자녀에 대한 태도, 기대와도 관련이 있다. 예를 들어, 부부관계에서 남편이 직
장일로 하루 종일 바쁘고 집안일이나 아내에게는 전혀 관심을 보이지 않으면 아내는
더욱 자기 자녀에게 모든 에너지와 애정을 쏟고 거기에서 삶의 가치를 느끼게 된다. 아
내는 자녀에 대한 과잉간섭과 걱정, 기대로 인하여 자녀가 무엇을 해도 만족하지 못하
며, 채워지지 않은 자기기대와 욕구의 불만족감을 자녀에게 돌린다. 이런 자녀는 심리
적인 불안감에 독자적인 자아로 성장이 어려우며, 기능적인 장애가 나타날 수 있다. 아
내의 위기상황이나 불안감에서 문제가 시작되었지만 결론적으로는 자녀에게 증상을
초래한 것이다. 아내는 이것을 자녀의 문제로 여기고 잘못 인식한다. 대체로 부모의 투
사 대상이 되는 자녀는 장남이나 장녀 또는 외아들이나 외동딸로, 아내에게 아주 특별
하거나 아니면 아버지와 감정적으로 특별한 관계를 맺는 자녀 또는 신체적 · 정서적 결
함이 있는 자녀에게 더 자주 나타난다.

보웬(1978)은 연구결과에서 이렇게 가족의 투사과정에서 자란 사람은 결국 대인관계나 사회생활에 잘 적응하지 못하며, 자아분화 수준도 낮다고 하였다. 또한 보웬은 자신의 가족에서도 유일하게 여동생이 고등학교만 졸업해서 사회생활에 잘 적응하지 못하는 것을 보고, 이것이 자기 부모의 자아분화 수준과 관련이 있으며, 남동생과 여동생 부부가 삼각관계를 이루고 서로 강하게 구속하고 있음을 알 수 있었다고 했다.

5) 다세대 전달과정

다세대 전달과정은 자녀들의 자아분화 수준이 현재 속해 있는 핵가족에서만 형성되는 것이 아니라 여러 세대를 거치는 동안에 형성되어 온 것으로 보는 것이다. 특히 가족의 낮은 자아분화 수준에 따른 이상 행동들은 세대를 넘어 또 다음 세대에도 전달된다.

볼비의 애착이론에서도 정신분열증 환자 가족이나 정신병리가 있는 부모들은 다시 자녀들에게 정서적인 혼란을 초래하여 정신병리를 유발한다고 보고한다. 볼비는 정신병리의 원천에 대한 「신경증과 신경증적 성격의 발달에 미치는 초기 환경의 영향」이라는 논문에서 아동에게 신경증이 나타났다면 이 아이의 어머니는 어린 시절 자기 부모에게 품었던 적대감을 부모가 된 지금 자녀에게 표출하고, 자기 부모가 충족시켜 주지 않은 욕구를 채우기 위해 자녀에게 부적절하면서도 비정상적인 것을 요구한다는 사실을 발견하였다고 밝혔다.

볼비는 가족 간 상호작용과 정신병리의 대물림 현상을 주목하기 시작하고, 그 후 그는 초기에 어머니와의 분리, 박탈, 상실을 경험한 영아에게 발생할 수 있는 병리적 결과에 관한 논문을 발표하였다. 볼비의 주된 관심사는 어린 자녀와 양육자 사이에 형성된 강력하고도 지속적인 애착관계의 본질과 추이였다. 1944년에 출판된 「4명의 어린 도둑들」이라는 논문에서는 미성년자의 반사회적 행동은 초기 애착장애에 뿌리를 두고 있다고 제안함으로써, 초기 대인관계 경험과 이후 정신병리를 체계적으로 연관 짓기 시작하였다. 볼비는 아동과 어머니의 특수한 고리를 설명하지 않고는 분리불안을 이해할 수 없다고 지적하면서, 다른 정신분석가와는 달리 불우한 가정환경과 원활하지 못한 가족 간 소통은 불안애착을 심어 주기 때문에 과도한 분리불안의 원인이 된다고 하였다(이민희 역, 2005).

역기능적인 가정에서 성장한 사람들의 특징 중 하나는 감정에 무감각하다는 것이다. 어떤 상황에서도 감정 표현을 하지 못하고 감정에 반응하는 것이 어렵다. 성장하면서 부모는 아이가 느끼는 것마저도 말하지 못하도록 하거나, 아이가 울거나 무서워하거나 소리 지르면 절대 안 된다고 하며 감정 표현을 억압하거나 금지한다. 감정 표현이 자유롭지 못하면 스트레스상황에서는 억압하거나 회피하거나 부정하는 식의 자아방어기제를 활용하게 된다. 자아방어기제는 무의식 수준에서 자동적으로 나타난다. 감정은 긍정적이든 부정적이든 생물학적으로 생존하기 위하여 필요한 기본적인 의사소통이다. 인간은 기본적인 욕구가 위협을 받을 때 두려움이나 혐오감을 표현하기도 하면서 자신을 보호하게 된다. 그래서 감정은 우리의 사고와 행동을 결정하는 중요한 요인이다. 감정은 우리를 움직이는 에너지다. 감정은 우리의 삶을 풍요롭게 하고 확장하게 한다. 그런데 부모들이 아이가 느끼고 아는 것을 차단해 버리면 아이는 더 이상 자기의 진짜 감정을 느끼려고 하지도 않을 뿐더러 호기심이나 탐색, 흥분도 자제한다. 이런 과정을 통하여 성장하여서도 다른 사람들과 관계하는 방식에서 감정을 숨기고, 제대로 반응을 하지 못하며, 제한되고 고착된 방식으로만 삶에 대처한다. 때로는 자기회의감이나 깊은 열등감에 빠져서 겉으로는 강한 척 위장하고, 속으로는 외로움과 버림받을 것에 대한 두려움으로 떨고, 그래서 파트너에게 지나치게 의존하며 집착하기도 한다. 또한 자신의 욕구불만은 거식증, 약물이나 알코올중독, 일중독으로 조용한 해결책을 쓴다. 가정에서부터 경험한 미해결된 상처 입은 자존감, 열등의식, 정서적인 불안정, 불신과 두려움, 강한 욕구불만, 애정결핍은 다시 부부관계에서 부작용으로 나타난다. 그리고 자기도 모르게 자녀들에게 다시 반복적으로 세대전수를 한다.

자아분화 수준이 낮은 여성이 자신과 비슷한 분화 수준의 남성과 결혼해서 자녀에게 삼각관계를 통한 투사를 했을 때, 자녀는 부모보다 더 낮은 자아분화의 특징을 나타내며, 여러 세대를 거쳐 계속되면 정신분열증이나 만성적인 정서장애가 발생하기도 한다. 보웬에 의하면 자녀의 분화 수준은 부모보다 낮은 수준으로 나타나고, 가족의 투사 과정에서 벗어난 자녀는 부모보다 높은 수준의 자아분화를 나타낸다고 설명한다. 이러한 과정으로 가족의 역기능이나 만성적인 질병을 보면 개인의 문제라기보다는 가족 안에서 세대를 통해서 전달되는 가족의 문제라고 할 수 있다. 세대를 통해서 전달되는 가족들의 보이지 않는 유산을 잘 점검하고 검토해 볼 필요가 있다.

6) 자녀의 위치

자녀의 위치에 따른 성격에 대하여 토만(W. Toman)이 1961년에 발표한 연구를 보웬은 자신의 치료적 가족체계에 포함하였다. 수많은 가족을 연구한 결과, 토만은 『가족위치: 심리게임(Family Constellation: A Psychological Game)』이란 책을 발표했다. 비록 일반적인 가족들을 연구하였지만, 가족에서 장녀나 막내냐의 위치에 따라 성격 형성이 독특하게 다르다는 것을 발견하였다. 가족 안에서 똑같은 자녀라도 출생 순서에 따라 가족들과 감정적 교류가 다른 방식으로 작용하기 때문이다. 보웬은 자녀들의 위치와 자아분화 수준을 연관시켰다. 자녀의 위치는 어떻게 가족투사과정의 대상이 되는지 이해하는 데에 좋은 자료가 되었고, 또한 개인이 결혼생활에 어떻게 적응하며, 가족치료를 할 경우 어떻게 반응할 것인가를 예측할 수 있는 좋은 자료가 되었다.

예를 들어, 불안감에 의한 자녀의 위치에서 보면 장남이나 장녀는 불안해지면 더욱 고집스럽고 권위적이며 규칙에 강한 집착을 보인 반면, 막내들은 불안하면 당황하고 책임을 지지 않으려는 방향으로 행동한다는 것이다. 자아분화 수준과도 연관시켜 보웬은 자녀의 위치에 따른 차이를 설명했는데, 부모의 기대 수준이 높은 장남이나 장녀는 부모와 강한 감정의 유대관계를 가지며, 삼각관계에 빠질 위험이 높아 자아분화 수준이 떨어질 경향이 많다. 반면, 부모의 기대 수준이 낮은 자녀는 삼각관계에 빠져들 위험이 적고, 부모와의 감정적인 유대도 약한 편이어서 오히려 독립적이고 분화가 잘되며 분화 수준도 올라간다.

자녀의 위치는 또한 결혼해서 부부관계와 투사과정에도 영향을 미친다. 장남이나 장녀는 결혼해서 감정적으로 강한 유대관계를 형성하려는 경향이 있고, 자신만의 독립성이 약해서 감정적으로 쉽게 반응하며, 갈등 시에는 부부관계가 불안정하여 자녀가 있다면 다시 자녀를 부부갈등의 기제로 이용하여 부부관계를 유지시킨다. 반면, 차남이나 막내가 결혼을 하면 자신의 생각과 감정에 의하여 행동한다. 부부간에 갈등이 있어도 자녀를 끌어들이지 않고 독자적으로 해결하려 하며, 안정된 부부관계를 유지해 나간다(Hall, 1990).

7) 감정적 단절

보웬은 1975년에 감정적 단절 개념을 보충하였다. 감정적 단절은 세대 간에 자신의 부모와의 감정적인 관계를 단절하는 것이다. 한 방법은 부모와 함께 살면서도 부모를 멀리하고 회피하며, 대화를 거부하거나 부모가 원하는 것을 거부하고, 정서적으로 자신을 고립시키며 정서적인 유대관계를 전혀 갖지 않는 것이다. 다른 방법은 물리적으로도 멀리 떨어져 있고, 만날 기회도 별로 없으며, 정서적으로 단절하는 것이다. 이런 경우는 부모에게 문제가 있다고 보며, 자녀는 독립하기 위해 멀리 달아난다.

보웬에 의하면 부모와의 정서적 단절의 의도는 가족의 중요성을 부정하는 것과 독립하고자 하는 강한 표현이기도 하다. 감정적 단절은 부모가족과의 융합의 문제를 반영한 것이다. 부모와의 감정적인 융합을 이룬 사람은 자신의 정체성 상실에 대한 강한 두려움 때문에 감정적 단절을 통해 자신의 문제를 해결하려 한다. 그러나 이런 사람이 결혼을 하면 또 고립과 소외에 대한 불안으로 부부간에 감정적으로 강한 융합을 시도한다. 특히 자신의 부모로부터 독립하기 위한 목적으로 결혼한 사람은 부모로부터 벗어났지만 또다시 자신의 핵가족에서 정서적으로 융합하므로 부모와 함께 있었던 문제를 다시 반복한다.

부부 가운데 아내나 남편 또는 둘 모두가 각자의 부모와 감정적 교류를 위한 접촉을 재시도할 경우 부부간의 불안이 낮아지고 증상이 약해지며 효과적인 가족치료를 할 수 있다.

감정적 단절과 관련한 홀(Hall, 1991: 91)의 특징적인 견해는 다음과 같다.

- 불안이 높은 경우에는 감정교류의 차단이 생긴다.
- 감정적 단절을 가족에서 다루고 재시도한 경우 분화 수준이 올라간다.
- 부모의 감정적 단절은 세대를 통해서 계속적으로 발생하는 경우가 많다. 자녀가 청년기에 부모로부터 자립할 경우에는 감정적 단절이 부모들이 했던 것처럼 또다시 발생할 확률이 높다.
- 가족의 융합관계에 대처하기 위하여 감정적 단절이 효과적으로 사용되지 않을 때는 자살과 같은 증세가 나타날 수 있다.
- 한 관계에서 감정적 단절이 강하면 그만큼 융합이나 미분화의 정도가 강해진다.
- 가족들은 감정적 단절에 모두 어느 정도는 기여한다.

8) 사회에서의 감정적 과정

개인이 사회생활에서 경험하는 감정적 과정은 가족들의 감정적 과정에도 영향을 미친다는 면에서 두 가지 양상이 있다. 하나는 사회생활에서 적응을 잘하며, 대인관계에서도 친밀감을 유지하고, 개별적인 행동이 가능하게 되면 가족 안에서도 분화 수준이 올라갈 수 있다. 반면, 사회생활에서 만성적인 스트레스에 시달리고 원만한 대인관계를 유지하지 못하면 가족에서도 분화 수준이 낮다는 특징들이 나타난다. 또한 사회생활에서 개인의 역할이 어떤 위치에 있는가에 따라 타인으로부터 많은 비난을 받으며 불안감을 많이 느끼는 사람은 가족 안에서도 분화 수준이 낮게 떨어져 감정적 반사행동을 하는 경향이 높다.

가족의 구조와 마찬가지로 사회의 구조도 실업자 증가, 경제위기, 자원 부족, 정치적 혼란 등이 증가하면 당연히 사회의 하위체계인 직장이나 가족에서 불안과 긴장으로 문제가 급증한다. 보웬은 가족의 기능을 사회의 기능과 연관시켜 생태체계론적 관점에서 보았다. 사회에서의 역할과 위치, 관계맥락이 어떻게 가족관계에 영향을 미치는지 연관성을 본 것이다. 사회문제는 곧 가정의 문제고 가정의 문제는 다시 사회문제가 된다.

3. 보웬의 치료과정

보웬의 치료과정은 가족들이 감정적인 융합에 의한 불안감과 가족 상호 간에 얽혀있는 삼각관계의 탈피를 시도한다. 보웬의 가족치료에서 가장 많이 다루는 것은 불안과 긴장으로, 어떻게 하면 불안을 감소시키고 자아분화 수준을 높이느냐에 관심을 둔다. 자아분화 수준을 높이기 위해서는 내담자 가족들이 불안감정을 다룰 수 있는 능력이 있어야 한다고 전제한다. 무엇 때문에 불안이 생기고, 불안의 감정이 자신에게 어떤 영향을 주며, 어떤 행동을 하도록 하는지 가족들이 객관적으로 알 수 있도록 돕는다. 가족과의 관계 속에서 불안이 생기면 불안의 감정을 다루기 위해서는 어떻게 불안이 생기는지에 대한 이해가 전제되어야 하고, 가족구성원들은 자신의 변화가 가족의 체계를 변화시킬 수 있다고 믿어야 한다. 치료과정은 가족들과 질문하고 대답하는 담화형식으로 이루어지고, 상담사는 코치와 자문가의 역할을 담당한다. 상담사는 객관성과 중립을 유지하면서 가족들의 감정에 쉽게 반응하지 않도록 유의해야 하며, 이성적이고 자기절제적이어야 한다.

가족 전부를 치료에 참가시키지 않아도 가족 중 한 사람의 자아분화 수준이 높아지면 가족의 변화를 일으킬 수 있다고 보기 때문에 개별적으로도 치료를 한다. 중요한 것은 IP의 문제 증상이 아니라 가족의 감정싸움이고 가족의 감정체계가 문제라고 보기 때문이다. 부부문제라면 자녀를 참가시키지 않고 부부만, 자녀문제라도 자녀를 참가시키기도 하고 또는 동석을 하지 않으면서 치료를 진행한다. 전형적인 보웬의 치료과정은 두 사람의 성인과 상담사로 구성된다. 가족 수와는 상관없이 가족의 고질적인 감정체계와 심각한 삼각관계를 변화시키는 데에 초점을 둔다.

가족 가운데 좀 더 자아분화 수준이 높은 사람을 어느 정도 치료함으로써 이 사람이 변화된 행동을 하면 다른 가족들도 비슷하게 변할 수 있다고 본다. 개인적인 치료과정을 통해서 영향력 있는 사람이 가족과의 관계를 변화시킬 수 있고, 또 전체 가족의 삼각관계도 깨뜨릴 수 있다고 보았다. 문제는 사람에게 있는 것이 아니고, 체계에 원래부터 존재하여 왔으며, 개인의 변화는 다른 사람과의 관계 변화를 통하여 이루어진다고 본다.

보웬은 자신의 치료이론에 충실한 상담사로 다세대 중심적인 접근을 중요시 여긴다. 현 핵가족의 문제는 조부모와의 관계에서 감정적인 융합이 부모에게 전달되었고, 부모는 이것을 다시 자녀에게 투사한다는 것을 전제로 한다. 치료과정에서 원가족에 대한 확대는 필수적이며, 부모와 조부모의 단절된 감정과정이나 삼각관계를 해결함으로써 자아분화 수준을 높이고 핵가족에서의 재반복이 일어나지 않도록 하였다.

치료과정에서 다루는 것 중 빠질 수 없는 것이 감정체계와 지적 체계, 융합 대 개별성에 관한 것이다. 어느 한쪽으로 고착되지 않도록 감정과 사고의 조화, 결속력과 개별성의 조화를 중요시한다. 또한 개인의 개인적인 욕구, 기대, 원하는 것을 채울 수 있는 자신만의 고유한 개별성의 유지는 이성적인 사고와 지적 체계 속에서 더욱 발달할 수 있다고 본다.

4. 보웬의 치료기법

1) 가족평가

보웬은 다세대 중심의 가족체계와 구조를 사정하고 평가하기 위하여 가족가계도를 활용하였다. 다세대에서 경험한 가족들의 패턴과 영향력은 현 핵가족의 문제에 중요한 정보를 제공하기 때문이다. 최소한 3세대에 걸친 가족의 역사와 문제들을 세대 간의 맥락에서 현재 문제를 이해할 수 있도록 도식화하여 사용하였다.

가족가계도는 가족들을 사정평가하는 단계에서 자료를 재조직하고, 치료과정에서는 가족들의 관계와 핵심적인 삼각관계를 추적하는 것으로 사용하였다. 가족가계도에 대한 자세한 내용은 다음 장에서 따로 다룬다.

보웬의 가족평가는 핵가족과 부부의 관계성, 부모-자녀관계, 원가족에서의 관계경험들이 포함된다. 상담사는 가족을 관찰하고 면접하는 과정에서 객관적인 상황에 대한 전문가의 평가와 주관적인 보고에 의해 가족들이 문제를 어떻게 인식하고 어떤 노력을 하였으며 변화의 동기나 의지, 가족의 스트레스 요인이나 질병의 여부, 사회환경적인 요인들도 평가하게 된다. 보웬의 가족평가와 치료에서는 개인의 불안 수준이나 요인, 개별성과 연합성의 상호작용인 자아분화 수준을 중요하게 다룬다. 가족 안에서 한 사람의 변화는 다른 가족들의 변화를 가져올 수 있다고 보므로 부부가 함께 때로는 개별적으로 상담을 한다. 가족평가는 전체 핵가족의 구성원, 남편과 아내 모두에게 혹은 개별적으로도 실시된다. 상담사는 문제가 개인의 문제인지, 아니면 가족의 문제인지를 구분한다(남순현 외 공역, 2005).

가족에 대한 평가의 목적은 다음과 같다.

- 상담사가 가족 가운데 우선적으로 누구와 먼저 상담에서 만나고 개입을 할지 결정할 수 있다.
- 치료 목표를 분명하게 설정하고 치료개입을 용이하게 해 준다.
- 가족의 변화를 위하여 가족의 자원이나 특성, 사회환경을 활용할 수 있다.

커와 보웬의 가족평가는 다음과 같은 범위 내에서 이루어진다.

〈글상자 5-2〉 가족평가 자료 내용

내담자 의뢰의 경우

- 가족들이 방문하게 된 경위나 배경

  (가족들은 자발적으로 왔는가 아니면 기관의 의뢰인가, 첫 방문인가, 치료를 시도해 본 후 2차로 온 것인가, 어떻게 방문했는가, 누가 치료를 가장 원하는가, 누구는 덜 원하는가, 지금 내방한 이유 등)

문제나 증상에 대한 호소

- 가족의 문제를 누구로 보는가, 어떤 증세가 언제 얼마나 자주 발생하는가, 언제부터 지

속되었는가, 증상이 신체적인가, 정서적인가, 사회적인가, 증상과 가족들의 상호관계
성은?
- 가족들은 문제를 어떻게 보는가?
- 누가 문제 증상에 가장 스트레스를 받는가? 누가 덜 받는가?
- 무엇이 문제를 심각한 수준으로 이끈다고 보는가?
- 문제를 해결하기 위하여 가족들이 시도한 방식은?
- 가족들이 문제해결을 위해서 도울 수 있는 것은? 또는 원하는 것은 어떤 것인가?

핵가족의 역사와 기능, 정서적 과정

- 부부는 어떻게 결혼하게 되었는가? (만남의 배경, 결혼 동기, 호감도, 결혼과정, 신혼기의 상
  황은?)
- 결혼 전에는 각자가 어디에서 무엇을 하였는가? (서로의 성장환경과 경제력 정도, 질병의
  유무, 과거 결혼의 유무, 자녀의 유무, 파혼의 유무, 자아만족도 및 성취도 정도)
- 결혼생활에서 자녀의 출생과 가족들의 갈등이나 적응 정도는 어떠하였는가?
- 자녀 출생 시 가정의 환경, 자녀양육에 대한 갈등이나 대처방식, 자녀의 성장과정과 위
  기는? (자녀의 가출이나 증상의 유무, 자녀의 학력 정도, 자녀의 성공 정도)
- 부부의 결혼생활에 대하여 어떻게 보는가? (부부의 갈등이나 위기는 어떤 것, 가족의 스트
  레스 요인들, 부부간의 정서적 교류와 의사소통방식들, 개인의 증세나 불안 수준, 감정반응 정
  도, 긍정적인 사회관계망, 잦은 이사, 직업의 변화, 경제의 위기, 배우자와 별거나 이혼, 사별
  경험의 유무, 배우자들의 신념이나 가치관, 종교관 등)

원가족의 역사, 융합과 분화

- 배우자들이 성장한 원가족 부모들의 결혼이나 이혼, 부모의 성격, 부모의 환경, 직업,
  신체적·정신적 건강, 교육력, 경제적인 위기상황, 부모의 사망 원인, 자녀에 대한 관
  심이나 지지도, 기대감, 형제자매들과 관계, 형제자매의 죽음, 이복형제자매의 여부

원가족의 안정성과 보존성

- 원가족 가운데 정신질환자나 알코올중독자나 범죄자가 있었는가? 각 배우자의 원가족
  에서 안정성은 부모나 부모의 형제자매들의 평균적인 기능 수준으로 질병의 유무나

정신질환자의 경험 유무, 폭력이나 알코올중독자의 경험 유무로 사회적 · 경제적 · 개인적 기능성의 정도를 평가한다.

- 부모나 친인척 가운데 당신에게 도움을 주는 사람은 누구인가? 가장 힘들 때 누구를 찾아가는가?
- 보존성은 원가족의 생존해 있는 구성원으로 각 배우자에게 도움을 주는 사람을 말한다. 부모의 친인척이나 고모나 이모, 삼촌 등으로 개인적 · 정서적 · 경제적으로 도움을 받을 수 있는 관계망이 충분한가?

원가족으로부터의 정서적 단절 정도

- 어느 쪽 부모와 더 친밀, 소원, 갈등관계였는지 평가한다. 원가족 안에서 삼각관계의 형태나 경험 여부(누구와 정서적으로 밀착되고 의존된 관계인가?)
- 원가족 가운데 누구와의 관계를 정서적으로 단절해 버렸는가? (어떤 사건이나 상황에서)
- 원가족과 단절된 사람 가운데 누가 원가족에 대한 책임 회피나 술이나 약물의존성이나 사회적인 철수자로 나타나는가?

치료를 위한 중요한 방향과 초점

- 상담사는 전문가로서 가족들이 가지고 있는 문제에 대한 인식 정도와 문제 원인에 대한 가정들을 파악해야 한다.
- 치료 초기에는 가족원의 불안 요인이 되는 사건이나 상황 감소에 초점을 둔다.
- 가족원의 기본분화 수준 향상을 위한 치료 방향을 설정한다.
- 원가족체계가 핵가족의 불안에 직접적인 영향을 미치지 않는다면 초기부터 핵가족의 관계성에 초점을 둔다.
- 핵가족의 정서과정에서 탈삼각관계에 초점을 둔다.
- 부부가 가해자, 피해자의 순환고리를 형성한다면 개별적으로 불안을 다룬다.

치료 예후에 대하여

- 치료 이후 결과에 영향을 미치는 것을 평가한다.
- 개인이나 가족들이 가진 스트레스 요인, 감정적인 반응, 핵가족의 적응력
- 배우자 원가족의 안정성이 기능적이면, 그리고 원가족의 보존성이 지지적이고 자원이

풍부할 때는 임상결과 예후에 긍정적 영향을 준다.
- 핵가족의 적응력 가운데 개인의 생물학적 요인, 심리적 요인, 사회적 요인들의 상호작용의 영향력은 매우 중요한 치료 예후가 된다.

2) 탈삼각화과정

보웬은 치료 목표를 가족 안에서 작용하는 불안과 감정적 융합에서 오는 자아분화 수준을 높이는 것으로 보았다. 가족의 체계가 변화하려면 무엇보다도 폐쇄된 체계에서 벗어나 개인의 자율성과 책임성이 원활하게 이루어지도록 해야 한다. 현 핵가족에서 재현되는 삼각관계 패턴은 원가족에서 부모와의 부정적인 경험에 의한 것이라고 볼 수 있다. 탈삼각화 과정은 다음과 같다.

- 삼각관계에 있는 가족 간의 정서적 · 공간적 거리를 둔다.
- 가족구성원 중 누군가가 불안감으로 위기와 혼란을 느낀다.
- 가족의 새로운 이인관계를 재정의하며 강화한다.
- 자기 위치 형성하기, 다른 사람 수용하기, 나-전달법으로 전달하기
- 가족원에게 긍정적 해석과 간접적인 칭찬
- 자기 입장과 역할을 획득한다. (아내가 자신의 문제를 남편에게 직접 이야기하도록 함)

현 핵가족에서 탈삼각관계를 시도한다면 다음과 같은 과정에 의한다.

- 가장 먼저 배우자 각각의 부모와의 삼각관계에서 벗어나도록 한다. 예를 들면, 남편이 자기 어머니와 아내 사이에 생긴 삼각관계에서 벗어나도록 일정한 거리를 유지한다.
- 배우자가 자기 부모와의 관계를 손상시키지 않도록 하면서 부부의 관계를 더 증진시켜 준다. 부부관계에서 오는 문제와 부모관계에서 오는 문제들을 차별화해서 구별할 수 있도록 한다.
- 부부에게 서로 영향을 미치는 상황과 요인들을 잘 인식시키고 자기 입장을 분명히 취하며 행동할 수 있도록 한다.

- 부부간에 미해결된 문제나 갈등을 직면해서 해결할 수 있도록 함으로써 관계를 촉
  진시킨다.

(1) 보웬의 과정질문

과정질문은 내담자를 감정적으로 편안하게 하고, 정서적으로 안정감을 갖도록 하며,
지적 체계를 촉진하는 질문이다. 내담자가 지적 능력을 발휘하여 사고 작용을 충분히
할 수 있도록 돕는다.

보웬의 과정질문의 기능은 다음과 같은 이점들이 있다.

- 잠재적인 정서과정을 상담사와 내담자가 모두에게 분명하게 드러낸다.
- 질문들은 행동, 특히 증상적 행동들을 대인관계 맥락에서 이해하게 한다.
- 상담사가 내담자와 삼각관계에서 벗어나도록 하는 중요한 방법이다.
- 내담자의 과도한 감정과 불안을 중립화시키고 이성 부분을 활성화시키고 스스로
  해결방법을 찾도록 격려하기 위한 질문이다(최선령 외 공역, 2006).

예는 다음과 같다.

- "당신의 어머니가 그렇게 할 때, 당신이 매우 화가 났다는 것을 어떻게 아나요?"
- "만일 당신이 아들과의 사이에 문제가 생기면 당신의 남편은 그것을 어떻게 다루나
  요?"
- "당신의 아들이 엄마 말에 순종하지 않고 반항하면 마음속에서 어떤 것이 일어나
  지요?"

(2) 상담사의 위치

- 상담사는 어느 한 편에도 치우치지 않는다. 어떤 특정한 질문에 답하기를 거절하거
  나 이슈에 관해 질문하면 자신의 위치를 정하지 않는다.
- 상담사가 가족원의 행동, 감정, 신념에 대하여 정서적으로 중립을 지키는 것은 반
  사적으로 반응하지 않는 것을 의미한다.
- 상담사의 위치는 가족관계에서 무엇이 효과적이고 무엇이 효과적이지 않은지 사
  실적인 관찰에 의하여 이야기할 수 있어야 한다.

- 상담사는 치료과정에서 무엇이 상담사의 개인적인 역전이를 일으키고 어느 것이 치료와 관련되는 것인가에 관한 정확한 경계를 긋고, 치료과정에 임한다(최선령 외 공역, 2006).

3) 치료과정의 4단계

(1) 1단계: 가족과 함께 치료계획을 세운다

내담자(IP)와 가족이 경험하고 있는 문제와 증상에 초점을 맞추어 불안의 정도를 파악하며 가계도를 작성한다. 가계도를 작성하면서 가족의 역사성과 정보와 증상을 파악하면서 내담자의 부담을 덜어 주고, 가족의 전체적인 관계의 흐름을 파악한다. 전체적인 가족의 시스템을 탐색하는 가족사정과 평가가 이루어진다. 핵가족과 부모들의 원가족에 대한 가족평가를 한다.

상담사는 치료계획으로 언제, 어떻게, 무엇을, 어디에서 변화시킬 것인가를 결정한다. 내담자 가족들의 문제에 대한 역사적인 고찰을 바탕으로 시도해 보았던 해결방안들은 어떤 것들이 있었는가? 해결방안들이 긍정적으로 작용했는가, 부정적으로 작용했는가? 처음 가족의 접촉은 누가 누구와 하도록 계획을 세울 것인가? 아내만? 아니면 아내와 남편을 함께? 또 전체 가족을 모두 참여시킬 것인가? 언제쯤 원가족의 부모를 참여시킬 것인가? 등이다.

상담사는 가족들과 함께 다음의 과정을 통하여 변화를 시도한다. 내담자 가족을 돕는 치료단계에서는 다음과 같은 것들이 중요시된다.

- 가족 안에서의 문제를 분명히 정의해야 하며, 개인적인 신념, 행동원칙을 정의한다.
- 새로운 신념에 기초하여 책임 있는 행동을 결정해야 한다.
- 재현될 가능성이 있는 행동을 예견해 본다.
- IP의 새로운 행동에 대한 가족체계의 반응에 대해 어떻게 대처할 것인가를 결정해야 한다.
- 가족체계에 대해 중립적 행동을 결정해야 한다.

(2) 2단계: 예상과 연습

반복되는 가족의 경험이나 가족원들의 행동 패턴 속에서 가족들이 해결방안을 찾지 못하는 가족 패턴을 통찰함으로써 증상을 추측할 수 있다. 가족들 가운데 누가 승자이고 패자이며, 누가 권력이 있고 없으며, 문제 상황에서의 회피 추적관계를 통하여 세대과정에서 나타나는 패턴을 본다. 가족들에게 나타나는 상호작용과 대처방식들을 인식할 수 있도록 계획에 의해서 생길 수 있는 문제들을 예상해 본다. 자주 짜증과 화를 내는 아내에게 남편이 지금까지 해 왔던 회피방식이 아니라 끝까지 부인의 말을 잘 경청한다고 예상해 보고, 아내의 반응은 어떨지 가족들과 미리 치료장면에서 연습해 본다. 남편은 자신이 무엇을 어떻게 해야 하는지 자신에 초점을 맞춰 계획을 세운다. 연습하는 동안 가족들은 자신들의 불안감정에 초점을 맞추고 다루는 방식을 터득하도록 한다. 특히 충분한 연습을 한 후에 실제로 가족들이 행동하도록 돕는다. 상담사는 가족과 함께 계획, 예상, 연습과정을 통하여 가족들이 감정반사행동이 아니라 좀 더 객관적으로 사고하고 행동할 수 있도록 돕는 역할을 한다.

상담사는 가족들이 개인의 감정표현과 언어들을 객관적인 입장에서 보고 자신의 감정을 스스로 통제할 수 있도록 교육하고 적절한 질문을 한다. 보웬은 가족들을 대상으로 현재의 핵가족의 감정체계는 자신들의 원가족에서 익혔던 상호작용방식의 연장이라는 것을 알 수 있도록 교육한다. 현재의 문제가 다세대의 전수로 부모가 자녀에게 무엇을 투사하고 있는지, 투사함으로써 얻을 수 있는 이점은 무엇인지 이해하도록 교육한다. 자녀들의 출생순위에 의한 상호작용 형태의 차이점, 사회적으로 작용하는 스트레스 요인들이 가족들에게 어떤 영향을 미치는지를 교육함으로써 가족들의 지적 능력을 향상시키며, 자신의 문제를 좀 더 객관적으로 이해할 수 있도록 한다.

(3) 3단계: 인식의 변화

가족들이 자신의 행동과 언어 패턴에 대한 강한 인식의 틀에서 서서히 벗어나는 단계로, 개인 내면의 감정과 불안감은 낮은 자아분화 수준과 관련이 있고, 감정체계에 대한 지적 체계의 이해를 도울 수 있다. 보웬은 가족들과 질문을 통한 대화로 한 번도 생각해 보지 못했던 관점, 자신의 감정에 대한 통찰, 가족과의 상호관계성을 재인식할 수 있도록 돕는다.

남편이 화를 자주 낸다면 화를 내는 상황을 설명하도록 하며, 화가 난 후의 자신의 느낌은 어떠했는지, 자신의 감정과 감정에 대한 느낌을 구분하도록 한다. 자신의 감정에 대한 느낌을 지적으로 인식하지 못하는 사람은 즉각적인 감정반사행동을 할 수 있다. 화가 난 후의 느낌을 계속적으로 지속하기를 원하는가? 화가 난 감정 이면에는 원하는 무엇이 있었는가? 화를 내는 감정을 또 어떻게 하고 싶은가? 화를 내고 행동한 후의 나의 모습은 정당하다고 생각하는가? 죄책감에 빠지는가? 등의 질문들은 자신의 감정을 이성적으로 처리할 수 있는 가능성의 폭을 넓혀 주는 것이다. 가족들은 감정에 대한 객관적인 통찰로 자신에 대한 이해를 좀 더 지적으로 처리하는 방식을 키울 수 있다.

가족들이 삼각화에 의한 투사과정, 다세대 전수과정을 깨달을 수 있도록 하기 위해 핵가족 안에서 관계성을 인식하도록 순환질문으로 상호이해를 돕는다. 예를 들어, 아내에게 "남편이 자주 화를 내는 것에 대해 당신의 행동이나 표현이 어떤 영향을 미친다고 생각하십니까?" 이런 질문은 화만 내는 남편을 비난만 하는 방식에서 한 번쯤 자신의 행동이나 언어 표현이 남편의 화를 더 조장할 수 있다는 관계성을 인식하도록 한다.

3세대를 통한 가족의 전이관계가 현재 나의 가족에게 어떻게 나타나는지를 말하게 함으로써 세대 간의 과정을 인식하도록 한다. "당신의 부모 가운데 누가 당신과 비슷한 행동을 했으며, 이런 행동을 당신 자녀에게는 또 어떻게 하고 있습니까?" "당신의 원가족에서 이루지 못한 무엇을 지금 자녀를 통해서 충족시키려고 하는 것은 없습니까?" 이런 질문은 부모로 하여금 자신의 원가족과 자신 그리고 자녀를 연결하는 관계 형태를 이해하게 하는 질문이다. 자기도 인식하지 못했던 가족의 투사과정이 화를 내는 방식, 회피하는 방식, 감정적으로 단절하는 방식들을 사용하고 있지는 않은지 탐색할 수 있다.

상담사는 내담자 가족에게 치료장면을 녹화한 것을 보여 주고 자신들의 방법을 보면서 자기방어가 어떤 상황에서 발생하였는지를 알 수 있도록 한다. 가족들이 다른 사람을 비판하지 않으면서 자기신념과 확신을 가지고 대화에 임할 수 있도록 자기 입장을 취하도록 한다. 보웬은 상담사가 가족들에게 분화하는 방법, 자기가치를 규명하는 방법, 가족문제를 해결하는 방법 등을 재교육하는 것에 중점을 두기도 한다.

(4) 4단계: 변화를 체험하는 단계

새로운 계획을 실천하는 단계로, 증상이 감소되며 새롭게 향상된 분화 수준이 형성된다. IP와 모든 가족은 각기 변화의 주체가 되어서 자신들의 행동을 통제하고 조절해 나갈 수 있으며, 각자의 목표 설정과 이행이 가능하다. 상담사는 조력자의 역할, 코치,

교사의 역할을 한다. 가족들이 가족정서과정과 그 안에서 자신의 역할을 명확하게 알도록 하며, 가족 상호 간의 이해도를 높이고 기능적인 애정관계로 발전하도록 한다.

가족들은 어느 정도 변화된 과정을 스스로 체험할 수 있는 기회를 만든다. 많은 가족이 모이는 명절이나 제삿날을 택하여 가족들의 재의식화(reritualization)를 시도해 본다. 가족들이 친목을 도모하는 방식, 새로운 풍습을 시도해 보거나, 일의 분담화 등 가족들이 변화에 노출되는 체험을 하도록 시도한다.

내담자는 변화된 체험으로 더욱더 분화된 자기감정 표현이 가능하며, 다른 사람을 비난하지 않고 자신에 대하여 이야기할 수 있고, 자신의 생각과 감정을 구분하고 자신의 신념에 일치하는 행동을 할 수 있다.

상담사는 내담자와 내담자 가족 간의 전이나 역전이의 상호작용의 굴레에 빠지는 위험을 직면하고, 가족의 정서과정에 융합하기보다는 객관적으로 상담사의 입장에 서는 것이 중요하다. 보웬은 객관적인 상담사의 태도는 내담자 가족들의 정서적 감정체계의 균형을 잡게 해 줄 수 있다고 주장한다. 상담사가 스스로 자아분화 수준이 높을수록 내담자 가족에 깊이 개입하고 관여하면서도 객관적인 입장에서 치료를 임할 수 있다고 주장한다.

내담자 가족들이 불안으로 공격적이고 감정적일지라도 상담사는 이성적으로 침착하게 대응해야 한다. 상황에 맞는 일관성 있고 낮은 목소리로 감정을 표현할 수 있어야 가족들에게 좋은 모델이 될 수 있다. 상담사가 삼각관계의 불안한 상황에서도 지적으로 반응할 수 있다면 가족들은 자신들의 불안을 탐색할 수 있게 된다. 지적인 탐색과정을 통해서 가족들은 자신의 불안에 대처하는 새로운 방식들을 만들어 낼 수 있다.

06 밀라노 가족치료

– M. Selvini Palazzoli, G. Prata, G. Cecchin, & L. Boscolo

> 가족들은 게임을 하고 있다.
> 하지만 그들은 게임을 하지 않는 게임을 하고 있다.
> 만일 내가 그들이 게임을 하고 있는 것을 내가 알고 있다는 것을 드러낸다면,
> 나는 규칙을 위반하는 것이 되고, 그들은 나에게 벌을 줄 것이다.
> 나는 게임을 하고 있다는 것을 알지 못하게 게임을 해야 한다.
> – 래잉(R. D. Laing) –

1. 밀라노팀의 배경

이탈리아의 밀라노팀인 셀비니 팔라촐리(M. Selvini Palazzoli), 프라타(G. Prata), 체친(G. Cecchin), 보스콜로(L. Boscolo)는 1970년대에 체계이론과 헤일리의 전략적 가족치료, 베이트슨의 순환적 인식론, MRI의 단기가족치료 기법들을 독창적으로 개발해서 가족치료이론을 발전시킨 팀이다. 팔라촐리는 팀의 대표자이며, 정신분석 훈련을 받은 정신과 의사로 정신분열증 환자나 신경성 거식증 환자, 비행청소년들을 다루었다. 자신의 정신분석적 접근이 장기적인 시간과 에너지를 필요로 하는 데 비하여 효과가 적은 것을 깨닫고 좀 더 효과적인 치료를 위하여 베이트슨, 헤일리, 와츠라비크의 저서를 읽으면서 체계론적인 가족상담사로 변모하였다.

보스콜로, 프라타, 체친은 정신과 의사인 팔라촐리와 함께 두 명의 여성과 두 명의 남성으로 구성된 한 팀을 이루었다. 이들은 1971년 밀라노에 가족치료연구센터를 설립하여 주로 신경성 식욕부진증 환자와 정신분열증 환자들에게 순환적인 관계성을 적용하여 독특한 순환질문법을 개발하고, 역설적 기법과 역설에 대한 역설기법으로 가족치료 기법을 개발하여 적용시켰다. 이들은 네 명이 한 팀으로, 두 명은 상담사로 직접 환자와 환자 가족들을 면담하고, 다른 두 명은 일방경 뒤에서 치료 상황을 관찰하며 좋은 제안을 하는 협동적인 치료를 하였다. 밀라노팀의 셀비니 팔라촐리는 1974년 『자기 단식(Self-Starvation)』을 출판함으로써 정신분석에서 가족들의 순환관계를 중요시하는 인식론을 알리는 계기가 되었다. 그리고 1977년에는 밀라노팀의 『역설과 반대 역설

(Paradox Gegenparadox)』이 출간됨으로써 전 세계적으로 그들의 치료기법이 체계론적인 가족치료의 대표적인 모델로 유명해지기 시작했다. 팔라촐리의 카리스마적이고 치밀하고 계획적인 성격은 밀라노 모델의 가족치료과정에서도 잘 나타났다. 밀라노 모델의 순환질문법, 긍정적 의미부여, 의식처방 등의 치료기법은 매우 창의적이고 우수하다는 평가를 받았다. 이 모델들의 기법의 적용은 많이 훈련되고 경험이 충분한 사람만이 다룰 수 있다는 제약이 있다.

1980년대 밀라노팀은 약 십 년간 유지되어 왔던 한 팀이 분리되었다. 두 명의 여성팀인 팔라촐리와 프라타는 계속적으로 문제가족들을 치료하며 연구를 계속하였다. 팔라촐리는 1989년 『가족게임(Family Games)』을 출판하여 가족들의 은밀하고 유치한 게임을 중단시킬 수 있는 '보편적인 처방' 기법을 널리 알렸다. 보편적인 처방은 아주 역기능적인 가족들에게 긍정적인 효과를 보였다.

보스콜로와 체친은 오히려 상담사들을 위한 훈련과 교육으로 미국, 유럽, 이탈리아, 캐나다에서 강연을 주도했다. 나중에 이 남성팀은 전략적인 치료기법에서 벗어나, 질문과정에서 의미를 창출하는 순환질문법을 더욱 중요시하는 구성주의적 대화치료를 발전시켰다.

미국에서는 가족상담사인 호프만(L. Hoffman), 펜(P. Penn), 팹(P. Papp)이, 캐나다에서는 정신과 의사인 톰(K. Tomm)이 밀라노 모델의 가족치료이론들을 전 세계적으로 알리는 데에 공헌하였다.

2. 밀라노 가족치료의 주요 개념

1) 3자 결혼

셀비니 팔라촐리 등(Palazzoli et al., 1985)은 거식증 환자 가족들의 동맹관계를 '3자 결혼'으로 설명한다. 남편은 아내와 결혼했지만 자녀와도 파트너처럼 부부의 일부가 되는 경우다. 예를 들어, 딸이 아버지의 파트너로, 때로는 어머니의 파트너로 동맹관계를 이룬다. 그리고 딸은 원칙적으로 자기와는 상관없는 부모의 문제에 깊이 개입되어 있다. 부부의 외도문제나 이혼문제 등 부부의 지속적인 갈등 속에서 딸은 부부의 중재자 노릇을 하며 부부 사이를 안정시키는 역할을 한다. 딸은 대개 부모의 생각을 다른 곳으로 돌리도록 하기 위하여 자신의 증세를 거식증으로 표출하게 된다. 어머니의 감추어진 분노를 음식과 동일시하여 음식을 먹으면 분노를 느끼게 되고 굶고 토하면 기분이 좀 나아진다. 갑작스럽게 출현한 딸의 섭식장애 증세를 통해서 부부는 딸의 증세가 서로 상대방 때문이라고 비난하거나 부부가 둘 다 딸을 비난하고 야단치므로 자신들의 진짜 문제는 슬며시 물속으로 잠수하게 된다(Huschke-Rhein, 1998). 다음은 섭식장애 가족의 한 사례다.

남편은 권위적이고 완고하고 자신의 감정을 통제하려는 초이성형이다. 성취력은 강해서 돈 버는 것에는 많은 에너지를 쏟고 있고 실제로 돈도 벌었다. 부인은 완벽주의자로 외모에 지나치게 신경을 쓰며 날씬해지기 위해서 식사 조절을 하며 자신의 욕구도 조절을 한다. 살이 찌고 빠지는 것에 대하여 지나치게 민감하게 반응하여 우울증에 빠지기도 한다. 사실 이 우울감은 자신을 향하는 분노가 내적으로 표출된 것이다. 이 부인은 성장하면서 한 번도 완벽하고 권위주의적인 자기 엄마에게 저항하지 못했고, 엄마의 요구대로 결혼해서 임신을 한 상태에서도 친정동생들을 돕기 위하여 행상을 다니며 돈을 벌어야 하였다. 그리고 지금의 남편과 혼전관계로 원치 않게 결혼하여 살고 있는 자기 자신에게 화가 나 있었다. 부인의 우울은 표현되지 못하고 억압된 분노였다. 그러면서 남편에게 집착하고 자기 뜻대로 되지 않는 것에 대하여 좌절하고 침체되곤 하였다. 이 부부 사이에 딸 둘이 있는데 각각 20세, 15세다. 큰딸은 몸무게가 40kg으로 거식증을 앓고 있었다. 증세가 나타난 시점은 남편이 외도를 하다가 부인이 알게 되어 이혼을 이야기하고 갈등이 증폭되던 시기였다. 작은딸은 학교에서 문제를 일으키고 품행장애를 나타내기 시작하였다.

큰딸은 이 집에서 어머니를 돌보는 아이로, 부부를 화합시키려고 노력하는 '3의 결혼'자로 어머니의 파트너 역을 감당하고 있었다. 또한 어머니의 감추어진 분노를 음식과 동일시하고 있었다. 음식을 먹으면 어머니의 감추어진 분노를 느끼고, 토하면 마음이 조금 편하였다. 딸은 자신이 성장하면서 엄마에게 경험하였던 어린 시절의 엄격함과 완벽성을 자기 몸에 적용하여 체중 조절로 자기를 완벽하게 통제하려 하고 있었다. 자신의 증세를 통하여 어머니와 아버지를 통제하고, 부모의 이혼문제도 확실하게 통제하고 있었다. 이것은 섭식장애 가족의 대표적인 사례였다.

2) 거부당한 자녀

가족 내에서 부모 중 한 사람이 딸을 파트너로 활용할 수 있는데 딸과 동맹관계를 이루지 못한 파트너는 질투를 한다. 두 사람 모두 상대방에 대한 불만이나 불평을 해소하기 위하여 딸을 서로 차지하려고 한다. 그런데 딸이 두 사람 중 어느 한 사람만 공공연하게 편을 들 때 딸은 다른 사람에게 거부당하고 만다. 예를 들어, 딸이 아버지 편을 들면 딸은 아버지 마음에 들기 위하여 어머니와는 경쟁적 관계가 되어야 하고, 어머니의 질투심을 자극할 수밖에 없다. 그래서 어머니에게 거부당하기 쉽다. 그러면서도 딸은 아버지와 친밀해지는 것에 다른 성적인 잠재의식 때문에 두려움을 느낀다. 또 한편으로 딸은 어머니에게 죄책감을 느끼며 충성해야 한다는 의무감 때문에 괴로워한다. 어머니가 아버지로부터 억압당하고 있다고 믿기 때문이다. 그래서 딸은 자신이 나서서 어머니를 도와야 하고 어머니와 연합하여 아버지와 맞서야 한다고 생각한다. 결국 딸은 부부 사이에서 누구 편을 들든 간에 거부당할 수밖에 없고 부모의 모순을 몸소 몸으로 체험할 수밖에 없다. 거식증을 앓은 딸은 몸으로 고통을 감수하게 된다(Wardezki, 2006). 이런 가족의 구조 속에서 가족들은 자신들만이 아는 게임을 하고 있는 것이다. 팔라촐리는 가족들의 이런 게임을 '유치한 게임(dirty game)'이라고 말하면서 치밀한 계획 속에서 때로는 역설적인 개입을 시도하였다.

3) 가족의 융합관계

부모와 딸의 관계에서 양면적인 경우가 많다. 딸은 대체로 아버지보다는 동성인 어머니에게 애착관계를 느끼지만 그만큼 어머니에 대한 반감이나 적대감도 크다. 딸은 한편으로는 부모를 받아들이고 싶지만 이와 동시에 거부하고 싶은 욕구를 느낀다. 어머니가 많은 영향력을 가지고 자신의 영역을 침범하고 간섭하기 때문에 도망가고 싶은 충동도 느낀다. 그러나 딸은 어머니가 필요하고 유일한 피난처일 때가 많기 때문에 어머니로부터 완전히 도망갈 수가 없다. 그래서 딸은 한편으로는 어머니의 욕구나 감정, 기대를 만족시키려고 노력한다. 어머니의 공허한 마음도 채워 주려고 노력한다. 그렇다고 딸이 어머니 역할에서 어머니를 완전히 자유롭게 해 줄 수는 없다. 둘은 필요에 의해서 서로가 서로를 강하게 원하면서도 또 때로는 강하게 적대적이고 회피하려고 한다. 어머니는 딸이 자신이 없으면 살기 어렵다고 생각한다. 딸 또한 마찬가지다. 둘은 서로가 자신들이 필요하고 없어서는 안 되는 관계라고 생각하지만 실제로는 각자 자신을 걱정하는 것이다. 상대방으로부터 벗어나서 독립적으로 사는 것에 대한 두려움이다.

이럴 때 중요한 것은 상대방에 대한 믿음이다. 모녀가 서로 간섭하지 않아도 상대방이 자주적이고 독립적으로 살아갈 수 있다고 믿어 주는 것이다. 그리고 자기 자신에 대한 믿음도 키우는 것이다.

> 32세의 여성 K는 체중에 대해 과민반응을 하는 환자였다. 상담치료를 받는 동안에도 늘 몸무게에 대한 걱정뿐이었다. 비만이라고 볼 수 없는 몸이지만 4kg이 증가한 정도인데 거의 노이로제 수준으로 걱정을 멈추지 못했다. 집단에서 치료하는 동안 K는 엄마와의 관계가 더 문제였다. 엄마처럼 펑퍼짐한 스타일에 뚱뚱한 몸은 절대로 가지지 않을 것이라고 다짐하곤 하였다. 엄마의 모습은 늘 불안하고 딸자식 하나 못 다루는 약한 존재였다. 이 여성은 엄마와 사사건건 부딪혔고 그럴 때마다 엄마는 딸에게 욕설을 퍼붓고 심지어는 손찌검까지 하였다. 그러면서 딸은 엄마에게 '너 같은 애를 누가 좋아할지 모르겠구나!'라는 말을 수없이 들어야만 하였다. 사춘기 때는 이런 엄마가 무서워서 거짓말을 한 적도 많았다. 자신의 체중이 증가하자 미처 소화하지 못한 엄마와의 관계에서 고민하게 되었고 자기도 엄마처럼 뚱뚱해지고 엄마와 같은 삶을 살게 될까 봐 두려워하고 있었다. 그런데 치료를 받는 동안 자신이 엄마의 부정적인 모습을 얼마나 답습하고 있는지 깨달았고 엄마로부터 벗어나지 못한 자신을 발견하였다. 상담치료 과정에서 K는 엄마에 대한 억압된 분노가 터져 나왔고, 엄마로부터 벗어나야겠다고 다짐하였다. 자신의 모습 가운데 어떤 것이 진정한 자기 모습이고 어떤 것이 엄마의 모습인지인지 구분할 수 있게 되었다. 여자가 된다는 것이 엄마처럼 뚱뚱해지고 늘 지친 모습으로 살아가고 자식을 구박하고 때리는 게 아니라는 사실을 깨달은 것이다. 자신의 삶을 독립적이고 자주적으로 살기를 바란다며 심리적인 변화가 일어났다(Wardezki, 2006: 152 재인용).

4) 전통적인 성역할 거부

자녀들에게는 부모의 삶의 방식이 곧 모델이고 무의식적인 학습방식이다. 그중에서도 어머니의 자신 몸에 대한 인식이나 지각은 딸에게 고스란히 무의식적인 학습으로 전달된다. 특히 자존감이 낮은 어머니는 늘 과식에 신경 쓰며 자신의 외모와 몸매에 대한 걱정뿐이다. 자기 몸을 있는 그대로 받아들이지 못하고 각종 다이어트제나 식욕 억제제를 먹으며 살 빼기에 전쟁을 치른다. 이런 어머니 밑에서 자란 자녀는 체중이 지닌 의미와 외적인 가치 기준이 얼마나 중요한지 그대로 내면화한다. "예뻐지려면 고통을 감수해야 한다."라는 말처럼 예쁜 얼굴이나 외모를 가지기 위해서는 어떤 고통도 가치가 있다고 생각한다. 그리고 음식도 몸매를 위해서는 피해야 할 대상으로 바라본다. 그래서 어머니가 해 준 음식을 먹고 다시 토해내는 것이다. 토하는 것은 어머니에 대한 분노와 자신의 독립의지의 발산이다(Wardezki, 2006: 154).

그러나 실제로 음식에는 더 많은 의미가 담겨 있다. 훌륭한 어머니는 가족을 위하여 항상 맛있는 음식을 준비하고 그것은 칭찬과 애정의 원천이 된다. 어머니의 지나친 배려는 항상 음식을 잔뜩 준비해서 딸이 먹을 것이 떨어질 날이 없도록 하는 것이다. 결혼하여 사회적 관습을 그대로 받아들이면서 직장도 그만두고 자녀를 키우면서 자신의 인생의 꿈은 사라진 것 같은 공허함을 어머니의 역할을 통해서 찾으려고 한다. 가족들을 잘 돌보고 음식을 만들고 자녀를 훌륭하게 키우는 것이 자신의 꿈을 대신할 수 있을 것이라고 믿는다. 그래서 자녀들에게 권력을 휘두르고 자신이 자녀의 모든 결정을 간섭하며 통제하려고 한다. 자신은 희생하면서까지 가족을 돌보기 때문에 그것은 당연한 권리라고 생각한다. 이런 가정에서 남편의 역할은 매우 축소되어 있고 경제적인 기능에만 치우친다. 어머니의 지나친 배려가 딸에게는 오히려 부담으로 작용하여 어머니를 만나는 횟수를 줄이거나 아예 만나려고 하지도 않는다. 어머니에게 벗어나려는 딸은 어머니에게는 권력의 상실이며 희망의 상실이다. 자신의 존재 가치를 희생으로 대신해 온 어머니에게 딸의 독립은 자신의 존재 가치의 상실을 뜻한다. 대부분의 어머니는 무의식적으로 자녀의 인생에 직접적으로 개입하고 자신을 위한 결정을 자녀에게 강요하기도 한다. 어머니들은 자신이 얼마나 딸에게 집착을 하였는지도 잘 알지 못한다. 특히 가정주부인 경우에는 완벽한 자녀 교육과 식사 준비, 청결 유지, 자녀와의 동일시로 자녀들과 갈등을 겪게 된다. 가부장적인 가족문화에서는 여성들이 독립적으로 자신의 원함이나 목표를 성취하기보다는 주변 상황에 따라 자기를 포기하고 순응하는 것에 더 익숙해져 있다. 자신을 위해서 꿈을 꾸고 행하는 것은 이기적인 것이라고 단정해 버린다. 이런 배경에서 볼 때 어머니가 자녀의 입장에서 자녀의 성장 발달을 지원하고 자기만의 개성을 살릴 수 있는 교육은 어렵다. 새로운 시대에 사는 딸들은 구시대의 엄마 역할에 반감을 가지며 성공적인 여성상만을 지향하게 된다. 자존감이 낮은 여성들은 여성적인 내면의 상보다는 외적으로 드러나는 외모나 몸에만 치중을 한다. '욕망하는 기계'라는 몸이 정신을 속박하는 시대로 보편적인 미의 기준을 강요하는 현대사회에서 다른 사람의 가치와 기준이 나를 구속하고 속박하는 것이다. 여성은 자신의 내면의 애정이나 배려성이나 헌신은 쓸모없는 가치로 치부해 버리고 남성적인 상, 사회적으로 성공만을 강조한다.

보스킨드 로달과 설린(Boskind-Lodal & Sirlin, 1979)은 현대 여성의 사회화를 두고 '사회적 노이로제'라고 표현하였다. 현대 여성들이 사회 속에서 요구되는 많은 역할과, 이상과 현실에서 좌절하고 실패의 두려움에 휩싸이는 현상을 말하는 것이다. 불가능한 목표 때문에 자기 몸을 할퀴고 파괴하는데 그 영혼은 온전할 리가 없다. 이런 구체적인 증상 중 하나가 바로 폭식증이며 극단적인 상황에 대처하는 극단적인 방법으로 보인다.

3. 밀라노 모델의 치료과정

항상 네 명의 상담사가 두 팀으로 나누어 한 팀은 가족들과 면담을 진행하고 다른 한 팀은 일방경 뒤에서 면담과정을 관찰하면서 간접적으로 개입한다. 그리고 모든 치료과정은 비디오로 녹화된다.

상담사가 처음부터 전화 접수를 받고 치료시간 약속을 하기 전 가족에 관한 정보를 수집한다. 가족구성 상황과 그들의 관계, 문제발생과 상황 등을 질문한다. 맨 처음에 가족이 어떤 정보를 제공하는지는 치료의 중요한 단서가 되기 때문에 매우 중요하다. 전화한 사람, 목소리, 심리적 상태, 태도 등은 가족문제의 초기 가설에 중요한 근거가 되고, 치료과정에 가족 중 누구를 참여시킬 것인가를 결정하게 하는 요인이 되기도 한다. 상담사는 첫 치료 모임에 누가 반드시 와야 하는가를 가족에게 말한다. 항상 3세대가 오도록 되어 있다. 그들이 오기 전에 치료팀은 그 가족과 문제에 대한 치료를 검토하고 가설 설정과 개입전략에 대하여 의논한다.

그리고 모든 가족이 참여한 첫 자리에서 누가 먼저 전화를 해서 어떤 내용을 먼저 상담사와 전화로 했는지 전화 내용을 다시 한 번 가족들에게 설명하도록 한다. 그래서 가족들이 이 설명에 큰 이의가 없는지, 동의하는지, 문제에 대한 지각의 차이가 있는지 없는지 알 수 있도록 한다. 또한 상담사가 누구 편도 아니라는 것을 가족들에게 보여 줌으로써 공평한 관계에서 출발하도록 하며, 신뢰감을 형성한다. 그리고 첫 면접에서 가족의 상호작용 패턴과 고유의 게임 규칙을 순환질문을 통하여 파악하려고 시도한다.

치료 횟수는 한 달에 한 번, 치료기간은 1년 정도로 전체 치료 모임은 10회로 엄격하게 제한하고 있다. 그래서 밀라노팀들은 가족과 상담사들이 치료결과에 공동의 책임의식을 강하게 갖도록 하며, 시간과 비용 면에서도 더 효율적이라고 믿었다. 이들은 자신들의 치료를 '장기적 단기치료(long, brief therapy)'라고 주장한다. 밀라노팀의 많은 치료경험에 의하면 가족들은 상담사를 찾아와서 마치 '우리 가족의 증상을 좀 어떻게 없애 주십시오. 그러나 우리는 변화하고 싶지는 않습니다.'라는 태도로 임한다는 사실을 깨달았다. 그래서 치료팀은 치료의 책임의식을 가족들에게 부여하는 것과 오히려 역설적인 처방법으로 과제를 부여한다. 치료기간이나 횟수는 가족들의 요구가 있어도 원칙대로 진행하고, 가족들의 무의식적으로 작용하는 힘의 권한을 미리 차단하고자 했다(Palazzoli & Boscolo, 1981).

상담사와 가족이 한 달에 한 번씩 만나는 이유는 밀라노가 대도시여서 내담자가 찾아오는 데에 시간이 오래 걸려 자주 방문하는 것이 어렵기도 했지만, 치료개입을 위해 더 효과적이라는 사실을 알게 되었기 때문이다. 가족들에게 시간적 여유를 주면서 치료적인 개입이나 치료적인 처방을 한 달 동안 이행하게 하면서 가족들이 변화할 수 있는 토대를 마련할 수 있다는 장점이 되기도 했다. 상담사는 가족들의 문제에 대한 가설과 개입에 대한 검토나 유사한 사례에 대한 분석을 통하여 다음 치료 모임의 계획과 개입에 대한 평가를 할 수 있었다.

밀라노 가족치료의 치료과정은 일반적으로 구조화되어 있다. ① 면담 전의 치료팀, ② 면담과정, ③ 휴식, ④ 개입과정, ⑤ 면담 후의 치료팀으로 구성되어 있다(Palazzoli, 1981; Tomm, 1984: 3-5).

1) 면담 전의 치료팀

치료에 임하기 전, 치료팀은 항상 사전에 가족들의 문제와 사정에 대한 초기 가설을 세우고 임한다. 상담사들이 함께 문제에 대한 검토, 치료적 개입, 치료전략에 대한 회의를 하기 위해 매번 치료에 임할 때마다 10분 정도의 면담 전 모임을 갖는다.

2) 면담과정

면담과정은 50~90분으로 가족들과 두 명의 상담사와 일방경 뒤의 두 명의 치료팀이 함께 임한다. 면담 동안에 상담사들은 가족들의 구체적인 문제에 대한 정보와 상호작용 패턴을 평가하며, 가설에 대한 확인작업을 한다. 일방경 뒤의 치료팀은 인터폰을 통해 면담을 이끄는 상담사에게 좀 더 가족의 정보를 탐색하게 하기도 하고, 치료의 진행을 보충하여 도와주는 역할을 한다.

3) 휴식

일차적인 면담과정이 끝나면 가족들은 15~40분 정도의 휴식시간을 갖는다. 상담사는 이때 다른 치료팀과 협력하여 면담과정에서 이루어진 내용들을 토대로 치료적인 개입방안을 구상하며 설정한다.

4) 개입과정

치료팀이 다시 가족들과 만나서 팀의 결정사항들을 전달하는 과정으로 5~15분이 소요된다. 상담사는 가족들에게 문제에 대한 정의를 긍정적인 의미부여를 하며 설명한다. 치료적인 개입으로 역설적인 처방법인 과제나 가족의식 등을 가족들에게 전달한다. 가족들에게 때로는 편지 형식으로 과제를 전달하기도 한다. 참여하지 않은 가족에게도 상담내용을 편지로 전달한다.

5) 면담 후의 치료팀

마지막으로, 상담사들은 면담이 다 끝난 후에 모임을 갖는다. 10~15분 정도 가족의 반응과 전체적인 치료과정에 대하여 논의하며 검토한다. 다음 치료계획을 세운다.

4. 밀라노 모델의 치료기법

1) 가설 설정

밀라노 모델은 치료개입 전에 가족에 대한 사전평가와 사정을 가설로 세워서 치료를 위해 가정화하여 진행한다. 호프만(Hoffman, 1982)은 가설 설정이란 가족들의 관계나 문제, 증상에 관련된 모든 자료를 구체적으로 조직화하여 이 가족에게 현재 나타나는 증상에 대한 문제 설정과 치료개입을 위한 가정을 세우는 것이라고 설명한다. 가설 설정은 전화상담을 통해 가족에게서 얻은 정보, 면담에서의 가족들의 상호작용 패턴, 상담사 팀의 과거 치료경험 등이 근거로 사용된다. 상담사가 이런 가설 설정 없이 치료에 임하게 되면 가족들이 규명하는 문제나 증상으로 상담사가 따라갈 위험이 있고, 현재의 문제가 지속적으로 유지될 수 있는 가능성이 더 클 수도 있기 때문이다. 가설 설정을 통해 상담사가 먼저 치료과정에서 조직의 힘을 발휘할 수 있다는 이점이 있고, 현재 이 시점에서 나타나는 가족의 문제 증상의 의미를 설명할 수 있다. 가설 설정은 치료개입을 위한 방법으로 하나만 세우는 것이 아니라 많은 대안적 가설도 세워서 가족들에게는 알리지 않고 가설을 확인하고 또는 수정하기 위한 질문과정을 거친다. 가설의 범위 안에서 가족들의 가족관계에 대한 인식과 밀접한 것들을 제시함으로써 전체 가족들의 변화를 시도할 수 있다.

2) 순환질문법

밀라노의 순환질문법은 서로의 차이를 설명하기 위한 것으로 어떤 특별한 상황과 관계 맥락을 중요시한다. 키가 크다, 뚱뚱하다, 부지런하다와 같은 개념들의 차이는 모두 누구와의 차이라는 비교와 관계성 안에서 이해되어야 한다. 인간의 차이는 또 다른 차이를 만들어 낸다는 사실에 근거하여, 순환질문은 가족들의 사고의 차이, 관계성에 대한 차이, 인식의 차이, 상황에 대한 차이 등을 구체적으로 밝혀 주는 데에 아주 용이하게 사용된다.

가족치료는 상담사가 첫 면담부터 마지막 종결까지 내담자와 대화를 통해서 이끌어지기 때문에 상담사의 질문방식은 매우 중요하다. 내담자는 상담사의 질문에 따라서 대답하기 때문에 대화방식이 단지 문제 중심과 증상에만 머무를 수도 있다. 또한 질문과 대답은 단지 사실에 대한 정보 제공만이 아니라 드러나지 않은 새로운 사실도 만들어 낸다는 것이 중요하다. 상담사와 내담자의 면담 속에서 내담자가 지각하지 못한 새로운 사실을 창조한다는 데에 더 큰 의미가 있다. 질문을 통하여 가족들이 지각하는 사실과 차이를 인식하게 함으로써 또 다른 사실로 변화시킬 수 있다는 것이 체계론적인 순환질문의 큰 가치다.

영국의 정신과 의사인 래잉(Laing, 1982)의 표현대로 모든 사람은 상대방이 자기를 어떻게 생각하고 이해하고 있는지 매우 궁금해하고 알고 싶어 한다. 그리고 내 생각을 상대방이 알아 주기를 원하기도 하고, 때로는 아는 것을 두려워하기도 한다.

인간의 모든 감정표현은 개인의 가치와 지각을 나타내는 삶의 표현이며, 또한 다른 사람에 대한 자신의 메시지의 표현이다. 만약에 아내가 운다면 누가 우느냐, 무슨 일이 있었느냐라는 단순한 질문은 단지 남편이 때려서, 아니면 속상해서 또는 슬퍼서 운다라고 대답하게 만든다. 하지만 순환질문은 아내에게 "당신이 우는 것이 남편에게 어떤 의미가 있다고 생각합니까?" 또는 아들에게 "아빠가 엄마가 우는 것을 보고 어떤 감정이 생긴다고 생각하니?"라고 질문하는 것이다. 이런 질문은 부부의 관계성의 의미를 다른 사람의 대답을 통해서 서로에 대한 지각과 관계가 어떤지를 알게 한다. 또한 자신의 감정표현이 다른 가족에게는 어떤 연관성이 있고 어떤 의미가 있는지를 알게 해 준다.

체계론적인 순환질문 방식은 문제사정에서 현재 가족들의 역기능적인 관계 패턴을 가족들이 인식하도록 하고, 사고의 자극과 변화를 주도록 돕는 데에 목적이 있다(Schlippe & Schweitzer, 1996). 순환질문법으로 A가 B와 C의 관계를 어떻게 보는지 질문하는 방식이다. 순환질문법은 먼저 가족들이 질문을 받게 되면 반사적으로 대답하기가 어려워서 한 번쯤은 상황이나 문제에 대하여 심사숙고하며 대답할 수 있도록 해 준다. 두 번째는 가족들의 상호관계성뿐만 아니라 상담사와 가족 간의 관계성을 지각하도록 도와준다. 세 번째는 가족 개인이 어떤 특정한 상황에서 지각한 차이나 사고의 차이를 드러나게 하며, 차이에 대한 사고를 줄여 줄 수 있다. 밀라노 가족치료에서는 특히 정신분열증 환자 가족에서 고통에 시달리는 환자에 대한 관계성 측면과 상호연관성들을 탐색하는 데 순환질문법이 아주 효과가 높다고 주장한다(Hoffman, 1982).

상담사가 내담자에게 단순히 의사처럼 증상 중심으로 다음과 같이 질문한다면 가족과의 관계성을 탐색하는 데에는 의미가 없게 된다.

- "문제가 무엇입니까?"
- "누가 아프지요? 언제부터 증상이 시작되었지요?"
- "증상이 구체적으로 어떻게 나타납니까?"

내담자가 이런 질문에 답하는 것은 자신이 알고 있는 사실만 제공하는 것에 불과하다. 내담자의 개인적인 생각이나 느낌, 감정에는 전혀 자극을 줄 수 없는 질문이다. 그러나 가족치료의 질문법에서는 단지 사실정보 입수만 하는 것이 아니라 개인의 알고 있는 사실을 또 하나의 다른 사실로, 즉 차이가 또 다른 차이를 만들어 내도록 하는 것이 중요하다.

(1) 문제 증상 개념에 대한 지각

문제의 개념을 정확히 파악하기 위해 문제에 대한 개별적인 차이와 지각의 차이가 드러나게 질문할 수 있다. 누구에 의해서, 어떤 시각으로 가족들이 문제라고 표현하는지를 정확히 규명하는 것이다. 그래서 문제에 대한 모든 가족의 동의와 비슷한 지각의 인식이 필요하다. 그리고 가능하면 환자인 내담자가 스스로 자기 상황과 함께 문제를 이야기하도록 한다.

문제행동이나 증상에 대한 개념을 가족들의 시각과 지각을 통해서 알아볼 수 있는 질문들의 예는 다음과 같다.

가족에게: 누가 가장 먼저 딸의 문제라고 하는 '거식증'에 대하여 발견했나요?

남편에게: 집에서 아내가 문제라고 하는 행동이 구체적으로 어떤 것인지 설명해 줄 수 있겠습니까? 신경정신과 의사에 의하면 아내에게 우울증 증세가 있다고 했는데, 남편께서는 아내의 어떤 점들이 우울증과 비슷한 것들이라고 생각합니까?

아내에게: 어머님이 말씀한 아들의 이상행동이라는 것이 집에서 어떻게 행동하는 것입니까?

(2) 문제 증상의 발현에 대한 지각

문제 증상이 언제, 어디서, 누구에게 나타나는지, 그리고 또 언제, 어디서, 누구한테는 문제 증상이 나타나지 않는지를 구체적으로 규명하기 위해 질문한다. 예는 다음과 같다.

> "아버지가 두 자녀를 모두 때립니까? 아니면 아들에게만, 딸에게만 폭력을 행합니까?"
>
> "아버지가 술 취해서 오면 폭력을 휘두르고, 술 마시지 않았을 때는 어떻게 다릅니까?"

(3) 증상의 상호관계성 규명

상담사가 어떻게 질문하느냐에 따라서 증상이나 문제가 개인의 특정한 것으로 간주될 수도 있고 아닐 수도 있다. 질문방식은 어떤 개인의 증세나 병은 개인에게 고정된 특정한 것이 아니라, 다른 사람과의 관계 속에서 발생하는 행위나 의사소통에 의하여 형성된 하나의 과정이라는 새로운 사실을 만들어 낸다(Schlippe & Schweitzer, 1996).

문제나 증상을 가족과의 상호작용과 가족의 주기나 가족의 사건과 관련시켜 질문한다. 개인의 증세가 무엇과 누구와 연관되어 있는지 상호관계성을 위한 질문들이다. 증세가 나타날 때 가족들의 반응이나 또는 특별한 사건이나 가족의 주기와 관련될 수 있다. 예는 다음과 같다.

> 어머니에게: 자녀가 문제 증상을 나타낼 때 자녀와의 관계는 어떻습니까?
>
> 증상이 나타나지 않을 때 엄마와 딸의 관계는 어떻습니까?
>
> 자녀의 폭력행위가 남편이 술 취해서 들어온 날이면 더 심하게 나타납니까, 아니면 상관이 없나요?
>
> 부부싸움이 자주 발생하면서 자녀의 우울증이 더 심해진 것입니까?
>
> 딸이 신경성 식욕부진증을 나타내면 이때 엄마(아빠, 동생)는 거기에 어떻게 반응합니까?
>
> 딸이 죽고 싶다고 얘기할 때마다 엄마는 어떻게 반응합니까?
>
> 엄마가 집에 계실 때, 아니면 외출하고 없을 때 자녀의 증세가 더 심하게 나타납니까?
>
> 혹시 외할머니가 돌아가신 이후부터 손자가 말썽을 피우기 시작했습니까?

(4) 순환질문법

순환질문법으로는 다음과 같이 몇 가지가 있다.

첫째, 상대방에게 직접 질문하지 않고 다른 사람에게 물어보는 방식이다. 예는 다음과 같다.

> 남편에게: 아내가 여기에 오신 목적이 무엇이라고 생각하십니까?
>
> 아내에게: 남편께서 함께 여기에 오신 목적이 무엇이라고 생각하십니까?
>
> 아내(남편)에게: 자신이 생각하는 남편(아내)의 현재 모습을 어떻게 설명할 수 있을까요?

둘째, 두 사람의 관계를 직접 상대방에게 묻지 않고 제3자에게 묻는 방식이다. 더 객관적으로 두 사람의 관계나 상황에 대한 반응을 조명해 볼 수 있다. 예는 다음과 같다.

> 자녀에게: 엄마와 아빠 사이가 어떻다고 생각하니?
>
> 자녀에게: 엄마와 아빠가 여기 치료에 오신 목적이 무엇이겠니?
>
> 자녀에게: 엄마가 아빠와 싸운 후에는 서로 어떻게 하시는지 말할 수 있겠니?
>
> 자녀에게: 할머니와 아버지 사이가 아주 친하다고 생각하니?
>
> 남편에게: 아내와 시어머니 관계를 어떻게 설명할 수 있습니까?

셋째, 가족 간의 문제에 대한 상황이나 관계성에 대한 지각의 차이를 묻는 방식이다.

가족의 역기능적인 상황이 노출되도록, 가족들에게 상황에 대하여 설명하도록 질문한다. 그래서 문제 증상이 고정된 어떤 것이 아니라 상호관계의 행동이나 의사소통에서 유래하는 과정으로 보도록 질문을 할 수 있다. 예를 들면, 신경성 식욕부진증 딸이 있는 가족의 아들에게 질문한 내용이다.

> 상담사: 누나가 밥을 먹지 않으려고 할 때 엄마는 어떻게 하시니?
>
> 아 들: 엄마가 누나에게 먹으라고 강요하며 야단을 쳐요.

상담사: 그러면 누나는 어떻게 반응하지?

아　들: 음식이 맛이 없다고 불평하며 짜증을 내요.

상담사: 그럼 아빠는 그때 어떻게 하시지?

아　들: 아빠는 부엌문을 쾅 하고 닫고 화를 내며 나가셔요.

상담사: 그럼 누나는 또 어떻게 반응하니?

아　들: 누나는 그제야 밥을 먹기 시작해요. (Ritscher, 1988: 245)

또 다른 질문의 예는 다음과 같다.

아들에게: 엄마가 가장 힘들고 어려울 때 아버지는 어떻게 하시는지 말해 줄래?

아들에게: 누나가 가출했을 때 가장 힘들어하는 사람은 누구라고 생각하지? 두 번째로
　　　　힘든 사람은 누구지?

딸에게: 할머니가 집에 들어오셔서 함께 살기 시작할 때 가장 좋아한 사람은 누구였지
　　　　요? 그리고 별로 좋아하지 않은 사람은 누구라고 생각하나요?

넷째, 퍼센트 질문법으로 개인의 문제에 대한 확신과 동의, 증상에 대한 개념 등 정도의 차이가 드러나게 한다. 퍼센트 질문은 개인의 증상이나 문제가 고착된 상태가 아니라 변할 수 있다는 가능성을 암시한다. 또한 추상적인 사고나 행위를 더욱 구체화시켜 주는 장점이 있다. 예는 다음과 같다.

정신분열증 환자 가족에게: 몇 퍼센트가 뇌의 생화학적 작용에 의한 것이고, 몇 퍼센트
　　　　가 생활에서 어려운 상태에서 오는 이상행동이라고 봅니까?

부부문제가 있는 아내에게: 몇 퍼센트는 이혼을 생각하고, 몇 퍼센트는 가족이 다시 화
　　　　합해서 행복하게 살 수 있다고 생각합니까? 현재 행복지수는 몇 퍼센트 정도에 해
　　　　당한다고 생각하세요?

다섯째, 문제나 사건에 대한 전후의 차이를 인식하도록 돕는 질문이다. 특히 문제가

어떤 사건과 관련 있을 때 유용하다. 관계성에 대한 양적인 차이는 누구에게 문제나 증상이 많은지 적은지, 질적인 차이는 누구에게 더 나아지고 누구에게는 더 나빠지는지, 시간적 차이는 전에는 어떠했고 후에는 어떠했는지를 질문할 수 있다. 이런 차이에 대한 질문은 증상이나 문제가 어떤 사건이나 상황과 연관성이 있다는 것을 지각하게 해 줄 수 있다. 예는 다음과 같다.

> 아내에게: 남편이 실직하기 전에, 아니면 실직 후에 더 술을 마십니까?
> 아내에게: 딸이 다이어트를 시작한 것이 대학교 진학 전, 아니면 후입니까?
> 남편에게: 아내의 우울증이 친정어머니가 돌아가시기 전과 후에 어떻게 다르게 나타났습니까?
> 딸에게: 엄마가 집에 있을 때는 당신의 과잉행동이 좀 더 나아지고 엄마가 집에 없을 때는 더 나빠집니까?

여섯째, 가상적인 질문법으로 가족들에게 미래에 대한 가상의 일에 대하여 생각하고 답하도록 질문할 수 있다. 예는 다음과 같다.

> 아내에게: 만약에 부인이 이혼을 하신다면 자녀들은 누가 양육할 것입니까?
> 남편에게: 만약에 아내가 별거를 요구하게 되면 순수하게 응하실 수 있습니까?
> 아내에게: 남편이 만약 알코올중독자가 아니었다면 부인의 삶은 어떠했을까요?

3) 중립성

밀라노팀이 가족치료에서 '중립성(neutrality)'을 유지한다는 것은 상담사가 어느 누구에게도 치우치지 않고 중립적 위치를 취한다는 것보다는, 상담사의 행동방식이나 가족들에 대한 태도를 말한다. 가족 누구도 비난하지 않으며, 또한 칭찬도 하지 않고 현존하는 가족의 체계에 많은 호기심과 관심으로 이해하려는 태도를 취하는 것이다. 그렇다고 가족들에게 무관심하거나 적극적이지 않고 비활동적이라는 것은 아니다. 상담사는 가능한 한 객관적인 입장에서 가족들을 사정하고 개입하지만, 상담사 자신들도 치료의 한 체계라는 것을 인정하고 가족과의 상호작용을 치료에 이용한다(Tomm, 1984).

상담사가 중립적인 태도를 취하는 것을 세 가지로 분류하여 다음과 같이 설명한다 (Schlippe & Schweitzer, 1996: 120).

- 가족 개인에 대한 중립성: 가족 중 어느 누구와 합류를 한다든지, 누구 편을 지지한다든지 하는 태도를 피하며, 가족원 간의 갈등에 휘말리지 않도록 내적인 거리감을 유지하는 것이다.
- 가족들의 증상이나 문제에 대한 중립성: 가족구성원 가운데 누군가가 나타내는 문제나 증상에 대한 것을 상담사의 가치 판단으로 언급하지 않으며, 증상이 나쁘다 또는 좋다고 평가하지 않고 개방된 상태로 둔다. 상담사는 가족의 증상을 제거하려고 하지도 않고, 가족들의 항상성을 계속 유지 · 촉진시키지도 않으면서 그 상태로 둔다. 상담사의 증상에 대한 이런 상반적인 태도는 가족들에게는 고통이 되기도 하지만, 가족들의 체계 유지를 위한 자기조정 능력을 키워 주는 계기로 이용될 수 있다.
- 사고에 대한 중립성: 상담사는 가족들이 면담과정에서 말하는 문제에 대한 설명, 해결방안에 대한 생각, 중요한 행동방식 등에 대하여 어떤 것이 좋다, 나쁘다고 판단해서 분명하게 표현하는 태도를 취하지 않는다. 예를 들면, 14세의 자녀가 부모와 함께 사는 것에 대하여 또는 이미 집을 나가서 사는 것에 대하여 좋다, 나쁘다고 판단하지 않는다. 또는 가족들이 한 달에 한 번 청소를 하든지, 일 년에 한 번 청소를 하든지, 부부가 성학대적인 성행위를 하든지, 아니면 부부가 플라톤적인 정신적 사랑만을 하든지 가족들의 사고나 행위, 가치관에 대하여 열어 둔 상태를 취한다. 이런 상담사의 태도는 가족들의 방어를 줄이고 스스로 더 나은 사고나 가치관을 형성하도록 도울 수 있다. 가족들이 짧은 시간에 흑백논리에 의해 이것이 옳고 저것이 틀리다고 판단하는 사고에서 벗어나, 전체적인 가족의 맥락에서 좀 더 나은 행동이나 사고에 진입하도록 돕는 과정이 될 수 있기 때문이다.

밀라노 가족상담사들은 자신들의 오랜 경험에 의하여 가족들의 막강한 힘과 세력이 상담사를 무능력하게 만들 수 있다는 것을 깨달았다. 그래서 상담사의 중립성이 치료 과정에서 가족과 상담사 모두에게 아주 유용하다는 것을 알게 되었다. 상담사는 자신들의 위치를 지킬 수 있어 좋고, 가족들은 전체적인 체계의 변화를 자신들의 의식과 책임으로 시도할 수 있어서 유익하다(Cecchin, 1988).

체친(Cecchin, 1988: 190)은 상담사의 중립성은 아주 특별한 치료 맥락을 위한 상담사의 전문적인 행동과 태도로 간주한다. 아주 특별한 어떤 상황 맥락에서 중립성이 필요한지, 중립성이 어느 때에 의미를 창출할 수 있는지 상담사는 의식적으로 행해야 한다고 강조한다. 상담사의 중립성은 가족들에 의한 힘의 위험을 견제할 수 있는 것으로, 특히 근친상간 가족의 은밀하고 비밀스러운 경우나 성폭행 가족원의 경우 매우 유용하다고 하였다.

4) 긍정적 의미부여

긍정적 의미부여는 MRI의 단기치료에서 사용되는 재구성기법과 비슷한 것으로, 증상이나 문제로 보는 가족들의 행동을 긍정적인 의미로 상담사가 해석해 주는 것이다. 상담사가 하는 증상에 대한 긍정적인 해석은 가족들로 하여금 진실로 우리를 이해해 주는 것으로 느낄 수 있게 해 준다. 그래서 변화를 시도하려는 상담사에 대해서 저항이 줄어들고 자기방어가 약해지는 경향이 있다. 가족들은 변화를 위해서 자율적으로 행동하고 상담사는 가족들을 존중한다. 밀라노 모델에서는 증상 이면에 숨어 있는 IP의 행동의 동기나 의도에 대하여 긍정적 의미부여를 아주 잘 이용한다. 그래서 가족의 증상이나 문제 자체가 해결방안이 될 수 있다고 믿었다.

증상행동과 관련된 다른 가족들의 행동에 대해서도 모두 긍정적인 의미부여를 한다. 예를 들면, 가족들은 서로를 위해서 존재하며, 개인의 행동은 가족을 위한 좋은 의도에서 출발한 것이고, 그 의도는 가족의 강한 응집력을 유지하려는 것으로, 가족 공동 목표를 지향하는 것으로 재해석한다. 상담사는 가족의 증상이나 문제는 가족이 서로 가족공동체라는 의식을 유지하기 위해 하나의 목표로 가는 과정으로 본다(Tomm, 1984).

5) 가족의식 처방

가족의식 처방은 밀라노팀에서 신경성 거식중 증세의 청소년과 성인, 정신분열증 환자들을 대상으로 가족들이 지속적으로 벌이고 있는 역기능적인 '유치한 게임'을 중단시키도록 하기 위해서 고안한 것이다. 가족들의 강한 저항에 대처하고 증상을 유지, 과장, 통제하기 위한 치료개입에 해당된다. 상담사의 가족의식 처방은 가족들에게 지나친 혼란이 있을 때 명확성을 제공할 수 있다. 상담사가 의식처방을 가족에게 전할 때는 가족의식이 행하는 장소, 시간, 반복 횟수, 누가, 언제, 어떤 방식으로 할 것인지를 아주 구체적으로 명시하고 있다. 의식처방은 꼭 역설적일 필요는 없지만, 게임의 규칙을 변화시킬 수 있는 부분이 있어야 한다. 상담사는 이런 가족의식을 여러 가족에게 반복적으로 사용할 수 없고, 가족의 문제나 증세에 따라 독창적인 처방을 내려야 한다.

가족의식 처방은 가족들이 모두 참여하도록 하며, 엄한 가족규칙이나 가족의 신화를 과장하기 위하여 사용하기도 한다. 또는 가족들에게 긍정적인 의미부여를 강화하기 위하여 사용하기도 한다. 증상을 나타내는 가족원에게 다른 가족들이 감사하다는 표현을 하게 하기도 하는데, 가족이 유지될 수 있는 것은 증상을 가진 가족원 덕택이라는 긍정적 의미부여를 극대화하기 위해서다.

예를 들면, 부부가 자녀양육과 교육에서 심한 의견 차이를 보이며 자녀를 통제하는 데에 서로가 자기 권력을 행하려는 갈등으로 문제자녀를 두게 된 가족에게 상담사는 가족의식을 다음과 같이 하도록 처방한다. '짝수와 홀수날'에 행하는 의식을 주는데, 짝수날에는 오로지 아버지가 자녀훈육과 책임을 맡고 아버지는 어머니가 간섭하는 부분을 기록하게 한다. 홀수날에는 전적으로 어머니 혼자 자녀를 책임지도록 하고 아버지가 간섭한 면을 기록하도록 한다. 이런 가족의식을 행함으로써 부모들은 상대방을 비난하는 행동이 감소하고, 자녀에게 주는 이중메시지로 인한 아동의 혼란은 점차적으로 줄어들게 되었다. 그 결과 아동의 행동방식도 변하면서 부부는 경쟁적인 자녀통제 방식에서 일치된 훈육을 하기 시작했다(Palazzoli et al., 1985).

가족들이 가족의식을 제대로 수행하지 않았다 해도 가족들이 어느 정도 수행하는 과정에서 가족들의 상호작용과 반응으로 문제의 본질과 가족게임의 규칙들을 알아차릴 수 있고 다음의 개입방법을 정할 수 있게 해 준다.

6) 보편적 처방

팔라촐리와 프라타는 치료팀의 분열 후 역설적인 처방에서 보편적인 처방(invariant prescription)으로 정교하게 발전시켜, 모든 내담자 가족에게 전달하는 방식을 취하였다. 가족들의 지속적이고 강한 결속으로 이루어진 가족게임을 변화시키기 위해서 보편적 처방을 한다.

밀라노 치료팀들은 자녀의 정신이상이나 신경성 질환들이 부모들이 상반적이고 서로 세력 다툼으로 이어지는 '유치한 게임(dirty game)'의 연속이라고 가정하기 때문에,

치료과정을 부부관계의 개선과 역기능적인 가족의 고착 상태에 빠진 게임을 중단시키는 데에 초점을 두고 있다. 가족의 지속적인 게임은 가족의 한 사람을 보호하고 한편이 되어 주므로 환자의 증상이 유용하게 이용되고 있다는 것을 전제하고 있다.

특히 이런 역기능적인 가족들의 특징을 보면 다음과 같다(Thomas, 1992: 392f).

- 부부관계가 한쪽이 지배적이고 적극적이면 다른 한쪽은 아주 피지배적이며 수동적이고 계속적인 싸움과 갈등으로 지속되며, 해결을 이루지 못하는 상태에 빠져 있다.
- 자녀는 약자이고 피지배적인 부모와 한편이 되기 위하여 이상행동을 보이면서 부모의 다른 한편에게 반항하는 모습을 통해서 약자인 부모를 보호하려는 기능을 담당한다.
- 부모는 자녀의 이상행동에 모두 벌을 가하기도 한다.
- 자녀는 약자 편인 부모의 한쪽이 자신을 이해하지 못하고, 무관심하며 배반당했다는 느낌과 함께 더 심한 이상행동으로 이어진다.
- 자녀의 이상행동에 강한 부모는 강한 대로, 약한 부모는 약한 대로 서로의 전략을 세워 지속적인 가족의 유치한 게임이 진행된다.

밀라노 모델의 보편적인 처방은 10단계로 다음과 같이 구성된다(Gelcer & Schwartz-bein, 1989: 439-456).

- 제1단계: 처음 치료를 원하는 가족들은 대부분 전화상담으로 자신의 문제나 가족의 증상을 이야기함으로써 상담이 이루어진다. 상담사는 첫 모임에 누가 반드시 와야 하는지를 전해 준다. 전화상담으로 이루어진 내용을 근거로 치료팀은 첫 번째 임의적인 가설을 세우고 치료에 임한다. 첫 번째 임의적 가설은 가족으로부터 얻은 정보나 관계성, 가족들의 질문에 대한 반응양식에 따라 수정되고 보완된다. 가족 가운데 일반적으로 문제 증상을 나타내는 사람이 문제대상으로 지목되는 경향이 있다. 상담사는 가족들의 사고에 도전하기 위하여 처음부터 가족 중에 누가 문제로 보았는가? 그 시점은 언제부터인가? 누가, 언제, 어떤 증세가 나타난 것을 처음 발견했는가? 증세가 나타날 때 가족들의 반응은 어떠했는가? 등을 순환질문법으로 가족들에게 질문함으로써 문제 증상을 개인 증상에 의한 것이 아니라 가족들의 상호관계성 측면으로 재규명하며, 가족의 문제로 확대해서 전환시킨다.

- 제2단계: 한 달 후 치료 모임에는 부모와 자녀가 와서 문제에 대한 탐색과 관계성, 문제해결에 대한 가족들의 기대, 서로가 원하는 것이 무엇인지 이야기하도록 한다. 이 단계는 상담사가 가족의 문제에 대한 가설 설정과 치료전략을 세우는 단계다.

- 제3단계: 세 번째 모임에는 부모만 오고 자녀는 오지 않는다. 이때 상담사는 자녀나 조부모와의 관계 반응에 대하여 그리고 부부간의 관계와 상호작용 패턴에 대해 중점적으로 탐색한다. 부모에게는 치료받는 동안 시행할 과제를 준다. "이 상담은 모든 사람에게 비밀입니다. 오늘 이 상담도 누구에게 절대로 이야기해서는 안 됩니다. 치료가 효과적이 되기 위해서는 이 과제를 해야 합니다."라고 한다.

- 제4단계: 네 번째 모임에서 부부에게 아무도 모르게 갑자기 집에서 외출하기 전에 준비를 하게 한다. 상담사는 "가족이 모르는 상태에서 두 분이 가족에게 '우리 오늘 외출한다.'는 메모만 남겨 놓고 일주일에 한 번, 한 시간 동안 외출하세요. 절대로 행선지나 귀가 시간 등을 말하지 않아야 하고, 가족들이 놀라게 갑자기 사라져야 합니다. 그리고 매일 부부는 가족 중 누가 어떤 질문을 하는지 그리고 두 분이 사라지는 것에 대해 어떻게 반응하는지를 기록하세요. 그리고 다음 치료 모임에 올 때 그 기록을 가져와서 그동안 일어난 일을 크게 읽으세요. 만일 자녀들이 질문하면 부모의 일이니 너희는 알 것이 없다고 하세요."라고 한다. 한 달 후 한 번씩 모임에서 부부가 가져온 기록을 확인하고, 전 단계에서 주었던 과제를 똑같이 주되, 부부 외출시간을 일주일에 한 번, 두 시간씩으로 변경한다.

- 제5단계: 다섯 번째 치료 모임에는 매달 일주일에 한 번씩 부부의 외출시간을 한 시간에서 두 시간으로 늘려서 전 단계에서 주었던 과제를 다시 이행하도록 한다. 부부일지에 가족들의 반응과 관심을 기록해서 가져오도록 한다.

- 제6단계: 여섯 번째 치료 모임에서 부부일지를 확인하고 외출시간을 일주일에 한 번씩 두 시간에서 네 시간으로 늘리고 과제 이행은 지난번 단계와 동일하게 한다.

- 제7단계: 일곱 번째 치료 모임에서도 한 달 후 똑같은 과제를 부여한다. 자녀들에게는 알리지 않고 일주일에 한 번 부부가 5시간 외출을 이행하는 것이다. 부부가 서로 부부일지를 기록하도록 한다.

- 제8단계: 부부에게 동일한 과제를 주되, 일주일에 한 번 외출을 하면서 8시간으로 늘려서 이행하도록 한다.

- 제9단계: 이번 치료 모임에서는 부부가 일주일에 한 번 외박을 하는 과제를 준다.

- 제10단계: 마지막 모임은 설명 없이 다시 오지 말라고 하고 종료한다.

부모가 비밀을 지키고 사라지는 것을 지켜본 자녀들은 처음에는 두려워하고 새로운 부모의 동맹을 깨려고 하지만, 부모의 냉전이 끝난 것으로 알고 안도감과 안정을 찾으면서 자기 기능이 회복될 수 있다. 부모가 부부일지를 가져와서 서로의 반응을 세심하게 관찰하고 기록하고 치료 모임에서 이야기할 때마다 가족들은 동맹관계를 더 이해하고 변화과정을 더 이해하게 된다.

이런 보편적 처방은 부부체계를 강화하고 부부와 자녀 간의 경계를 분명히 시도하는 구조적 치료와 전략적 치료를 적용한 것으로, 부부가 밤에 사라지는 것은 부부만의 결속감을 주므로 가족 간의 세력 다툼에 의한 유치한 게임에서 벗어나도록 행한 것이다.

부모가 사라지는 것에 자녀들은 처음에는 두려워하고 부모의 동맹관계를 부수려고 하지만, 부모의 냉전관계가 끝난 것을 알아차리고 오히려 안도감을 느낄 수 있게 된다. 부모는 자신들의 새로운 행동으로 가족들의 반응을 관심 있게 관찰하고 기록하여 치료 모임에서 이야기하면서 가족의 역기능적인 패턴을 더 잘 통찰할 수 있게 된다.

이러한 보편적인 처방이 아주 심한 역기능적인 가족들에게 긍정적인 효과를 보이면서 밀라노 모델의 치료를 위한 정교함과 창의성은 높이 평가되었다.

남성 팀인 보스콜로와 체친은 전략적인 것보다는 면접과정 자체를 중요시하며, 가족들의 사고와 의견의 차이들을 이끌어 낼 수 있는 순환질문법에 더 많은 관심을 갖고 구성주의적인 대화 중심의 치료로 발전시켰다.

07 해결중심 가족치료

– Steve De Shazer & Insoo Kim

> 우리는 인식하는 것만큼 행동한다.
> 우리의 지각이 올바르지 못할 때
> 우리는 수많은 나쁜 감정에 사로잡힌다.
> 진정한 본질을 이해할 수 있을 때에
> 우리는 더 이상 고통스럽지 않으며,
> 나쁜 감정에 휘말리지 않는다.
> – 틱낫한 –

1. 해결중심 가족치료이론의 배경

1) 해결중심치료의 발달과정

　단기해결중심 가족치료의 대표적인 상담사는 스티브 드 세이저(Steve De Shazer)와 김인수(Insoo Kim Berg)다. 1970년대 캘리포니아 팔로알토에 있는 MRI(Mental Research Institute)에서 드 세이저는 이론연구, 조사연구, 저술활동을 하였고, 김인수는 상담사들을 위한 교육훈련과 저술활동을 하였다. 해결중심치료는 MRI의 전략적이며 단기적인 모델 위에서 발전하였다.

　1978년 미국 위스콘신 주 밀워키에서 드 세이저와 김인수는 단기가족치료센터(Brief Family Therapy Center: BFTC)를 설립하여 MRI에서의 교육과 치료경험을 살려 해결중심 가족치료 모델을 발전시켰다. 특히 그들은 유일하게 정신분석 훈련을 받지 않은 최면치료사로 1960년대에 세계적으로 잘 알려진 밀턴 에릭슨(Milton Erickson)의 영향을 많이 받았다. 특히 에릭슨의 「단기최면치료의 특수기법(Special Techniques of Brief Hyponotherapy)」이란 논문에서 많은 도전을 받았다. 그의 치료 사례들을 500회 이상 보며 분석, 토론, 연구하여 에릭슨의 단기적인 치료전략과 인식론, 최면치료에 많은 관심을 가졌다. 김인수는 특히 유일한 아시아의 한국 여성으로, 동양의 철학과 불교사상을 해결중심이론의 가치나 전제에 접목하였다.

전통적인 문제의 원인 분석에서 벗어나 해결중심관점과 해결방안 구축에 중심을 둔 이 치료 모델에 함께 기여한 사람으로는 이브 립칙(Eve Lipchik), 마이클 와이너데이비스(Michele Weiner-Davis), 빌 오한론(Bill O'Hanlon) 등이 있다. 립칙은 해결중심으로 이끄는 치료적 질문법을 개발하는 데에, 그리고 오한론은 에릭슨의 치료 훈련을 직접 받은 사람으로, 그의 치료적 기술들을 해결중심에 효율적으로 접목시키고 일상적인 대화의 기술을 강조하였다. 드 세이저의 대표적인 저서『단서, 단기치료에서 해결책 찾기(Clues, Investigating Solutions in Brief Therapy)』는 1988년 해결중심 가족치료이론의 기초가 된 기적질문 등 다양한 해결중심질문법과 그것을 적용한 사례를 잘 설명하고 있다.

임상가로 알려진 김인수는 1991년 저서『가정보호. 단기치료 워크북(Family Preservation. A Brief Therapy Workbook)』으로 자신의 임상경험을 세상에 널리 알렸다. 김인수

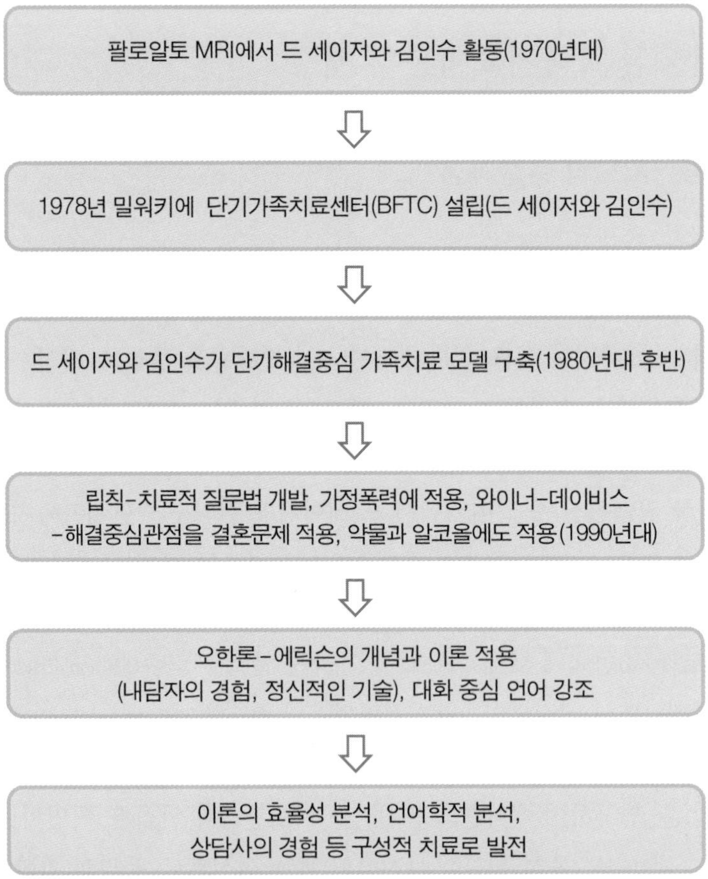

팔로알토 MRI에서 드 세이저와 김인수 활동(1970년대)

⇩

1978년 밀워키에 단기가족치료센터(BFTC) 설립(드 세이저와 김인수)

⇩

드 세이저와 김인수가 단기해결중심 가족치료 모델 구축(1980년대 후반)

⇩

립칙-치료적 질문법 개발, 가정폭력에 적용, 와이너-데이비스
-해결중심관점을 결혼문제 적용, 약물과 알코올에도 적용(1990년대)

⇩

오한론-에릭슨의 개념과 이론 적용
(내담자의 경험, 정신적인 기술), 대화 중심 언어 강조

⇩

이론의 효율성 분석, 언어학적 분석,
상담사의 경험 등 구성적 치료로 발전

[그림 7-1] 단기해결중심 가족치료의 발달과정

는 알코올중독자에게 그의 이론을 적용하기도 하였다(Berg & Miller, 1992). 결혼치료와 빈민층 가족들을 위한 방문상담 서비스에도 단기해결중심치료를 적용하였다.

드 세이저는 유럽에서 출생하였지만 미국에서 성장, 활동하였다. 김인수와 부부로, 강연을 통해 단기해결중심치료를 세계적으로 널리 알렸다. 그의 삶 자체가 세계시민의 한 사람인 것처럼, 그의 이론은 세계를 넘나드는 시공을 초월하는 이론으로 북미, 유럽, 아시아에서 성공적인 치료이론으로 부각되고 있다. 내담자는 알코올, 약물중독자, 마약중독자, 거식증, 신경성 식욕부진 환자, 우울증 환자, 노이로제 환자, 정신분열증 환자 등으로 개인치료, 가족치료 그리고 집단치료로 적용의 폭이 넓다.

2) 단기해결중심치료의 기본 방향

단기해결중심치료의 토대가 된 MRI이론이 문제의 형태와 기능에 초점을 두고 문제 정의를 분명히 하였다면, 해결중심치료는 시도했던 해결방안에 초점을 두고 문제를 유지해 온 상호관계성이 변화되도록 하였다. MRI에서는 제시된 문제를 해결하기 위하여 시도했던 방법들을 찾았다면, 해결중심치료에서는 문제가 되지 않았던 상황이나 예외상황을 더 중요시 여겼다. 두 모델의 가장 큰 차이점은 무엇보다도 행동의 변화와 인식의 변화에 대한 관점이다. 해결중심치료에서는 부정적인 감정으로 휩싸여 있는 내담자들은 마음도 닫혀 있어서 효율적인 행동을 하기가 어렵다고 본다.

드 세이저(De Shazer, 1995)는 내담자들은 문제가 언제나 일어나고 있는 것으로 인식하고 있어서 문제가 없을 때의 상황을 사소하고 하찮은 것으로 여기고 있다고 하였다. 실제적으로 아무것도 변하는 것이 없기 때문에 예외상황이 보여도 문제 상황과 그 차이를 인식하지 못한다. 치료적인 개입은 내담자들에게 지각적인 전환을 할 수 있도록 돕는 과정이고, 이런 전환이 문제해결로 가는 길이라고 강조한다.

치료의 간결성과 명료성을 자랑하는 드 세이저와 김인수의 해결중심치료의 기본 방향은 다음과 같다(de Shazer & Berg, 1995).

- 가족치료에서 문제가 유지되고 있는 현 시점을 강조한다면, 해결중심치료에서는 문제가 해결될 미래에 더 초점을 둔다.
- 해결중심치료는 과거의 증상중심이고 원인중심인 전통적인 생의학적인 관점에서 벗어나, 예외중심의 기능적인 측면과 강점이론 중심적인 해결을 한다.

- 해결중심치료는 문제해결에는 문제에 대한 탐색이 불필요하며, 해결은 문제의 발달과는 상관이 없다고 본다.
- 해결중심치료에서는 가족의 구조적인 역기능이나 결함을 탐색하지 않는다. 오히려 자신에 대하여 문제에 대하여 어떻게 서술하느냐가 더 중요하고 내담자의 원함이 중요하다고 본다.
- 해결중심치료는 내담자의 잠재적인 변화 욕구를 인정하고 내담자의 저항의 개념을 무시한다.
- 해결중심상담사들은 문제해결을 위해서 꼭 합리적이고 과학적인 방법이 필요하지는 않다고 주장한다. 오히려 내담자의 주관적인 사고 패턴을 구성하고 있는 의미, 사건에 대한 새로운 상호작용의 해석이 변화할 때 해결이 가능하다고 본다.
- 해결중심치료는 언어가 실재를 만들어 낸다고 본다. 현실에 대한 구성은 개인이 문제를 어떻게 보고 이해하고 지각하느냐에 따라 다르다고 본다.
- 해결중심치료는 언어적 대화를 통하여 내담자들이 인식하고 있는 현실을 새로운 의미로 만들어 가는 사회적 현실의 재구성과정에서 변화가 일어난다고 본다.
- 해결중심치료는 탈근대주의자들이 주장하는 저겐(Gergen, 1990)의 사회구성주의 이론과 현대철학자 루트비히 비트겐슈타인(Ludwig Wittgenstein)의 구성주의이론의 영향을 받았다. 언어는 인간의 세계를 만들며, 인간의 세계는 전 세계를 만든다. "사람이 없이는 눈물 젖은 침대도 없고, 잔소리도 없고, 우울증도 없다."
- 해결중심치료는 정상성과 비정상성에 대한 견해에서 인간이 사는 방식은 매우 상대적이라고 본다. 인간이 어떤 방식으로 사는 것이 타당하다는 절대적인 판단이 아니라, 어느 개인이나 가족에게는 허용되지 않는 것이 다른 사람에게는 허용 가능할 수 있다고 본다. 그래서 치료의 목표도 내담자가 정한다(de Shazer, 1985).

3) 문제중심 접근방법과 해결중심 접근방법의 차이

(1) 어떻게 도와 드릴까요? vs 상담이 도움이 된다는 것을 어떻게 아시나요?

상담사가 사용하는 질문은 상담의 과정을 어떻게 보는가를 의미한다. 전자의 질문은 전문가의 역할, 즉 상담사의 특권적 지위를 강조하고 있다. 후자는 내담자가 원하는 것과 그것을 얻었을 때를 어떻게 아는가를 강조하고 있다. 유사한 첫 질문들은 다음과 같다. "상황이 나아지려면 얼마나 시간이 걸릴까요?" "오늘 여기에 온 것이 가치 있다는 것을 당신은 어떻게 아셨나요?" "상담이 당신을 도울 수 있다는 것을 어떻게 아셨나요?" "상황이 나아지는 것을 어떻게 알 수 있을까요?"

(2) 문제에 대해 제게 말씀해 주시겠습니까? vs 무엇이 변화되기를 원하십니까?.

전자는 문제에 대한 설명을 이끌어 내고, 후자는 내담자가 바꾸기를 원하는 특정한 행동들에 대해 말하게 한다. 후자는 변화에 대한 기대를 가지게 하고, 내담자가 변화의 가능성을 가지고 있다는 것을 전제한다.

(3) 문제는 어떤 더 깊은 문제의 증상인가? vs 우리는 당신이 집중하기를 원하는 핵심 주제를 규정하고 있나요?

전자는 치료에 있어서 내력에 대한 탐색질문의 지배적인 형태다(행동주의와 다르게). 그것이 상담사에 의해 항상 말로 표현되는 것은 아니나, 상담사의 초점문제를 명확하게 규정하려고 한다.

(4) 문제에 대해 더 말씀해 주시겠습니까? vs 문제에 대한 예외를 발견할 수 있습니까?

문제중심접근에서는 문제행동의 사건, 상황, 패턴들에 대해 가능한 한 많은 정보를 알아야 해결이 가능하다면, 해결중심접근은 문제가 일어나지 않을 때의 예외상황을 강조한다. 이것은 내담자가 이미 문제행동 이상의 해결행동을 하고 있다는 것을 시사하므로 예외상황이 자주 일어나도록 한다.

(5) 과거에 비추어 이 문제를 어떻게 이해해야 할까요? vs 문제가 없어진다면 미래는 어떻게 될까요?

문제중심접근에서는 마치 문제해결을 위해서는 과거를 이해하고 알아야 한다는 듯이 과거에 대한 탐색이나 사정이 강조된다. 반면, 해결중심접근은 가상적으로 내담자에게 동기와 목표를 이끌어 내고 내담자의 변화 가능한 미래 모습에 더 많은 관심을 기울인다.

(6) 내담자는 자신을 어떻게 방어하는가? vs 상담사는 내담자의 특성과 기술을 어떻게 사용할 수 있는가?

문제중심접근에서는 내담자의 자기방어가 변화를 방해한다고 생각한다. 해결중심 접근에서는 내담자가 문제를 해결하는 데에 활용할 수 있는 긍정적인 자원이나 강점을 규명할 필요가 있다는 것을 강조한다. 그리고 내담자는 상담사의 질문에 반영할 뿐이다.

(7) 상담사와 내담자의 관계는 과거의 관계를 재연하는가? vs 상담사는 어떻게 협력할 수 있는가?

문제중심접근에서 상담사는 내담자와 협력적으로 일하기 위해 그리고 내담자 문제의 성격을 다룰 때에 상담사, 내담자의 과거의 관계를 반영하는 전이나 역전이를 활용한다. 해결중심접근은 상담사와 내담자의 관계 자체의 본질보다는 공유되는 목표와 더 관련된다. 상담사와 내담자는 목표를 이루기 위한 협력자고 조력자다.

〈표 7-1〉 문제중심 접근방법과 해결중심 접근방법의 관점 비교

관점	문제중심	해결중심
상담과정	어떻게 도와 드릴까요?	상담이 도움이 되는지 어떻게 아세요?
질문과정	문제에 대해 말씀해 주시겠습니까?	무엇이 변화되기를 원하십니까?
문제에 대한 관점	문제는 심층적인 것을 나타내는 하나의 증상입니까?	당신이 집중하고자 하는 중심적인 문제를 분명하게 규정하고 있나요?
해결에 대한 관점	문제에 대해 좀 더 말씀해 주시겠습니까?	문제에 대한 예외를 발견할 수 있을까요?
시제에 대한 관점	과거에 비추어 이 문제를 어떻게 이해해야 할까요?	만약 문제가 없어진다면 미래는 어떻게 될 것 같아요?
내담자의 방어	내담자가 자신을 어떻게 방어하는가?	내담자의 특성과 기술을 상담사는 어떻게 사용할 수 있는가?
상담사와 내담자의 관계	상담사와 내담자의 관계는 과거의 관계를 재연하는가? (역동적 모델들)	상담사는 내담자와 어떻게 협력할 수 있을까?
상담계약	상담이 몇 회기 정도 필요한가?	목적을 충분히 달성했는가?

출처: 김춘경, 이수연, 최웅용, 홍종관 공역(2004).

(8) 상담이 몇 회 정도 필요한가? vs 목표를 충분히 달성했는가?

문제중심접근의 질문은 고정된 상담 횟수나 정해지지 않은 상담 횟수에 대한 내담자와의 계약의 근거를 구성한다. 해결중심접근은 목표 달성에 대한 관심과 초점이 중요하다. 상담이 종결된 후에도 오랫동안 치료의 효과가 지속될 거라는 믿음을 내담자의 목표에 둔다(김춘경 외, 2004).

2. 해결중심치료의 기본 철학

해결중심치료 모델은 전통적인 생의학 중심인 증상 모델을 과감히 탈피한 인식론이며, 재구성을 위한 예외론을 중시하는 전제와 철학을 기반으로 하고 있다. 드 세이저와 김인수의 해결중심치료를 위한 몇 가지 신념과 가정이 있다. 이것은 통합된 모델로서 사람들이 어떻게 변화하고, 어떻게 그들이 원하는 목표를 달성하며, 어떻게 상담사와 내담자가 대화를 나누고, 또 어떻게 상담사와 내담자가 상호관계 속에서 해결방안을 구성할 수 있는지를 명확히 제시해 준다. 해결중심치료에서 추구하는 신념과 가정은 다음과 같다(de Shazer, 1985; Walter & Peller, 1996).

- 치료 시 건강하고 긍정적인 면, 미래에 초점을 맞출 때 바람직한 변화를 촉진시킨다.
- 모든 문제에 대한 예외상황은 해결방안의 핵심이다.
- 변화는 항상 일어난다.
- 가장 작은 변화는 큰 변화를 가져온다.
- 내담자와 상담사는 협동적이다.
- 사람은 자기 문제해결에 필요한 자원을 가지고 있다.
- 의미와 체험은 상호작용 속에 제공된다.
- 행동하는 것과 표현하는 것은 서로 순환적이다.
- 의미는 상호 간의 반응 속에 있다.
- 내담자가 전문가다.
- 통합: 내담자가 어떤 목표를 설정하고 무엇을 하는가는 다른 사람과의 상호관계 속에서 일어난다.
- 해결중심치료는 치료팀을 이루어 협력함으로써 치료과정을 이루어 나간다.

3. 해결중심 가족치료과정

1) 해결중심치료과정

해결중심 가족치료는 단기적이며 치료과정이 구조화되어 있다. 문제에 대한 기본 가정, 내담자와 목표 설정, 적절한 시기에 질문기법 사용, 내담자 유형에 대한 개별적인 치료적 접근, 메시지와 과제 부여 등으로 치료과정이 체계적이다. 보통 면담시간은 1시간 정도 할애하며, 30~40분은 상담사와 내담자의 면담 그리고 10분 정도의 휴식시간에 상담사는 일방경 뒤에서 관찰하는 다른 상담사와 함께 메시지를 작성하고 치료에 관한 이야기를 나눈다. 그 후 상담사가 내담자 가족에게 10분 정도 작성한 메시지와 과제를 부여하고 치료를 종결한다.

해결중심치료에서는 보통 상담사 두 명이 한 팀으로 일한다. 한 상담사가 내담자와 면담하는 동안 또 다른 상담사는 일방경을 통해 다른 방에서 인터폰으로 면담에 적절한 자문을 줄 수도 있다. 또한 면담에 대한 메시지 작성과 치료 방향을 함께 설정한다. 이 방법은 상담사가 혼자인 것보다 내담자의 문제에 훨씬 객관적이고 다양한 관점으로 접근할 수 있는 장점이 있다.

상담사가 혼자서 진행하는 경우에도 치료과정은 똑같다. 중간에 상담사가 혼자서 가족에게 줄 메시지를 작성하고 과제를 줌으로써 종결한다. 치료과정 중 10분 정도의 휴식시간은 내담자가 스스로 면담 내용을 한 번 더 생각할 수 있는 기회를 주며, 상담사가 어떤 반응을 보일지에 대하여 궁금하게 한다. 많은 내담자는 자신들의 문제나 어떤 잘못에 대한 추궁이나 비난을 염려하기도 한다. 그러나 피드백 메시지는 이런 내담자에게 전문가의 입장에서 칭찬과 긍정적인 부분, 내담자의 장점이나 강점을 인정해 주기 때문에 강한 동기부여와 문제해결에 대한 자신감을 부여할 수 있다. 상담사가 내담자에게 전달하는 피드백 메시지는 그래서 아주 효과가 있고 내담자가 진지하게 받아들인다. 이런 치료과정 또한 전략적인 해결중심치료가 추구하는 강점이다.

2) 내담자의 유형

해결중심 가족치료에서는 내담자가 자의로 또는 타의로 방문하였는지가 중요하다. 치료의 시작은 상담사와 내담자가 한 팀으로 서로 협조적이며 신뢰와 믿음 안에서 출발

제1단계: 내담자에게 초점 맞추기
• 상담사와 내담자의 신뢰관계 형성
• 내담자의 준거 틀 내에서 작업
• 내담자의 문제에 대한 지각과 판단이 수용되고, 이해받을 때에 해결중심적 대화
  시도
• 내담자의 관계 유형 파악

제2단계: 치료목표 설정
• 내담자와 상담사의 협상에 의한 구체적이고 명확한 치료목표 세우기

제3단계: 해결책 안으로 들어오기
• 해결중심으로 이끄는 다양한 질문법을 활용하기
  (면담 전 변화에 대한 질문, 기적질문, 척도질문, 대처질문, 관계성질문)

제4단계: 해결중심적 개입
• 상담사는 내담자에게 동료상담사와 함께 피드백으로 전달할 메시지를 작성하여
  전달
• 피드백 내용은 칭찬, 연결과정, 과제 부여 내담자의 장점을 인정해 주고 강한 동기
  부여와 자신감을 부여함

제5단계: 작은 변화 유지하기
• 내담자에게 일어난 작은 변화를 계속 유지하게 하기
• 무엇이 어떻게 달라졌는지, 그것이 더 좋아진 것인가요? 그때는 어떻게 가능했어
  요? 등의 질문으로 변화에 대한 확장 인식하기

[그림 7-2] 단기해결중심 5단계 치료과정

하기 때문이다. 내담자의 유형은 치료과정에서 내담자의 동기, 목표가 변화 가능하다.

드 세이저는 상담사와 내담자의 관계 유형을 내담자의 다음의 상황에 따라 고객형,
불평형, 방문형으로 분류하였다(de Shazer, 1984; 가족치료연구모임 역, 2001).

• 내담자가 치료에 오게 된 목적이 무엇인가?
• 누구에 의해서 오게 되었는가 스스로 왔는가, 타인이 의뢰해서 왔는가?
• 현재 어떤 절박한 상황에 처해 있는가?

〈표 7-2〉 내담자의 유형

고객형 내담자	불평형 내담자	방문형 내담자
• 문제를 분명히 인식하고 있고 변화를 위해 자발적인 동기와 적극성을 표현하며 상담사와 협력적인 치료관계로 쉽게 발전할 수 있고 상담사가 원하는 이상적인 내담자임 • 과제 부여가 가능함 • 상호 간의 목표 설정과 원함	• 문제의 내용은 잘 알지만 문제를 자기 책임이 아니라 남의 책임으로 돌리는 유형으로, 문제 상황을 다른 관점에서 관찰하고 깊게 생각할 수 있게 해 주는 것이 중요함 • 심리적인 위로와 지지가 필요, 해결중심적 대화 필요, 예외상황 발견하기, 관찰형, 심사숙고형 과제 부여하기	• 누군가에 의하여 보내진 내담자로 자신의 문제에 대한 의식이 없으므로 변화하고자 하는 동기가 매우 약한 편임. 문제에 대한 인식을 스스로 알 수 있도록 협조해 주는 태도가 중요함(폭력가해자, 비행청소년, 약물중독자, 알코올중독자) • 방문형 내담자로 변하는 것이 중요. 보낸 사람과의 관계와 방문 목적 인식하기

• 왜 하필이면 지금 치료를 받기 위해 왔는가?
• 내담자가 현재 문제에 대하여 얼마나 해결동기가 강한가?
• 문제에 대한 관련성의 정도를 어느 정도 인식하고 있는가?

4. 해결중심치료를 위한 재구성

1) 면담 전의 변화에 관한 질문

　가족들은 일상생활 속에서 발생하는 문제를 해결하기 위해 계속적인 노력을 하고 있으며, 그 방법의 하나로 가장 위기 상황이라고 생각할 때에 치료를 받으러 온다. 그리고 상담사에게 가면 무엇인가 좀 더 나은 해결방안이 있을 것이라는 희망과 기대로 암담하기만 한 상태에서 벗어나는 경험을 하게 된다. 상담사는 내담자에게 치료에 오기전까지 문제의 심각한 상태가 어떻게 좀 더 나아졌는지를 질문한다. 예를 들면, "전화로 면담 약속을 하고 오늘 여기에 오시기까지 혹시 어떤 변화는 없었나요?"라고 물을 수 있다. 그리고 내담자의 답변에 따라 어떠한 방식이든지 무의식적으로라도 시도한 방법에 관하여 인정하고 칭찬해 준다. 누구 도움도 없이 혼자서 시도한 용기와 노력한

점을 칭찬해 주며, 그런 사실을 강화하고 확대하도록 한다. 치료에서는 내담자가 시도했던 강점이나 자원들을 이용할 수 있도록 한다.

2) 내담자 가족의 목표 설정

동계올림픽에서 옛 동독의 봅슬레이(썰매의 일종) 선수들이 눈길을 끄는 장면들이 있었는데, 그들은 눈을 감은 채 곡예를 부리듯이 상상하며 썰매를 타는 것이었다. 이 선수들은 이미 자신의 경주 코스를 머릿속에 자주 그려 보며 연습을 했다. 성공적으로 완주하는 것을 상상하면 봅슬레이의 높고 낮음과 속도를 코스에 따라서 움직이므로 실제 상황에서도 성공적으로 코스를 완주할 수 있었다. 상상을 동원한 자기최면술을 이용하여 테니스 선수들도 자신들이 공을 받아서 어느 쪽으로 정확히 칠 것인지 상상을 통해서 느끼고 체험해 보는 것이 가능하다(Walter & Peller, 1996).

목표 설정을 위해서 모든 감각기관을 동원해 그림을 그리듯 상상하도록 하는 것이 효과가 있다. 먼저 시각적으로, 느낌을 동원해서, 자신의 생각과 경험을 살려서 그림을 보는 것처럼 표현하도록 하는 것도 좋다. 목표 설정을 위해서 상상훈련을 동원한 심상기법을 사용할 수 있다. 심상기법은 간단하게 먼저 가장 편한 자세를 취하고 눈을 감고 온몸의 긴장을 빼는 이완단계를 거친다. 그다음 편안한 호흡단계에서 문제가 완전히 해결된 상태를 상상해 보도록 한다. 그런 나의 모습, 나의 행동은 어떻게 하고 있는지 구체적으로 표현하도록 한다. 또는 10년 후 부부의 모습, 가족의 모습을 상상해 보도록 한다. 상상한 그림을 언어로 자세히 표현하도록 함으로써 현재의 목표 설정을 하는 데 도움이 될 수 있다.

목표 설정에서 질문법으로는 내담자에게 긍정적인 상상을 이끌어 내기 위해서 '그 대신' '그것 대신' 내담자가 할 수 있는 것이 무엇인지를 질문한다. 내담자가 "전, 제 아내가 제발 잔소리를 안 했으면 좋겠습니다."라고 말한다면 그럼 "그 대신 무엇을 원합니까?"라고 질문함으로써 내담자 자신이 원하는 것을 좀 더 긍정적으로 묘사할 수 있다. 예를 들면, "제 아내가 잔소리하는 대신 좀 더 다정하게 자기의 바람을 이야기하면 좋겠습니다."라고 말하는 것이다.

해결중심상담사(De Shazer, La Court, & Nunnally)들의 제안에 의하면 가족들이 애매모호하게 추상적으로 불평과 불만을 호소하고 확실한 목표를 제시하지 못할 때는 과제를 통하여 가족들이 그들의 목표를 명확하게 제시할 수 있도록 과제를 줄 수 있다.

"선생님의 생활 속에서 정말 원하는 것이 있다면 앞으로 일어나기를 바라는 것 중에서 한 가지라도 선생님이 생활하면서 이미 일어난 것이 무엇인지 잘 관찰하서서 기록했다가 다음 이 시간에 설명해 주시면 고맙겠습니다."(De Shazer & Molnar, 1984: 298)

이 과제의 목적은 내담자로 하여금 목표가 실제로 이루어진 때를 인식하도록 하고, 인식한 것을 좀 더 정확하게 설명하도록 하는 데에 있다. 또한 과제가 내담자의 주의와 관심을 현재와 미래로 이동시켜 은연중에 변화에 대한 기대를 갖도록 한다. 이 과제는 첫 치료에서 일상적으로 사용되며, 불평이 무엇이든지 가능하다. 내담자들은 의외로 명확하게 자신의 목표를 표현할 수 있었고, 전에는 주의해서 보지 않았던 변화들을 기술하게 되었다(Walter & Peller, 1996).

일반적으로 목표 설정을 할 때에는 다음과 같이 중요한 몇 가지 원칙에 유의하는 것이 바람직하다.

- 가족들에게 가장 중요한 것, 원하는 것을 치료목표로 삼는다.
- 내담자 가족이 설정하는 목표는 가능한 한 작고 구체적으로 묘사되어야 한다.
- 내담자 가족들이 목표를 설정할 때는 가족들에게 없는 것보다는 있는 것을 할 수 있도록 한다.
- 가족들의 목표가 당장 해결책을 위한 행동으로 연결되도록 한다.
- 내담자가 목표를 실행하는 것은 어렵고, 가치 있고, 힘든 일이라는 것을 알려 준다.
- 내담자의 목표 설정은 개인적으로 표현되어야 한다.

3) 해결방안을 위한 질문법

해결중심치료에서 상담사와 내담자는 상호신뢰와 협동에 근거한 치료적 단위로 간주된다. 면담과정에서 문제에 대한 내담자의 견해나 잠재적 해결능력이 변화할 수 있으므로, 문제를 보는 내담자의 시각에 영향을 주어 해결로 이끄는 유용한 질문들이 개발되어 왔다. 해결중심질문법은 상담사들인 드 세이저와 김인수, 립칙에 의해 발전한 기법으로, 예전의 정신분석에서처럼 문제가 무엇인가에 대한 선형적인 인과론을 무시한다. 내담자에게 무엇이 변해야 하고 어떤 기대 수준에 맞춰야 한다는 상담사 중심의 초점에서도 벗어난다. 해결중심상담사들은 해결을 위한 방안이 무엇보다도 내담자 생각에 전적으로 달려 있다고 전제한다. 내담자의 생활 속에서 동기를 찾을 수 있고 긍정적인 자원을 활용하여 재구성될 때 행동의 변화에 자극을 줄 수 있고 변화를 초래할 수 있다고 믿는다(Berg, 1992).

해결방안을 위한 질문법은 다음과 같다.

- 내담자의 구체적인 목표와 현실적인 해결방안을 찾기 위한 기적질문법
- 내담자의 문제 상황이나 증상에서 예외를 찾는 예외질문법
- 내담자의 동기나 변화, 평가를 수치로 나타내는 척도질문법
- 내담자의 긍정적인 자원과 잠재력을 불러일으키는 대처질문법
- 내담자의 상호작용과 관계성을 명확히 알아차리는 관계성질문법

(1) 기적질문(miracle question): 가상적 해결방안 구성

종종 내담자들은 문제에 뒤엉켜서 자신이 도무지 무엇을 어떻게 해야 할지 모르는 막막한 상황에 처한다. 또한 어느 때가 문제의 예외상황인지 구분하기 힘들 때도 있다. 문제 속에 있는 내담자들은 문제의 원인 규명을 원하고, 문제가 어디서부터 잘못되었는지를 알고 싶어한다. 그러나 이런 문제중심의 대화는 문제를 더욱 강화시키고 긍정화한다. 내담자는 문제에 대해서 이야기하면 할수록 동일한 감정을 재경험하고 문제에 대하여 더 상상하게 된다. 해결중심상담사들은 이런 문제중심의 탐색이나 평가가 내담자에게 큰 도움이 되지 않는다고 주장한다. 그 대신 내담자가 할 수 있는 가장 작은 것부터 시작해서 한 단계 한 단계를 오름으로써 진정 내담자가 원하는 변화를 이룰 수 있다고 믿는다. 가장 보편적인 진리인 작은 변화가 큰 변화를 이룰 수 있다고 믿는다(De Shazer, 1989).

상담사는 막막한 상황에 처해 있는 내담자에게 마치 기적이 일어나기라도 한 것처럼 문제가 해결된 상황을 가상적으로 상상해 보라고 권한다. 내담자가 진정으로 해결하기를 원하는 것을 그려 내고 구체화하도록 하기 위하여 질문을 한다. 기적질문은 최면치료사인 에릭슨(Erickson, 1954)의 수정볼 기법(crystal ball technique)을 응용한 것으로, 최면 상태의 내담자가 문제가 해결된 미래의 상황을 그려 낼 수 있다는 것을 전제로 하고 있다. 내담자가 과거에서 현재로의 시점이 아니라 미래에서부터 현재의 상황을 볼 수 있게 하여 해결책 안으로 들어설 수 있도록 하는 것이다.

밀워키 단기가족치료센터에서 개발한 기적질문은 다음과 같다.

〈글상자 7-1〉 기적질문의 예

- "오늘 밤에 당신이 잠자는 동안 기적이 일어나서 모든 문제가 해결된다면 기적이 일어난 것을 어떻게 알 수 있을까요? 무엇이 달라질까요? 당신이 아무 말을 하지 않아도 남편이 알 수 있을까요?"(De Shazer, 1985: 5)
- "지난밤에 잠을 자는데, 잠자는 동안 정말 기적이 일어나서 가족의 문제가 모두 해결되었어요. 자, 그렇다면 아침에 어머님은 먼저 무엇을 보고 기적이 일어난 것을 알 수 있을까요?"
- "지난밤에 기적이 일어난다면 가장 먼저 무엇이 어머니에게(아들에게) 다르게 나타날까요? 어떤 변화로 기적이 일어난 것을 알 수 있을까요?"
- "어머니에게 지난밤에 기적이 일어난 것을 남편은 무엇을 보면 알 수 있을까요?"
- "만약에 네가 요술방망이가 있어서 문제가 모두 사라진다면 너는 무엇이 달라지겠니? 어떤 변화가 일어난 것일까? 네가 할 수 있는 것은 어떤 것이 있을까?" (아동에게)
- "이곳에 온 것이 도움이 된다면 무엇을 다르게 행동할 수 있을까요?" (변화가 없다고 말하는 내담자에게)
- "이 기적이 일어나기 위해서 어머님(아버님)께서는 가장 먼저 무엇을 해야 될까요? 행동이 가능한 첫 단계를 말씀해 주시겠습니까?"

이런 질문들은 내담자로 하여금 마치 해결될 수 있는 길 안으로 들어선 것처럼 느끼게 한다. 내담자의 감정을 위한 행동의 변화보다는 먼저 행동을 위한 감정의 변화가 더 쉬울 수 있다. 내담자 자신의 감정의 변화가 더 빠르고 쉽기 때문에 가능한 한 자신이 먼저 행동이나 새로운 구조를 만들도록 유도한다.

일단 내담자가 가상적인 해결책 안으로 들어오면 대개 예외상황으로 이동할 수 있고, 바로 지금 목표를 조금이라도 이룰 수 있는 상황으로 연결될 수 있다. 가상적 해결책 방안을 유용하게 사용할 수 있는 내담자들을 예로 들면 다음과 같다.

- 결혼생활에서 긍정적인 것을 아무것도 찾지 못하는 절망적인 부부에게 유용하다.
- 너무나 문제에만 집착해 있어서 현재 시도하고 있는 해결책에만 중점을 두고 있는 내담자에게 유용하다. 예를 들어, 자녀의 비행에만 너무 신경을 써서 문제가 해결

된 후의 삶을 그려 내지 못하고 자기가 무엇을 원하는지조차 잘 모르고 있는 부모
들이다.
- 체중 감량에만 골몰해 있어서 이런 체중 조절로부터 궁극적으로 얻고 싶은 것이 무
엇인지를 모르는 사람에게 유용하다.

기적질문은 내담자 가족들이 구체적인 목표 설정을 하는 데에 어려움이 있을 때 일
어날 변화를 상상해 봄으로써 해결점을 찾을 수 있도록 도울 수 있다. 또한 내담자 가
족들이 구체적으로 지금 당장 원하는 것을 어떻게 할 수 있는지 차근차근 규정해 줄
수 있다. 가상적 해결책으로 인도하는 기적질문은 내담자가 처해 있는 '문제현실'이
아닌 '해결적 현실'을 불러일으킨다. 즉, 내담자가 전에 지녔던 문제의 구조에서 발견
할 수 없었던 것을 이제는 예외상황에서 찾을 수 있게 된다. 그리고 치료목표를 '문제
해결'에 두기보다는 '계속 앞으로 나가게 하는' 새로운 구조를 만들 수 있다.

언제나 싸우기만 한다는 부부가 기적이 일어난다는 것이 '서로가 싸우지 않고 대화
를 나누는 것'이라고 대답한다면 내담자를 이제는 예외적 상황으로 인도하는 것이다.
언제 어느 때에 이런 예외상황이 일어났는지를 알아보는 것이다. 서로 싸우는 부부에
게 아주 조금이라도 어떤 상황에서 대화를 나누었는지를 찾아보라고 질문을 한다. 부
부가 자신들의 문제에 관한 것보다는 이제 서로 대화를 나누는 맥락에서 보다 긍정적
으로 탐색하며, 서로가 대화를 하는 때에는 무엇을 하는지를 알아내도록 한다. 그리고
아주 작지만 '기적적 행동'을 할 수 있는 과제를 만들어 준다. 예를 들어서, 기적의 레퍼
토리를 실현하기 위해서 내담자가 시간을 정해서 하루에 10분 정도를 마치 기적이 일
어난 것처럼 행하도록 과제를 줄 수 있다.

(2) 예외질문법(exception question): 예외 구성하기

해결중심질문법은 가능한 한 내담자의 전체적인 문제에 대한 시각과 해석에서 문제
가 일어나지 않은 상황을 빨리 파악하도록 초점을 돌린다. 문제상황이 24시간 동안 항
상 진행되는 것이 아니기 때문이다. 알코올중독증 환자도 일주일 내내 쉬지 않고 술만
마시는 것은 절대 아니다. 단지 우리가 상대방에 대한 지각의 표현을 과장해서 "당신은
항상 술만 마셔요."라고 단정 짓는 것이다. "당신은 우울증 환자야."라는 단정도 엄밀한
의미에서는 상대방에 대한 주관적인 강조에 의한 표현이다. 하루 종일 아침부터 잠 잘
때까지 비관적이고 우울한 상태가 똑같을 수는 없기 때문이다. 그래서 상담사는 내담

자의 예외상황을 포착하여 내담자가 할 수 있는 그 상황을 더 강화시키고 확대하도록 돕는다. 내담자가 할 수 없는 다른 시도보다는 할 수 있는 것, 현재 하고 있는 것을 지지하고 강화시키는 것이 문제를 없애기 위해 에너지를 소비하는 것보다 훨씬 더 효과적이라고 본다(De Shazer, 1995).

문제에 대한 예외를 찾는 것은 문제가 있었던 시점, 사람, 상황에서 다르게 나타나는 것을 발견하여 찾는 작업이다. 해결중심치료에서는 내담자가 이미 했던 일들을 다시 할 수 있게 하는 것이 새로운 시도를 하게 하는 것보다 더 효과적이라고 주장한다. 알코올중독자가 음주의 예외 상황을 찾기 위해서는 술을 안 마실 때는 무엇을 하는지를 탐색함으로써 내담자가 할 수 있는 것을 지속적으로 강화시킨다.

부모가 자녀와 싸우지 않을 때에 더 많은 관심을 갖게 되면 자녀의 행동은 더 협조적이고 솔직하게 된다. 어머니가 자녀의 가능성을 찾는다면 예외상황은 더 반복될 수 있다. 그러면 문제행동, 즉 싸우는 것의 의미가 없어지고 싸우는 것이 점점 사라질 수 있다. 김인수는 변화란 다양한 수준에서, 즉 감정 수준, 인식 수준, 행동 수준에서 다양한 방식으로 일어날 수 있다고 하였다. 감정이 변하면 행동을 달리할 수도 있고, 어떤 상황을 긍정적인 관점으로 보면 또 행동을 달리할 수 있다. 또한 똑같은 문제인데도 다른 사고와 감정으로 보면 문제가 아닐 수 있다. 한 사람의 행동이 변화된다는 것은 감정과 인식 부분에 변화가 있었다는 것이다. 해결중심치료는 내담자가 어떻게 자신의 변화를 가져오도록 구성하는지 알도록 도와준다. 먼저 내담자의 변화된 감정에서인지, 아니면 변화된 행동에서부터인지 그래서 아주 작은 행동의 변화는 결국 문제해결을 위한 실마리를 제공하는 것이다(Berg, 1995).

내담자에 따라서 예외상황을 적절하게 찾아내기 위해 어떤 내담자인가를 먼저 규정할 필요가 있다(De Shazer, 1995: 54).

- 내담자가 자발적으로 예외상황을 찾아내면 우연히 일어난 것처럼 내담자에게 예외상황을 실행하도록 한다. 예를 들어, 동전을 던져서 숫자가 나오면 우연한 것처럼 예외적으로 행동하도록 한다.
- 만약 내담자가 예외상황을 스스로 찾아내지 못할 때는 내담자에게 과제를 부여한다. 예외적으로 꼭 해 보고 무엇이 달라졌는지 관심 있게 관찰하여 적어오는 과제를 준다.
- 만약 내담자가 문제를 다른 사람에게만 두려고 할 때는 내담자와 다른 사람의 문제

의 관계성을 인식하도록 과제를 준다.

해결중심치료에서는 예외질문법으로 다음과 같이 질문할 수 있다(Lipchik & De Shazer, 1986).

〈글상자 7-2〉 예외질문의 예

예외 찾아내기

• "남편이 원하던 것을 했던 때가 언제 있었습니까?"(목표진술과 함께)

• "문제가 일어나지 않았던 때는 언제입니까?"(문제진술과 함께)

• "우울증 증세가 나타나지 않을 때는 무엇을 합니까?"

구체화시키기

• "남편이 조금이라도 다르게 한 것은 무엇입니까?"

• "남편은 어떤 식으로 다르게 생각합니까?"

• "남편이 다르게 행동한다면 다른 사람들은 남편을 어떻게 볼까요?"

차이에 대한 이해

• "남편이 다르게 행동하는 것을 부인은 무엇을 보면 알 수 있을까요?"

• "남편이 이 일(예외적인 일)을 계속한다는 것을 부인은 어떻게 알 수 있을까요?"

예외 구성

• "문제가 나타나지 않도록 어떻게 그렇게 할 수 있었지요?"

• "문제가 생기지 않는 상황을 어떻게 하면 지속시킬 수 있을까요?"

• "남편이 이 일을 계속해서 실행하는 것을 어떻게 예상할 수 있습니까?""

이런 질문법은 문제에 대한 예외를 찾아내고 무엇이 다른가를 발견하고 예외를 치료목표와 연관시켜 구성할 수 있다.

예외를 찾는 데는 다음과 같은 몇 가지 방법이 있다(Walter & Peller, 1996).

- 내담자가 문제보다는 목표에 대하여 이야기할 때 "그런 일이 일어났으면 하고 바라던 것이 이미 있었던 때는 언제인가요?"라고 질문한다.
- 내담자가 자신의 문제를 언급할 때 "문제가 생기지 않았던 경우는 언제 있었나요?"라고 물을 수 있다.
- 내담자가 상담사를 찾아온 이유에 대하여 이야기하는 도중에 상태가 조금 호전되었다든가 상황이 조금이라도 달라진 것에 대하여 이야기한다면 "어떻게 조금 달라졌지요?" 아니면 "어떻게 좋아졌나요?"라고 묻는다. 이런 차이점에 대한 질문을 하면 내담자는 예외상황을 좀 더 이야기할 수 있게 된다.
- 내담자가 한 번의 예외상황을 성공적으로 잘했다면 더 잘할 수 있도록 격려와 지지를 보낸다. 예외상황이 목표 기준과 맞는지를 검토하고 치료목표와 연결시켜서 내담자가 스스로 계속적으로 지속시킬 수 있는지를 검토한다.

많은 내담자가 아내 입장에서는 남편이 먼저 변해야 아내가 변할 수 있다고 하고, 남편 입장에서는 아내가 먼저 변해야 남편이 변할 수 있다고 생각한다. 이런 사고에 대한 가상적인 해결방안은 부부 중 어느 한 사람이 행동함으로써 다른 사람도 어떻게 다르게 행동할 수 있는지를 규명하여 해결책을 얻을 수 있다(Walter & Peller, 1996: 226-229).

(3) 척도질문법(scale question): 수치화 표현

척도질문은 내담자가 문제 상태에서 해결중심으로 변하는 과정에서 추상적인 사고를 구체적인 사고로 바꾸어 무엇이, 언제, 어디서 어떻게 발전해야 할지 지각하고 점검하도록 도와준다. 척도질문은 자신의 문제 상태, 심각성, 치료 목표, 성취 정도, 변화 동기를 구체적인 숫자로 표현함으로써 좀 더 객관적으로 사정평가와 결과평가를 검토할 수 있다. 내담자에게 변화에 대한 동기를 부여하고 목표를 향해 한 단계 한 단계 오를 수 있도록 돕기 위한 질문법이다. 부부들에게는 척도질문을 통하여 자신의 측정치와 파트너의 측정치를 서로 비교할 수 있게 하고, 또한 자신의 상태를 객관적으로 나타내는 것이 어렵다는 것도 인식할 수 있게 하는 질문법이다.

많은 내담자는 자신들이 현재 보고 있는 문제상황이나, 아니면 문제가 모두 사라지게 되는 종결 상태에 대해서만 이야기를 하는 경향이 있다. 척도화(scaling)라는 기법을 통해 내담자의 이런 양자택일이나 흑백논리 그리고 애매모호한 사고방식을 깨뜨릴 수 있다. 척도질문법은 내담자의 목표뿐 아니라 예외 혹은 가상적 해결책을 보다 구체적으로 규명하는 데에 사용할 수 있다.

상담사는 내담자에게 0부터 10까지 숫자 카드를 보여 주면서 척도질문의 목적을 설명한다. 그리고 다음과 같이 질문을 할 수 있다.

〈글상자 7-3〉 척도질문의 예

- "문제가 가장 심각한 상태가 0점이라고 하고 문제가 완전히 해결된 상태가 10점이라고 한다면 남편(아내)의 현재 상태는 몇 점으로 나타낼 수 있을까요?"
- "일주일 동안 문제가 몇 점 정도 해결될 수 있다고 남편(아내)은(는) 생각하십니까?"
- "남편께서 현재 상태가 5점이라고 하셨는데, 다음 주까지는 몇 점을 더 올릴 수 있습니까?"
- "남편께서 1점을 올리기 위해서 무엇을 좀 더 다르게 하셔야 된다고 생각하십니까?"
- "남편께서 1점을 높인다면 누가 가장 먼저 변화를 알 수 있을까요? 남편께서 무엇을 보면 아내가 1점 정도 향상된 것을 알 수 있을까요?"

또한 부부관계에서 서로의 대한 생각들을 순환질문으로 물어볼 수 있다.

남편에게: 아내가 1점 정도 올라갔다고 하셨는데, 아내에게 무엇이 좀 더 달라졌다고 생각하십니까?
아내에게: 남편이 10점까지 올라갈 수 있는 가능성은 몇 점이나 될 것 같습니까?
아내에게: 남편이 결혼생활을 계속 지속하고 싶은 것이 몇 점 정도 된다고 생각하세요?
남편에게: 아내가 결혼생활을 계속 지속하고 싶은 것이 몇 점 정도 된다고 생각하세요?

(4) 대처질문법(coping question): 내담자의 자원과 강점

내담자가 생존하기 위해서 나름대로 최선의 방책을 했다는 것도 알게 해 주는 질문법이다. 문제로 인하여 오랫동안 절망적이거나 좌절한 상태에서 도저히 희망이 없다고 생각하는 내담자들에게 효과적이다. 대처질문법은 내담자에게 자신의 경험과 좋은 점, 가지고 있는 자원이나 강점들을 재발견할 수 있는 기회를 제공한다. 어려운 상황이나 도저히 불가능하다고 생각하는 내담자에게 더 나빠지지 않게 극복할 수 있었던 힘은 어디에서 나온 것인지를 알 수 있게 한다. 내담자의 강한 인내심, 극복력, 잠재적인 에너지, 잘해 보려는 강한 동기, 다양한 경험 등을 인식하게 하며, 해결방안에 이런 자원을 활용할 수도 있다.

"모든 것이 아무 의미가 없다."라고 하든지, "상태가 더 나빠졌다." "아무것도 달라진 것이 없다."라고 말하는 내담자에게 다음과 같이 질문할 수 있다.

> 〈글상자 7-4〉 대처질문의 예
>
> • "어떻게 더 이상 나빠지지 않을 수 있었습니까?"
> • "당신이 극복할 수 있었던 것은 어떤 것이 있었습니까?"
> • "무엇이 당신을 지금 여기까지 오게 하였습니까?"
> • "어떻게 지금까지 포기하지 않고 유지하는 것이 가능했습니까?"

(5) 관계성질문(relationship question): 상호 간의 반응과 관계 탐색

관계성질문은 면접 전 상황부터 이후 상황까지 폭넓게 사용될 수 있는 것으로, 가족 성원 간의 관계 양식과 반응을 알고자 하는 질문이다. 가족들이 어떤 상황에서 어떻게 서로 반응하는지 상호작용과 관계성을 잘 알 수 있다.

> 〈글상자 7-5〉 관계성질문의 예
>
> • "네가 약속한 대로 행동하면 어머니는 어떤 반응을 보일까?"
> • "어머님이 집에 있는 날은 자녀의 행동에 어떤 변화가 일어납니까?"
> • "부인이 남편에게 잔소리를 하지 않았을 때 남편의 태도는 어떠합니까?"

(6) 2차 면담의 개입

지난주 동안의 가족의 변화 가운데 아주 작은 변화가 있었는지 긍정적인 변화에 대하여 질문한다. 긍정적인 변화에 대하여 구체적이고 자세하게 질문한다. 일주일 가운데 어떤 하루를 오전과 오후로 구분하여 추적해 나간다. 내담자의 일상 가운데 작은 변화가 있었다면 상담사는 언어적, 비언어적으로 지지와 칭찬을 해 준다.

• 내담자에게 변화에 대한 구체적인 척도질문을 한다. 내담자가 변화가 없거나 나빠 졌다고 이야기할 경우 상황에 대한 후퇴나 악화도 하나의 변화로 전제하고 더 탐색

해 나간다. 나빠진 상황을 더 자세히 질문하고 대처방안에 관하여 질문하며 작은 해결책을 발견한다. 예를 들면 다음과 같다.

"이번에 나빠진 것은 과거와는 어떻게 다른지 설명해 주시겠어요?"

"상황이 더 악화될 수도 있었는데, 어떻게 그 정도에서 멈추게 되었는지 좀 설명해 주시겠어요?"

"상황이 더 나빠지지 않도록 대처했던 방법은 무엇이었습니까?"

- 내담자의 관계 유형과 치료목표를 검토하고 고객형 관계로 발전시킨다.
- 내담자에게 대처질문과 예외질문을 한다.
- 예외상황을 목표와 연결시켜 강화하기 위한 과제를 부여한다.

4) 피드백 메시지 작성과 전달

단기가족치료센터나 밀라노 모델에서 면담을 하면서 중간에 휴식시간을 갖고 또한 치료에 관한 메시지를 가족들에게 서문으로 전달하는 것이 매우 효과가 있다는 것은 잘 알려진 사실이다. 특히 밀라노 모델에서는 상담사가 치료에 참여하지 않은 가족에게도 메시지를 전달하고 과제를 부여함으로써 치료의 자원으로 활용하기도 했다.

해결중심상담사들은 일반적으로 30~45분 동안 면담을 하고 난 후에 휴식시간을 갖는 것을 원칙으로 한다. 내담자와 상담사가 면담을 가진 후 한 번 더 생각할 수 있는 시간을 가지기 위하여 상담사는 잠시 상담실을 나가서 내담자에게 전해 줄 피드백 메시지를 다시 준비한다. 상담사가 두 명 이상인 경우에는 관찰실에 있는 치료팀과 의논해서 내담자에게 전해 줄 피드백과 과제를 내준다. 치료과정에 휴식시간을 가졌을 때 유익한 점이 몇 가지 있다.

- 내담자에게 전해야 할 피드백 가운데 어떤 것이 가장 유익한 것인가를 보다 정확하게 알 수 있는 시간적 여유를 가질 수 있다.
- 상담사가 내담자와의 면담과정에서 문제의 흐름 속에 자신도 모르게 합류하게 되거나, 내담자의 상호작용이 바람직하지 못할 때 휴식시간을 통하여 좀 더 객관적으로 생각할 수 있다.

- 휴식시간을 통하여 상담사는 자신의 치료적인 관점이나 갑자기 떠오른 생각들을 잘 정리할 수 있다. 특히 관찰실에 있는 상담사는 내담자의 감정에 직접 휘말리지 않기 때문에 면담한 상담사와 함께 객관적인 견해를 나눌 수 있다.
- 내담자는 휴식시간에 자신이 한 말을 한 번 더 생각해 볼 수 있고, 면담 중에 제기된 질문에 대해 한 번 더 생각할 수 있다.

치료팀들이 휴식시간에 관심을 두는 것은 내담자의 문제나 증상에 관한 것이 아니라 상담사와 내담자 간의 치료과정에 집중하며 해결책을 구성할 수 있기 때문이다. 상담사가 내담자에게 해결과정을 어떻게 촉진시킬 수 있을 것인가에 관점을 두고 피드백 메시지를 준다. 내담자에게 전해야 할 피드백 메시지는 내담자에 대한 칭찬과 메시지와 과제로 구성되어 있다(De Shazer, 1985).

(1) 칭찬

칭찬의 필요성은 근본적으로 문제해결을 위한 촉진에 있다. 상담사는 내담자의 긍정적인 부분을 강조하고, 내담자가 지금까지 시도해 왔던 노력과 결과를 인정하며 칭찬해 준다. 전문가로부터 자신의 어떤 부분을 칭찬받았을 때는 어떤 내담자라도 기분이 상승하며, 해결을 위한 동기부여가 강해지고, 좀 더 적극성을 보이게 된다. 내담자를 칭찬하는 데에는 상담사의 인간을 보는 시각이나 관점이 중요한 역할을 한다. 평소에도 인간을 대하는 태도에서 긍정적이고 숨은 의도를 잘 읽을 수 있는 통찰이 있어야 한다.

상담사가 내담자의 어떤 부분들을 칭찬해야 하고 또한 그로 인한 유익한 점은 무엇인지 살펴보면 다음과 같다(Wall, Kleckner, Amendt, & Bryant, 1989; Walter & Peller, 1996).

- 칭찬은 내담자에게 긍정적인 맥락과 분위기를 조성하도록 한다.
- 칭찬은 내담자가 하고 있는 긍정적인 노력을 강조한다.
- 칭찬은 상담사의 판단에 대한 두려움을 감소시킨다.
- 정상화시키기 위해 칭찬은 효과적이다.
- 칭찬은 내담자의 책임감을 증진시킨다.
- 칭찬은 가족들의 여러 가지 견해를 지지하기 위한 것이다.

(2) 메시지

피드백 메시지 내용은 칭찬과 더불어 상담사가 내담자의 문제나 변화되기 원하는 것들을 기초로 작성한다. 내담자가 문제해결을 위하여 이미 실행한 것 가운데 성공적인 것은 지속적으로 할 수 있도록 한다. 메시지 전달의 의의는 내담자의 상황이나 해결에 관하여 다른 관점을 가지게 한다는 것이다. 또한 메시지는 궁극적으로는 문제해결을 촉진하도록 내담자에게 용기와 동기를 부여한다는 큰 이점이 있다.

- 피드백 메시지 내용은 칭찬과 더불어 내담자의 문제나 변화되기 원하는 것들을 기초로 작성한다. 특히 그동안 내담자가 문제해결을 위하여 시도했던 긍정적이고 성공적인 노력을 지적해 준다.
- 메시지에는 내담자가 설명하는 목표를 재확인하고, 가치를 부여해 주며, 해석을 하는 내용이 포함되기도 한다.
- 메시지 전달 시에는 치료팀이 함께 노력해서 만든 결과임을 설명하고, 내담자의 노력과 변화결과를 인정하고 칭찬하며, 내담자의 자원과 강점을 지적해 준다. 내담자의 노력과 자원은 문제를 해결하고 과제를 이행하는 데에 도움이 될 것이라고 연결시켜 준다.
- 상담사는 중요한 메시지를 신중하게 천천히 가족들의 반응을 읽으면서 전달한다.

피드백 메시지 내용은 다음 네 가지 목적 중에 하나를 중심으로 구성하여 작성한다.

- 교육적인 것: 상담사는 내담자에게 때로는 교육적인 메시지를 전달할 수 있다. 부모가 자녀양육으로 어려움을 겪고 있다면 바람직한 자녀양육법에 관한 정보와 지식을 전달한다. 내담자가 자신의 처지나 해결에 관한 다른 관점을 가질 수 있도록 한다.
- 정상화시키기: 내담자 가족이 겪고 있는 상황이나 어려움은 누구나 다 겪을 수 있는 상황이라고 정상화시키는 메시지를 줌으로써 내담자가 자신의 입장을 긍정적으로 느끼며 자신의 노력을 인정할 수 있도록 한다.
- 대안적 의미: 메시지는 현재 발생하고 있는 문제에 대하여 다른 의미를 제공해 줄 수 있는 내용이 될 수 있다. 문제에 대한 재정의나 긍정적인 관점으로 재해석해 줄 수 있다. 예를 들어, 딸을 '문제아'로 생각하는 부모가 있다. 10대 여학생은 전통적

이고 보수적인 중산층의 가족문화나 가치에 반기를 들고 다르게 행동한다. 부모는 딸의 이런 태도나 행동을 성격적인 결함으로 해석하고 있다. 이런 경우 피드백 메시지에서 나쁘거나 행동의 결함이 아니라 다른 방법으로 배우는 자녀로 인식하게 할 수 있다. 문제에 대한 의미 차이를 알 수 있도록 하는 대안적 의미를 메시지로 전달할 수 있다.

• 과제에 대한 이론적 근거: 내담자가 과제를 수행할 수 있도록 과제에 대한 이론적 근거를 메시지에 적어서 전달한다. 내용은 단순하며 직설적이고 이해하기 쉽도록 작성한다. 내담자가 해결과정에서 많은 것을 자발적으로 할 수 있다고 한다면 계속 더 잘할 수 있도록 과제와 근거를 부여한다. 해결을 위한 변화동기가 아직 약하다면 내담자에게 관찰하고 통찰할 수 있는 기회를 줌으로써 좀 더 변화된 상황에 대하여 설명하도록 한다.

5) 과제부여 유형

내담자 가족과 매회 면담이 끝나면 상담사는 내담자 가족에게 해결중심적인 관점과 긍정적인 자원을 더욱 촉진시킬 수 있는 과제를 부여한다. 과제는 내담자 가족들이 구성한 목표와 부합되도록 해야 하고, 과제를 주기 위해서는 상담사와 내담자 간에 신뢰와 믿음의 관계가 이루어져야 한다.

과제는 드 세이저(De Shazer & Molnar, 1984)에 의해 개발된 것으로 치료목표와 연결시켜서 다음과 같이 부여한다.

내담자의 행동 가운데
• 긍정적인 것을 관찰하라.
• 긍정적인 것이나 예외적인 것을 더 하게 하라.
• 자발적인 예외가 어떻게 일어났는지 발견하라.
• 가상적 해결의 작은 것을 행하라.

[그림 7-3]에서 보듯이 해결 구축을 위한 방안에서 과제는 예외적인 해결 틀 안에서는 언제 문제가 일어나지 않는지 그것을 긍정적으로 더 잘할 수 있는 과제를 부여한다. 자발적인 예외가 어떻게 발생하였는지를 발견하는 과제를 통하여 치료목표와 연결시

킬 수 있다. 또 다른 과제로 가상적인 해결의 틀 안에서는 가상적인 해결의 작은 부분을 시행해 보도록 한다. 문제해결을 위해 작은 부분을 가상적으로 실험해 보도록 한 후 무엇이 어떻게 일어났는지 알려 달라고 할 수 있다.

(1) 심사숙고형

상담에 다시 올 때까지 내담자가 자신의 삶에서 어떤 일이 있어도 꼭 계속 유지하고

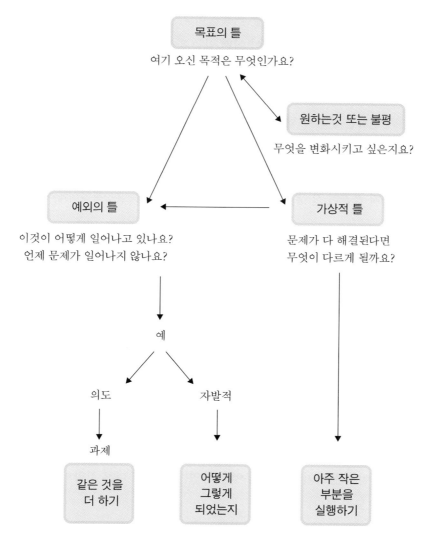

[그림 7-3] 해결 구축을 위한 방안

출처: De Shazer (1989: 103) 재인용.

싶은 것이 무엇인지 생각해 오게 한다(De Shazer & Molnar, 1984).

이 과제는 목적과 관련하여 내담자의 현재 생활 속에서 어떤 것이 긍정적으로 나타나고 있는지에 보다 많은 관심을 갖게 된다. 과제의 의도는 내담자로 하여금 자신의 목표 중 긍정적인 것을 초래한 몇 가지 방법을 깨닫게 하는 것이다. 그리고 과제를 내담자의 언어와 연결시켜 상담사는 과제의 내용을 서술한다. 예를 들면, 내담자가 '가족들의 화목'이 지속되길 원한다면 상담사는 다음과 같이 과제를 부여할 수 있다. "지금부터 다음번 올 때까지 '가족들의 화목'이 실제로 어떤 것이 있었는지를 찾아오시는 것입니다. 그리고 집에서 어머님이나 다른 가족들이 각자 그때 무엇을 했는지를 적어 오셨으면 합니다. 우리는 분명히 가족들이 어떤 일을 하고 있다고 생각되는데, 바람직한 일이 무엇인지 좀 더 자세히 알고 싶습니다."(Walter & Peller, 1996: 153)

- 내담자가 원하는 문제가 해결된다면 나에게 무엇이 달라질 수 있는지를 생각해 오도록 한다.
- 내담자는 지금부터 다음 만날 때까지 어떻게 좋아하는 술을 한 번이라도 안 마실 수 있었는지 곰곰이 잘 생각하고 설명하도록 한다. (알코올중독자에게)

(2) 관찰형

내담자가 변화에 대하여 주저하는 듯한 느낌이라면 실제로 행하는 것보다는 어떤 것을 관찰하게 하는 과제를 준다.

- 부부간에 하루라도 싸우지 않았던 날이 있었다면 그때는 언제이고 어떻게 그것이 가능했는지 잘 관찰해서 설명하도록 한다. (부부싸움 하는 내담자에게)
- 자녀에게 예전과는 다르게 하고 무엇이 어떻게 달라졌는지 관찰해서 다음번에 설명하도록 한다.
- 내담자는 하루 시작 전에 미리 좋은 날과 안 좋은 날을 하나를 선택하여 행하도록 한다. 더 나아지게 하기 위해서 무엇을 하였는지, 그때 다른 사람의 반응은 어떠했는지 알아오도록 한다.

이런 과제는 내담자에게 어떤 특정한 사건이나 행동의 영향력을 의식적인 수준으로 끌어올리는 데에 도움을 준다.

(3) 마치 ~인 것처럼 해 보기

- 마치 기적이 일어나서 지난밤에 모든 문제가 해결된다면 무엇이 달라질지 질문해서 하루는 정말 기적이 일어난 것처럼 한번 해 보도록 하는 과제를 부여한다. 그래서 치료과정에서 과제에 대한 어떤 작은 변화나 느낌, 생각들을 나누도록 한다.
- 아이들에게는 동전을 던져서 그날 숫자가 나오면 마치 기적이 일어난 듯 행하도록 과제를 주고 달라진 것이 무엇이 있었는지를 알아오도록 한다. 이런 과제를 통해서 내담자의 원하는 해결방식을 강화시켜 나갈 수 있다.

(4) 행동에 대한 과제

만약 내담자가 목표를 위해서 좀 더 낫게 다르게 행동할 수 있는 준비가 되어 있다면 중간에 검토해 볼 수 있다. 정말로 일상생활 속에서 원하던 대로 효과를 계속 유지할 수 있는 행동을 과제로 부여한다.

다음의 사례는 상담사가 내담자에게 칭찬과 피드백 메시지를 준 내용이다. 만일 면담에서 문제에 대한 예외상황이나 내담자가 할 수 있는 해결에 대한 어떤 변화가 이미 일어난다면 상담사는 예외적인 것들을 더 잘할 수 있도록 과제로 연결시킨다.

　　한 여성이 부모가 반대하는 약혼자 문제로 부모와는 결별을 해야 하고, 대인관계가 원만하지 못하고, 우울하며 좌절하고 있는 상황이 계속되었다. 그리고 그런 상황을 이기지 못하고 결국에는 자살까지 시도하였다. 상담사는 내담자를 만나 그녀의 상황을 이해하고 공감하며 이 치료에서 정말 원하는 것이 무엇인지 물었다. 그녀는 현재 약혼자와 부모 때문에 "내 자아를 잃어버린 듯하다."며, 자기 자신을 위하여 스스로 생각하고 싶다고 했다. 다른 사람이 어떻게 생각하든지 나 자신을 좀 더 존중할 것이라고 했다. 상담사는 혹시 그런 일이 언제 있었는지 물었다. 그녀는 치료를 받는 것이 결정적이었다고 생각했으며, 또 직장을 새로 찾아야 한다고 했다. 그러나 이번에는 꼭 일하는 것이 중요한 것이 아니라 내 흥미가 무엇인지에 더 관심을 가질 것이라고 했다. 그리고 약혼자에게 의무적으로 전화를 해야 한다는 생각도 없어졌고, 지금 꼭 결혼을 해야 한다는 생각에서도 좀 벗어난 느낌이라고 했다. 이것은 그녀가 자신을 좀 더 존중하고 자신을 위해서 생각해 보겠다는 목표와 일치하는 예외들이다.

상담사는 내담자에게 다음과 같은 피드백 메시지와 과제를 부여했다.

우리(상담사)는 당신이 과거의 사건이 어떠하든지 죽음을 선택하지 않고 자기 자신을 한 번 더 생각하면서 살 가치가 있는 삶을 선택한 것에 대하여 아주 잘하셨다고 생각합니다. (칭찬)

치료에 오셔서 이미 말한 것처럼, 흥미나 적성을 고려해서 직장을 구하려고 한다는 생각이나, 결혼에 대한 강박적인 사고에서 벗어난 것들은 아주 잘하신 것입니다. 이 모든 것이 당신을 돕고 올바른 방향으로 가는 첫걸음입니다. 우리는 당신이 지금 알지 못하는 것, 무엇을 다르게 해야 하고 또 다르게 생각해야 하는지에 무척 관심이 많습니다.

우리는 당신이 자신을 위해서 무엇인가 하고 싶다는 것에 대하여 매우 잘 선택하신 것이라 생각합니다. 그리고 당신의 속도에 맞춰 나가기를 바랍니다. 이번에는 제발 한 걸음 한 걸음씩 나가도록 부탁드립니다.

당신이 정말 하고 싶고 원하는 '자신을 위해서' 무엇인가 하는 것을 좀 더 지속적으로 하시고 다음 시간에 오셔서 구체적으로 무엇을 했는지 이야기해 주시길 바랍니다. (과제)

5. 해결중심 가족치료의 평가

해결중심 가족치료는 상담사와 내담자 간의 협력과 믿음의 관계를 바탕으로 내담자의 강점과 긍정적인 가능성을 가지고 출발한다. 내담자에 의한 주체성, 내담자를 위한 치료기법으로 내담자의 준거 틀을 인정해 주면서 간접적으로 변화를 시도한다. 내담자의 인격, 성격을 존중해 주는 태도나 가치를 부여하는 것은 인간이 더 긍정적으로 변화될 수 있도록 하는 동기를 부여할 수 있다고 믿는다. 인간의 변화 가운데 해결중심치료처럼 가장 작고 구체적일수록 해결이 쉽고 빠르다는 것을 알려 준다. 작은 변화가 보일 때 내담자는 문제에 대한 자신감, 확신을 가질 수 있고 더 큰 희망을 가져다준다. 내담자 한 사람의 작은 변화는 가족 간의 역동적인 상승 작용으로 가족전체의 시스템을 변화시키는 강한 위력을 발휘하기도 한다.

해결중심 가족치료는 단기 모델로 MRI에서 유래를 찾아볼 수 있지만, 다양한 해결중심접근으로 이끄는 질문법이나 메시지와 과제를 부여하는 참신한 방법들은 나름대로 독특성을 가지고 있다. 그리고 치료과정과 절차가 복잡하지 않고 분명하고 형식화되어 있다는 것도 많은 상담사가 편안함을 가지는 부분이다. 내담자의 잠재력과 가지고 있는 자원을 최대한 활용하려 하기 때문에 상대적으로 상담사의 권한이나 책임은 적어진다. 내담자의 문제를 개선하고 분석하고 내부에서 찾으려는 시도가 아니라, 자신의 능력을 강화시키며 자신의 현실을 재구성해 나가도록 하는 구성주의(constructivism) 사고에서 접근하고 있다.

　김인수와 드 세이저는 미국을 중심으로 세계 각국에서 임상실험을 한 결과 해결중심 단기가족치료의 전략과 기법은 모든 사회나 문화권에서 모든 클라이언트에게 잘 적용할 수 있다고 믿는다. 초기 미국의 단기가족치료센터에서 수행된 164명의 연구결과를 보면(Kiser, 1988; Kiser & Nunnally, 1990), 치료 종료 6~12개월 후의 추수조사면접에서 80.3%의 성공률을 보고하고 있다(164명의 클라이언트 중 65.6%가 그들의 목표를 이루었다고 보고하였고 14.7%가 의미 있는 진보를 보였다고 보고하였다). 추후조사로 18개월 동안 접촉한 결과, 전반적인 성공률은 80.3%로 나타났다. 1995년 275명의 클라이언트들을 대상으로 수행된 두 번째 연구결과에서 치료 종료 후 7~9개월 후의 전화면접에서 응답자의 45%가 치료가 그들의 목표에 효과가 있었다고 보고하였고(Berg & De Jong, 1996), 32%가 조금 진척이 있었다고 응답하였다. 연구 치료과정의 평균 회기는 3회기였다. 전반적인 단기가족치료센터의 평균 회기는 4.3회기였다(De Shazer, 1989).

　우리나라의 단기가족치료센터에서 시행한 해결중심 단기가족치료의 효과도 비슷하게 나타나고 있다. 치료 횟수는 평균 4.6회로 나타났고, 치료의 성공률은 86%로 나타났다(김성천, 노혜련, 1996). 허남순(1988)은 해결중심 단기가족치료가 치료 기간이 평균 6회 미만으로 비교적 짧고 효과적이며, 모든 가족이 참여할 필요가 없기 때문에 치료에 비협조적인 한국의 가족에게도 적합하다고 보았다. 최근에는 사례연구를 통해 이 모델이 주의 산만한 아동, 부부, 청소년, 아동구타, 금연, 알코올중독 등의 문제를 해결하는데 효과적이라는 결과가 발표되고 있다(최인숙, 1994).

6. 해결중심 가족치료 실습

다음 사례를 적용하여 상담사 역, 아버지 역, 어머니 역으로 나누어 첫 회 상담양식을 활용하여 질문하고 상담을 진행해 보세요. 끝난 후에 서로의 역에 대한 피드백을 나누시오.

큰아이가 초등학교 때까지만 해도 남편의 사업이 잘되어서 그런대로 아내가 일하지 않고 경제적으로 안정적인 생활을 하였다. 그러다가 남편이 다른 사람에게 돈을 빌려 주고 못 받는 사기를 당한 후부터 사업도 제대로 되지 않고 점차적으로 가세가 기울기 시작하였다. 개인사업이 안 되고 또 몇 번 실패하다 보니 결국 남편은 개인택시기사로 일하게 되었다. 벌써 5년째 택시기사로 일하는 남편과 식당에서 열심히 일하는 아내가 잦은 갈등과 싸움으로 이혼 위기에 놓여 상담실을 찾았다. 자녀는 고등학교 2학년인 딸과 대학생 아들이 있다. 부인의 문제는 남편이 택시기사 일을 성실히 하지 않고 종종 도박으로 시간을 보내고 돈을 별로 가져오지 않는다는 것이다. 아이들의 학비나 학원비, 생활비가 많이 들어가는데, 요즈음 빚으로 생활을 한다고 호소한다. 그나마 아들 녀석은 아르바이트를 해서 자기 용돈은 번다고 한다. 부인이 식당에서 종업원으로 일하지만 100만 원 정도의 수입으로, 경제적으로 어렵다고 한다. 또한 남편이 술을 먹으면 자주 언어적인 폭력을 행사하므로 부부싸움이 심해지고, 남편이 폭력을 휘둘러서 가출한 적이 있다. 남편이 들어오면 또 술을 먹지 않았나, 폭력을 쓰지 않을까 걱정되고 가슴이 떨린다고 한다. 자신도 육체노동으로 인하여 몸이 많이 상해서 남편을 돌보고 싶은 생각이 없고 차라리 이혼해서 마음 편하게 혼자서 살고 싶다고 말한다. 자녀들은 엄마 편으로 엄마가 원하는 대로 하라고 한다.

〈제1회 상담양식〉

내담자: 날짜: 상담사:

1. 불평이나 배경 이해
    • 여기에서 어떤 것이 도움이 될까요?
    • 해결을 위하여 어떤 시도를 해 보셨나요?
    • 상담이 도움이 된다는 것은 무엇인가요?

2. 목표 설정(가상질문, 기적질문)
    • 여기에서 무엇이 달라지기를 바라시나요?
    • 무엇을, 어떤 것을 보면 우리 문제가 다 해결되었구나 하고 생각할까요?

3. 예외적 행동 탐색하기
    • 문제가 발생하지 않은 때는 언제, 어떻게, 누구에게 가능하였나요?
    • 예외적으로 누군가 조금 달라지면 당신은 어떨까요? 뭐가 달라졌나요?

4. 척도 측정 (0점-부정적, 10점-긍정적)
    • 상담 전 변화는 어떤 것이 있었나요?
    • 현재 심리적 상태는?
    • 해결을 위하여 노력하고자 하는 의지는?
    • 자신감 정도는?
    • 관계를 위해서 몇 점 정도 가능한가요?
    • 그렇게 되기 위해서는 어떻게 해야 하나요?

5. 피드백 메시지
    • 칭찬: 내담자의 특성, 시도했던 것, 목표 설정, 가능성, 장점
    • 연결문: 피드백 내용에 정상화, 교육적 대안, 과제에 대한 근거
    • 과제나 제안: 관찰형, 심사숙고형, 행동형(직접 행동으로 하는 것)

6. 종결
    • 상담사와 내담자 상호 간의 피드백 나누기

〈제2회 상담양식〉

내담자: 날짜: 상담사:

1. 변화에 대한 질문
    - 그동안 무엇이 좀 달라졌나요? (구체적으로 이끌어 내기)
    - 변화를 위하여 어떤 시도를 하였나요?
    - 어떻게 그런 일이 일어났습니까? (확대하기)
    - 당신은 구체적으로 어떻게 하였습니까? 어떻게 그게 가능하였나요?
    - 당신이 무엇을 하니까 ~와 관계가 달라진 점은 무엇입니까?

2. 변화에 대한 강화와 칭찬
    - 그 밖에 또 무엇이 달라졌습니까? (더 나아졌습니까?)
    - 어떻게 당신은 그것이 가능하였나요?
    - 그것을 좀 더 하기 위해서는 어떻게 해야 합니까?
    - ~을 다시 하기 위해서는 어떤 일이 일어나야 합니까?

3. 좋아진 것이 없다고 하면
    - 어떻게 대처하였습니까?
    - 어떻게 더 나빠지지 않았나요?
    - 어떻게 그렇게 할 수 있었나요?

4. 예외적 행동 탐색하기
    - 문제가 발생하지 않은 때는 언제, 어떻게, 누구에게 가능하였나요?
    - 예외적으로 한 번 해 보니 당신은 뭐가 달라졌나요? 또 다른 사람은 어떻게 달라졌나요?
    - 예외가 더 자주 발생하게 하기 위해서는 어떻게 해야 하나요?
    - 무엇을 보면 예외적이라고 생각하나요?

5. 척도 측정(0점-부정적, 10점-긍정적)
    - 현재 심리적 상태는?
    - 현재 해결 상태는?

- 해결을 위하여 노력하고자 하는 의지는?

- 관계를 위해서 몇 점 정도 가능한가요?

- 그렇게 되기 위해서는 어떻게 해야 하나요?

6. 피드백 메시지

- 칭찬: 내담자의 특성, 시도했던 것, 목표 설정, 가능성, 해결방안

- 연결문: 피드백 내용에 정상화, 교육적 대안, 새로운 의미

- 과제나 제안: 관찰형, 심사숙고형, 행동형(직접 행동으로 하는 것)

7. 종결

- 상담사와 내담자 상호 간의 피드백 나누기

08 부부상담의 이론과 기법

− Harvill, Hendrix & John M. Gottman & Young

늘 한결같은 바위와
빠르게 변화무쌍한 폭포는
끊임없이 충돌하고 부서지고 나서
치료와 인내의 시간을 거친 후에야
바위는 긴장하게 만드는 폭포를 좋아하게 되었고
폭포는 한결같은 점과 문제의 핵심을 파고드는 점에 감사했다.
바위는 일관성과 안정을 제공하고
폭포는 삶 속에서 돌진하고 춤추며 계속 변화한다.
변화는 익숙한 깊은 강바닥에서의 변화다.
− 존 폭스, 최소영 외 역(1997) −

1. 이마고 부부관계치료의 이론적 배경

1) 이마고의 개념

이마고(imago)라는 말은 라틴어 어원으로 '이미지(Image)'라는 뜻이다. 융(C. G. Jung)은 『리비도의 변형과 상징』(1912)에서 개인이 타인과 관계를 맺는 뿌리가 무의식적 인물의 원형인 가족관계에서 만들어진다고 보았고, 어머니, 아버지, 형제의 이마고에 대해 기술하였다.

아주 어린 시절 양육자가 돌봐 주고 길러 주었던 사람들에 대하여 우리는 긍정적 · 부정적 이미지를 우리의 무의식 안에 표상체계로 저장하고 있다. 우리 뇌의 일부가 그 기억들에 사로잡혀 있어서 때로는 그들처럼 생각하고 행동하기를 좋아한다. 발달과정에서 초기 양육자들과의 관계에서 긍정적, 부정적 영향을 받은 것들과 사회화 과정에서 받은 영향들이 우리의 주요 성격적 특징을 이루고 타인과의 대인관계에서도 반복적으로 나타난다. 이마고는 어린 시절의 관계경험에 대한 이미지가 있어서 특히 남녀의 만남과 결혼생활에도 영향을 미친다고 본 것이다.

페어베언(Ronald D. Fairbairn, 1954)은 인간은 대상을 추구하는 존재라고 하면서 인간의 자아는 어머니와의 관계 속에서 만들어지고 발달한다고 주장하였다. 대상관계이론에서 인간은 출생 이후 심리적인 발전과정에서 최초의 대상인 어머니와의 관계 경험을 통해서 대상 이미지를 만들게 된다. 인간이 그러한 대상과의 관계를 통해 경험된 대상 이미지가 지속적으로 타인과의 관계에서도 나타나고 현재도 초기 대상관계의 흔적들이 남아서 그 영향력들을 미친다고 본다.

클라인(Melanie Klein, 1932)은 유아들이 처음부터 대상을 추구하는 존재라고 주장하면서 분리(splitting)라는 방어기제를 통하여 자신들을 돌보아 주는 어머니에 대해서 좋은 대상 혹은 나쁜 대상으로 지각하는 상호작용을 한다고 보았다.

이마고 부부관계 치료는 미국의 하빌 헨드릭스(Harville Hendrix)와 그의 아내인 헬렌 헌트(Hellen L. Hunt) 부부에 의해 처음으로 개발되었다. 현재 20여 개 국가에서 부부상담 임상에서 긍정적인 효과가 밝혀지면서 각광을 받고 있는 이론이다. 이마고 부부관계치료의 탄생은 정신역동이론, 설리번의 대인관계이론, 대상관계이론, 체계론적 이론, 마틴 부버의 나와 너의 철학, 사회학습이론들의 복합적인 내용들을 기반으로 해서 발전하였다(오제은 역, 2009).

헨드릭스는 남자와 여자가 열렬히 좋아하고 사랑해서 결혼을 한 후에 잘 지내지 못하고 으르렁거리며 싸우고 파탄으로 가는 이유가 "어린 시절의 상처와 절망이 정서적인 상처의 주위에 방어를 형성하는 진짜 원인"이라고 말한다.

어린 시절 성장과정에서 형성된 양육자에 대한 이미지가 성인이 된 후에 배우자를 선택하는 동기가 된다. 배우자를 선택할 때 보호자의 긍정적 또는 부정적인 모습을 닮은 사람에게 끌리는 경향이 있다. 이러한 경향은 무의식 속에서 우리가 상처받았던 어린 시절의 사건을 또 다시 결혼생활 가운데서 재현되도록 하기 위함이다. 대부분은 배우자를 선택할 때 자신의 부모 또는 양육자의 부정적인 모습을 피하려 하지만, 결국 그러한 성향을 갖고 있는 배우자를 선택해서 부모가 겪었던 갈등을 다시 재현하고자 하는 무의식적인 에너지의 움직임이 일어나게 된다. 이런 무의식적인 만남은 결국 자신의 미해결된 감정이나 상처들을 해결하고 치유하고자 하는 무의식적인 열망 차원에서 이루어진다.

마치 폭풍우 속에서 가지가 꺾여 버린 나무가 상처 입은 나무껍질 위로 다시 서서히 자라나는 회복의 과정을 거쳐서 성장하게 되듯이, 인간도 마찬가지로 자신의 어린 시절의 애정결핍, 신뢰 부족, 열등감, 인정 부족, 억압된 자아, 상처받은 자아를 극복하기 위해 반드시 배우자를 만나서 사랑을 채우고 싶은 깊은 수준의 원함과 자기완성을 위한 무의식적인 욕구가 있다고 보는 것이다.

2) 이마고 부부치료의 '관계적 패러다임'

과거의 부부치료에서는 내적갈등의 원인을 아동기의 해결되지 못한 개인적 문제로 인한 심리적 긴장, 불안, 에너지의 부조화로 보고 일반적으로 부부에게 개별적으로 접근을 시도하였다. 체계론적 가족치료이론에서는 '개인은 체계 안에서 서로 영향력을 주고받는 존재'이며, 개인의 병리는 체계 안에서 체계에 의하여 발생한다고 보았다. 그래서 가족의 문제를 전체 가족의 시스템으로 보았으며, 아동의 문제나 증세 변화를 위해서는 효과가 있었다. 그러나 여기에는 부부 두 사람이 관계하는 존재론은 약하였다.

상담학의 아버지 로저스(C. R. Rogers)는 내담자의 말과 감정을 거울처럼 비춰 주고 내담자의 현상적인 세계 속에 들어가서 온전히 수용하고 공감하는 것의 중요성을 피력하였다. 코헛(H. Kohut)도 마찬가지로 내담자의 세계에 대한 깊은 이해와 공감을 통해서 내담자는 자기감을 발견할 수 있다고 하였다. 자기이해와 통찰에 대해 진일보하였지만, 내담자가 상담사를 더 신뢰하는 것이 중요하다고 여기는 개인적 패러다임에 머물렀다.

일반적인 상담에서 사용하는 해석이나 행동적인 개입, 전이가 상담사를 통해서 이루어졌다면, 이마고 부부치료에서는 상담사가 내담자 부부를 철저히 신뢰하여 내담자의 상처 치유와 관계 회복을 위하여 필요한 반영과 대리 성찰의 경험, 공감을 결국은 배우자가 서로에게 제공할 수 있어야 한다. 이마고 부부치료는 부부가 서로 눈을 보고 대화하는 과정을 통해 관계 안에서 전이의 역동이 일어나고 공감의 전달로 치료가 될 수 있다. 그래서 상담사는 단지 촉진자와 조력자일 뿐이다. 부부가 서로 대화의 과정을 통해서 자신의 그림자 부분을 드러내는 것이 고통스러울 수 있지만, 상대방의 그림자 부분을 보고 함께 참여하므로 더 진실한 면모를 만날 수 있고, 이해와 수용으로 더 깊이 연결되는 멋진 경험을 하게 된다. 이것이 구성주의이론이며 관계적 패러다임의 위력이다.

토마스 쿤(Thomas Kuhn)은 『과학혁명의 구조』(1970)에서 과학에서 일어나는 패러다임의 변화에 대해 처음 언급하였지만, 정치, 문화, 기술적으로도 사고의 전환은 여전히 진행되고 있다. 스마트폰이 전화나 검색 기능을 넘어 사물인터넷으로 자동차나 가전제품, 소비 물품에도 활용 가능한 시대가 도래한 것처럼 패러다임의 변화는 새로운 세상을 발견하게 한다. 이마고 부부치료의 관계적 패러다임은 실제로 부부상담사의 역할이 축소되어 부부가 서로 관계를 잘 연결하도록 돕는 촉진자의 역할에 머무른다. 이마고 부부치료는 개인에서 관계로 초점이 전환되는 부부관계 패러다임의 변화를 의미한다.

이마고 부부관계치료가 가진 관계적 패러다임이론의 특성을 살펴보면 다음과 같다 (오제은 역 2009).

- 이마고 부부치료는 부부의 어떤 행동의 변화나 문제를 야기하는 증상의 완화를 치료 목적으로 삼기보다는 좀 더 심오한 무의식적 차원의 각자 어린 시절의 결핍과 미해결된 감정 차원인 억압, 불안, 두려움 등 부부간의 관계치료를 통해 해결을 시도하고 있다. 이론의 근저에는 전인적이고 근원적인 인간관계의 치료가 있다고 할 수 있다.
- 상담에서 부부의 역할은 서로 어린 시절의 상처를 치유하고 미해결 감정을 풀어내기 위해서 반드시 있어야만 하는 '이마고 짝(Imago Match)'임을 인식하고 동시에 서로를 위한 상담사로 인정하고 수용한다. 부부문제는 부부 중 어느 한 사람만의 노력이나 변화에 달려 있는 문제가 아니고, 부부가 서로 어떤 상호작용을 하느냐, 즉 '관계' 패러다임을 어떻게 형성하느냐에 따라 달라지는 문제다. 그래서 부부 두 사람의 관계하는 방식의 패러다임을 변화시키는 것에 초점을 두고 있다.
- 상담사의 역할을 '코치(coach)'와 '촉진자(facilitator)'로 정의하고 있다. 부부관계를 치료하는 치료의 주체는 상담사가 아닌 곧 부부 자신들이므로 상담사는 부부가 서로의 상담사 역할을 잘할 수 있도록 조력자 역할을 한다. 상담사로서의 역할은 부부가 무의식적인 자동반사나 반응을 의식적으로 인식하고 반응할 수 있도록 도와주는 것이다. 즉, 관계에서 정말 간절히 원했는데 아직까지 채워지지는 않았던 욕구를 부부가 서로 잘 알고 행하도록 돕는 것이다.

이마고 부부치료는 부부와 상담사 간의 전이를 부부간의 전이문제로 바꾸었고, 두 사람 사이에서 발생하는 관계의 힘과 역동성을 치료의 도구로 삼았다. 부부의 관계는 존재론적 힘으로 탄생하여 인간 차원의 깊은 연결로 재해석되었고, 부부의 불화나 갈등은 결국 부부의 단절에 있었다. 부부치료에서 부부의 무의식적인 원함은 바로 원초적이고 근본적인 연결의 회복이었으며 연결의 활성화와 유지였다는 것이 밝혀졌다(오제은, 이현숙 공역, 2011).

이마고 부부치료를 통해 부부의 무의식적인 만남이었던 로맨틱한 사랑은 이제 미성숙한 사랑이 아니라 의식적이고 목표지향적인 사랑으로 탈바꿈할 수 있게 된 것이다. 이마고 부부치료는 결국 단절된 '관계'의 문제를 관계적 배경 안에서 바라보고 모든 상처는 '관계' 속에서 발생하는 것이며, 결과적으로 모두 치유 또한 '관계' 속에서 일어나야 한다고 본다. 그러므로 부부가 안전한 환경 속에 있지 않는 한 이러한 치유는 결코 일어나지 않는다고 보기 때문에, 이마고치료에서는 '이마고 부부대화법'이라는 대화 과정을 전적으로 활용한다. 그리하여 부부가 안전감을 형성할 수 있게 되면, 부부의 공생 관계를 깨뜨릴 수 있고, 분리된 자기와 타인을 구별하고 서로에 대한 투사를 줄이면 퇴행으로 가는 방어를 줄일 수 있게 된다. 이마고 대화를 통하여 새롭게 탄생한 부부는 확실히 갈등이 줄어들고 서로를 존중하며 가치를 인정하고 애정을 나누는 친구로 거듭나게 된다.

3) 부부의 무의식적인 만남

이마고는 어린아이의 초기 발달에 영향을 주었던 양육자의 긍정적이고 부정적인 모든 모습으로 구성된다. 우리는 성장하면서 무의식적으로 양육자와 비슷한 이미지에 맞는 사람에게 끌리게 된다. 무의식은 어린 시절에 결핍된 것들이 충족되었어야 했지만 아직 충족되지 못한 것을 찾아 그 작업을 끝내야 할 사명을 가지고 있다. 그래서 무의식인 말(馬)은 그 여행을 끝내기 위해 무의식이 어렸을 적 가져야만 했던 그것과 비슷한 것을 찾아 나서는 것이다. 사람은 오래된 상처가 치유되지 않는 한, 그게 부모든 아니면 다른 보호자든 처음으로 상처를 주었던 그 사람의 이미지와 비슷하게 들어맞는 그런 사람을 무의식적으로 찾아다니게 된다. 누구나 의식적으로는 자기 자신을 위해 이렇게 하지는 않는다. 그렇다면 무엇이 우리를 이러한 관계에 빠져들게 하는 것인가? 그것은 바로 '로맨틱한 사랑(romantic love)'이다(오제은 역, 2009).

이 로맨틱한 사랑의 단계는 "만난 지 얼마 되지 않았는데, 꼭 전부터 알던 사람 같아요." 친숙함으로 오고, "만난 지는 얼마 되지 않았지만, 당신을 몰랐던 때가 있었던가 싶어요." 시간초월 현상으로 온다. 그래서 "당신과 함께 있으면 더 이상 외롭지 않아요. 완벽하고 완전해진 것 같아요. 그래서 나는 당신을 아주 많이 사랑합니다. 당신 없이는 살 수 없어요."라고 고백한다. '로맨틱한 사랑'은 상대방의 부정적인 모습을 보지 못하게 하고 너그럽게 바라보도록 만들고, 두 사람의 관계 속으로 강력하게 빠져들게 한다.

'로맨틱한 사랑'은 배우자의 모습에서 절대 권능과 가치 존재의 이상화를 느끼게 한다. 그러나 결혼 이후 부부의 결혼생활이 시작되고, 신경전달물질도 분비되지 않고, '로맨틱한 사랑'이 끝나면, 그때야 비로소 상대방의 부정적인 모습이 드러나게 되고 현실적인 갈등이 시작된다. 이때가 바로 부부가 성장을 해야 할 시점이다. 어렸을 적에 부모에게서 무시당하고 간과되었던 어린 시절의 상처가 건드려지고 열등감이 자극을 받고 "사랑이 실패했어."라고 말할 이 시점이 바로 더 깊은 수준의 사랑으로 가기 위한 필수적인 통과의례라는 것이다.

다음은 남자가 여자를 만났을 때를 시로 표현한 것이다.

> 나는 그녀를 나무라 불렀고
> 그녀는 그를 춤추는 새라 불렀다.
> 그는 그녀를 서 있는 자,
> 예전에도 서 있었고, 앞으로도 서 있을 자라고 불렀다.
> 그녀는 그를 도착자라고 불렀다.
> 그는 그녀를 심장의 요람이라고 불렀고,
> 그녀는 그를 내 심장에 꽂힌 화살이라고 불렀다.
>
> ― 주디 그랜의 시 「파리스와 헬렌」에서 ―

4) 부부의 힘겨루기

로맨틱한 사랑이 막을 내리고 이제 부부는 마치 동물들이 서로 만나서 힘겨루기를 하듯이 서로 내가 옳고 너는 틀렸다고 주장하면서 갈등과 싸움의 단계를 거친다. 이것이 부부의 힘겨루기다. 부부는 아무리 기대하고 싸워도 여전히 변하지 않거나 변할 수 없는 상대방을 보며 사랑을 받을 수 있다는 모든 소망이 사라지면서 절망과 포기의 단계로 접어든다.

예를 들면, 다음과 같다.

결혼 전에는 멋진 왕자님처럼 보였던 남편의 외모와 성격도 점차 달라 보였다. 남편이 작은 일에 화내지 않는 선한 성격을 가진 것을 장점으로 보았는데 이러한 장점은 결혼생활을 하면서 우유부단하고 맺고 끊는 게 없는 성격으로 비추어지기 시작하

였다. 경제적인 부담감과 함께 남편의 우유부단하고 무책임한 성격과 상습적인 거짓
말로 인해 남편에 대한 신뢰감을 상실하면서 부부관계는 약화되어 갔다(김혜숙 외,
2012).

앞의 내용은 서로에게 상처를 주는 무의식적인 힘겨루기(unconscious power struggle)
에 있는 전형적인 사례다.

아내와 남편은 서로 사랑해서 결혼했지만 결혼 후 5년이 지나면서 남편은 늘 불같이
화를 내고 신경질적으로 비난을 해대며 가정을 전쟁터로 만들어 놓기 일쑤여서 아내는
항상 그럴 때마다 긴장감 속에서 불안하여 편안함과 휴식을 취할 수가 없었다. 아내의
주된 불평은 남편이 그녀와 충분한 시간을 함께해 주지 않고, 또 그녀가 원하는 긍정적
인 관심과 애정을 주지 않는다는 것이었다. 남편은 아내의 잔소리와 비판적인 성격 그
리고 아내가 전반적으로 불행하다고 느끼는 여러 가지 문제를 자신에게 쏟아 붓는 것
에 대해 불평했다(오제은 외 역, 2011).

퀴블러 로스(Elizabeth Kubler-Ross)가 죽음을 앞둔 사람들을 인터뷰하여 묘사한 죽
음에 임박한 심리학적 반응의 단계와 같이 힘겨루기 단계를 통해 부부도 똑같은 경험
을 한다고 본다.

- 놀람단계: '이런 일이 나에게 벌어지다니, 내가 결혼한 남편(아내)이 맞나?'라면서 놀
  라는 단계다.
- 부정단계: '이건 그렇게 나쁜 것이 아니야. 당신은 변할 테고, 이런 일은 다시 일어나
  지 않을 거야.'라고 부정하는 단계다.
- 분노단계: '어떻게 당신이 나한테 그럴 수가 있지! 당신에게 큰 실망이야. 당신이 차
  라리 죽었으면 좋겠어.'라면서 화가 치밀어 오르고 분노가 올라오는 단계다.
- 타협단계: '당신이 이렇게 하면 나도 이렇게 할 수 있어. 당신이 아이들한테 소리 지
  르지 않으면 내가 당신을 위해서 아침은 해 줄게.'라면서 타협하려고 하는 단계다.
- 절망단계: '절대로 당신은 바뀌지 않을 거야. 절대 나아지지 않겠어. 다 포기하고 나
  가겠어.'라고 절망하는 단계다.
- 수용단계: 부부는 상대방이 자신을 행복하게 만들어 주어야 한다는 환상을 버리고
  두려움과 방어, 투사와 상처에 직면하고 돕는 자로서 사랑을 재정의하는 단계다.
  상대를 긍휼과 돌봄의 대상으로 보며 있는 그대로의 모습을 통합적으로 받아들인

다. 부부가 무의식의 싸움에서 의식적인 부부로 성장한 것이다.

딕스(Henry Dicks)가 타비스톡 클리닉(Tavistock Clinic)에서 기혼부부를 대상으로 연구한 결과에 의하면, 만족스런 결혼생활을 하고 있는 것처럼 보이는 비교적 건강한 부부들이 그들의 결혼생활에서 배우자를 다른 사람인 것처럼 여기고 있다는 것을 발견하였다. 남편은 아내를 자신의 정신세계에서 내적 대상표상인 자신의 어머니로 인식하고 있었고, 아내도 남편이 단지 자신의 내적 세계로부터의 투사물인 것처럼 관계하고 있었다. 딕스는 결혼에서 퇴행관계가 이루어짐을 발견하여 자아 강도가 상당히 높은 사람도 결혼관계에서는 급속하게 부모-자식관계로 퇴행하는 모습을 보인다고 하였다(심수명, 2006).

클라인(Klein)은 부부가 '투사적 동일시'에서 개인이 받아들일 수 없는 자신의 부분을 다른 사람에게 투사하면 그때 상대방이 무의식적으로 그것을 받아들이는 내사적 동일시과정을 통해서 투사된 부분이 자신의 일부분인 것처럼 느낀다고 말한다. 자기가 수용하기 힘든 어떤 내적 특성을 배우자에게 투사하여 배우자로 하여금 투사된 특성대로 느끼거나 행동하도록 유도하는 과정이다. 예를 들면, 부모의 학대 속에 자란 배우자는 관계에서 자신에게 내면화된 거부적이고 학대하는 대상을 배우자에게 투사하여 배우자로 하여금 학대하는 대상의 역할을 하도록 유도하고 자신은 무기력한 희생자의 역할을 하여 내적인 대상관계를 현재 관계에서 재연하는 것을 말한다.

힘겨루기 단계의 강도와 혼란은 부부마다 다를 수 있지만, 많은 부부가 이 단계에서 서로 증오하고 무시하며 싸우고 다시 화해를 반복한다. 갈등 상황에서 부부는 한 사람은 고통을 유발하고 한 사람은 방어적으로 대응하면서 정형화된 하나의 패턴으로 상호작용한다. 예를 들면, 도망가는 자와 쫓아가는 자, 엄격한 자와 희미한 자, 매달리는 자와 회피하는 자, 경쟁자와 수동적인 타협자로 나타난다. 힘겨루기 단계에서 부부는 서로 비슷한 수준의 감정적 성숙을 보이므로 발달단계에서 거의 비슷한 시기에 결핍이나 상처가 있었을 것으로 본다. 그럼에도 부부관계에서 부부가 분노를 느끼는 것은 성숙을 향한 길목이기에 반드시 필요하다.

코헛도 결국 개인의 심리적인 문제를 자기대상의 장애로 보며 양육자에 의한 강한 자기를 발달시키는 과정에서 겪는 장애로 보았다. 자기애적 성격장애는 과대자기와 이상화된 자기대상을 성공적으로 경험할 수 없어서 성격의 다른 부분과 충분히 통합되지 못하고 자기존중감을 잃은 경우로 보았다. 그래서 손상된 자기를 잘 이해하고 공감적인 태도를 취하는 것이 중요하다고 설명하였다.

2. 발달과정의 상처와 힘겨루기 패턴

마가렛 말러(Margaret Mahler)는 한 개인으로서 아이의 심리적 탄생이 어머니와의 공생과 분리 및 개별화 과정(symbiosis, separation-individuation)을 거쳐서 이루어진다는 것을 보여 줌으로써 유아의 정서적인 발달을 이해하는 것뿐 아니라 경계선장애를 포함한 정신 병리의 초기 원인들을 명료화하는 데 기여하였다. 유아는 자폐기-공생기-분리기를 거쳐 발달한다고 본다.

이마고이론에서는 어린 시절에 어떤 발달단계를 거치면서 무엇을 경험했느냐는 성격발달뿐만 아니라 미래에 어떤 짝을 선택하고, 어떤 결혼생활을 할지에 영향을 미친다고 본다. 코헛(Kohut, 1999)은 어린 시절에 부모가 아이를 충분히 인정해 주었다면 그 인정은 아이로 하여금 안정감이 있고 자율적이며 자신감이 있는 인성을 형성하도록 내면화된다는 것이라고 말했다. 아이가 받은 충분한 사랑과 애정의 반영은 미래에 자신의 배우자와 자녀에게 사랑을 줄 수 있는 사랑의 원천이 된다고 주장한다.

대부분의 부부는 어린 시절 부모와의 관계에서 생존하기 위하여 반응하였던 방어기제들에 익숙하기 때문에 부부관계에서도 자연스럽게 사용하지만, 정작 본인들은 의식적으로 잘 알아차리지 못한다. 그래서 부부가 싸우는 무의식적 과정인 힘겨루기의 패턴을 아는 것은 매우 중요하다. 대부분 힘겨루기는 어린 시절 성장과정의 상처가 있고 결핍이 채워지지 않아서 지금도 그것을 채우려고 노력하는 과정이기 때문이다.

자녀는 부모의 이기적인 욕구로 인하여 일방적으로 당하는 상처나 원망을 평생 안고 살며, 그 상처를 극복하지 못한 경우에는 다시 불행한 인생을 반복하는 경향이 있다. 장-다비드 나지오(김주열 역, 2015)는 "무의식은 최초의 경험을 반복하려는 강박적 힘이다."라고 말한다. "반복을 통해서 우리는 배우고 창조해서 자신의 정체성을 확인할 수 있다는 긍정적인 점이 있지만, 반복은 무심코 어린 시절의 외상을 재연하거나, 상처를 되풀이하거나, 똑같은 시련 앞에서 실패를 거듭한다는 점에서 병리적"이라고 말한다(김주열 역, 2015).

1) 애착단계의 상처(출생~만 15개월): '회피하는 자'와 '매달리는 자'

어린 시절 발달단계에서 발생할 수 있는 정서적 상처를 살펴보면 생후 2년까지는 '애착단계'로 아기가 생존의 위협을 받을 때 양육자의 관심과 보호를 받기 위해 본능적으로 생존 보호능력을 형성하는 시기다. 아이는 울음으로 어머니의 주의를 집중시키고 신호를 보낸다. 미소, 옹알이, 잡기, 빨기, 매달리기, 따라다니기는 부모로 하여금 아기에게 접근해서 보살피고 상호작용하도록 신호를 보낸다. 양육자는 이런 아이의 신호에 민감하게 반응해 주므로 아이는 안정감과 신뢰감을 형성한다. 아이와 양육자와의 깊은 유대관계는 신뢰라는 성품을 형성하는 데 필수적인 내적 요인으로 친밀한 사회적 관계 형성의 토대가 된다.

어린 시절 안정애착을 형성한 성인은 안정되고 친밀한 관계를 형성하고 대부분 사람에 대하여 신뢰할 만하다고 생각한다. 친밀한 타인과 함께 하는 것에 대하여 편안하고 사랑받고 존경받을 만한 가치가 있다고 느낀다. 그리고 결혼할 배우자와 연결되는 것에 더 기대한다.

그러나 불행하게도 어떤 양육자는 아이의 신호에 민감하게 반응하지 못하고 오히려 불안을 더 유발하기도 한다. 양육자가 나쁜 사람이 아니라 자신의 욕구를 더 중요시 여기고 아이의 욕구를 민감하게 채워 주거나 돌보지 못해서다. 또는 양육자가 질병이나 직업 등 여러 가지 이유로 아이를 돌볼 시간적인 여유가 없거나 양육 대상이 자꾸 바뀌게 되면 아이는 당연히 불안정애착을 형성하게 된다. 아이는 안정적인 애착을 원하지만 불안과 거절감을 경험하게 되면 상처를 받아서 자신을 보호하기 위하여 더 이상 반응을 안 하고 회피하게 된다. 회피형 아이는 '난 안아 주는 사람도 더 이상 원하지 않아. 왜냐하면 안아 주는 것이 나에게 더 큰 상처가 되니까.'라고 생각하게 된다.

또한 불안정애착의 아이는 양육자로부터 버림받을 것 같은 불안감을 종종 받아서 양육자로부터 거절당하지 않기 위하여 더욱 매달리게 되는 것이다. 아이는 눈앞에 사랑하는 사람이 없으면 자신이 버림받았다고 느끼고 더욱 의존하며 매달리는 경향이 있다. "나를 안아 주는 사람을 만나기만 하면 나는 그에게 매달려서 떠나보내지 않을 거야."라고 한다.

성인이 된 회피하는 자와 매달리는 자는 서로의 필요와 욕구들을 채우기 위하여 서로 고통의 시간을 갖게 된다. 회피하는 자는 배우자와 거리를 두며 친밀감을 형성하는 게 어렵다. 때론 냉정하고 신뢰할 수 없을 정도로 감정이 차갑다. 너무 가까우면 불안을 느끼고, 사랑이 없는 섹스를 한다. 집을 나갈 때 매달리는 자로부터 "당신 언제 와요? 전화 좀 주세요."라는 말을 종종 듣게 된다.

성인이 된 매달리는 자는 불안하고 사람은 신뢰할 수 없는 존재라고 생각한다. 배우자가 혹시 자신을 사랑하지 않는 것은 아닐까, 버림받지 않을까 염려하고 걱정한다. 다가가려고 접촉을 시도하고 비일관적으로 배우자에게 따뜻하게 대하나 요구가 지나치게 많다.

어린 애착단계의 상처가 있는 부부는 깊은 신뢰 회복을 위하여 부부관계적인 상호작용에 초점을 두고 지속적으로 서로 상처를 유지하게 하는 요소가 무엇인지 파악하는 데 더 집중해야 한다.

2) 탐험단계의 좌절(만 15개월~3세): '도망가는 자'와 '쫓아가는 자'

애착이 형성된 후의 심리적 안정감을 가진 아이의 발달욕구는 탐험이다. 세상에 대한 호기심과 새로운 모든 대상에게 관심을 보인다. 아이는 아장아장 걸어 다니다가 엄마가 눈앞에서 사라지면 불안해진다. 그러면 아이는 다시 어머니에게로 와서 어머니를 확인한 후 안심하고 또 다시 자신의 탐험세계로 돌아갈 수 있다. 어머니는 이때 마치 등산할 때 안정과 휴식처를 제공하는 베이스캠프 같은 역할을 해야 한다.

부모가 자녀를 안전하게 돌보고 보호하지 않아서 소홀함을 경험하면, 아이는 자신을 돌보아 줄 사람을 계속 찾게 된다. 즉, '융합형(fuser)'으로서 쫓아가는 자로 반응하게 된다. 탐험 후 함께 기뻐해 줄 사람이 없어서 '아무도 내 생각에 대해 반영과 공감을 해 주지 않는다면 기뻐해 줄 때까지 소리를 지를 거야.' 하면서 쫓아가는 것이다.

부모가 과잉보호로 아이를 숨 막히게 하면 부모로부터 도망가서 멀어져야 살 수 있다고 아이는 생각한다. 그래서 아이의 반응은 '격리형(isolator)'으로서 도망가는 자로 반응하게 된다. '나에게 탐험할 수 있는 내 공간이라고는 조금도 없어. 나는 숨 막혀. 어느 누구도 나를 붙잡을 수 없어.'라고 생각한다. 이 발달단계에서 부모는 어린아이에게 그들만의 방식대로 세계를 바라볼 수 있도록 자유를 허락해 주고, 아이가 불안해서 겁에 질렸을 때에는 안전하게 보호를 해 줄 수 있어야 한다. 만약 부모가 자녀를 지지하면서 계속 나아갈 수 있도록 돕는다면, 자녀는 안전감과 연결감을 가지고 세상으로 나아갈 수 있는 힘이 생긴다.

성인이 된 '도망가는 자'와 '쫓아가는 자'는 서로가 매력으로 다가와 결혼하게 된다.

'도망가는 자'는 자신에게 어느 정도 거리를 두고 그다지 많은 것을 요구하지 않는 사람에게 호감을 갖고, '쫓아가는 자'는 자기에게 많은 관심을 주고 함께 시간을 보내는 사람에게 빠진다. 그리고 결혼 후에 한 사람(도망가는 자)은 자기만의 공간과 자유를 원하고 자기를 제발 혼자 두라고 요구하며 상대에게 너무 많은 것을 요구한다고 불평한다. 다른 한 사람(쫓아가는 자)은 좀 더 함께하고 싶다고 말하며 당신은 내가 필요로 할 때 같이 있어 주지 않는다고 불평한다. 부부는 이런 힘겨루기의 과정으로 들어가게 된다. 부부의 이런 관계가 지속되면 결국에는 서로의 욕구를 채울 수 없는 평행선을 달리다 파국으로 치달을 수 있다.

3) 자아정체감 단계의 좌절(만 3~4세): '엄격한 자'와 '흩어진 자'

안전하게 애착이 형성되고 탐험하는 데 자유로움을 느끼게 되면, 이제 아이는 자신이 누구인지를 발견하기를 원하며, 자신을 바라보고 거울처럼 반사해 주는 부모를 통해 정체성의 욕구를 충족시킨다. 이 시기의 아이는 양육자를 내면화하고 다양한 성격과 애정적인 동일시를 실험하는 것으로 자신을 알아가는 '자아정체감의 단계'다. 이 시기의 아이에게 필요한 것은 아이가 놀이를 통해서 무엇을 하든 만화 주인공 흉내를 내든, 가수를 따라하든, 개그맨 흉내를 내든, "너 개그맨이구나." "넌 가수구나." "좋구나."라고 반응을 해 주어야 한다. 그런데 부모로부터 어떤 놀이나 역할에서 "넌 남자인데 왜 그런 놀이를 하는 거니?"라고 비웃음이나 수치심을 경험하게 되면 아이는 창피함이나 수치심으로부터 자신을 보호하기 위하여 엄격한 자아로 반응한다. 즉, 자신이 무엇인가를 반드시 하지 않으면 안 된다는 엄격한 생각으로 생활을 한다. 스스로의 도전보다는 부모의 생활양식에 따라 '이래야만 한다. 저래야만 한다.'는 식의 엄격한 행동양식을 형성하고 강한 규범과 생활방식을 가진 모범적인 아이가 된다.

산만형(diffuse)은 부모의 무반영과 무관심으로 있으나 마나 한 존재인 것처럼 '눈에 띄지 않는' 느낌을 갖고 자란 아이다. 어떤 아이는 양육자에게 선택적인 반영조차도 받지 못하고 무관심을 경험하게 된다. 이는 아이가 전혀 보이지 않는다는 것(아이가 관심 밖에 있는 부모)을 의미한다. 또는 아이의 경계를 침범하는 경우(부적절한 성적 접촉이나 성적 학대)도 '보지 못하는 경우'로 한계 지정을 하지 못한 경우에 해당된다. 이 경우, 아이의 존재는 부모로부터 인정받지 못하게 되어 '흩어진 자'를 지닌 채 성장하게 된다(오제은 역, 2009).

한계 설정에 실패한 아이는 성인이 되어서도 자기에 대해 불확실하고, 자신이 누구인지, 무엇을 원하는지 불확실한 경우에는 명확하게 방향을 제시해 주는 사람이 매우 매력적으로 보일 것이다. 그리고 '엄격한 자'는 '흩어진 자'에게 명확한 방향을 제시하고 자신의 능력을 발휘하므로 존중과 가치를 인정받게 되어 서로 끌리게 된다.

그러나 힘겨루기에서 엄격한 자는 자신이 무엇을 해야 하는지를 잘 알고 또한 배우자가 무엇을 어떻게 해야 하는지도 잘 알기 때문에 종종 충고와 비난과 판단으로 대화한다. 그리고 배우자에게 "당신은 개념이 없어요."라고 말한다. 그러면 '흩어진 자'는 엄격한 자의 일방적인 방식이나 태도에 문제를 일으키며 나는 항상 당신 뜻에 맞추어 살고 있다고 호소한다. "당신은 당신밖에 생각 안 해요. 당신이 원하는 것밖에 몰라요."라고 소리친다. 그러면서 두 사람은 서로 반복적으로 상처를 주게 된다.

4) 힘과 능력 형성단계의 좌절(만 4~6세): '경쟁자'와 '타협자'

이 시기의 자녀에게는 정보와 교육을 통해 어떻게 다양한 과업을 성취하는지를 가르쳐 주고 자녀의 능력에 대해 인정해 주는 것이 필요하다. 부모에게 인정을 받고 교육과 정보를 얻게 되면 아이는 마치 자신이 이 세상에 어떤 영향을 주는 것처럼 느끼면서 자라게 된다. 그러면 아이는 목표의식과 존재감을 키워 나갈 수 있다. 그러나 어떤 부모는 자녀를 인정하거나 방법도 제대로 제공해 주지도 않으면서 잘하기만을 요구한다. 그러면 아이는 실패의 고통을 경험하고 싶지 않기 때문에 어떻게든 잘하려고 하고 이기려고만 할 것이다. 아이는 매우 열심히 노력하는 경쟁자가 된다. '힘과 능력의 단계'에서는 아이에 대하여 칭찬, 긍정, 반영이 필요하다. 그러나 경쟁형(competitive)은 '내가 어렸을 때 아무도 내 일에 관심이 없었어. 이제 내가 얼마나 똑똑하고 창조적인 사람인지 보여 주겠어.'라고 생각한다.

수동형(passive)은 부모가 자녀의 성취에는 아무 관심이 없고 탁월함을 요구하지도 않으며 방치한 경우다. 만약 아이가 어떤 것에 대한 능력을 발전시키고 싶어 하지만 부모에게서 원하는 반응을 얻지 못한다면, 아이는 무기력함을 느끼게 되고, 더 수동적이 되어서 수동적인 타협자로 자라나게 된다. 상처가 생기는 이유는 양육이 불완전하기 때문이다. '나는 제대로 하는 것이 하나도 없는 사람이야.'라고 생각한다.

부모는 양육관계에서 아이의 확장적인 에너지를 안전한 한계로 설정함으로써 안정감을 제공해야 한다. 코헛은 프로이트가 주장한 오이디푸스 콤플렉스를 공감을 받지 못한 아이로, 오이디푸스 콤플렉스는 건강하지 못한 양육의 결과이며, 부모가 자녀의 도전적이고 진취적인 야심과 끝없는 질투에 대해 불안과 불편을 느끼고, 그 결과 공감보다는 훈육의 조치를 취했을 때 나타나는 정서적 왜곡의 결과로 보았다.

욕망, 적대감, 갈등이 개인의 정서적인 삶에 장애물이 될 때 그것은 건강한 정서 발달의 성취가 이루어지지 않은 것을 상징한다. 일반적으로 오이디푸스 시기는 세 살부터 다섯 살 혹은 여섯 살까지로, 바로 남근기의 단계를 의미한다. 이때 아이는 사회성을 발달시키며 육체적인 인간에서 정신적인 인간으로 거듭나는 과정을 거친다. 어머니와 아버지에 대해서 아이는 무조건적인 사랑과 총애만을 강하게 요구했지만 이제는 어머니 없이도, 아버지의 목소리에 대한 기억만을 토대로 가족 전체 구성원들과의 원만한 유대를 경험한다. 가족 내 공동체 규칙을 준수하고, 상호 협력하는 태도를 배운다. 아이가 태어나서 18개월까지는 일체경험, 세 살까지는 총애경험, 여섯 살까지는 존경경험을 충분히 하면 할수록 성숙한 인격과 사회적 협력의 정신적 능력과 기술을 개발한다. 그런데 이런 경험들이 결여되거나 충분히 주어지지 않을 때 아이는 의심, 반항, 자기애의 늪에 빠져 버린다. 오이디푸스 시기 아이(3~4세)들은 어떤 아버지를 경험하느냐에 따라 전혀 다른 인격구조를 갖게 된다. 오이디푸스 콤플렉스는 무정하고 박해적인 아버지를 경험한 아이들이 갖게 되는 정신병리다. 건강하고 희생적인 아버지를 둔 아이들은 그와 같은 병리를 갖지 않는다. 오히려 그 아이들은 자신의 꿈과 포부, 이상과 가치관, 재능과 기술의 발전을 추구하면서 밝고 경쾌한 인생을 산다. 공감적인 부모 밑에서 자라난 아이들의 특권이며, 이런 점에서 아이의 인격구조는 아이의 습관이 아니라 초기 양육환경으로부터 받은 공감의 정도에 따라 다르게 설정된다(김병훈, 2009).

성장과정에서 표현하고 싶은 감정이 억제되거나 욕구가 충분하게 채워지지 않을 때 어려움이 생겨나게 되고 이에 대한 반응으로 자기 자신과 자기 감정을 부정하게 된다. 만약 애착의 욕구가 있지만, 불완전한 양육으로 인해 그것이 결핍되어 안 좋은 것으로 봐야 하는 상황에 놓인다면, 그것을 없앨 방법을 찾거나 그런 욕구를 증오하게 되는데, 자신을 제거할 수도 없고 증오할 수도 없는 이 딜레마에서 빠져나오려면 다른 방법을 찾아야만 한다. 다른 방법인 자기 증오를 통해 이것을 다른 사람에게 투사함으로써 해소하려고 한다. 그러나 그것은 바람직한 방법이 아니고, 문제를 더욱 더 악화시키는 방법에 불과하다.

〈표 8-1〉 유아기 발달 욕구 결핍에 따른 배우자 유형

시기	발달 욕구	부모의 양육태도에 따른 결핍 양상	결핍에 대한 방어기제	성장을 위한 도전
출생~ 만 15개월	애착-안전감	• 부모의 냉정한 태도-상처와 고통, 거부감 • 충분치 못한 돌봄-버림받음 이라는 상처	• 회피하는 자 • 매달리는 자	• 경청하기, 감정 표현하기 • 개별화, 내면 연결하기
만 15개월 ~3세	탐험-연결감	• 과잉보호-공간과 자유를 위한 욕구, 불안정, 숨막힘 • 소홀함-방치로 관심을 얻으려는 욕구, 기본적 욕구 부재	• 도망가는 자 • 쫓아가는 자	• 파트너의 접촉 지각하기 • 자신과 연결하기
만 3~4세	자아정체성-부모의 반영	• 부모가 원하는 것만 비추어 주는 선택적 거울-수치감, 엄격한 자아 형성, 지배하기, 조종하기 • 굴절(무반응, 무반사)-불확실하고 불명확한 자아, 순응하기	• 엄격한 자 • 희미한 자	• 느긋한 조종, 경청과 반영 • 설정, 경계선, 자아인식 높이기
만 4~6세	유능성-존재감, 목표 의식	• 인정, 정보 제공치 않고 탁월함만 요구-실패를 안 하려고 노력하고 경쟁적·충동적 행동 • 인정, 지지 없이 방치-무기력함을 느낌, 상황 조작하기	• 경쟁자 • 수동적 타협자	• 유능성 수용, 협조하기, 존중 • 유능성 계발, 파트너 칭찬하기

3. 이마고 부부치료 실습

1) 나의 부모의 긍정적 · 부정적 특성 찾기

　자신을 키워 준 어머니, 아버지를 떠올리며 함께했던 행동들, 부모 때문에 당황했거나 황당했던 상황들, 긍정적 또는 부정적인 모습들을 떠올리면서 그때의 심정들을 이야기 한다. 나의 부모님의 긍정적 · 부정적인 특성들을 형용사로 표현해 보자. 두 사람이 짝으로 이마고 대화법으로 말한다.

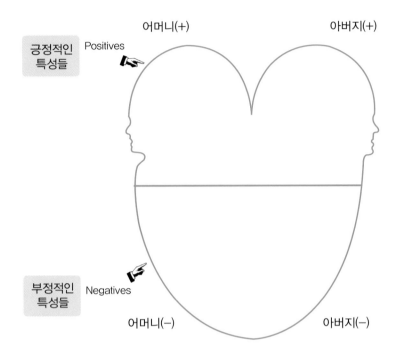

[그림 8-1] 부모님의 긍정적 · 부정적인 특성

출처: 국제이마고부부치료 협회(2014).

2) 어린 시절 긍정적인 기억 탐색하기

어린 시절에 대한 긍정적인 기억들(총애, 일체감, 애정이나 사랑, 관심 등)은 무엇이 있는지 이마고 대화법으로 나눈 후 소감도 나눈다.

	긍정적인 경험	당시의 긍정적인 느낌
어머니		
아버지		
기타 초기 양육자		
다른 사람		

3) 어린 시절 부정적인 기억 탐색하기

오래된 부정적인 감정들을 적고, 그것과 관계된 구체적인 사건을 적는다.

곤란, 당황, 실망, 좌절, 억울했던 일	반응과 느낌
아버지와 싸우고 나면 어머니는 날 끌어안고 우셨다.	아버지가 미웠다. 차라리 나가 죽었으면 했다. 말을 안 했다.

① 내가 배우자와 사랑에 빠진 이유, 배우자에게 고마운 이유, 좋아하는 이유들을 이마고 대화법으로 나누어 보자. 그리고 무엇을 알아차리고 경험했는지 나누어 본다.

② 둘이서 짝을 이루어서 〈부모자녀 대화법〉을 실습해 보고 나의 어린 시절 원했던 것이 무엇인지, 그리고 지금 상처 회복을 위하여 원한 것은 무엇인지 나누어 보자.

③ 나의 부부생활에서 힘겨루기는 어떻게 이루어지고 있는지 이마고 대화법으로 나누어 보고 그 안에서 진짜 열망은 무엇이고 나의 어린 시절 상처는 발달단계에서 어느 시기인지 나누어 본다.

④ 좌절감 재구성하기를 위하여 행동수정요청 대화를 둘이서 나누어 보고 구체적인 행동수정 목표들을 작성해 본다.

⑤ 나의 배우자 칭찬 목록을 작성해 본다.

4. 이마고 부부대화법

이마고 부부상담사는 분석하거나, 진단하거나, 내담자가 왜 그런 방향으로 가려고 하는지 해석하지 않는다. 대신 이마고 부부상담사는 대화과정을 통해서 부부가 무엇을 해야 하는지를 이끈다. 이마고 대화법은 부부가 서로 다름의 사이에 다리를 놓아서 연결한다고 보면 된다.

이 대화법의 목적은 부부가 안전한 가운데서 상대방의 이야기를 들어 주고 정보를 모으는 데에 배우자가 알도록 훈련한다. 배우자는 말하는 내용 이면에 있는 자신의 감정으로 이동하는 것을 배우며, 부부의 심리적인 연결이 깊어질 수 있다. 연결은 부부가 서로의 생각을 이해하고 공감할 때 일어난다.

상담사는 대화 도중에 문장줄기를 제공함으로써 더욱 대화가 깊어지도록 안내할 수 있다. 예를 들면, "그것에 대해 내가 만든 이야기는……." "나는 ……을 느껴요." "내가 두려워하는 것은……." "내가 무서울 때, 나 자신을 보호하기 위하여 한 것은 ……이다." "당신이 그것을 할 때, 나는 ……을 느껴요." "그것은 나에게 ……을 생각나게 해요(어린 시절에서)." (국제이마고치료 협회, 2014))

이마고 부부대화는 '반영하기' '인정하기' '공감하기'다. 부부가 서로의 아픔을 공감하고 안전감을 경험하며 '이마고 부부대화법'을 하면서 마침내 연결과 관계 회복의 치유가 일어나기 시작한다.

1) 첫 번째 단계: 반영하기

반영하기(mirroring, just listening)는 배우자의 메시지 내용을 정확하게 비추어 되돌려 주는 것이다. 가장 흔한 형태의 반영하기는 상대방이 한 이야기를 그대로 자신의 말로 말하는 것이다. 듣는 사람이 배우자의 말을 충분히 잘 듣고 이해할 수 있기 위해서는 자동 반응적인 '오래된 뇌'를 사용하지 않도록 한다. 반영하기는 판단, 교정, 해석 없이 보내는 사람의 메시지를 그대로 반복한다. 이마고 부부대화법의 반영하기 기술은 매우 실제적인 기술이다. 처음에는 훈련이 요구되고 어색하지만 시간이 지나면서 차츰 쉬워진다. 말하는 사람이 한 단어라도 틀리면 인내심을 갖고 정확히 맞을 때까지 교정해 준다. 그리고 말하는 사람이 "이것이 그것에 대해 내가 말하고 싶었던 전부예요."라고 충분히 말하면, 이마고 부부상담사는 듣는 사람에게 요약 반영하기(summary mirroring)를 요청한다. 지금까지 들은 모든 말을 하나의 온전한 메시지나 생각으로 요약·정리해서 "지금까지 들은 것을 내가 잘 이해했다면……."이라고 전체적으로 말하도록 한다. 이는 부부와 부부상담사 모두가 다 같은 내용을 들었음을 확인하는 데 도움을 준다. 부부가 반영하기를 잘하게 되면 말하는 사람의 내용을 해석하지 않게 되고 자동적으로 반응하는 모습 또한 억제할 수 있게 된다. 이렇게 되면 두 부부 사이에는 안전감과 신뢰가 형성되기 시작한다.

　　반영하기에 도움이 되는 문장에는 "제가 당신을 잘 이해했는지 확인해 볼게요." "내가 이해한 바로는……." "혹은 당신 말은……." "당신 말은……." "당신의 생각은 ……." "당신이 말하려고 하는 것은 ……." "……이 당신의 경험이군요." 등이 있다.

2) 두 번째 단계: 인정하기

　　부부가 메시지를 듣고 정확하게 요약하여 반영하게 되면, 다음 단계인 인정하기(validation, deep listening)를 하게 된다. 즉, 말하는 사람의 말의 내용이 논리적으로 이치에 맞다는 것을 아는 것은 말하는 사람과 듣는 사람이 소통하는 과정으로 말하는 사람의 생각이 잘못되었거나 착각이 아니라는 것을 확인할 수 있게 된다. 인정하기는 듣는 사람이 들은 내용을 좋아하지 않을 수도 있기 때문에 더 어려울 수 있고, 자신은 그 상황을 다르게 보기 때문에 말하는 사람의 의견에 동의하지 않을 수도 있다. 말하는 사람의 메시지를 인정한다는 것은 말하는 사람의 관점과 입장에 동의하는 것이다. 두 사람 사이의 의사소통에는 항상 두 가지 다른 관점이 존재할 수 있다는 점과 어떤 경험으로도 해석될 수가 있으며, 이는 개개인에게 다름이 각각 진실이라는 것을 인정함을 의미한다. 여기서는 객관적인 관점이 존재하지 않는다.

　　본질적으로 인정하기는 자신의 주관적인 관점을 일시적으로 내려놓고 초월 경험을 통해서 배우자의 경험을 마치 자신의 경험처럼 실재적으로 경험하는 것을 의미한다. 전형적인 인정하기에서 듣는 사람은 "나는 ……을 볼 수 있다." "당신은 …… 하기 때문에 말이 된다." "…… 때문에 이해할 수 있다."라는 말을 하게 된다. 말하는 사람이 "그 말이 바로 내가 하고 싶은 말이에요."라는 말이 나올 때까지 연습한다. 그런 말이 나오지 않을 경우엔, "내가 당신 말을 좀 더 잘 이해할 수 있도록 좀 더 자세히 설명해 주시겠어요?"라고 요청한다. 그리고 "제가 당신의 말을 제대로 이해했나요?"라고 확인해야 한다.

　　인정하기에 도움이 되는 문장에는 "당신 말이 이해가 돼요. 뭐가 이해가 되냐면……." "……라는 점에서 ……한 것이 이해가 돼요." "내가 종종 ……해서 당신이 그렇게 여긴다는 것이 이해가 돼요."(오제은 역, 2009) 등이 있다.

3) 세 번째 단계: 공감하기

　　공감하기(empathy, compassionate listening)는 상대방이 느낀 경험세계에 들어가는 것이다. 상대방의 구두를 신고 옷을 입어 보는 것으로, 배우자가 경험하는 그 상황과 감정을 상상하고 철저히 그 입장이 되어 반영하는 것이다. 의사소통의 깊은 단계로서 배우자의 심층적인 감정경험에 동참할 수 있도록 하는 것이다. 배우자가 어떻게 생각하고 어떻게 느끼고 경험했는지를 상상해 보는 것으로, 이마고 부부대화법의 핵심이다.

공감하기는 부부로 하여금 분리되는 것을 뛰어넘어 짧은 순간이라 할지라도 감정의 단계에서 진정한 만남을 경험할 수 있도록 이끈다. 이러한 경험은 굉장한 치유적인 힘을 가지며, 배우자와 깊은 심리적인 연결감을 느끼게 한다.

공감적인 의사소통을 위한 전형적인 표현은 "내가 그렇게 했을 때 당신이 그렇게 느꼈을 것이라고 생각돼요." "당신 기분이 ……했을 거라고 생각해요." 말하는 사람이 경험한 감정이나 상황을 듣는 사람이 그대로 말할 수 있는 깊은 수준의 공감이다. 즉, '참여적 공감(paticipatory empathy)'이라고 한다.

이마고 부부대화법 3단계를 거치면서 듣는 사람이 "이것에 대해 더 나누고 싶은 것이 있나요?"라고 물으면서 다루었던 주제에 대해 더 말할 것이 있는지를 질문한다. 만약 있다면 말하는 사람은 더 이상 할 말이 없을 때까지 계속해서 메시지를 보내고, 듣는 사람은 거기에 대해서 반영하기, 인정하기, 공감하기를 계속하면 된다. 부부상담사는 부부가 안전감을 경험하고 이마고 부부대화의 과정 속에 머무를 수 있도록 이끌어야 한다.

공감하기에 도움이 되는 문장에는 "그런 일이 생겼을 때, 아마도 당신 심정은 ……하게 느꼈을 거라고 상상이 돼요." "만일 그 감정이 분명하게 느껴진다면 나는 당신이 ……하게 느꼈을 거라고 생각이 돼요." "그리고 가장 깊은 수준에서는 나는 당신의 ……한 심정이 느껴져요(내 가슴에 와 닿아요)." 등이 있다.

5. 부부치료기법: 새로운 이미지 형성하기

1) 부모–자녀 대화법

말하는 사람의 어떤 상처에 대해서 공감이 형성되면, 이마고치료사는 안내자로서 말하는 사람에게 다음과 같은 문장을 주면서 말하도록 요청할 수 있다.

"당신이 남편(아내)과의 관계에서 그러한 아픔을 느낄 때, 그것은 당신의 성장기에서

……을 기억나게 해요." 이마고치료사가 어떤 해석이나 분석, 판단을 하지 않는 한, 부부 사이에서 '반영하기'과정은 계속 지속되고 안전감이 더욱 증가된다. 이 전환이 형성되고 말하는 사람이 어린 시절의 상처를 드러내게 되면, 이마고치료사는 그 기회를 잡아 '부모-자녀 대화법'으로 이끈다. 이 대화에서 부부는 마치 자신들이 부모와 자녀인 것처럼 그 역할을 맡게 된다. 어린 시절 상처에 대해 공감적인 연결감이 형성되면 이마고 상담사는 다시 한번 부부가 현재로 되돌아올 수 있도록 돕는다. 깊은 상처의 뿌리를 가지고 있는 어떤 아픔이 한 사람이나 부부 두 사람 모두에게 경험된다면 대화과정을 신뢰해야 한다. 그 기저의 아픔과 상처는 어린 시절의 상처로부터 온다는 사실을 알아야 한다(오제은 역, 2009). 상담사가 부부를 이런 대화과정 속에서 계속 머무를 수 있게 한다면, 부부는 깊은 상처로 내려갈 수 있고, 두 사람이 부부 사이에서 경험한 고통이 곧 어린 시절의 고통을 재현한 것임을 깨달을 수 있을 것이다.

'부모-자녀 대화법'을 통해 두 사람은 배우자를 통해 자신들의 요구를 그들의 부모들에게 간접적으로 말하는 것인데, 상대 배우자는 자신의 배우자가 어떤 결핍이 있었는지 알 수 있고 서로 깊은 공감대를 형성할 수 있다. 배우자가 서로 얼굴을 마주보고 앉게 하고 실습을 위해 부모의 역할을 정한 다음, 마음을 열고 진심으로 들은 것을 잘 반영하여 알려 주고 현재의 시제로 말하도록 한다.

〈표 8-2〉 부모-자녀 대화법과정

(1) 초대단계: 역할극 시

부모: 나는 당신의 동료가 아니고 당신의 아버지(어머니)입니다.
자녀: 나는 당신의 동료가 아니고 나는 당신의 아들(딸)입니다.
부모: 나는 너의 아빠(엄마)란다. 네가 나랑 살 때 어떠했는지 말해 줄 수 있겠니? 혹은 나 없이 사는 것이 어땠니? 말해 줄 수 있니? (부모님의 부재 시)
자녀: 내가 아빠(엄마)와 함께 사는 것은 ~했어요. 아빠(엄마) 없이 사는 것이 ~했어요.

(2) 경험의 심화단계: 내용 반영하기 그리고 질문하기

부모: 네가 나로 인해 가장 힘들었던 것은 무엇이었는지 말해 줄 수 있니? 또는 상처받은 것은 무엇이 었는지 말해 줄 수 있니?
자녀: 내가 아빠(엄마)에게 가장 상처받은 것(두려운 것, 무서운 것, 등)은 ~입니다. 그리고 ~을 느 꼈어요.
부모: 내가 너에게 상처 줄 때 너는 어떻게 하였니?
자녀: 내게 상처 줄 때 나는 ~했어요.

(3) 필요나 욕구 알아내기: 내용 반영하기

부모: 그때 네가 가장 원했는데 아빠(엄마)에게 받지 못했던 것은 무엇이었니?

자녀: 내가 아빠(엄마)로부터 가장 필요했던 것(가장 받고 싶었던 것)은 ~이었어요.

부모: 네가 ~한 상황에서 가장 필요한 것은 ~이었구나. 네가 이해가 된다. (부모의 이야기를 듣는다.)

(4) 역할 나오기

자녀(역할): 나는 당신의 자녀가 아닙니다.

부모(역할): 나는 당신의 아빠(엄마)가 아닙니다.

(5) 인정하기 및 공감하기

남편(아내): 내가 당신의 남편(아내)으로서 당신이 그때 받은 상처가 ~라는 것이 이해가 돼요.

남편(아내): 당신이 ~한 상황에서 ~가 필요했던 것이 이해가 돼요. 나는 당신이 그때 (두렵고, 무섭고, 혼자 외롭고, 억울하고, 죽고 싶고, 벗어나고 싶고, 집을 나가고 싶고, 슬프고 등) ~한 감정을 느꼈을 거라고 상상이 돼요. 맞나요? 그리고 당신이 나에게 감정을 나눠 줘서 고마워요.

남편(아내): 당신이 내 말을 들어 주고 공감해 주니 나도 ~한 느낌이 들어요. 그리고 나와 함께 있어 줘서 고마워요.

(6) 반응-선택적 단계: 내용 반영하기

남편(아내): 지금 당신이 배우자(남편, 아내)인 나에게 상처 회복을 위해 원하는 것이 무엇인가요?

남편(아내): 나의 어린 시절 상처(두려움, 외로움, 억울함, 불안 등) 회복을 위해서 당신에게 원하는 것은 당신이 나를 위해서 ~을 해 주는 거예요.

(7) 내용 반영하기

남편(아내): 내게 말해 주어서 고마워요.

남편(아내): 당신에게 선물로 드리고 노력하겠어요. 고마워요.

남편(아내): 당신이 그렇게 말해 주니 저도 고마워요.

부부가 포옹을 하며 마친다.

출처: 국제이마고부부치료 협회(2014).

이 과정은 부부가 어린 시절부터 가지고 있었던 상처나 결핍들을 털어놓고 서로가 공감하며 들어 줄 수 있는 새로운 기회다. 놀랍게도 부부는 자신의 부모에게 하고 싶었던 말을 상대 배우자에게 수년간 요구하였던 것임을 알 수 있다. 또한 이 훈련은 어린 시절의 감정을 안전한 장소에서 다른 방법으로 재경험해 봄으로써 감정이입능력을 기르며 배우자의 어린 시절의 상처와 충족되지 않은 욕구들로 인한 고통에 대한 이해의 폭을 넓히는 데에 있다. 부부는 어린 시절 자신의 양육자의 긍정적인 성격과 부정적인 성격을 가진 사람을 사랑하게 되고, 그러면서 배우자가 가지고 있는 어린 시절의 양육자의 모습에 좌절하므로 도망가거나 회피하는 방식으로 관계를 한 것이다.

2) 행동수정 요청하기

부부가 힘겨루기 단계에서는 분노와 좌절을 경험하며 포기 상태일 수 있다. 이런 좌절감 아래에는 반드시 채워져야만 하는 정당한 욕구나 원함이 있으나 부부가 서로 돌보지 못하고 요구만 했기 때문에 서로 실망 상태가 된다. 부부는 그들의 필요를 채우기 위해서는 먼저 그 욕구를 말로 표현하도록 해야 한다. 이것을 '행동수정 요청하기'라고 한다. 대부분 부부는 서로를 비난하면서 좌절감을 더욱 극대화 또는 극단화시킨다. 예를 들어, 아이들은 자기 욕구가 채워지지 않으면 떼를 쓰고 우는 방식으로 더 크게 자극을 한다. 그러면 어른들이 반응을 한다. 오래된 뇌는 이것을 기억하고 성인이 되어서도 우는 대신 강한 비난이나 상처의 말로 상대를 공격한다. 받는 사람은 상처가 되기 때문에 비난의 의도를 절대로 알 수 없다.

부부는 좌절을 표현하는 과정 속에서 상담사를 통해 좌절 아래에 있는 어린 시절의 상처로까지 움직여 갈 수가 있다. 그 순간 말을 받는 사람은 더욱 공감적이 되고 상처받은 아이를 불쌍하게 바라볼 수 있게 되며, 이는 종종 치유를 위한 자원으로 움직여 동기화된다. 한 사람이 원하는 것을 얻는 동안 다른 한 사람은 상대방의 잃어버렸던 자아의 일부를 채워 줄 뿐만 아니라 자신 또한 자신의 억제되었던 일부를 치유하는 데 도움을 받게 된다.

아내가 남편에게 어떤 좌절감을 느꼈는지를 나누는 것은 아내에게 상처를 주는 남편의 행동이 어린 시절의 상처와 어떻게 비슷한지를 볼 수 있게 해 준다. 그리고 이 과정은 남편으로 하여금 공감을 일으켜서 더 이상 아내에게 상처를 주는 것을 멈추게 하고 도리어 치유를 위한 자원이 되도록 이끈다. 마지막에 아내가 남편에게 하는 '행동수정 요청하기'는 긍정적이고, 측정이 가능하며, 구체적이어야만 한다. 예를 들면, 남편에게 안아 달라고 한다든지, 사랑한다고 말해 주기를 요청하든지, 말을 할 때 눈을 보아 달라고 할 수 있다. 남편을 치유의 자원으로 초대하는 것이다. 여기에 치유와 성장의 차이점이 있다. 치유는 배우자가 당신의 욕구를 충족시킬 때 일어난다면 성장은 당신이 배우자의 욕구를 만족시킬 때 일어난다.

《표 8-3》 행동수정 요청 대화법과정

보내는 사람(A, 말하는 사람) / 받는 사람(B, 듣고 반영하는 사람)

심호흡으로 안정된 준비를 한다.

A: 내가 느끼는 고통과 어려움에 대해서 행동수정 대화를 하기 위해 약속을 잡고 싶어요. 지금 괜찮
   나요?

B: 지금 괜찮아요.

A: 나는 이마고 대화 동안 당신과 계속 연결되고 싶고 당신이 내 말을 들어 주는 것에 대해 고마워요.

B: 나도 역시 당신과 계속 연결되고 싶고 이마고 대화로 당신의 고통과 어려움을 나누고 싶고 고마워
   요.

A: 나는 당신이 ……할 때 정말 힘들어요(화가 나요, 고통스러워요, 좌절해요, 미치겠어요).

(내용을 반영하고) 잠시 휴식을 하며 안정한 장소를 상상하며 자신의 욕구나 감정은 잠시 다른 곳에
저장해 두고 반영만 하며, 당신의 화를 들을 준비가 되었다고 말한다.

A: 내가 힘든 것은, 화가 나는 것은 …… 나는 ……행동을 하고 ……을 느껴요. 그래서 내가 혼자 생
   각하는 것은 ……이에요.

B: (내용을 그대로 반영하고) 내가 잘 이해했나요? 좀 더 얘기해 줄래요?

A: 그래서 나는 ……로 반사적으로 반응하고 말해요. 그래서 더 겁나는 것은 ……이고 내가 상처받
   는 것은 ……이에요.

A의 내용을 반영과 선택적 요약을 하고, 인정하기, 공감하기를 한다.

유년시절과의 연결

B: 사랑받지 못하고(인정받지 못하고, 무시당하고, 혼자 있고, 외롭고, 죽고 싶고) 이런 감정들이 당
   신의 어린 시절의 무엇을 떠올리는지 (연결되는지) 말해 줄 수 있나요?

상담사는 심호흡으로 천천히 시간을 두면서 어린 시절의 상처나, 기억, 고통을 떠올려 보게 하면서 그
때 어떤 감정들이 있었는지를 말하도록 한다. "내가 혼자일 때는 ……였고 아버지(어머니)가 ……."
등 자유롭게 얘기하도록 한다.

B: 당신 말은 ……해서 ……되었군요. (내용을 그대로 반영한다.) 제가 맞게 이해했나요?
   인정하기: 당신 말이 이해가 돼요. 뭐가 이해가 되냐면, 당신은 그때 ……입니다.
   공감하기: 당신의 심정은 그때 ……라고 느꼈을 거라 상상이 충분히 돼요. 그런 느낌이 맞나요?

B: 당신의 이런 상처(고통, 무시, 불인정, 화, 분노, 외로움, 억울함 등) 회복을 위해서 나에게 어떤

것을 원하는지 말해 줄래요?

A: 내가 당신에게 원하는 것은 ……입니다.

(예: "내가 당신에게 원하는 것은 내 말을 무시하지 않고 잘 들어 주고 나를 존중해 주면 좋겠어요.")

B: 당신 말은 내가 ……하는 것을 원한다는 것이지요. (반영한다.) 제가 당신을 존중하는 데에 구체적으로 할 수 있는 세 가지 행동을 말해 줄 수 있나요?

세 가지 행동수정 요청을 한다. (구체적, 측정 가능, 성취 가능, 관련성, 시간제한)

A: 나에게 ……을 해 주세요.

세 가지 요청을 정확하게 구체적일 때까지 반영한다.
그리고 쉬움(E), 도전적인(C), 현재는 어려움(NFN)의 순위를 매겨서 그중 한 개를 선물로 준다고 말한다.

B: 나는 최선을 다해 당신의 …… 요청을 선물로 줄 것입니다.

상호 간 감사하기

A: 나에게 이 선물을 준 것에 감사합니다. 이것은 내 어린 시절의 상처 회복을 위해 아주 중요하고 내 자존감 회복에, 사랑의 감정을 느끼는 것에 큰 도움이 될 것입니다.

B: (내용 그대로 반영하기) 내가 당신을 위해 최선을 다할 수 있도록 이 기회를 준 것에 감사합니다. 내 선물이 당신의 어린 시절 상처를 치료하고 더 성숙한 사람으로 성장하는 데에 기여한다니 저 또한 잘 협조할 것입니다.

A: 당신이 그렇게 해 주신다니 정말 감사합니다.

서로 포옹하고 마친다.

• 그 선물에 관해 메모지에 써서 붙여 놓고 체크한다.

선물 내용	요청 날짜	행한 날짜

3) 분노수용과정

(1) 분노수용 7단계

분노의 수용은 7단계로 이루어져 있다. 분노수용과정에서 배우자의 분노 표현이 아무리 크다고 할지라도 분노에 대하여 공감을 가지고 경청하도록 되어 있다. 이 과정에서는 논쟁을 하기보다는 수용하는 과정을 배우는 것이 중요하다. 지금부터 모든 논쟁은 '수용과정'을 통해 또는 '약속에 의해서'만 행해진다는 생각을 해야 한다. 그러므로 부부는 분노수용과정을 시작하기 전에 세 가지 기본 규칙을 지킬 것에 동의해야 한다. 첫째, 때리지 않기, 둘째, 물건 부수지 않기, 셋째, 7단계가 끝날 때가지 자리를 떠나지 않기.

분노수용과정은 다음과 같다(송정아 역, 2004).

- 1단계: 부부에게 누가 분노를 표현하고 누가 수용할 것인지를 정하게 한 후 수용과정 단계를 설명한다. 분노를 표현하는 사람에게는 배우자와 함께 약속에 대한 동의를 얻고 확인하게 한다. 과정 중에 들어 주는 배우자에게는 안정성이 중요하다. 상담사는 들어 주는 사람에게 현재의 분노는 조금이고, 성장할 때 가졌던 분노가 더 많다는 것을 기억하게 해 준다. 들어 주는 사람이 수용과정을 실습하는 동안 안정성을 유지해야 말하는 사람이 전형적인 분노를 표출할 수 있다.
- 2단계: 말하는 사람이 자신의 화에 대하여 한두 문장으로 진술하고, 들어 주는 사람이 그것을 반영하도록 하는 것이다. 여기서는 반영만 하게 한다. 반영 후에는 들어 주는 사람에게 다시 안정감을 갖게 한다.
- 3단계: "더 이야기해 주시겠어요?" 또는 "더 크게 말해 주시겠어요?"라고 말하게 한다. 그 다음에는 화를 폭발하게 한 사건에 대하여 묻는다. 여기서 상담사는 말하는 사람이 화를 내도록 천천히 질문한다. 상담사는 말하는 사람에게 듣는 사람이 당신의 화를 받아 줄 준비가 되어 있음을 상기한다. 상담사는 "난 정말 지겨워요." 또는 "내 심장이 멈추는 것 같아!"라고 말하는 사람에게 따라하게 한다. 한 번 화를 내면 10분 정도 계속 화를 낼 수 있도록 안전한 분위기를 조성한다. 그 분노가 충분히 표현되면 상담사는 "그것이 상처가 됩니까? 나의 어린 시절을 생각나게 하는군요."라는 말로 심연에 깔린 상처나 슬픔을 끌어내도록 전환한다. 들어 주는 사람이 화를 내는 사람의 고통을 볼 수 있을 때 공감능력이 향상되고 배우자의 분노와 상처에

대한 애정을 갖기 시작한다.

- 4단계: 분노를 표현한 사람이 눈물을 흘리면, 들어 주는 사람은 '안아 주기'를 해야 한다. 그러면 자신의 감정 상태에 더 오래 머무를 수 있다. 안아 주고 있는 부부에 게 가서 분노를 표현한 사람에게 "흐느끼세요." 또는 "분노를 더 쏟아 내세요."라고 말한다(5~10분).
- 5단계: 분리와 휴식−부부가 수용과정에 분노를 충분히 털어놓으면 분노를 표현했 던 사람은 기진맥진한다. 에너지를 쏟아낸 후엔 휴식을 취하도록 한다.
- 6단계: 상처로 인해 관련된 사건을 가지고 분노를 표현한 사람이 행동수정 요구를 말하는 단계다. 분노 표현자는 세 가지 행동 수정 요구를 만들고 배우자는 이것을 반영하도록 한다. 분노 표현자는 수용 기록에 기록한다. 이 행동수정 요구들은 배 우자가 꼭 해야만 하는 일은 아니며 선물이다.
- 7단계: 부부가 전 단계에서 소진한 에너지를 되돌려 주고 부정적인 감정은 없애고 긍정적인 감정들로 채우기 위해 부부가 재미있는 활동을 하도록 시간을 준다. 분노 표현자는 재미있는 활동을 선택하며 배우자와 함께하도록 한다(예: 부부가 서로 속 눈썹 맞추기, 과자를 입으로 서로에게 먹여 주기 등).

(2) 분노수용방법

부부가 분노를 해결하는 수용과정은 7단계로서 총 30~45분 걸린다. 여기에는 두 가 지 방법이 있다. 수용전환은 5분 정도 소요되며, 목적은 들어 주는 사람이 화를 내는 사 람의 말을 들어 주고 그의 관점을 이해하는 데에 있다. 처음 두 단계는 '수용과정'과 같 으며, 약속을 하고 좌절감에 대하여 반영한다. 세 번째 단계는 화를 내는 사람이 3분 동 안 짧게 화를 내고 들어 주는 사람은 그가 들은 것을 그대로 반영한다. 반영한 다음에 는 분노를 표현한 사람은 그 사건에 대하여 (들어 주는 사람에게) 행동수정 요구를 하고 들어 주는 사람은 내용을 반드시 반영하고 행하도록 한다.

(3) 분노수용의 날

부부가 90일 동안 계획을 세워 감정 조절을 위한 노력을 하여 나중에는 부부의 일상 에 자연스럽게 일부분이 되도록 한다. 월, 수, 금요일에 한쪽 배우자가, 상대 배우자는 화, 수, 목요일에 다른 쪽 배우자의 분노를 수용해 주기로 한다. 일요일은 함께 즐기는 날이다. 그러나 오히려 배우자가 받아 주기로 약속한 날에 화를 냈다면 배우자가 받아

주는 요일인 그 다음 날까지 연장하여 화를 받아 줘야 한다. 부부는 약속한 날에만 분노를 표현해야 한다. 그러나 평화를 선택할 수도 있다.

비록 절반의 시간들을 '수용의 날'로 정하여 실행하지만, 부부는 과거에 비하여 분노 상황을 어떻게 효과적으로 조정해 나갈지에 대한 방법들을 향상시키게 된다.

"내가 소리 질러도 괜찮겠다고 약속해 주시겠어요? 괜찮으세요? 준비됐어요?"

"아!"(상담사가 다시 소리친다.)

"이번에 '아!'라고 소리 지른 것에 차이가 있습니까? 방어감을 갖게 됩니까? 방어감을 갖지 않았다면, 그것은 배우자가 소리를 질러도 괜찮다는 준비가 있었기 때문입니다. 배우자는 서로 이와 같은 약속을 해야 합니다. 더 이상 다시는 서로 갑자기 화를 내지 않겠다고 약속해야 합니다. 화는 약속에 의해서만 표현합니다."

배우자와 서로 이것을 할 수 있다면 배우자가 무엇에 대하여 화를 내는지 들을 수 있고, 그것은 배우자의 어린 시절 상처와 연결되어 있다는 것을 알게 될 것이다.

4) 담아두기 훈련

담아두기는 배우자의 분노를 충분히 받아 주고 반영하여 폭발하도록 도와주는 것이다. 배우자와의 관계에서 안전함을 느낄 수 있도록 약속에 의해서만 화를 표현하도록 해야 한다. 이것은 부부가 언제, 어디서, 그리고 어떻게 화를 표현해야 하는지에 대해 더욱 의식적이 되도록 도와준다. 화의 표현은 치유와 성장이 일어날 수 있는 구체적인 구조 안에서 이루어져야만 한다. '담아두기 훈련'은 바로 그런 구조를 제공한다.

보내는 사람은 상대방에게 화가 난 것이 무엇인지를 이야기할 때 대부분 목소리가 커진다. 이마고치료사는 그 에너지에 동참하면서 에너지의 폭발을 격려한다. 에너지가 계속 움직여 그것이 폭발할 때까지 함께해 주어야 하는데, 결국 이것이 고통을 깨뜨리게 되는 그 순간까지 넘어가야만 하기 때문이다. 에너지와 분노가 폭발한 후에 보내는 사람은 종종 눈물을 흘리는데 이는 깊은 슬픔의 감정을 경험하게 한다. 상대방이 분노에 찬 그 사람이 아니라 '상처받은 아이'로 보이게 되어 '안아 주기' '행동수정 요청하기' 까지 가게 된다. 처음에 부정적이었던 에너지가 오히려 측은한 감정의 긍정적인 에너지로 바뀌어 부부의 유대감을 더욱 강화시켜 준다.

5) 낭만 회복하기와 돌보기

부부가 서로에게 즐거움과 기쁨을 경험하는 것은 마치 뇌에게 단지 살아 있는 것에만 그치지 않고 살아 있음을 즐거워한다는 메시지를 보내는 것과도 같다. 살아 있다는 느낌과 즐거운 감정을 느끼는 시간 대부분은 낭만적인 연애 시기다. 그 기간 중에 기쁘고 안전함을 느끼는 이유 중 하나는 실제로 부부가 서로를 돌보기 때문이다. 이제 낭만적인 로맨틱 사랑은 의식적으로 부부 중 상대방 배우자로부터 사랑과 돌봄을 받고 있음을 긍정적으로 경험하게 하는 것에서 시작된다. 낭만 회복하기(re-romanticizing)를 통해 잃어버렸던 로맨틱 사랑은 다시 헌신과 의식적인 노력으로 부활하게 된다.

상담사가 상담을 시작하면서 상대방 배우자에게 무엇이 가장 고마웠는지를 서로 나누도록 요청하는데, 부부가 진심으로 나아지기를 기대하고 상대방을 좀 더 긍정적으로 바라볼 수 있게 하기 위해서다. 매번 상담을 시작하면서 감사를 표현하는 습관을 가지게 되면 그러한 내용을 미리 준비하고 연습하면서 긍정적 에너지의 흐름을 경험할 수 있게 된다. 부부는 고마움을 표현하는 것을 통해 더욱 깊은 연결감과 유대감을 가지게 된다.

〈표 8-4〉 돌봄행동목록 작성하기

① 부부는 돌봄행동목록을 작성한다. 부부대화법을 활용하여 돌봄행동목록을 검토한다.
② 하루에 한 번 배우자의 돌봄행동목록 중 한 가지를 행한다. 즐거움은 안정감을 갖게 하고 부부관계를 안전하게 한다. 돌봄행동은 부부관계를 안전하게 하며 부부관계의 분위기가 바뀌면 성장이 촉진된다.
③ 적어도 한 주에 세 번은 박장대소(폭소)할 기회를 만든다.
④ 이번 주에는 상호관계 비전을 부부대화법을 활용하여 사용한다. 보이는 곳에 붙이고 매달 검토한다.

과 제	1일	2일	3일	4일	5일	6일	7일
돌봄목록 완성 및 과제							
하루 한 가지 돌봄행동하기							
폭소(한 주에 세 번)							
상호관계 비전(한 달에 한 번)							

출처: 송정아 역(2004).

6) 칭찬하기

서로의 배우자에게 긍정적 에너지를 충분히 표현하도록 하는 것으로, 배우자에게 아낌없이 칭찬하는 시간을 갖는다. 이것을 통해서 자기 자신을 긍정적인 가치를 지닌 사람으로 경험하게 하고 바라보게 된다. 부부 중에 한 사람은 말하는 사람이 되고, 또 다른 사람은 받는 사람이 된다. 받는 사람은 의자에 앉아 있고, 말하는 사람은 부부상담사의 도움을 받아 배우자와 눈이 마주치는 순간마다 "나는 당신의 ……을 좋아해요."라고 말한다. 배우자 주변을 돌면서 천천히 말해 주고 눈을 맞추고 마지막에는 전체적인 확증문을 크게 소리 내서 말하도록 한다.

〈표 8-5〉에서 당신이 좋아하는 배우자의 신체적 특성, 성격, 행동과 당신이 감사하고 사랑하고 존경하고 소중히 여기는 것을 말한다. 이를 배우자가 교대로 시행한다.

칭찬하기에는 부드럽게 안아 주면서 말하기도 있다. 안기는 자세를 취하고 서로 눈을 바라보면서 배우자의 긍정적인 것을 부드럽게 천천히 홍수처럼 넘치듯이 말해 준다.

〈표 8-5〉 칭찬하기 유형

신체적 특성	성 격	행 동	전체적인 확증문
나는 당신의 미소가 정말 좋아요, 당신의 근육(가슴)이 너무 마음에 들어요.	나는 당신이 성실하게 매일 일하는 모습이 아주 좋아요.	아이들과 놀아 주는 당신의 세심함이 정말 좋아요.	나는 당신이 이 세상에서 가장 소중하고 좋아요.

7) 새로운 비전 갖기

부부치료를 하면서 부부가 어디로 가고 있는지, 목표는 무엇인지, 부부관계에서 진정 바라는 것이 무엇인지를 아는 것은 매우 중요하다. 그리고 부부가 자신들이 정말 원하는 새로운 비전을 가질 수 있도록 도와주어야 한다. 부부치료 동안 부부관계를 향한 비전을 찾을 수 있는데, 상담사는 부부가 어떤 일이 일어나기를 원하는지 구체적으로 물어보는 것 또한 가능하다. 부부는 언제든지 아직 잘 이해할 수 없다고 느낄 때는 더 많은 정보를 묻고, 또 인정하고 공감할 수 있을 때까지 반영하면 된다. 그 후 부부는 서로의 역할을 바꾸어 비전을 나누고, '부부관계 비전 나누기'를 통해서 자신들이 정말로 원하는 것이 무엇인지, 그리고 그들이 어디로 가고 싶어 하는지에 대해 상호 간의 동의에 이르게 된다. 즉, '새로운 비전 갖기(re-visioning)'를 통해서 부부 공동의 관계 비전을 갖게 되는 것이다. 부부가 '대화의 과정' 속에서 머무를 수 있게 되면, 공감적 유대감을 경험하게 되고 결국 관계의 비전을 나누는 곳까지 움직이게 될 것이다.

(1) 원만한 부부관계를 위하여 자신이 하고 싶은 것(꿈)들을 쓴다

'우리'로 문장을 시작하고 이미 성취되었으면 현재시제로 쓴다.

(2) 우리의 꿈 나누기

부부가 이마고 대화로 '자신의 꿈'들을 서로 나누면서, 서로 동의하지 않은 것은 지운다. 그리고 각 문장은 '우리'로 시작하며 부부 공동의 꿈에 대하여 서로 이마고 대화로 말한다. 이미 성취되는 것은 현재시제로 쓴다. 완성된 내용은 부부가 서로 크게 읽어 보도록 한다. 그리고 눈에 잘 보이는 곳에 걸어 두고 한 달에 한 번 함께 읽는다.

8) 탈출구 닫기

이마고 부부대화법은 부부가 의식적인 노력으로 서로 에너지를 연결하는 것이 중요하다. 부부가 탈출구를 닫기 위해 존재하고 있는 부정적인 에너지에 대한 대화의 과정을 거쳐야만 한다. 탈출구를 먼저 확인한 후에 그것에 대해 안전하게 말할 수 있는 대화의 과정으로 들어가는 것이 중요하다. 탈출구를 닫는 것은 과정이며 모든 치료 역시 과정이다.

부부에게 관계를 약화시키는 출구가 무엇인지 찾아보게 하는 것이다. 가장 심각한 것은 다음과 같다.

- '말기적 출구'로 모든 에너지가 빠져나갔으므로 끝나게 되는 살인, 자살, 이혼에 해당된다.
- '파멸적 출구'로 약물남용, 알코올중독, 불륜, 정신이상행동 같이 관계를 끝내지는

않지만 에너지를 다 소진해 버려서 근본적으로 관계에서 수정을 필요로 한다.
- 가장 흔한 유형은 '힘을 약화시키는 출구'로 자녀들, 직업, TV 등 부부를 서로 멀어지게 하는 것들이다. 탈출구를 닫는 것은 결혼에 힘을 불어넣는 것이고 '부부대화법'은 그 힘으로 관계를 안전하게 만들어 준다(오제은 역, 2009).

9) 탈출구 찾아내기

부부관계에서 당신이 사용하는 긍정적인 에너지를 약화시키는 것에 대한 잠재적 탈출구를 알아내기 위해 다음의 표를 보고 적어 본다. 부부가 각자 평상시에 결혼생활, 부부관계를 피해 도망 다니는 탈출구, 탈출방법의 모든 목록을 작성한다(의식적, 무의식적 방식들 모두를 포함한다).

〈표 8-6〉 탈출방법의 목록 작성의 예시

어떤 남편의 탈출구	어떤 아내의 탈출구
• 직장에서 늦게까지 일한다. • 밤에 사업상의 전화를 건다. • 주말에 스포츠 게임을 보러 간다. • 밤늦게까지 TV를 본다. • 아내와 상의 없이 계획을 짠다. • 아내보다 늦게 일어난다. • 저녁 식사보다 늦게 집에 온다. • 아내가 말할 때 무관심하다. • 아내보다 늦게 잠자리에 든다.	• 자녀와 더 많은 시간을 보낸다. • 자녀에게 지나치게 간섭한다. • 가정보다 종교에 몰두한다. • 배우자보다 다른 사람에게 관심을 가진다. • 과식하거나 폭식한다. • 전화를 붙들고 산다. • (홈)쇼핑에 많은 시간을 투자한다. • 인터넷 채팅을 하며 시간을 보낸다. • 하루 종일 누워 있거나 아프고 피곤해한다.

10) 부부의 외도관계치료

부부의 정서적인 연결을 가장 파멸로 이끌며 배신당한 분노로 치를 떨게 하는 것이 외도의 결과다. 그래서 배우자의 외도가 드러나면 부부관계를 지속하는 경우는 35%에 지나지 않는다고 보고한다(Pittman, 1989). 부부 사이에 긍정적인 에너지가 흐르지 못하면 그것은 다른 곳으로 흐를 수밖에 없다. 에너지는 결코 없어지지 않고 단지 방향을 바꾸는 것이다. 외도는 부부관계의 상호 간 공허감의 산물로 본다. 부부의 정서적인 친밀감의 결여다. 친밀감을 회피하기 위해서 부부 두 사람은 어느 정도 외도의 필요성을 찾는다고 본다. 그래서 두 사람 모두가 외도의 촉매제 역할을 했던 심리 내적인 공허감에 대하여 함께 책임을 지도록 돕는다(오제은, 이현숙 공역, 2011).

이마고치료사는 불륜은 생존을 위한 하나의 반응이며, 또한 자아의 상처에 대한 하나의 반응으로 본다. 그러므로 발달과정에서의 상처들이 〈표 8-7〉과 같이 외도의 여러 유형으로 존재할 수 있다고 본다.

〈표 8-7〉 발달단계와 연관된 불륜의 유형

불륜 유형		특 징
애착적 불륜관계	회피하는 자	거절의 고통을 경험시키지 않을 것 같은 사람이나 사물과 애착 형성. 매춘부와 관계 형성 가능성
	매달리는 자	회피하는 자의 초연함에 애착을 형성하고 매달리고 버림을 받음. 계속해서 많은 애인을 갖고 배반감을 느끼면서 그들을 비난하고 그것에 반응하며 살아감
탐험적 불륜관계	도망가는 자	독립적이면서 안정적인 직업을 가지고 있으며 아무것도 요구하지 않는 사람과 관계 형성. 만남이 길어지면 숨 막힘을 느끼고 도망치고 싶어 함. 짧은 만남에 만족
	쫓아가는 자	자신에게 관심을 가져 주는 사람에게 빠져들다 충분치 못하다고 생각하면 무시당함을 느끼고 상처를 반복 경험하게 됨
정체성 불륜관계	엄격한 자	자신이 가치 있는 존재라는 느낌을 가지고 싶어 함. 자신의 도움을 필요로 하는 직장의 누군가에게 관심을 가질 수 있음. 시간이 지나면서 언제나 자신의 뜻대로만 해야 하는 욕구는 채워지지 못하고 상처받음
	흩어진 자	자신을 보아 주는 누군가에게 취약함. '보이고 싶은 욕구' 때문에 불륜에 빠져듦
능력 불륜관계	경쟁자	결혼생활의 실패를 보상받고 스스로 승리자라는 것을 증명하기 위해 타인의 아내를 유혹함
	수동적 타협자	결혼생활의 무기력함에 대한 반응으로 불륜을 하는 경향. 옆에 있어 주고 단호하고 지지적인 방법으로 가르쳐 주는 누군가와 함께 있기를 원함

이마고 부부치료에서 이마고 부부대화법은 외도문제를 가진 부부들의 관계를 개선하고 재구조화하는 데에 큰 도움이 된다. 반영하기, 인정하기, 공감하기의 대화법은 파트너들에게 상호책임감을 받아들이도록 하고, 지속적인 비난과 공격이라는 악순환으로부터 벗어나게 하며 지금 현재를 살 수 있도록 갈등해결의 방법을 제시해 준다. 이마고 대화법이 숙달되면 부부는 서로에 대한 신뢰가 싹트고 '행동수정 요청'과 '분노수용하기 7단계' 대화를 함으로써 상대방을 용서할 수 있게 된다.

배반당한 파트너가 외도한 배우자를 용서하고 관계의 연결을 회복하기 위해서는 배반당한 파트너의 깊은 상처와 분노와 고통을 충분히 인정해 주어야 한다. '인정하기' 대화를 통해서 외도한 배우자가 배반당한 배우자의 분노 배출을 마음껏 수용하고 인정해 줄 때에 서서히 날뛰는 분노가 멈출 수 있다. 이때 외도한 배우자는 분노를 표출하지 않는 것이 중요하다. 왜냐하면 배반당한 배우자의 치유과정을 방해하기 때문이다.

배반당한 파트너는 자신도 외도의 시나리오에 어떤 역할을 하였다는 사실을 받아들일 수 있어야 비로소 집착이 가라앉는다. 가해자 · 피해자의 이분법으로 분리되어서는 안 되고 시간제한과 안정된 장소에서 배반당한 배우자가 질문하고 분노하고 집착하도록 허용해 주어야 한다. 이런 시간들은 배반당한 배우자로 하여금 외도가 일어난 즈음 그들의 삶에 무슨 일이 있었는지를 되돌아볼 수 있는 여유를 갖게 하고, 흩어진 퍼즐 조각들을 맞추는 것처럼 그들의 경험을 정서적으로 재구성하여 위기를 극복할 수가 있게 한다. 또한 외도한 배우자가 자기가 한 일에 대하여 기꺼이 책임을 져야만 배반당한 배우자가 부부의 불화에 대하여 자기가 맡았던 역할을 볼 수 있어 함께 책임을 질 수 있게 된다(오제은, 이현숙 공역, 2011).

〈외도부부상담〉

1. 사랑하는 사람 채찍질하기(외도한 사람의 허락을 받고 시간을 제한하여만 한다.)
   배반당한 사람은 자신이 외도 대상을 공격할 수 있고, 질문하며, 얼마나 자신이 비참하고 수치스럽고 황폐해졌는지를 표현할 수 있다. 외도한 사람은 외도 상대자에 대하여 변명이나 방어를 할 수 없고 질문에만 답을 한다. 그리고 반영하기, 인정하기와 공감하기를 해 준다.
2. 편지로 증오와 분노를 마음껏 발산하기

자신이 얼마나 힘들었는지, 왜 그랬는지, 외도에 대한 사과, 후회, 참회에 대하여 듣고 싶은 말도 쓴다. 과거에 좋았던 것, 배우자가 필요하고 함께하고 싶다는 열망도 쓰고, 배우자가 자신에게 용서를 구하고 미안함을 말하게 하고, 배우자가 결혼생활에 다시 헌신하겠다는 말도 쓴다. 혼자서 쓰고, 보내지는 않는다.

3. 이 모든 것에 자신이 했던 역할이 있는지를 적는다. 이 부분은 봉투에 넣어 배우자에게 보낸다. 동등하게 책임을 지는 것은 나 자신의 분노, 집착, 피해자가 된 느낌을 줄여 준다.

4. 이전의 편지들을 반복해서 쓰는데 이번에는 원가족에서 성장 시 부모에게 냉담하게 방임된 것, 함께해 주지 않았던 일들, 이기적이거나 일종의 배반감 같은 것으로 상처를 주었던 부모에게 보낸다.

5. 이전의 편지들을 반복해서 쓰는데 부모에게 그리고 배우자에게 쓴 편지를 읽는다. 그리고 정해진 시간에만 분노하고 더 이상 분노에 머물지 않으려고 한다(오제은, 이현숙 공역, 2011).

〈용서를 위한 일곱 가지 Tip〉

① 외도에 대한 집착을 잊으라.
② 서로에게 마음을 열라.
③ 신뢰를 회복하라.
④ 다시 배우자와 연애를 하라.
⑤ 둘만의 친밀감을 형성하라.
⑥ 정절을 소중히 여기라.
⑦ 포옹과 스킨십을 즐겨 하라.

6. 이마고 부부치료의 적용

이마고 부부치료가 부부상담에서 매우 큰 효과를 보이지만 약물과 알코올남용자에게는 자조 모임이나 12단계 프로그램이 적절하므로 먼저 치료를 추천한다. 상담사는 중독전문가를 둔 상담실이나 관련 프로그램이 있는 병원을 알아 두어야 한다. 중독이 지속될 경우 결혼생활이 어려워진다는 것을 단호히 강조해야 한다.

신체 및 성적 학대를 받는 부부에게는 안전이 최우선으로 고려되어야 하므로, 부부가 서로에게 피해를 주는 것을 방지하는 것이 부부치료 회기를 경험하는 것보다 훨씬 더 중요하다. 만약 배우자가 폭력을 사용하게 되면 경찰에 신고한다고 말해야 한다.

부부관계에서 불륜사건은 강한 분노를 동반하는데 부부관계를 계속 유지하기를 원한다면 제일 먼저 분노가 다루어져야 한다. 상대 배우자의 상처와 분노를 충분히 들어 주는 것이 가능해야 한다. 분노수용과정을 통하여 분노를 제거하며, 부부관계 개선을 위해 필요한 과제들을 할 수 있게 하며, 미래의 불륜사건들을 막을 수 있다.

치료의 효과가 없는 부부에게는 고통을 덜어 주고 아름다운 작별을 할 수 있도록 도와준다. 작별을 하면서 부부관계의 가치를 깨닫기도 하고, 어떤 부부는 결혼관계를 유지하는 쪽을 선택하기도 한다. 작별의 과정은 부부관계에서 받은 상처들을 치유할 수 있기 때문에 꼭 필요하다. 보통 2회기로서 결혼생활에서 힘들었던 부정적인 것들에 대한 목록을 작성하고 작별인사를 한다. 그런 다음 결혼생활에서 좋았던 것, 행복했던 것들에 대하여 서로 작별인사를 하는 것이다. 마지막으로, 부부가 결혼에 대해 꿈꿔 왔던 것에 대해도 작별을 고한다. 우리는 어린 시절에 우리를 길러 준 부모와 비슷한 사람을 배우자로 선택한다. 그러므로 배우자의 떠남은 곧 부모의 죽음과 비슷한 것으로 슬픔과 고통이다. 작별과정 2회에서는 듣고 반영했던 사람이 말하는 사람으로 역할이 바뀐다. 놀랍게도 작별의 과정을 통하여 이혼이 현실임을 깨닫고 오히려 문제가 해결되기도 한다. 이마고 부부치료는 부부의 갈등이나 문제해결뿐 아니라 이혼위기 부부, 대화단절 부부, 가정폭력 부부, 성학대 부부, 외도 부부 등에 다양하게 적용되고 있다.

7. 가트만의 부부상담 모델

1) 이론적 배경

가트만(John M. Gottman) 박사는 워싱턴 대학 심리학과 교수로, 위스콘신 대학교에서 임상심리학 박사를 받고 부부들을 대상으로 풍부한 임상경험을 한 임상전문가다. 성공적인 결혼생활에 대한 과학적인 데이터 분석을 통해 가트만식 치료적 방법들을 개발하였다. 그의 주요 저서로는 『자녀양육의 모든 것(The Heart of Parenting)』『왜 결혼은 성공하기도 하고 실패하기도 하는가(Why Marriages Succeed or Fail)』『남자와 여자가 싸울 때(When Men Batter Women)』 등이 있으며, 그 외에 100편이 넘는 연구논문들이 있다.

그의 아내인 줄리 슈워츠 가트만(Julie Schwartz Gottman)은 가트만과 함께 시애틀 '애정연구소'의 공동 설립자로서, 16년 동안 결혼생활의 본질을 탐구하기 위하여 부부들을 대상으로 실험을 실시하였다.

원룸에 세 대의 비디오카메라를 벽에 설치하고, 부부의 옷깃에는 마이크를, 가슴에는 심장박동수를 측정하는 기계들을 부착하여 카메라로는 부부의 얼굴 표정과 대화내용을 관찰하여 기록하고, 가슴에 부착된 기계들로는 심장박동수를 측정하여 스트레스가 높은 상태인가 낮은 상태인가, 마음이 편한가 불편한가를 측정하였다. 이 원룸 안에서 일어나는 부부의 일상 모습은 그대로 비디오카메라에 찍혀 5분 정도만 관찰하면 이들이 행복한 결혼생활을 할 수 있는가, 이혼의 길을 걷게 될 것인가를 평균 91%의 정확도로 알 수 있다고 한다. 가트만의 직관과 경험에 의한 것이 아니라 오랫동안 축적된 데이터의 결과인 과학적 이론에 근거한 것이다.

가트만의 연구 결과는 이혼을 예측할 수 있다는 것과 이혼 위기에 미리 대처할 수 있다는 것이 큰 수확이었다.

(1) 부부의 정서적 지능지수

결혼생활에 만족하는 부부들에게도 서로의 성격 차이, 가치관의 차이, 흥미의 차이가 있다. 그리고 이런 부부들도 부부싸움을 하고 자녀양육, 직업, 가사, 성생활, 친인척 등의 문제로 말다툼도 한다. 그럼에도 불구하고 그들이 성공적이고 행복한 결혼생활을 유지하는 이유로 가트만은 '정서적 지능(emotional intelligence)' 지수를 꼽았다. 그들은 서로 일상생활 속에서 이해심과 배려심으로 상대방의 단점보다는 장점들을 더 부각시키며 노력하는 부부들이었다.

가트만의 연구는 무엇이 결혼생활을 실패하게 만드는지 아느냐가 아니라 무엇이 결혼생활을 성공적으로 이끄느냐를 아는 것이었다. 가트만식 치료방법을 따라서 9개월을 넘긴 부부들은 그 후에도 오랫동안 행복한 결혼생활을 한다고 보고하였다. 가트만식 치료방법으로 640쌍의 부부들을 연구한 결과 20% 정도만이 재복귀율이 나타났다. 이것은 미국의 평균 재복귀율이 30~50%인 것에 비하면 낮은 것이다. 그리고 참가한 부부 가운데 27%는 이혼 위기로 온 부부들이었다. 상담 후 추적을 해 본 결과 3개월 후에는 6~7%가 여전히 이혼을 생각하고 있었지만 9개월 후에는 0%가 되었다. 가트만식 치료방법은 정서적으로 소원한 부부에게도 눈에 띄는 개선 효과를 보였다(임주현 역, 2002).

(2) 부부의 우정

가트만식 치료방법은 '행복한 부부는 깊은 우정관계를 유지하는 것이다.'라는 간단한 명제로 통한다. 우정이란 부부가 서로 협조자로 사랑과 존경을 나누는 것이다. 부부가 서로에 대하여 친밀감을 느끼며, 상대방에 대하여 관심을 갖고 상대방이 좋아하는 것, 싫어하는 것, 습관, 방식, 인생에 대한 희망이나 꿈을 이해하며 충분히 알아 가고, 일상적인 삶 속에서 구체적으로 표현하도록 하는 것이다.

부부가 일상생활에서 이루어지는 간단하고 작은 것들을 서로 나누며 공유할 때에 깊은 우정을 낳고, 이는 단단한 사랑의 초석이 된다. 아내가 요리를 할 때 남편은 아이들과 어울리며 놀아 준다. 아내가 종교를 중요시한다면 남편도 함께 교회를 가 준다. 아내는 시댁 식구와 자주 어울리는 것을 좋아하지 않지만, 남편에게는 소중한 사람들이기 때문에 자주 만나려고 한다. 남편은 아내가 좋아하는 꽃다발도 가끔 사 주고, 아내는 남편이 등산을 좋아하므로 함께 가기도 한다. 이러한 일상의 평범한 것들이 부부의 우정을 쌓게 한다. 부부간의 깊은 신뢰와 강한 유대감은 상대방에 대한 플러스 감정이 더 강하다는 것이다. 그래서 부부가 서로 다투고 갈등이 있을지라도 애정통장이 채워져 있어서 마이너스 감정을 잘 이겨 낼 수 있게 된다.

부부가 처음 결혼을 할 때에는 플러스 감정에서 시작한다. 두 사람의 관계가 악화되리라고는 예상하지 않는다. 그러나 살다 보면 상대방의 단점도 보이고 의지가 약한 모습, 게으른 모습도 보면서 마이너스 감정들이 발동하게 된다. 자주 부정적인 감정들을 경험하게 되면 상대방의 모든 것에 혐오감을 갖게 된다. 그러다 보면 부부는 공격적으로 반응하고 자기를 방어하기에 바쁘지, 상대방을 배려할 수 없게 된다. 가트만식 일곱 가지 원칙은 이런 부부들에게 우정을 쌓는 방법, 결혼생활을 즐겁게 하는 방법들을 익히게 한다.

2) 부부의 라이프 통장

최성애(2006)는 부부의 진짜 갈등의 쟁점을 건강과 정서와 인간관계로 보았다. 결혼한 부부가 행복하게 살기 위해서는 돈 이외에 육체적·정신적 건강 그리고 서로 돕고

의지할 수 있는 사람들이 필요하다. 부부의 진짜 갈등은 성격 차이 때문에 그동안 다퉈 왔던 것이 아니라 라이프 통장 잔고 부족과 불균형 때문이라고 주장한다.

최성애(2003)는 건강한 라이프(생명, 생활, 삶)를 가능하게 해 주는 모든 자원의 출납을 '라이프 통장'이라고 이름 붙였으며, 최소한의 재정, 건강, 정서, 도우미 등 네 요소가 필수라고 하였다.

첫째는 '재정 통장'이다. 의식주를 해결하기 위해서 필수적인 경제적 기능이다. 특히 여성들은 경제적인 안정감이 심리적인 안정감만큼 중요하다. 이것의 고갈은 부부불화의 심각한 원인이 된다.

둘째는 '건강 통장'이다. 신체적 건강은 곧 정신적 건강과 직결된다. 사람은 아프면 자기중심적이 되고, 남의 사소한 반응에도 민감해지고, 자신의 요구를 안 들어주면 몹시 서운해한다. 따라서 건강 통장이 줄어들면 재정 통장 못지않게 부부관계가 어려워진다.

셋째는 '정서 통장'이다. 건강 통장이 육체적 건강을 뜻한다면 정서 통장은 정신적 건강이라고 할 수 있다. 부부는 정서적으로 교감을 나누는 가운데 자기가치감과 존중감을 느끼며 생명력을 느낀다. 부부가 서로의 감정들을 나눔으로써 기쁨이나 즐거움이 배가되고 부정적인 감정들은 나눔으로써 감소할 수 있다.

넷째는 '도우미 통장'이다. 쉽게 말해 남에게 필요한 도움을 주거나 나에게 필요한 도움을 받을 수 있는 인간관계능력을 뜻한다. 부부는 서로 도우미가 되는 동시에 주위의 도우미들과도 네트워크를 형성한다는 것이다. 각자의 부모형제와 일가친척은 부부에게 도움을 줄 수도 있고 도움을 받는 경우도 있다. 그러나 이들을 관리하지 못하면 어느 한쪽이라도 불만이 생길 것이고, 주위로부터 고립되거나 주변 인물들에 휘둘려 부부관계가 악화되기도 한다.

결국 부부문제의 근원을 따질 때는 서로의 성격에서 찾을 것이 아니라 네 가지 라이프 통장을 살펴보아야 한다. 라이프 통장이 고갈되면 서로의 성격 차이를 받아 주거나 소화할 여력이 없으며, 사소한 일에도 예민해지고 불안해지기 때문이다. 라이프 통장의 관점을 부부싸움에 적용해 보면 온갖 형태의 부부싸움이 실은 서로를 미워하고 상처 주는 투쟁이라기보다는 대부분 좀 더 잘 살기 위한 애타는 호소이자 몸부림이라고 볼 수 있다. 부부관계를 개선하려면 불화의 표면적 이유보다 진짜 쟁점인 재정, 건강, 정서, 도우미 통장이 위협을 받음으로써 느끼는 두려움이나 원하는 만큼 채워지지 않은 욕구불만이 있음을 먼저 깨닫는 게 중요하다(최성애, 2003).

이에 따라 부부불화의 원인을 라이프 통장의 고갈로 보고 부부치료를 하는 순서가 있다.

- 서로를 적으로 여겨 인신공격하지 말고 현재 시점에서 부부의 네 가지 라이프 통장을 점검해 보는 것이다.
- 무엇이 통장을 위협하는가를 찾아내는 것이다. 어떤 요인들이 관계에 부정적으로 영향을 미치는지를 탐색한다.
- 결혼과 부부관계에 대한 잘못된 관념과 비현실적인 기대나 망상을 갖고 있다는 점을 인식하는 것이다.
- 부부가 친구가 되어 결혼생활을 위협하는 요인들을 잘 극복하고, 건강하고 행복한 가정을 만들 수 있는 구체적인 방법들을 배워 실천하는 것이다(최성애, 2003).

행복한 부부들은 네 가지 라이프 통장의 균형을 잘 이루고 사는 사람들이라고 할 수 있다. 어떤 인간관계라도 관계가 형성, 유지, 발전하려면 네 가지 라이프 통장 중 어느 하나라도 충족돼야 하겠지만, 특히 부부는 생존 공동체라 서로의 욕구 충족, 견제와 균형이 끊임없이 필요하다. 왜냐하면 이해타산을 따지거나 이동하는 집단이 아닌 가족공동체이기 때문이다.

우선 재정 통장은 눈으로 보고, 손으로 만질 수 있고, 또한 결혼한 부부라면 대개 재산을 공동 소유하기 때문에 쉽게 이해가 된다. 그런데 중요한 점은 나머지 세 통장(건강, 정서, 도우미)은 눈에 보이지도 않거니와, 의식조차 못 하는 거라서 대개는 생각조차 안 하고 산다. 부부치료에서는 보이지 않는 통장을 보고 느끼게 도와줌으로써 관계가 개선되는 효과를 볼 수 있다(최성애, 2003).

일반적으로 결혼을 한 뒤에 성장감과 행복감을 느낀다면 네 가지 통장이 출납의 균형을 잘 이루고 있는 것이다. 즉, 몸과 마음이 동시에 충족감, 사랑받는 느낌, 소속감, 자아존중감과 자아실현감을 얻고 있다는 것이다. 반대로 라이프 통장이 적자이거나 심한 불균형 상태에 있다면 이들의 대화는 악을 쓰거나 경멸하거나 변명하거나 냉담 쪽으로 기울어지게 된다.

3) 남녀 차이의 이해

가트만은 25년 동안 많은 부부를 연구하면서 생리적 · 정신적 스트레스에서 남녀 간에 차이가 있다고 보고하였다.

남녀가 함께 공격을 당해서 흥분 상태일 때 남성의 혈관시스템은 여성보다 스트레스에 더 강하게 반응하고, 진정되는 속도는 여성보다 느리게 나타났다. 남성은 흥분의 지속시간이 더 길다. 인류학적으로 여성은 자녀양육 때문에 조금이라도 빨리 마음을 가라앉히고 긴장을 풀어야 아이의 젖이 잘 나온다는 것이다. 이완은 뇌하수체 후엽 호르몬인 옥시토신과 관계가 있는데, 이것이 젖을 잘 나오게 하는 것이다. 반면, 남자들은 사냥할 때 공격받을 것을 대비하여 유사시 아드레날린을 분비하여 흥분과 긴장을 지속시킨다고 한다. 그래서 부부가 싸우면 생물학적으로 남편이 아내보다 더 쉽게 흥분하고 느리게 가라앉는다.

부부가 말다툼을 할 때에 남성은 상대방에 대한 마이너스 사고를 많이 하고 반대로 여성은 어떻게든 타협점을 찾으려고 애쓴다. 예를 들면, 남성들은 일반적으로 '이번에는 절대로 굴복하지 않을 거야.' 아니면 '왜 내가 너한테 비난을 받아야 하는지 모르겠다.'고 생각하며 방어적인 태도를 보인다. 그러지 않으면 아내의 분노나 불평의 대상이 된 것에 대해 억울한 피해자라고 생각하며, '왜 무슨 일이 있으면 나만 비난하느냐?'고 자기변명이나 변호로 일관한다. 그러지 않으면 모욕적인 언어로 아내에게 위압감을 조성하여 입을 다물게 한다. 또는 자기 동굴로 들어가 도피해 버린다. 반면, 아내들은 다툼에서 오는 스트레스를 능숙하게 해소하며 사려 있는 해결방법을 찾으려고 노력한다.

미국 버클리 대학교의 레벤슨(Levenson) 교수는 남녀가 갑작스러운 스트레스에 어떻게 대처하고 이것이 결혼생활에 어떻게 작용하는지를 실험하였다. 다툼이 생겨 여자의 목소리가 거칠어지고 공격적으로 나오면, 남자들은 급격히 혈압이 올라가고 맥박이 빨라지며 호흡이 가빠지는 이성마비 상태에 빠진다. 이때 남편들은 아내가 무슨 말을 하여도 귀에 들어오지 않고 '공격이나 도피냐'의 양자택일의 전투태세를 갖는다. 또한 남자들은 충격 흡수가 약해서, 한 번 흥분이 되면 다시 정상적으로 회복이 되는 데에 평균 20분이 걸렸다. 하지만 여자들은 남자들에 비하여 다툼을 처리하는 방식에서 쉽게 혈압이 오르지 않고 흥분을 가라앉히는 데에 걸리는 시간도 비교적 짧아서 5분이면 가능하였다.

결론적으로 부부싸움에서 아내가 먼저 목소리를 낮추고 부드럽게 이야기를 하는 것이 효과적이라는 것이다. 미소를 지으며 어깨에 기대거나 손을 잡는 접촉적인 스킨십에 남편들은 대개 아내가 원하는 것에 동의하고 따라온다. 이때 남자들은 혈압이 내려가고 엔도르핀이나 세로토닌이 분비되면서 안정감을 되찾아 이성적으로 사고하기 때문이다(MBC 스페셜, 2006).

남녀 뇌의 차이는 심리적 관계에도 영향을 준다. 남자와 여자의 뇌는 쉬는 방식이 다르다. 남자가 쉴 때는 뇌가 '총체적'으로 쉰다. 그러나 여자가 편히 푹 쉴 때의 뇌 활동량은 남자가 정신 차리고 바쁘게 일할 때의 뇌 활동량과 맞먹는다. 우리 뇌에는 신경세포끼리 메시지를 주고받는 신경전달물질인 세로토닌이 있는데, 감정을 조절하고, 잠을 깊이 잘 자도록 하며, 몸의 긴장을 이완시켜 주는 역할을 하고 대인관계기술이나 행동을 조절하는 작용을 한다. 그런데 성인남자는 동년의 여자보다 두뇌의 세로토닌이 20~40% 적다는 것이 밝혀졌다. 그러나 단지 뇌가 그러하니까 하고 방관할 것이 아니라 영어나 컴퓨터를 배워 직장에서 생존력을 높이듯이, 대인관계에서도 의식적인 노력으로 대화기술을 높이고 능력을 키워야 한다(최성애, 2003).

4) 부부의 갈등 이해

부부싸움이나 갈등은 거의 모든 부부에게서 일어난다. 그러나 부부싸움에는 해결할 수 있는 갈등과 해결하기 어려운 지속적인 갈등이 있다. 지속적인 갈등은 그 이면에 두 사람의 가치관이나 성향의 차이점 혹은 각자가 가지고 있는 의미가 숨겨져 있어서, 오랫동안 지속적이고 반복적으로 일어나는 갈등을 말한다. 가트만은 부부문제를 추적한 결과, 똑같은 문제를 가지고 4년 동안 지속적으로 언쟁하고 있는 부부를 발견하였다. 부부의 갈등 가운데 지속적인 갈등이 무려 70%나 차지한다고 보고하였다(Gottman, 2002).

(1) 부부의 지속적인 갈등

- 청결과 지저분함의 차이: 한쪽은 깔끔하고 정리정돈이 잘되기를 바라고, 다른 한쪽은 어지르고 청결 유지에는 전혀 관심이 없다.
- 정서의 차이: 한쪽은 감정표현이 잘되고 한쪽은 무미건조한 경우, 한쪽이 다른 한쪽보다 좀 더 정서적인 의사소통을 중요시한다.
- 함께 있는 것과 혼자 있기를 원하는 차이: 한쪽은 자율성, 다른 한쪽은 상호의존성

을 원한다.

- 적절한 성생활 빈도의 차이: 한쪽이 다른 한쪽보다 더 많은 성생활을 원한다.
- 성생활 스타일의 차이: 두 사람이 성생활에서 원하는 것의 차이로, 한쪽이 친밀한 감정이 섹스의 선행조건이라고 생각한다면, 다른 쪽은 섹스를 통해 친밀감이 강화된다고 주장한다.
- 돈 소비에 대한 차이: 한쪽은 돈에 대한 소비를 아끼며 아주 절약한다면, 다른 한쪽은 더 많은 돈을 쓰기를 원하며 현실에 안주한다.
- 친척관계에서의 차이: 한쪽은 원가족이나 친척에게서 독립하기를 원하고, 다른 한쪽은 의존하며 더 가까이 지내고 싶어 한다.
- 갈등을 해결하는 방법의 차이: 한쪽은 갈등을 터놓고 의논하기를 바라나, 다른 한쪽은 갈등을 회피하며 드러내려 하지 않는다.
- 집안일에 대한 차이: 한쪽은 가사부담을 원하나, 다른 한쪽은 원하지 않는다.
- 자녀양육과 훈육에 대한 차이: 한쪽은 자녀에게 엄격한 통제와 훈육을 더 많이 하나, 다른 한쪽은 부드럽게 그리고 아이의 자율성을 더 강조하여 적게 하려고 한다.
- 삶의 가치관 차이: 매일의 생활에서 무엇을 더 중요시하며 생활하느냐에 따른 차이다(TV 보기, 책 보기, 음악 듣기, 운동과 산책, 잠자기 등).

(2) 대화로 갈등해결

부부가 문제를 놓고 언쟁을 벌일 때에 어떤 종류의 문제인지, 즉 막다른 골목에 부닥치는 문제인지 해결 가능한 문제인지 잘 모르는 경우가 허다하다. 해결 가능한 문제는 어떤 특별한 딜레마나 상황에 초점이 맞추어진 것으로, 타협이 가능하다. 해결 가능한 문제에는 정면으로 대결하는 것이 중요하다.

부부가 서로 존중하면서 자신의 생각이나 의견을 솔직하게 상대방에게 알리면 비록 문제가 생기더라도 해결할 수 있는 길이 열린다. 부부가 적극적으로 문제해결의 의지를 갖고 임하면 가능하다. 서로 인격을 존중해 주고 인정해 주는 마음의 교류가 있느냐 없느냐의 차이다. 배우자의 마음을 충분히 이해하면서 비난하지 않고 내 기분도 알아 달라고 부탁하는 것이 효과적이다.

정서적으로 안정된 행복한 부부들이 서로 다른 점, 갈등을 다룰 때 어떤 방식으로 대화를 하는지 연구한 결과는 다음과 같다(Gottman, 2002).

첫째, 과격하지 않은 부드러운 대화로 시작한다. 부부가 대화를 시도할 때는 가장 먼저 분위기를 보고 편안한 상태에서 말을 시작해야 한다. 부드럽게 시작하면 남편의 감정이 이완되고 공격적으로 받아들이지 않기 때문에 회피나 도망가기, 철회 같은 자기방어가 나오지 않는다. 차분하고 안정적인 대화를 하려면 다음의 사항을 고려해야 한다.

- 상대방이 불만을 말하더라도 비난하지 말고 잘 경청해 준다.
- '나'로 시작한다. 자신의 기분을 상대에게 전하는 것으로 나-전달법을 사용한다.
- 무슨 일이 있는지를 말하고 상대방을 평가하거나 판단하지 않고 말한다.
- 분명하게 말한다. 상대방에게 요구할 때는 구체적이고 분명하게 긍정적으로 표현한다.
- 공손하게 표현한다. 의사소통에서는 표현하는 방식이나 태도가 무엇을 말하는가보다 더 중요하다.
- 상대방에게 감사를 표현한다. 언어적 · 행동적으로 감사함을 표현한다.
- 불만이나 문제를 쌓아 두지 않는다.

상대방에 대한 불만이나 문제가 억압되어 많이 쌓여 있으면 곧 폭발할 것 같은 긴장감과 위기감이 돈다. 그래서 부드럽게 대화를 시작할 수 없다. 자기 자신의 감정을 잘 조절하고 다스릴 수 있도록 해야 한다.

둘째, 상대방의 요구를 귀담아 듣고 타협하는 것을 배운다. 말하는 사람의 진짜 의도나 욕구가 무엇인지 잘 파악해야 한다. 그리고 진짜 욕구가 무엇인지, 얼마나 가능한 것인지 서로 존중하면서 타협점을 찾을 수 있어야 한다. 불행한 부부는 서로의 욕구를 무시하고 비난하며 중요하게 생각하지 않는다. 강요에 의한 자기만족에는 상대방의 희생이 있다는 것을 알아야 한다. 부부가 서로 차이를 존중하되, 타협 가능한 것은 서로 타협점을 찾는다. 어디까지 양보하고 배려가 가능한지 서로 대화한다.

셋째, 말다툼이 격해졌을 때 자신의 정신 상태를 냉정히 판단하여 네 가지 위험 요인(비난, 경멸, 자기방어, 담쌓기)에 지배되지 않도록 노력한다.

넷째, 상대방의 결점이나 실수를 관대하게 수용한다. 부부가 서로 간의 완벽성을 주장하며 시시비비를 따지는 것은 에너지 낭비다. 만일 배우자가 좀 더 돈이 많았더라면, 더 잘 생겼더라면, 좀 더 뚱뚱하지 않았더라면, 다정다감한 사람이라면 등 비현실적인 기대나 태도로 배우자를 바라보는 한 갈등은 해결되지 않는다. 상대방의 결점이나 약점을 그대로 수용하지 않는다면 타협점을 찾기가 쉽지 않다. 배우자 한쪽만 바꾸는 것으로 문제는 해결되지 않으며, 두 사람이 모두 받아들일 수 있는 조건을 찾아내어 고통을 분담하며 함께 바꾸어 나가는 것이 현명하다.

다섯째, 싸우고 난 후에는 부부가 적절하게 회복 시도를 사용한다. 회복 시도는 서로의 감정을 가라앉히고 서로 적대감정이 들지 않도록 분위기를 조성한다. 잘못을 시인하고 사과를 수용한다. 유머를 사용하고, 대화 주제를 바꾸며, 화를 풀고, 신체적인 접촉을 하는 방법이 있다.

〈부부대화 십계〉

1. 헤어졌다 만날 때는 따뜻한 미소로 맞으라.
2. 피곤하거나 감정적으로 흥분 상태에 있을 때는 심각한 문제를 다루지 말라.
3. 가능하면 논쟁의 여지가 있는 문제를 다루는 시간을 정하라.
4. 상대방이 말을 다 하기까지 인내심을 갖고 끝까지 경청하라.
5. 상대방이 말을 할 때 '예. 알아요. 이해합니다.' 등 적절하게 동의하라.
6. 말이나 표정이나 몸짓으로 상대방의 이야기를 수용하라.
7. 상대방이 나를 위한 일을 했을 때는 칭찬을 하거나 감사하라.
8. 사소한 일이라고 애매하게 표현하지 말고 구체적으로 표현하라.
9. 대답할 때는 알아듣기 쉽게, 명확하게, 지루하지 않게 하라.
10. 상대방이 무슨 말을 하는지 이해되지 않을 때는 밝은 표정으로 다시 한번 말해 주기를 요청하라.

– 노먼 라이트(H. Norman Wright) –

---

5) 이혼의 지름길

성격 차이를 극복하기 어려워서 이혼한다고 주장하는 부부들은 부정적인 상황에서 첫마디부터 험한 말로 시작한다. 상대방의 의견을 일부러 받아들이지 않으려고 하며, 쉽게 감정적으로 흥분한다. 내 주장만 더 고집하려고 한다. 그래서 두 사람 모두 마음의 상처를 받고 고통 속에서 억압하며 지낸다. 배우자의 속성 중 긍정적인 것은 보지 않고 어쩔 수 없는 성격으로 간주하고 자기방어를 한다. 배우자의 장점을 보지 못하고 단점만 보고 모든 문제는 해결 불가능하다고 생각하며 단념하거나 포기해 버린다. 이런 부부들에게는 배우자에 대한 억압된 강한 분노가 내재하며, 자신의 심리적인 고통이 상대방 때문이라는 피해의식이 강하다. 대화가 되지 않고 말을 하더라도 부정적으로 하면 이혼으로 가는 지름길인 비난, 경멸, 자기방어, 담쌓기로 이어진다.

가트만은 부부가 결혼생활을 부정하고 이혼으로 가는 단계를 4단계로 설명하였다 (Gottman, 2002).

- 결혼생활을 괴롭고 고통스러운 것이라고 생각한다.
- 대화가 무의미하며 혼자서 해결하려고 한다.
- 별거생활을 시작하며 물리적 · 공간적 · 정서적 단절이 시작된다.
- 외로움에 시달리며 배우자가 무용지물이라고 생각한다.

가트만(Gottman, 2002)은 다음의 네 가지 대화 유형이 부부가 이혼으로 가는 지름길이라고 주장하였다.

- 비난하기(criticism): 불만은 배우자가 자신의 기대에 어긋났을 때 생기지만, 비난은 상대방의 어떤 행동이나 말에 대해 상대방의 인격 혹은 능력을 공격하는 것이다. 불만을 토로하는 말 뒤에 "당신 지금 제정신이야?" "머리가 정상이 아니군." "당신이란 사람은 무책임한 인간이야." 등의 표현은 상대방을 비난하는 것이다.
- 경멸하기(contempt): 상대방을 화나게 하기 위해 평가절하하고 모욕감을 주는 것이다. 상대방이 말하고 있을 때에 엉뚱한 곳으로 시선을 돌려서 무시하거나, 조소하거나, 상대방 흉내를 내거나, 상대가 화나도록 농담을 하거나, 상대방에게 혐오감을 품게 함으로써 모욕감을 느끼게 한다. 모욕은 상대방을 제고할 마음을 빼앗고, 문제해결을 불가능하게 하며, 두 사람을 더욱 멀어지게 만든다.
- 자기방어(defensiveness): 자기변명이나 핑계로 '내게는 문제가 없다.'는 태도를 보이며, 결국은 '네가 잘못이다.'라는 태도나 행동을 보인다. 자기변명이나 핑계를 대며 상대방을 비난하기 때문에 본격적인 충돌이 시작되며, 부부관계를 파괴하는 요소가 된다. 예를 들면, "아이가 저런 행동을 하는 것이 누구 탓인데. 아빠가 아빠 역할을 제대로 했어야지." "말하는 것이나 행동하는 것도 다 당신을 닮아가지고. 뻔하지

뭐." 등이 있다.

- 담쌓기(stonewalling): 부부가 도피나 회피하는 방식이 잦아지다 보면 당연히 담쌓기가 된다. 서로 화가 나서 말을 안 하고 지내는 것으로, 아예 자리를 피하거나 전혀 관심이 없다는 태도를 보인다. 주로 아내가 이야기하고 싶어서 다가가면 남편은 아무 대꾸도 하지 않고, 들은 체도 안 하며, 돌처럼 무감각해져 버린다. 배우자의 비난이나 모욕이나 자기방어를 많이 듣게 되면 어느 순간 상대방은 자신을 껍질 속에 가두어 버린다. 배우자를 경계하며, 배우자의 분노나 폭발이 언제 터질지 모르는 두려움에서 오직 자신만을 보호하려고 한다. 감정적 · 육체적 · 정신적으로 단절되고 파탄을 초래하는 것은 당연한 결과다.

6) 부부의 화해 시도

부부의 화해 시도는 갈등을 해결하는 과정에서 중요한 부분이다. 부부싸움 중에 화해를 잘하면 부부는 다시 안정을 되찾을 수 있다. 불행한 부부일수록 화해 시도가 자주 일어나나, 늘 실패하기 때문에 부부관계가 악화되기 쉽다. 화해 시도의 실패는 약 90%까지 이혼을 예측해 준다. 관계가 더 악화되기 전에 화해 시도를 하는 것이 중요하다. 감정이 격앙되어 있는 상태에서는 화해가 잘 받아들여지지 않는다.

가트만(2002)은 부부가 감정적으로 흥분하게 되면 신체적으로 각성 상태로 들어가서 혈압이 오르고 심장박동이 빨라지고 땀이 나며, 근육은 긴장되고 스트레스 호르몬인 코티졸이 분비된다고 하였다. 생리적으로 이런 상황에서 인간은 일반적으로 남의 탓을 더 하고 부정적인 생각을 더 하며 문제를 효과적으로 해결할 수 있는 합리적이고 이성적인 사고력이 떨어진다.

부부가 각성 상태가 되면 일단은 스스로 자신의 감정을 진정시키는 작업이 필요하다. 서로 떨어져 있든지, 산책을 하든지, 노래를 듣든지, 청소를 하든지, 심호흡을 하면서 차 한 잔을 마시든지 하는 것이다. 정신을 호흡에만 집중시키는 명상도 아주 도움이 된다. 호흡을 길게 하고 2~3초 정도 멈추었다가 다시 호흡을 한다. 흥분 시 교감신경계가 다시 회복하는 데에는 보통 20분 정도가 소요된다. 시간을 갖고 차분한 감정으로 혼자서 다음의 내용을 생각해 본다(Gottman, 2002).

- 상대방이 어떤 악의를 갖고 괴롭히는 것이 아니라 단지 나와 달라서 그러는 것이라

는 중립적인 시각을 가지려고 노력한다.

- 두 사람의 어쩔 수 없는 근본적인 차이점에 대해 생각해 본다. 상대방도 사실은 나만큼 힘들 것이라는 사실을 인정한다.
- 지금 마음에 안 드는 배우자의 태도를 과거에는 내가 좋아하지 않았나, 아니면 보완해 주리라고 믿었던 부분이 아니었나 생각해 본다.
- 지금의 내 흥분을 일으키는 데에는 과거 내 가족과의 관계에서부터 영향을 주는 것은 없는지 통찰해 본다.
- 부부관계가 악화되는 것에 내 잘못은 어떤 점들이 있는지 생각해 본다.
- 있는 그대로 상대방을 받아들이도록 내가 할 수 있는 것은 무엇이 있는지 생각해 본다.

(1) 1차 화해 시도

부부가 서로 감정적으로 흥분할 것 같은 상황에서 일단 대화를 중단하기 위하여 화해 시도를 할 수 있다. 감정에 휘둘리게 되면 이성적으로 대화하기가 어렵다. 다음은 흥분 상태가 더 이상 악화되지 않도록 순간에 대처하는 방법이다.

"우리 둘 다 흥분한 것 같은데, 지금은 일단 그만하는 게 어때요?"
"우리 둘 다 지금은 좀 차분해져야 할 것 같아요."
"좋아요, 잠깐 쉬어요."

(2) 2차 화해 시도

일단 싸움을 중지한 후 서먹서먹한 상태에서 할 수 있는 화해 시도다. 서로의 갈등이나 문제를 해결하려는 상황에서 의도와는 다르게 이야기하여 감정적으로 마음이 상했다거나 한쪽이 상심해 있는 경우 다른 한쪽이 먼저 다가가기를 시도할 수 있다.

"아까는 내가 미안했어요. 내가 요즈음 너무 신경이 날카로워서 그래요."
"지금은 당신 마음을 충분히 이해해요. 화 풀어요."
"당신이 잘못한 게 아니란 거 알아요."

(3) 효과적으로 사과하기

- 배우자의 마음의 상처를 잘 들어 주는 것이 먼저 선행되고 다음에 "내가 잘못했어." 라고 말한다. "그래 내가 잘못했어."라고 상대방의 말을 듣기 전에 한마디로 미리 말해 버리면 상대방이 마음의 상처나 불만을 충분히 표현할 수가 없다. 상처받은 배우자는 아직 감정이 정리되지 않은 상태이기 때문에 사과를 받아들이기가 쉽지 않다. 사과를 하는 사람은 고의가 아니더라도 상대방에게 악한 말이나 상처를 주었다면 그 사실에 대한 미안함이나 후회가 표현되어야 한다. 구체적으로 "내가 당신에게 그렇게 말한 것에 대해서 정말 미안하게 생각해요."라고 한다. 사과의 본질은 잘못된 사실만 인정하는 것이 아니라 상대방의 마음을 충분히 이해하고 공감하는 과정 그리고 비슷한 실수를 더 이상 하지 않으려는 의지적인 노력까지 보여 주는 것이다.
- 문제 제기는 가급적이면 부드럽게 시도한다. 불만과 분노 이면에 숨어 있는 당신의 힘든 감정을 표현하라. 불만과 분노는 대개 당신이 힘들다는 이차적인 감정인 경우가 더 많다. 상대방에게 진짜 전하고 싶은 일차적인 욕구를 도움을 요청하는 말로 부드럽게 시도한다. 아무리 노력을 해도 부드럽게 시도하기 어려운 경우라면 당신은 우울한 감정 상태, 근심걱정이 많은 상태, 배우자에게 지나치게 의존하고 집착하는 상태, 질투심이나 지나친 경쟁 상태, 결벽증, 강박증 등을 의심해 보아야 한다.
- 배우자의 의견을 대체로 존중하고 받아들이려 한다. 남편은 밖에서는 상대방 의견도 잘 듣고 수용하면서 집에서는 아내의 의견이나 욕구를 무시하는 경우가 종종 있다. 아내의 작은 욕구에 배려해 주는 여유가 필요하다.

"밖에서 열심히 일하고 왔는데, 집에서는 날 좀 편하게 해 주지 못 하느냐?"
"내가 왜 친구 만나는 것까지 간섭받아야 하느냐?"

부부가 상대방의 의견을 무시해 버리고 귀찮아하면 상대방은 거절당한 느낌이 든다. 존중받지 못한 느낌으로 마음의 상처를 받는다. 그래서 너무 지나치게 성취 지향적인 남자, 가부장적인 남자, 지나치게 효도만 강조하는 남자, 자기주장이 강한 남자, 완벽주의 남자 등 남편이 너무 독단적이고 지배적이고 고집스러운 결혼생활은 일반인보다 네 배 정도 이혼의 확률이 높다고 한다(Gottman, 2002).

7) 행복한 부부의 특징

가트만은 많은 부부를 관찰하고 연구한 결과 원만한 부부생활의 비결은 부부가 의견 차이나 문제가 있더라도 일생생활에서 서로가 상대방에 대한 배려를 어떻게 표현하느냐가 중요한 열쇠라고 하였다. 문제해결을 위해서도 건강한 부부는 갈등의 근본적인 차이를 받아들이고 서로를 인정해 주고 수용한다. 그렇게 했을 때에 결혼생활에서 배우자와 함께 삶의 의미를 발견하고 공동의 목표를 향해 달려 나갈 수 있다. 행복한 부부는 서로에 대한 긍정적인 감정이 다섯 번이라면 부정적인 감정은 한 번 정도로 나타난다.

일상생활에서 평상시 배우자가 행복을 느끼도록 좋은 감정의 교류를 많이 쌓아 두는 것은 부부가 애정 저축을 많이 하는 것이다. 안정적이고 친밀감을 형성한 부부는 심리적으로 편안하고 정서적·신체적으로 조화를 이룬다. 부부관계가 안정적이면 스트레스에도 강해진다. 그리고 자신의 주변을 탐색하고 돌아볼 수 있는 여유와 힘이 생기고, 환경에 적절하게 반응할 수 있게 된다.

다음의 일곱 가지 원칙은 부부생활의 지침으로, 갈등을 원만하게 처리하고 우정 중심으로 행복한 부부관계를 만들기 위하여 도움이 된다. 가트만이 주장하는 일곱 가지 원칙은 행복한 부부에게서 종종 볼 수 있었다. 결혼생활을 개선하고자 하거나, 질적인 관계를 향상시키고자 하는 사람들은 다음의 원칙을 잘 지키면 성공할 수 있다(Gottman, 2002).

- 부부가 서로에 대하여 많은 관심을 가지고 잘 안다(상세한 애정지도를 그릴 수 있다).
- 부부가 서로 끌리는 면, 존중하는 면을 가지고 있다.
- 상대방을 진심으로 대한다.
- 부부가 일상생활에서 함께 나누려는 의식적인 노력을 많이 한다.
- 해결 가능한 문제는 부부 두 사람이 해결한다.
- 둘이서 막다른 골목에 부닥친 상황을 극복한다.
- 부부가 함께 공유할 인생의 의미를 발견한다.

행복한 부부는 서로 관계를 연결하려는 시도를 많이 하고 거기에 반응을 잘한다. 부부는 서로의 관심이나 애정, 흥미, 감정적인 지지나 위로 등 나름대로 관계를 형성하기 위하여 관계연결 시도(bids)를 한다. 중요한 것은 부부가 서로 정서적으로 연결하려는 노력이 계속해서 일어난다는 것 그리고 그에 대한 반응이 계속적으로 일어난다는 사실이다. 때로는 말로, 눈빛으로, 비언어적인 신체언어나 행동으로 나타난다.

부부가 외로움, 허전함을 많이 느끼는 것은 부부간에 서로 관계연결 시도가 안 일어나고 있거나, 어느 한쪽이 꾸준히 시도를 하나 다른 한쪽이 이를 잘 알아차리지 못하거나, 제대로 반응을 하지 못하기 때문이다.

관계연결 시도들이 좌절되면 서로 간의 사랑은 놀랄 만큼 빨리 식는다. 안정된 부부들도 20% 정도만이 다시 관계연결 시도를 한다. 이혼으로 가는 부부들은 거의 이런 시도를 하지 않는다. 이런 연결시도 횟수가 많을수록 행복한 부부다(10분 동안 100회 이상).

8) 건강한 자아상 형성

부부는 각자 자기 성장을 하면서 정신적으로 성숙하고 기능적인 역량들을 키워야 한다. 인본주의 심리학자 칼 로저스(C. Rogers)는 건강한 사람을 완전히 기능하는 사람으로, 매슬로(Maslow)는 자아실현하는 사람으로, 올포트(Allport, 1961)는 성숙한 사람으로 설명하였다. 로저스가 말하는 완전히 기능하는 사람들의 특성은 다음과 같다.

- 경험에 개방적인 사람이다. 자신의 긍정적・부정적 감정에 개방적이며, 자신의 느낌 표현이 자유로우며, 타인과의 관계에서도 자신을 개방한다.
- 실존적인 삶을 살아가는 사람이다. 자신이 매 순간 무엇이 되고 무엇을 할 것인지 순간의 경험과 판단에 의하여 결정하며, 책임을 지는 사람이다.
- 자기 자신을 신뢰하는 사람이다. 자기가 해야 할 것과 하지 말아야 할 것들을 스스로 판단하며, 자신의 경험과 기억, 정보, 사회적 요구, 상황에 대한 해석 등 자신의 정보를 활용하여 의사결정을 한다.
- 자유의식을 가지고 있는 사람이다. 사람은 건강할수록 억제나 금지 없이 대안적인 생각과 행동들 중에서 자유롭게 선택한다. 자신의 삶에 대한 개인적인 지배감을 갖고 자신의 미래를 결정한다.
- 창조적인 삶을 사는 사람이다. 자신의 삶의 영역에서 독창적인 창조물을 만들어 내며, 창의적인 삶을 통하여 자신의 욕구를 만족시킴으로써 희열을 느낀다(권중돈, 김동배, 2005).

올포트(1961)가 말하는 성숙한 인간상은 다음과 같다.

- 자아의식이 확대되어 있다. 사람이나 사물에 대한 이해와 경험의 범위가 풍부하며, 추상적인 가치나 이념을 포함할 수 있을 정도로 자아의식이 확대되어 있다. 이들은 자신의 활동이나 사람을 통해서 자의식을 확대시켜 나간다.
- 자신과 타인과의 관계를 따뜻하고 신뢰하게 만든다. 심리적으로 건강한 사람은 자신뿐만 아니라 가족, 부모, 배우자, 가까운 친구들에게도 친밀함을 드러내며, 신뢰의 관계를 형성한다. 다른 사람들의 행동에도 아량이 있으며, 비난하거나 무시하지 않는다. 인간에 대한 근본적인 이해와 신뢰감으로 따뜻한 관계를 맺으며 친밀한 관계를 형성한다.
- 정서적으로 안정적이다. 정서적으로 안정적인 사람은 먼저 자기수용이 있는 사람이다. 자기를 있는 그대로 인정하며, 약점과 강점도 모두 포함하며, 자신의 감정을 자각하고 존중한다. 그래서 다른 사람과의 관계에서도 감정을 스스로 다스릴 수 있는 여유가 있다.
- 자신을 현실적으로 지각한다. 자신의 세계를 있는 그대로 보며, 좀 더 객관적으로 이해하려고 한다. 대상이나 현실을 왜곡하는 사람들은 자신의 결핍이나 욕구를 채우기 위하여 실재를 왜곡하는 경우가 종종 있다.
- 자신을 객관화시킬 수 있다. 자신을 객관화시킬 수 있는 사람은 다른 사람에게 자신이나 타인이 가지고 있는 부정적인 특질을 쉽게 투사하지 않는다. 자신의 부정적인 사고도 남들도 다 가지고 있다고 믿지 않는다. 건강한 사람은 자기이해 수준에 좀 더 높게 도달할 수 있으며, 자신에 대한 사고나 행동, 감정에 대한 통찰이 가능하다.
- 자신의 일할 능력과 중요성을 강조하여 몰두할 줄 안다. 적절한 능력을 갖추는 것만으로는 충분하지 않고, 성심성의로 열정과 전념하는 태도로 자신의 목표를 향하여 열중할 수 있다.
- 통일된 삶의 철학을 가지고 있다. 건강한 사람은 현실 속에서도 미래를 보며, 원대한 목적과 계획에 의하여 동기가 유발된다. 뚜렷한 목적 의식과 사명감을 가지며, 마땅히 이렇게 행동해야 한다는 자율성이 발달되어 있다. 개인의 선택으로 보는 가치는 일관되고 정돈된 생활, 삶의 철학에서 기인하는 것으로 성숙한 양심의 소유자다. 이들은 자신이나 타인에 대한 의무감과 책임감으로 종교적, 윤리적 바탕 위에

서 성장한다.

9) 가트만식 치료 프로그램

(1) 첫 회 상담: 치료과정 설명(1시간 30분)

① 상담사는 내담자에게 치료의 진행과정, 내담자의 권리, 비밀보장, 치료비, 상호 규칙에 대해 설명해 준다.

② 상담사는 부부에게 자연스럽게 이야기를 중심으로 대화를 진행한다. 예를 들어, "당신들의 결혼에 대하여 얘기해 주실 수 있습니까? 현재 당신들의 결혼생활이 어떤지, 그것에 대하여 각자가 어떻게 보고 계시는지, 어떻게 상담에 오시게 되었는지, 그 밖에 어떤 것이든 당신들이 생각하고 있는 것들을 이야기해 주시겠어요?"

③ 부부의 관계성의 역사와 삶의 방향이나 가치들에 대하여 이야기하도록 한다.

④ 부부의 대화 모습을 자연스럽게 10분간 녹화한다. 상담사는 최소한 10분간은 부부들만 대화하도록 한다. 대화가 흥미진진할 때는 10분 이상을 녹화할 수도 있다. 상담사는 비디오카메라 뒤에서 부부의 상호관계에서 보여지는 강점과 약점을 관찰해서 기록한다.

* 과제로 부부가 소형 녹음기로 대화하는 모습들을 녹음하도록 하기도 한다.

* 몇 개의 질문지를 나눠 주고 다음 세션까지 답을 해서 가져오도록 한다.

(2) 2회와 3회 상담: 개별면담(45분)

아내와 남편을 개별적으로 면담한다. 개인 세션에서 이야기되는 모든 내용은 비밀이 아니며, 상담사가 필요에 의해 배우자에게 공개될 수 있다는 것을 미리 알려 준다. 개별면담에서는 각자가 생각하는 결혼생활에 대하여 이야기하게 한다.

- 결혼생활에서 어떤 동기가 있었는가?
- 무엇을 기대하고 결혼하였는가?
- 결혼생활에서 얻은 것은 무엇이고 그 대가로 치르는 것은 무엇인가?
- 상담에서 얻고 싶은 것은 무엇이고 또한 두려움은 어떤 것인가?
- 부부가 신체적인 폭력경험이 있었는가?
- 부부 가운데 누가 외도경험이 있었는가?

- 최근 스트레스 요인들은 어떤 것들이 있었는가?
- 부부의 고통스러운 사건이나 이슈들이 있었는가?
- 부부가 생각하는 서로에 대한 불만이나 욕구들은 무엇인가?
- 그 외 부부의 성격장애나 정신병리가 있는지 살펴본다(김준기, 공성숙, 2006).

(3) 4회 및 5회 상담: 요약과 치료 가능한 개입(1시간 30분)

① 결혼생활 평가(30분)
- 부부의 결혼생활에 대한 평가를 강점과 개선해야 할 점들로 요약해서 말해 준다. 전체적인 평가는 첫 면담, 개별면담, 비디오카메라 녹화, 설문지 등을 통하여 얻은 정보들을 활용하여 순차적으로 자연스럽게 진행한다. 부부에게 마지막으로 상담사가 중요한 사항을 빠뜨리지 않았는지, 상담사가 평가한 내용 가운데 덧붙이고 싶은 것은 무엇인지 확인하여 치료계약에 내담자의 선택의 기회를 제공한다.

② 접촉과 첫 번째 치료의 과정(1시간)
- 부부의 분노, 슬픔, 실망감, 고통, 아픔, 좌절과 절망감 등 서로가 경험한 감정들을 표현하도록 한다. 상담사의 개입은 갈등을 해결하는 것이 아니라 갈등을 해결하는 방식의 대화가 중요하다는 것을 강조해야 한다.
- 자신들의 싸움의 방식들을 분석하고 이해할 수 있도록 한다.
- 갈등의 사유들이 해결 가능하고 현실적인 것인지 이해하도록 한다.
- 어느 정도에서 부부가 타협과 수용이 가능한지 대화하도록 한다.
- 해결할 수 없는 갈등은 상대방이 주장하는 입장의 의미를 대화로 밝혀내고 이해하도록 돕는다. 대개 타협이 어려운 갈등 이면에는 과거 원가족의 관계성과 영향력이 작용한다.
- 갈등의 이면에 숨어 있는 행동방식, 기대, 가치, 습관 등은 대화를 통하여 상징적인 의미들을 밝혀내도록 한다.
- 상담사는 부부관계를 조금이라도 회복시킬 수 있는 가능성이나 희망을 찾을 수 있도록 적극적으로 개입한다.

③ 부부의 갈등 속에서 희망 다루기

훈련 1

1. 부부생활에서 가장 중요한 핵심문제와 갈등이 되는 것을 서로 이야기할 수 있다. 그러나 문제를 해결하려고 해서는 안 된다.
2. 갈등상황에서 자신이 원하는 것을 다음 항목에서 찾아서 상대방에게 설명한다.

> 자유로운 삶, 평화로운 생활, 자연 속의 삶, 자신에 대한 탐구, 모험을 시도하는 것, 영적 여행을 하는 것, 존경받는 삶, 내면의 치유, 가족을 잘 아는 것, 명예를 가지는 것, 권력을 가진 느낌, 과거 상처를 극복하는 것, 더 능력 있는 삶, 좀 더 수용적이 되는 것, 잃어버린 나를 찾는 것, 나에게 중요한 무엇인가를 하는 것, 콤플렉스를 극복하는 것, 누군가와 작별을 하는 것, 돈과 물질적인 여유를 누리고 싶은 것

3. 부부는 서로 규칙 안에서 20분간 듣는 사람과 말하는 사람이 된다. 남편이 20분간 이야기하면 아내는 듣기만 한다. 아내가 20분간 말할 때는 남편이 들어 주는 사람이 된다. 말하는 사람은 가능한 한 솔직하고 분명하게 자신의 입장, 관점, 희망을 이야기한다. 상대방을 비난하지 않고 상대방이 이해하도록 이야기한다. 듣는 사람은 판단을 하지 말고 있는 그대로 수용하며 경청한다. 변명이나 반론, 회피를 하지 않는다. 그런 후 다음의 질문을 상대방에게 한다.

- "당신은 이 핵심갈등에 대하여 어떤 믿음을 가지고 있나요?"
- "당신이 진정으로 원하는 것이 무엇인가요?"
- "당신에게는 그것이 어떤 의미인지 더 이야기해 주실 수 있나요?"
- "당신은 이 문제에 대하여 어떤 감정을 갖고 있나요?"
- "이 문제에 대하여 당신이 이룰 수 있는 목표를 어떻게 생각하나요?"(김준기, 공성숙, 2006 재인용)

대화과정에서 부부는 감정에 머무르기를 하며, 상대의 진실과 원하는 것을 수용한다.

이 훈련의 목적은 갈등과 부정적인 감정 속에서 자신이 바라는 대로 되지 않는다고 상대방을 이기려 들지 말고, 진정으로 상대방이 원하는 것이 무엇인지를 알아 가는 것이다. 그래서 부부가 서로의 원함이나 꿈을 지지해 줄 수 있는 연결되는 결혼생활을 영위하는 것이다.

가트만(Gottman, 2002)은 부부가 갈등 속에서도 솔직하게 서로의 원하는 것이나 꿈을 이야기할 수 있다면 서로가 필요로 하는 존재고 지지받는 느낌이 들기 때문에 갈등은 자연스럽게 사라질 수 있다고 보았다.

훈련 2

부부가 서로 상대방이 원하는 것의 의미를 이해하고 나눈 후, 그것을 어떤 방식으로 수용하고 존중할 것인가를 논의하게 한다. 부부의 타협과정을 통하여 대화한다.

1. 부부의 타협과정 3단계 논의하기
   • 자신이 도저히 양보할 수 없는 최소한의 핵심적인 부분을 제시한다.
   • 자신이 상대방을 위하여 양보할 수 있는 영역은 어떤 부분인지 제시한다.
   • 서로의 꿈을 실현하기 위하여 타협과 협상을 강구한다.
2. 부부가 상대방이 원하는 것을 어디까지 수용 가능하고 존중할 것인지 결정하게 한다. 예를 들면, 상대방이 원하는 것을 이해하고 방해하지 않는 정도인지, 원하는 것이 실현되도록 구체적으로 목표를 세우고 경제적인 지원도 가능한지, 상대방이 원하는 것에 배우자가 함께 합류하는 것도 가능한지 등을 결정한다.
3. 일상생활 속에서 원하는 것이 실천될 수 있도록 행동 지향적인 과정을 논의한다(김준기, 공성숙, 2006).

이 훈련은 부부의 핵심갈등은 대화를 하면서 결국 갈등 이면에 숨겨진 상대방의 진짜 마음을 이해하고 수용해 주고 존중해 가는 과정이라는 것을 부부가 함께 알아 가게 하는 것이다.

(4) 상담사의 자세와 태도

① 상담사는 부부를 수용하고 지지하며 마음이 편한 분위기를 조성한다.

② 한 사람이 이야기하면 상대방은 진지하게 경청하도록 한다.

③ 해결에만 초점을 두지 말고 상대방의 관점, 입장, 감정들에 대한 이해를 돕기 위하여 질문한다.

④ 부부가 자신들의 꿈이나 희망을 잘 알지 못할 수도 있지만 인내심을 가지고 기다린다.

⑤ 부부의 중립을 지키며 어느 한쪽으로 치우치지 않는다.

⑥ 치료적인 개입을 할 때 고려해야 할 사항은 다음과 같다.

- 열등의식에 사로잡혀 있는지
- 애착의 손상이 있는지
- 만성적인 질병이나 우울증에 시달리고 있는지
- 심리적 · 정서적으로 불안감이 많아서 두려움이 있는지
- 서로에 대한 강한 적개심이 있는지
- 개인적인 치료나 약물이 필요한지

⑦ 부부에 대한 치료적인 개입이 실패하는 경우는 다음과 같다.

- 부부가 이혼하는 쪽으로 마음이 많이 기울어 있을 때
- 부부가 감정적으로 서로 단절되어 떨어져 있을 때
- 부부에게 이미 상대방에 대한 믿음이나 신뢰, 긍정성이 전혀 없을 때
- 부부가 이미 자신들의 관계를 지나치게 부정적으로만 생각하고 있을 때
- 개인의 신체적 · 정신적 병리가 심하여 관계에 지속적으로 부정적인 영향을 미치고 있을 때

10) 부부의 애정지도

정서적 지능으로 결합된 부부는 배우자의 취미나 좋아하는 것, 싫어하는 것, 인생의 목적, 가치관이나 습관, 취향에 대해서도 잘 알고 있다. 가트만은 이러한 부부들은 상세한 '애정지도(love map)'를 갖고 있는 부부라고 설명한다. 배우자에 대하여 상세하게 알면 배우자를 좀 더 이해할 수 있고 진정한 인간으로 수용할 수 있기 때문이다. 배우

자에 대한 상세한 정보나 지식은 사랑을 키워 줄 뿐만 아니라 결혼생활에서 폭풍이 닥
칠 때에도 견딜 수 있는 강한 지지대 역할을 한다.

서로의 생각이나 가치, 공동의 목적을 공유하는 부부는 갑작스러운 환경의 변화나
일상의 큰 변화에도 탈선하지 않으며, 당황하지 않는다. 오히려 생활이 어떻게 변하든
배우자들은 서로 알고 이해하기 때문에 한층 더 굳게 결합할 수 있다.

〈표 8-8〉 부부의 애정지도 테스트

1. 배우자의 친구 이름을 말할 수 있다.	예/아니요
2. 배우자가 현재 무엇 때문에 스트레스를 받고 있는지 말할 수 있다.	예/아니요
3. 최근에 배우자의 신경을 매우 곤두세우게 하는 사람에 대하여 알고 있다.	예/아니요
4. 배우자의 인생의 꿈을 몇 가지 이야기할 수 있다.	예/아니요
5. 배우자가 가진 종교에 대한 믿음과 생각을 잘 알고 있다.	예/아니요
6. 배우자의 인생철학에 대하여 이야기할 수 있다.	예/아니요
7. 배우자가 가장 싫어하는 형제자매나 친척 이름을 말할 수 있다.	예/아니요
8. 배우자가 좋아하는 음악을 잘 알고 있다.	예/아니요
9. 배우자가 좋아하는 음악을 세 곡 말할 수 있다.	예/아니요
10. 배우자는 내가 현재 스트레스 받고 있다는 것을 잘 알고 있다.	예/아니요
11. 배우자가 이제까지 경험한 가장 특별한 사건 세 가지 이상을 알고 있다.	예/아니요
12. 배우자가 어린 시절에 경험한 가장 괴로웠던 일을 말할 수 있다.	예/아니요
13. 배우자의 인생에서 최대의 꿈과 소망을 말할 수 있다.	예/아니요
14. 배우자가 현재 가장 걱정하고 있는 것을 말할 수 있다.	예/아니요
15. 배우자는 내 친구들의 이름을 알고 있다.	예/아니요
16. 배우자 어느 누가 복권으로 큰돈을 번다면 무엇을 하고 싶은지 알고 있다.	예/아니요
17. 배우자의 첫인상을 자세히 말할 수 있다.	예/아니요
18. 나는 주기적으로 배우자의 주변 일들에 대하여 듣고 있다.	예/아니요
19. 나는 배우자가 나를 충분히 알고 있다고 생각한다.	예/아니요
20. 배우자는 내 소원과 희망을 알고 있다.	예/아니요

* 예를 1점으로 해서 점수를 매긴다.

  10점 이상은 상세한 애정지도, 그 이하는 애정지도 개선 요구

출처: Gottman (2002: 71) 재인용.

8. 심상부부치료

1) 심리도식의 치료목표

개인의 심리도식은 기억, 정서, 신체감각, 인지구조물로 자아정체성을 형성하게 한다. 이러한 심리도식은 개인의 가치, 신념, 행동방식도 해당하므로 쉽게 포기하고 변화되는 것이 아니다. 심리도식이 변한다는 것은 역기능적인 대처방식을 바꾸는 것으로, 부정적인 대처방식이 적응적인 행동 패턴으로 되는 것이다. 내담자의 개인 행동반응은 대처방식으로 인지적·행동적·정서적으로 반응한다. 대처방식을 바꾼다고 심리도식이 완전히 달라지는 것은 아니다.

생애 초기경험에서 중요한 타인의 부정적인 측면을 선택적으로 내면화하여 동일시하는 경우 어떤 아동은 부모의 생각이나 행동방식, 느낌, 경험들을 선택적으로 동일시하며 성장한다. 냉정하고 차가운 부모와 동일시함으로써 자신도 정서적으로 차가운 사람이 되는 경우도 있고 그렇지 않은 경우도 있다. 내담자들은 타인의 중요한 어떤 측면만을 선택적으로 동일시하거나 내면화하는 경향이 있다. 똑같이 가정폭력 가해자 아버지 밑에서 성장하였다고 해도, 어떤 내담자는 피해자로서의 경험을 내면화하여 수동성과 복종도식이, 또 어떤 사람에게는 가해자적인 공격성과 학대도식이 형성될 수 있다.

내담자가 자신이 처한 삶의 환경과 상황에 따라서 심리도식의 형성도 다양하고 동일한 심리도식일지라도 반응하는 양식이 다를 수 있다. 심리도식치료에서는 아동기의 초기경험과 부모의 양육방식을 중요시했다. 그래서 가족의 어떤 배경에서 자신의 심리도식이 형성되었는지를 알 수 있도록 사정평가한다. 그리고 불편감이나 불안을 유발하는 아동기의 경험과 관련하여 내담자가 다양한 체험적 작업을 할 수 있도록 한다. 부적응적인 정서, 인지, 대처능력을 극복하는 데에 도움이 되는 치료적 관계 또한 중요하다.

(1) 평가 및 교육단계

자신의 부적응적인 심리도식을 알아차리도록 평가하고, 심리도식 양식에 대하여 교육하며, 자신의 심리도식이 어떻게 대처방식으로 활성화되며 지속되는지 관찰하도록 한다.

평가는 과거의 개인 역사, 몇 개의 심리도식 질문지 실시, 자기관찰 과제 부여, 심상에 의한 평가 등 다면적으로 이루어진다.

- 내담자의 역기능적인 생활 패턴을 밝혀낸다.
- 초기 부적응도식을 밝혀내고 촉발시킨다.
- 심리도식의 아동기 및 청소년기 기원을 이해한다.
- 대처방식과 대처반응을 밝혀낸다.
- 생물학적 특성이나 기질을 평가한다.
- 모든 내용을 종합화하여 사례개념화를 작성한다(내담자의 인적 사항/관련된 도식/현재 문제/심리도식 촉발 자극, 심리도식 대처반응, 양식의 심각성, 자살위험/발달적 기원/생물학적, 기질적 특성/핵심적인 아동기 기억 또는 심상 내용/핵심적인 인지왜곡/굴복행동/회피행동/과잉보상행동/치료적 관계)(권석만 외 공역, 2005).

(2) 변화단계

심리도식치료에서는 내담자에게 필요한 인지적 · 정서적 · 체험적 · 행동적 · 대인관계적 방법들을 융통성 있게 통합적으로 활용한다. 또한 상담사와 내담자의 치료적 관계도 변화의 과정에서 중요시 여긴다. 특히 체험적 심상작업을 중시한다. 내담자의 단조로운 정서보다는 뜨겁고 강한 정서가 인지를 바꾸는 데에 더 효과적이다.

심리도식치료에서는 내담자가 기꺼이 자신의 심리도식에 맞서 싸우려는 의지가 필요하며, 반복적인 훈련과 지속적인 과정이 요구된다.

① 인지적 기법

자신의 심리도식에 대한 타당성을 증명하도록 한다. 내담자들은 자신의 삶 속에서 심리도식을 지지하는 것들과 반박하는 것들을 찾아내어 진술하고 상담사와 함께 그 증거들을 검토한다. 내담자는 자신의 삶 속에서 내면화하고 학습한 것들을 변화시키기 위하여 할 수 있는 구체적인 것들이 무엇인지 결정하고 행동하도록 한다. 대처카드는 자신의 심리도식에 반하는 것들, 예를 들면 복종도식 내담자는 공격적이지 않으면서도 자기 주장을 효과적으로 할 수 있는 방안들을 기록해 둔다. 그리고 촉발사건의 상황에서 부적응적인 행동으로 반응하려고 할 때는 대처카드를 읽으며 도움을 받는다(권석만 외 공역, 2005).

심리도식치료를 위한 대처카드 작성하기는 [그림 8-2]를 참조한다.

1. 현재 감정 인식하기

- 지금 나는 _____ 을 느낀다.
- 왜냐하면 _____ 하기 때문이다.

2. 심리도식 확인하기

- 나는 아마도 이런 경험이 나의 _____ 심리도식과 연관되어 있다고 생각한다.
- 나의 이런 도식들은 _____ 을 통하여 학습되고 내면화된 것들이다.
- 이런 도식들은 내가 _____ 정도까지 상황을 과장하게 만들고 있다.

3. 현실검증

- 비록 내가 _____ 라고 믿을지라도 현실은 _____ 하다.
- 내 인생에서 건강한 관점을 지지하는 증거들은 _____ 이다.

4. 행동적 지침

- 그러므로 내가 비록 _____ 해야 할 것 같이 느낄지라도 그 대신 나는 _____ 할 수 있다.

[그림 8-2] 대처카드 작성하기

출처: 권석만 외 공역(2005: 146) 재인용.

② 심상과 역할연습을 통해 건강한 관계 연습하기

내담자는 심상과 역할연습을 통하여 건강한 행동을 연습한다. 문제상황에 대한 심상으로 연습하고 그 상황에 대한 역할연습을 한다. 부부가 심상을 통하여 서로 상황을 다루는 방식들을 미리 이미지로 떠올려 보며 연습하여, 실제 상황에서도 어려움을 극복하도록 한다.

③ 체험적 기법

심상을 통한 체험적 기법은 부부가 정서적 수준에서 심리도식을 탐색하고 부적응적인 대처방식을 수정, 통합하도록 돕는 과정이다. 이 체험적 과정에서는 심상을 통하여어린 시절의 관계경험으로 심리도식을 탐색하고 현재의 문제들과 어떤 연관성이 있는지 연결하도록 한다. 심상을 체험하게 할 때 초반에는 안전한 장소에서부터 괴로운 장소로, 어린 시절의 경험이나 사건에서부터 현재의 모습을 이미지로 표출화한다.

상담사는 좋은 부모처럼 건강한 어른 역을 해 준다. 내면의 아이를 보살펴 주고 인정해 주고 지지해 준다. 내담자가 자신의 부적응적인 대처와 싸우도록 함께 해 주며 변화를 시도한다. 내담자가 처음에는 상담사의 방식을 내면화하여 따라하도록 돕는다.

체험적 기법에서는 약한 내면의 아동심상, 역기능적인 부모심상, 건강한 어른심상의 주제로 심상에서 대화를 하도록 한다. 상담사는 내담자의 약한 내면아이의 심상 속에서 재양육하기 위한 건강한 어른 역을 함으로써 내담자가 새로운 방식들을 내면화하도록 한다. 그리고 부부가 서로를 재양육하는 역을 통하여 어린 시절의 상처나 열등감, 불신이나 복종, 희생, 고립과 소외, 회피나 불안에서 건강한 성인으로 지지받고 인정받도록 돕는다. 성장과정의 상처들이 배우자를 통하여 회복될 때에 서로가 강하게 연결된 결속력을 느낀다(송정아 역, 2004).

체험적 기법은 배우자의 좌절경험을 희망사항으로 바꾸는 데에 초점이 있다. 배우자의 분노 이면에 있는 것들을 이해하고 수용하고 지지해 준다. 심상 속에서 안아 주고 요구를 들어 주고 공감해 주는 것이야말로 부부들의 친밀감을 회복할 수 있는 것들이다.

④ 심리도식치료의 변화과정
  - 내담자의 부적응적 대처방식을 현재 문제나 증상과 연결하기
  - 내담자의 심리적 도식의 수정 및 변화의 장단점과 방해물에 대한 것들 규명하기
  - 내담자는 심상 속에서 약한 내면아이로 들어가고 상담사가 다가가기를 시도하기(치료동맹)
  - 배우자의 과거 상처, 불신, 억압 심상에서 다른 배우자가 성인 역으로 공감, 지지, 수용해 주기, 안아 주기
  - 내담자가 실제 생활에서 변화된 적응적 방식으로 대처하도록 행동목록 작성하기

⑤ 상담사-내담자의 치료적 관계
  - 상담사와 내담자는 심리도식을 극복하기 위하여 치료적 동맹관계를 맺는다.
  - 상담사는 내담자의 심리도식이나 부적응적인 대처방식 등이 치료관계에서 나타날 때 이를 잘 관찰하고 수정하는 다양한 절차를 활용한다.
  - 상담사는 내담자에게 재양육의 기능을 한다. 치료적 관계에서 정서체험을 하기 위해 심리도식과 싸우고 직면할 때에 상담사는 '건강한 성인'으로 내담자가 새

로운 방식들을 내면화하도록 한다.
- 상담사는 내담자 부모의 역기능적인 양육방식의 영향력을 해석하는 방식으로 대한다.
- 상담사의 공감적 직면은 내담자의 반응이나 대처방식에 대하여 반영하는 방식으로, 왜곡된 것이나 역기능을 지적하면서 동시에 내담자의 심리도식에 공감해 주는 역할이다.
- 상담사의 재양육의 기능은 치료과정에서 내담자가 어린 시절에 부모로부터 욕구충족이 되지 않았던 것들 또는 배우지 못했던 것들을 재양육하는 과정이다.

2) 심상체험과정

내담자의 정서적인 수준에서 강하게 체험하는 방법이 심상체험이다. 심상체험 기법을 사용함으로써 어렸을 때에 자신에게 일어났던 일들에 대한 분노와 슬픔을 표현하게 하고 아동기 경험을 이해하게 하여 현재의 문제와 갈등을 통찰하게 하는 방법이다. 먼저 상담사는 내담자에게 눈을 감게 하고 이완으로 이끌어 호흡과 신체감각들을 천천히 내려놓게 하면서 어떤 주제를 주어서 심상을 떠올려 보도록 할 수 있다. 이런 심상의 목적은 내담자의 아동기 대상경험과 심리적 상처나 억압과 슬픔 등 감정들을 체험하도록 돕는다. 그리고 내담자의 현재 문제와 어린 시절의 내적 표상 모델들이 연결되도록 돕는다. 심상의 과정은 다음과 같다(권석만 외 공역, 2005; Leuner, 1985).

① 먼저 내담자에게 심상의 전체 과정을 소개하며 이론적 근거를 교육한다. 대개 5분 정도 심상의 배경과 이유를 설명하며, 내담자의 불안이나 기대에 대답해 준다. 25~30분 정도 심상체험 시간이 끝나고 나서 20분 정도 심상에서 일어난 일들에 대하여 이야기하는 시간이 있다고 설명해 준다.
② 심상을 실시하는 것에 대해 내담자의 의견을 묻는다.
③ 처음과 마지막은 자각명상 훈련이나 이완 훈련 같은 정서 조절 기법으로 안전하고 편안한 곳으로 인도한다.

　"눈을 감으세요. 당신은 지금 편안합니다. 가장 안전한 장소에 있는 당신의 모습을 그려 보세요. 당신의 몸과 마음은 지금 가장 편안한 상태입니다. 자, 머리부터

목, 어깨, 팔, 다리, 발끝까지 당신의 몸을 완전히 이완되도록 힘을 쭉 빼세요. 당
신의 호흡이 조용하고 규칙적이 되도록 하세요. 깊게 들이 마시고 길게 내쉬는 호
흡이 아주 규칙적이 되도록 합니다. 자, 당신은 지금 가장 편안하고 안전한 모습
입니다. 단어나 생각이 아닌 그림을 떠올려 보세요. 심상이 자연스럽게 떠오르도
록 내버려 두세요. 절대 강요하지는 마세요. 무엇이 보이는지 제게 말해 보세요.”

④ 심상 주제는 처음에는 자유롭고 편안하고 안전한 장소를 주제로 시작하고 마무리
한다. 그리고 회기가 증가할수록 간단한 것부터 시작해서 점차적으로 좀 더 불안
을 유발하는 심상으로 진행한다. 심상 주제는 아동기의 부모와의 관계경험이나
학대, 유기사건, 청소년기에 만난 중요 인물, 정서체험이나 신체증세도 가능하다
(권석만 외 공역, 2005).

- 아동기와 관련한 불쾌한 상황이나 부모님의 모습, 정서와 연관된 심상을 주제
  로 시작할 수 있다(두려움, 불안, 불신, 슬픔, 외로움, 분노, 외상경험 등).
- 현재 상황과 관련된 불안이나 불쾌감 상황을 심상 주제로 시작해서 과거로 거
  슬러 올라가면서 이와 비슷한 상황이 떠오르게 할 수 있다(자신의 현재 모습의 심
  상에서 과거 청소년기나 아동기로).
- 내담자의 현재 나타나는 신체화나 증상들을 심상 주제로 시작할 수 있다.

  “당신의 머리가 아픈 것을 상상해 보시겠어요? 당신의 모습은 어떠한가요? 당신
  의 두통이 무엇이라고 말을 하나요? 두통을 강렬하게 더 깊이 느껴 볼까요? 당신
  의 몸이 어떤 느낌인가요?”

- 내담자가 체험하는 그림들을 자연스럽게 떠오르도록 하며, 그것을 그대로 현재
  시제로 말해 달라고 한다.

  “무엇이 보입니다.” “누가 보입니다.” “어떻게 느낍니다.”

- 상담사는 내담자에게 질문을 통하여 더 상세하고 명확한 심상이 되도록 도움을
  줄 수 있다.

  “어떤 그림이 보입니까? 무슨 소리가 들립니까? 거리는 어느 정도입니까? 심상
  속에 당신 모습은 어떠합니까? 무엇을 생각하고 느낍니까? 신체적 반응은 어떠
  합니까? 누가 또 보입니까? 그 사람은 무엇을 합니까? 그 사람에게 뭐라고 말하
  고 싶은가요? 무엇을 기대하고 원하나요? 한번 큰 소리로 말해 보시겠어요?”

⑤ 내담자의 회피적인 부분이나 저항하는 부분에 대하여 상담사는 대화를 시도한다. 내담자의 긴장감이나 불안감을 편안함 감정으로 바꾸도록 돕는다. 심상체험에서 내담자는 말을 걸어 보게 하고, 생각하고 느끼는 것을 표현하도록 하며, 원하는 것을 말하도록 한다.

　　"부모님이 당신에게 뭐라고 하시나요?" "그 다음에 어떤 일이 일어나지요?" "부모님이 당신을 좀 더 자유롭게 해 주시기를 바라시나요?" "당신이 원하는 것이 무엇인가요? 한번 말씀해 보시겠어요?"

⑥ 내담자에게 과거 상황과 동일하게 느껴지는 현재의 삶이나 상황과 관련된 심상으로 옮겨 오라고 요청한다. 아동기 심상을 탐색한 후 상담사는 내담자에게 그와 유사한 상황에서 느낀 경험이나 대상에 대하여 심상해 보도록 한다. 아버지에게 느꼈던 정서적인 결핍이나 무관심을 현재 남편에게도 비슷하게 가질 수 있다. 남편과 자신이 함께 있는 심상을 그려 보도록 할 수 있고, 심상 속에서 남편에게 말을 건네 보게 하고 자신이 원하는 것을 표현해 보도록 할 수 있다.

⑦ 떠오른 심상을 지우고 다시 안정한 장소로 눈을 뜨고 편안하게 되돌아오도록 한다. 심상을 마친 내담자는 대부분 차분해지고 안정적이 된다. 그러나 외상체험 후나 불안감이 있는 내담자에게는 상담실 주변을 돌아보면서 무엇이 보이는지, 무슨 소리가 들리는지 말하도록 한다. 그리고 상담이 끝난 후 어디로 갈 것인지, 무엇을 할 것인지 일상적인 것들을 말해 보게 한다. 내담자가 심리적으로 안정을 되찾고 고통스러운 감정경험에서 옷을 벗게 하고 일상으로 다시 돌아가도록 한다. 심상체험 후 내담자가 화가 난 상태, 두려움이나 불안 상태로 나가게 하는 것은 바람직하지 못하다. 부정적인 감정들이 밖에서 충동적이거나 다른 행동을 유발할 수도 있기 때문이다. 상담사는 때로는 심리적으로 연약한 내담자에게는 밤에 전화해서 심리 상태를 확인해 보기도 한다. 일단은 안정을 되찾은 후에 심상체험 내용에 대하여 이야기하는 것이 좋다. "오늘 심상체험이 당신에게는 어떠했습니까?" "그 심상들이 당신에게 어떤 의미가 있습니까?" "심상 주제가 무엇인가요?" "어떤 심리적 표상 모델과 관련이 있나요?" 내담자가 자신의 심리적 표상 모델을 이해하고, 정서적 수준에서 체험하며, 공감을 하고 현재 문제나 갈등들을 이해할 수 있도록 돕는다.

⑧ 다음 회기에 대하여 이야기하며 종결한다.

3) 변화를 위한 심상체험

(1) 심상을 통한 재양육 작업

내담자가 아동기에 심리내적 표상 모델을 형성시켜 준 사람이나 현재 생활에서 자신의 생활양식을 강화시켜 준 사람과 심상으로 대화하는 것이다. 부정적인 부모의 양육방식에 반응하고, 스트레스 요인들에 대하여 부모에게 화나 분노를 표출해 봄으로써 과거의 고통스러운 사건에 대한 정서적 결핍을 해결하도록 도울 수 있다. 심상 속에서 충격적인 사건이나 슬픔의 상황들을 표현하고 상담사가 이를 공감해 주고 수용해 준다면 더 이상 과거 속에 머물지 않고 현재의 건강한 자아로 성장할 수 있게 된다. 영(Young)은 심상의 주제를 세 가지 방식으로, 약한 내면아이, 건강한 어른, 역기능적인 부모로 실시한다. ① 눈을 감고 부모와 함께 있는 자신(상처받은 내면아이)을 떠올려 보게 한다. ② 강한 감정, 부정적인 분노의 감정을 부모에게 표현해 보게 한다. ③ 잘못된 내면화된 부모의 목소리를 외재화한다.

내담자들이 부모에게 분노를 표현해 보는 것은 부모를 나쁜 사람으로 몰아가는 것이 아니라, 다만 부모의 양육방식 중에서 잘못된 부분에 대하여 화를 내는 것이라고 말해 준다. 내담자가 어린 시절에 경험한 슬픔 속에는 거의 항상 분노가 숨어 있다. 슬퍼하는 과정을 거침으로써 내담자가 내면화한 내적 표상 모델이 진실인 것처럼 느꼈던 과거의 것들이 더 이상 진실이 아니라는 알게 해 준다. 그리고 부모가 변할 거라는 비현실적인 기대를 털어 버리고 부모의 좋은 면들을 인정할 수 있도록 돕는다(권석만 외 공역, 2005).

내담자가 부모에게 분노를 표출해 보는 체험이 중요한 또 하나의 이유는 내담자가 내면화한 내적 표상 모델에 거리를 유지하도록 돕기 때문이다. 부모가 자주 한 말들의 가치나 신념들이 마치 내 것인 양 '나는 중요하지 않아.' '나는 학대당해도 돼.' '나는 사랑받을 만한 가치가 없어.' '나는 항상 남들이 원하는 대로 해야만 해.' 등과 같이 내적 표상 모델로 자리를 차지하고 있다. 부모가 화내며 무시하고 인간적으로 대우하지 않았던 목소리는 어느덧 내 것이 되어 있어 내 권리, 내 가치를 무시하고 산 것이다. 부모와 정서적으로 맞서 싸우는 것은 자신의 권리를 주장할 수 있는 힘을 기르는 것이다. 내담자가 심상을 통해서 부모에게 화를 표현함으로써 나도 독립된 인격체로 사랑받을 만한 가치가 있고, 나도 좋은 대우를 받을 만한 가치가 있다는 것을 주장하게 한다. 부모의 목소리를 외재화하고 내 것으로 내면화했던 것들에 거리를 두게 된다. 이제는 자신을 무시하고 비난하고 방치한 사람은 나 자신이 아니라 부모가 된다. 내담자의 내적 표상 모델은 자아 이질적이 되므로 상담사는 부모로부터 내면화했던 심리 모델과 싸우기 위한 작업을 시작한다.

부모를 비신화하는 작업을 통하여 자녀에게 행했던 진정한 상처를 이해할 수 있게 된다. 침범당했던 감정, 억압했던 감정, 슬픔의 감정, 고통의 감정을 알아차리고 연결시켜 표현하게 함으로써 진정으로 나 자신과 만나는 계기가 된다. 내면의 상처받은 아이의 모습을 경험한 내담자들은 어린 시절에 해결하지 못했던 슬픔들을 해결하고 자신의 인생 행로가 바뀌는 결정적인 영향력을 맛보기도 한다. 다음은 한 내담자의 고백에서 발췌한 것이다.

아버지,
나를 창피하게 여기시는 당신이
나는 너무 미웠습니다.
아버지는 아버지의 친구들이 방문할 때마다
나를 아파트 지하 차고에 가뒀죠.
그리고 난, 난 어렸을 때
단 한 번도 충분히 먹어 본 적이 없었습니다.
나는 당신에게 단지 짐이었을 뿐이죠.
당신이 날 얼마나 미워했는지 이미 알고 있었어요.
내가 뭔가에 걸려 넘어졌을 때
당신은 나를 보고
웃고 놀리기까지 했으니까요. (오제은 역, 2004: 10)

용서는 부모를 부모로 인정하게 하고 부모의 한계성을 알게 하고 부모와의 연결성을 알게 해 준다. 내면의 억압된 부모에 대한 상처와 고착된 슬픔들은 내면아이의 깊은 분노를 만들고, 불신을 만들고, 이런 감정들은 또 다시 반복적으로 나타난다. 용서는 우리의 분노를 치유하고 우리 안에 내면화된 부모의 목소리로부터 진정한 나로 분리할 수 있도록 해 준다. 용서는 우리 내면의 구속과 얽힘으로부터 자유롭게 하는 것이다. 부모가 상처받은 아이의 어떠한 것도 책임을 지지 않으려 한다면 이제는 당신이 바로 인생의 주인이라는 사실이다. 당신은 부모를 돌보기 위하여 세상에 태어난 것은 아니다. 건강한 성인은 부모와도 분명한 경계선을 유지하며, 자신의 선택과 믿음을 신뢰할 수 있다. 약한 아이는 상처를 회복한 후 오히려 부모와 더 새롭고 소중한 관계를 맺을 수도 있다. 자신이 내면아이의 새로운 부모가 되어 줄 수 있는 건강한 성인으로 자신의 삶의 목표를 지향하며, 삶의 능력을 독창적으로 발휘하고, 자신의 정체성을 방해물 없이 확립할 수 있어야 한다(오세은 역, 2004).

　필자가 다룬 한 내담자의 사례를 들어 보겠다. 어려서 아버지로부터 성적인 학대를 당한 내담자가 정신적 수치심, 무가치함, 복종과 정서적 억압, 남자에 대한 불신과 남편에 대한 보상심리가 매우 강한 심리표상 모델을 형성하고 있었다. 심상을 통하여 어린 시절의 아버지를 회상해 봄으로써 다시 아버지의 성적인 학대로 그때의 느낌과 감정을 알아본 뒤, 내담자의 충족되지 못한 욕구를 탐색한다. 진정으로 아버지에게 원하는 욕구를 물어본 심상체험 사례다.

상담사: 어린 시절의 아버지에 대한 기억을 심상으로 떠올려 볼까요? 어떤 그림이 그려지나요?

내담자: 네, 아버지의 무서운 모습이 떠오르네요. 술 먹고 와서 큰소리치고 싸우는 모습도 보이고요. 어머니가 한쪽 부엌에서 울고 있는 모습이 보여요.

상담사: 그런 순간들과 자기 모습도 보이나요?

내담자: 무섭고 두려워서 한쪽 방구석에서 떨고 있는 모습이 보여요.

상담사: 또 어떤 모습이 보이나요?

내담자: 새벽에 엄마가 부엌에서 밥하는 소리가 들리고, 무언가 검은 물체가 내 몸에 닿는 느낌이 이상하게 느껴졌어요. 너무 징그러웠어요. (한동안 숨을 제대로 쉴 수 없이 꼭 참다가 흑흑…… 내담자는 흐느끼면서 운다.)

상담사: 자신의 감정에 그대로 머물러 보세요. 어떤 감정이 드나요?

내담자: 너무 슬퍼요. 또 화가 나요.

상담사: 그 슬픔 속에는 분노가 함께 숨어 있지요. 당신은 이제 성인입니다. 무기력하고 힘없는 어린아이가 아닙니다. 이제 당신은 아버지에게 화가 난 모습을 그려 보실 수 있겠어요? 아버지에게 화가 난 모습을 한번 표현해 보실 수 있겠어요?

내담자: 무서워서 말 못해요. 숨이 멎을 것 같아요. 저는 죽어 버릴 것 같아요.

상담사: 그것은 현재 당신이 느끼는 감정일 뿐입니다. 사실은 무섭지 않아요. 아버지에게 말해 보세요. 아버지에게 소리치는 모습이 보입니까? 내가 들을 수 있겠어요?

내담자: 당신은 아버지가 아니에요. 당신은 내 인생을 망쳐 놨어요. 나는 아버지가 증오스러워요. 차라리 없었으면 좋겠어요. 흐흑…….

상담사: 아버지에게 더 큰 소리로 말하세요.

내담자: 저는 아버지 딸이에요. …… 당신은 아버지가 아니에요. 어떻게 저에게 그럴 수 있어요? 당신은 미친놈이야. 죽이고 싶어. 내 인생을 망쳐 놨어. 내가 얼마나 힘들었는데. 고통스러워서 죽고 싶었다고. 내 마음을 알기나 해? 남편하고도 얼마나 힘들었는지……. 나 이제 이혼도 할 거야. 당신이 원하는 대로 된 거지? 내가 이러기를 바란 것 아니야?

상담사: 자, 충분히 표현하셨나요? 더 하고 싶으면 하셔도 됩니다. 이제 아버지에게 솔직한 감정을 표현하니 어떠세요?

내담자: 개운한 느낌입니다. 시원해요.

상담사: 자기에게 상처 준 사람에게 분노를 표현하는 것은 자기권리를 주장하는 것입니다. 내가 살아 있다는 것을 알리는 것이고, 나도 존중받을 가치가 있다는 것을 알리는 것입니다. …… 당신은 이제 인생의 주인입니다. 그때의 무력한 어린아이가 아니에요. 아주 힘 있고 에너지가 넘쳐납니다.

상담사: 이제 아버지에게 지금 이 자리에서 정말 원하고 바라는 것을 말할 수 있겠어요? 마음 속으로 한번 그려 보세요. 감히 할 수 없었던 말을 해 보는 것입니다.

내담자: 아버지가 인자하게 웃는 얼굴로 나를 맞이해 주면 좋겠어요. 화난 얼굴과 무서운 얼굴이 아니라. 내가 다가가서 말할 수 있고 물어보고 나와 함께 놀아 주는 아버지를 원해요…….

……(중략)……

상담사: 자, 심상 속으로 들어가서 당신이 원하는 아버지 모습을 떠올려 볼까요?

내담자: 네. 좋아요.

상담사: 자, 아버지와 함께 무엇을 하고 싶은가요?

내담자: 아버지와 어머니와 함께 놀이공원에 가고 싶어요. 거기서 놀이기구도 타고 싶고요.

상담사: 좋아요. 당신은 지금 아버지와 엄마와 함께 놀이공원에 있습니다. 무엇이 보이나요?

……(중략)……

상담사: 심상 속에서 당신이 어른이 된 모습을 그려 볼 수 있나요? 상처받은 내 모습에 다가가서 위로해 주며 함께해 주는 모습을 그릴 수 있겠어요? 자기에게 뭐라고 위로해 주고 싶나요?

내담자: 네. 너, 그동안 힘들었지? 너의 마음을 내가 알아. 그동안 고통스러운 감정을 이제 강
　　　　물에 흘려보내 버려. 과거 속에 얽매여서 힘들어하지 말고 밖으로 나와 봐. 이제 너는
　　　　어른이야. 네 인생을 살아 봐. 네가 원하는 것을 하도록 말이야.

상담사: 네, 좋아요. 지금 당신이 하고 싶은 것이 무엇인가요?

내담자: 마음 편하게 안정적으로 아이들과 놀이공원에 가서 놀고 싶어요. 아이들이 뛰어노는
　　　　모습을 보고 싶어요.

내담자가 자신의 학대를 분노로 표현해 봄으로써 자신이 자신을 학대한 아버지보다
더 많은 힘을 가지고 있다는 것을 느끼고, 더 이상 힘없고 무력한 아동이 아니라 내가
내 인생을 재구성해 가는 어른이라는 것을 느끼도록 한다. 내담자는 심상경험으로 원
하는 아버지상과 만나서 교류하고 안정과 평화를 찾았다. 그리고 자신의 모습을 그려
보며, 스스로 위로와 지지를 보내며, 자신이 원하는 삶을 스스로 찾아갈 수 있었다.

(2) 1단계: 상처받은 아이와 만나기

상담사가 내담자의 허락하에 심상 안으로 들어가 약한 상처받은 아이에게 직접 말을
건넨다.

헥터 씨는 아내가 이혼을 강하게 요구하고 성장 시 어머니가 정신분열증 환자로 어린 시절
정신병원을 들락거렸다. 헥터 씨는 남동생과 함께 위탁가정에서 자랐다. 그의 심상은 유기,
불신, 학대 표상 모델을 잘 보여 준다(권석만 외 공역, 2005: 174-177 재인용).

상담사: 위탁가정에 맡겨진 어린 시절의 심상을 하나 떠올려 볼까요?

헥　　터: 예.

상담사: 어떤 모습인가요?

헥　　터: 낯선 침실에 동생과 제가 침대에 앉아 있어요.

상담사: 심상 속에 있는 작은 헥터가 어떻게 보입니까?

헥　　터: 그 아이는 잔뜩 겁을 먹고 있는 것 같습니다.

상담사: 내가 심상 속의 작은 헥터에게 말을 좀 걸어도 괜찮을까요?

헥　　터: 아니요. 그는 당신을 너무 겁내고 있기 때문에 말을 걸 수가 없어요. 그는 당신을 아
　　　　직 믿지 못하고 있는 것 같아요.

상담사: 그는 지금 무엇을 하고 있죠?

헥　터: 그는 침대 이불 속으로 기어 들어가고 있습니다. 그는 너무 겁이 나서 당신과 말할
수가 없네요.

내담자는 지금 약한 내면의 아이가 상처받지 않도록 보호하고 있다. 단절 및 거절 영역에 속하는 심리적 표상 모델을 주로 가지고 있는 내담자들이 이런 문제를 보일 수 있다. 이들은 심리적 표상과 연결되어 있는 감정을 느끼지 않으려고 거리를 두며, 이 작업에서 생겨나는 고통을 솔직히 받아들이는 데 어려움을 보인다. 어렸을 때 학대받은 경험이 있는 내담자는 실제로 상담사를 무서워하는 전이를 나타낸다. 이 시점에서 상담사는 회피하고 두려워하는 내담자의 일부분('거리를 두는 보호자' 양식)과 대화를 시작한다. 상담사는 자신이 약한 내면아이에게 말을 건네도록 허락해도 안전하다는 것을 설득하며 노력한다.

상담사: 작은 헥터가 왜 나를 믿지 않는 거죠? 내가 어떻게 할까 봐 두려운 건가요?

헥　터: 당신이 상처를 줄 거라고 생각하나 봅니다.

상담사: 내가 상처를 줄 거라고 생각한다고요?

헥　터: 그는 당신이 조롱하고 비웃을 거라고 생각합니다.

상담사: 당신도 그와 같은 생각인가요? 당신도 내가 정말 그렇게 할 거라고 생각하세요? 내가 그를 조롱하고 비웃을 거라고 말이죠.

헥　터: (침묵) 아니요.

상담사: 좋습니다. 그럼 당신이 그에게 말해 줄 수 있습니까? 그에게 내가 도움을 주고 싶어 하는 좋은 사람이고 내가 그를 해치지 않을 거라고 말해 줄 수 있나요?

상담사는 약한 아이와 직접 대화하도록 내담자가 허락할 때까지 앞과 같은 방식으로 계속 설득작업을 한다. 상처가 아주 심한 내담자의 경우에는 여기까지 오는 데 많은 시간이 걸리기도 한다.

(3) 2단계: 약한 아이 재양육하기

상담사는 약하고 상처받은 아이와 직접 대화하도록 내담자가 허락하면 그의 심상 속으로 들어가 아이를 재양육하는 과정을 갖는다. 내담자에게 다가가서 "내가 어떻게 해

주면 좋을까요?" "내가 무엇을 해 주면 좋을까요?"라고 묻는다. 내담자들은 때로는 "나랑 놀아 주면 돼요." "나와 함께 있어 줘요." "내 손을 잡아 주세요." "내가 착한 아이라고 말해 주세요."라고 말하기도 한다. 심상 속에서 내담자가 원하는 무엇이든 해 주려고 노력한다. 놀아 주기를 원하는 내담자에게는 "어떤 놀이를 원하나요?"라고 물어보기도 하고, 안아 주기를 바라는 내담자에게 "내가 안아 줘도 되나요?"라고 물어볼 수 있다. 심상 속에서 당신을 내가 돌봐 주고 혼자 내버려 두지 않을 거라는 확신을 주기도 한다. 이런 과정에서 내담자가 건강한 어른으로 심리적 안정과 신뢰를 다시 회복할 수 있도록 한다.

(4) 3단계: 배우자가 약한 아이 재양육하기

부부가 서로 한쪽의 건강한 어른으로서 약한 아이를 재양육한다. 이 단계에서 배우자는 상담사가 한 것처럼 약한 아이를 재양육하여 내담자의 건강한 측면이 강해지도록 한다.

> 상담사: 부인이 어른이 되어 심상 속으로 들어가 볼까요? 부인이 어른으로 심상 속에 있다고 상상해 보세요. 거기서 작은 헥터를 바라보세요. 방을 살펴보고 같이 있는 동생도 쳐다보세요.
>
> 아 내: 네.
>
> 상담사: 작은 헥터에게 말을 걸 수 있을까요? 그의 기분이 좀 나아지도록 도울 수 있겠어요?
>
> 아 내: (작은 헥터에게 말한다.) 나는 네가 정말 힘들다는 것을 잘 알겠어. 너는 진짜 무서워하고 있구나. 그 문제에 대하여 한번 이야기해 볼까? 내 옆으로 와서 잠시 함께 있는 게 어떠니?
>
> 상담사: 그 말을 들은 작은 헥터는 어떻게 느끼나요?
>
> 헥 터: 기분이 좀 나아진 것 같아요. 누군가 나를 위하여 함께 있다는 것을 좋아하네요.

이 부분은 건강한 어른이 약한 내면아이의 정서적 욕구를 심상 속에서 채워 주며, 내담자의 건강한 부분을 형성하도록 하며, 심리적 표상 모델과 맞서 싸울 수 있도록 해 준다. 이때 남편이 아내의 내면아이를 돌보아 주고 양육하는 건강한 성인의 역할을 할 수도 있고, 반대로 아내가 남편의 약한 아이를 위로하고 재양육하는 역할을 심상 속에서 함께할 수도 있다.

재양육 심상작업은 상담사가 약한 내면아이와 직접 대화하면서 내담자가 회피적이 거나 보상적인 심리적 반응이 나타날 때, "나 자신의 기분이 어떤지 잘 모르겠어요." 혹은 "무서워요." "화가 나요. 하지만 왜 그런지 잘 모르겠어요."라고 하면 상담사는 "눈을 감고 당신의 작은 아이를 떠올려 보세요."라고 시작하면서 약한 내면아이의 방식에 접근함으로써 내담자가 왜, 어떻게 느끼는지에 대한 정보를 더 잘 알 수 있게 된다.

9. 부부치료 실습

1. 문제해결과정(문제를 규명하고 해결하는 과정)

① 문제에 대한 공동정의를 명확히 한다.

② 문제해결을 위한 다양한 가능성을 브레인스토밍한다.

③ 가능성을 세 가지로 좁힌다(한 배우자가 선택한 것, 다른 배우자가 선택한 것, 서로 동의한 것).

④ 가능성에 우선순위를 매긴다.

⑤ 첫 번째 가능성을 선택한다. 만약 그것이 효과가 없으면 두 번째 것을 시도하도록 감안한다.

⑥ 세부항목을 결정한다. (누가 무엇을 언제 어디서 어떻게) 결과에 대한 각자의 책임을 가정하기보다는 분명히 언급되어야 한다.

⑦ 실행한다.

⑧ 시도된 해결의 효율성을 평가한다.

⑨ 만약 상황이 해결되지 않으면 두 번째 선택을 시도한다.

출처: 이정연(2004).

2. 나의 가정에서 실천해야 할 것 체크하고 과제로 주기

① 하루 일과를 마치고 집에 돌아와서 그날 있었던 일에 대해 이야기한다.

② 일과 중 휴식시간에 잠간이라도 배우자에게 안부전화를 한다.

③ 부모님이나 형제자매에게 함께 안부전화를 한다.

④ 취미활동을 함께한다.

⑤ 서로의 중요한 날을 기억하고 축하해 준다(생일, 기념일 등).

⑥ 배우자의 고민이나 걱정거리를 비판 없이 들어 준다.

⑦ 배우자가 좋아하는 음악을 함께 듣는다.

⑧ 배우자가 좋아하는 영화를 함께 본다.

⑨ 함께 봉사활동을 한다.

⑩ 아이와 나가서 놀 테니 집에서 푹 쉬라고 하는 등 작은 배려를 잊지 않는다.

⑪ 배우자가 좋아하는 음식이나 음료수를 장만한다.

⑫ 고맙다는 말을 하루 한 번 이상 한다.

⑬ 포옹을 하거나 손을 잡거나 어깨를 주물러 준다.

3. 내 인생의 사명과 남기고 싶은 것

① 자신의 무덤 앞을 상상해 본다. 묘비에다 무엇이라고 쓰고 싶은가? 간단하게 작성
   해 보자.

② 당신의 인생을 다른 사람들에게 어떻게 알리고 싶은가? 다른 사람들이 당신을 어떻
   게 기억해 주기를 바라는가?

③ 앞으로 남은 인생에서 꼭 해야 할 것을 써 본다. 인생의 목적이나 무엇을 하고 싶은
   지, 그것을 실현하기 위해 노력하고 있는 것은 무엇인지 써 본다.

④ 당신의 인생에서 남기고 싶은 정신적인 유산이 있다면 자녀들에게 어떤 것을 물려
   주고 싶은가?

지금까지 한 연습들은 당신과 배우자가 서로를 더욱 상세하게 알 수 있도록 도울 것이
다. 배우자에게 자기 마음을 나누는 것이 행복한 결혼생활의 첫걸음이다. 이것은 평생
에 걸친 도전이다. 시간이 나면 몇 번이고 이 부분을 읽어 보고 항상 최신 정보들로 대체
한다.

출처: 임주현 역(2002).

09 가족미술치료

- R. C. Burns, J. M. Kaufman, & H. B. Landgarten

마음의 치유는 자신의 감정을 하얀 도화지 위에 그리는 것부터 출발한다.
– 김혜숙 –

1. 가족미술치료이론의 배경

가족들의 관계나 체계를 도구로 활용하는 가족치료에 미술이라는 활동을 통한 치료적인 사정과 개입을 하는 것을 가족미술치료라고 한다. 미술적인 작업과 함께 가족들을 탐색하고 평가하며 치료적인 개입과정으로 이끌어 간다. 가족미술치료에 활용할 수 있는 다양한 미술활동이 있지만, 여기서는 제한적으로 가족들과 함께할 수 있는 방법들을 다루고자 한다.

초기의 가족화는 인물화를 중심으로 굿이너프(Goodenough, 1926)가 개발한 지능검사에서는 지적 이해와 사고를 위한 것으로 사용되었고, 마코버(Machover, 1949)는 성격검사도구에서 정서적 이해를 돕기 위해 인물화를 사용하였다.

1950년대에 가족치료이론의 등장과 활성화에 발맞춰 미국의 헐스(W. C. Hulse, 1951)에 의하여 가족화검사(Family Drawing Test: FDT)가 시행되었다. 헐스는 처음으로 고안한 비운동성(akinetic) 가족 그림으로 가족들에게 자기 가족을 그리도록 하였다. 상담사는 가족들에게 "자신을 포함한 가족성원을 모두 그리세요."라고 말한다. 가족구성원에 누구를 포함할지는 자신의 선택으로 결정하도록 한다. 그리고 자신의 그림을 자연스럽게 설명하도록 하였다. 헐스는 그림 전체의 형태(gestalt), 필압, 음영, 색깔, 가족구성원을 그린 순서, 그림 안에서의 크기, 위치, 배치 상태, 가족구성원의 생략과 과장, 인물의 신체적인 특징 등을 해석에서 중요시 여겼다. 특히 그림의 전체적인 형태에 진단적인 가치를 두었다. 가족화는 아동들이 지각하는 가족관계, 심리적인 갈등이나 외상, 자아개념, 공상세계 등을 파악할 수 있는 좋은 단서가 되었다. 레오(Di Leo, 1973)는 아동의 가족화는 아주 정서적이고, 아동의 감정에 의하여 강하게 채색되며, 가족에 대한 자신의 느낌을 잘 전한다고 인정하였다.

1950년대 크래머(Kramer)는 정신분석적 이론에 많이 의존하고는 있지만 창의적인 미술과정과 개인 내면의 치료적 기능을 함께 발전시켜 나갔다. 그는 "미술활동을 통해 갈등을 다시 경험하고 해결하고 통합하고…… 미술작업 중에 갈등이 형성되고 유지되며 부분적으로 중화되기도 한다……."(Kramer, 1958)라고 설명하였다. 미술치료란 꼭 환자의 방어기제를 제거하지 않고도 무의식 세계를 표출하고 표현하는 것을 도와줌으로써 심리치료를 보완하는 것이다. 이런 상징적인 경험을 통해 환자는 비교적 간접적인 방법으로 행동의 변화를 시도할 수 있다. 크래머는 미술활동이 전체적인 치료환경의 한 부분으로 인식되는 분위기 속에서 집단치료도 가능하다고 주장한다. 집단치료에서 미술치료사는 화가, 교사 그리고 치료사의 역할을 해야 한다.

엘키시(Elkish)와 케인(Cane)은 처음으로 어린이들에게 난화 기법을 사용하였다. 난화는 무의식으로부터 억압된 것을 심상으로 이끌어 낼 수 있는 강력한 도구가 될 수 있다. 1960년대에 키아트코브스카(Kwiatkowska)는 나움버그(Naumberg), 스턴(Sterne), 크래머(Kramer)와 함께 정신분석 미술치료의 연장으로 가족미술치료(Fmily Art Therapy: FAT)를 창안하였다. 이것은 전체 가족이 참가하여 언어 표현보다는 상징 표현인 미술과제를 수행하도록 한 것이다. 키아트코브스카는 가족미술치료에서 개인에게만 사용하던 난화를 가족에게도 응용하였다. 가족의 의사소통 유형과 상호작용에 대한 정보를 밝히기 위하여 가족들을 대상으로 몇 가지 기법을 고안했다. 먼저 자유화(가족이 원하는 것을 그리도록 함)-가족화-추상적인 가족화-가족난화-합동 가족화-자유화 순서로 과제를 이행하도록 하였다. 처음과 마지막을 자유화로 하여 그림을 비교해 치료과정의 발전을 볼 수 있도록 했다.

특히 가족 간에 강한 상반된 감정을 언어 표현 없이도 직면할 수 있게 한 방법으로, 가족들은 어떤 이미지를 통하여 무의식적인 감정을 표현할 수 있도록 하였다. 가족 간의 문제가 표출되고 서로 대화할 수 있는 기회가 주어지며 상호작용이 활발해질 수 있도록 했다.

1970년대에 번스(R. C. Burns)와 카우프만(J. M. Kaufman, 1970)은 동적 가족화(Kinetic Family Drawing: KFD)를 개발하였다. 가족들에게 각각 무엇인가 하는 모습을 그리도록 하여 가족들의 행동이나 움직임 등의 역동성을 관찰하였다. 번스와 카우프만의 동적 가족화 해석은 정신분석에 기반한 심리적 투사를 본다. 레빈(E. Lewin, 1951)의 생활공간을 구성하는 것은 개인의 역동적인 지각에 의한다는 장이론을 근거로 하고 있다. 그림에서 작용하는 '통제'가 개별적·주체적 인지 패턴을 의미하기 때문에 인지적 구도가 투사된 것으로 본다. 동적 가족화에 투사된 가족의 움직이는 모습은 다양하게 나타나 가족구성원들의 분위기나 정서적인 밀착, 소외 등 가족에 대한 지각과 이해를 제공하여, 가족화보다 더 풍부한 내용을 접할 수 있게 되었다. KFD(동적 가족화)는 가장 많이 애용하는 대중적 기법이라고 할 수 있다.

번스(Burns)는 심리검사에서 투사를 이용하여 진단하는 로르샤흐(Rorschach)의 대칭적인 잉크반점이 비대칭보다 무의식의 투사에 효과적이라는 데서 착안하여, 상징을 중심에 모으는 새로운 동적 가족화로 동그라미중심 가족화(Family-Centered-Circle Drawing: FCCD)를 창안하였다. 동그라미 안의 인물상과 자유연상에 의한 상징들로 부모와 자녀의 관계, 가족에서 자신의 위치, 상호작용 등을 파악할 수 있다.

동그라미중심 가족화는 비언어적인 표현수단으로, 가족들의 감정체계과 연관성, 사고들이 무의식 가운데 표출된다. 가족들의 상호관계나 부모에 대한 부정적인 감정들은 대화로는 어렵지만 그림에 의해 표현이 가능하고, 억압된 감정이나 분노 감정을 그림 과정을 통해 승화시킬 수 있다.

2. 가족미술치료의 효과

가족치료과정에서 상담사는 행동의 변화를 위한 가족들의 상황이나 조건, 맥락을 어디에 어떻게 설정하느냐에 따라서 치료 방향을 결정하게 된다. 미술치료에서는 이러한 치료적인 초점과 상관없이 여러 가지 목적으로 활용된다. 가족들의 경험을 조기에 풀어내기, 가족의 과거와 현재 상황 탐색하기, 가족들의 무의식적인 심리 상태를 의식화하기, 그림을 통한 성찰능력 높이기, 정서적인 감정적 교류와 체험하기, 원인과 결과의 상호작용 이해하기, 역기능적인 행동양식 파악하기, 가족들의 갈등 드러내기, 부모교육과 문제해결 지향하기, 가족구성원의 죽음에 대해 애도하기, 슬픔, 우울, 두려움, 분노의 감정을 다루고 표출하기 등이다. 가족체계를 중시한 미술치료사인 헬렌 랜드가튼(Landgarten, 1981)은 가족구성원들이 미술작업과정에서 표출하는 행동방식을 상황적인 맥락으로 이끌어 간다. 가족을 하나의 단위로 보며, 상호작용하는 과정을 통하여 진단하고 치료의 과정으로 이끈다.

- 미술작업과정이 가족문제의 진단을 파악하게 하며, 상호작용을 도울 수 있는 준비 작업으로서의 도구가 된다.
- 미술작업과정이 무의식적인 의사소통과 의식적인 의사소통을 표출하는 수단이 될 수 있다.
- 가족역동의 지속적인 증거가 될 수 있는 미술작품이 있다.

랜드가튼은 가족이 공동으로 만들어 내는 최초의 작품을 가족의 기본 구조의 평면도로 이해한다. 첫 세션 같은 초기 단계에서 상담사는 가족들이 놀랄 정도의 직관적인 피드백을 바로 해 줄 수 있다. 가족들은 자신이 만들어 낸 그림들이 서로에게 연관되어 있다는 것을 알고 배우게 된다. 또한 미술은 상황에 따라서 적절한 매체를 활용할 수 있어서 임상적으로 안전하다는 장점이 있다.

한편, 미술작업은 마음속에 숨겨 둔 내용을 은유적으로 표면화한다는 것을 명심하고 주의해야 한다. 때로는 강한 감정을 불러일으키고 정면대립의 순간이나 가족의 비밀이 노출될 때도 있기 때문에 상담사는 기법들을 사용함에 있어서 신중할 필요가 있다. 미술활동은 서로의 긍정적인 감정들과 관계를 촉진시키고, 개방된 태도를 가지게 하며, 직관력을 키워 주고, 새로운 방법과 기술을 채택하는 데에 도움을 주며, 특히 가족미술치료는 효율적이다(Landgarten, 1987).

1) 미술활동

모든 사람은 미술을 통해 자신을 표현할 수 있으며, 각자 나름대로 예술적 능력을 가지고 있다. 상담사는 미술을 통해 환자가 자기를 자연스럽게 표현하도록 유도하며, 환자의 미술활동을 방해하지 않고 자유로운 표현을 할 수 있도록 표현에 대한 설명을 북돋아 주어야 한다. 특히 아동들에게 미술치료는 장난감이나 놀이치료처럼 흥미를 불러일으킨다. 자기의 작품이 평가의 대상이 아니라 오히려 인정받는 대상임을 이해시키고, 미술활동의 주체가 전적으로 자신임을 안다면 기꺼이 아동들은 미술활동에 참여하곤 한다.

미술활동이 가족이나 아동들에게 가져다주는 이점과 장점들을 살펴보면 다음과 같다(이재연 외, 1999: 117-118).

- 미술활동은 가족들에게 정신과 감각을 사용하게 함으로써 인지능력을 향상시킨다.
- 가족은 현재의 사건과 관계되는 생각이나 감정, 미래에 대한 생각까지 표현할 수 있다. 상담사는 직접적으로 관찰하기 어려운 내담자의 자기 행동에 대한 인식을 간파할 수 있다.
- 미술활동은 가족들이 적절하게 상대방에 대한 분노, 적대감 등을 해소할 수 있는 정화작용을 한다. 다른 사람에게 공격적인 아동 가운데는 억압된 감정이나 분노를 해소시킬 수 있는 방법을 잘 몰라서 신체적인 공격을 하는 경우도 있다.
- 미술활동은 가족들이 주도하고 조절하는 활동이다. 가족들은 자신이 한 활동의 결과로 자아성취감을 느끼며 자존감이 높아진다.
- 가족들은 완성된 작품을 통해 개인적인 성장과 성취감, 만족과 가치를 느낄 수 있다.
- 미술활동은 말하기 어렵고 곤란한 상황들을 미술이라는 매개체로 표현 가능하다.
- 미술은 가족들의 방어기제를 허물어뜨리지 않으면서 개인의 무의식 세계를 통찰할 수 있도록 한다.
- 가족구성원들의 관계 정도, 아동의 순간순간의 실제적인 심리 상태가 그대로 드러난다. 아동이 자신을 방어하고 있는 상태라면 그림을 전혀 그리지 않고 선만 그어 댄다든지 혹은 똑같은 것만 반복한다.
- 가족의 그림활동은 상반된 감정이나 분노로 뒤엉킨 감정들의 복잡한 관계들을 알 수 있는 계기가 된다.

　미술을 통해 가족들은 감추어 둔 소망이나 희망을 상징적으로 표현할 수도 있고, 고통스러운 경험을 그림활동과정에서 승화시키거나 또는 통합할 수 있으며, 분노나 공격심을 안전하게 노출시킬 수도 있다. 특히 아동은 자신의 긍정적, 부정적 감정이나 충동을 자연스럽게 표현하고 경험함으로써 좀 더 감정적·사고적 통합을 이룰 수 있다. 미술치료는 이러한 표현의 자유를 허용하면서 누구나 자신을 신뢰하고, 자신을 스스로 통제하며, 상담사와의 관계를 형성하면서 내적·외적 변화를 시도할 수 있다.

2) 투사

미술치료에서 내담자는 방어기제인 투사를 사용함으로써 가족관계나 친구관계에서 자기에게 중요한 사람에 대한 지각을 나타낸다. 투사는 사실과 환상의 복합체다. 내가 가지고 있는 마음을 상대방도 똑같이 가지고 있는 걸로 생각하는 것인데, 자신이 용납할 수 없는 나쁜 감정들을 내가 가진 것이 아니라 마치 상대가 그런 생각을 가진 걸로 떠넘겨 버리려고 하는 것이다. 아동들의 심리 상태는 그림이나 인형을 통해서 투사되어 나타날 수 있어서, 상담사가 가족의 환경이나 관계를 잘 이해할 수 있는 방법으로 사람을 그려 보게 하든지, 가족화를 그려 보게 한다. 다음의 사례를 보자.

조지는 이혼한 가정의 아이로 그의 어머니가 치료를 의뢰하였다. 어머니는 아이가 다른 사람과 늘 싸우기만 하고 관계 형성이 어렵고 감정을 억압한다고 하였다. 아이가 치료 초기에 자유화로 그린 그림은 우주선끼리 서로 싸우고 충돌하는 그림이었다. 그는 그림을 그리며 '별들의 전쟁'이니, '우주왕국의 정복' 같은 이야기를 하였다. 이 이야기들은 모두 적대감, 공격심, 무력 등과 같은 개념에 초점을 둔 것이었다. 자기 가족의 환경 속에서 지각한 것이 그림에 그대로 투사되어 나타난 것이다.

그다음 만남에서는 '자기 나이 또래의 사람'을 그려 보도록 하였다. 아이는 연필로 종이에 땅을 나타내는 일직선을 죽 그었다. 그리고 직사각형의 발을 그리고, 거기에 다리와 몸을 붙여 그렸다. 그리고 몸의 밑부분에 비뚤어진 타원형 모양의 '성기'를 그렸다. 자기가 그린 사람을 색칠하면서 그는 팔이 빠진 것을 깨닫고는 다시 그려 넣었다. 계속 색칠하면서 해와 두 마리의 새도 그려 넣었다. 사람의 얼굴은 아무런 감정도 나타나지 않게 그렸으나, 해와 새의 얼굴은 미소 짓는 모습으로 그린 것이 특이하였다. 상담사가 성기를 가리키며 "이게 뭐니?"라고 했다. 조지의 그림은 어머니가 그에 대해 우려하는 억압된 감정을 뒷받침해 주는 것이다. 그리고 그 억압된 감정이 자신의 남성과 남자로서의 가능한 자기 역할에 대한 환상과 혼란을 일으키고 있음을 시사했다(이재연 외, 1999: 122).

3) 창의성

미술치료에서는 개인의 창의적 표현을 가능한 한 최대한으로 표출하도록 만드는 것이 중요하다. 가족들이 문제를 스스로 규명하고 모든 가족에게 가장 적합한 상태로 변할 수 있도록 하는 과정도 가족의 독창적인 능력을 개발해 주는 것이다. 미술치료에서 나타나는 자녀의 감정 상태, 지각능력과 사고력은 점차적으로 자신만의 독창적인 창의력으로 이어질 수 있다. 창의력은 아동의 통합되지 못한 행동이나 감정들이 새롭게 변화할 수 있는 능력을 제공해 준다. 아동의 일반적인 성장은 창의성 발달과 관계가 있다. 로웬펠드(Lowenfeld)는 창의성 발달을 인식(awareness), 독창성(originality), 자아정체감(self-identification)의 발달로 정의하였다. 그는 다음과 같이 창의성을 여덟 가지로 나누어 개념을 설명하였다. 궁극적으로 아동이나 가족들은 이런 창의적인 능력에 의해서 자기 인식이 가능하고, 변화의 시도가 이루어지며, 더욱 성장하고 발전할 수 있게 된다.

- 민감성(sensitivity): 자신이나 타인과 관계된 생각 및 감정에 대한 인식과 이해
- 유창성(fluency): 어떤 개념을 신속하고 자유롭게 사고하며 수용해서 행동으로 나타내는 능력
- 융통성(flexibility): 새로운 상황에 적절하게 적응하는 능력
- 독창성(originality): 어떤 개념을 새로운 아이디어로 생각하고 발달시킬 수 있는 능력
- 재조직력(reorganize): 개념이나 지식을 구체화할 수 있는 능력
- 요약성(abstract): 문제의 부분을 분석하고 각 부분 간의 관계를 파악하는 기술
- 종합성(synthesize): 전체적인 통찰과 전반적인 맥락을 이해할 수 있는 능력
- 조직력(organize): 어떤 부분을 구성하고 조직함으로써 하나의 산물로 만드는 능력

3. 키아트코브스카의 가족미술치료

화가인 하나 야사 키아트코브스카(Hana Yaxa Kwiatkowska)는 많은 환자 가족이 그린 그림에서 가족역동이 공통적으로 나타나는 주제에 의해서 평가할 수 있는 기법을 만들었다. 가족의 역기능적인 의사소통과 상호관계성을 통찰하고, 미술과정을 통하여 치료적 개입을 시도하는 방법으로 구조화된 방법을 고안하였다. 이 기법은 정신과 의사와 미술치료사가 공동으로 치료의 책임을 진다. 가족의 연령이나 증상의 정도와 상관없이 모든 가족에게 적용 가능하다. 가족미술치료에서 미술작품은 시각적이고 지속적이어

서 후에 한 번 더 고찰할 수 있는 기회가 있고, 가족들이 미처 인식하지 못한 문제들을 다시 탐색할 수 있다. 미술치료에 사용되는 도구로는 이젤, 18~24인치의 종이, 펠트로 된 펜 그리고 정방형의 파스텔이고, 물감은 나중에 추가되었다.

치료시간은 보통 1시간에서 1시간 반 정도 소요된다. 그림 그리는 시간은 보통 30~40분 그리고 가족들과 그림에 대한 자연스러운 토론으로 이어진다. 주제별로 가족들에게 그림을 그리게 하고, 앞의 모임에서 그린 그림에서 정보들이 충분히 탐색되지 않았으면 새로운 그림을 그리도록 하지 않았다. 새로운 그림을 그리는 것은 가족들에게 부담이 될 수 있고 고통스런 문제를 회피할 수 있기 때문이다. 여기에 소개되는 사례 내용과 그림들은 키아트코브스카와 동료들의 임상사례로 권기덕 등 편저(1997: 104-134)에서 인용한 것이다.

1) 자유화(과제 1)

1회 치료 모임에서 가족들은 주제가 없는 그림을 그리게 된다. 상담사는 가족들에게 "마음에 떠오르는 것은 무엇이든지 그리세요."라고 과제를 준다. 그림을 다 그리면 그림의 제목, 날짜, 이름을 쓰도록 한다. 그림에 대한 개인별 설명을 하고 토론시간을 갖는다. 이것은 모든 과정에서 동일하다.

자유화는 가족 개개인의 진단적 자료가 된다. 가족 가운데 누가 환자인지 모르지만 자유화를 통해서 가족들이 무의식 속에 있는 내면의 세계와 가족들의 역할, 위치, 무의식적인 행동들이 좀 더 분명하게 나타난다.

[그림 9-1] Donny의 자유화

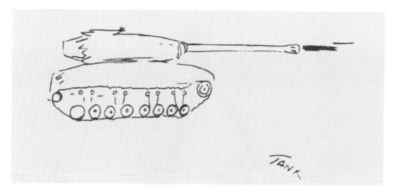

[그림 9-2] 아버지의 자유화

[그림 9-3] 어머니의 자유화

2) 가족화(과제 2)

상담사가 가족들에게 "자신을 포함한 가족을 모두 그리세요. 그림을 그릴 때 최선을 다하여 그리세요. 좋고 나쁜 것은 없습니다. 가족들의 전체 상을 그리기 바랍니다."라고 설명해 준다. 가족 가운데 누구를 그림에 넣고 넣지 않고는 자신의 선택에 달려 있다고 추가설명을 해 준다.

가족들이 함께 모여서 각자 그린 가족화는 가족관계와 역할에 대한 인식을 확실하게 보여 주므로 가족들을 더 잘 이해할 수 있게 해 준다. 동적 가족화와는 다르게 가족들의 일상적인 상호작용에 대한 가족구성원의 인식을 잘 통찰할 수 있다.

[그림 9-4] Donny의 가족화

3) 추상적 가족화(과제 3)

상담사는 아주 단순하게 "우리는 당신들에게 추상적인 가족화를 그리게 하려고 합니다."라고 이야기한다. 가족들은 자기 나름대로 해석해서 그림을 그린다. 이 과제에 대한 이해는 가족들의 사고방식과 사회경제 수준과도 관련 있다. 가족들이 좀 더 구체적인 개념 설명을 요구하면 상담사는 "추상적 가족화는 가족들의 신체나 얼굴을 그리는 것이 아니라 개인의 성격을 나타내기 위하여 색깔과 동작, 선과 형태들을 사용하는 것입니다. 자신을 포함한 가족 모두에 대하여 느끼는 것, 인식하는 것을 표현하는 것입니다."라고 부연설명을 해 준다. 그림의 상징들이 표현하는 것이 어떤 것인지를 설명하는 시간을 갖는다. 가족들은 서로에게 흥미 있는 질문이나 토론을 하며, 가족미술치료의

[그림 9-5] Donny의 추상적 가족화

절정을 이룬다. 이 과제 수행에서 가족들의 고통스러운 미해결된 감정, 억압된 감정, 융합과 분리 등이 표출된다.

4) 난화에서 시작한 그림(과제 4)

미술치료에 난화를 사용하는 것은 가족들이 무의식 속에 억압되어 있는 감정을 표출하도록 하는 데에 도움이 된다. 또한 가족들이 고정적이고 관념적이 사고나 정해진 패턴에서 벗어날 수 있도록 자극할 수 있다. 난화를 그릴 때는 무의미한 선을 자유롭게 그리도록 눈을 감고 그리도록 한다.

키아트코브스카는 가족들이 각자 난화를 그린 다음, 난화를 처음 본 순간에 떠올랐던 이미지를 표현하기 위하여 본래의 선에 더 첨가하거나 무시하거나 색깔을 사용하는 것도 포함한다.

먼저 가족들은 파스텔을 손에 쥐고 일어서서 팔운동을 한다. 이것은 가족들에게 긴장을 이완시키고 난화를 자유롭게 그리도록 하기 위함이다. 신체동작은 팔을 어깨 위로 올려 아래로 흔들면서 수직선을 긋는다. 그다음에는 팔을 자유롭게 수평으로 흔들면서 수평선을 반복해서 긋는다. 마지막으로, 가능한 한 팔을 크게 벌려서 원을 그리도록 한다. 그리고 가족들은 이젤 앞으로 가서 눈을 감고 종이 위에 난화를 그린다. 상담사는 완성된 난화를 보면서 어떤 주제가 될 만한 것을 찾도록 한다. 난화를 바탕으로 주제를 표현하도록 하고, 상담사는 가족들에게 원하는 만큼의 선을 첨가할 수도 있고 선이나 형태들을 수정할 수도 있다고 이야기해 준다. 가족들은 그림을 완성한 후 제목, 날짜, 이름을 기록하도록 한다. 가족들은 모두 자기의 난화 상징과 이미지에 대하여 이야기한다.

[그림 9-6]은 28세의 정신분열중 아들을 둔 어머니가 그린 난화다. 그녀는 자신의 난화 제목을 '철사로 만든 여성'이라고 했다. 어머니는 은연중에 딱딱하고 엄격하고 지배적인 자신의 성품을 난화를 통해 인정하고 만 것이다.

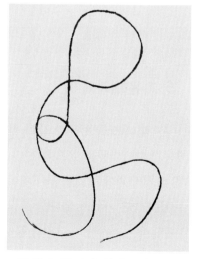

[그림 9-6] 난화: 철사로 만든 여성

5) 가족합동난화(과제 5)

가족합동난화는 개인적으로 난화를 그린 후, 합동화로 사용할 밑그림 난화를 하나 선택한다. 가족들은 이 난화를 바탕으로 함께 그림을 그린다. 그림이 완성되면 함께 그림 제목, 날짜, 이름을 의논하여 쓴다. 가족합동난화의 가장 중요한 기능은 가족 가운데 문제 증상이 있는 환자의 특성을 알 수 있다는 것이다. 어떻게 가족들이 비합리성과 왜곡에서 벗어나 조직적이고 통합적인 의미를 가진 합동화가 가능한가, 환자를 통제할 수 있는 힘이 가족들에게 있는지의 여부가 개인 난화보다 더 확실하게 나타난다. 또한 합동화에서 각자가 그린 부분은 가족에 있어서 묘화자의 감정이나 역할을 나타내는 것으로, 다른 가족구성원이 언급하기도 한다.

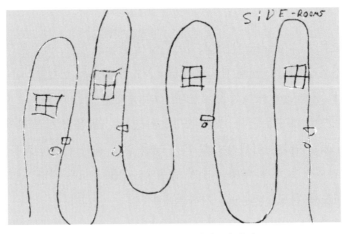

[그림 9-7] 가족합동난화: 격리실

6) 자유화(과제 6)

마지막 과제로 처음과 같이 가족들은 자유로운 주제로 원하는 것을 그린다. 그림의 제목, 날짜, 이름을 쓰도록 한다. 자유화에서 제목은 많은 상징을 나타내므로 중요하다. 마지막 과제는 가족들이 처음부터 시행했던 미술치료과정의 시작과 종료를 비교할 수 있는 좋은 자료가 된다.

상담사는 가족들의 그림을 통하여 가족들이 갖고 있었던 부정적인 감정들이 서로 뒤엉켜서 복잡한 관계 안에서 헤어 나오지 못한 것을 알 수 있었다. 가족미술치료가 끝났

[그림 9-8] 도니의 자유화: 나의 미래는?

을 때 환자 도니(Donny)는 자기가족이 친밀한 가족이 아니었는데, 치료를 받는 동안 가장 친밀한 가족관계를 경험했다고 말했다. 그는 "나는 미술치료가…… 나의 감정과 생각을 인식하도록 해 주었다는 것을 깨달았어요."라고 했다.

어머니는 아들에 대한 강한 집착에서 벗어나고, 남편에 대한 인식도 그림에서 '태양'으로 표현한 것처럼 점차적으로 긍정적으로 변화하였다. 부부관계도 상호보완적으로 아내가 흥분할 때는 남편이 침착하게 통제하고, 남편이 가족문제를 적절히 처리하지 못하면 아내가 대신 처리했다. 환자였던 도니는 대학교를 가기 위해 공부를 하기로 했다. 가족들은 미술이라는 매개체로 의사소통을 할 수 있었고, 각자가 원하는 것, 바라는 것들이 수용되었고, 바람직한 변화를 이룰 수 있었다.

4. 가족체계 평가

가족체계 평가는 가족들의 하위체계인 부부관계와 부모-자녀관계의 특성을 파악하는 것으로, 일차적으로는 그림활동을 하는 작업과정을 통해서 관찰되고, 이차적으로는 그려진 그림 내용을 통해서 가족들의 의사소통 유형들이 파악된다. 가족들은 작품을 만들고 상담사는 가족들의 활동을 기록함으로써 작품을 근거로 가족의 상황들을 기록한다. 그래서 그 가족의 전체적인 특성과 강점과 약점, 가족 개인의 강점과 약점들을 평가할 수 있게 된다(Landgarten, 1982).

가족들의 상호관계성에 중점을 두고 가족들의 관계하는 방식을 관찰하게 되는데, 여기에는 의사소통이 허용되는 언어적 가족합동화가 있고, 말을 하지 않고 그리는 비언어적 가족합동화도 있다.

1) 랜드가튼의 가족체계 평가절차

미술치료에 있어서 가족체계를 관찰하는 과정은 다음과 같다.

면접에서 상담사는 가족들이 모두 하나의 미술작업에 참여하게 될 것이라는 것을 알려 준다. 작품이 만들어지는 방식이나 결과물은 중요하지 않고, 미술활동이 가족들의 기능을 알아보는 방식에 불과하다고 말해 준다.

내담자들이 미술활동에 대해 저항하게 되면 미술활동이 가족집단을 검사하기 위한 표준화된 방법이라는 것을 알려 주어 가족의 저항감을 감소시킨다. 그리고 미술작업을 통해 각 가족은 독특한 자기표현의 고유한 방식을 발견할 수 있다는 말을 함으로써 내담자에게 미술작업에 대한 확신을 주고 더욱더 촉진시킨다.

(1) 첫 번째 단계: 비언어적 팀 작업

가족을 두 팀으로 나누어 주제 없이 자유롭게 그림활동을 하기 시작한다. 예를 들면, 아버지와 딸, 엄마와 아들 또는 여성팀, 남성팀으로 나누기도 한다. 팀 형성은 가족들이 원하는 대로 할 수 있다. 두 집단이 서로 다른 색깔을 사용하고 자신의 색깔을 끝날 때까지 바꾸지 않도록 한다. 그림활동 도중에는 의사소통이 금지라는 것도 알려 주고, 작업이 끝난 팀들은 자신의 작품에 이름과 제목을 적도록 하며 이야기할 수 있다.

(2) 두 번째 단계: 비언어적 가족합동화

두 번째 단계는 전 가족이 한 장의 종이에 함께 작업하면서 말을 해서는 안 된다고 알려 준다. 주제가 없이 자유롭게 그린다. 첫 번째 과정과 마찬가지로 그들은 서로 언어적 혹은 비언어적 의사소통이 금지되며, 완성된 작품의 제목을 결정하는 동안만 이야기할 수 있다. 색깔은 개인이 원하는 한 가지 색만 선택하여 사용한다.

(3) 세 번째 단계: 언어적 가족합동화

세 번째 단계에서 가족들은 그림활동을 하는 동안 언어적 혹은 비언어적 의사소통이 허용된 상태에서 한 장의 종이 위에 함께 그림을 그리도록 한다.

2) 루빈과 매그누슨의 가족체계 진단

루빈과 매그누슨(Rubin & Magnussen)의 가족체계 진단방법은 단시간에 가족역동성을 파악하는 평가방법으로 모든 가족이 충분히 작업할 만한 공간이 필요하다.

- 준비물: 연필 크레용, 펠트펜, A4용지, 전지
- 소요 시간: 2시간 정도

① 첫째 과정: 난화 그리기

   가족원들에게 난화를 그리도록 한다.

② 둘째 과정: 가족화

   가족원에게 각자 추상적 또는 사실적 가족화를 2~3장 그리도록 한다.

③ 셋째 과정: 가족합동벽화과정

   가족원들은 합동 펠트펜이나 크레용을 이용하여 합동벽화를 그리도록 한다.

④ 넷째 과정: 자유화 그리기

   내 마음에 떠오르는 모든 것을 그리도록 한다.

3) 관찰과 평가

앞의 평가절차를 통하여 상담사는 철저하게 관찰자인 동시에 기록자가 되어야 한다. 각 구성원의 모든 언어적, 비언어적 표현들인 눈빛, 웃음, 모든 몸짓은 가족체계에 대한 하나의 단서가 된다. 상담사는 가족구성원들의 자아의 강함이나 유약함, 각자의 역할에 대한 태도, 적극성이나 소극성, 행동 유형이나 방식, 상호작용하는 방식, 친밀감의 정도, 자연스러운 의사소통의 방식으로 가족의 전체적인 체계와 역동성을 알 수 있다.

다음의 열일곱 가지 항목에 유의하여 관찰하며 기록한다.

- 누가 그림을 처음 그리기 시작하였으며, 그 사람이 그림을 그리기 시작하게 된 과정은 어떠하였는가?
- 가족구성원들 중의 나머지 사람들은 어떤 순서로 참여하였는가?
- 어느 구성원의 제안이 채택되었으며, 어느 구성원의 제안은 무시되었는가?
- 각자의 역할에 참여 정도는 어떠했는가?
- 누구는 한 위치에 그대로 머물러 있고 누구는 자주 움직였는가?
- 누군가의 그림 위에 누가 이미지를 더 추가하여 그림으로써 다른 가족구성원의 영역을 침범하였는가?
- 어떤 형태의 상징적인 접촉이 이루어졌으며, 누가 이런 시도나 제안을 했는가?
- 구성원들은 교대로 했는가, 집단으로 했는가, 혹은 동시에 했는가?
- 가족 각자의 위치는 어떠했는가? (중앙, 끝, 구석)
- 만일 작업상 변화가 있었다면 무엇이 변화를 촉진했는가?
- 각자 얼마나 많은 공간을 차지했는가?
- 각자 참여하는 상징적인 내용들이 의미하는 것은 무엇인가?
- 어느 구성원이 독자적으로 작업했는가?
- 누가 처음 시작하였는가?
- 누가 추종자고 누가 반응자인가?
- 정서적인 반응들이 있었는가?
- 가족의 작업스타일은(협동적, 개인적) 어떠한가?

5. 동적 가족화

1970년대에 가족상담에 그림을 적용하는 새로운 기법이 개발되었다. 동적 가족화(Kinetic Family Drawing: KFD)는 번스와 카우프만(Burns & Kaufman, 1972)에 의해 개발된 것으로, 즉 자신을 포함한 가족이 무언가 하고 있는 장면을 그리게 하는 것이다. 동적 가족화에서는 가족의 상호작용과 관계성, 친밀감의 거리 등을 파악할 수 있다. 그후 객관적인 평가수단을 갖춘 투사적 기법으로서 완성하였다. 동적 가족화에 나타난 가족이 동적으로 활동하는 모습은 가족의 분위기나 구성원들의 정서적인 밀착, 소외, 단절 등 가족에 대한 이해를 한층 높여 준다. KFD와 HTP(House-Tree-Person 집·나무·사람 그림검사)는 심리검사에서도 보편적으로 많이 활용하고 있다. 그림을 통하여 아동의 자기개념에 관한 것이 투사로 나올 뿐 아니라 가족집단의 역동관계를 파악하는 데도 도움이 된다. 동적 가족화(KFD)는 주제통각검사법(Thematic Apperception Test: TAT)과 유사한 점이 많다. 주제통각검사법은 언어적 표현으로 불특정의 인물을 다룬다면, KFD는 비언어적인 표현으로 그리는 것이고 자기의 가족 인물을 다루지만, 모두 동적인 상태의 자유를 포함하고 인물상에 대한 표현은 같은 원리를 기반으로 한다.

1) 실시방법

동적 가족화는 가족들에게 A4용지 1장과 연필과 지우개를 준다. 그리고 "자신을 포함한 가족이 무언가 하는 모습을 그리세요. 만화나 막대기 같은 사람이 아니라 사람 전체를 그림으로 그려 주십시오."라고 지시한다. 임상상황에서는 일대일로 검사하는 것이 바람직하나 집단으로도 가능하다. 그리는 시간은 보통 30~40분 정도를 준다. 앉는 위치는 상담사와 가족이 마주보는 형태로 배치하든지 평행으로 나란히 않는 것도 무방하다. 가족들은 서로 각자가 어떤 행위나 행동을 하는가에 집중하여 그리기 때문에 가족들이 그리는 사람의 눈에 비친 지각된 모습이나 태도, 감정이 드러난다.

그림을 그린 후에는 그린 사람이 그림 속의 인물들이 누구인가, 연령 그리고 무엇을 하고 있는가를 확인하고 용지 여백에 기입하는 것이 좋다.

2) 구조적 해석

동적 가족화의 구조적 해석으로는 가족원의 위치나 크기, 상호작용에 대한 것으로 다음과 같은 사항을 살펴본다(Di Leo, 1973).

- 가족원의 크기: 가족 중에서 가장 영향력이 크거나 지배적인 인물을 보통 가장 크게, 먼저 그리는 경향이 있다. 보통은 아버지-어머니-본인-동생 순으로 나열한다.
- 가족들의 위치: 어머니나 아버지 중 자기가 더 좋아하는 부모 옆에 자신을 두는 경향이 있다.
- 유사성: 아동은 자신을 자기가 더 좋아하는 부모와 닮게 보이도록 그린다. 그와 비슷하게 되고자 하는 소망은 때때로 옷이나 보석 같이 세세한 면을 그리는 데서도

나타난다.

- **가족원이나 자신을 생략함**: 가족 중 어느 한 사람을 생략하고 그린다면 이는 아동이 그 사람에 대해 화를 내고 있음을 의미하거나 또는 자신에게 긴장을 주는 원인을 제거하고자 하는 욕구라고 볼 수 있다. 한편, 자신을 생략하는 것은 가족 내에서 불안정감을 느끼거나 소속감이 결핍되어 있음을 나타내는 것일 수 있다.
- **고립과 상호작용**: 가족이 자기를 무시하거나 자기를 가족의 일원으로 여기지 않는다고 느낄 경우, 흔히 자기 자신을 가족원과 멀리 떨어진 곳에 그리며, 자기 모습을 제일 나중에 그린다.

3) 그림양식에 대한 해석

동적 가족화에서 나타나는 사람의 동작적인 요소뿐만 아니라 거리감각, 인물상의 접근, 의식적·무의식적 생략과 강조 등 그림의 양식을 번스와 카우프만(Burns & Kaufman, 1972)은 인물의 행동, 스타일, 상징으로 분류하여 분석하였다.

(1) 인물의 행동

동적 가족화에 그려진 가족 간의 행동을 통하여 그리는 사람의 가정 내의 위치나 역할을 추론할 수도 있다. 어린 아동의 경우 부모와 같이 놀거나 산책하는 것이 많이 그려지며, 초등학생의 경우에는 가족 상호작용 속에서 게임이나 운동이 자주 나타난다. 그러나 일반적으로 유아에서 성인에 이르기까지 가족이 직접적으로 상호작용하는 것을 그리는 경우는 그다지 많지 않다. 따라서 가족이 서로 상호작용하는 장면이 직접적으로 표현되는 경우, 거기에는 협조, 화합, 대결, 공격, 회피 등이 반영되어 있다고 추론할 수 있을 것이다.

(2) 스타일

- **구분화**: 자기상을 포함한 가족을 아래나 옆선 또는 구획선을 사용하여 나누어 어떤 가족이 고립된 것처럼 그리는 것이다. 이 같은 구분은 항상 선으로 나타나는 것은 아니다. 동적 가족화에 기둥, 복도, 방의 칸막이 등이 사용되기 때문에 그것이 구분이라고 깨닫지 못하는 경우도 있다. 이와 같은 구분은 다른 가족원의 회피, 거부, 부인에 대한 기분이나 두려움이 있거나 소통이 잘 이루어지지 않는 것을 의미한다.

- 포위: 이 스타일은 마치 캡슐에 자기 또는 다른 가족이 들어가 있는 듯이 주위를 둘러싸듯 그리는 것이다. 이것은 불안이나 공포를 가지고 있는 인물을 격리하고 싶다는 욕구가 작용하는 것으로, 특히 정서적으로 어려움을 겪는 아동이 자주 표현하는 방법이다.
- 가장자리: 가족구성원을 도화지 주변을 따라가면서 그리는 스타일이다. 이처럼 가장자리를 사용하는 성인은 일반적으로 방어적이며 강한 저항을 나타내는 경향이 있다. 환경에 의존적인 자녀가 이와 같은 스타일을 보이기도 하지만, 가장자리를 표현하는 아동은 극히 드물다.
- 상부의 선과 하부의 선: 도화지의 아래나 윗부분에 선을 긋거나 어떤 특정 인물에 선을 긋는 경우가 있다. 이 스타일은 정서적으로 어려움을 겪는 아동에게서 자주 보이는 표현인데 강한 스트레스, 가정 내의 불안이나 공포가 있는 것으로 추론된다.

4) 상징에 대한 분석

상징을 분석할 때 주의할 점은 지나친 해석을 하지 않는 것이다. 상징을 해석할 경우에는 KFD 전체의 맥락과 그림을 그린 내담자에 관한 자료를 통합하여 활용하지 않으면 안 된다. 〈표 9-1〉은 비교적 많이 그려지는 사물의 상징을 소개한 것이다.

〈표 9-1〉 사물의 상징

- TV: 가족의 단란 또는 가족끼리 의사소통의 매개물
- 부엌: 어머니의 양육요구 또는 애정표현
- 신문: 지적 정보에 대한 관심. 합리화된 자기방어
- 서적: 지적 관심. 혼자만의 세계. 합리화된 자기방어
- 식탁: 가족관계의 매개물
- 이불, 침대: 우울감
- 청소기, 빗자루: 집안일 · 정리정돈에 대한 관심. 타인에 대한 지배욕. 합리화된 자기주장
- 자동차: 다른 가족과의 물리적 · 심리적 거리
- 냉장고: 애정박탈. 박탈에 대한 우울반응
- 칼, 바늘: 도구가 인물과 직접 관계하고 있을 때는 분노를 표현하는 것이며, 간접적일 때는 수동적 공격으로 볼 수 있다. 또한 가정 내의 거부적 분위기를 나타내기도 한다.

출처: 김동연 외 공역(2002).

6. 집·나무·사람 그림검사

1) 집·나무·사람 그림검사법 실시

집·나무·사람 그림검사(House-Tree-Person: HTP) 실시에 필요한 도구는 내담자한 사람에 대하여 16절지 백지 4장, HB연필 2~3자루, 지우개 1개만 준비하면 된다. 준비한 백지의 우측 상단에 작게 ①부터 ④까지 번호를 적어 둔다. 이것은 인물화에서 남녀의 어느 쪽을 먼저 그렸는지를 알기 위해서다. 검사를 실시할 수 있는 준비가 되면먼저 "지금부터 그림을 그려 봅시다. 이것은 그림을 잘 그리고 못 그리는 것을 조사하는 것이 아니므로, 즐거운 마음으로 그리십시오. 또한 이것은 사생을 하는 것이 아닙니다. 자기가 생각한 대로 그리면 좋습니다."라고 설명한다. 그다음에 "한 장의 종이에 하나씩 모두 네 장의 그림을 그리십시오."라고 말한다.

①의 종이를 가로로 제시하면서 "이 종이 위에 집을 그리십시오."라고 지시한다. 마치면 ②의 종이를 세로로 제시하면서 "이번에는 나무를 한 그루 그려 보십시오."하고지시한다. 나무 그림이 끝나면 ③의 종이도 세로로 제시하면서 "이번에는 사람을 한 명그려 보십시오. 얼굴만이 아니고 전신을 그려 보십시오." 하고 지시한다. 검사자는 내담자가 사람을 다 그리고 나면, 그 그림이 남자(성)인지 여자(성)인지 질문하여 내담자의 대답을 ③의 아래에 기입한다. 그리고 ④의 종이를 세로로 제시하며 "그러면 이번에는 남자(혹은 여자)를 한 사람 그려 보십시오. 역시 얼굴만이 아니고 전신을 그려 보십시오." 하고 지시한다.

검사자는 그림을 그리라는 지시를 한 후부터 그리기 시작할 때부터 마칠 때까지의시간을 측정하되 너무 엄밀히 측정할 필요는 없다. 또한 검사자는 내담자의 여러 가지질문에 대해서는 단지 "당신이 생각한 대로 그리십시오."라고만 대답해 주며 내담자의질문은 기록해 둔다(김동연 외, 2002).

2) 집·나무·사람 그림검사의 해석

그림을 시작해서 완성하기까지의 시간과 그림의 형식적인 부분 그리고 그림의 내용적 부분 및 그림 그린 후의 해석을 고려하여 해석을 해야 한다.

(1) 집 해석

집은 내담자의 집에서의 생활과 가족들과의 상호관계를 나타낸다. 현재의 집이 아니라 아동기의 집을 그린 사람은 신경증적 경향과 퇴행적이고 고착된 문제가 있는 경우가 많다.

- **지붕**: 공상적 영역이며 정신 기능과의 관계를 나타낸다. 지붕이 너무 크면 공상 세계에 빠져 있을 가능성이 있다.
- **벽**: 튼튼하게 그려진 벽은 건강한 자아와 관련이 있고, 벽면 내부가 보이는 투명한 그림은 현실 검증력의 약화된 자아 기능을 나타낸다.
- **문**: 환경과의 접촉을 나타낸다.
- **창문, 커튼**: 방어, 접촉의 두려움을 나타낸다.
- **연기**: 굴뚝에서 시커멓게 많은 연기가 나온다면 이는 내담자 내부에 긴장이 많거나 가족 내의 불화 혹은 정서적인 혼란을 나타낸다.
- **조망**: 아래에서 위로 올려다보는 것처럼 그린 그림은 집에 대해 열등감을 나타낸다. 이들은 낮은 자존감과 집에 대한 부적절한 감정이 혼합되어 있고 가정에서 행복을 얻기가 어렵다고 생각한다. 집이 멀리 보이게 그린 그림은 두 가지로 설명할 수 있는데, 전자는 집에 자신을 투사한 것으로 보아 내성적이고 접근을 꺼리는 사람이거나, 후자는 자신의 가정 상황을 그린 것으로 보아 집의 상황을 본인이 대응할 수 없는 것으로 지각하는 사람일 수 있다. 집을 정면으로 그리지 않고 측면으로 그렸다면 접근할 수 없도록 그린 것이어서 타인의 접근에 대해 피하고 싶은 욕구를 나타낸 것이다. 문의 뒤쪽을 그린 경우는 거의 없지만 이는 사람들로부터의 철회나 편집증적 증상으로 볼 수 있고, 편집형 정신분열증이나 정신병 초기 단계에서 보인다.
- **기타 부속물**: 숲과 나무를 그리기도 하는데 이는 내담자에게 불안전한 느낌이 내재해 있음을 시사한다. 보도나 산책길을 그린 내담자는 타인과의 상호작용에 거리를 두기는 하지만, 나중에는 상호신뢰감을 형성하는 사람이다. 집에 울타리를 그린 것은 방어의 수단이라 할 수 있다.

(2) 나무 해석

나무는 전체로 이해되어야 한다. 나무 아랫부분부터 꼭대기까지의 성장을 콕(Koch)

은 내담자의 심리적인 개인력이라 보았다. 나무의 아랫부분은 초기경험을 나타내는 경향이 있고 끝부분은 최근의 경험을 나타낸다고 보았다.

벅(Buck)에 의하면 줄기는 기본적인 힘과 자기감을 표현해 주고, 가지는 환경으로부터 만족을 얻어 내는 능력을 나타내며, 그려진 전체 나무의 모습은 내면적인 성격의 균형을 반영한다고 보았다. 나무 그림의 특성들은 다음과 같이 분석할 수 있다(김동연 외, 2002).

- 옹치: 나무줄기 안에 구멍이 있고 그 안에 동물이 보이는 경우는 성격의 일부가 통제를 상실함으로써 현실로부터 분리된 상태이거나 내담자의 따뜻함과 강한 보호의 욕구를 반영해 준다.
- 뿌리: 땅을 꽉 움켜쥐고 있는 듯이 뿌리를 그렸다면 정신병 상태에 있는 내담자일 가능성이 높다고 보고 있다. 땅 밑이 빤히 보이는 뿌리를 그린 내담자는 현실 적응에 어려움과 장애를 보이는 사람이다.
- 가지: 나뭇가지는 주어진 환경으로부터 어떤 만족이나 원하는 바를 성취하려는 것을 표현하며 내담자 자신이 지닌 능력을 나타낸다. 2차원적으로 그려져 닫힌 형태가 아니고 열려 있다면 이는 자아의 통제능력이 거의 없는 상태를 반영한다. 상처를 입거나 부러진 가지는 외상의 경험이 있고 무력한 사람들이 그리곤 한다. 나무의 줄기에 비해 지나치게 크게 그린 가지는 주변 환경에서 만족감을 얻으려고 애쓰는 사람을 나타낸다. 반대로 큰 줄기에 비해 나뭇가지가 작다면 기본적인 욕구 충족에 대한 무능감으로 좌절 상태에 있는 내담자일 가능성이 많다.
- 나무의 나이: 미성숙한 성인의 그림에서 미성숙한 감정을 확실히 나타내 주는 것으로 크고 성장한 나무보다는 어린 나무를 그린다.
- 죽은 것처럼 묘사된 나무: 내담자가 죽은 나무를 그린 것은 환경에 잘 적응하지 못함을 보여 준다. 내성적인 사람들, 정신분열증, 우울한 사람, 환경에 대한 적응을 포기한 심각한 신경증이 있는 사람에게서 나타난다. 만약 나무가 죽었다고 말하면, 죽은 원인이 내부적인 것인지 외부적인 것인지를 탐색해 보아야 한다.

(3) 사람 해석

그림검사법은 인격의 전체를 파악하는 투사법으로, 비언어적이고 지시를 이해하거나 글을 이해할 정도면 누구나 가능하다. 따라서 언어표현이 미성숙한 아동들이나 정서장애, 정신장애 아동들에게도 많이 사용된다. 그림검사에서는 대체로 인물상 또는 인물을 포함하는 과제로 그림을 그리게 한다. 그림검사에 사람을 과제로 주는 것은 무엇보다도 인간이 처음부터 친숙한 것을 비언어적인 방법으로 표현할 수 있기 때문에 내담자들의 저항이 적다는 것이다.

사람 그림에는 자아개념이 투사되어 표출된다. 무의식적이고 심층적인 자기모습이나 감정 상태, 자기에 대한 이미지, 태도, 가치 등이 투사되어 나타난다. 특히 아동들에게는 사람 그림이 자아개념뿐만 아니라 여러 가지 감정적 측면, 인지발달적 측면들도 표출되므로 중요한 의미를 가질 수 있다.

내담자가 그림을 한 장 그리고 나면 이 그림이 남자인지 여자인지 물어보고 반대의 성을 가진 사람을 한 장 더 그리도록 한다. 상담사는 내담자의 그림 그리는 시간을 기록하고 관찰한다. 그림을 다 그리면 다음과 같은 질문을 하고 대답을 기록한다.

- 그림의 이 사람은 누구인가요?
- 이 사람은 몇 살인가요?
- 이 사람은 무엇을 하고 있나요?
- 이 사람은 어떤 생각을 하고 있을까요?
- 이 사람의 기분은 어떠한가요?
- 이 사람의 소원이 있다면 무엇일까요?
- 나중에 이 사람은 어떻게 될까요? (신민섭, 2003)

해석은 미술치료사에게 더할 나위 없이 중요한 역할을 한다. 우선 상담사는 내담자가 미술재료를 사용하여 투사하고자 하는 바를 정확히 지각하도록 노력해야 한다. 여러 연구를 통해 혼란된 내담자의 그림에서 어떤 면이 더 자주 나타나는지 경험적으로 밝혀지고 있다. 즉, 사람을 그릴 때 혼란된 내담자는 다음과 같은 특징을 보인다(Burns & Kaufman, 1970; Di Leo, 1970; Koppitz, 1968).

- 찌그러진 기괴한 모양의 인물
- 아주 뻣뻣하고 경직된 인물(심한 불안감)
- 서로 잘 통합되지 않고 연결되지 않는 사람
- 지나치게 어둡거나, 진하게 색칠한 신체(심한 불안감)

마코버(Machover, 1949)와 번스와 카우프만(Burns & Kaufman, 1970), 벅(Buck, 1948)은 아동이 그린 사람 모습을 해석하는 지침을 다음과 같이 제시하였다.

① 머리
사람 그림에서 머리는 내담자의 인지적, 지적, 상상력에 대한 정보를 제공한다.

- 머리를 생략하거나 물건이나 모자로 다 가리는 경우는 지적 사고능력에 자신감 없고 불안감의 표현 또는 자신 공상세계에 도취되어 대인관계에서 회피하는 내담자를 반영하고 있다.
- 머리 모양을 유난히 크게 그린 경우는 지성에 대한 과대평가 혹은 높은 지적 열망, 자신의 체형에 대한 불만족, 기질적 질병에 대한 가능성 또는 두통의 집착, 정상 이하의 지적 수준의 가능성을 의미할 수 있다.
- 머리 모양을 너무 작게 그리면 사고능력과 표현에서 아주 위축되고 억압적이며 수동적인 것을 의미한다.
- 머리 모양이 둥글지 않고 각진 모양이나 세모로 특이한 경우는 사고능력의 왜곡이나 장애를 의미하며, 사고나 신경성 장애를 추측해 볼 수 있다.
- 머리와 신체를 연결하지 않고 떨어뜨려 그리면 정신과 신체의 통합의 결함으로 사고장애나 신경성 장애를 생각해 볼 수 있다.

② 얼굴
얼굴은 내담자의 사회적인 면을 드러내는 것으로 해석할 수 있다.

- 얼굴의 모습이 생략된 경우는 대인관계에서 도피적이고 피상적임의 상징, 부적절한 환경과의 접촉을 의미한다(Machover, 1949).
- 얼굴 대신 뒷모습만 그리는 것은 외모에 대한 극도의 불안감, 세상에 대한 회피, 억압된 분노와 거부적인 태도를 의미한다.
- 얼굴 표정의 과다한 강조와 여러 번 덧칠한 얼굴은 호전적이고 사회적으로 지배적인 행위에 의해 보상받으려는 부적절함과 연약함의 강조일 수 있다.

③ 입

인물화에서 입은 직접 의사소통을 하게 하는 동시에 일차적인 욕구인 식욕과 관련이 있다.

- 입을 지나치게 강조하여 그리면 어떤 강한 불안이나 비만에 따른 과도한 통제 혹은 식욕이 없는 내담자로 생각해 볼 수 있다. 또 불안감이 과장되어 적극적 · 주장적 · 공격적 태도로 나타남을 의미할 수 있다. 퇴행적 방어와 구강기적 성격, 원초적 경향과 언어장애의 가능성일 수 있다.
- 입을 너무 작게 그리면 정서적인 상호작용을 회피하거나 타인의 애정에 대한 거절을 의미한다.
- 입이 생략된 경우는 정신 · 신체적 호흡성 천식의 가능성과 우울증의 가능성 또는 다른 사람들과의 의사소통을 꺼리는 경향이 있다.
- 입을 일직선으로 나타내면 긴장하고 냉정한 태도를 취하고 있음을 암시한다. 입을 벌리고 있는 상태는 대인관계에서 무기력함과 수동적인 태도를 의미한다.

④ 눈

눈은 내담자의 자아 상태를 잘 나타낸다.

- 유난히 크게 그린 눈이 위협적이거나 날카롭다면 호전적인 행동의 가능성과 미심쩍음, 편집증적인 경향이다. 외향적 · 사회적 · 활동적 경향을 의미하기도 한다(Machover, 1949).
- 유난히 작은 눈 또는 감은 눈은 내향적 경향, 자아도취를 나타내고, 눈동자는 그리지 않고 눈의 윤곽만 그리는 것은 환경을 단지 어렴풋이 특징이 없게 인식하는 것으로, 내적인 공허함을 상징하며 폐쇄적인 대인관계를 말한다.
- 눈을 간단하게 점으로 표현하거나 가는 선으로 표현하는 경우 또는 눈을 감은 것으로 표현하는 경우는 대인관계에서 감정의 표현과 교류가 제한적인 것을 의미한다.

⑤ 머리카락

머리카락 묘사는 타인이 자기 외모에 대하여 어떻게 생각하는지, 얼마나 관심이 있고 얼마나 중요시하는지를 상징한다. 머리카락을 그리는 위치나 머리카락을 강조하는 것은 남성다움이나 성정체감을 위해 애쓰고 있음을 의미할 수 있다. 굽실거리는 긴 머릿결과 머리숱을 너무 많고 진하게 그리는 것은 자기주장적·공격적 태도, 성적 매력에 대한 불안의 과잉적 표현, 자기애적 성격, 히스테리적 성격의 경향일 수 있다.

⑥ 목

목을 너무 길게 그리면 심신 통합의 부족, 행동을 과도하게 억제하거나 위축됨을 보이는 것이고, 자신만의 공상에 몰두함으로써 해결하려는 의도일 수 있다. 목을 너무 굵게 그리면 자신의 행동을 통제하는 것에 집착할 가능성이 있고, 고집이 세고 완고한 행동의 가능성이 엿보인다. 목이 굵고 짧게 그려진 것은 충동적이고 통제력이 부족할 가능성을 의미한다.

⑦ 팔과 손

팔은 외부의 환경과 상호작용하는 매개체로 현실 속에서 어떻게 대처하고 자신의 욕구를 충족시키는가를 의미한다.

- 팔과 손을 모호하게 그리거나 생략하는 것은 사회적 상호작용에 대한 신뢰감이 없음을 의미할 수 있다.
- 손을 뒤로 하거나 주머니에 집어넣은 그림은 무엇인가를 회피하거나 거부하는 것으로 해석할 수 있다.
- 팔이나 손을 지나치게 강조해서 그리면 약한 아동이 강해지고 싶은 욕구를 나타낸 것이다. 혹은 사회적으로 터부시되는 행동, 가령 수음이나 절도 등과 같은 행동을 하는 데 대한 죄의식을 드러낸 것으로 볼 수 있다.
- 어렴풋하게 그린 손은 사회적 상황에서 자신감 부족으로 볼 수 있다. 검게 음영 처리된 손은 호전적이고, 자위행위와 더불어 불안감과 죄의식을 표현하기도 한다(Buck, 1948; Machover, 1949).
- 생식기 부위를 덮고 있는 손은 자기성애적인 습관을 제시하며, 성적으로 비정상적인 적응을 한 여성에게 보일 수 있다(Machover, 1949).
- 아주 진하게 음영이 넣어져 있거나 강조된 손가락은 일반적으로 죄의식을 보여 주는 것으로, 주로 절도나 자위행위와 연관이 있다(Machover, 1949).
- 주먹을 꽉 쥔 손은 호전성과 반항성을 표현한다(Buck, 1948).

⑧ 다리와 발

다리는 자기가 원하는 곳으로 옮겨 갈 수 있는 동적인 욕구를 충족하고 위기상황에서 피할 수 있는 매개체로, 현실 상황을 지탱해 주는 역할을 하므로 이러한 심리적 특성들을 파악할 수 있다.

- 인물의 앞모습에서 다리를 생략한 경우는 세상에 뿌리를 내리는 데 있어서 자신감 결여, 부적절함, 양가감정을 의미한다.
- 다리를 너무 길게 그린 경우는 자주성, 독립심에 대한 강한 욕구를 표현하며, 과잉행동으로 현실에 대처하려는 태도를 보인다.
- 다리를 너무 짧고 가늘게 그린 경우는 감정적 억제, 수동적인 태도를 의미한다.
- 두 다리를 너무 차이 나게 그린 경우는 신경학적 장애나 정신지체를 의심해 볼 수 있다.
- 다리와 발은 사회적 갈등을 잘 드러내는 부분으로, 발 그림을 생략하는 것은 신체적으로 비활동적인 우울증세, 의욕 상실을 표현하기도 한다.
- 유난히 작은 발은 불안정성, 수축, 의존성 그리고 신체 · 정신적 상태와 연관이 있다.

사람 그림에서 나타나는 다른 특징들을 보면 다음과 같다(Burns & Kaufmann, 1972; Machover, 1949).

- 다른 물체에 의하여 잘렸거나 생략된 것은 생략된 부분에 대한 거부감과 우울증 그리고 이 부분에 대하여 생각할 수가 없을 때 아버지나 형과의 경쟁관계에서 거세공포증을 가진 소년에게 나타날 수 있다. 또는 정서적으로 불안정한 소년들에게 나타나곤 한다.
- 전체 형태를 선으로 그어 지우고 다시 그리는 것은 그 사람에 대한 진실성 혹은 이상적인 감정을 나타낼 수 있다.
- 그림을 과다하게 지운 것은 불확실성과 우유부단하고 침착하지 못한 것을 상징, 자신에 대한 불만족과 불만 표시, 심리적인 불안감의 가능성을 암시한다.
- 그림에 다른 사람들을 포함시키는 것(Reynolds, 1978)은 가정의 위기에 영향력 있는 사람이 가정 안으로 들어오거나, 확대가족 속에서 친밀한 경우를 나타낸다.
- 회전된 그림은 방향감각이 부족한 경우, 다른 사람들과의 관점이 다른 경우, 주의

를 끌고 싶은 강한 욕구, 거부당한 느낌과 연관된 경우, 신경계통에 문제가 있는 경우일 수 있다.

- 특정한 신체 부위에 음영을 그리는 것은 검게 칠한 신체 부위에 대한 집착이 강한 경우, 검게 칠한 신체 부위나 그 주변의 신체 부위에 대한 불안감이 있는 경우(허리 아래가 검게 되었을 때는 성적인 문제)일 수 있다.
- 전체적으로 음영이 나타나는 것은 우울증의 가능성, 가족 내의 관계성에서 중요하고 상호작용하는 개인에 대한 동일시에 대한 구분, 충동을 제어하거나 부정하려는 시도다.
- 막대 모양의 그림(Reynolds, 1978)은 검사환경에 방어적이거나 저항적이고 특히 요청에 의해 겨우 그림을 그린 경우, 낮은 IQ 수준, 최소의 협조나 부정적인 제시(Hammer, 1971)를 나타낼 수 있다.

7. DAS 그림검사

(1) 목적

실버(Silver)의 DAS(Draw A Story) 그림검사는 아동과 성인의 우울증과 공격성 검사로서 개발하였다. 가족들이 개별적으로 그림을 그려서 줄거리를 만들어 이야기할 수 있다.

(2) 준비물

DAS 검사지, 자극그림, 연필, 지우개, A4 용지

(3) 지시문

다음 열네 개의 그림 중 두 개를 골라서 그려 주세요. 그리고 이 두 개 사이에서 일어나는 이야기를 상상하여 이야기를 써 주세요. 그림 속에서 무슨 일이 발생하였고 그다음에 결론이 어떠하였는지를 써 주세요. 자신이 그린 그림에다 추가적으로 구름이나 태양을 첨가할 수도 있습니다. 시간은 10분 이내로 합니다.

그림을 다 그린 후 추가로 질문할 수 있다.

[그림 9-9]

[그림 9-10]

- 그들은 지금 무엇을 하고 있나요?
- 그들은 서로 어떤 관계인가요?
- 무엇을 생각하거나 느끼고 있나요?
- 앞으로 무슨 일이 일어날까요?
- 이 일 전에는 무슨 일이 있었나요?
- 이 그림을 그릴 때 감정은 어땠나요?
- 이 그림 속에 내가 있다면 어떻게 느껴지거나 생각할까요?
- 이 이야기에 나오는 주인공은 몇 살이고 누구인가요?

(4) 해석 기준

① 정서
- 내담자가 그린 그림의 정서상태를 확인한다. 그림의 이야기에서 나오는 정서가 긍정적인가 부정적인가, 감정이 별로 없다든가 양가적인지, 관계에서 감정 표현이 안 되었는지를 물어서 확인한다.
- 정서의 강한 부정적 감정은 1점, 중간 정도의 부정은 2점, 중립 · 양가적 · 비정서적은 3점, 친한 관계의 중간 정도의 긍정은 4점, 행복이나 사랑의 강한 긍정은 5점으로 한다.
- 점수가 낮게 나타날수록 공격성과 우울증을 나타낸다고 볼 수 있다.

② 자아상
- 치명적인 위험에 빠진 것으로 표현된 대상과 동일시, 병적인 환상 1점
- 불행한, 불쾌한 주인공과 동일시 2점
- 양가적, 비정한, 애매모호한 환상의 인물과 동일시 3점
- 수동적이지만 운 좋은 대상, 유쾌한 환상과 동일시 4점
- 존경스러운 대상 영웅, 고난 극복, 긍정 대상 인물과 동일시 5점

③ 유머
- 강한 치명적인 유머로 고통, 죽음 1점
- 비방성 유머로 놀리거나 다른 사람 조롱, 불운적 2점

- 양가적 유머로 의미가 불분명하고 애매함 3점
- 문제를 극복하고 불안 극복, 안전적, 희망적, 역경 극복 4점
- 내용이 즐겁고 유쾌함, 친절하고 우스꽝스러운 단어 사용 시 5점

8. 가족미술치료 사례

1) 주 호소 문제

- 남편의 음주와 경제적 무능력으로 남편의 지지를 받지 못한 아내가 부부갈등을 호소한다.
- 전남편과의 자녀인 열한 살 큰딸과의 정서적인 갈등과 불화로 어려워한다.
- 자살한 언니의 조카들을 둘이나 함께 양육하면서 정신적 · 신체적으로 매우 어려움을 호소한다.

2) 치료의뢰 경위

현재 11세인 큰딸이 지역 아동가족상담센터에서 약한 ADHD(주의력결핍 과잉행동장애) 증세로 놀이치료를 받고 있다. 부모상담을 권유하여 지역사회 건강가정지원센터로 연계되어 2회 부부상담, 13회 부인상담, 8회 남편상담, 미술치료적(부부상담 1회, 딸 2회, 모녀상담 3회) 개입까지 다룬 사례다.

3) 현 가족의 배경

아내는 과거 폭력남편과 살다가 아이가 네 살 때 이혼하였다. 남편도 이혼경험이 있었고, 남편의 선배 소개로 결혼까지 하게 되었다. 현 남편과는 6세와 2세 딸이 있다. 남편은 대리운전을 하고 아내는 작은 회사에서 일하고 있다. 2세인 딸은 현재 시어머니가 돌보아 주고 있지만 서로 갈등관계다. 11세 된 내담자로 온 큰딸은 전남편과 이혼하고 어머니가 키우고 있다. 그리고 아내는 현재 자살한 언니의 자녀들을 데리고 함께 생활한다. 이 조카들은 현재 17세 남학생, 15세 여학생이다. 아내는 급한 성격에 완고하

고, 생활력이 매우 강하고, 우울증 증세가 있어서 약을 복용한 적이 있으며, 자살을 시도한 적도 있었다. 매일 아침 큰딸을 깨우면서 욕하고 소리 지르는 것을 시작으로 전남편을 닮은 딸에게 미움과 분노가 감정적으로 폭발하기도 하였다. 남편은 이런 환경을 회피하고 술 먹고 친구들과 어울리면서 경제적인 부분에서도 큰 힘이 되어 주지 못한다.

아내는 예쁜 척하고 잘난 척하는 큰딸의 행동과 주변 정리를 안 하고 거짓말과 컴퓨터만 하는 모습 등에 가슴이 꽉 막히고 답답하고 구역질이 나올 것 같다고 표현한다. 아이가 공부라도 잘해서 다른 사람들, 특히 시댁식구들에게 인정받기를 원하나, 그렇지 못한 딸에게 분노가 가득하였다. 그리고 아버지 역할을 제대로 해 주지 못하는 남편에게도 히스테리적인 반응을 보인다. 남편은 자신의 어머니가 폭력과 자신밖에 모르는 아버지와는 이혼하고 싶어 한다고 하며, 아버지는 둘째 누나만 신뢰하며 자신의 어려운 상황은 도와주지 않는 것이 불만이다.

남편에 대한 아내의 강한 불만을 표현하고 바라는 것을 이야기하도록 하니, 남편이 술 먹는 것 줄이기, 아이들과 놀아 주기, 집안일 도와주기, 큰딸 숙제 봐 주고 준비물 챙기기, 일찍 귀가하기 등이 있었다. 남편은 아내에게 아이에게 소리 지르고 화내지 말 것, 우울증 약을 먹고 히스테리 증세가 나타나지 않는 것을 바라고 있었다.

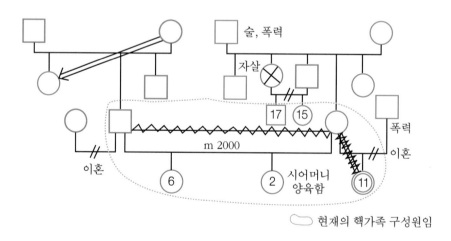

[그림 9-11] 가족관계도

4) 상담사의 소견

- 아내는 자신의 욕구가 현실적으로 이루어지는 상황이 되지 못하자, 내면의 공격성을 안으로 내면화하여 우울증 증세를 가지고 있다. 치료 목적을 자신이 원하는 것과 다른 사람이 원하는 것이 무엇인지 잘 알아차리고 서로 협조적인 태도나 방식으로 변화할 수 있도록 한다.
- 특히 사춘기의 조카들과 전 남편의 딸과 현 두 자녀들을 함께 양육한다는 점에 대해 남편에게 미안하고 죄책감도 있어서 정신적으로 불안한 상태다.
- 자신이 경제력으로 남편에게 힘을 발휘하지만 적절한 리더십이 아니라 감정적인 히스테리로 나온다. 남편의 도움을 진심으로는 원하면서도 겉으로는 남편을 비난하고 무시한다.
- 과거 전남편과 관계에서의 분노감이 자녀에게 많이 투사되어 나오며, 자신의 감정적인 분화가 낮은 수준으로 스트레스 상황에서는 이성적이기보다 감정적으로 처리한다.
- 삶의 긍정적인 목표와 부부의 공동 목표, 자녀양육방식, 자신의 솔직한 욕구를 표출하고 채우기 위한 단계적인 방법들을 모색해 볼 필요가 있다.
- 삶에 대한 의지와 생활력이 강하므로 삶의 에너지를 긍정적으로 승화시키며 현실적 상황에 재적응하도록 돕는 과정이 필요하다.

5) 치료 목표

- 구조적 가족치료 관점에서 부부체계를 강화하고 자녀 교육에 한 팀으로 대처하기
- 경험적 가족치료 관점에서 의사소통방식을 확인하며 아내의 긍정적인 자아존중감 확대하기
- 체계론적 이론 관점에서 부부의 상호작용적 의미와 가치 높이기
- 자아분화 수준을 높이고 아내의 내면의 불안감을 다루고 통제하기
- 자녀들에 대한 일관성 있는 규칙, 역할을 설정하고 실행하기
- 남편 역할의 역량강화와 책임감 증진하기

다음은 아이와 어머니가 미술치료에 참석하여 다룬 내용이다.

■ 개별평가

프로그램명	1회기-집, 나무, 사람(HTP)
날짜 및 시간	2016년 ○월 ○일 AM 10 : 30~11 : 30
내담자	아동(11세)
프로그램 내용	집, 나무, 사람 그리기
작성자	○○○ 미술치료사

	집	나무
그림		
검사 시의 태도	그림을 가지고 프로그램 진행을 한다는 것에 호기심을 가지고 있으며 적극적으로 참여하는 모습을 보여 주었다.	한 번 그려 봤기에 별 어려움 없이 자신 있게 그리는 모습을 보였다.
크기	용지 우측에 지나치게 작게 그려진 그림을 볼 수 있다.	나무 그림 역시 우측에 그렸으며 집에 비해 크게 그렸다.
필압과 선의 농담	적당한 필압으로 그려졌으며 불연속적인 스케치 선은 사용하지 않았다.	집과 마찬가지로 적당한 필압으로 그려졌으며 불연속적인 스케치 선은 사용하지 않았다.
세부묘사와 생략	집에 비해 굴뚝과 연기가 강하게 표현되었다.	크게 강조된 곳은 없는 듯하다.

그림에 대한 해석	집의 분위기에 대해 묻자 한참을 망설이다 "그냥 좋을 것 같다."라고 이야기하였으며, 굴뚝의 연기를 강조한 것으로 보아 가정의 따뜻함을 느끼고 싶어 하는 아동의 욕구를 느낄 수 있었다. 지나치게 우측에 표현한 것은 미래 지향적인 면이 강하다고 표현하는데, 아동 또한 미래에 자신의 가정이 따뜻해질 수 있다는 희망을 가지고 있는 듯하다.	나무는 40~50세 정도의 능수버들이라고 한다. 주변에 새나 잔디, 꽃 등이 있었으면 좋겠다는 아동의 바람에서 볼 수 있듯이 애정에 대한 욕구를 보이고 있는 듯하다. 자신의 나이와 동떨어진 나이를 표현한 것과 능수버들로 표현한 것으로 보아 아동이 가지고 있는 우울적인 성향을 간접적으로 느낄 수 있었다. 나무 또한 집과 마찬가지로 우측에 표현된 것을 볼 수 있었다.

	사람(여성상)	사람(남성상)
그림		
검사 시의 태도	집과 나무에 비해 사람 그림에서 약간 머뭇거리는 아동의 모습을 발견할 수 있었다. 사람 그림에서는 여성을 먼저 그렸다.	
크기	여성의 그림이 남성의 그림보다 크게 그려졌으며, 남성의 그림은 작게 그려진 것을 엿볼 수 있다.	
필압과 선의 농담	적당한 필압으로 그려졌으며 불연속적인 스케치 선은 사용하지 않았다.	
세부묘사와 생략	여성상에는 여성적인 면을 강조하기 위하여 과도하게 리본을 사용하여 그렸다. 남성상에는 상의에 그물망의 음영을 그려 넣었으며 주먹을 크게 그린 것을 발견할 수 있다.	
그림에 대한 해석	집과 나무에 비해 사람을 그릴 때 머뭇거리는 아동의 모습을 볼 수 있었다. 11세의 자신과 비슷한 또래의 아이라고 하였다. 그림에 대해서는 별로 이야기하지 않으려 했으며 한 가지 꼭 이야기하고 싶다면서 이렇게 전했다. "집에 관련되어 고민은 있으나 아직 이야기를 하지 못하겠어요." 하고 마무리하였다.	나이는 2~3학년 정도의 자신과 비슷한 또래라 하면서 생각나는 사람은 전혀 없다고 하였다. 여성에 비해 남성을 작게 그렸으며 남성의 상의에 과도하게 격자무늬의 음영을 넣은 것으로 보아 남성상에게 갈등구조를 가지고 있는 듯하다. 또한 남성의 손을 주먹 쥐듯이 그려 놓았으며 크게 그려진 것으로 보아 분노를 억누르고 있는 듯한 느낌이다.

■ 개별평가

프로그램명	2회기-동적 가족화(KFD)
날짜 및 시간	2016년 ○월 ○일 AM 10 : 30~11 : 30
내담자	아동
프로그램 내용	무엇인가 하는 가족을 그려 보기
작성자	○○○ 미술치료사

	동적 가족화
그림	
프로그램에 대한 태도 및 성향	대청소하는 우리 가족을 그렸다. 처음엔 자신을 그리지 않았다가 조금 지난 후에 자신의 모습을 그려 넣었으며 같이 살고 있는 친척 언니와 오빠는 그려 넣지 않았다. 설거지하는 아빠, 청소하는 엄마, 걸레질하는 동생 그리고 엎드려 있는 막내 동생, 자기 순으로 그림을 그렸다. 완성 후 "대청소하는 가족의 모습이 어떠한가?"라는 물음에 "화목한 것 같다."라고는 하지만 굉장히 자신 없이 이야기하는 모습을 볼 수 있었다. "우리 가족에게 가장 필요한 것이 무엇일까?"라는 물음에 "혼내지 않는 것."이라고 전하면서 이유에 대해 "솔직히 말해도 전부 다 거짓말로 생각해요."라고 하였다. 아동은 가족 내에서 중심을 엄마로 생각하며 엄마의 존재를 가장 힘 있는 사람으로 생각하고 있는 듯하였으며 자신과 아빠와의 관계에서는 상당한 심리적인 거리가 있는 듯 보였다. 그러면서도 가족 전체가 대청소라는 공통된 일을 하는 모습을 표현한 것으로 보아 아동에게 가족과 하나가 될 수 있는 희망을 가져 볼 수 있는 회기가 된 듯해 흐뭇하였다.

■ 개별평가

프로그램명	3회기-난화, 빗속의 사람
날짜 및 시간	2016년 ○월 ○일 AM 10 : 30~11 : 30
내담자	아동
프로그램 내용	• 마음대로 휘갈겨 낙서하며 그 안에서 숨은 그림 찾아보기 • 빗속의 사람을 그려 보기
작성자	○○○ 미술치료사

	난 화
그림	
프로그램에 대한 태도 및 성향	잠시 눈을 감고 손가락 하나를 들어 직선, 곡선, 사선 등을 그려 보게 한 다음 자신이 원하는 대로 휘두르게 하였다. 처음에는 잠시 머뭇거리는 듯했으나 한참을 휘젓다가 그 느낌을 그대로 펜을 잡고 종이에 낙서하며 표현하였다. 별 어려움 없이 시작하였으며 낙서하면서도 무엇인가 의도된 것을 표현하듯 같은 곳을 계속 왔다 갔다 하였다. 낙서를 하고난 후의 느낌을 묻자 "그냥 그런대로 재미는 있었으나, 스트레스는 풀리지 않았어요."라고 이야기하였다. 아동에게 낙서 안에서 숨은 그림을 찾아보자고 하였더니 별과 야구공, 사람을 찾아 표현하였다. 찾은 그림을 가지고 제목과 이야기를 만들어 보자고 제시하였는데, "별이 떠 있는 밤에 야구공이 사람 머리 위로 날아와 맞고 세모 모양의 혹이 났다."라고 하였다. 맞은 사람이 누구냐는 질문에 "둘째 동생이요."라고 이야기하는데, 여기에서 동생에게 느끼는 분노를 전달받을 수 있었다. 또한 상담사가 "만약 네가 이렇게 아프면 누구한테 가장 이야기하고 싶어?"라고 질문하자, "엄마한테 제일 먼저요."라고 이야기하였는데, 이유는 "아픈 데 약 발라 줄 거 같아요."라고 하였다. 엄마의 사랑을 몹시 그리워하는 듯 보였다.

	빗속의 사람
그림	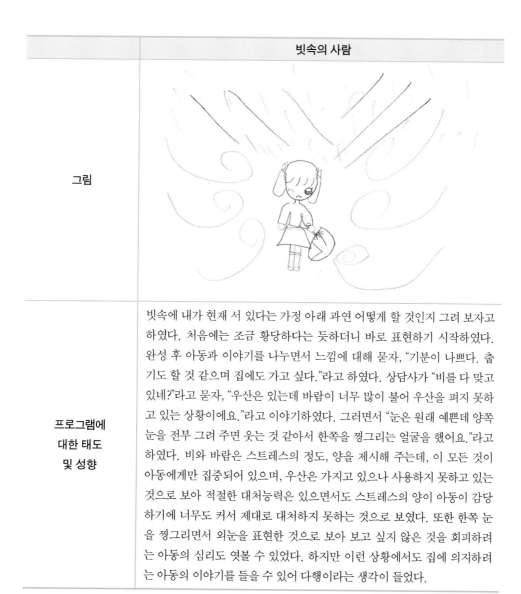
프로그램에 대한 태도 및 성향	빗속에 내가 현재 서 있다는 가정 아래 과연 어떻게 할 것인지 그려 보자고 하였다. 처음에는 조금 황당하다는 듯하더니 바로 표현하기 시작하였다. 완성 후 아동과 이야기를 나누면서 느낌에 대해 묻자, "기분이 나쁘다. 춥기도 할 것 같으며 집에도 가고 싶다."라고 하였다. 상담사가 "비를 다 맞고 있네?"라고 묻자, "우산은 있는데 바람이 너무 많이 불어 우산을 펴지 못하고 있는 상황이에요."라고 이야기하였다. 그러면서 "눈은 원래 예쁜데 양쪽 눈을 전부 그려 주면 웃는 것 같아서 한쪽을 찡그리는 얼굴을 했어요."라고 하였다. 비와 바람은 스트레스의 정도, 양을 제시해 주는데, 이 모든 것이 아동에게만 집중되어 있으며, 우산은 가지고 있으나 사용하지 못하고 있는 것으로 보아 적절한 대처능력은 있으면서도 스트레스의 양이 아동이 감당하기에 너무도 커서 제대로 대처하지 못하는 것으로 보였다. 또한 한쪽 눈을 찡그리면서 외눈을 표현한 것으로 보아 보고 싶지 않은 것을 회피하려는 아동의 심리도 엿볼 수 있었다. 하지만 이런 상황에서도 집에 의지하려는 아동의 이야기를 들을 수 있어 다행이라는 생각이 들었다.

■ 개별평가

프로그램명	4회기-동그라미중심가족화(FCCD)
날짜 및 시간	2016년 ○월 ○일 AM 10 : 30~11 : 30
내담자	아동과 어머니
프로그램 내용	동그라미 안에 부모와 나를 그려 보기
작성자	○○○ 미술치료사

	아동	어머니
그림		
프로그램에 대한 태도 및 성향	아빠, 엄마, 나 순서대로 그렸으며 계단 형식으로 아빠가 제일 뒤에 그리고 엄마, 자신 순으로 자신이 제일 앞에 서 있다고 하였다. 인물상의 크기에서 엄마의 모습을 부각시킨 것으로 보아 엄마의 존재를 가장 크게 보는 듯하다. 또한 아빠상을 자신과 가장 멀리 떨어뜨려 놓은 것으로 보아 아직도 심리적인 거리가 있는 듯 보이며 각 인물의 상징화를 그려 보라는 지시에 아빠는 소주와 2단 회초리, 엄마는 회초리와 구두를 그렸다. 자신은 아이스크림을 표현했다. 부모의 공통된 상징은 돈을 굉장히 크게 부각한 것으로 보아 부모가 돈에 대한 근심을 많이 하는 것으로 보였다. 자신의 모습에서 손이 크게 그려진 것으로 보아 내재된 분노를 느낄 수 있었다.	현재 자신과 부모님의 모습을 표현하였다고 한다. 성인인 자신의 모습이 아직도 부모님보다 작게 그려진 것으로 보아 부모님께 의존하고 싶은 내담자의 모습을 엿볼 수 있었다. 아버지의 상징물로 술을 그려 놓았는데, 아버지가 술을 드시고 들어오실 때면 엄마에게 폭언과 폭행을 일삼아 무서웠다고 한다. 그런데 지금 남편의 귀가가 늦어지거나 술을 먹고 오면 심장이 두근두근해진다고 하면서 예전의 아버지의 모습이 남편에게 투사되어 두렵다고 한다.

9. 가족과 활동하기

1) 가족의 과거 · 현재 · 미래 모습 나누기

[그림 9-12]

- 앞의 그림에서 과거의 어머니(아버지, 나)의 모습과 닮은 것은 어느 것이며 그렇게 생각하는 이유는 무엇인가?
- 앞의 그림에서 현재의 어머니(아버지, 나)의 모습과 닮은 것은 어느 것이며 그렇게 생각하는 이유는 무엇인가?
- 앞의 그림에서 미래의 어머니(아버지, 나)의 모습과 닮은 것은 어느 것이며 그렇게 생각하는 이유는 무엇인가?

2) 콜라주로 감정 표현하기

- 준비물: 잡지책, 색종이, 신문지, 풀, 가위, 테이프, 하얀 전지

① 마음속의 편안함을 느끼며 호흡을 한다. 혼자만의 안전하다고 느끼는 장소에서

호흡을 하면서 잠시 달콤한 휴식을 취한다고 상상한다. 고통(슬픔, 희망, 분노)을 상징하는 이미지들을 천천히 떠올려 본다. 부정적인 이미지나 긍정적인 이미지를 위하여 컬러 잡지나 색종이를 자르고 오린다. 사진, 모양, 색깔, 문구 등 무엇이든 다 모은다. 흰 전지에 위에 모은 이미지들을 나열해서 붙인다.

나의 감정을 표현할 수 있고 또 표현한 것을 수정할 수도 있다. 가족들이 한 명씩 자기 작품에 대해서 이야기를 나누면 한 사람이 그 말을 그대로 반영해 주고 공감해 준다.

② 가족들이 공동으로 합동하여서 한 주제(우리의 꿈, 미래, 희망, 사랑)를 정해서 콜라주를 만들어 본다. 만드는 과정에서 나누는 대화와 마치고 나서의 느낌들을 나누도록 한다.

3) 시 쓰기

나의 인생에서 가장 어려웠던 시절, 주변의 환경 때문에 어쩔 수 없이 포기해야만 했던 것들(예: 직업, 스포츠, 그림 그리기, 사랑하는 사람, 자녀, 등)을 주제로 시로 써 본다. 나의 인생에서 새로운 장으로 가능한 길은 어떤 길이었는지, 새로운 방향을 나타내는 푯대는 무엇이고 어떻게 가고 있는가? '한때 나는 ……'으로 시작을 하고 '지금 나는 ……'으로 시를 마무리한다.

나의 가족을 주제로 나의 남편, 아내, 자녀를 각각의 주제로 성격적인 장점, 좋아하는 것, 잘하는 것, 원하는 것 등 찬양하는 시를 써서 서로 큰 소리로 읽는다.

10. 가족미술치료 실습

1. 다섯 명씩 그룹을 나누어서 한 명은 관찰자, 네 명은 한 가족으로 미술활동을 한다. 그림을 그리는 사람은 색연필을 하나 선택하여 그림을 다 그릴 때까지 바꾸지 않는다. 큰 전지를 바닥에 놓고 함께 그림을 그린다. 관찰자는 랜드가튼의 평가과정의 열일곱 가지 항목을 관찰하며 기록한다.

• 준비물: 크레용, 전지

① 비언어적 가족팀으로 그리기: 남성팀, 여성팀 또는 아버지와 딸 또는 아들과 어머니
　를 한 팀으로 나누어, 말하지 않고 자유롭게 주제 없이 그림을 그리고 난 후 제목을 정
　한다.
② 비언어적 가족합동화 그리기: 비언어적 가족합동화를 그리고 나서 가족은 서로 말하
　면서 제목을 정한다. 서로의 느낌을 나눈다.
③ 언어적 가족합동화 그리기: 가족들이 서로 말하면서 그림을 그리기, 자유롭게 주제
　없이 그림활동을 한다.

2. 그룹으로 나누어서 다음의 그림과정을 순서대로 실시하고 서로 나누도록 한다.

• 준비물: 연필, 크레용, 펠트펜, A4 용지, 전지
• 소요 시간: 2시간 정도

① 난화 그리기: 가족원들에게 난화를 그리도록 한다.
② 가족화: 가족원에게 각자 추상적 또는 사실적 가족화를 두 장 그리도록 한다.
③ 가족합동벽화과정: 가족원들은 합동 펠트펜이나 크레용을 이용하여 합동벽화를 그
　리도록 한다.
④ 자유화 그리기: 마음속에 떠오르는 모든 것을 각자 그리도록 한다.

10 애착이론과 부모교육

– J. M. Gottman, T. Gordon, & J. Bowlby

"부모로서, 당신의 자식들이 알아야 할 삶의 교훈은 어떤 것들이 있나요?"
"누구로 하여금 억지로 너희를 사랑하게 할 수는 없으니
오직 스스로 사랑받는 존재가 되어야 한다는 사실을 알아야 하며,
남과 자신을 비교하는 일은 좋지 않고,
용서를 실천함으로써 용서하는 법을 배우고,
사랑하는 사람에게 상처를 주는 데는 단 몇 초밖에 걸리지 않지만,
그 상처를 치유하는 데는 여러 해가 걸린다는 사실을 알아야 한다.
가장 많이 가진 자가 부자가 아니라
더 이상 필요로 하는 것이 없는 자가 부자이니라.
그리고 사람들은 서로를 극진히 사랑하면서도
그 사랑을 표현하는 방법을 모르고 있다는 사실,
두 사람이 똑같은 것을 바라보면서도 그것을 서로 다르게 볼 수 있다는 사실,
서로 용서하는 것만으로는 부족하니, 자기 자신을 용서하는 방법을 배워야 하느니라."
– 하나님과의 인터뷰에서 –

1. 부모교육이론의 배경

1) 존 가트만

존 가트만(John M. Gottman) 박사는 감정에 초점을 두고 부부, 부모–자녀관계를 연구하고 상담하는 세계적인 전문가다. 미국 워싱턴 대학교 심리학과 교수로 재직 중이다. 위스콘신 대학교에서 임상심리학 박사를 받고 부부들을 대상으로 풍부한 임상경험을 하였다. 성공적인 결혼생활에 대한 과학적인 데이터 분석을 통한 자료들로 가트만식 치료방법들을 개발하였다. 저서로는 『자녀양육의 모든 것(The Heart of Parenting)』 『왜 결혼은 성공하기도 하고 실패하기도 하는가(Why Marriages Succeed or Fail)』 『남자와 여자가 싸울 때(When Men Batter Women)』 등이 있다. 그 외에 100편이 넘는 연구논문들이 있다. 특히 가트만의 감정코치(emotion coach) 기술은 자녀들의 사회적응능력, 정서적인 대처방안, 학업 면에서나 스트레스 대처방안에서도 탁월한 방법이다.

2) 토머스 고든

토머스 고든(Thomas Gordon)은 1962년부터 캘리포니아 솔리나비치에서 처음으로 17명의 학부모들을 대상으로 부모교육 프로그램을 시작하였다. 그는 전문상담가로 일하면서 아이들의 문제가 부모와 교사들에게 있다고 확신하고, 부모교육과 교사교육을 위한 훈련 프로그램(P. E. T. 부모역할훈련)을 개발하였다.

적극적 듣기와 나-전달법, 승승방법이라는 의사소통기술로 부모와 자녀, 교사와 학생들의 갈등을 효과적으로 해결할 수 있다고 믿고, P. E. T. 프로그램을 더욱 수정·보완하였다.

고든의 부모교육 프로그램은 국제고든훈련센터(GTI)에서 미국 전역으로 알려지고 전 세계적으로도 퍼져 나갔다. 대표적인 저서로는 『교사역할훈련(Teacher Effectiveness Training)』 『지도자역할훈련(Leader Effectiveness Training)』 『부모훈련(P. E. T. in Action)』 등이 있다. 그 외 다른 저서로는 『인내심 있는 배우자 만들기(Making the Patient Your Partner)』 『좋은 관계(Good Relationships)』 등이 있다. 1999년 미국심리학협회에서 공익에 지속적인 기여를 한 심리학자에게 주는 상을 수여받았다. 2000년에는 캘리포니아 심리학회에서 주는 평생공로상을 받았으며, 2002년 사망하였다.

여기에 소개되는 가트만의 자녀양육방식은 감정코치 방법으로, 실제적으로 아이들을 10년 이상 추적·관찰하고 그 결과를 비교해서 얻어 낸 결과물이다. 가트만 박사는 성공적인 자녀양육법의 열쇠는 이것이 좋다 저것이 좋다 뒤섞은 이론이 아니라 아이에 대한 깊은 애정과 사랑을 바탕으로 한 공감과 이해를 통해서만 얻을 수 있다고 강조한다(Gottman & 남은영, 2007). 이 장에서는 고든의 의사소통과 갈등해결 방안의 부모교육이론과 가트만의 감정코치 5단계를 다루게 된다. 이제는 부모교육이 한 개인의 경험담이 아니라 실제적으로 어느 집안에서나 적용 가능한 기본 원칙과 틀을 제공할 수 있어야 한다.

필자는 무엇보다도 현대사회 속에서 우리의 가정과 자녀를 볼 수 있는 안목이 필요하다고 생각한다. 가정도 사회에 속하며, 사회의 영향력을 가장 많이 받기 때문이다. 그래서 서두에 부모교육의 필요성을 다루고 부모의 양육방식을 다룰 예정이다. 가장 중요한 초기 부모-자녀관계에서 부모가 아이들에게 해야 할 최상의 것이 무엇이며, 자녀의 대인관계기술이나 감성지수를 높이는 방법들이 근본적으로 어떤 것인지를 볼비의 애착이론을 통해 제공할 것이다.

2. 부모교육의 필요성

1) 현대사회에서의 자녀

과거에는 결혼이 곧 부모가 되는 것으로 직접 연결되어 있어서 출산은 선택이라기보다는 필수 조건이었다. 산업화 이전의 농경사회에서 아이는 경제적인 이유에서도 충분한 가치가 있었다. 집과 들에서 부모의 일손을 돕고 성장하면 노동력으로서 가치가 충분하였다. 그리고 아들은 집안의 재산을 이어받고 노후가 되면 의지할 수 있는 든든한 버팀목이 되어 주었다. 그래서 아들은 더 환영을 받았다. 특히 가문의 대를 이을 중요한 사람으로서, 부모 재산의 상속자로서 부모의 뜻에 따라서 행동해야 했다.

그러나 21세기에 들어서는 더 이상 결혼과 부모 노릇이 연결되지 않고 선택이 되어 가고 있다. 사회경제적인 변화와 함께 아이가 가족을 위한 노동력이 아니라 양육에 따른 많은 교육 비용을 지불해야만 되는 현실을 무시할 수 없게 되었다. 그래서 이제 자녀는 이윤 창출이라는 경제적 관점으로는 어떤 이익도 가져다주지 못한다. 경제적인 압력을 받는 집에서는 자녀가 축복의 대상이 아니라 부담이며 짐스러운 대상이 된다. 과거 생계가 어려웠던 시기에 자녀들은 부모들의 특별 보호나 관심의 대상이 되지 못하였다. 아이들은 욕구도 거의 없는 것으로 간주되고 방치된 채 알아서 자라야만 했다. 또한 부모들은 자녀들에게 매우 엄하고 명령적이었으며, 함께해 줄 수 있는 시간조차 별로 없었다.

사회학자 벡-게른스하임(Beck-Gernsheim, 1997)은 유럽에서 19세기 말까지도 종교적인 믿음과 전통에 의해서 내려오는 규칙들로 자녀들을 양육하였고, 20세기가 되어서야 종교적인 가치가 서서히 무너지고, 전통은 뒤로 밀리고, 계급과 지위를 기반으로 한 공동생활의 패턴이 무너지기 시작하였다고 본다. 그래서 오늘날 많은 부모가 자녀를 갖는 것은 '심리적 효용성'(Fend, 1988) 때문으로, 아이가 부모 사이를 가깝게 해 준다거나, 사회적 지위에 대한 부모들의 희망이 좌절되었을 때에 그 자리를 대신 채워 줄 것이라는 동기부여도 강조한다. 자녀를 키우면서 느끼는 정서적 측면에서의 경험이 자신의 삶에서 성장의 계기가 될 수 있다고 믿는다.

부모들은 이제 아이의 출산과 양육을 통하여 그들 자신을 위한 뭔가를 얻고자 한다. 아이를 갖는 일이 더 이상 봉사나 일종의 헌신 차원이 아니라 자신의 이익을 추구하는 삶의 한 방식이다(Muenz, 1983). 산업사회에서는 개인의 능력이 중시되고, 항상 합리적이고 효율적이며, 신속하게 규율에 따라 행동하고 성공해야 한다는 강박적인 사고와 행동을 요구한다. 그러나 아이와 함께한다는 것은 이런 인위적인 것이 아니라 삶의 자연적인 측면이다. 여성들의 인내와 침착, 돌봄, 애정, 개방적이고 가까워지고자 하는 욕구들은 아이들과 함께하면서 누릴 수 있는 자연스러운 감정들이다. 이런 감정들은 사회생활에서는 긴장과 분주와 사고만을 강조하는 것에 반해 살아 있는 균형감을 채워 주는 것이다. 어떤 여성은 "아이에게서 얻는 크나큰 생기 있는 에너지와 즐거움을 또 어디서 찾을 수 있겠는가?"라고 말한다(Beck & Beck-Gernsheim, 1997).

아이들은 이제 부모들에게 지치고 스트레스가 많은 사회에서 신선한 물줄기 같은 것이며, 부모는 아이들의 성장과정을 보는 것만으로도 기쁨이고 삶의 원천이라고 믿는다. 천신만고 끝에 아이를 출산한 어머니에게 "아이는 기쁨의 원천으로, 부모에게는 새로운 가능성을 열어 주며, 마음속에는 강렬한 감정을 일깨우고 부모의 삶을 목적과 의미로 강화시키고, 그들에게 하나의 정서적 닻을 제공해 준다. 이런 경험들은 아이와 함께하면서 실제로 얻게 되는 것임을 많은 연구가 증명한다."(Beck & Beck-Gernsheim, 1997: 25ff)

현대인들은 프랑스혁명 이후 자유를 선고받았다. 결혼이나 양육은 이제 더 이상 제도가 될 수 없고 개인의 선택사항이다. 아이를 갖고 돌보고 부양하는 것이 삶에 새로운 의미와 중요성을 부여할 수 있고, 개인적인 사생활의 핵심이 될 수도 있다. 아이는 어떤 가정에서는 주춧돌 같은 역할을 하기도 하고, 어떤 집에서는 부모의 이상을 실현해 주는 역할을 하기도 한다. 그런가 하면 어떤 가정에서는 전혀 아이의 필요성을 느끼지 못하기도 한다. 어떤 집은 아이가 부부 중심의 삶을 방해한다고 생각하기도 한다. 아이가 태어난 후 부부관계가 더 악화되고 갈등은 피할 수 없었다고 고백하는 경우도 있다.

> 내가 아이를 돌보는 일에 하루 종일 매달리다 보면 남편에게는 자연적으로 소홀해진다. 관심을 가질 만한 여력이 없다. 남편과 함께 이야기할 시간도 에너지도 없다. 오직 쉬고 싶을 뿐이다. 그런데 철없는 남편이 반찬 투정을 한다든지 집안이 지저분하다고 잔소리를 하는 것을 들으면 당장 '네가 애를 봐라.'라고 크게 소리치고 만다. 반복되는 육아와 가사에서 내가 지치고 힘드니까 짜증이 나고 공격적이 된다. 그런 나를 남편은 이해해 주지 못하고 차갑게 대한다. 그래서 우리 관계는 아이가 태어난 이후부터 더 악화되었다.
>
>   -내담자의 고백-

어떤 부모들은 '오늘날처럼 세상이 흔들리고 보이지 않고 불확실한 사회에서 그나마 나를 지탱해 주고 단단하게 묶어 주는 것은 내 아이다.' '아이는 나의 삶의 중심이고 모든 것이 아이중심으로 돌아간다.' '아이는 내가 어디에 있는지, 무엇을 위해 일해야 하는지를 알게 한다.' '아이들만이 저희들의 희망이고 미래입니다.' '아이들이 공부를 잘해서 우리의 꿈을 대신 이루어 주기를 바랄 뿐이죠.'라고 생각한다. 가족계획에 관한 스위스의 한 연구에 따르면 아이를 인생에서 가장 중요하고 주된 목적으로 생각하는 태도가 특히 사회계층의 아래층에 위치한 사람들에게 많았다고 보고한다(Beck & Beck-Gernsheim, 1997). 한국에서도 실제 도시 및 농촌 거주자의 가족 및 친족 관련 가치관을 비교한 연구(옥선화, 성미애, 신기영, 2000)에 따르면 특히 자녀에 대해서 '자신의 개인적 관심보다 가족의 관심을 더 우위에 두어야 한다.' '자식은 어른이 된 후에도 모든 일을 부모와 의논한 후에 실행하여야 한다.'는 전통적인 가족주의가 강하게 남아 있었다.

한국에서는 부부 중심의 가정보다는 자녀중심의 가정이 우세하며, 아이가 삶의 본질이고 핵심이 되는 것이 꼭 일부 계층에만 해당되는 것은 아니다. 자녀 교육을 위해서 호주나 미국, 뉴질랜드 등으로 자녀와 아내를 보낸 '기러기 아빠'가 차지하는 비율도 적지 않다. 한국의 많은 부모는 자신이 힘들게 어렵게 성장한 만큼, 내 자녀들만큼은 어렵지 않게 모든 것을 다 지원해 주고 아이의 꿈과 희망을 실현시켜 주고 싶다고 한다. 그러나 모순되게, 부모에게 전폭적인 지지만 받던 아이들은 결국 경제적으로 홀로서기를 하기가 어렵다. 그래서 부모는 끝없이 아이 주변을 맴도는 '헬리콥터 부모'가 되고 일일이 어려움이나 힘든 상황을 해결해 주는 해결사가 되고 만다.

오늘날 자녀는 가족구성원의 핵심이면서 동시에 갈등의 대상이 되기도 한다. 청소년 시기에 부모들은 한번씩 자녀와 갈등의 홍역을 겪어야만 한다. 사회는 민주적이고 양성평등을 강조하지만, 가족 내에서 부모는 아직도 여전히 자녀에게 순종을 요구하며 대화보다는 권위가 앞선다.

자녀는 부모의 사적인 소유물이 아니라 건강한 사회인으로 양육되고 사랑받아야 할 대상이다. 모제(Lloyd De Mause)의 말처럼 양육은 "아이의 의지를 꺾는 과정이 아니라 훈련시키고, 올바른 길로 인도하고, 적응하도록 가르치고, 사회에 적응하도록 하는 과정"이 되어야 한다.

한국은 외현적으로는 서구처럼 핵가족으로 변모했지만, 가족 내에서의 민주화나 양성평등은 점진적으로 변화하고 있다. 아직도 부계직계가족의 권위나 위상은 여전히 존재하고 있다. 부모는 사회의 규범이나 가치를 자녀들에게 가르치지만 앞서가는 자녀들에게 컴퓨터문화는 배워야 하고, 자립심이나 독립심을 강조하면서도 자신의 말에 순종하라고 가르친다. 이러한 부모와 자녀 세대의 엄청난 갈등이 여전히 삶 속에서 존재하는 가운데, 부모들의 사고와 행동도 서로에게 윈윈 전략이 되게끔 현명하고 합리적으로 변해야 할 필요성이 있다.

2) 자녀교육: 만능인의 부모 역할

프랑스혁명 이후 현대인은 자유의 몸이 되었다. 산업사회에서 자신의 운명은 이제 자기의 능력과 책임에 달린 것이 되었다. 이러한 변화로 인해 교육에 의해서 자녀의 운명이 나와는 달라질 수 있을 거라는 기대가 급속도로 높아졌다. 소수의 가진 자들만이 누리고 혜택을 받았던 교육이 모든 계층에도 확대되어, 부모들은 아이들에게 최상의 것을 제공하기 위해 모든 것을 희생한다. 조기교육으로 잠재력을 깨우고, 지능을 계발하고, 특기를 갖추게 하고, 세계적인 언어를 배우게 하는 등의 노력들은 부모들에게는 20세기에 새롭게 등장한 엄청난 부모의 의무요 역할이 되었다.

아이들은 부모보다 더 잘살아야 하고 더 행복해야 한다는 이념 아래 부모들은 모든 것을 할 각오가 되어 있다. 또한 텔레비전이나 방송, 육아 전문 프로그램이나 잡지, 아동 전문서적들은 밀물처럼 밀려와 홍수를 이루고, 아동양육에 대한 많은 서비스의 그물을 아이에게 던지면 그물에 잡히는 것은 어머니들이다. 어머니들은 자녀양육에 대한 정보의 그물 속에서 무엇을 잡아야 할지, 어떤 방법을 선택하여야 할지 고민에 고민을 해야만 한다. 이제 어머니의 역할은 밥해 주고 빨래해 주는 것만이 아니라 육아전문가, 교육전문가가 되어야 한다. 그래야 내 아이가 다른 아이와의 만지고, 잡아당기고, 쥐고, 잡고, 놓고 하는 등의 경쟁에서 이길 수 있다. 매일 어머니는 아이를 도와주고 계획적으로 이끄는 사람이 되어야 한다.

자녀교육에 대한 전문성은 어머니나 할머니, 할아버지의 경험으로는 더 이상 영향력을 발휘하기가 어렵게 되었다. 신세대 아동전문가들이 말하는 유아놀이나 생활지도 지침이나 학습법이 훨씬 더 중요하게 되었다. 예를 들어, "아이들과 놀아 줄 때는 단순한 놀이 이상이 되어야 한다. 왜 어머니는 자신이 보여 주고 싶은 대로 아이들의 관심을 이끌면서도 어떤 규칙에 따라 차례차례 하나씩 이끌어 주지 않는가? 왜 아이의 손을 이끌어서 정해진 방식대로 만지고 밀고 잡아당기고 쥐고 잡고 놓고 하는 등의 행동을 가르치지 않는가? 이것은 일찍부터 아이의 신체발달을 돕는 자연스러운 방법이다. 아이들은 함께하는 모든 놀이와 농담에서 반드시 언어기관과 신체의 다른 부분들을 운동시킬 수 있도록 의도적으로 지식을 가지고 행해야 한다."(Basedow et al., 1980: 112)

매 순간이 아이에게는 배움의 시간이다. 자극되지 않는 시간은 낭비다. 전문가의 말대로 어머니는 다방면의 자극을 주기 위하여 박물관이며 오페라며 음악회며 전시회며 수영장으로 데리고 가고, 친구들과 생일파티를 열어야 하고, 야구나 축구도 함께 해 주고, 과제를 점검하고, 선행학습을 시켜야 하고, 모든 부분의 만능 재주꾼으로 활약해야 한다.

아이의 학습능력이 곧 어머니의 능력인 것처럼, 한국의 어머니는 아이의 학습능력을 향상시키기 위해 주변의 학원들을 모두 탐색하고 수강하면서 아이에게 가장 잘 맞고 적합한 맞춤식 학원을 선정하고, 성적이 우수한 학생들의 어머니들과 친분을 유지하며 상위그룹 어머니들 모임에 들어가야 한다. 여기서는 모든 것이 정보싸움이다. 정보 공유는 절대 하지 않는 것이 원칙이다. 내 아이가 잘하면 다른 아이가 떨어지고, 다른 아이가 잘하면 내 아이가 떨어지기 때문이다. 마치 어머니는 아이의 대학진로의 안내자로, 인생의 동반자로, 자녀가 더 잘살 수만 있다면, 더 잘나고 출세할 수만 있다면 모든 것을 마다하지 않는다.

많은 어머니는 전문가들의 "아이의 정서가 불안정해요."라는 한마디에 불안하고, 내가 무엇을 잘못했는지 자책하며, 자신의 능력이 부족함을 한탄하기도 한다. 아이에 대한 의사들의 부정적인 한마디에 어머니들의 삶은 천당과 지옥을 왔다 갔다 한다. 모든 촉각을 곤두세우고, 자녀에게만 초점이 맞추고, 좀 더 잘할 수 있었을 텐데라며 지나간 시간에 대해 아쉬워한다.

자녀를 양육하는 것에는 모성적 사랑이 절대적으로 중요하지만, 그것을 일이라고 생각해서는 안 된다. 정신분석가인 위니컷(D. C. Winnicott)의 말을 빌리자면 다음과 같다.

　　자, 즐기세요. 자신이 얼마나 중요한 사람인지 즐기세요. 당신이 새로운 구성원 한 명을 생산하는 동안 세상은 다른 사람들에게 맡겨 두세요. 당신 자신에게 도취되고 자신과 사랑에 빠지세요. 아이는 당신의 아주 가까운 일부입니다. 이 모든 것을 당신 자신을 위하여 즐기세요. 하지만 아이를 돌보는 귀찮은 일에서 얻을 수 있는 즐거움은 아이의 입장에서는 정말 중요합니다. 엄마의 즐거움은 바로 여기에 있어야 합니다. 그렇지 않으면 전 과정은 죽은 상태가 되고 쓸모없고 기계적인 것이 됩니다

(Schuetz, 1986: 91).

그러나 아이를 실제로 양육하는 어머니에게는 이론과 다르게 작용하기도 한다. 어떤 교사인 양육자는, 아이양육에만 시간을 보낸 길지도 않은 6개월이 자신에게는 인생에서 가장 힘든 시기였다고 고백한다. 잇따라 수유하는 자신의 모습이 너무 동물적으로 보였고, 말도 못하고 무기력하여 전적으로 자기에게만 의존하는 아이와 방 안에 함께 있는 게 때로는 막 막하고 암울하고 너무 소외된 느낌이었다고 한다. 이런 마음을 바쁘고 스트레스에 시달리는 남편에게 하소연도 못하고 혼자 참으면서 지내다가 우울증이 왔다고 한다.

"결혼이 그 의미를 바꾸어서 아이를 사회화하는 것이 된다면 파트너와의 갈등은 불가피하다."(Nave-Herz, 1987: 26) 그러나 양육하면서 부부가 서로 협조하고 이해하면서 시간을 아이들에게 할애하고 인내하고 에너지를 찾고 감정을 나누는 긍정적인 효과도 작용한다. 부부는 서로에게 집중하기보다는 자연스럽게 아이들에게 집중하고 기대하고 욕구를 채우려고 한다.

한때는 '엄마의 부모노릇'이 확신 있고 자율적인 건강한 아이로 만든다고 믿었다. 그러나 부모들의 교육적인 측면들이 간과되고 있음은 비판받았고, 아이 양육자의 입장에서 자기를 포기한 사랑은 이제 효과성 면에서 부작용이 드러나고 있다. 아이에 대한 지나친 열정은 완전한 통제와 훈육으로 아이를 길들이게 한다. 임상에서 종종 보이는 사례로 어머니가 아이에게 지나치게 밀착되고 집착하는 것이 얼마나 병리적일 수 있다는 것을 알 수 있다. 어머니가 자기를 포기하고 양육하는 것이 결코 아이를 위한 것이 아닐 때가 있다. 개인의 억압된 욕구는 사라지지 않고 무의식 속에 잠재적으로 있다가, 약한 대상인 아이에게 또는 남편에게 적대적·공격적으로 대치되어 나타난다. 아이에게 동일시적인 투사가 일어나고 종종 괴롭히는 것은 어려운 일이 아니다.

자녀양육에 대한 애정지표는 적절해야만 효능이 있다. 너무 과다하거나 너무 결핍되는 것은 더 큰 문제가 따른다. 어머니가 아이에게 지나친 소유욕이 있어서 집착하고 희생적이고 적대적이고 지배하려 들고 애정을 갈망하거나 마음이 내키지 않는 부모에게는 곧 과다애정 후유증을 겪을 것이라는 경고가 따른다. 그런가 하면, 아이에게 애정과 관심을 주지 못하고 소홀히 하며 자기 일에만 집중하고 아이는 뒷전으로 밀쳐놓는 부모에게는 애정결핍 후유증을 겪을 것이라고 경고한다. '아이에게는 사랑이 필요하고 부모들에게는 조언이 필요하다.' 어느 책 제목처럼 부모-자녀관계에서 부모들의 소원이며 희망인 '내 아이는 나보다 더 잘되어야 한다.'라는 규정에는 진정으로 아이를 위한 것만이 아니라 부모 자신의 원함이 이기적으로 발동된다.

　　　　이제 더 이상 아이가 부모와 닮고 그들처럼 살아야 한다는 생각조차 용인할 수 없다. 아이는 더 잘 먹고, 더 잘살아야 하고, 더 많이 벌고, 더 잘 차려입고, 더 잘나야 한다. 가능하면 아버지의 장사를 물려받지 않고 많이 배워서 좋은 직업을 가져야 한다.

　이런 꿈들은 모든 부모에게 감동적일 만큼 대중적이 되었다. 그래서 자녀들은 미래에 대한 보장을 위하여 부모에게 공부 압력을 받고, 지시와 간섭도 받아야 하고, 훈련되어야 하고, 강요당하기도 한다. 부모들 가운데는 자신의 기대를 채우기 위하여 자녀를 억압하고 폭력을 행사하기도 하는 경우가 있다. 부모들의 좌절경험은 선한 의도와는 상관없이 실망과 공격성으로 나타나기도 한다. 그래서 사춘기 시기가 되면 자녀들은 반란을 일으켜 가출을 하기도 한다.

　사회는 더 복잡해지고 가족들을 부양하기 위해 직업전선에서는 경쟁력을 키워야 하고 자녀를 책임지고 양육해야만 한다. 현대의 어머니, 아버지들은 매일 분주하며 자녀들에게 시간을 할애하고 함께한다는 것이 환경적으로 매우 어렵게 되어 가고 있다. 그래서 자녀들은 학원에서 하루 종일 보내야 하고, 혼자서 텔레비전이나 컴퓨터 앞에서 게임과 놀이로 시간을 보내는 것이 대부분이다. 한 자녀 가정이 많다 보니 형제들끼리 서로 어울리고 노는 기회도 많지 않다. 이미 자녀들은 사회적으로 관계를 잘할 수 있는 대인관계기술이나 사회성이 떨어지고 있다. 그래서 학교에서는 주의력결핍 과잉행동장애 아이들이 자기 감정을 절제하지 못하고 극단적인 분노를 표출하고, 불안의 감정과 배고픔의 감정을 구분하지 못한 여자아이들은 섭식장애를 겪게 되고, 남자아이들은 충동적이고 공격적인 성향이 비행이나 폭력으로 표출되기도 한다. 아이들이 성장하면서 감성지수가 낮고 사회성이 떨어지면 결국 사회의 부적응자로 탈락할 확률이 높아진다. 이런 현상들은 이미 서구사회나 유럽에서도 나타난 현상으로, 1960년대부터 부모들의 자녀양육에 대한 관심이 붐을 이루었고, 자녀들의 이상행동들은 가족치료의 발달에도 영향을 미쳤다.

　부모의 이혼이 증가하고 가족이 해체되면서 청소년들의 폭력이나 부적응이 크게 우려되는 현실에서 자녀를 정서적으로 똑똑하게 키우는 것은 어느 때보다도 중요한 문제가 되었다. 자녀가 스스로 자기 일을 자립적으로 할 수 있고 문제해결능력이 뛰어나고 책임을 질 수 있는 유능한 아이로 성장하는 것은 저절로 되는 것이 아니다. 오늘날 부모들은 자녀양육을 위하여 돈과 시간과 지식을 쌓아야 한다. 실질적인 전략이나 계획이 없다면 더 우월하고 특별한 아이로 키우기 어렵다. 한국 사회에서 아이는 이제 부모에게는 투자의 대상이 되었다. 많은 비판에도 불구하고 부유층 자녀들은 어릴 때부터 엄청난 투자를 하여 고급 사립유치원에서 사립초등학교로, 사립명문이라고 하는 외국어고등학교를 거쳐서 명문대학교나 외국대학교로 진학하고 있는 추세다. 외국유학의 붐이 한창인 한국에서는 유학 컨설팅이나 외국유학원은 초호황을 누리고 있다.

1980년대의 여성이 슈퍼우먼으로 일과 양육을 완벽하게 해내는 여성이었다면, 1990년대의 여성은 '사커맘(soccer mom)'으로 자녀 교육에 열성적인 주부들을 말한다. 현 시점에서 부모들은 전문가의 말도 들어야 하고, 부모로서의 개인적인 소신과 철학이 없이는 우왕좌왕 이리저리 끌려 다니며 아이들에게 잘하려는 부모의 의도와는 다르게 아이들을 망치는 경우도 발생한다. 부모교육도 그래서 목표와 전략이 필요하다. 주먹구구식으로 부모가 나에게 했던 방식만 가지고 대하기에는 아이들은 너무 많은 변화가 일어난다. 부모와 자녀 간에는 너무나 큰 세대차이가 난다. 아이들이 21세기 디지털 세대라면, 부모들은 아날로그 세대다. 부모도 지식과 경험으로 21세기에 알맞는 자녀양육법과 대화법이 절실히 필요하다. 21세기는 의욕만 앞서고 전폭적으로 물질적으로만 투자하는 것이 아니라, 자녀들과 시간적으로 함께하면서도 가족, 직업, 개인적인 삶을 조화시키는 '알파맘(alpha mom)' 시대다.

3. 부모의 양육방식

1) 가트만의 자녀양육방식

가트만은 부모들의 양육방식 가운데 아이의 말을 귀 기울여 잘 듣는 것이야말로 말 속에 숨어 있는 감정이나 의도까지도 읽을 수 있기 때문에 중요하다고 강조한다. 또한 감정에 대한 교류는 부모가 자녀의 가치를 가르치기 위한 방법이라고 말한다(Gottman & 남은영, 2007).

부모와 자식이 말을 할 때는 서로의 자기존중감이 유지되어야 한다. 부모는 자녀의 감정을 진심으로 읽어 주고 지지해 주고 이해할 수 있도록 해 주어야 한다. 부모가 자녀에게 '충고의 말'을 하기 전에 '이해의 말'이 선행되어야 한다. 자녀가 느끼는 감정을 쉽게 무시해 버리거나 간과해 버리거나 중요하지 않은 것처럼 여기는 것은 자녀가 자기감정을 무시하고 자기 존재가치도 중요하게 느끼지 못하는 결과를 초래한다.

가트만 박사(2007: 40)는 "부모의 상냥함과 따뜻함, 긍정적인 사고, 인내심이야말로 행동이 바르고 정서적으로 건강한 아이를 키우는 데에 회초리보다 더 효과적이다."라고 주장한다. 부모가 "그렇게 느낄 것 없어." 또는 "빨리 울음 그치지 않을래! 울긴 왜 울어!" 하면서 야단을 쳐도 자녀가 느끼는 감정은 사라지지 않는다. 오히려 자신이 느끼는 감정에 대해 불신만 가져오게 된다. 그래서 내가 느끼는 감정이 진짜 맞는지 틀린지 혼란스럽게 만든다.

기노트(Haim Ginott) 박사는 자녀의 모든 행동은 받아들일 수 없지만 자녀의 모든 감정과 소망은 받아들일 수 있다고 말한다. 부모는 행동에는 제약이나 한계를 두더라도 감정과 원함에는 제약을 두지 않아야 한다고 충고한다(Ginott, 2003).

가트만은 부모들이 감정코치를 하는 아이들을 3년마다 추적조사하여 연구한 결과, 그 아이들은 학업성적과 사회적응력, 정서적 행복, 육체적 건강이라는 측면에서 모두 우월했다. IQ 변인을 고려했을 때도 수학과 읽기점수가 훨씬 뛰어났다. 친구들과 더 잘 어울리고 사회적응기술도 더 나았다. 어머니의 보고에 의하면 이 아이들은 부정적인 감정은 더 적었고 긍정적인 감정이 더 많았다. 여러 가지 생리적 반응 측정 결과 역시 감정코치를 받은 아이가 스트레스도 덜 받았고 유행성 감기에도 적절한 면역기능을 보여 주었다(Gottman & 남은영, 2007).

가트만은 정서적으로 똑똑한 아이로 키우려면 부모 자신이 감정에 반응하는 방식을 이해하고 이것이 아이에게 어떤 영향을 미치는지를 파악해야 한다고 하였다. 모든 부모가 아이를 사랑하는 것은 공통적이지만 아이를 대하는 방식은 천차만별이다. 아이에게 따뜻하고 사랑스런 태도를 취하는 것은 부모의 의식적인 결정에서 자연스럽게 나오는 것이 절대 아니다. 부모 자신이 성장하면서 부모로부터 감정에 대한 처리방식을 어떻게 경험했느냐가 중요하다. 집에서 화를 내서는 안 된다는 규칙이 있었는지, 무서움의 감정표현은 겁쟁이들이나 하는 것으로 여겨졌는지, 슬픔은 혼자서만 삭혀야 했는지, 감정은 비생산적이고 위험하고 쓸데없는 것이라고 지각이 되어 있지 않은지 검토한다. 자녀에게 일어나는 기쁨이나 슬픔, 두려움, 화 같은 감정에 부모가 어떻게 느끼고 대응하는지에 따라서 부모의 유형을 알 수 있다. 가트만의 부모의 유형을 표로 나타내면 다음과 같다(Gottman & 남은영, 2007: 60-90).

〈표 10-1〉 가트만의 부모의 유형

	축소 전환형 부모
부모의 반응과 특성	• 아이의 감정을 중요하게 생각하지 않고 무관심, 무시한다. • 아이의 부정적인 감정이 빨리 사라지기를 바란다. • 아이의 감정을 무마시키기 위하여 기분 전환거리를 찾는다. • 부정적인 감정은 해롭거나 안 좋다고 생각하고 체면을 깎는 것이라고 생각한다. • 자신과 다른 사람의 감정을 인식하는 능력이 부족하다. • 아이의 감정을 불편해하거나 두려워하거나 짜증을 내거나 상처를 입거나 어쩔 줄 몰라 당황해한다. • 아이의 감정을 최소화시키고 그런 감정을 불러일으킨 사건을 축소한다.
자녀에게 미치는 영향	• 자신의 감정이 상황에 맞지 않고 부적절하다고 느낀다. • 자신의 상황을 지각하는 방식이 틀렸다고 생각한다. • 부정적인 감정을 조절하는 것을 어려워한다. • 자신의 감정에 깊이 몰입하기가 어렵고 빨리 변화하려고 한다.
자녀에게 미치는 영향	• 관계에서도 부정적인 감정은 안 좋다고 생각하기 때문에 위선적으로 포장해서 보 이려고 한다.

부모의
내적 경험
	• 가정에서 갈등상황이나 힘든 상황을 숨겨야만 했다(예: 가정폭력가정).
	• 무관심한 부모 밑에서 성장하여 아이의 감정을 보지 못하고 대수롭지 않게 치부해
	  버린다.
	• 부모의 가치가 '아이들은 중요하지 않아.' '아이들이 무엇을 알아.' 하며 아이를 존중
	  하지 않는다.
	• 화는 무의미하니 억누르고 생각을 빨리 딴 데로 돌리려 하는 부모 밑에서 성장했다.

	억압형 부모

부모의
반응과
특성
	• 눈에 띄게 비판적이고 자녀의 정서경험을 설명할 때 공감대 형성이 부족하다.
	• 아이의 부정적인 감정을 무시하거나 부인하고 잘못된 것이라고 비난까지 한다.
	• 부모는 아이가 두려움, 슬픔, 분노를 표현했다는 이유만으로도 야단을 치거나 벌을
	  주기도 하고 매를 들기도 한다.
	• 감정에는 관심이 없고 결과적으로 행동만 보고 야단을 친다.
	• 아이의 눈물이나 감정을 다른 속셈이 있어 우긴다고 판단하여 아이와 기싸움을 벌
	  인다.
	• 화를 내면 자제력을 잃을까 봐 두려워하고 자녀가 더 화를 북돋았다고 벌을 준다.
	• 아이에게 슬프고 나약한 감정을 절대로 표현해서는 안 된다고 엄격하고 냉정하게
	  말한다.
	• 침울한 기분이나 우울감은 건설적이지 못하고 생산적이지 못하며 시간 낭비라고
	  생각한다.

자녀에게 미치는 영향	• 자신의 판단을 신뢰하지 못한다. • 자신의 느낌이 부적절하거나 틀렸다고 믿게 된다. • 자존감에 상처를 입는다. • 감정표현으로 야단을 맞은 아이는 감정적 친밀감은 위험한 것으로 생각하여 감정표현 자체를 억압해 버린다. • 자신의 감정을 표현하고 효과적으로 다스려 본 기회가 적은 아이들은 인생의 어려움에 직면하기가 어렵다.
부모의 내적 경험	• 부정적인 감정을 표현하면 부모가 무시하거나 야단치고 벌을 줌으로써 억압경험을 하였다. • 부모가 권위적 · 지배적으로 아이의 감정에는 관심이 없고 도덕적 판단과 비난을 주로 경험하였다. • 부모가 슬픈 감정이나 우울감정은 생산적이지 못하며 특별한 사람만이 누릴 수 있는 특권으로 생각한다.
방임형 부모	
부모의 반응과 특성	• 아이가 표현하는 감정을 전적으로 무조건 받아 준다. • 아이에게 공감도 하고 모두 이해한다고 말한다. • 부정적인 감정을 다스리는 방법에 대하여 아이에게 어떤 방향을 제시해 주지 못한다. • 아이에게 적절하게 행동의 한계를 정하는 것을 방치한다. 아이에게 무엇을 가르쳐야 하는지 확실히 모른다. • 아이에게 무조건적인 사랑만 강조하며 원칙이나 규칙이 없다. • 아이의 부적절한 행동에도 빠른 반응을 하지 못하고 방관만 한다.
자녀에게 미치는 영향	• 아이는 자신의 감정을 다루는 방법을 잘 모른다. • 아이는 부적절한 감정표현을 한다. 무조건적으로 울거나 공격적으로 변해서 폭력을 사용하기도 한다. • 슬플 때는 어떻게 진정해야 하는지, 화가 나는 상황에서는 어떻게 자기위로를 해야 하는지 몰라서 막막하다. • 마음을 다스리는 새로운 방법을 배우지 못해 속수무책이다. • 다른 사람에게 쉽게 공격성이 표출되기도 하고 강한 의존성이 나타나기도 한다. • 인간관계에서 분명한 경계가 없이 무례하게 굴 수도 있다.
부모의 내적 경험	• 어린 시절 부모 밑에서 모든 것을 이해하지만 모든 것이 엉망인 채로 자랐다. • 부모가 모든 것을 허용하면서 적절한 통제나 규제가 없다. • 무엇이 긍정적이고 부정적인지 잘 구분이 안 되고 적절한 행동의 제한이 없었다.

	감정 코치형 부모
부모의 반응과 특성	• 아이들 앞에서도 자신의 감정을 표현하는 데에 두려워하지 않고 건설적인 방법으로 표현하여 본보기가 된다. • 아이의 감정을 무시하거나 부인하지 않고 있는 그대로 수용해 주며 공감해 준다. • 아이의 감정을 솔직하게 표현하도록 장려한다. • 화를 내는 것도 좋지만 서로 상처의 말을 해서는 안 된다는 한계를 정한다. • 부모와 자녀는 그때의 감정이 서로 어떠했는지 거리낌 없이 이야기하고 앞으로 더 나은 상황이 되도록 어떻게 대처할지 나눔으로써 배움의 기회를 제공한다. • 아이의 감정을 받아들이지만 부적절한 행동은 한계를 정한다. • 아이에게 감정조절방법과 적절한 분출구를 찾는 방법, 문제해결방법을 가르친다. • 부모와 자녀 간에 갈등이나 문제가 줄어든다. • 아이의 감정이 결렬하지 않은 상태에서 일관되게 아이를 대한다. • 아이와의 정서적인 유대관계를 통하여 아이가 감정을 조절하고 문제를 스스로 해결하도록 이끌면서 긍정적인 결과가 나타나도록 한다.
자녀에게 미치는 영향	• 어릴 때부터 부모의 감정코치를 받으면 자기조절능력 기술이 제대로 학습되어 스트레스 상황에서도 안정을 유지할 수 있다. • 학업성적과 사회적 기술과 적응력, 정서적 행복, 육체적 건강에서도 월등하다. • 8~9세 아동들의 '미주신경긴장 항진'(자율신경계 중 부교감 신경계의 많은 기능을 담당)은 스트레스에 대한 생리적 반응이 높았고 회복도 빠르다. • 사리분별력이 높아서 다른 아이들의 정서적 신호를 빨리 알아차리고 반응한다. 감성지수가 높다. • 아이의 감정을 비난하지 않기 때문에 부모와 자녀 간에 갈등의 순간이 거의 없어진다. • 앞으로 다가올 위험과 도전을 현명하게 잘 감당해 낼 수 있다.
부모의 내적 경험	• 자기의 감정과 사랑하는 사람의 감정을 파악하는 능력이 뛰어나다. • 슬픔이나 분노, 두려움의 감정들도 인생에서는 유용하다고 생각한다. • 부모로부터 공감과 확신감, 자신감을 획득하였다. • 부모로부터 정서적으로 깊은 유대감의 경험이 있다. • 부모로부터 깊은 애정과 총애경험을 가지고 있다. • 심리적으로 안정적이고 감정을 잘 다루는 기술을 경험하였다.

출처: Gottman & 남은영(2007).

2) 가트만의 감정코치 5단계

• 1단계: 아이의 감정을 인식하기

- 2단계: 감정적 순간을 친밀감 조성과 교육의 기회로 만들기
- 3단계: 아이의 감정이 타당함을 인정하고 공감하며 경청하기
- 4단계: 아이가 자기 감정을 표현하도록 돕기
- 5단계: 아이가 스스로 문제를 해결하도록 이끌면서 행동의 한계를 정하기(Gottman
  & 남은영, 2007: 102)

　부모가 자녀의 감정을 이해하고 공감한다는 사실을 알려 주면 아이는 자신의 정서적 경험을 신뢰하고 자기가치와 자기존중감을 키울 수 있다. 감정코치를 잘하는 기본 바탕에는 부모의 공감기술이 있어야 한다. 한국의 많은 가정 가운데 전혀 공감이라고는 찾아보기 어려운 집에서 성장한 자녀들은 어떠할까? 부모는 늘 만족하고 긍정적이며 밝은 아이만을 좋아한다. 그래서 자녀는 부모의 마음을 상하게 해서는 안 된다는 규칙을 가지고 있다. 자녀가 혹시 좋지 않은 일이나 걱정을 하면 화를 내거나, 아무 일 없을 테니 걱정하지 말라며 무시해 버리고, 억울한 일을 당해서 이야기를 꺼내면 "네가 잘못할 짓을 했으니까."라고 단정해 버리고 만다. 이런 반복적인 상황들은 자연스럽게 말을 할 필요성을 전혀 느끼지 못하고 마음을 닫게 한다. 그래서 부모가 가끔씩 "학교에서 잘 지내니?"라고 물으면 "네, 그냥 잘 지내요. 아무 일 없어요."라고 말한다. 학교에서나 친구 간에 문제가 있어도 그저 자기 방에서 아무 일 없는 듯 지낸다. 이처럼 진정한 감정적인 교류가 되지 않기 때문에 자녀는 감정을 숨기고 위선적인 가짜 자아로 성장한다. 슬프고 힘든 일에도 부정적인 감정을 느껴서는 안 된다는 도식 때문에 감정을 숨겨 버린다. 그래서 감정 자체를 느끼지 않으려고 최선을 다한다. 다른 관계에서도 갈등, 화, 고통이 수반되는 상황은 회피하는 법으로 대처한다. 회피의 방식은 혼자서 게임, 술, 도박에 약물에 빠지거나, 쉽게 관계를 단절해 버리거나, 먹는 것으로 욕구를 채우려고 하기도 한다. 이런 성장배경에서 자란 사람들은 친밀하고 진실한 관계를 맺기가 어렵다. 부부관계에서도 정서적인 고갈이나 회피로 파트너는 이유도 모르고 힘들어한다.

　그러나 어릴 때부터 부모에게 공감과 지지를 받고 자란 아이들은 부모가 어떤 말도 다 들어 줄 수 있다는 믿음이 있기 때문에 매번 가식적으로 좋은 것만 말할 필요가 없다. "오늘은 친구랑 다퉜어요." 또는 "학교에 가고 싶지 않아요."라고 솔직히 표현할 수 있다. 그리고 부모는 학교에 가고 싶지 않다면 어떤 문제들이 있는지를 함께 이야기하고, 어떤 기분인지, 어떻게 하고 싶은지, 아버지도 한때는 너처럼 그런 적이 있었다는 것도 말해 준다. 그래서 아이는 외로움과 절망을 느끼지 않고 부모와 함께 해결책에 대

하여 이야기할 수 있게 된다. 이런 자녀들은 부모가 자신을 인정해 주고 내면에서 일어나는 일까지도 이해한다는 것을 알기 때문에 진정으로 깊은 마음의 교류를 할 수 있다. 또한 이런 아이는 다른 사람과의 관계에서도 자기 감정을 솔직하게 표현할 수 있고, 공감받은 대로 다른 사람을 공감해 줄 수 있다. 공감받은 아이는 자신의 감정을 신뢰하고 스트레스상황에서도 스스로 자기위로능력을 키울 수 있다. 그래서 어떤 상황에서도 부모가 자기편이라는 강한 확신은 자존감을 높여 주고 삶에서도 자신감을 심어 준다.

4. 애착이론

1) 볼비의 애착이론

해리 할로우(Harry Harlow)는 원숭이의 행동학적 연구에서 새끼 원숭이가 선택적으로 어머니에게 매달리는 것을 관찰할 수 있었다. 어미의 기능은, ① 어린 새끼에게 먹을 것을 주고 따뜻하게 해 주고 욕구를 해소해 주는 것이다. ② 신체적 접촉과 신체적 지지를 제공하는 것으로, 이것이 안전감의 발달에 중요한 부분이다. ③ 외부의 위험으로부터 새끼를 보호하는 것이다.

새끼 원숭이들은 수시로 어미에게 돌아와 몸을 접촉하며 위안과 자신감을 얻고, 나중에는 무생물의 세계를 탐색할 수 있는 능력이 발달한다. 어미와 안전하게 애착된 새끼들만이 점차 어미로부터 벗어나서 다른 또래들과 어울리며 호기심을 발휘하며 자율적으로 행동한다. 이런 원숭이들은 사회생활에 필요한 절대적인 안전감이 발달한다. 그러나 어미의 보살핌을 받지 못한 새끼들은 먹이가 공급되지만 자기 몸을 웅크리고 가만히 앉아 있기만 하였고, 사물에 대한 호기심이나 관심을 보이지 않았다(Harlow, 1958).

할로우의 동물행동연구는 영아들이 수유 공급은 되지만, 어머니 없이 생활하는 고아원 환경에서 자라면 불안한 성격이 되고 발달병리에 위험 요소가 있다는 정신분석가인 르네 스피츠(Rene Spitz, 1950)의 연구를 참고한 것이었다.

그리고 새끼 원숭이의 실험에서 우유만 제공되는 철사로 만든 대리모와 부드러운 헝겊으로 만든 양모대리모 안에서 다양한 상황 설정을 하여 새끼 원숭이를 관찰하였다. 새끼는 배고플 때만 철사대리모에게 가서 우유를 먹고, 나머지 시간은 부드러운 양모

대리모에 가서 매달리고 놀고, 위기상황에서도 부드러운 양모대리모를 찾았다. 이 실험은 애착행동에 수유만이 중요한 것이 아니라 심리적인 안전감을 제공하는 접촉위안(contact comfort)이 중요하다는 결과를 보여 준다.

티파니 필드와 동료들(Tiffany Field et al., 1986)은 미성숙 영아들에게 신체적인 접촉은 성장에 매우 중요한 요소라는 것을 발견하였다. 실험에서 한 집단은 미숙아로 태어난 영아를 정상적인 병원치료만 받게 하였고, 다른 집단은 미숙아 영아들이 인큐베이터 속에 있지만 하루에 45분씩 약 10일간 손으로 마사지를 받게 하였다. 음식의 양은 두 집단이 동일함에도 마사지를 받았던 영아들은 거의 50% 이상 몸무게가 증가하였고, 더 활동적이었으며, 더욱 점진적으로 협응운동능력이 활발하고, 다른 집단의 아이들보다 6일 먼저 퇴원하게 되었다.

볼비의 애착이론은 동물행동연구의 영향으로 정신분석적인 관점에서 벗어나 오히려 상호작용 모델적인 '적응환경(environment of adaptedness)'을 주장하였다. "인간의 성격은 다양한 길 중에서 어느 하나를 선택하고 끊임없이 그 길을 따라가며 발달하는 구조물이다. 통로의 선택은 개체와 환경의 상호작용이다."(Marrone, 2005: 49) 출생 후 아이와 주로 상호작용하는 것은 어머니로, 어머니의 양육방식은 일반적으로 자기 부모로부터 물려받은 것이다. 아이는 자신만의 독특한 반응으로 부모와 상호작용한다. 볼비는 기본적으로 자녀의 건강이나 병리를 결정하는 것은 부모의 양육방식에 달려 있다고 강조한다.

아이 애착행동은 낯선 무엇의 출현, 애착인물과의 갑작스러운 분리, 갑작스러운 어둠, 두려운 상황이나 배고픔, 질병, 고통과 같은 조건에 의해 활성화된다. 아이가 다시 평온을 되찾을 수 있도록 양육자가 달래기도 하고, 아이의 감정 변화에 민감하게 대처하는 것이 아이의 정서발달에 도움을 준다. 이와 반대로 부모가 양육과정에서 아이에게 보이는 다양한 형태와 다양한 정도의 유기·거절·학대·비일관성은 불안정애착을 심어 준다. 부모에게 양가감정을 느끼고 어머니의 반응이 일관적이 못하였다면 아이는 더 이상 감정적인 반응의 신호를 보내지 않을 것이다(Marrone, 2005).

3개월 된 아이에게 어머니가 우울증으로 무관심하고 부정적으로만 반응하면 아이는 어떻게 될까? 아이는 어머니의 슬픔을 직감적으로 알아차리고는, 힘이 없고 잘 놀지 못하고 쉽게 화를 내고 짜증을 냈다. 어머니의 우울증이 1년 이상 지속되자, 아이의 성장 발달은 지연되기 시작하였다. 6개월이 된 아이들은 신경 발달과 감정 표현이 현저하게 낮았다(Gottman & 남은영, 2007: 231).

애착이론은 인간이 다른 사람과 연결되는 과정인 정서적 유대감, 신뢰감, 안정감 발달의 요인으로 프로이트가 말한 인간의 '성욕'이나 '죽음의 본능'과는 거리가 먼 관계를 중시하는 패턴이 발전하게 된 계기가 되었다.

인간이 친밀한 관계를 형성하는 것은 인간 본성이 잘 통합된 사람에게 나타나는 특징이다. 볼비의 애착이론에는, ① 애착과 관련된 사건이 진행되는 과정에 기쁨 혹은 슬픔이나 고통 같은 강한 정서를 수반한다. ② 영유아기 때 경험하는 관계의 질과 변화는 정신건강과 성격의 결정적 요인이 된다. ③ 사람들이 대인관계를 하는 사물에 대한 이해나 해석은 관계에 대한 초기 경험을 바탕으로 한다.

볼비가 관심을 가졌던 그의 이론의 중요성은 다음과 같다.

> 나의 희망은 장기적인 차원에서 내가 제안한 이론이 건강한 성격 발달을 촉진하는 조건을 규명하는 것이다. 이런 조건이 확실하게 규명되었을 때에 부모가 자녀에게 해야 할 최선의 행동이 무엇이고 사회가 부모에게 어떤 도움을 주어야 하는지 알 수 있을 것이다(Bowlby, 1985: 67).

(1) 볼비의 애착이론은 본능이론이다

볼비는 '애착관계를 맺고 유지하는 욕구가 일차적 욕구'로 애착은 수유나 성욕과는 상관없이 관계를 유지하려는 본능으로 보았다. 영아가 반사적으로 양육자에게 매달리고 접촉하는 생득적 욕구를 볼비는 음식과 따뜻함에 대한 욕구를 가장한 '일차 대상 집착설(theory of primary object clinging)'로 본능이론을 발전시켰다(Marrone, 2005).

볼비는 젖 빨기, 매달리기, 따라다니기, 울기, 미소 짓기라는 영아의 다섯 가지 반응을 아이의 감정이나 욕구에 맞춰 어머니가 반응하기도 하고, 어머니의 욕구나 감정에 의해 반응하기도 하는 것으로, 아기에게 어머니를 연결해 주고 어머니에게 아기를 연결해 주는 엄마와 아기의 역동적인 상호작용을 촉진하는 애착반응이라고 하였다(Bowlby, 1956). 애착행동이 본능적인 것이라는 관점은 다음과 같다.

- 관찰 가능한 행동 패턴으로 종의 거의 모든 구성원에게 유사하게 나타나며, 예측 가능한 패턴이다(모든 암컷이나 모든 수컷에게).
- 애착행동은 대체로 특정 조건에 의하여 활성화되고 특정 조건에서 중지된다. 예를 들면, 낯선 무엇의 등장, 애착인물과의 분리, 큰 소리, 또는 배고픔, 질병, 고통 같은

내적 조건에 의해 활성화된다.

- 본능이 개체나 종족 보존에 기여한 것처럼 애착행동은 생존에 기여한다. 부모가 자녀에게 적절한 환경을 제공하고 세상을 살아가는 방법이나 대처기술을 가르쳐 준다면 자녀는 어려운 상황에서도 극복이 가능하다.
- 애착행동은 적응적 요소로 환경 요인과 상호작용하며, 사회시스템 안에서 일부가 되었을 때에 효과적으로 기능한다(Marrone, 2005: 39).

(2) 볼비의 애착이론은 발달이론이다

정서적·심리적으로 안전한 환경에서 자란 아이는 최적의 경로를 따라 발달하지만, 안전하지 않은 사회적 환경에서 자란 아이는 이탈한 경로를 따라갈 것이다. 볼비의 관점은 정신병리가 정신분석에서 보는 고착이나 퇴행의 결과물이 아니라 영유아기, 아동기, 청소년기의 어느 시점에서 최적 경로를 벗어나 다른 경로를 선택할 수밖에 없었던 결과물이라고 본다. 예를 들면, 모성박탈경험, 학대, 유기, 방치, 외상, 상실 등의 결과다. 환경의 조건 변화에 따라서 인생의 어떤 시점에서도 정상적 혹은 비정상적인 경로를 선택할 수 있다. 그러나 경로의 변경에는 시간과 좋은 환경의 경험이 중요하다. 아이들은 스스로 환경에 적응하려는 복원능력이 있어서, 때로는 나쁜 조건 속에서도 극복 가능한 경우가 있다. 이런 경우는 영유아기에 만족할 만한 애착의 토대가 형성되었거나, 지지와 안정의 기지를 제공해 주는 제2의 애착인물이 있는 경우에만 해당된다(Bowlby, 1980).

(3) 볼비의 애착이론은 개인 표상화(내부작동 모델) 이론이다

부모와 자녀의 상호작용 방식은 자녀에게 대인관계의 패턴이 되는 '내부작동 모델(internal working models)'을 형성하게 한다. 자녀가 경험하는 모든 것은 언어와 의미체계로 바뀌어 확고한 인지체계로 발전한다.

볼비는 부모가 생각하는 자녀의 이미지를 관계를 통해서 자녀에게 전달한다. 자녀가 만들어 내는 자아상은 부모가 생각하고 대하는 방식을 그대로 반영한다. 이런 표상을 토대로 아이는 부모가 자기에 대하여 어떤 감정을 갖고 어떻게 대할지 기대하고 자신이 부모에게 어떻게 행동할지를 계획한다.

표상은 자기와 대상을 담고 있는 이미지로, 경험을 통하여 내면에 형성된 사람, 장소, 아이디어, 문화적 패턴, 사회적 구조 등과 같은 세상과 세상 속에 있는 우리 자신에 대한 모든 것을 가리킨다. 내부작동 모델 중에는 한 개인으로서의 자기와 자신의 인생에 중요한 타인에 관한 의식적 · 무의식적 개념의 집합체인 특수한 작동 모델도 있다. 자기 혹은 타인에 관한 내부작동 모델은 애착 관련 사건이 진행되는 과정에 만들어지며, 양육자가 어떤 반응을 하는가, 어떤 식으로 대하는가가 중요하다. 이러한 모델에는 애착인물이 있을 때 좋은 경험만 저장되는 것이 아니라 외상 같은 충격이나 방임에 의한 두려움도 저장된다. 작동 모델은 그 후에도 계속 만들어지고 수정되는 가운데 최초의 모델들은 이후 아동이 세상을 경험하는 방식에 영향을 주기 때문에 무엇보다도 중요하며, 나중에 만들어지는 모델들에 영향을 준다(Bowlby, 1989).

사람들은 누구나 존재하고 있는 정보를 자기방식대로 해석하고 선택하고 처리하여 자신의 독특한 세계관, 즉 개인적 현실에 도달한다. 정보는 이와 같은 해석을 통하여 의미를 획득한다. 내부작동 모델 때문에 우리는 이미 알고 있는 세상을 다른 식으로 바라볼 수도 있고, 새로운 가능성을 생각해 볼 수도 있고, 발생 가능한 결과를 예측해 볼 수도 있다. 이런 작동 모델이 생소한 상황에서 성공적으로 사용되면 실제로 경험했던 상황뿐만 아니라 다른 잠정적인 상황에도 확대 적용될 것이다.

(4) 볼비의 애착이론은 민감한 반응성이다

볼비와 에인스워스(M. Ainsworth)는 아이의 발달경로를 결정하는 중요한 요인이 '양육자의 민감한 반응'이라고 강조한다. 민감한 반응은 순간적으로 자녀와 같은 느낌을 갖는 상태와, 동시에 자녀를 독립된 존재로 대하는 능력 사이에서 조화를 이루는 것이다.

민감한 부모는 적절하게 아이의 신호인 감정과 정서를 감지하고 욕구를 제대로 채워 주고 반영하며, 이것이 아이에게는 자기를 이해해 주고 있다는 첫 번째 감정적 교류 경험이다. 그러나 둔감한 부모는 아이의 심리 상태나 원하는 것을 읽어 주지 못하거나 의도를 반영하지 못하고, 욕구를 충족시켜 주지 못한다. 부모의 둔감성은 아이를 부담으로 대할 수도, 불쾌한 감정으로 다룰 수도 있게 한다. 그래서 아이는 부모가 자신에게 도움의 대상인지, 위로의 대상인지, 불안의 대상인지, 불쾌한 대상인지 혼란스럽게 느낀다.

아이가 도움을 요청하는 신호를 보냈을 때 양육자가 일관성 있게 민감하게 반응해 주면 아이는 도움, 지지, 보호가 필요할 때 언제든지 도움을 받을 수 있다는 기본적인 안전감이 발달한다. 부모는 자녀를 독특한 욕구를 지닌 한 독립된 인간으로 대하는 것이다. 부모와 애착이 잘 형성된 아이는 부모를 벗어나 세상을 탐색하고 싶은 호기심이 생기며, 어려움 속에서도 극복이 가능하다. 그리고 다른 사람들과도 관계를 잘하고, 집단에서는 리더가 되고, 친구들에게 인기가 있다. 부모의 민감한 반응은 자녀가 자라서 일생 동안 다른 사람과 사랑하고 협력하고 사회적 기술을 발달시키는 자기통합감과 자기가치감과도 연결된다. 자녀들은 성장하면서 부모의 가치나 행동방식을 내면화하여 표상화한다. 부모자녀 상호작용 패턴이 자녀의 대인관계 모델이 되는 것이다(EBS 교육방송, 2004).

부모의 민감한 반응에는 자녀의 심리 상태를 파악하고, 그 상태에 의미를 부여하는 안전과 탐색이라는 두 가지 활동이 포함되어 있다. 또한 부모 자신의 내부작동 모델을 토대로 자녀의 심리 상태를 반영하는 매우 복잡한 인지적, 정서적 과정들이 포함된다 (Marrone, 2005).

볼비는 프로이트의 불안이론도 애착이론에 일부 포함하였다. 볼비는 대상 상실의 위협이나 불안전이 불안을 유발한다는 것과, 앞으로 발생할 수 있는 상실의 위험성과 현재 벌어지고 실제 상실의 정서적 결과를 구분하였다. 인간도 동물처럼 생물학적 생존을 위협하는 상황에서는 불안에 반응하는 것이 분명하기 때문이다.

이런 맥락에서 볼 때 볼비는 애착이론에서 "강력하고도 선택적이며 지속적인 애착관계를 형성하는 이유를 설명하고 애착관계의 단절이나 단절 위협이 어떻게 고통스러운 정서와 정신병리와 연관되는지를 설명한다."(Maronne, 2005) 인간의 다양한 정신병리가 초기의 불안정애착으로 형성된 결과물일 수 있다고 본다. 불안정애착에는 불안이 수반되고, 불안은 방어기제를 필요로 하고, 지속적으로 방어기제를 사용하면 병리적 성격이 된다. 일단 형성된 부모와 자녀 간의 상호작용 패턴은 대체로 잘 변하지 않는 경향이 있다. 자녀를 대하는 방식은 부정적인 방식이든 긍정적인 방식이든 수정되지 않고 그대로 유지되는 경향이 있다. 자녀를 대하는 양육자의 방식에는 양육자의 성격, 행동방식, 가치 등 모든 것이 반영되기 때문에 상호작용 방식은 변하지 않을 수 있다.

2) 에인스워스의 애착 유형

윌리엄 블래츠(William Blatz)는 아이와 부모 사이에 만족스런 애착관계가 형성되어야 아이에게는 세상 속에 존재하는 것이 안전하다고 생각하는 '안전감'이 발달한다고 하였다. 1966년 블래츠는 『인간의 안전감에 대한 몇 가지 고찰』에서 아이가 세상 밖으로 나가서 탐색하고 배우고 문제를 해결할 수 있는 극복감은 아이들이 안전감이 있기 때문에 생긴다고 주장한다.

이 아이디어는 블래츠가 맨 처음 제안하고, 볼비가 발전시키고, 에인스워스가 체계적으로 연구한 것이다. 걸음마기(2~4세) 아이가 스스로 걸어 다니며 이동하는 능력과 상징적 표상인 언어를 사용하는 능력은 거의 동시에 출현하는데, 이 두 가지가 발달해야 탐색활동이 가능해지며, 애착과 탐색이라는 두 가지 동기 시스템의 관계가 재조직화된다. 이 두 시스템의 상호작용은 그 후 일생 동안 계속된다.

걸음마기 안정애착의 결정적인 요인은 애착시스템과 탐색시스템의 균형이다. 부모는 상보적으로 두 가지 양육행동, 즉 애착을 형성하며 보호해 주는 행동과 호기심과 탐색을 도와주는 놓아주기 행동 사이에서 균형감을 이룰 수 있어야 한다(Marrone, 2005).

비쇼프(Bischof)의 사이버네틱스 모델을 적용한 애착 모델에서도 아이에게 가장 근원적인 것이 안전시스템(Sicherheitsystem)이다. 여기에는 신뢰감, 안전감 그리고 친밀감이 속한다. 안전시스템과는 또 다른 시스템이 있는데, 바로 자극시스템이다. 여기에는 호기심과 새로움에 대한 자극과 탐색이 속한다. 세 번째 시스템은 구속과 자유시스템이다. 부모들의 역할이 중요한 부분이 바로 한편으로는 자녀를 안전하게 보호하고 구속하면서도 내적으로 자녀가 세상이나 사물에 대한 호기심과 탐색을 즐기도록 허용하는 것이다. 비쇼프가 주장하는 것은 양육자가 가장 먼저 자녀에게 안전시스템을 제공하는 것이 전제되어야 그다음 단계인 탐색이나 자극시스템이 활발해질 수 있다는 것이다. 자녀의 자율성은 먼저 초기 부모와의 애착이 형성되어야 다른 사람과의 애착관계로도 이동할 수 있게 된다. 아이의 자율성이나 독립심은 부모의 적절한 안전시스템이 확보되어야 가능하다(Bischof, 1991).

에인스워스는 어머니-아동의 관계를 '안정애착'과 '불안정애착'이라는 두 개의 범주로 분류하여 오늘날 애착이론의 핵심을 만들었다. 안정애착과 불안정애착의 개념은 아동이 실제로 경험한 어머니와의 관계뿐만 아니라 아동의 마음속에 들어 있는 어머니와의 관계, 즉 어머니와의 관계에 대한 내부작동 모델 혹은 표상과도 관련이 있다.

'낯선 상황'은 에인스워스를 중심으로 한 볼티모어팀이 고안해 낸 표준화된 실험절차다. 1964년에 처음으로 고안되었으며, 이 당시의 목적은 생후 1년간 영아-어머니 애착관계를 종단적으로 연구하는 것이었다. 이 절차는 아동, 어머니 그리고 낯선 사람이 등장하는 몇 가지 에피소드를 구성한다.

(1) 안정애착형

아동은 장난감을 갖고 놀다가 어머니가 방을 떠나면 놀라는 반응을 보이고, 놀이나 탐색행동을 중단하고 어머니를 찾는다. 그리고 얼마 후 어머니가 돌아오면 쉽게 진정이 되고 다시 놀이를 한다. 안정애착아의 주된 특징은 즐거움, 자신감, 호기심을 갖고 환경을 탐색하며 놀이를 할 수 있고, 분리에 대해 적절한 반응으로 고통을 표현할 수 있고, 쉽게 진정된다(어머니와 안전한 관계에 대한 내부작동 모델을 갖고 있는 아동은 이런 식으로 반응한다).

(2) 불안정-회피형

대략 4분의 1 정도의 영아들은 어머니와의 친밀한 접촉을 회피하고 어머니가 방을 떠나도 울거나 놀라지 않았다. 어머니가 돌아왔을 때 영아들은 어머니와의 접촉을 적극적으로 회피하였다. 이런 영아들은 낯선 상황 절차가 진행되는 내내 사람보다는 무생물 대상에 더 많은 관심을 보였다(사람 대신에 사물에 의지하고, 분리의 고통을 숨기며, 어머니를 필요로 하지만 어머니가 이를 충족시켜 주지 못할 것으로 기대하고, 어머니와의 접촉을 회피하여 어머니에 대한 욕구를 조절한다).

(3) 불안정-양가형

영아의 10% 정도를 차지하는 이 집단은 분리에 대해 강력한 반응을 보이는데, 이 영아들은 어머니가 돌아왔을 때 어머니에게 달려갔고 어머니에게 위안을 얻는 것 같지만, 어머니에게 화를 내기도 하고 마지못해 안겨 있는 듯 수동적인 자세를 취하기도 하였다. 어머니가 돌아온 후에도 이들은 쉽게 진정되지 않고 서럽게 우는 경향이 있으며, 놀이로 돌아가지 못하였다.

에인스워스가 세 가지 애착 패턴(안정, 불안정-회피, 불안정-양가)을 분류한 후, 버클리팀은 와해-혼란형이라는 네 번째 패턴을 발견하였다. 이 범주에 속하는 영아들은 어머니와의 재회 시 어찌할 줄 몰라 당황하는 반응을 보이는데, 부모가 학대와 같은 방식으로 자녀를 위협하면 자녀의 애착 패턴이 와해-혼란형이 된다는 증거가 나오기 시작하였다.

에인스워스는 양육방식에 따라서 애착유형을 예측할 수 있었다.

• 자녀와 거리를 두는 양육자의 태도와 자녀를 거절하는 행동은 자녀의 회피애착을

예측해 준다.
- 일관성이 없고 자녀의 자율성과 독립성을 보장해 주지 않는 어머니 밑에서 자란 영 아들은 양가애착형이 된다.
- 불안정애착과 정신병리의 결정적 요인인 역기능적 부모 스타일을 탐색하는 방법 론에 대해 더 많은 연구가 필요하다.

『애착의 패턴』이라는 책이 1978년에 미네소타 연구에서 출판되었다. 그 당시에는 냉 정하고 엄격하게 아동을 양육해야 자율성과 자신감이 발달한다는 것이 육아상식이었 지만, 책의 출판은 육아상식이 정반대로 바뀌는 계기가 되었다. 아동을 따뜻하게 대해 주고 공감해 주고 존중해 주고 신뢰감을 주면서 일관된 보살핌을 제공할 때 자립심과 능력이 발달한다.

이 연구에서 아동이 출생 직후 부모로부터 받은 보살핌의 질이 차후 정신건강의 토 대이며, 부모로부터 따뜻하고 친밀하고 지속적인 보살핌을 받은 영아 혹은 유아만이 적절한 방향으로 건강하게 자랄 수 있다는 결과가 나왔으며, 부모 역할을 하는 사람은 기본적으로 어머니지만 아버지, 다른 식구들 혹은 대리부모도 부모 역할을 할 수 있음 이 밝혀졌다(Marrone, 2005).

대상관계이론은 부모-자녀 간의 병리적인 상호작용 패턴이 인간의 성격 발달에 어 떤 영향을 미쳤는지를 탐색하고, 개인에게 형성된 내부작동 모델을 수정하는 것이다. 애착관계의 표상은 대개의 경우 전 생애 동안 혹은 영속적으로 유지된다. 심지어 실제 관계가 끝났을지라도 마음속에서는 그 관계가 지속될 수 있다. 애착이론가들은 초기의 성격발달에 가장 중요한 초기 부모-자식관계의 연구에 초점을 맞추었다. 부모-자녀 관계는 아동이 자신보다 더 강하고 더 지혜롭고 세상에 잘 대처하는 누군가와 맺은 관 계다. 그러나 아동이 성장함에 따라 부모와의 관계보다 형제간의 관계와 같은 다른 관 계도 중요해진다. 영향력 있는 교사나 또래와의 관계도 아동에게는 중요한 관계다. 성 인이 되면 부모와의 관계도 중요하지만, 이보다는 동료(특히 연인)와의 관계, 자녀와의 애착관계가 더 중요해진다. 한 개인이 맺고 있는 다양한 관계는 위계적인 의미의 망으 로 연결되어 있다. 결과적으로 여러 관계 중에서도 특히 어떤 관계는 다른 것보다 더 중요하고 정서적으로 더 큰 영향력을 행사한다.

3) 역기능적인 부모의 양육방식

지지적이고 거절하지 않고 지나치게 간섭하지 않으면서 자신을 인정해 준 부모 밑에서 자란 자녀들은 정서적으로 안정되어 있고, 활달하고, 다른 사람들과도 잘 어울리며, 자신의 삶의 목표를 향해 나가고, 만족감을 느끼며 생활한다. 그러나 부모의 양육방식에서 아동의 발달에 지장을 주는 가장 큰 요인으로는 아동을 구박하거나, 신체적·정신적으로 학대하거나, 과잉보호하거나, 약물중독자거나, 우울 등의 정신적인 문제가 있는 부모들이다.

(1) 자녀에게 병리를 유발하는 부모의 소통방식

① 자녀가 어려움을 호소하고 도움을 요청하면 무시하고 비난한다
어린 자녀가 무섭다고 할 때 부모가 공감과 지지를 하지 못하고 냉담하게 무시해 버린다.

② 자녀가 목격한 집안일을 부모가 부인한다
자녀에게 나쁜 조건을 만들어 준 많은 부모는 자신에게는 책임이 없는 것처럼 보이고 싶어 한다. 또한 자신의 부정적 측면을 줄이고 긍정적 측면을 과장하려고 노력한다. 이들은 자녀에게 자신들이 부모로서 보이는 것보다 훨씬 더 좋은 사람이라는 생각을 심어 주려고 노력한다. 이러한 주입은 자녀에게 공연한 죄책감을 심어 주고 인지적 혼란을 초래한다.

③ 죄책감을 유도하는 언행을 한다
부모들은 훈육을 위해 죄책감을 유도하고 종종 좋은 결과를 얻는다. 그러나 자녀를 지나치게 통제하거나 자녀와 역할이 전도된 부모들은 자녀를 자기 곁에 붙잡아 두고 자녀의 탐색활동을 억제하기 위해 이런 메시지를 전달한다.

④ 아동의 주관적 경험을 쓸데없는 것으로 취급한다
자녀가 경험한 생각이나 사고를 비생산적이라고 비판하든지, 수치심을 자극하는 언행, 독재적이며 심한 간섭, 역설적 표현, 부정적 비교, 자녀의 좋은 의도까지 비하하는 언행 등을 하는 것이다(Bowlby, 1989; Marrone, 2005).

⑤ 이중적인 태도를 보인다

부모가 아이들의 행동을 모두 받아 주고 수용하는 것은 불가능하다. 부모도 감정이 있고 인내심에 한계가 있기 때문에 아이들의 행동을 대부분 수용하는 부모들은 어느 정도는 가식으로 수용하는 경우가 많다. 겉으로 보기에는 수용하고 용인하는 것 같지만 마음으로는 전혀 그렇지 않은 경우가 있다. 아이들은 부모의 행동에 믿을 수 없을 정도로 민감하다. 어머니의 비언어적인 메시지에서 아이들은 어머니의 솔직한 감정을 파악한다. 마음속으로 화가 난 부모는 자기도 모르게 톤이 올라가고, 얼굴에 인상을 쓰고, 눈썹을 치켜들고, 눈빛이 달라진다. 아주 어린아이도 어머니의 이런 감정을 읽고 실제로 어머니가 자기행동을 수용하지 않고 싫어한다는 것을 눈치챈다.

부모가 자녀의 행동에 대하여 거짓으로 수용할 때 아이에게 미칠 수 있는 영향은 어떤 것들인가? 고든(Gordon, 1975)은 자녀들이 부모의 거짓수용에 대하여 부모가 자기를 나무라고 있다는 것을 느끼고 자기를 좋아하지 않는다고 느끼게 된다고 했다. 또한 아이들은 행동이나 말에서 오는 메시지도 받아들이기 때문에 혼란에 빠질 수밖에 없다는 것이다. 어머니가 아직 잠자리에 들지 않은 딸에게 말은 괜찮다고 하면서도 표정이 일그러져 있다면 아이는 결국 어떻게 해야 할지 혼란을 겪을 수밖에 없다. 이런 상황을 자주 반복적으로 경험하면 아이는 자기가 사랑을 받지 않고 있다고 생각하기 때문에 불안감과 두려움이 생기며 항상 확인하려는 버릇이 생긴다.

부모와 자식 간의 장기적인 관계에서 보면 아이들은 부모의 정직성과 진실성을 의심하고 부모를 불신하게 된다. 부모들의 수용적인 범위가 실제 감정과 태도를 넘어서서 거짓수용을 한다면 오히려 아이들에게 정신적인 상처를 주고 아이들과의 관계도 악화될 수 있다.

(2) 부모의 의사소통 및 상호작용 패턴

아동의 주도성을 존중하지 않는 부모는 아동의 생각이나 원함을 무시해 버리고 강한 지시에 따르도록 유도한다. 고든은 부모들이 아이의 행동에 적절하지 않게 대응하는 경우는 다음과 같이 부모가 주도권을 쥐고 지배하고 명령하는 스타일이라고 하였다 (Gordon, 2002: 149f).

① 부모가 아이에게 해결책을 제시하면서 간단하게 명령한다

아이들이 사려 깊게 행동할 수 있도록 기다리는 대신에 무엇을 어떻게 하라고 말해 주는 경우다. 이런 유형들은 자녀가 순종적이지만 자율적이지 않고 주도성이 떨어진다. 자신의 욕구를 제대로 알아차리고 행동하기가 쉽지 않다.

- 명령과 지시: "너는 빨리 가서 공부나 해라." "장난감 좀 빨리 치워라."
- 경고나 위협: "너 그렇게 하면 혼날 줄 알아." "너 엄마 말 안 들으면 때릴 거야."
- 훈계나 설교: "어른들에게는 공손해야지 그게 뭐니?" "그렇게 크게 떠들면 안 된단다."
- 조언이나 제안: "지금 밖에는 추우니 나가지 않는 게 좋겠다." "지금 TV는 그만 보고 숙제하는 것이 좋겠다."

또한 부모가 어떻게 하라고 지시하고 명령을 내리면 아이들은 저항하기 쉽다. 부모의 해결책이 자기 마음에 들지 않을 수 있고, 자기의 욕구가 중요하게 받아들여지지 않았기 때문이다. 부모의 이런 스타일이 아이들로 하여금 반항하거나 방어적이거나 적대적으로 대응하도록 유도한 것이다. 아이들은 기가 꺾이고 창피하고 억눌림을 당한 것 같은 느낌을 갖는다. 자녀들이 전혀 배려하지 않는다고 불평하는 부모들은 부모가 먼저 자녀들을 배려하는 대화를 하지 못했고, 자녀 스스로 책임 있는 행동을 하도록 전혀 기회를 주지 않았으니, 이것은 당연한 결과다.

② 부모가 아이를 거절하고 무시하는 메시지를 전달한다

거절의 핵심은 사랑과 관심의 요청을 계속 묵살하거나, 암시적 혹은 명시적으로 자녀를 좋아하지 않는다는 메시지를 보내는 것이다. 부모가 나무라거나 망신을 주는 말을 들은 아이는 무시당한 기분이 들고 기가 꺾이는 기분이 든다. 무시하는 메시지는 다음과 같다.

- 비판, 비난, 나무라기: 아이를 부정적으로 평가하거나 비판한다. "너 아주 나쁜 애구나." "그래 가지고 너를 어디에 쓰겠니?"
- 매도, 조소, 망신 주기: 아이에게 창피를 주고 꼬리표를 붙여 아이를 규정하고 바보처럼 만드는 경우다. "이 버릇없는 망나니 같은 놈." "너는 정말 바보멍청이구나."
- 해석, 분석: 아이가 왜 그런 말이나 행동을 하는지 분석해서 말한다. "관심 끌려고 그러는 거지?" "엄마를 화나게 하려고 그렇게 하는 거지?" "학교 성적이 좋지 않아

서 기분이 나쁜 거니?"

- **가르치기, 교육하기**: 아이에게 어떻게 행동하는 것은 안 된다고 하거나 좋다는 것만 가르친다. "다른 사람을 방해하면 안 되는 거야." "거기서는 시끄럽게 떠들고 왔다 갔다 하면 안 되지." "부엌을 지저분하게 하면 안 된다."

부모의 이런 방식에 아이들은 보통 죄책감과 가책을 느낀다. 아이들은 반항하고 자기고집을 꺾지 않으려 한다. 아이의 인격이 무시당하고 자긍심이 약화되는 경우다. '엄마는 나를 미워해.'라고 받아들인다. 아이의 자존감 형성에 부정적인 영향을 주어 '난 쓸모없는 사람이야.' '멍청하고 모자라고 부모 마음에 들지 않는 아이야.'라고 생각하기 쉽다.

③ 부모가 너무 권위적으로 힘과 권력을 행사한다

부모는 아이를 양육하고 지도할 때 자격이 되든 되지 않든 심리적으로 큰 위치를 차지하고 아이들에게 권위를 행사할 수 있다. 부모가 권위를 가지고 있기 때문에 아이에게 막대한 영향력을 행사할 수 있다. 부모는 강자의 위치이고 아이들은 약자의 위치에 있다. 부모는 자신의 우위적이고 세력적인 힘을 사용하여 아이가 행동을 부모가 원하는 대로 하도록 통제, 지휘한다. 아이들이 어렸을 때 아이를 다루고 통제하기 위해서 힘에 의존했던 부모는 나중에 아이가 커서는 자신의 통제에서 벗어나고 더 이상 힘을 사용할 수 없음을 알고 어느 순간 충격을 받는다.

힘과 권위를 행사하고 보상과 처벌을 통해 아이의 행동을 통제할 수 있는 것은 단순하고 간단한 행동에서는 가능할 수 있다. 예를 들어, 쓰레기를 분류하거나, 공부방을 청소하는 등의 일에서 말이다. 그러나 자신에게 정직하고 최선을 다하는 태도나 다른 사람들과 대화하며 어울리는 법, 다른 사람을 배려하는 태도, 원하는 것을 성취하는 방법 같은 복잡한 행동양식들은 한계에 봉착하게 된다. 이런 행동방식들은 다양한 상황에서 터득한 경험과 관찰과 사고에 의해서 배워 갈 수 있기 때문이다.

대부분의 부모는 자신의 부모들이 권위적으로 힘을 사용하여 통제하고 지배했던 것에 대해 부작용이 있음에도 자기 자녀들을 똑같은 방식으로 대하게 된다.

④ 부모가 자녀와의 상호작용에서 물리적인 통제를 강하게 사용한다

이때 자녀로서 느낌과 행동들이 어떻게 나타나는지 그 반응들은 다음과 같다.

- 저항, 반항, 거부: 아이들은 자유가 위협받으면 대항하여 싸우려 한다. 부모가 하기를 바라는 것과 정반대로 함으로써 부모의 권위에 도전하려고 한다.

- 분노, 적대감: 아이는 부모가 자기에게 힘을 행사함으로써 부모가 원하는 쪽으로 휘둘려지는 것이 자유가 제한당하여 불공평하다고 생각하며, 미움과 적개심을 갖게 된다.

- 공격적, 보복: 부모가 권위를 행사함으로써 자신의 욕구가 좌절되면 아이는 공격적으로 되기 싶다. 부모에게 보복하기 위해 부모 말을 듣지 않고 비난하고 버릇없이 굴고 침묵으로 일관하는 등 부모가 원하지 않는 행동으로 마음에 상처를 준다. 아이는 '엄마가 나를 아프게 했으니, 나도 엄마를 아프게 할 거야.'라고 생각한다.

- 거짓말, 감정 숨기기: 부모가 보상과 처벌에 의존하여 아이를 양육하다 보면 아이는 처벌을 피하기 위하여 거짓말을 하는 경우가 생긴다. 이런 것은 아이가 부모의 방식에 대처하기 위하여 습득한 방어기제다. 아이는 부모 앞과 뒤에서의 감정과 행동이 다르게, 이중적으로 나타나기도 한다.

- 자기 행동 책임회피, 빠져나가기: 보상과 처벌에 의한 방식은 아이들에게는 협동심보다는 경쟁만을 더 부추기게 된다. 아이는 부모에게 상을 받고 처벌을 피하기 위하여 자녀들끼리 경쟁하고 다른 사람을 깎아내리고 고자질하고 책임을 전가시키게 된다.

- 지배하기, 약자 괴롭히기: 어린아이가 자기보다 약하고 힘이 없는 아이를 지배하고 마음대로 다루려는 것도 결국은 부모가 힘을 이용해서 자녀에게 했던 방식과 유사하게 나타난 것이다. 권위적인 부모는 결국 권위적인 자녀를 만든다.

- 지지 않으려 함: 부모의 보상에 익숙하여, 특히 칭찬, 선물, 사탕, 용돈 등 자신의 행동에 따라 평점 따내기에 매달려 온 자녀들은 이기는 것에 집착하게 되고, 수단을 이용하여 일등만 하고 싶고 절대 지지 않으려고 하는 것을 당연하게 여기게 된다.

- 연대해서 부모에게 대항: 부모의 힘과 권위에 대처하는 방식으로 자녀들은 집안과 바깥에서 연대하여 대항하려 한다. 자녀들이 서로 부모에게 이야기하기 전에 입을 맞춘다거나 다른 애들은 모두 하는데 왜 나는 하면 안 되느냐며 대항한다.

- 복종, 순종: 부모가 아주 강하게 권위적으로 대할 때 자녀는 처벌이 무서워서 아주 순종적으로 된다. 저항하거나 반발하는 것은 너무 위험하다고 생각하고, 언제나 권위에 수동적이고 복종적이며, 자기 욕구를 포기하고 자기 자신을 내세우지 못하고 위축된다.

5. 효과적인 대화법

1) 나-전달법

고든(Gordon, 1975/2002)은 부모-자녀 간의 효과적인 대화법으로 나-전달법을 소개하였다. 부모가 아이의 행동을 받아들이기 힘들 때 아이의 행동에 대해서 느끼는 자기 감정만을 이야기하면 된다. 반대로 너-전달법은 아이를 중심으로 앞에서 다룬 효과적이 못한 메시지들로 비난, 무시, 야단치는 것들이다. 나-전달법은 아이에게 부모가 어떻다는 것을 알 수 있게 해 주는 사실 전달이지만, 너-전달법은 아이에 대한 나쁜 평가로 들리게 된다.

나-전달법의 목적은 아이가 하는 행동을 자발적으로 변화시키기 위한 것이다. 부모가 나-전달법을 보낼 때는 세 가지 내용이 들어 있어야 아이가 자발적으로 자기 행동을 수정할 가능성이 높아진다.

첫째, 부모가 받아들일 수 없는 행동만을 설명한다(비판, 평가, 판단하지 말 것).

둘째, 아이의 행동에 부모의 감정을 그대로 표현한다(부정적인 감정을 강조하지 말 것). 부모 스스로가 자기가 어떤 감정인지를 먼저 파악해서 불안한지, 걱정이 되는지, 당황되는지, 화가 나는지 알아야 한다.

셋째, 아이의 행동이 부모에게 미치는 실제적이고 구체적인 영향을 말해야 한다.

아이가 하는 행동에 대해서 부모가 어떻게 느끼는지, 그리고 아이의 행동이 왜 문제가 되는지를 구체적으로 전달해 주는 것이 필요하다. 아이는 자기 행동이 왜 문제가 되는지를 이해해야 하기 때문이다. 아이의 행동에 대한 구체적인 영향이란 돈이 더 든다, 시간이 더 걸린다, 일을 더 해야 한다, 마음이 불안하다, 몸이 힘들거나 피곤하다 등이 될 수 있다. 예를 들어, 자녀가 학교 마치면 바로 집으로 오기로 했는데, 전화도 하지 않고 한 시간 늦게 집에 돌아왔다고 하자. 나-전달법으로는 "엄마는 네가 학교 끝나는 시간에 집에 오지 않아서 무슨 일이 있어나 아주 걱정을 했단다. 혹시 어떤 일인지 엄마에게 얘기해 줄 수 있겠니?"라고 말한다면, 너-전달법으로는 "너는 전화도 한 통 하지 않고, 너 때문에 내가 속상해 미치겠다."라고 말하게 된다.

아이는 어머니의 반응에 오히려 화를 내고 기분이 상한다. 그래서 그런 행동이 무엇이 잘못되었고 어머니에게 어떤 영향을 끼쳤는지 모른 채 그냥 지나가 버리면 다시 또 그런 행동을 하게 된다.

2) 나-전달법의 효과

부모와 자녀 간에 나-전달법의 긍정적인 효과는 다음과 같다(Gordon, 2002: 165ff).

첫째, 나-전달법은 자녀에게 반항이나 저항을 불러일으키지 않는다. 아이를 나무라거나 야단치지 않으면서 이야기하므로 아이는 덜 위협적으로 느낀다.

둘째, 나-전달법은 행동을 고칠 책임을 아이에게 전적으로 위임해서 자기가 결정하도록 해 준다. 그래서 자녀가 성장하고 자기 행동에 대한 책임을 지도록 유도한다. 자녀가 알아서 대처할 수 있으리라고 믿는 신뢰를 형성하고 존중해 준다.

셋째, 나-전달법은 부모와 자녀가 솔직하게 감정을 표현함으로써 자녀의 반응도 긍정적이 된다. 부모가 마음속의 솔직한 감정을 드러내고 투명하게 인간적인 면을 노출하게 되므로 자녀도 비슷한 방식으로 반응하게 된다. 너-전달법으로 부모가 자녀에게 이야기하면 자녀도 부모에게 똑같이 방어적이고 비난적인 메시지로 응수하게 되어 서로 공격하고 심하게 싸우는 것으로 끝나기 쉽다.

부모가 자녀에게 자기감정이나 마음을 노출한다는 것은 인간적인 면을 노출하는 것이다. '상대방이 나를 어떻게 생각할까? 내 마음을 이해하고 받아 줄까?'의 위험을 감수하는 것이다. 부모가 자녀에게 솔직하게 노출하지 않는 것은 자신의 결점, 잘못한 것, 약점을 숨기고 완벽하게 보이고 싶기 때문이다. 그래서 부모들은 자신의 감정을 숨기고 인간적인 면을 노출하는 대신 자녀를 나무라고 야단치며 너-전달법을 사용한다.

나-전달법 사용으로 부모와 자녀는 서로 솔직하고 편안하게 교류가 되어 친밀하고 진정한 인간관계를 형성할 수 있다. 진실한 관계는 부모가 부모로서의 진짜 기쁨을 느낄 수 있고 자녀는 부모에게 고마움을 갖고 행복감을 느낄 수 있다.

자녀의 행동이 거슬리고 마음에 들지 않을 때 아이를 독려하고 좀 더 발전적으로 아이가 변하도록 한다면 자녀의 행동이 마음에 들게 되어 칭찬, 기쁨, 감사, 고마움을 표현하는 것도 가능하다. "엄마 대신 쓰레기를 갖다 버려 주니 고맙구나. 엄마가 다른 일을 해도 되고." "오늘 너에게 무슨 일이 있다는 것을 엄마가 아니 안심이 되고 좋구나." 아이가 어떤 행동을 하도록 하기 위해 어머니가 반복적으로 의도적인 메시지를 사용하지 않고 자연 발생적인 감정을 진실하고 솔직하게 표현하는 것이다.

자녀에게 부모의 계획이나 욕구를 미리 알려 주는 데에 나-전달법을 사용할 수 있다. 아이들이 생각 없이 부모의 욕구에 거슬리는 행동을 하기 전에 미리 부모의 생각이나 기대를 말해 주는 것이다. 부모도 인간이고 다른 사람처럼 원하는 것이 있다는 것을 아이들은 알게 되고, 부모 마음에 들도록 행동할 수 있는 기회를 아이도 갖게 된다.

> "내가 주말에는 인터넷을 사용해야 하는데, 어떻게 시간을 나누어 쓸지 미리 정해
> 놓자." "오늘 저녁에 엄마가 외출을 해야 되는데, 그 전에 숙제를 보고 싶구나. 엄마가
> 늦게 돌아오면 네 숙제를 검토할 시간이 없을 것 같아서 말야."

6. 효과적인 갈등해결 방안

부모의 욕구와 자녀의 욕구 사이에 갈등은 피할 수 없는 것이다. 갈등이 항상 나쁜
것이라고 말할 수는 없다. 갈등은 관계에서 오는 현실적인 것으로, 솔직하게 표현되고
자연스러운 현상으로 받아들인다면 오히려 긍정적인 영향을 미칠 수 있다. 부모가 자
녀와 어떤 방식으로 갈등을 해결하느냐에 따라서 관계가 더 끈끈하게 결속이 될 수도
있고 서로 더 멀어질 수도 있다. 적어도 가정에서 자녀들이 갈등을 경험하고 해결하는
방법을 터득한다면 다른 갈등도 회피하지 않고 슬기롭게 대처할 수 있게 된다.

1) 무패방법

고든은 P. E. T.에서 대안적인 방법으로 상호 간의 갈등에서 아무도 지지 않게 하는
'무패방법' 또는 원원전략을 제안하였다. 부부관계에서 서로 의견 차이가 있을 때나, 노
조와 기업이 협상을 하려고 할 때나, 양자 간의 법적인 합의도 이런 방법으로 이루어지
고 있다. 이 방법은 두 사람이 권력적으로 누가 우위에 있다고 전제하지 않고 힘이나
권위를 사용하지 않는다. 부모-자녀가 상호 합의를 통해 양쪽 모두가 해결책을 받아
들이기 때문에 양쪽 모두 이긴 것이다. 누가 지고 누가 이긴 것이 아니고 힘 있는 사람
이 약자를 위해 해결해 주는 것이 아니다. 이 방법은 다음과 같다. 먼저 부모와 자녀 간
에 상호갈등 상황이 발생하면 서로 받아들일 수 있는 해결방안을 함께 찾아보자고 이
야기한다. 그리고 부모와 자녀는 양쪽이 서로 가능한 해결책을 제시한다. 비판적으로
검토하고 서로가 합의하여 최종 해결책을 이끌어 낸다. 해결방안이 이루어지면 서로
동의한 것이어서 누구도 손해를 보거나 반발할 필요도 없고 강제로 순종하도록 할 필
요도 없게 된다(Gordon, 2002: 259).

이 방법을 쓰면 똑같은 문제라도 가정마다 전혀 다른 해결방안에 도달하게 된다. 이 방법은 부모와 자녀가 둘 다 만족할 만한 해결책을 찾아내는 것이기 때문에 그 가족에게 적합한 것이 다른 가족에게는 적합하지 않을 수도 있다. 이 방법은 부모들이 방법만 익히면 다양한 갈등을 해결할 수 있고, 효과적으로 부모 역할을 할 수 있다. 이 방법의 긍정적인 효과는 다음과 같다.

- 함께 결정된 방안이므로 실천하려고 하는 동기가 자발적이다.
- 부모나 자녀에게 서로 좋은 해결방안을 찾아낼 가능성이 높다.
- 자녀의 사고력과 창의력을 키운다.
- 부모−자녀 간에 적대감, 반감이 줄어들고 사랑이 커진다.
- 부모−자녀 간에 근본적인 문제 접근이 가능하다.

무패방법인 갈등해결 방법의 여섯 단계는 다음과 같다(Gordon, 2002: 310ff).

① 1단계: 갈등을 확인하고 정의한다

부모와 자녀의 욕구가 정확하게 무엇인지 알아야 한다. 부모는 자신의 욕구를 생각하기 전에 해결책을 생각하는 경우가 많다. 욕구와 해결책을 분리하기 위해서는 적극적인 경청이 필요하다. "그렇게 하면 나에게는 어떤 영향을 미치고 너에게는 어떤 영향을 미칠까?"라고 질문을 던져 본다. 아이가 "내 방이 필요해요."라고 말한다면 이것은 해결책이므로, 자녀가 어떤 욕구가 있는지, 방을 가지는 것이 아이에게 어떠한 영향을 미치는 것인지 질문해 본다.

아이와 부모의 욕구가 분명하게 드러나지 않으면 문제해결과정은 어렵게 된다. 아이에게 분명하고 확실하게 자신의 감정을 이야기한다. 어떤 감정인지, 어떤 욕구가 충족되지 않는지, 무엇이 고민인지 말한다. 이때 나−전달법으로 이야기한다. 자녀의 욕구가 분명해지도록 적극적으로 듣기를 한다. 갈등이나 문제를 이야기해서 해결해야 할 것이 무엇인지 충분히 자녀와 이야기한다.

② 2단계: 가능한 한 여러 해결책을 생각해 낸다

"문제해결을 위해서 어떤 방법들이 있을까? 함께 궁리해 보자." "함께 고민해서 어떤 방법으로 해결하면 좋을지 찾아보자."라고 자녀에게 제안한다. 자녀의 해결방안을 먼저 듣고 부모의 것은 나중에 보충한다. 자녀의 해결책에 좋다 나쁘다 평가하거나 경시하지 않는다. 부모의 욕구를 만족시키지 않는 해결책이더라도 그 점을 언급하지 않는다. 자녀가 더 이상 대안이 없는 것처럼 느낄 때까지 계속해서 다른 대안을 생각하도록 격려한다.

③ 3단계: 각 해결책을 평가 · 검토한다

이 단계에서 많은 해결방안을 평가하며, "좋아, 이것들 가운데 어떤 것이 가장 좋은 것 같니?" "이제 가장 우리 마음에 드는 해결방법이 어떤 것일지 한번 살펴보자." "어떤 것이 우리에게 더 좋은 것인지 이야기해 보자."라고 시작한다. 이 과정에서 부모나 자녀는 자기 감정과 원하는 것에 대하여 솔직하게 말하도록 한다. "이것은 나에게 좀 불리하다. 불공평하다." 등 솔직하게 표현한다.

④ 4단계: 가장 좋고 만족스러운 해결책을 결정한다

이 과정에서는 부모-자녀가 서로에게 좋지 않은 것들을 빼고 서로에게 가장 만족스러운 것을 선택하도록 한다. 아이의 생각을 질문으로 확인한다. "이 방법이면 괜찮겠니?" "이것으로 하면 우리 문제가 해결되겠니?" "좋아, 그러면 이렇게 한번 해 보고 효과가 있는지 살펴보자." "너도 이것에 동의한 것 같은데, 우리 모두 한번 해 보자. 문제가 해결되는지."라고 이야기한다. 결정된 방법에 여러 가지 지침이 있는 것은 기록해 둔다. 결정된 것을 모두 지키기로 약속한다.

⑤ 5단계: 결정된 것을 실천할 구체적인 방안을 마련한다

부모와 자녀가 결정이 내려진 사항을 어떻게 구체적으로 시행할 것인지를 명확히 해야 된다. 누가 무엇을 어떻게 언제 하는지를 질문한다. 잠자는 시간이라면 누가 확인할 것인지, 물건을 사는 것이라면 누가 언제 살지, 그리고 방을 정리한다면 얼마나 자주 어느 정도 정리된 것을 말하는지 결정해야 한다. 구체적인 실천방안이 되도록 합의한다.

⑥ 6단계: 이후에 결과가 어떠했는지를 확인한다

어느 정도 시간이 지난 후에 약속한 실천방안이 잘 되어 가고 있는지 질문을 해서 점검해 본다. "그때 우리가 결정한 것이 어떻게 잘 되어 가고 있니?" "우리가 내린 결론이 아직 마음에 드니?" 이렇게 확인하면서 처음의 결정을 수정해야 할 필요가 있다면 결정

사항을 다시 수정 보완해 나간다.

　　모든 갈등해결과정이 꼭 6단계를 거치는 것은 아니다. 3단계에서도 최종 해결방안이 나올 수도 있고 한 가지 해결책으로 갈등이 끝날 수도 있다.

　　무패방법이 성공적으로 되기 위해서는 부모나 자녀가 모두 문제해결에 참여하여야 하고, 그러기 위해서는 상호 간의 효과적인 의사소통이 중요한 전제조건이 된다. 부모는 자녀에게 적극적으로 듣기를 통해서 아이의 감정과 욕구를 이해하고 아이가 정말 원하는 것은 무엇인지, 어떤 욕구가 채워지지 않아서 특정한 행동을 하는 것인지 아이가 마음을 열고 실제 욕구와 솔직한 감정을 드러낼 수 있도록 해야 한다. 부모는 자녀에게 나–전달법으로 자신의 감정을 솔직히 표현하도록 한다. 그렇게 함으로써 부모인 나도 욕구가 있고 감정이 있는 사람이고 행복하게 살 권리가 있다는 것을 가족에게 이해시킬 수 있다.

　　자녀가 자신의 행동이 부모에게 실질적·구체적으로 영향을 미치고 있다는 것을 받아들일 수 있느냐 없느냐가 핵심적인 부분이다. 자녀가 이 논리를 납득할 때만이 문제해결과정에 자발적으로 참여하려 할 것이다. 그래서 부모는 무엇보다도 자녀의 어떤 특정 행동이 자신에게 어떤 영향을 실질적으로 미치고 있다는 것을 설득력 있게 전달할 수 있어야 한다.

7. 자녀의 학습코치

　　부모교육에서 중요한 것이 자녀의 학습지도와 코치하는 기술이다. 송인섭은 '자기주도 학습(self directed learning)'이란 아이가 스스로 학습 목표를 세운 뒤 그에 적합한 학습전략을 세워서 실행하고 결과까지 스스로 평가하는 것이라고 하였다. 자녀가 자기주도적인 학습을 하기 위해서는 먼저 부모가 부정적인 언어를 사용하지 않고, 명령이나 위협적인 언어가 아니라 동기를 부여하고 잘할 수 있다는 자신감을 심어 주는 것이 중요하다.

　　첫째, 학습에 대한 동기조절 단계다.

• 자기가 성공했던 일 다섯 가지를 적어 본다. 실패했던 일 다섯 가지를 적어 본다.

- 학교생활에서 자신 없다고 느낀 일 다섯 가지를 적어 본다. 그중에서 '나는 ~할 수 있다.' '~할 자신이 있다.'로 바꿀 수 있는 항목을 찾아본다.
- '내가 학교에 다니는 이유' '20년 후의 내 모습 그려 보기' '그러기 위해서는 어떤 과정이 필요하고 지금은 무엇을 어떻게 해야 하는가'를 아이가 스스로 적어 보게 한다.
- 아이가 되고 싶은 인물이 어떤 사람인지를 찾아보게 한다. 신문이나 책, 인터넷을 통해서 그 사람의 업적, 특성들을 정리한다. 그런 사람이 되기 위해서는 지금 할 수 있는 것들이 무엇인지 적어 본다.

둘째, 인지조절 단계다.

- 각 과목별로 학습장을 마련하여 쓴다.
- 수학의 경우 '오답노트'를 쓰고, 영어의 경우 단어숙어 노트장을 만들어 활용한다.
- 평소 학습장을 꾸준히 정리한 아이들은 시험 때 유리하다.

셋째, 행동조절 프로그램 단계다.

- 공부의 우선순위를 정하고 공부의 스케줄을 주간 단위로 세워서 점검하고 평가하는 셀프 다이어리를 만든다.
- 공부환경을 점검하고 주의집중을 방해하는 원인 세 가지를 적어서 개선한다.
- 목표가 순조롭게 잘 이루어졌다면 개인을 위한 보상을 한다(칭찬, 선물, 좋아하는 물품 구입하기, 맛있는 것 먹기 등).

개인의 자녀 경험담을 『10살 전 꿀맛교육』으로 펴낸 최연숙 씨는 딸아이를 사교육에 의지하지 않고도 명문대에 보낸 비결을 열 살 전에 공부습관을 완성시켰기 때문이라고 말한다. 최연숙 씨가 주장하는 여덟 가지 원리는 다음과 같다.

- 매일 아이가 단 한 페이지라도 책을 읽으면 책 제목, 지은이, 출판사를 적어 목록을 만들어 성취감을 느끼게 한다.
- 단 한 줄이라도 매일 일기를 쓰게 함으로써 느끼고 생각하고 표현하는 논리적인 습

〈글상자 10-1〉 자기주도 학습전략

- 나에게 적합한 목표를 구체적이고 세부적으로 세우고 실행 여부를 점검한다.
- 작은 성취감의 경험이 힘이 된다. 아이의 작은 성취를 칭찬한다.
- 아이가 공부할 때 부모도 함께 공부의 분위기를 형성한다.
- 열 살 전에 주의집중력과 공부하는 습관을 만든다.
- 공부를 하면서 앞으로 어떤 모습이 되고 싶은지 이미지를 그린다.
- 부모는 훌륭한 사람이나 아이가 되고 싶은 사람에 대하여 자주 이야기해 준다.
- 공부의 습관을 형성하는 데에는 시간이 필요하므로 부모는 인내심을 가지고 잘한 것을 칭찬하면서 지지해 준다.

관을 기를 수 있도록 한다.
- 수학은 1년 또는 한 학기 정도 선행학습하여 자신감을 심어 준다.
- 영어는 놀이처럼 각종 시청각자료나 게임을 이용하여 자연스럽게 익히게 한다.
- 집안 환경을 깔끔하게 유지하려는 것을 포기하고, 아이의 손과 눈이 닿는 곳에 수시로 볼 수 있는 책이나 그림이나 기억해야 할 단어를 붙여두면 저절로 학습환경이 된다.
- 백과사전, 영어사전, 국어사전을 늘 곁에 두고 모르는 것이 있으면 스스로 찾아서 아는 즐거움을 느끼도록 한다.
- 학습지는 교과진도와 관련된 종합학습지를 선택하면 통합교육을 위한 부록 교재들이 있어 좋다.
- 매일 학습량을 확인하고 월말에는 평가를 해서 시상을 함으로써 동기가 지속되고 목표 성취에 대한 보상이 주어져 지속하게 된다. 그러면 자녀는 지속과 반복에 의하여 공부하면서 자연스럽게 주도적인 행동이 되고 습관이 형성된다(조선일보, 2007. 8. 15. 재인용).

8. 건강하고 행복한 가족

우리는 인생에서 가장 힘든 순간에, 질병으로 고통을 당할 때, 위기의 순간에, 두려움에 처해 있을 때, 죽음을 맞이해야 할 때 누구를 떠올릴까? 대부분의 사람은 그들의 가족이라고 할 것이다. 인간이 살다 보면 긍정적이고 좋은 일도 있지만, 부정적이고 불확실하고 어렵고 힘든 상황도 많이 만나게 된다. 불안하고 어렵고 힘든 상황을 잘 극복할 수 있도록 하는 것이 가족의 힘이고 저력이다. 또한 힘들고 어렵고 불확실한 상황을 성공적으로 잘 대처를 할 수 있어야만 건강하고 행복한 삶을 살아갈 수 있다.

이런 문제나 위기 상황에 대처를 잘하는 사람들은 침착을 유지하고 냉정하고 분별력 있고 이성적인 방법을 효과적으로 활용한다. 반면에 감정에 치우쳐서 급하고 화를 잘 내고 이성적인 합리성이 떨어지는 사람들은 좋은 일도 그르치게 만드는 경향이 있다.

가정은 가족들이 서로를 사랑하는 방법을 배우고, 분노를 처리하는 방식을 터득하고, 증오를 배우면서 동시에 증오감을 극복할 수 있도록 하고, 웃음이 있고, 즐거움이 풍겨나며, 무엇보다도 힘들 때에 정서적 지지를 받고 위안을 받는 곳이다.

다양한 배경을 가진 전 세계 수많은 가족을 대상으로 스틴넷 부부(Nick Stinnet & Nancy Stinnet)와 빔 부부(Joe Beam & Alice Beam)가 25년 이상 연구한 결과물인 '건강하고 튼튼한 가족'의 여섯 가지 비결을 소개한다(Stinnet & Beam, 1999: 40-254).

① 가족에 대한 헌신

가족들이 함께 살면서 우리는 언제 헤어질지 모른다는 두려움이 있다면, 혹은 언제 나에게 또 상처를 줄지 모른다는 아픔 속에서 지낸다면 서로 살아남기 위하여 자기방어를 할 것이다. 그러나 "당신이 있어서 행복해요." "당신을 나와 함께 끝까지 하리라 믿어요." "가족들은 나를 위하여 거기 있고 또 항상 거기 있을 거예요."라는 믿음과 안정감은 가족들이 실패를 해도 약한 모습을 드러낼 수 있는 지지대가 된다.

헌신은 애정의 특별한 형태로, 흔들리지 않고 힘든 시간을 함께 견뎌 내는 사랑을 말한다. 가족들은 공동의 꿈과 목표가 있다. 서로 지지해 주고 힘이 되어 주고 함께 하는 것이 헌신적인 사랑이다. 가족에 대한 헌신적인 사랑은 "나는 당신이 누구든, 당신이 무엇을 하든, 내가 어떻게 느끼든 당신을 사랑할 것을 약속한다."는 것이다. 헌신은 남편이 아내에게 아내가 남편에게 갖는 무조건적이며 공평하며 일관적인 변함없는 사랑이다. 다음은 헌신을 표현하는 시구다.

시간은 흐르고
꽃은 시든다.

새 날이 오고

새 길이 생겨도

사랑은 그대로 남는다(Stinnet & Beam, 1999: 71).

- 부부간의 헌신: 부부가 서로 사랑하며 화목하게 사는 모습을 보여 주는 것은 자녀에게 가장 좋은 삶의 선물이다. 자녀는 부모의 헌신적인 삶을 보고 느끼며 자신의 모델로 삼는다.
- 개인의 헌신: 가족들은 개인적으로 가족을 위하여 각자 헌신하는 모습을 시간을 통하여, 에너지를 통하여 행동으로 보여 주어야 한다. "우리는 하나의 팀을 이루고 있습니다. 가족은 우리 사고의 중심이자 심장이죠. 우리 중에 누가 고통을 겪으면 서로 나누어 가지려고 합니다. 한 사람이 고통을 받으면 우리 모두에게 상처를 주지요. 우리 한 사람 한 사람 모두가 소중하지요."(Stinnet & Beam, 1999: 54)
- 중요한 일 먼저 헌신하기: 가족들은 서로 우선적인 것을 협상할 수 있어야 하고 우선적인 것을 자기 일보다 더 먼저 할 수 있어야 한다.
- 정직을 통한 헌신: 가족들이 서로 믿고 신뢰하는 것은 정직성이다. 가족들은 서로 정직하더라도 서로에게 어떤 영향을 주는지를 알아야 한다.
- 가족의 전통에 대한 충실: 가족의 전통의례인 추석, 설에 모든 가족이 함께 모여서 조상님들을 섬기며 존중하는 의식은 개인의 뿌리와도 연관이 있다.

② 감사와 애정을 표현한다

건강하고 행복한 가족은 일상생활 속에서 존재의 가치에 감사하고, 소중함을 인식하며 생활한다. 행동에서도 서로에 대한 감사와 애정을 종종 표현한다. 사랑이라는 것이 애정을 표현하고 느낌이나 감정을 나누고 공유할 때에 더 풍성해질 수 있다. 가족들에게 감사의 메시지로 서로를 소중히 여기고 존중한다는 표현을 한다. 서로의 인정을 주고받을 때에 우리는 더 가치를 느끼고 더 소중함을 느낀다. 감사와 애정이 깃들게 하는 여섯 가지 비결은 다음과 같다.

- 가족은 서로의 좋은 점, 긍정적인 점을 찾는 광부가 되어야 한다. 건강하고 자존감이 높은 사람은 심리적인 여유도 있어서 상대의 장점을 보고 칭찬할 수 있다.
- 자녀들에게 말로 확인시켜라. 자녀가 긍정적이고 가치 있고 특별한 존재인 것을 말

로 확인시켜 준다.

- 자녀들에게 애정이 넘치고 감사할 줄 알도록 가르친다.
- 유머를 사용하며 즐겨라.
- 의도적이라도 애정과 감사를 표현하라.
- 감사나 인정을 고맙게 수용하라.

실천사항들은 다음과 같다.

- 배우자의 좋은 점 열 가지씩을 적고 서로 말한다.
- 가정을 긍정적이고 즐거운 환경으로 만든다. 긍정적인 언어표현을 한다.
- 상황을 재정의한다.
- 감사를 표할 때에 이를 고맙게 받아들임으로써 감사표현을 촉진한다.
- 배우자나 자녀에게 하루에 하나씩 칭찬한다.
- 생일날 사랑의 편지를 쓴다.

③ 가족들이 긍정적인 의사소통을 한다

가족들은 여러 가지 의사소통기술을 사용한다. 배우자나 아이들이 하고 있는 말을 제대로 이해하고 있는지 점검하고 상대방의 말뿐만 아니라 느끼는 감정에도 관심을 갖는다. 의사소통의 여섯 가지 규칙은 다음과 같다.

- 충분한 시간을 주라.
- 적극적인 경청을 하라.
- 이따금 점검을 하라. 대화를 통하여 서로의 상황이나 문제를 점검하고 확인하라.
- 상대방의 세계에 들어가 보라.
- 비판이나 평가를 삼가라.
- 항상 정직하라.

가족들의 갈등해결 전략은 다음과 같다.

- 갈등에 신속하게 대처한다.

- 한 번에 한 가지 문제에 대처한다.
- 구체적인 것에 초점을 맞춘다.
- 같은 편이 되어 본다.
- 감정적인 폭발은 하지 않는다.
- 이해의 폭을 넓힌다.

④ 가족들은 함께 시간을 보낸다

함께한다는 것은 더 많은 공동의 추억을 만들 수 있다. 가족들이 시간적 · 공간적으로 취미활동이나 공유할 활동들을 함께 할 때에 소속감, 가치감을 느끼며 소외감이나 고독감을 막아 준다. 그리고 같은 주제로 함께 이야기할 것들이 많아진다. 함께함으로써 가족들의 정체성을 확고히 해 주고, 서로의 관계에서 정서적으로 연결시켜 주며, 가깝고 친밀한 감정을 느끼게 해 준다. 또한 함께 어울리고 노는 것은 즐거운 것으로 생활의 활력을 가져다준다.

⑤ 영적인 성장

가족들은 영적인 성장을 위하여, 또한 삶의 어려움을 극복하고 단단한 정신적인 영혼의 만남을 위하여 신앙생활을 하는 것도 좋다. 영적인 신앙생활을 통하여 가족들은 '근본적인 삶의 의미가 무엇인가? 나는 누구인가? 어디에 있는가? 어디로 가는가?'에 대한 정체성이 분명해진다.

- 삶의 의미부여
- 삶의 가이드라인 제시
- 자유와 평화
- 긍정적이고 신뢰에 찬 관점
- 주위 삶들의 지지와 관심
- 초자연적인 이해와 애정, 초자연적인 삶의 힘과 영향

⑥ 스트레스와 위기에 대한 대처능력

가족들은 행복할 때, 쉬울 때도 있고 때로는 역경을 당하기도 하고 시련을 경험하기도 한다. 가족들이 위기 상황일 때가 더 중요하다. 이런 상황을 잘 극복하고 대처하는

요령이 필요하다.

- 스트레스를 균형잡힌 시각으로 바라보라.
- 최선을 다한 후에 하늘에 맡긴다.
- 자신보다 더 큰 것에 초점을 맞추라.
- 유머 감각을 잃지 않는다.
- 한 번에 한 걸음씩 행한다.
- 기분 전환과 재충전이 필요하다.

인내심과 판단력, 사랑과 애정이 풍부한 부모가 되는 것은 끝없는 자기 훈련이다. 부모교육에서 필자는 반 뷰런(Van Buren)의 '부모의 기도'를 생각날 때마다 읽도록 권하고 싶다. 우리의 사고가 바뀌면 행동이 바뀌고, 행동이 바뀌면 우리의 운명도 달라질 수 있다. 부모들이 마음을 바꾼다는 것은 생각을 바꾸는 것이다.

하나님
저로 하여금 훌륭한 부모가 되게 하여 주옵소서.
제 자녀를 이해할 수 있게 하시며,
그들이 말하는 것을 진지하게 듣게 하시며,
그들의 모든 질문에 부드럽게 대답할 수 있도록 하여 주옵소서.
저로 하여금 그들의 생각을 가로막거나 꾸짖지 말게 하시고
그들이 어리석은 행동을 하거나 실수를 할 때에
비웃지 않도록 하여 주옵소서.
그리고 저 자신의 만족이나 권위를 내세우려고
그들을 나무라는 일이 없도록 해 주옵소서.
매 순간마다 저의 말과 행동을 통하여
정직함이 옳음을 일러 줄 수 있게 하여 주옵소서.
제가 기분이 언짢을 때에 저의 입술을 지켜 주시고
그들이 어린아이라는 것을,
어른과 같이 행동할 수 없다는 것을

항상 기억하게 하여 주옵소서.

그들 자신이 스스로 결정을 내릴 때까지

기회를 허락할 수 있도록

저에게 참을성을 주시고

그들 스스로가 옳고 그름을 판단할 수 있게 하여 주옵소서.

저를 정직하고 바르며 친절한 부모가 되게 하여 주시고

그들에게 존경받고 본이 되는 부모가 되게 하여 주옵소서.

-애비게일 밴 뷰런-

9. 부모교육 실습

1. 부모들의 행동에서 자녀들에게 부정적인 본보기가 되는 사례들을 이야기해 보자. 그리고 부정적인 행동모델에 대한 건전한 대안책의 실행방안들을 나누어 보자.

2. 가트만의 『내 아이를 위한 사랑의 기술』에서 감정코치 5단계를(아이의 감정을 포착하기, 좋은 기회임을 인식하기, 아이의 감정을 인식해 주기, 아이가 감정을 잘 표현하도록 도와주기, 아이 스스로 문제를 잘 해결하도록 이끌어 주기) 읽어 보고 나의 부모 유형은(축소전환형, 억압형, 방임형, 감정코치형) 어디에 해당하는지 알아보자. 그리고 감정코치 5단계를 역할극으로 연습하고 실천해 보자.

3. EBS '아기성장보고서'의 3편 '애착, 행복한 아기를 만드는 조건'을 보고 안정애착의 조건, 애착이 자녀들에게 어떤 영향력을 끼치는지 적어 보자.

11 가족모형 세우기

> "부모는 당신에게 생명을 주었지만
> 또 다른 탄생이 기다리고 있다.
> 그것은 내가 나에게 생명을 주는 것이다.
> 당신 자신이 그러한 탄생의 부모가 되어야 한다."
> – 스바기토(Svagito R.) –

1. 가족모형 세우기의 이론적 배경

1) 헬링거의 가족 세우기

가족모형 세우기는 정신분석, 게슈탈트이론, 다세대중심 치료이론, 교류분석을 가족 치료에 통합한 심리치료기법으로 독일의 버트 헬링거(Bert Hellinger)의 가족 세우기를 기본적인 배경으로 하고 있다.

헬링거의 가족 세우기 치료기법은 내담자가 체험을 통해 스스로 통찰하는 것과 가족의 얽힘을 풀어 가는 과정이 중요하다. 구성주의 관점에서는 어떤 것의 존재, 알려지지 않은 실제를 실체라고 한다면, 현상은 어떤 것에 대한 우리의 지각, 정의, 인식, 신념이다. 인간이 사는 세상을 어떻게 지각하고 이해하는지, 더 나아가 주체자로서 어떻게 구성해 나가고 만들어 가는지에 따라 문제에 대한 인식도 달라진다고 보는 관점이다. 게슈탈트 심리치료에서도 내담자의 이야기보다는 개인이 사건을 어떻게 보고 이해하며 느끼는지가 더 중요하다. 특정 상황을 내담자 본인이 어떻게 지각하고 해석하는지에 따라 전혀 다른 체험을 하기 때문이다. 가족 세우기 치료기법은 처음부터 대상의 움직임이 어떻게 드러나는지, 문제 상황과 더불어서 어떻게 변화하고 새로워지는지를 다루는 역동적인 에너지의 움직임이다.

가족 안에서 얽힘은 대부분 한 사람이 다른 사람의 문제나 운명에 묶여 있을 때 나타난다. 내담자는 의식하지 못한 채 다른 가족원에 대한 충성심이나 구속감, 신의 때문에 감정이나 운명을 마치 자신의 것인 양 짊어지고 살아간다.

얽힘은 주로 트라우마나 해결되지 않은 미해결의 감정이나 태도, 관계자가 직접 해결하지 못한 갈등 등이다. 자신의 책임을 포기한 사람이나 책임을 질 수 없는 사람으로 인하여 발생하기도 한다. 자녀가 어머니(아버지)의 운명적인 사건(자살, 이혼, 중독 등)을 계속 유지하려는 일도 흔하게 나타난다. 가족 세우기를 통해서 내담자는 자신의 현재 증세나 문제가 무엇과 얽혀있는지, 헤어나지 못하는 이유가 무엇인지에 대해 통찰과 이해를 하면 상담사는 그것을 해결해 줄 치유의 문구인 '영혼의 언어'를 줄 수 있다.

헬링거의 가족 세우기에서는 전체 가족을 조망하는 것을 중요시한다. 가족체계에서 연결되지 못하고 제외되어 소속감을 상실한 사람, 인정받지 못한 사람, 사랑받고 싶었지만 사랑받지 못한 사람의 역동적인 에너지를 찾는다. 우리의 무의식은 해결되지 못한 사건이나 감정, 대상에게 재시도를 통해서 다시 이루어 보려는 기대와 소망을 나타낸다. 자신의 어린 시절 사건과 연관되어 있는 것이 성격의 한 부분이 되어 따라다닌다. 이런 성격은 결국 자신을 보호하고자 하는 강한 자기방어로 나타난다. 가족 세우기에서도 가족의 관계체계인 상호작용 방식에 초점을 두며, 부부가 성장한 원가족의 경험과 상처, 미해결된 감정, 충족되지 못한 욕구가 반복된다는 것을 상기시키면서 지금 표출되는 문제나 현상만 보지 않고 그 이면에 숨어 있는 지각, 감정, 기대, 열망 차원을 다루게 된다.

상담사는 이론적 편견을 버리고 객관적인 눈을 통해 가족을 개별적인 개체가 아닌 전체를 이루는 부분, 즉 '살아 있는 전체'라는 의식으로 바라봐야 모든 형태의 관계를 체계로 볼 수 있다. 어떤 사람과 질병, 어떤 사람과 중독, 어떤 사람과 외도 등을 체계로 보고 가족 세우기를 한다. 부모화, 성인동일시는 부부관계에서 아내(남편)가 남편(아내)에게서 오는 공허함을 아들이나 딸을 통해서 채우려고 하는 것이다. 그리고 자녀가 정서적인 지지나 위로를 부모에게서 받는 대신 부모에게 주어야만 하는 경우도 해당한다. 자녀는 부모에게 받기보다는 주기에 전념하므로 부모의 짐을 대신 지게 되어 가족의 질서에 어긋난다. 후에 자녀가 결혼하면 그 짐을 자기 자녀에게도 요구하게 된다.

관계 안에서 가족은 많은 감정의 경험을 나누고 이해하며 체험하게 되는데 실망과 상처, 아픔과 소외, 열등과 우월감, 두려움 같은 트라우마적인 사건은 인격으로 내면화되어 대인관계나 사회적 관계에서 반복적으로 표출된다.

2) 가족 세우기의 과정

　　상담사와 내담자 모두는 시작 전 안정을 찾을 시간이 필요하다. 마음의 깊은 차원을 다루는 것은 상담사와 내담자 모두에게 인내심이 필요하며 빠르게 꿰뚫어 보기는 어렵다. 그러므로 내담자와 상담사는 지금-여기에 현상학적으로 머무는 것이 중요하다. 상담사의 질문에 내담자는 명확하게 직접 답할 수 있어야 하며 가족 세우기를 바로 할지 먼저 문제탐색을 할지 결정해야 한다. 헬링거의 접근방법은 내담자의 말보다 내담자 대리인의 일반적 반응과 신체 자세 그리고 에너지를 표현하는 직관을 더 신뢰한다. 질문한 후 원가족과 현재 가족 중 어느 가족을 먼저 다룰지 결정한다. 현재 가족의 문제를 먼저 다루며 그 후에 원가족을 살펴본다. 현재 문제에 초점을 두고 강조하는 이유는 내담자가 자신의 삶에서 어떤 결정이나 선택을 할 때 그것을 책임지도록 하는 게 중요하기 때문이다. 상담사는 새로운 내담자를 만날 때 매번 어디서 시작해야 하고 어떤 가족체계에서 작업해야 하는지 결정해야 한다.

　　상담사는 가족 중 누구를 대리인[1]으로 세울 것인가를 고민해야 한다. 어디서부터 어떤 가족체계로 할지 결정한 후에 대리인으로 세울 가족구성원을 선택한다. 일반적으로 최소 1~2명의 대리인으로 시작하고 나중에 더 추가하는 것이 좋다. 개인적으로 중요한 사람은 나중에 세우게 되는데, 나중에 등장하는 인물의 영향력을 모든 사람이 보고 느끼게 되기 때문이다. 많은 수의 대리인이 필요한 경우에는 가족을 오른쪽부터 나이 순으로 배치하는 것이 좋다. 내담자는 대리인에게 지시나 말을 하지 않고 대리인을 가족의 관계에 따라 어머니나 아버지, 자녀 순으로 각각 배치한다.

　　내담자는 자신의 가족구성원을 내면의 관점과 느낌에 따라 위치를 정해 주어서 대리인의 옆, 앞 또는 뒤에 세운다. 그러면 대리인은 진지하고 신중하게 그 순간의 감정에 집중하며 앎의 장[2]으로 들어간다. 대리인이 역할연기를 하는 것이 아니라 실제 서 있는 각자의 위치에서 가족구성원의 느낌과 충동, 증세, 원함을 그대로 느끼도록 한다. 대리인은 내담자의 가족 양심에 자유롭게 접근하게 되고 독자적으로 인식하여 무의식적으로 연결된 갈등이 드러날 수 있다. 모든 대리인의 움직임은 상담사의 관찰과 대리인의

---

1) 대리인이란 가족 세우기 집단에 참석한 사람 가운데 내담자의 부모, 형제자매, 죽은 사람, 내담자 등의 역할을 하는 사람을 말한다.

2) 앎의 장은 1997년 하이델베르크 근처 위슬로에서 개최된 가족 세우기 학회에서 알브레히트 마허(Albrecht Mahr) 박사가 처음 사용하였다. 대리인이 가족의 경험 속으로 들어가 느끼고 체험하는 장이다.

언어적·비언어적 피드백으로 진행되면서 가족체계 안에 숨겨진 진실과 얽힘이 드러나게 된다. 대리인은 내담자의 미해결된 문제나 억압이나 트라우마가 조화로운 가족의 형상으로 드러날 때까지 계속해서 위치를 이동한다.

실제 내담자는 대리인의 느낌이나 위치, 몸짓 등 모든 것을 관찰함으로써 모든 상황을 지켜볼 수 있다. 상담사는 촉진자로서 대리인의 거리를 조절할 수 있고, 바라보는 방향, 에너지의 강도를 통하여 어느 정도 관계성의 암시를 알 수 있고, 무엇을 원하는지를 읽을 수 있다. 초반에는 각자가 서 있는 위치에서의 느낌이나 감정, 에너지의 강도, 육체적인 증세나 신호를 느끼게 된다(Payne, 2006). 이것은 내면 깊은 곳에서 사람을 움직이게 하는 무언가를 찾는 작업이다. 이때 상담사는 자신을 내담자의 가족구성원이나 내담자와 동일시해서는 안 되며 중립적 자세를 유지해야 한다.

가족 세우기의 과정에서 내담자가 이제까지 무의식적으로 가졌던 가족 형상에 대한 내면의 이미지가 바뀌게 된다. 자신이나 가족 내에 드러나지 않은 억압된 가족 형상을 의식할 수 있도록 형상을 드러낸 후에 통찰할 수 있다.

가족 세우기는 모든 사람이 가족체계 안에 조화로운 자리를 찾고 인정과 수용을 받으며, 용서와 치유를 받게 하는 가치 있는 원리를 제공한다(박선영, 김서미진 공역, 2009).

종종 가족의 문제 가운데 아주 의미 있는 사건이나 트라우마가 있다. 예를 들면, 이혼한 부부, 전쟁에서 죽은 가족, 어린 자녀가 일찍 죽은 경우, 고아로 자란 자녀, 해외 망명자, 성폭행 당한 가족, 정신이상이 있는 가족, 알코올중독자 가족, 낙태된 아이 등이다.

헬링거는 가족 세우기를 시작할 때 선정된 내담자에게 아주 간단한 몇 가지 질문을 한다. 가족 중 형제자매의 죽음, 부모의 이혼, 행방불명된 가족, 출산 중 어머니의 죽음, 가족 중에 누군가 제외된 사람의 여부, 일찍 사고로 죽은 사람, 자살한 사람, 살인한 사람 등의 여부를 질문한다. 이는 현재의 문제나 증세와 연관된 것을 파악하기 위함이다.

가족 세우기를 하는 첫 번째 방법은 내담자 가족의 얽힘을 풀어서 가족과 관련된 개인적인 문제를 극복할 수 있도록 돕는 상담적인 접근이다. 두 번째 방법은 개인의 양심과 집단의 양심을 넘어 인간 내면의 존재와 만날 수 있게 하고 삶에서 우리를 움직이게 하는 근원적인 힘과 만나는 접근법이다. 페인(Payne, 2006)은 이것을 응용철학이라 불렀으며 다른 말로는 명상적 접근이라 불렀다. 상담사의 역할은 내담자가 가족 간 얽혀 있는 것을 알게 하고 가족체계에서 발생한 사건이 누구의 책임인지를 알아내어 수용하게 하며, 내담자가 적합한 행동을 할 수 있도록 돕는 것이다. 또한 자신의 진정한 선택에 대한 책임감을 발견하고 거기에 합당한 행동을 하도록 하는 것이다.

3) 내담자의 가족체계 파악하기

가족 세우기에 앞서 내담자의 가족사를 탐색하는 것은 아주 중요하다. 가족 세우기는 다세대중심의 가족치료로 내담자의 핵가족과 원가족을 탐색하는 것이 일반적이다. 특히 다세대로 이어지는 가족의 보이지 않는 특성과 운명을 주의 깊게 다룰 필요가 있다.

가족 중 한 사람이 겪는 문제나 고통은 부정적인 삶의 패턴의 뿌리라고 할 수 있는 가족체계 안에서의 얽힘과 운명적인 사건과 관련이 있을 수 있다. 가족 세우기에서는 누가 가족체계에 속해 있고 어떤 사건이 있었는가가 중요하다.

다음과 같은 질문은 내담자의 가족체계를 파악하는 데에 도움이 된다(Ulsamer, 1999; Hellinger, 2001).

- 조부모님이 어떻게 돌아가셨습니까?
- 부모님은 어떻게 결혼하셨습니까?
- 결혼 당시 부모님의 나이는 몇 살이었습니까?
- 부모님 중 한 분이 결혼 전에 애인이 있었거나 동거한 적이 있습니까? 그리고 그때 결혼하지 못한 중요한 이유가 있었습니까? 헤어진 이유는 무엇입니까?
- 형제자매가 있습니까? 있다면 형제자매가 몇 명입니까?
- 어머니의 형제자매는 몇 명입니까?
- 아버지의 형제자매는 몇 명입니까?

가족 중 누군가 일찍 죽었을 경우 가족원의 고착이나 투사의 원인이 될 수 있으므로 가족사에서 가족의 사망과 관련된 사건을 다룬다.

- 형제자매 가운데 일찍 죽은 사람이 있습니까? 있다면 언제 어떻게 죽었습니까?
- 부모님 중 어느 한 분이 일찍 돌아가셨습니까?
- 어머니의 형제자매 가운데 일찍 돌아가신 분이 있습니까?
- 아버지의 형제자매 가운데 일찍 돌아가신 분이 있습니까?
- 형제자매 가운데 아주 기이한 운명의 인생을 사신 분이 있습니까?
- 15세 이하였을 때 부모님 중 돌아가신 분이 있습니까?
- 어머니가 자녀 출산 때문에 사망하셨습니까?

가족 중 누군가가 아주 특별하다는 이유로 완전히 소외되거나, 가족의 명예를 더럽혀서 가문에서 쫓겨났거나, 범죄의 가해자나 피해자가 된 적이 있었는지 등 피치 못하게 기이한 운명의 삶을 살았는지 알아보기 위하여 다음과 같이 질문한다.

- 가족 중에 자살한 사람이 있습니까?
- 가족 중에 범죄의 희생자가 된 사람이 있습니까?
- 가족 중에 사생아로 태어난 사람이 있습니까?
- 가족 중에 정신질환자나 발달장애인이 있습니까?
- 가족 중에 동성연애자가 있습니까?
- 입양한 자녀가 있습니까?
- 파양된 자녀가 있습니까?
- 가족 중에 본국에서 도피했거나 아니면 망명생활을 한 사람이 있습니까?
- 가족 중에 피치 못할 운명을 가지고 생활한 사람이 있습니까?
- 가족끼리 어떤 중요한 비밀이 있습니까? (강간사건, 범죄행위, 살인사건, 근친상간 등)
- 가족 가운데 소속될 권리를 박탈당하거나 존중받지 못하는 사람이 있습니까?
- 가족 중에 살인 등의 범죄자가 있습니까?
- 가족 중에 강간이나 근친상간을 당한 피해자가 있습니까?
- 가족 중에 불법적으로 재산을 모은 사람이 있습니까?

가족 가운데 살인자나 근친상간자, 범죄자가 있는 경우는 가족의 세대를 거쳐 후대의 자녀가 먼저 죽은 사람과 얽혀서 동일시의 현상으로 나타날 수 있다고 본다.

2. 가족모형 세우기의 기본 원리

1) 가족모형 세우기의 기본 이론

가족모형 세우기는 정신분석, 게슈탈트이론, 다세대중심 치료이론, 교류분석을 가족치료에 통합한 심리치료기법으로, 독일의 버트 헬링거(Bert Hellinger)의 가족 세우기를 기본적인 배경으로 하고 있다. 심인성 증세의 대부분은 가족 안에서 얽혀 한 사람이 다른 사람의 문제 또는 운명에 묶여 있을 때 나타난다. 헬링거가 말하는 얽힘이란 "한 개인이 다른 사람의 문제 또는 운명에 묶여 있을 때 나타나는 것으로 내담자가 무의식적인 충성심이나 신의 때문에 부모나 가족원 누군가의 감정이나 운명을 동일시하여 자신의 것인 양 받아들이거나 그 사람의 삶을 대신 살게 되는 것이다."라고 말했다.

누구나 다 자신의 가족에 대한 내면의 이미지가 있다. 머리에만 있는 이미지를 시각화·구체화하고 도구를 활용하여 가족모형을 세우게 된다. 가족의 현재 상태나 문제 상황뿐만 아니라 원하는 미래상도 가족모형으로 나타낼 수 있다. 모형을 활용하여 가족관계의 거리나 방향을 누구와는 가깝게 누구와는 멀게 세워 복잡한 가족체계를 한눈에 볼 수 있다. 가족의 문제를 파악하는 사정단계에서도 가능하며, 상담의 목표를 세우고자 하는 가족의 모습을 만들 때도 가능하다. 가족모형으로 가족관계를 표현할 때는 지나치게 합리화하거나 방어하는 것을 줄일 수 있는 장점이 있다. 가족모형 세우기는 가족의 트라우마 상담이나 가족이 깊이 얽혀 있는 문제를 다룰 때도 아주 효과적이다. 왜냐하면 한 개인이 겪는 심리적인 문제나 증세와 관련된 것을 다룰 때는 부정적인 삶의 패턴의 뿌리라고 할 수 있는 가족체계에서 얽힌 관계를 살펴보는 것이 중요하기 때문이다. 또한 불행한 삶이나 질병의 증세는 내면의 죄책감의 유발로 보기도 한다. 병든 아이를 살리지 못해 죽었을 때, 자동차 사고에서 친구는 다 죽었는데 자신만 살아남아서 죄책감에 시달릴 때, 불타는 집에서 소방관이 아이를 구출하지 못했을 때, 상담하는 자신의 내담자가 자살하였을 때, 열차 운전사가 자살하는 사람을 보고 열차를 멈추지 못하였을 때는 모두 외상으로 남는다. 이는 자신이 "좀 더 ~했더라면 ~했을 텐데."라는 사고에 머물러 고착되어서 자신의 삶은 행복해서는 안 된다는 각본으로 삶의 의지마저 박탈당하는 경우다. 타인의 죄를 대신 짊어지려 하거나 죽은 사람의 숙명을 받아들이지 못하고 그 사건을 직면하지 못한 채 우울과 질병으로 드러나게 된다.

가족구조를 공간적으로 표현함으로써 가족구성원 사이의 친밀한 정도나 갈등관계, 적대관계, 역할분담, 증상의 의미와 증상에 연결된 관계(쫓는 사람과 쫓기는 사람), 누구와 얽혀 있는지 등을 잘 볼 수 있는 장점이 있다. 이처럼 가족모형 세우기에 참여하여 가족관계의 특성과 문제점, 해결 방향, 가족에 대한 관점, 가족의 세대전수 특성을 표현함으로써 주체자로서 좀 더 객관적으로 관찰할 수 있다. 개인 증상의 원인도 가족 내에서 의미를 재구성할 수 있도록 그 관점을 제공해 준다. 상담사는 개인상담에서도 가족구성원의 가족모형을 통하여 가족 모두를 만날 수 있다.

가족 세우기 실제 시연에서는 대리인의 참여로 대리인이 표출하는 감정이나 움직임,

에너지의 흐름을 따라가며 반응하는 것을 볼 수 있지만 가족모형 세우기에서는 이런 표현의 한계가 있다. 그럼에도 불구하고 전체 가족에 대한 조망과 문제에 직면하기, 자기 마음의 상태를 알아차리고 가족의 나아갈 방향을 설정하는 것이 가능하다. 특히 대상에 대한 언어적인 '치유의 고백'을 통해서는 무의식적인 얽힘이나 가족원에 대한 충성심이나 융합관계를 직면하여 분화할 수 있다.

가족모형 세우기에서도 내담자가 주관적으로 느끼고 경험하는 것을 스스로 잘 이해하고 알아차리도록 도와주는 과정에 초점을 맞춘다. 그래서 상담사는 내담자와의 대화 과정과 흐름에 따라 반응하고 질문함으로써 내담자가 감정을 느끼도록 해야 한다. 이런 상담의 과정에서 가족모형 세우기는 세우고 나서 느낌을 묻고 다시 다르게 세우면서 감정이나 기대, 원함을 물으며 진행할 수 있어 효과가 있을 것이다.

가족모형 세우기는 개인상담, 부부상담, 가족상담, 집단상담에서도 활용할 수 있다. 상담에서 내담자와 상담사의 대화 참여과정이 최선이므로, 이를 위해 모든 도구는 상담 효과를 더 보조해 줄 수 있는 조력자와 촉진자가 될 수 있다. 또한 상담사의 활용도에 따라서 효과는 매우 다르게 나타날 수 있을 것이다.

2) 가족모형 세우기의 구성

이 구성에서 모형은 26개의 사람모형으로 된 나무로 제작하였다. 성인 남성모형 8개, 성인 여성모형 8개, 아동모형 8개, 직사각형 아동모형 2개로 구성하였다. 아동모형은 갈색, 노란색, 빨간색으로, 성인모형은 빨간색, 검은색, 회색, 갈색, 흰색으로 구성하였다. 가족모형플러스에서는 청소년모형 6개로 분홍색, 파란색, 갈색, 작은 유아모형 4개는 갈색으로 구성되어 있다.

큰 사이즈는 성인 남녀로, 작은 사이즈는 아동이나 청소년으로 사용할 수 있다. 예를 들면, 유색 모형은 조부모를 회색 모형으로, 죽은 사람은 검은색 모형으로 활용할 수 있고, 부부상담에서는 내연녀, 내연남 또는 정신질환자, 가족구성원 중 특별한 사람은 빨간색 모형으로 활용할 수 있다. 특히 내담자가 자신을 표현할 때는 어떤 색으로 하고 싶은지 모형을 선택할 수 있다. 먼저 내담자에게 다양한 색깔의 모형을 보여 주고 하나하나 설명해 주면서 만져 보게 하여 친숙감이 들도록 한다.

(1) 가족모형 세우기 활용

가족모형 세우기를 통해서 상담에서 활용할 수 있는 다양한 방법은 다음과 같다.

- 가족의 관계 사정: 모형을 활용하여 가족을 한 분 한 분 소개하는 것이 가능하다. 가족의 과거 모습, 현재 모습, 현재의 문제 상황, 문제를 해결한 미래의 모습을 세울 수 있다. 가족의 공간적인 거리감으로 관계성을 파악할 수 있고, 위치와 방향을 통해서 친밀한지 갈등이 있는지를 알 수 있다. 또한 모형의 위치를 다르게 바꾸어 가며 가족이 느끼는 감정도 나눌 수 있다.

- 내담자의 환경체계 사정: 가족모형을 선택할 때 색으로 구분하여 내담자의 환경체계 사정으로 활용할 수도 있다. 내담자를 중심으로 지지와 긍정적인 에너지를 받는다면 좀 더 가깝게 마주 보고, 스트레스나 갈등 등 부정적인 에너지를 받는다면 좀 더 거리를 두고 등을 보도록 세울 수 있다.

- 가족원의 트라우마 재현과 직면: 가족원의 트라우마인 죽음, 강간이나 살인의 희생자 등은 검은색 가족모형을 눕혀 표현할 수 있다. 자녀의 죽음이나 낙태의 경우엔 아이모형을 부모 앞에 눕힐 수 있다. 그리고 타인살해의 가해자는 문제를 직면하고 행위의 책임과 죄의 결과를 받아들이는 것이다. 가해자가 피해자에게 할 수 있는 해결문장으로는 "죄송합니다." "잘못했습니다."라는 진심 어린 사과와 고백이 있다. 누군가에게 자신이 미안한 행동을 했다는 사실을 인식하는 것이다.

- 상징과 은유로 모형 활용: 가족모형 세우기에서 검은색 모형은 과거의 좌절이나 실패의 상징으로, 빨간색 모형은 새로운 희망의 상징으로 비유하여 세울 수 있다. 그리고 좌절이나 희망에 관하여 이야기를 나눈다. 가족 중에 멀리 단절이 된 사람이나 가족에서 제외된 사람으로 흰색 또는 회색 모형을 활용할 수 있다. 또한 가족 중의 증상을 유색의 가족모형으로 표현하거나 상징적인 물건으로도 표현할 수 있다. 예를 들어, 돌이나 바위, 모래, 술병 등을 이용하여 돌을 모형 앞에 두거나 섭식장애를 빨간색 모형으로 표현할 수 있다. 가족모형을 대신하여 가족의 긍정적인 자원 또한 도움이 되는 사람이나 사건을 모형으로 표현한다. 좌절을 극복한 비결이 종교나 자녀라면 그것을 상징으로 옆에 세울 수 있다.

- 대상모형에게 감정표현: 상담과정에서 가족의 관계모형을 세우고 자신의 모습을 관찰할 수 있으며 대상모형인 조부모, 부모, 형제자매, 직장동료 등에게 직접 감사함, 아쉬움, 두려움, 상처, 실망감 등 자신의 감정을 표출할 수 있고 치유의 문장인 고

백의 언어를 사용할 수 있다.

(2) 가족모형 세우기 과정

일반적으로 가족모형 세우기의 순서는 다음과 같은 과정으로 이루어진다.

① 상담사는 내담자의 가족시스템을 파악한다. 현 상황에서의 주 호소문제 등을 탐색한다.
② 내담자의 현재 가족구성원 모형을 선택하여 가족의 위치를 정하도록 한다.
③ 세워진 모형을 관찰하면서 내담자가 현 상태에서의 가족에 대한 심리 상태나 느낌을 표현하도록 한다.
④ 상담사는 가족관계에서 누가 누구와 어떻게 연결되고, 누구는 어떤 이유로 소외되고, 누구는 어떤 이유로 갈등적인 관계인지 내담자가 표현하도록 한다. 때로는 문제의 상황에 따라 내담자의 원가족을 세워서 원가족에서의 관계경험도 나눈다. 상담사는 가족모형의 위치를 바꾸어 가면서 가장 조화롭고 평화로운 관계를 위해 재배열을 해 나간다.
⑤ 상담사는 내담자가 가족원에게 가졌던 원망이나 서운함, 슬픔이나 억울함, 소망이나 원함을 직접 표현하도록 한다. 상담사는 내담자에게 내담자의 얽힘이나 죄책감에서 벗어나기 위한 '자기 고백의 치유문장'을 직접 말하도록 한다. 그러면 내담자 자신이 가족과 어떻게 연결되어 있는지 알고 그 뿌리를 끌어안으며, 자신의 숙명이나 운명도 받아들이는 법을 알게 된다.
⑥ 내담자가 가족모형 세우기를 통하여 느낀 점과 새롭게 알아차린 것에 대하여 나눈 후 종결한다.

3) 자기 고백의 치유문장

가족모형 세우기에서 내담자가 자기 고백하는 과정은 매우 중요한 치료의 과정이다. 고백하는 사람은 자신의 마음을 움직이고 강한 체험을 하며 결단을 가져다준다. 내담자는 자발적으로 치료과정에서 부모에게 용서를 구하는 고백을 하기도 하고 부모가 자녀에게 미안함을 나타내기도 한다. 때로는 상담사의 도움으로 의지적인 자기 고백이 필수적일 때도 있다. 예를 들면, 부모를 부모로 인정하는 것으로 "어머니(아버지)는 저를 낳으신 저의 어머니(아버지)입니다. 저는 당신의 딸(아들)입니다. 당신의 딸(아들)인 것이 자랑스럽습니다."라고 말하도록 한다. 또는 내담자가 자신의 생명에 대한 감사 고백으로 "사랑하는 어머니, 저에게 삶을 주셨습니다. 이것은 저에게 아주 큰 선물입니다. 감사합니다."라고 고백할 수 있다.

내담자의 고백은 자발성이나 진실성, 겸손함이 없으면 아무 의미가 없다. 자신뿐 아니라 상대방의 변화도 가져오지 못한다. 특히 가족의 용서를 위한 고백, 상처를 회복하기 위한 고백, 인정을 위한 고백, 평화를 위한 고백, 두려움에 대한 고백은 진정한 마음에서 우러나오는 고백일 때 더 효과적이다. 치료적인 고백은 자신의 마음과 진실로 만나는 순간이며, 삶의 새로운 장을 열어 주는 통로다. 이러한 고백은 자신의 깊은 마음에서 진실하게 우러나오는 것이 가장 중요하다. 왜냐하면 진실한 고백만이 자신의 진짜 내면과 가족원과의 깊은 연결 통로가 되어 주기 때문이다.

(1) 부모-자녀관계 회복을 위한 치유문장

부모-자녀관계의 회복을 위해서 자녀가 부모에게 고백하는 문장은 자녀가 부모에게 어머니(아버지)의 위치를 인정하고 존중하는 것이며, 그래야 자녀가 부모에게 벗어날 수 있고 성장할 수 있다.

헬링거는 "부모는 주고 자녀는 받는다. 이 주고받는 것은 일상적인 작은 것이 아니고 부모가 자녀에게 생명을 주는 것이다. 그리고 부모는 자녀에게 자신의 모든 것을 더하지도 않고 빼지도 않은 모습을 있는 그대로 다 주는 것이다. 자녀도 부모의 모든 것을 있는 그대로 받아들인다. 부모의 어떤 것도 더 더하지도 않고 빼지도 않고 그대로 받아들인다. 이것이 부모-자녀 사랑의 기본적인 질서다."(Hellinger, 2001)라고 강조한다.

부모에게 구속되어 있어서 자아분화가 안 되어 성장의 걸림돌에 묶여 있는 경우에는 내담자의 성장이 어렵다. 이런 경우 자녀는 부모를 온전히 떠나지 못하고 가슴으로 온전히 수용하기도 어렵다. 부모의 역할을 인정하고 존중하는 것이야말로 부모에 대한 애증에서 벗어나 자신의 인생을 선택하고 결정할 수 있는 것이다. 원가족으로 인한 짐이나 상처는 대인관계에서도 걸림돌이 된다. 부모-자녀관계에서 마마보이나 대디걸, 부모화 역할자로 성장했다면 문제는 부부관계, 대인관계에도 계속 영향을 미친다.

부모를 존중하는 방법은 여러 가지가 있지만, 내담자 자신이 부모에게 존중을 표현하며 다음과 같이 말할 수 있다.

- "당신은 나의 어머니(아버지)입니다. 어머니(아버지), 절 낳아 주셔서 감사합니다. 태어나서 겪은 모든 일을 어머니(아버지)가 주신 큰 선물로 여기며 감사히 받겠습니다. 저는 어머니(아버지)가 저를 위하여 희생하신 것에 감사하며 저도 제 자녀를 위하여 그렇게 하겠습니다. 어머니(아버지)를 마음속 깊이 존중하며 당신의 희생이 헛되지 않도록 살아가겠습니다. 당신은 제게 가장 좋은 어머니(아버지)며, 저 또한 당신에게 가장 좋은 아이입니다. 어머니(아버지)는 크고 저는 작습니다. 어머니(아버지)는 주고 저는 받습니다." (자녀가 부모에게 존경을 표하기)(Hellinger, 1995)
- "어머니(아버지)를 존경하며, 어머니(아버지)의 인생을 존경합니다." (자녀가 부모에게)
- "어머니(아버지), 저는 어머니(아버지)의 딸(아들)입니다. 저는 어머니(아버지)와 비슷합니다." (자녀가 부모에게)
- "부모님 사이에 일어난 일은 부모님의 일입니다. 저는 자녀로서 부모님의 일에 나서서 결정하지 않겠습니다." (부모의 이혼문제, 외도문제 등)
- "사랑하는 어머니, 제게 주신 생명과 저를 위한 모든 일에 감사를 드립니다. 저는 어머니께서 고통을 많이 받으셨다는 것을 압니다. 저는 어머니의 고통을 어머니에게 남겨 둡니다. 어머니께서 스스로 고통을 이겨내실 수 있다는 것을 존중합니다." (부모의 고통을 대신 지려고 하는 자녀가 부모에게)
- "부모님께 정말 감사합니다. 이제까지 저를 위해서 헌신하시고 양육해 주신 것 고맙습니다. 이제는 그 헌신과 사랑을 제 자녀에게 갚겠습니다." (자녀가 부모님에게)
- "사랑하는 어머니(아버지), 어머니(아버지)의 죽음을 절대 헛되이 하지 않겠습니다." (자녀 출산 시 부모가 사망한 경우)
- "어머니는 저의 진정한 어머니입니다. 또한 저는 제 아내가 있습니다." (아들이 어머니에게 자아분화 촉진 시)
- "어머니! 이 사람이 제 아내입니다. 제 아내를 잘 봐 주십시오. 우리를 축복해 주세요." (아들이 어머니에게)
- "이분이 저의 남편(아내)입니다. 제 남편(아내)을 좀 잘 봐 주십시오." (부모에게 배우자를 소개함)
- "어머니(아버지, 할머니, 할아버지), 제 가족이 인사드립니다. 제 가족입니다. 제 가족을 축복해 주십시오." (자녀가 부모 또는 조부모에게)
- "어머니(아버지), 저는 어머니(아버지)를 매우 보고 싶었습니다." "저는 어머니(아버지)의 딸(아들)입니다." (자녀가 부모와 오랫동안 관계가 없었을 때 연결을 위하여)

- "네가 네 아버지처럼 되는 것이 당연하다. 너는 네 아버지의 아들이다." (어머니가 아들에게)
- "아버지(어머니)! 아버지(어머니)는 저의 아버지(어머니)입니다. 제 가슴속에는 항상 아버지(어머니)가 있습니다." (부모가 일찍 사망한 경우)
- "사랑하는 아가, 네가 살아남지 못해서 참으로 슬프구나. 우리는 너를 그리워했다. 이제 우리의 가슴속에 너를 위한 자리를 마련하고 싶구나. 그리고 우리의 첫 번째 자녀인 너의 자리를 가족 안에 마련하마." (부모가 유산된 아이를 바라보며 할 수 있는 고백)
- "저에게 생명을 주셔서 감사합니다. 그것이 제가 받을 수 있는 모든 것입니다. 저는 생명이라는 큰 선물을 받았습니다. 부모님이 결정하신 대로 저는 양부모님에게 갑니다. 부모님은 저를 떠나보내셨고 저도 이제 부모님을 떠나보냅니다." (입양된 아이가 친부모에게 할 수 있는 고백)
- "이분이 제 친어머니[3](친아버지)입니다. 저는 친어머님(친아버님)에게 속해 있습니다." (입양자녀가 양부모에게 할 수 있는 고백)

　입양아가 근원적인 뿌리를 찾는 것도 중요하지만, 친부모의 결정을 받아들이며 자신이 양부모와도 깊이 연결될 수 있음을 알고 자신을 키워 준 부모님에게 고마움을 표현할 수 있어야 한다. 입양아는 평생 자신의 자아를 찾는 데 몰두하느라 많은 에너지를 사용한다. 그리고 가족이 나를 원치 않았다는 사실을 제외하고는 자신에 대해 아는 게 없다. 그래서 내면의 결핍을 계속 느끼며 살아간다. 아이를 입양시키거나 친권을 포기하여 양육하지 못한 부모도 자식을 책임지지 못한 것에 대한 죄책감으로 자책하고 자기 처벌을 하는 방식으로 질병이 유발될 수 있으며 때로는 죽음에 대한 열망으로 자살을 추구하기도 한다. 또한 입양의 목적이 아이를 위한 것인지 양부모를 위한 것인지를 살펴보는 것도 중요하다. "부모는 주고 자녀는 받는다."라는 원칙이 무너져 자녀가 주어야만 하는 것이 강요되면 부모-자녀의 질서가 깨지게 된다.

(2) 부부관계에서 이별 시 치유문장
- "우리가 함께했던 시간에 감사해요. 나는 그 시간으로 많은 것을 받았고, 당신이 내

---

3) 친부모는 입양아를 낳은 생물학적 부모를 말하고 양부모는 입양아이를 키운 부모를 말한다.

게 준 것을 소중히 잘 간직하겠어요. 당신에게 드린 소중한 사랑도 잘 간직해 주세요." (부부가 헤어진 경우)

- "당신과 함께했던 시간에 감사해요. 당신이 내게 준 모든 것에 고맙고, 그것을 영원히 간직하겠어요. 당신에게 드린 모든 것은 내가 당신을 사랑했기 때문입니다. 부디 그것을 당신 안에 잘 간직해 주세요. 나는 당신이 잘못한 부분은 당신이 책임지게 하고 내가 잘못한 부분은 내가 책임지도록 할게요. 이제 당신을 보내 드립니다. 당신도 저를 보내 주세요." (부부가 헤어질 때 존중을 표현하기)

- "이제까지 당신에게 받았던 모든 것을 고맙게 생각합니다. 그리고 당신이 나에게 받았던 것을 잘 간직하시길 바랍니다. 우리가 헤어진 것에 대하여 당신과 함께 책임을 지겠습니다. 당신을 저의 전남편(전 아내)으로 가슴에 간직하겠어요. 당신의 삶이 평안하기를 바랍니다." (부부가 헤어질 때)

- "저는 당신의 남편과 조금 더 함께 살다가 저도 언젠가는 헤어질 것입니다." (현재 아내가 전 아내에게)

- "당신의 운명과 당신의 결정을 존중합니다. 당신의 영혼이 아주 평안하길 바랍니다. 저는 제 인생이 좀 더 지속되고 잘될 수 있기를 바랍니다." (자살한 배우자에게) (Hellinger, 1995: 333).

"산 것은 반드시 죽고[생자필멸(生者必滅)], 만나면 반드시 헤어지게 된다[회자정리(會者定離)]."라는 말이 있듯이 모든 인연에도 시작이 있으면 마지막이 있다. 부부가 살다가 헤어져야 하는 순간이 올 때는 배우자와 평화롭게 헤어지는 것이 중요하다. 그러기 위해서는 상대방에게 존중을 표현하고 서로의 사랑을 인정해야만 한다. 부부가 서로 관계에서 일어난 일을 현실적으로 인정하고 자신의 선택과 결정에 각자가 책임을 지는 성숙한 태도로 임해야 편안하게 헤어질 수 있다. 이전 배우자에 대해서도 무시나 경멸보다는 존중을 통해 집착을 버려야 그 사람과의 관계에서 빠져나올 수 있다. 이것이 평화롭게 헤어지는 방법이다. 각자가 자기 길을 가더라도 이전 배우자와 연결되었던 마음이 내면세계에서 계속된다는 것을 알게 된다. 어떤 부부는 일 년을 살고 헤어졌지만, 그 대상이 심상 안에 있어서 재혼이 어렵고, 어떤 부부는 20년을 살고 헤어져서도 곧바로 재혼할 수 있다. 관계를 유지하는 것과 사랑하는 것이 동시에 일어나지 않은 예도 있는데, 이혼한 부부라도 아이가 있으면 부부가 헤어져도 부모로서 연결되어 있을 수 있다.

3. 가족모형 세우기 활용 기법

1) 내담자의 현재 핵가족모형 세우기

내담자의 현재 핵가족 구성원을 가족모형으로 세우도록 요청한다. 가족모형의 위치나 방향을 정하고 가족의 특성, 가족과의 관계를 통해서 상호작용의 방식을 알 수 있다. 관계질문이나 가족에 대한 질문지를 활용함으로써 가족에 대한 탐색을 더 깊게 할 수 있다.

가족의 관계성, 친밀성, 거리감, 유대감 정도를 파악한다. 가족 안에서 누가 강자이고 약자인지와 가족의 역할, 규칙, 감정, 기대 수준, 원함과 열망 수준을 탐색한다. 현재의 문제와 연관된 과거의 사건을 찾아내고 문제 해결을 위한 실마리를 찾아내며 내담자의 성장과 변화를 위한 것이 무엇인지 탐색한다. 〈표 11-1〉과 〈표 11-2〉의 질문을 활용한다.

[그림 11-1]은 현재 가족상태를 나타냈다. 왼쪽 중앙은 아내, 양옆에는 두 자녀 모형이며, 뒤에 있는 아내의 부모와 연합된 상태다. 혼자 선 남편모형(흰색)은 핵가족에서 소외된 남편 모습이다.

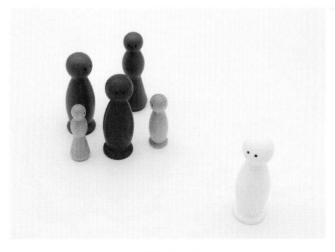

[그림 11-1]

〈표 11-1〉 관계성 질문

- 당신과 아버지의 관계는 어떤가요?
- 당신과 어머니의 관계는 어떤가요?
- 아버지와 어머니의 관계는 어떤가요?
- 어머니와 자녀 1과의 관계는 어떤가요?
- 어머니와 자녀 2와의 관계는 어떤가요?
- 아버지와 자녀 1과의 관계는 어떤가요?
- 아버지와 자녀 2와의 관계는 어떤가요?
- 자녀 1은 부모님의 관계를 어떻게 보고 있나요?
- 자녀 2는 부모님의 관계를 어떻게 보고 있나요?
- 어머니와 가장 가까운 사람은 누구일까요? 어떤 면에서 그렇게 생각하나요?
- 어머니와 가장 거리가 먼 사람은 누구일까요? 어떤 면에서 그렇게 생각하나요?
- 아버지와 가장 가까운 사람은 누구일까요? 어떤 면에서 그렇게 생각하나요?
- 아버지와 가장 거리가 먼 사람은 누구일까요? 어떤 면에서 그렇게 생각하나요?
- 어머니는 자녀끼리의 관계를 어떻게 보고 있나요?
- 아버지는 자녀끼리의 관계를 어떻게 보고 있나요?
- 어머니와 친할머니와의 관계는 어떤가요?
- 어머니와 외할머니와의 관계는 어떤가요?
- 당신의 가족관계에서 어떤 점이 달라져야 할까요?

〈표 11-2〉 내담자 가족의 내면 경험 탐색 질문지

1) 문제 상황에 대한 탐색
   ① 당신 가족의 가장 큰 문제는 무엇이라고 생각하나요?
   ② 그 문제는 얼마나 유지되었나요?
   ③ 그 문제로 인하여 가장 힘든 사람은 누구였나요?
   ④ 가족이 문제를 해결하기 위해 시도한 방식은 무엇인가요?
   ⑤ 가족이 힘든 과정을 극복할 수 있었던 배경은 무엇인가요?
   ⑥ 가족끼리 서로 사랑한다는 건 무엇을 보고 알 수 있나요?
   ⑦ 성장과정에서 가장 힘들었던 문제는 무엇인가요?
   ⑧ 당신과 부모님과의 관계에서 가장 싫었던 것은 무엇인가요?
   ⑨ 당신과 부모님과의 관계에서 가장 좋았던 것은 무엇인가요?
   ⑩ 가족에게 특별한 사건이 있었다면 어떤 것이 있었나요? 그 사건에 어떻게 대처했나요? 그 사건
      이 당신에게 어떤 영향을 끼쳤나요?
   ⑪ 가족의 바람직하지 않은 점이 무엇이라고 생각하나요? 어떻게 대처했나요?

2) 역할에 대한 질문

① 가족은 주로 어떤 역할을 했나요?

② 당신은 주로 어떤 역할을 했나요?

③ 가족의 역할 중 가장 불만이 있었던 것은 무엇인가요?

④ 가족 가운데 누가 역할을 잘 해냈고 누가 역할을 잘하지 못하였다고 생각하나요?

⑤ 가족 중에 당신이 동일시한 사람은 누구인가요?

⑥ 가족 중에 당신이 역동일시[4]한 사람은 누구인가요?

⑦ 가족의 역할이 앞으로 어떻게 변화해야 한다고 생각하나요?

⑧ 부모님의 바람직한 역할이란 어떤 것인가요?

3) 신념이나 규칙에 대한 질문

① 성장기 때 어떤 규칙이 있었나요?

② 가족의 규칙 가운데 가장 힘든 규칙은 무엇이었나요?

③ 규칙을 잘 지키면(또는 어기면) 어떻게 되었나요?

④ 가정에서 꼭 '~을 해야만 한다'는 규칙이 있었나요? 어떤 것이 있었나요?

⑤ 절대적인 규칙에서 좀 바꾸어서 "당신은 ~을 해도(안 해도) 괜찮아."라고 말해 볼 수 있나요?

⑥ 당신 가족의 좋은 규칙은 무엇인가요?

⑦ 규칙은 당신의 성격 형성에 어떤 영향을 미쳤나요?

⑧ 당신의 중요한 신념은 무엇인가요?

⑨ 당신의 어떤 신념이나 가치가 당신을 힘들게 하나요?

⑩ 당신의 인생에서 중요한 것이 무엇이라고 생각하나요?

4) 감정에 대한 질문

① 현재 자신에 대해 어떻게 느끼나요?

② 아버지(어머니)에 대한 좋은 감정은 무엇인가요?

③ 아버지(어머니)에 대한 불편한 감정은 무엇인가요?

④ 당신의 형제자매에 대해 어떤 감정을 느끼셨나요?

⑤ 당신 가족은 언제, 어떤 상황일 때 행복하고 즐거웠나요?

⑥ 당신은 가족과 어떤 감정을 함께 나눌 수 있었나요? 그리고 어떤 감정은 억압하고 혼자서 처리해야 했나요?

⑦ 당신 가족은 주로 어떤 감정을 잘 표현할 수 있었나요? 또 어떤 감정은 표현하면 안 되었나요?

⑧ 당신이 가족에게 가장 두려운(슬픈, 힘든, 고통스러운, 억울한, 싫은, 말하기 어려운, 소외된) 감정은 어떤 것이었나요?

⑨ 당신 가족은 화가 날 때 어떻게 대처하나요?

⑩ 지금 가족 안에 있는 느낌이 어떠한가요?

⑪ 지금 당신의 내면에서는 어떤 감정이 올라오나요?

---

4) 역동일시는 동일시와 반대로 '나는 ~처럼 절대 되지 말아야지.'라는 생각을 하고 행동하려고 하는 것이다.

⑫ 화가 난다고 하는데 마음속에서 느껴지는 것은 무슨 감정인가요?

⑬ 지금 당신의 내면에서 느껴지는 감정은 무엇인가요? 또 그 감정 밑에는 어떤 감정이 느껴지나요?

⑭ 지금 그 감정이 말을 한다면 당신에게 뭐라고 말할 것 같나요?

⑮ 당신은 감정의 주인인가요? 아니면 감정이 주인이 되어 자신을 지배하게 하나요?

⑯ 당신은 감정에 압도당할 때 이렇게 행동하나요?

⑰ 당신은 감정에 억압당할 때 어떤 생각이 떠오르나요?

⑱ 현재 당신의 감정에 그대로 머무를 수 있나요?

⑲ 당신은 부정적인 감정을 변화시키기 위하여 어떻게 하나요?

5) 기대에 대한 질문

① 자신에게 기대한 것은 무엇인가요?

② 부모님에게 기대했던 것은 무엇인가요?

③ 부모님이 당신에게 기대했던 것은 무엇인가요?

④ 자녀가 있는 경우, 당신이 자녀에게 기대하고 행동했던 것은 무엇인가요?

⑤ 자녀가 있는 경우, 자녀는 당신에게 어떤 기대를 하고 있을까요?

⑥ 그 기대를 내려놓는다는 것은 무엇을 의미하나요?

⑦ 자신이 한 기대에 실망했을 때 당신은 어떻게 행동하나요?

⑧ 당신의 삶에서 기대되는 것이 무엇인지 말해 줄 수 있나요?

⑨ 부부(가족)에게 앞으로 어떤 일이 일어나기를 기대하나요?

6) 원함과 열망, 성장을 위한 질문

① 당신의 삶에서 원하는 것은 무엇인가요?

② 당신이 꼭 이루고 싶은 것은 무엇인가요?

③ 당신이 원하는 것을 이루는 데 방해물은 무엇인가요?

④ 당신이 원하는 것을 이룬다는 건 어떻게 되는 것인가요?

⑤ 자아를 실현하기 위해서 어떻게 행동해야 할까요?

⑥ 삶에서 원하는 것을 이루기 위해서 어떤 점이 달라져야 할까요?

⑦ 무엇을 할 때 삶에서 진정으로 자유로움을 느끼나요?

⑧ 자신을 있는 그대로 수용한다는 것은 어떻게 하는 것인가요?

⑨ 지금-여기에서 당신은 어떻게 변화하기를 바라나요?

⑩ 이 상담에서 기대하는 것은 무엇인가요?

⑪ 당신은 좀 더 행복하기 위하여 무엇을 할 수 있나요?

⑫ 어떻게 하면 당신을 좀 더 사랑할 수 있나요? (신체적·심리적·사회적·영적으로)

⑬ 당신을 소중히 여기고 돌본다는 것은 어떻게 하는 것인가요?

⑭ 당신의 내면을 변화시킨다는 것은 어떻게 되는 것인가요?

⑮ 당신의 원함을 위하여 지금부터 어떤 변화를 시도할 수 있나요?

⑯ 당신의 아버지에게 꼭 하고 싶은 말은 무엇인가요? 직접 아버지모형에게 말해 보도록 하세요.

⑰ 당신의 어머니에게 꼭 하고 싶은 말은 무엇인가요? 직접 어머니 모형에게 말해 보도록 하세요.

⑱ 당신이 그리는 행복한 가족은 어떤 모습인가요?

⑲ 자신에게 해 주고 싶은 말을 이름을 부르면서 말해 보세요.

⑳ 당신의 성장을 위해 과거를 흘려보내 버릴 수 있어야 하는데 어떻게 하면 될까요?

㉑ 당신의 성장을 위한 선물을 준다면 무엇을 해 주고 싶나요?

출처: 한국버지니아사티어연구회 역(2002), 사티어 모델에서 재구성.

2) 내담자 원가족모형 세우기(18세 이전의 경우)

가족모형을 세울 때 부모와 내담자를 포함하여 형제자매를 대상으로 18세 이전의 관계를 세워 달라고 요청한다. 부모를 세우고 내담자와 형제자매를 세우는데 거리감, 방향을 조절하여 세우도록 한다. 물리적 거리는 심리적 거리와 비슷하다. 누가 누구와 가깝고 멀리 떨어진 것인지, 방향은 어떤지, 누구를 쳐다보고 누구와는 등을 보고 서는지를 고려하여 세운다. 세운 것을 보면서 누가 누구를 바라보고, 누구는 소외되고, 누구는 가족에서 이탈하였고, 누가 누구에게 무엇을 원하는지를 말하도록 한다.

[그림 11-2]는 내담자가 어린 시절을 떠올리며 세운 모형이다. 가장 왼쪽은 외할머니와 어린아이모형이고, 중간에 있는 아버지모형은 작은 술병과 함께 두었다. 그 옆에 어머니모형이 있고 그 앞에는 남동생 두 명의 모형이 서 있다. 어린 시절 어린 동생 때문에 할머니 집에서 자라야 했던 내담자는 어머니에 대한 그리움과 반감으로 양가감정을 보인다.

[그림 11-2]

가족모형 세운 것을 보면서 부모와 내담자와의 관계는 어떤지 탐색하며 다른 가족원과의 관계도 탐색한다. 상담사는 부모와의 관계에서 느껴지는 내담자의 심정이나 다른 가족원의 감정을 말하도록 한다. 원가족에서 성장하면서 경험한 사건이나 감정의 내용을 말할 수 있도록 질문한다. 상담사는 각자 위치에서의 가족의 느낌이나 생각에 대해 질문할 수 있다. 부모와의 관계에서 〈표 11-1〉, 〈표 11-2〉 질문지를 활용하여 가족의 관계를 파악한다. 원가족에 대한 탐색으로 다음의 질문을 활용한다(김혜숙, 2016).

- 당신이 자랄 때 부모님은 부정적인 감정을 어떻게 다루었습니까?
- 가족은 친밀감이나 애정을 어떻게 표현하였습니까?
- 가족 간의 갈등은 주로 어떻게 해결하였습니까?
- 가족이 감추려 했던 비밀이 있었습니까? 당신은 그 비밀을 어떻게 알게 되었습니까?
- 당신은 성장기 때 큰 상실을 경험하였거나 불행한 사건이 있었습니까? 그것을 어떻게 다루었습니까?
- 부모님은 당신을 어떻게 대했고 당신에게 어떤 기대를 하고 있었습니까?
- 생일, 공휴일 등 중요한 날에 당신 가족은 어떻게 보냈습니까?
- 당신의 어린 시절을 되돌아볼 때 가장 좋았거나 행복했던 추억은 무엇입니까?
- 당신의 사춘기 때 가장 기억에 남은 사건이나 추억은 무엇입니까?
- 당신이 성장과정에 터득한 자아방어 대처방식(순종, 회피, 비난, 투사, 반동 형성, 억압, 불신, 고립, 소외, 우울) 가운데 지금도 유지하고 있거나 변화한 것은 무엇입니까?
- 당신이 배우자를 선택할 때 중요하게 생각했던 것은 무엇입니까? 배우자를 선택할 때 당신의 원가족이 어떤 영향을 미쳤습니까?
- 당신과 가족의 의사소통 대처방식(비난형, 회유형, 초이성형, 산만형, 일치형)은 어떠하였나요?
- 당신의 원가족과 남편의 원가족이 비슷한 점과 다른 점은 무엇입니까?
- 자녀에게 물려주고 싶은 정신적인 유산, 가치, 행동방식은 무엇입니까?
- 당신 자녀의 결혼식에서 부모님으로서 부탁하고 싶은 내용을 구체적으로 다섯 가지 이상 써 보세요.

3) 긍정과 부정의 영향력을 미친 대상을 모형으로 세우기

당신의 삶에서 가장 큰 영향력을 미친 대상을 모형으로 세운다. 당신을 중심으로 가장 크게 긍정적인 영향력을 끼친 사람은 가장 가까이에 세우고 서로 바라보게 한다. 부정적인 영향력을 가진 대상은 좀 더 멀리, 서로 등지게 세운다. 세운 모형의 사람은 누구인지, 어떤 영향력을 가졌는지, 긍정적인 것과 부정적인 것을 찾아보며 그 영향력에 어떻게 대처하였는지, 벗어나서 새로운 성장을 한다는 것은 무엇인지, 그 영향력에서 벗어난다는 것은 어떻게 생각하고 행동하는 것인지 나눈다. 예를 들면, 조부모(친할머니, 친할아버지, 외할머니, 외할아버지), 어머니, 아버지, 이모, 삼촌, 고모, 자녀(아들, 딸), 선생님, 이성 친구, 동성 친구, 강아지, 고양이, 애완동물 등이 있다. 〈표 11-1〉, 〈표 11-2〉 질문지를 활용한다.

[그림 11-3]은 조부의 알코올중독이 손자에게 나타난 가족모형이다. 모형 옆에 알코올의 상징으로 맥주 캔을 함께 세웠다. 맨 뒤쪽이 조부모모형, 중간에 두 사람이 나란히 선 내담자의 부모모형, 옆에는 부모의 총애를 받은 내담자의 누나모형이다. 내담자(남편)모형 옆에 술 먹는 인형을 세웠다. 내담자(남편)는 어린 시절에 조부의 사랑을 받고 자랐지만, 알코올을 가까이하고 빨리 배워서 현재도 알코올이 삶의 낙이며 네 명의 자녀를 두었다. 세 명의 자녀는 어머니 편으로 어머니를 바라보고 있다. 큰아들모형은 아버지를 바라보고 있어 분파된 가족을 볼 수 있다.

[그림 11-3]

4) 내담자의 부정적인 경험을 모형으로 세우기

가족관계에서 부정적 감정이 느껴졌던 갈등상황을 가족모형 세우기로 표현한 후 내담자 자신의 내면 경험 탐색 질문지인 〈표 11-2〉를 적용하여 탐색한다. 내담자는 자신의 문제 상황에 대하여 설명하고 상담사는 개방적이고 탐색적인 질문을 활용한다.

상황에 대한 객관적 서술, 상황에서 일어나는 행동과 대처방식, 감정 및 감정에 대한 감정, 사고, 판단 및 해석, 자신의 열망과 원함, 내면의 자아 수준을 이야기하도록 한다.

가족관계에서 분노의 중심 그 이면에는 내담자의 기대감이나 열망이 있다. 무엇인가 뜻대로 되지 않았을 때 화를 표현하면 원치 않게 관계는 더욱 나빠지게 된다. 이럴 때 이 상황을 실패로 보지 말고 새로운 생각을 배울 기회로 삼을 수 있도록 한다. "무슨 일이 일어났나요?" "처음 반응은 어땠나요?" "그때 무슨 생각이 들었나요?" "나의 해석은 어땠나요?" "그 경험을 통해 당신과 다른 사람 그리고 이 세상에 대해서 무엇을 배웠나요?"라고 질문하며 대화를 해 본다(김현주, 심혜원 공역, 2013).

5) 부모와 화해 가족모형 세우기

아버지 또는 어머니의 가족모형을 세우고 천천히 어떤 감정을 느끼는지 물어보며 어떤 감정이 올라오는지 표현하도록 한다. 생각나는 단어로 먼저 말하게 하고, 다음은 그 단어와 연결된 사건이나 상황을 말하도록 한다. 부모는 '가족적 영혼'의 한 부분을 이루고 자신의 뿌리를 형성하게 한다. 생명에너지는 배우자나 가족과도 연결해 주고 소속감, 자아감을 느끼게 하는 원천이다.

자녀는 부모에 대한 원망이나 분노, 죄책감으로 부모를 떠나도 정당하다고 하지만 자신을 화나게 하는 사람을 절대로 떠날 수는 없다. 사랑과 같이 분노도 서로를 얽히고 묶이게 한다. 화해하는 좋은 방법은 부모가 나에게 해 준 것에 대하여 존중하고 감사를 표현하는 것이다. 화해하게 되면 부모와 연결되고 부모에게서 떨어져 나와 분화가 이루어진다. 아들이 아버지모형을 바라보고 간접적으로 만나서 접촉하며 자신의 감정이나 원함, 하고 싶은 말을 표현한다는 것은 아주 큰 의미가 있다. 아버지를 직접 만나서 하고 싶은 이야기를 한다. 남자인 아들로서 남자인 아버지한테 그동안 얼마나 인정받고 싶었는지를 먼저 말한다. 그리고 아버지의 모형을 손에 들고 보면서 진정으로 고백한다. "사랑하는 아버지, 저는 당신으로부터 모든 것을 받았습니다. 저를 이렇게 남자로 낳아 주시고 키워 주셔서 정말 고맙습니다. 아버지는 제게 충분하셨습니다. 더 자랑스러운 아들이 못 되어 죄송합니다. 만약 허락하신다면 저도 당신처럼 할 것입니다. 당신은 저의 유일한 아버지고 저는 당신의 자녀입니다. 저는 작고 아버지는 크십니다. 당신이 어머니를 아내로 택해 주신 것이 기쁩니다. 두 분은 제게 딱 맞는 부모님이십니다. 저를 축복해 주십시오."(Hellinger, 1995)라고 말한다.

어머니에 대한 딸의 치유문장은 다음과 같다. "당신은 나의 어머니입니다. 어머니, 절 낳아 주셔서 감사합니다. 태어나서 겪은 모든 일을 어머니가 주신 큰 선물로 여기며 감사히 받겠습니다. 저는 어머니가 저를 위하여 희생하신 것에 감사하며 저도 제 자녀를 위하여 그렇게 하겠습니다. 어머니를 마음속 깊이 존중하며 당신의 희생이 헛되지 않도록 살아가겠습니다. 당신은 제게 가장 좋은 어머니며, 저 또한 당신에게 가장 좋은 아이입니다. 어머니는 크고 저는 작습니다. 어머니는 주고 저는 받습니다."(Hellinger, 1995)라고 말한다.

6) 과거, 현재, 미래의 아이로 가족모형 세우기

과거 내담자의 모습을 만나는 것으로 내담자를 상징적인 아이로 표현하도록 한다. 상담사도 그 아이와 대화한다. 눈을 감고 어린 시절로 돌아가 상상해 보도록 한다. 그리고 어린 시절의 아이는 몇 살로 보이는지, 무엇을 하는지, 주위에는 무엇이 보이는지 상상해 보라고 한다. 가족이 보이면 가족은 무엇을 하는지, 어디에 있는지, 그때 그 모습을 세우도록 한다.

(1) 과거의 아이 모습 세우기

어린 시절 기억으로 아이 주변에는 누구를 세울 것인지, 얼마나 거리를 둘 것인지, 얼마나 가까이 둘 것인지, 얼굴의 방향을 마주 보고 세울 것인지, 서로 등지게 세울 것인지 고려하여 세운다. 가족모형을 세운 후에 상담사는 질문을 통하여 촉진한다.

- 이 아이는 누구와 함께 있나요? 이때 이 아이는 몇 살 정도 되나요? 이때 이 아이는 무엇을 하고 있나요?
- 이 아이는 무슨 생각을 하였나요?
- 이 아이는 어머니(아버지, 형제자매)에게 어떤 감정을 갖고 있나요?

- 이 아이는 어머니(아버지)와 함께 살면서 어떠했는지 말해 줄 수 있나요?
- 이 아이가 어머니(아버지)로부터 상처를 받았던 것이 무엇인지 말해 줄 수 있나요?
- 이 아이가 어머니(아버지)에게 두려웠던 것은 무엇이었나요?
- 이 아이는 어머니(아버지)에게 원하는 것을 표현하는 대신에 어떻게 행동하였나요?
- 이 아이가 상처를 받았을 때 부모님에게 가장 원했던 것은 무엇인가요?
- 지금 생각해도 참 잘했다고 생각하는 어린 시절의 행동 또는 사건은 무엇인가요?
- 이 아이의 강점(행동 특성, 가치관, 태도, 대인관계 등)은 무엇인가요?
- 이 아이에게 감사한 것을 말해 줄 수 있나요?
- 과거의 이 아이에게 해 주고 싶은 말을 이름을 부르면서 말해 보세요.

(2) 현재의 아이 모습 세우기

- 현재 이 아이는 누구랑 함께 있나요?
- 현재 이 아이는 무엇을 하고 있나요?
- 현재 이 아이는 어떤 생각을 하고 있나요?
- 이 아이가 가장 하고 싶은 것은 무엇인가요?
- 이 아이가 원하는 것을 이룬다면 어떻게 되는 것인가요?
- 현재 이 아이의 감정은 어떤가요?
- 이 아이에게 힘든 것은 무엇이 있나요?
- 이 아이가 현재 즐겁고 행복한 이유는 무엇인가요?
- 이 아이에게 해 주고 싶은 말이 있다면 이름을 부르며 말해 보세요.

(3) 미래의 아이 모습 세우기

- 미래의 이 아이는 누구와 함께 있나요?
- 미래의 이 아이는 무엇을 하게 되나요? 어떻게 될까요?
- 미래의 아이에게 어떤 일이 발생하나요?
- 이 아이가 원하는 것을 이뤘다는 것은 무엇을 보면 알 수 있나요?
- 이 아이는 누구와 있을 때 어떤 감정을 느끼나요? 또 어떤 생각을 하나요?
- 지금 하는 것에 대하여 누군가에게 감사하고 싶은 것이 있으면 말해 볼 수 있나요?
- 원하는 것을 이루는 데 방해물이 있다면 무엇인가요? 그것을 극복하는 방법에는 무엇이 있을까요?

- 이 아이에게 이름을 불러서 해 주고 싶은 말을 해 보세요.
- "나는 잘하고 있어."라고 긍정적인 말을 자신에게 더 해 볼 수 있을까요?
- 자신의 과거 · 현재 · 미래의 아이를 만나 본 소감을 나누어 보세요.

7) 한 상황을 모형으로 세우기

내담자가 자신의 이야기를 하며 가족이나 직장에서의 갈등 및 어려움을 호소하는 것은 고통을 상징한다. 따라서 자신의 모형 발아래에 무거운 돌이나 검은색 모형을 놓는 등의 방법을 통해 그 마음의 근원이 어디서부터인지 무엇 때문인지 찾아가도록 한다. 내담자의 경험 속에서 행동과 대처방식, 지각체계, 감정체계, 기대, 열망, 자아 수준을 탐색함으로써 이를 통해 자기를 이해할 수 있도록 한다.

내담자의 모형 옆에 갈등의 대상이 되는 직장동료나 상사, 친구, 가족을 세우고 내담자의 관점에서 자기주장 요령이나 감정을 나-전달법으로 표현해 본다. 나의 상황 및 감정, 내담자의 원함을 말하게 하고 주변 대상의 반응도 들어 본다. 각자의 관점에서 서로에게 말해 보도록 한다.

8) 환경체계를 모형으로 세우기

가족모형 활용 시 색깔별로 구분하여 내담자의 환경체계 사정으로 활용할 수 있다. 내담자를 가운데 세우고 주변으로 지지와 긍정적인 에너지를 받는다면 좀 더 가깝게, 스트레스나 갈등상황, 부정적인 에너지를 받는다면 좀 더 거리를 두고 서로 바라보지 않게 세울 수 있다. 내담자가 어떤 환경체계에 있는지, 그 환경체계를 변화하기 위해서는 무엇을 어떻게 바꾸어야 하는지와 같은 상담 목표를 세울 수 있게 도와준다. 자신의 장점이나 지지체계가 무엇인지를 알게 해 주고, 자신의 환경에서 지지나 자원이 너무 빈약하다는 것도 알아차리게 할 수 있다. 내담자의 강점을 찾아가며 지지체계를 만들어 가는 방식도 알아차리도록 한다.

9) 억압된 감정을 모형으로 세우기

억압형 내담자는 감정을 드러내기가 어렵다. 특히 분노도 억압하여 깊이 억눌러 두기 때문에 감정에 대한 부정이나 왜곡이 나타날 수 있다. 상담사는 내담자 말의 내용보다는 과정에서 상황을 어떻게 지각하고 판단하는지, 왜 심리적인 고통을 느끼는지와 같은 내담자의 주관적인 판단과 해석이 중요하다는 것을 알아야 한다. 내담자의 정서가 순간순간 드러나도록 도와주어야 한다. 그러기 위해서는 매 순간 이야기의 흐름 속에서 무엇이 일어나는지, 무엇을 경험하는지, 감정이나 생각이 어떠한지 알아차리도록 반응해 주고 경험하도록 해 주어야 한다.

감정을 억압하는 내담자는 아버지나 어머니에게 자기의 진술한 감정이나 원함이나 서운함을 표현하는 것이 어렵다. 그럴 때 아버지의 가족모형 또는 어머니의 가족모형과 자신의 가족모형을 세우고 둘이 마주 보게 한 뒤 어떤 상황에서 느꼈던 감정을 천천히 말하도록 한다. 이는 자기 감정을 표현하거나 주장을 할 수 있도록 도와준다. 아버지에게 그동안 힘들었던 감정을 말로 표현해 보라고 할 때 내담자는 아버지에 대한 불만이나 서운함, 억울함을 체험할 수가 있다.

마음속에 상처로 남아 있는 부정적인 감정을 느껴 보고 상담사는 내담자에게 부드럽게 "당신의 어린 시절에 진짜 화가 났던 이유가 무엇입니까?"라고 친절하게 물어 준다. 분노나 억울함 속에는 해결되지 않은 자신의 상처가 아직도 깊이 자리하고 있는데, 누군가 자극을 주면 자신이 무시당한다고 자동 반응하여 화가 나게 된다.

내담자에게 아버지(어머니)와의 관계에서 어떤 점이 싫고, 불편했는지 질문한다. 그때 내담자가 아버지(어머니)로부터 상처가 되었던 것이 무엇인지, 그리고 그 당시 받고 싶었는데 받지 못한 것은 무엇이었는지 질문한다. 그 당시 아이로서 느낀 감정 가운데 반복적으로 느꼈던 부정적인 감정은 무엇이었는지, 그래서 내담자가 취한 자신만의 방어기제는 무엇이었는지 알아본다. 마지막으로, 내담자의 상처 회복을 위해서 내담자가 할 수 있는 것은 무엇이 있을지 말해 본다.

10) 어린 시절 집 회상 후 가족모형 세우기

초기 어린 시절을 명상을 통해 상상해 보고 눈을 뜬 후 성장할 때의 집 구조나 형태, 집 안에 있는 사람, 집 안의 물건을 떠올리고 공간의 이름과 용도를 집 평면도로 그려 표시하게 한다. 마당, 거실, 방, 창고, 장독대, 좋아했던 공간, 싫어했던 공간, 비밀의 공간, 나만의 공간도 색으로 표시를 하게 한다. 그림을 그린 후 그때의 가족을 모형으로 세워 보도록 한다. 가족이 서로의 역할이나 상호작용, 주로 하는 대화의 방식을 표현하도록 질문한다. 그 과정에서 각자 가족의 정서나 말의 내용과 주고받는 방식은 어떤 것이 있었는지를 말하도록 한다. 서로 분명한 의사소통을 했는지, 일방적이진 않았는지, 어떤 말에 상처를 받았는지, 불편하고 억울한 것은 무엇이었는지, 어떤 말에 고마웠는지를 알 수 있다. 특히, 특정 대상과 불편한 것이 있었다면 내담자는 가족모형을 천천히 자신의 모형 앞에 세우고 어떤 느낌인지, 무슨 사건이 떠오르는지 말하도록 한다.

11) 미해결 정서 가족모형 세우기

내담자가 경험했던 폭력, 성폭력, 부모님의 이혼이나 단절, 실연의 상처는 직접 작업할 때 내담자의 큰 저항이 따르기도 한다. 가족모형을 활용하면 억압된 미해결 정서를 직접 접촉하지 않고 좀 더 거리를 두고 경험하도록 할 수 있다. 불편한 감정이나 아버지에 대한 분노, 억울함을 간직한 채 지금도 아버지만 보면 화가 나거나 어머니에 대한 분노가 자동 반응으로 나타나는 경우는 내면에 미해결된 감정이 있다고 본다.

현재 드러난 그 감정의 대상을 가족모형으로 세워 보게 한다. 자신의 위치와 상대방의 위치, 자신과의 거리, 얼굴 방향을 어디에 둘지 세우고 바라보게 한다. "내가 어머니(아버지)에게 화가 나는 것은 ……이다." "내가 가장 힘든 것은 …… 때문이다." "내가 가장 슬픈 것은 …… 때문이다." "내가 죽고 싶은 것은 …… 때문이다." "내가 우울한 것은 …… 때문이다." "내가 두려운 것은 …… 때문이다."라고 무엇이 자신을 힘들게 했는지, 왜 상대방만 보면 화가 나는지 천천히 힘 있게 말하도록 한다. 생각나는 대로 화가 나는 것을 계속 말해 보게 한다. 충분히 말하면서 어떤 감정이 올라오는지 느껴 본다. 또 그 감정 밑에는 어떤 감정이 있는지를 살펴본다. 그 말을 들은 상대방은 거기에 대하여 어떻게 생각하는지 내담자가 모형을 대신해서 말해 보게 한다. 둘이서 대화를 계속하게 되면 상대의 생각이나 감정을 말할 수 있고, 볼 수 있게 된다. 마치 빈 의자 기법처럼 상대방의 감정도 어떠한지, 왜 그렇게 생각하는지를 말하도록 함으로써 관계에서 인식의 폭을 넓혀줄 수 있다. 그리고 내담자가 다르게 생각해 볼 수는 없는지, 다른 관점에서 바라본다는 것은 어떤 것인지, 내담자 자신을 좀 더 사랑해 주는 방식은 어떤 것인지, 내담자를 위로해 주는 것은 무엇인지도 말해 본다.

12) 부모–자녀관계에서 융합과 자아분화모형 세우기

가족관계를 모형으로 세웠을 때 가족모형이 적절한 거리를 두지 않고 너무 밀착되어 있다면 경계선이 약하고, 가족모형을 바로 옆에 가까이 세우거나 마치 하나의 모형처럼 겹쳐 세운다면 질문을 통하여 융합관계인지 확인해 본다.

자녀가 부모의 강한 바람에 의하여 태어난 경우, 자녀가 부부문제에 개입하여 문제를 해결하려는 경우, 이혼 후 자녀와 연합하여 비양육자를 따돌리고 제외시키는 경우, 남편이 정서적으로 아내보다도 자기 어머니와 더 밀착된 고부간의 갈등의 경우도 해당된다. 미누친은 가족의 세대 간의 분명한 경계선 설정이 필요하다고 강조한 바 있다(Minuchin, 1977).

보웬(Bowen)은 자아분화라는 개념을 바탕으로 독립된 자아로서 선택과 결정에서 자신의 삶에 책임지는 이성적인 모습을 강조한다. 성장한다는 것은 독립된 존재가 되는 것이므로 누구도 다른 사람의 삶을 대신 살아 줄 수 없다는 것을 자각해야 한다.

어머니가 이혼하면서 자녀만 선택하고 아버지는 필요 없다고 제외시키면 자녀는 어머니를 위한 자녀가 되며, 이는 자녀에게 큰 짐을 지우게 만든다. 자녀는 자신을 위한 삶을 사는 데 자유로울 수 없다. 자녀는 아버지를 가질 권리가 있는데 어머니가 아버지를 가족과 아무 상관없는 사람으로 제외시켜 버리면 제외된 아버지와 동일시하거나 아버지와 같은 삶을 추구하거나 여성들에게 깊은 원함을 품은 채 살 수도 있다. 또한 부모가 자녀에게 자신의 성문제를 얘기해서는 안 된다. 자녀는 그 문제를 전혀 다룰 수 없고 해결하기 어렵기 때문에 자녀는 부모문제에 얽히게 된다(오규영 역, 2012). 남성인 존(John)은 여성을 혐오한다. 어머니가 아버지의 결점이나 성문제를 자주 얘기함으로써 자신도 아버지와 같이 무기력하고 분노하고 존중받지 못하는 감정을 느꼈다고 고백한다. 존이 자아분화를 하기 위해, 아버지모형을 세우고 존이 아버지를 바라보며 "저는 당신의 분노와 무기력함을 당신에게 남기겠습니다."라고 말하게 한다. "저는 그저 어린아이일 뿐입니다." 자신의 상처를 내려놓는다. 그리고 절을 하며 떠나보내는 행동을 취한다. 존이 어머니모형에 서서 어머니 입장에서의 느낌을 말하도록 한다. 존이 어머니로서 존에게 말하게 한다. "미안하다. 내가 너무 했구나. 내가 너무 부끄럽구나. 내가 너무 지나쳤구나."라고 말한다. 그다음 상담사는 존이 어머니 역할에서 벗어나게 하며, 존에게 부끄러움과 남성에 대한 멸시는 어머니에게 남겨 두고 나오라고 말해 준다. 존은 어머니에게 절하며 빠져나오는 의식을 취한다.

　헬링거는 남자와 여자가 자녀를 갖게 되면 자신이 부모 역할을 맡아야 하므로 부모로부터 진정한 이별을 해야 한다고 강조한다. 아이를 갖는다는 것은 부모가 자기 가족체계의 미해결문제와 직면하는 것이므로 현실 속에서 부모로서 자신을 돌보고 키우는 힘의 원천을 찾아야 한다. 부모는 자녀의 동의를 받지 않고도 자녀를 위한 결정을 하고 행동을 하고 책임을 지는 것이다(박선영, 김서미진 공역, 2009).

　자녀가 부모님의 짐이나 역할을 대신해서 지려고 할 때 융합관계에서 벗어나기 위한 치료적 고백은 부모는 자녀에게 "짐을 져야 할 것이 있다면 내가 지겠다. 너는 나의 자녀다. 나는 크고 너는 작다. 내가 모든 짐을 지겠다. 내 아들(딸)아!"라고 말하도록 한다. 내담자가 자기의 자녀문제로 고민하는 어머니라면 성인 여성으로서 책임을 받아들이고 인정할 수 있도록 도와야 한다.

　자녀가 부모와 얽혀 있는 경우에는 그 책임을 부모에게 돌려 주고 아이로 순수하게 남아 부담을 덜게 한다.

　한 개인으로서 부모의 삶을 있는 그대로 존중하고 수용한다면 자녀 역시 자신을 진심으로 수용하고 독립된 인간으로 성장할 수 있다. 자녀가 얼마큼 독립적인 사람이 되는가, 자녀가 커서 얼마나 훌륭한 부모가 되는가에 따라서 자신과 가족 전체의 삶의 질과 양, 깊이가 결정된다. '나'와 '우리' 사이의 균형을 이루는 부부는 함께하는 일에는 '우리'라고 말하고 개인적인 일에는 '나'라고 해야 한다. 이상적인 관계는 자신의 삶에서 두 개인이 만나서 서로에게 영감을 주면서 유대감을 발전시켜 나가는 것이다.

　가족의 운명과 유대감, 결속력이 존중되고 책임이 분명히 보이면 가족 모두는 평안을 느끼며 다음 세대에게 자신의 억울한 삶에 대한 보상을 요구하지 않는다. 자녀는 부모의 운명과 삶을 그대로 존중해야 한다. 부모가 지닌 삶의 운명을 자녀가 대신 지려는 것은 가족의 질서에 위반되는 일이다. 어머니가 혼자서 살아야만 했던 것, 아버지의 이혼, 경제적인 파탄, 어머니의 자살시도, 세 번 재혼한 아버지, 일만 했던 어머니 등, 자녀가 부모의 삶을 불쌍하다고 동일시하면 정작 자신은 어떤 것을 해도 죄책감에서 벗어나지 못하고 내면의 우울감으로 행복을 거부하게 된다. "나는 즐거운 인생을 살 수 없다."라는 신념을 가지게 된다. 부모가 어떤 인생을 살았던지 존중하며 자신의 삶과 분리할 수 있어야 한다.

13) 부부의 갈등해결을 위한 모형 세우기

현재 부부의 갈등상태를 거리감, 방향, 얼굴 위치로 표현하도록 한다. 자녀도 세운다. 세워진 모형을 잘 보도록 하고 어떤 느낌이 드는지 말한다. 부부 중 한 사람은 말하는 사람, 한 사람은 듣고 반영해 주는 사람의 역할을 한다. 상담사는 말하는 사람에게 나-전달법, 즉 비난 대신 자기의 상황, 감정, 생각, 원함을 '나'를 주어로 말하도록 안내한다. 듣는 사람은 상대방의 말을 그대로 반복하여 반영하도록 하고, 말하고 싶은 생각이나 감정은 지하실에 두고 오라고 요청한다. 듣는 사람은 상대방의 말을 듣고 그대로 반영한다. 그리고 요약 반영하기, 인정하기, 공감하기를 한 후에 서로 배우자 역할을 바꾼다.

'반영하기'는 상대방의 말을 그대로 다시 반복하여 말하는 것이다. '인정하기'는 말하는 사람의 말을 그대로 인정해 주는 것으로 "당신 말을 들으니 이해가 됩니다. 무엇이 이해가 되냐면 ……."라고 말한다. '공감하기'는 상대방의 말 속에서 어떤 상황에서 느꼈던 감정을 비슷하게 표현해 주는 것으로, 천천히 눈을 바라보며 "그때 당신의 심정이 무척 힘들었을 거 같아요." "화가 나고 속상했을 거 같아요."라고 감정을 그대로 읽어 주는 것이다. 마치고 나서 부부는 말하는 사람이 듣는 사람이 되고 듣던 사람은 말하는 사람이 된다. 듣던 사람은 들었던 내용을 토대로 "당신이 말한 것 가운데 내 마음에 와 닿는 것은 ……입니다." 하면서 시작하도록 한다. 듣는 사람은 말하는 사람의 말을 그대로 반영한다. 그리고 요약 반영하기, 인정하기, 공감하기를 한다. 말하는 사람의 주제는 '내가 당신에게 감사한 것(힘든 것, 두려운 것, 화가 나는 것, 슬픈 것, 외로운 것, 이혼하고 싶은 것, 행복한 것, 이별을 생각한 것, 좌절한 것, 실망한 것 등)'으로 말할 수 있다.

- 내가 당신에게 감사한 것은 ……입니다. 왜냐하면 …… 때문입니다.
- 나와 당신의 친밀한 관계를 방해하는 것은 ……입니다. 왜냐하면 …… 때문입니다.
- 내가 당신과의 관계에서 가장 힘들었던 것은 ……입니다. 왜냐하면 …… 때문입니다.
- 내가 당신과의 관계에서 가장 좋았던 것은 ……입니다. 왜냐하면 …… 때문입니다.
- 내가 당신에게 실망한 것은 ……입니다. 왜냐하면 …… 때문입니다.
- 내가 당신에게 좌절했던 것은 ……입니다. 왜냐하면 …… 때문입니다.
- 당신에게 정말 바라고 원하는 것은 ……입니다. 왜냐하면 …… 때문입니다.
- 이제 우리가 더는 함께할 수 없는 이유는 …… 때문입니다. 왜냐하면 …… 때문입

니다.

• 우리가 함께 이룬 것 중 이제 놔야 하는 것은 ……입니다. 왜냐하면 …… 때문입니다.

반영하는 사람은 그 말을 그대로 반복하여 말해 주고 "……에 대하여 좀 더 얘기해 주시겠어요?"라고 요청만 한다.

부부의 갈등관계에 대하여 두 사람이 충분히 들어 주고 반영하는 시간을 갖도록 한다. 그리고 부부가 '행동수정 요청하기' 대화를 통하여 서로의 원함을 표현하는 시간을 갖도록 한다. 상대방에게 행동수정을 위한 요청을 세 가지 정도 말하게 한다. 행동수정 요청에는 시간제한이 있어야 하고, 구체적인 말이나 행동이 있어야 하며, 직접 행하도록 말해야 한다. 예를 들면, "한 달 동안, 당신이 나를 위해서 집에서 분리수거를 해 주세요!" "나에게 사랑한다고 하루에 한 번씩 2주간 말해 주세요." "내가 가사 일을 부탁하면 한 달 동안만 '나중에 할게.'라는 말 대신에 '응, 알았어!'라고 말해 주세요. 그리고 행동으로 보여 주세요."가 있다. 이 중에서 배우자가 할 수 있는 하나를 선택하여 과제로 실천하게 한다.

14) 남편(아내)의 원가족모형 세우기

남편과 아내는 결혼 전 원가족을 모형으로 가족모형 세우기를 통하여 부모와의 관계, 형제자매와의 관계가 어떻게 나타나는지 살펴본다. 그것이 지금 현재의 부부관계에 어떤 영향을 미치는지도 알아본다. 결혼 전 남편(아내)의 원가족 관계를 가족모형으로 세우고 원가족에서 부부는 과연 무엇을 가져왔는지, 부부가 어떤 짐을 가지고 함께 살고 있는지 살펴본다. 그 짐을 놓으면 어떤 죄책감이 발생하는지, 배우자나 자녀를 왜 멀리하는지도 살펴본다. 남편(아내)의 부모를 가족모형으로 가족 간의 거리, 위치, 얼굴 방향을 표현하여 세운다. 그리고 다음과 같이 질문할 수 있다.

• 결혼 전 원가족에서 당신에게 가장 좋았던 것은 무엇인가요?
• 결혼 전 당신과 부모님과의 관계는 어떠했나요?
• 결혼 전 부모님의 관계는 어떠했나요?
• 이 가족에서 어릴 때 느꼈던 감정은 무엇인가요?
• 이 가족에서 주로 발생했던 갈등은 어떤 것이었나요?

- 이 가족에서 느끼는 부담(책임감)은 어떤 것이었나요?
- 누가 당신을 화나게 할 때 당신은 어떻게 행동하였나요?
- 결혼 전 당신이 부모님께 원하는 것은 무엇이었나요?
- 당신에게 지금 가장 힘든 것은 무엇인가요?
- 부부관계에서 바람직한 관계란 어떤 깃인가요?
- 당신은 부모님의 어떤 부분을 결혼생활에서 반복하고 있나요?
- 당신이 부모님과 정서적인 분리가 잘 안 되는 이유는 무엇 때문이라고 생각하시나요?

원가족에서의 트라우마나 상처를 안고 온 부부는 현 가족에서 그 상처를 해결하기 위하여 배우자나 자녀를 이용하기도 한다. 어린 시절 상처나 분노를 배우자에게 투사하고 채워 주지 못한다고 실망하여 배우자를 분노하게 하거나 원가족에서 받은 무시나 증오감을 자녀를 통하여 해소하려고 한다.

상담사는 원가족에서 자아분화가 안 되어 힘들어하는 부부에게 원가족과 어떤 얽힘이 있어서 서로 거리를 유지하고 있는지 알도록 도와준다. 그리고 각자의 부모모형을 앞에 세우고 분화가 이루어지도록 고백의 언어를 제시해 줄 수 있다.

어머니에 대한 고백으로는 "어머니, 감사합니다. 어머니는 저의 소중한 단 한 분의 어머니입니다. 이제 어머니의 고통을 존중하며 받아들이겠습니다." "어머니, 저에게 해 준 것으로 충분해요. 고마워요. 저는 아주 잘 지내요. 저는 아내도 있고 아이도 둘이고 애들이 무척 자랑스러워요."라고 고백한다. 부부는 자신의 부모 앞에 자신과 배우자와 아이의 모형을 나란히 세우고 고백하도록 한다. 부모의 짐은 부모에게 돌려주고 자신의 자녀와 배우자를 위하여 더욱 친밀하게 지내도록 하기 위함이다.

원가족과의 얽힘이 풀리지 않는 한 부부관계에서 갈등은 존재할 수밖에 없다. 자기 어머니와 얽혀 있는 남편에게 아내는 가까이 다가갈 수가 없다. 그렇지만 부인은 남편과 시어머니의 결속을 끊고 단절시키기보다는 "나는 당신의 어머니에 대한 사랑을 존중합니다."라고 말하도록 한다(Hellinger, 1995). 만일 남편이 아내에게 자기 어머니를 투사하고 있다면 아내는 "나는 당신의 어머니가 아닙니다."라고 말해 준다. 실제로 많은 아내가 남편과 시어머니 사이에 끼어들고 개입한다. 그렇지만 아내가 마치 어머니처럼 주도권을 잡고 행동하면 남편은 오히려 이런 아내를 거부하면서 밀어내려 한다.

성숙한 관계는 남녀가 서로 원가족에서 가져온 것을 잘 알고 있으며 그것을 존중하는 것이다. 어떤 식으로든지 그것을 쉽게 개입하여 변화시키려고 하거나 가치 없는 일이라고 평가절하해서는 안 된다. 또한 성인인 남녀가 헤어지지도 못하고 고통스러운 관계를 계속하는 것은 서로에게 자신의 부모상을 투사하고 있기 때문이다. 마치 어린아이가 부모의 도움 없이 살 수 없는 것과 같은 것이다. 배우자를 동등한 인격의 관계로 보지 않고 신격화하거나 이상화하여 과대평가하는 것은 현실성이 떨어지며, 대상이 마치 부모처럼 느껴져서 강한 의존성과 융합으로 부부가 자아분화를 하지 못하게 한다.

결혼 후에도 원가족의 부담이나 책임감으로 자아분화를 이루지 못하는 융합된 부부는 부부간의 생활방식의 차이나 사고의 차이, 세계관의 차이, 타인에 대한 수용 능력이 떨어져서 적절한 경계선 설정이 어렵다. 남편의 경우 자기 어머니에게 매여 있고, 아내의 경우 자기 아버지에게 매여 있을 때는 누구에게도 애착을 두기 어렵다. 문제가 생길 때마다 상대를 바꾸는 것이 더 쉬울 수 있다고 생각하게 된다.

15) 재혼부부 가족모형 세우기

재혼가정의 부부관계와 부모-자녀관계를 가족모형으로 세울 수 있다. 현재의 가족 상태나 구조를 가족모형으로 세운 후 누구와 누구의 갈등관계, 소외감, 억울함, 손해 보는 감정, 자녀와의 관계에서 오는 갈등이나 불편함을 표현하도록 한다.

특히 재혼가정에서 현 배우자가 배우자의 이전 파트너에 대한 존중 없이 질투나 보복과 같은 부정적인 감정으로 전 배우자의 이전 배우자 소생 자녀를 만나는 것은 부모-자녀의 질서를 해치는 것이 된다. 단일 가족체계에서는 질서의 법칙에 따라서 이전 가족구성원이 나중에 태어난 구성원보다 우선한다. 그러나 두 개의 가족체계에서는 마치 우리가 원가족을 떠나 새 가족을 꾸리듯, 새로운 가족체계가 이전 가족체계에 우선한다. 예를 들어, 한 남자가 결혼했으나 아이가 없는 상태에서 다른 여성을 만나 아이를 얻었다면, 남성은 이 여성에게 가는 것이 더 바람직한 결과를 낳는다고 헬링거는 말한다. 이때 남편은 전처에 대한 존중과 예를 가지고 이별하는 게 중요하다.

이혼한 어머니가 아버지로부터 충분히 존중받지 못하면 자녀가 어머니를 대신하여 아버지에게 보복하려 할 것이다. 자녀는 아버지에 대한 분노와 배신감을 온몸으로 보여 줄 수 있다(박선영, 김서미진 공역, 2009). 가장 대표적인 것이 섭식장애나 폭식증으로, 딸은 엄마와 깊이 연결되어 있어 충성심이 강하지만 아버지의 사랑도 필요로 하는데, 이 사이에서 촉발된 해결할 수 없는 갈등이 증상으로 나타나는 것이다.

내담자는 재혼한 남편이 전 부인과 아이를 방문하는 것이 너무 싫다고 한다. 이 내담자에게는 전 부인을 존중하는 것이 중요하기 때문에 "당신이 저보다 먼저 왔습니다. 그리고 저를 위한 자리를 만들어 주셔서 감사합니다. 당신이 자리를 만들지 않았다면 전 멋진 남편을 만나지 못했을 것입니다." "당신은 첫 번째고 저는 두 번째입니다. 저는 당신을 제 남편의 아이의 어머니로 존중합니다."라고 치유의 문장을 말하고 머리를 숙여 절하도록 하였다. 첫 번째 부인이 남편의 아이의 어머니인 것을 인정하고 존중 할 때에 재혼한 결혼생활이 안정적이 될 것이다.

[그림 11-4]는 복합가정의 가족모형이다. 중앙에는 현재 가정인 남편과 재혼한 아내와 자녀의 모형이 놓여 있다. 남편은 첫 번째 아내 사이에서 자녀 둘을 두고(그림 왼쪽) 아내는 전남편 사이에 자녀 둘을 두고(그림 오른쪽) 이혼하여 현재 남편과 아들 하나를 두었다. 뒤에는 현 남편의 부모와 아내 부모의 모형이 있다.

[그림 11-4]

16) 배우자의 외도문제 가족모형 세우기

부부상담이나 개인상담에서 현재 부부의 갈등상태나 문제 상황, 특히 다른 남자나 여자의 개입으로 인한 문제를 가족모형으로 세울 수 있다. 부부는 나무색깔 모형으로, 외부인은 유색으로 세운다. 이때 관계에서 오는 에너지의 흐름과 움직임에 초점을 두고 질문을 한다. 각자의 심정이나 자녀의 감정, 마음 깊이 올라오는 두려움과 분노, 배신감, 상실감, 솔직한 감정을 표출하도록 한다.

부부의 외도는 친밀한 부부관계에서 도망가는 탈출구로 보기도 한다. 바람을 피우는 사람은 계속해서 다른 길을 열어 놓고 도망갈 준비를 하는 것이다. 남성의 외도는 어린 시절 상실한 어머니의 환상을 찾아 나서는 보헤미아의 방랑자와 같기도 하다. 외도하는 남편 행동의 가장 흔한 이유는 자신의 존재 가치를 찾기 위한 것으로, 아버지와 연결되지 못하고 어머니의 영향력 아래 있기 때문으로 보기도 한다. 처음엔 파트너가 매력적이다가 익숙해지면 어머니와 동일시되어 매력이 없어지고 결핍욕구를 채우지 못하여 다른 여자를 찾게 된다. 환상 속에 있는 이상화된 여성을 찾아 헤매는 것이다. 여성도 마찬가지로, 만일 어떤 여성이 가정에서 아버지의 연인 역할로만 자랐다면 그녀는 어머니와 가까워지지 못해서 자신의 여성성이 약화되고 아버지와 같이 주기만하는 남자를 원할 것이다. 남자에게 온전히 받지 못한다고 생각하는 여성은 남성을 떠나려 한다. 남성에게 온전히 전념하지 못하는 이유는 아버지의 파트너로 자신이 부적합하다는 감정을 반영하기 때문이다. 첫 번째 파트너는 무의식적으로 경험한 어린 시절의 부모와 같은 사람일 경우가 많다(박선영, 김서미진 공역, 2009).

다음은 남편의 외도로 상담했던 부인이 가족모형을 세워 보여 준 변화과정이다.

[그림 11-5]의 왼쪽 위는 남편이 다른 여성과 관계를 갖고 서로 마주 보는 모습을 모형으로 나타냈다. 오른쪽 아래는 부인이 자녀 둘을 데리고 친정으로 와서 남편과의 관계로 힘들어하는 모습을 모형으로 나타냈다. 자녀는 친정 부모를 바라보고 부인은 남편 쪽을 바라보는 모습이다. 부인은 "남편을 죽이고 싶어요." "남편이 필요 없어요."라고 표현하였다.

[그림 11-5]

[그림 11-6]은 부인이 남편과 마주 보고 있는 모습이다. 남편과의 관계에서 회피하기보다 직면하기를 시작하고 남편에 대해 강한 분노 표현도 하지만 여전히 남편이 필요하고 가정을 유지하기를 원한다는 열망을 표현하는 모습이다. "당신이 가정으로 오기를 바라요." "나와 아이는 당신이 필요해요."라고 고백하였다.

[그림 11-6]

[그림 11-7]은 아내가 남편에 대한 배신감, 거절당한 상처로 헤어지려고 하였으나 남편은 다시 가정을 선택하기로 하여 부부가 마주 보고 자녀도 서로 마주 보는 가족을 표현하였다. 아내는 "남편만 보면 화가 나요."라고 하였고 왼쪽 여성모형은 남편과 헤

[그림 11-7]

어진 모습으로 "슬프고 외로워요."라고 말하였다.

　오른쪽 아래는 아내의 부모모형으로 서로 바라보고 있다.

　[그림 11-8]은 다시 화목한 가정을 유지하고 싶은 내담자의 가족모형이다. 남편모형 옆에 딸모형을 세웠고 아내모형 옆에는 아들모형을 세웠다. 아내는 "이제 우리 가정이 제대로인 것 같아요. 아주 편안합니다." 남편은 "아내에게 미안하고 자녀를 보니 안심이 되네요."라고 말하였다.

[그림 11-8]

　반영하기, 인정하기, 공감하기의 대화법은 부부관계치료를 위한 것으로 외도문제를 가진 부부관계를 개선하고 재구조화하는 데에 큰 도움이 된다. 파트너에게 상호책임감을 느끼도록 하고, 지속적인 비난과 공격이라는 악순환에서 벗어나게 하며 지금 현재를 살 수 있도록 갈등해결의 방법을 제시해 준다. 이마고 대화법[5]을 숙달하면 부부는 서로에 대한 신뢰가 싹트고 '행동수정 요청'과 '부모-자녀 대화법'을 함으로써 용서할 수 있게 된다.

　외도한 배우자를 용서하고 관계를 회복하기 위해서는 배반당한 파트너의 깊은 상처와 분노, 고통을 충분히 인정해 주어야 한다. '인정하기' 대화를 통해서 외도한 배우자

---

5) 이마고 대화법은 하빌 핸드릭스가 개발한 부부대화법으로 한 사람은 말하고 다른 한 사람은 반영하기, 인정하기, 공감하기를 하고 이야기를 다 마치면 역할을 바꾸어 말하는 사람이 듣는 사람이 되는 것이다. 충분히 대화하므로 서로가 가지고 있는 부정적인 이미지를 변화시킬 수 있다고 본다.

는 배반당한 배우자의 분노 배출을 마음껏 수용하고 인정해 주어야 한다. 그래야 격한 분노를 서서히 멈출 수 있다. 이때 외도한 배우자는 분노를 표출하지 않는 것이 중요하다. 왜냐하면 치유과정을 방해하기 때문이다.

다음은 외도의 피해자가 분노의 감정을 알아차리고 편안한 감정으로 발전하도록 훈련하기 위한 내용이다.

- 배반당한 배우자가 편지로 증오와 분노를 마음껏 발산한다. 자신이 얼마나 힘들었는지, 왜 그랬는지, 외도에 대한 사과, 후회, 참회에 대하여 듣고 싶은 말도 쓴다. 과거에 좋았던 것, 배우자와 함께한 것도 쓴다. 배우자가 결혼생활에 다시 헌신하겠다는 말도 쓴다. 앞의 내용을 써서 배우자에게 보내지 않아도 된다.
- 이 모든 것 중 부부관계가 파탄 난 것에 대하여 자신이 했던 역할이 있는지를 적는다. 이 부분은 봉투에 넣어 배우자에게 보낸다. 관계에서 서로가 동등하게 책임을 지는 것은 분노와 집착 그리고 피해자가 된 느낌을 줄여 준다.
- 원가족에서 성장 시 부모에게 상처받은 것, 서운했던 것, 아직도 화가 나는 것, 억울한 것, 사랑받지 못하고 일종의 배신감 같은 것으로 힘들었던 일에 관해 써서 부모에게 보낸다.
- 이전의 편지를 반복해서 쓰면서 부모에게, 그리고 배우자에게 쓴 편지를 읽는다. 그리고 정해진 시간에만 분노하고 더는 분노에 머물지 않으려고 한다(김혜숙, 2016; 오제은 외 역, 2009).
- 외도의 피해자가 된 자신의 분노를 기록지에 다음과 같이 기록해 본다(김현주, 심혜원 공역, 2013).

〈표 11-3〉 분노 기록지

- 나는 화가 나면 _____ 생각이 듭니다.
- 나는 _____ 때문에 화가 났습니다.
- 나의 화난 감정 상태는 _____ 점입니다. (0점은 평온한 상태, 10점은 아주 격노한 상태)
- 나는 _____ 때문에 화가 난 것을 압니다.
- 나는 화가 날 때 _____ 행동합니다.
- 나의 행동 중에 마음에 드는 것은 _____ 입니다.
- 나의 행동 중에 다르게 행동했으면 하는 것은 _____ 입니다.

17) 부부의 이혼과정 모형 세우기

부부의 현재 갈등상태를 가족모형으로 세운다. 자녀가 있다면, 자녀의 위치도 함께 세운다. 언제부터 부부의 갈등이 시작되었으며, 각자의 마음상태, 실망감, 분노나 상실감의 느낌을 표현하도록 한다. 이혼 전후의 과정을 가족모형을 통하여 세워 보도록 한다. 특히 이혼 후에 자녀는 누가 키울 것인지도 가족모형으로 세우도록 한다. 그렇게 되면 현실적인 문제인 경제적인 면, 양육비, 면접교섭, 재산 분할은 어떻게 하고 싶은지에 대해 대화를 나눌 수 있다.

부부에게 "지금 우리 부부는 어디에 있는가?" "함께 이룬 것은 무엇인가?" "어디로 가고 있는가?" "앞으로 어떻게 될 것인가?"에 대한 주제로 한 사람이 말을 하면 한 사람이 듣고 반영하는 방식인 이마고 대화법으로 대화하도록 한다. 부부가 함께 이룬 것뿐만 아니라 함께했던 추억과 앞으로 하고 싶었던 일에 대해서도 이별을 고하는 대화를 이마고 대화법으로 나눌 수 있다. 즉, 듣는 사람은 그대로 반영하기, 요약하기, 인정하기, 공감하기 순서로 듣고 다시 부부가 역할을 바꾸어서 말하는 사람은 듣는 사람이 된다.

이별문제에서는 두 사람의 성장을 위해 무엇이 중요한지 살펴보고 방향을 결정하도록 한다. 지금 두 사람이 겪고 있는 모든 어려움을 함께 극복하고 계속하는 것이 더 좋은 것인지, 갈등해결기술과 대화기술을 배워서 극복하려는 동기나 의지가 있는지, 아니면 서로 홀로서기를 통해서 각자의 길을 가는 것이 더 좋다고 생각하는지, 각자의 선택과 결정을 존중할 수 있는지에 대한 합의점을 찾아가는 과정이 된다.

부부의 문제는 주고받음의 균형이 깨지는 곳에서부터 시작한다. 예를 들면, 한쪽 배우자가 자신이 필요한 것을 표현하지 않거나 받을 준비가 되지 않았을 때, 줄 마음이 없을 때, 또는 한쪽 배우자가 부모나 아이처럼 행동할 때 등이다. 문제가 발생한 시점에 대해서 언제부터 실망하였는지, 언제부터 서로 표현하지 못하고 억압한 채 지내 왔는지, 자신이 힘들었던 것은 무엇인지, 왜 자신이 이혼까지 생각했는지 등 부부가 이마고 대화법으로 충분히 대화하도록 한다.

[그림 11-9]에서 이혼으로 혼자된 남편모형이 술과 함께 중앙에 위치해 있다. 오른쪽 모형은 남편의 여자 친구이며 자녀가 둘 있다. 왼쪽에는 첫 번째 아내와의 자녀로 딸 한 명을 키우고, 뒤에는 남편의 어머니가 동생 둘을 돌본다. 어머니가 혼자 자녀를 양육하였지만 큰아들과의 관계에서 문제가 드러난 모형이다.

[그림 11-9]

18) 어린 시절의 부모-자녀 대화법과 모형 세우기

어린 시절의 가족모형을 세우고 개입하기 위해서 어린 시절의 상처를 부부가 서로 자녀 역할과 부모 역할을 맡아 대화를 진행할 수 있다. 어린 시절 성장 시 부모에게 상처받은 감정을 다루고 치유하는 과정으로 부모-자녀 대화법을 나눈다. 한 사람은 어린 자녀가 되고 다른 한 사람은 부모가 되어 역할극으로 대화한다. 먼저 역할 들어가기를 한다. 한쪽 배우자는 "나는 당신의 일곱 살 딸(아들)입니다." 다른 배우자는 "나는 너의 엄마(아버지)란다."라고 한다. 어린 시절 양육자에게 느꼈던 두려운, 화나는, 불안한, 걱정한, 슬픈, 외로운, 무서운, 인정받지 못한, 숨 막히는, 답답한, 거절당한, 무가치한, 통제받는, 억울한, 불편한, 짜증이 난, 수치스러운, 싫은, 실망스러운, 절망적인, 냉담한, 지루한, 소외된, 미안한, 상처받은 등의 감정을 표현하여 부부가 서로 공감적인 연결을 깊이 하도록 한다. 마치고 나서는 부부가 서로 역할을 바꾸어서 진행한다. 대부분 부부가 성장할 때 가졌던 어린 시절 상처를 다시 부부관계에서 반복하는 경향이 있어서 부모에게 받은 상처를 부부가 서로 감싸 주고 공감해 주며 치료를 위하여 의식적으로 서로 돌보는 역할이 필요하다. 〈표 11-4〉는 부모-자녀 대화법의 과정을 정리한 것이다.

⟨표 11-4⟩ 부모-자녀 대화법 과정 예시

부모 역할자(받는 사람, 반영하는 사람)	자녀 역할자(보내는 사람, 말하는 사람)
(1) 초대하기 ① 내용 반영하고 질문하기 "나는 당신과 부부가 아니고 당신의 아버지(어머니)입니다." "나는 너의 아버지(어머니)란다. 네가 나랑 살 때 어떠했는지 말해 줄 수 있겠니?" ② 내용 반영하기 "네가 나랑 살 때는 _____ 했구나!" ③ 질문하기 "좀 더 얘기해 줄래?"	"나는 당신과 부부가 아니고 당신의 아들(딸)입니다." "내가 아버지(어머니)와 함께 사는 것은 ____했어요."
(2) 경험의 심화 단계 ① 내용 반영하고 질문하기 "네가 나로 인해 가장 힘들었던 것은 무엇이었는지 말해 줄 수 있니?" "상처받은 것은 무엇이었는지 말해 줄 수 있니?" "네가 나에게 가장 상처받은 것은___이었구나. 그리고 ___감정을 느꼈구나." "내가 너에게 상처 줄 때 너는 어떻게 하였니?" ② 내용 반영하기 "내가 너에게 상처를 줄 때 너는 ____행동을 하였구나."	"내가 아버지(어머니)에게 가장 상처받은 것(두려운 것, 무서운 것 등)은 ___ 입니다. 그리고 _____을 느꼈어요." "아버지(어머니)가 나에게 상처를 줄 때 나는 _____행동을 했어요."

(3) 필요나 욕구 알아내기 ① 어린 시절의 원함 표현하기 "그때 네가 나에게 가장 원하는 것은 무엇이었니?	"내가 아버지(어머니)로부터 가장 원하는 것(가장 받고 싶은 것)은 애정(관심, 칭찬, 돌봄, 인정, 함께 놀아주기, 함께하기 등)이었어요."
② 내용 반영하기 "네가 그 당시 나에게 가장 원하는 것은___이었구나."	
③ 부모 역할에서 나오기(부모 역할자 말하기) "나는 당신의 아버지(어머니)가 아닙니다." "나는 당신의 남편(아내)입니다."	"나는 당신의 자녀가 아닙니다." "나는 당신의 아내(남편)입니다."
(4) 요약하기, 인정하기 및 공감하기 ① 요약하기 "당신은 아버지와 살 때 무섭고 힘들었으며, 작은 잘못을 할 때마다 매를 맞았는데 그 과정에서 느낀 수치심이 가장 큰 상처로 남아 있다고 하였습니다. 그래서 당신은 아버지를 멀리하고 아버지와 말도 하지 않으려고 하였습니다. 당신이 아버지에게 정말 원했던 것은 관심과 사랑이었지요." ② 인정하기 "당신 얘기를 들으니까 알겠네요. 당신이 얼마나 아버지를 무서워하고 멀리하고 싶었는지, 당신이 그때 받은 상처가 수치심이라는 것이 이해가 돼요. 당신이 원했던 것은 아버지의 관심과 사랑이었다는 것도 이해가 돼요." ③ 공감하기 "당신은 아버지에게 매를 맞을 때마다 얼마나 수치심을 느꼈고 또 그 상황이 얼마나 두렵고 속상하며 벗어나고 싶었을지 상상이 가요. 맞나요?"	"네. 맞아요. 난 두렵고 속상하고 슬프기도 했어요! 당신이 내 말을 들어 주고 공감해 주니 고마운(가벼운, 시원한) 느낌이 들어요. 그리고 나와 함께 해 줘서 고마워요."

(5) 반응-선택적 단계

① 배우자의 원함 수용하기
"지금 당신이 배우자(남편)인 나에게 어린 시절 상처 회복을 위해서 원하는 것이 무엇인가요?"
"기간 설정을 구체적으로 해 주시고 행동 지향적인 것으로 말해 주세요."

"나의 어린 시절 상처(수치심, 두려움, 속상함, 슬픔)를 회복하기 위해서 당신에게 원하는 것은 당신이 나를 위해서 ___을 해 주기를 바랍니다. 이 세 가지 중에 가능한 것 하나를 선택해 주세요!"
예: "한 달 동안, 얘기할 때는 내 눈을 바라보고 얘기해 주세요."

"나에게 2주 동안 출근하기 전에 사랑한다고 말해 주세요."
"나에게 잠자기 전에 한 달 동안 당신은 소중한 사람이라고 말해 주세요."

② 내용 반영하기
"당신의 어린 시절 상처 회복을 위하여 나는 잠자기 전에 한 달 동안 당신에게 당신은 소중한 사람이라고 말하도록 하겠습니다. 이것을 당신에게 선물로 드리겠어요."

"당신이 나를 위하여 그렇게 해 주신다고 하니 저도 고마워요."

"저도 고마워요."

부부가 포옹하며 마친다.

출처: 국제공인이마고 커플샵 매뉴얼, 2005:11 재구성, 김혜숙(2016). 가족치료 이론과 기법 재구성.

19) 가족에게 감사와 사랑 의미 표현하기

　가족은 모든 사람에게 삶의 원천이자 걱정의 근원이기도 하다. 가족의 모형을 한 명씩 세우고 내담자의 모습 모형 바로 앞에 서로 바라보게 세운다. 그리고 다음과 같은 질문에 내담자가 답하도록 한다.

- "가족은 나에게 있어 무슨 의미가 있는가?"에 대하여 말하도록 한다. 아내가 남편에게, 남편이 아내에게, 부모가 자녀에게, 자녀가 부모님에게 서로 무슨 의미인가 (예: 동행자, 나와 함께해 주는 사람, 제일 소중한 사람, 돈을 벌어 주는 사람, 삶의 목적이며 의미 등)를 말하게 한다. 그리고 느낌을 묻는다. 가족에 대해 어떤 의미를 부여하고 있는지를 알며 나누는 시간이 될 수 있다.
- 내담자가 자신의 모형을 하나만 세우고 아무것도 없는 상황에서 "만약 나에게 가족이 없다면 나는 _____다."라는 문장을 완성해서 말하도록 한다. 예를 들어, "나는 살 수 없을 것 같다." "남편이나 아들이 없다고 생각만 해도 아찔하고 어떻게 살지 막막하다." 등 가족의 부재는 크나큰 상실이며 고통이 될 것이다. 이러한 나눔은 가족의 존재에 대한 감사를 느끼게 해 줄 것이며 가족의 행복과 불행에는 가족구성원이 깊이 관여되어 있다는 것을 알게 되고 가족이 실제로 생각하는 것보다도 더 소중하고 가치 있는 존재라는 것을 확인할 수 있다.
- 가족이 서로를 마주 보게 모형을 세우고 가족에게 감사한 점 열 가지를 서로 말해 보도록 한다. 어머니(아버지)에게 감사한 것, 가족의 좋은 점, 가족과 관련된 좋은 기억, 자신에게 미친 긍정적인 영향이 무엇인지 말해 본다.
- 미안한 대상을 가족모형으로 서로 바라보게 세우고 내담자는 누구에게 어떤 상황에서 상처를 준 것, 미안한 것에 대하여 말하도록 한다. 내담자는 대상에게 "어머니(아버지, 동생, 오빠, 언니 등), 미안합니다."라고 말하여 미안한 것을 표현해 보도록 한다. 가족은 서로에게 서운한 것, 억울한 것, 상처 준 것, 실망한 것을 잊는다고 하지만, 기억 속에는 미해결된 것으로 계속 남아서 자신도 모르게 가족관계에 부정적인 영향을 미치고 자신을 자책하며 괴로워하기도 한다. 가족은 일상생활의 작고 사소한 생활방식이나 습관에서 미처 생각지 못한 일로 상처를 주고는 한다.

　그리고 내담자는 가족 누구로부터 상처를 받았던 것을 말하는 시간을 가진다. 가족이 서로 공감대를 형성해야 서로가 불편했던 것, 상처가 된 것도 얘기할 수 있는 환경이 조성된다. 내담자가 자신의 불쾌한 감정이나 화, 억울한 것, 서운한 것을 억누르고 참고만 살다가 나중에는 더 크게 폭발하는 경향이 있다. 말로 표현할 수 있다는 것은 아주 건강한 관계 형성을 할 수 있다는 것이다. 가족 간의 기억 속에 긍정적인 것보다도 부정적인 기억이 쌓여 있다면 감사나 사랑의 표현이 잘 되지 않을 것이다. 마음속의 분노나 화를 빼내지 않고 억누르기만 하면 결국은 터지게 된다. 가족일지라도 서로 실수하고 잘못한 것에 대해서는 진심으로 사과하여 미안하다는 표현을 해야 한다. 그러지 않고 불편한 감정을 억누르고 괜찮은 척하고 지내면 언젠가는 터지게 되고, 정신건강에도 좋지 않다.

20) 행복한 삶의 모형 세우기

내담자 자신에게 성장선물로 주고 싶은 것이 무엇인지 모형을 상징물로 대신하여 하나하나 세우면서 말하도록 한다. "열정이 당신 옆에 있는데 이 열정으로 무엇을 하고 싶나요?" "무엇을 이루고 싶나요?" "열정이 있는 나의 모습이나 나의 행동은 어떤가요?"라고 질문할 수 있다. 다른 예를 들면, "나의 성장 선물로 나를 사랑하는 마음을 주고 싶어요."라며 흰색(빨간색) 모형을 세울 수도 있다. 그러면 "내가 나를 사랑하는 마음이 있으면 나는 무엇을 더 할 수 있게 되나요?" "나는 무엇이 달라질까요?" "이 마음을 갖는다는 것을 무엇을 보면 알 수 있나요?" 등을 질문한다. 자신의 성장선물 서너 가지를 생각해 보고 말하도록 한다. 내담자의 성장을 축복하며 그렇게 되기로 선택하고 결정한 내담자를 지지해 준다.

또한 내담자에게 긍정적인 에너지를 주고 삶에서 중요한 의미부여를 하는 사람을 세운다. 내담자가 자신의 삶에 감사하고 나에게 축복인 것을 헤아려 보는 것이다. 내담자의 삶에서 즐거운 삶이란 무엇을 어떻게 하는 것인지, 적극적인 삶이란 어떻게 행동하는 것인지, 내담자에게 의미 있는 삶이란 무엇인지를 말하도록 한다.

행복을 지속하는 방법은 외부환경이나 조건에 있는 것이 아니라 자기 자신의 뿌리 안에 있다. 만약 행복이 외부의 어떤 조건에 있다면 그건 순간적인 현상이다. 행복은 자신의 존재 안에서 얼마든지 찾을 수 있다. 상담사는 내담자를 있는 그대로 신뢰할 힘을 주고 독립적으로 존재할 수 있는 내면의 이완된 상태로 이끌어 주는 것이다. 또 다른 행복은 내면의 진정한 자기 존재를 만났을 때 나타나는 것으로, 외부에 의존하지 않기에 오랫동안 지속할 수 있다.

21) 직장에서 조직모형 세우기

직장에서의 조직생활에 대한 것을 모형으로 세운다. 내담자 직장생활의 주 호소문제를 듣고 상담사는 누구와 누구의 관계를 세울 것인지 탐색을 한다. 근본적인 조직체계 내의 갈등과 문제는 모든 조직, 팀, 회사의 가치체계뿐만 아니라 그 가치가 구성원에게 어떤 영향을 미치는지도 드러날 수 있어야 한다. 조직의 갈등이나 불화의 분위기에서는 모든 조직원이 협력적이지 않고 불신하는 모습이 자주 보인다. 조직의 비전이나 가치가 전달되지 못하고 목표 달성을 위한 열정도 부족하고 각각 개인주의 사고에 불신감이 크다. 구성원들은 서로 의사소통을 잘하지 못하고 무시하고 무시당하는 모습이 자주 나타난다.

조직의 양심질서에 대해 헬링거는 근속기간이 길수록 더 많은 권리를 가지고 위계에서 우위의 위치로 인정을 받는다고 하였다. 위험 수준에서도 더 큰 돈을 투자한 경우 위험 부담이 크므로 더 많은 권리를 갖는다. 책임 수준에서는 더 큰 책임을 가진 사람이 더 많은 권리를 갖는다. 직원보다는 관리책임자나 임원, 사장이 더 많은 책임을 진다. 전문지식 수준에서는 평균적으로 직원이 갖고 있는 전문지식보다 더 많은 전문지식을 갖고 있다면 다른 팀원보다 더 우선시된다(오규영 역, 2012).

직장에서 내담자의 위치와 역할, 직장에서의 갈등상태, 상사와 내담자의 관계, 동료와의 관계, 부하직원과의 관계를 모형으로 세우기, 부서나 팀의 전체 직원들을 위계질서에 따라 세우기, 각 부서의 갈등상황을 모형으로 세우고 각 부서가 원하는 것을 탐색하고 나누기 등의 방법이 있다.

상담사는 부서를 주도적으로 이끌어 가는 사람은 누구인지, 상사나 팀장의 역할은 무엇인지, 업무 분담은 누가 하는지, 공정성 문제나 형평성 문제는 어떻게 처리하는지, 문제 발생 시 누가 책임을 지는지, 누구는 모른 체하고 회피하는지, 누가 희생양이 되는지, 있으나 마나 한 존재는 누구인지, 누가 소외되었는지, 부서에서는 문제를 무엇으로 보는지, 무엇이 문제라고 규명하는지, 자신의 문제인지, 타인의 문제인지, 상사의 문제인지, 조직 전체의 문제인지, 회사의 전반적인 문제인지 탐색한다. 전임지도자와 후임지도자 간에 충분히 인정받지 못하거나 의사소통이 결핍되어 갈등으로 나타나기도 한다.

개입을 위해서는 내담자 조직의 팀원과 자신의 모형을 세우고 모든 팀원이 각자의 입장이나 의견을 말하도록 한다. 각자의 입장에서의 불만이나 문제를 말하도록 하고 해결방안을 위한 의견도 말하도록 한다. 사람의 문제보다는 관계에서 오는 불신이나 안정감의 결여에 집중하여 좀 더 확신과 신뢰를 쌓아 갈 수 있도록 긍정적인 지지나 인정, 칭찬을 보내도록 한다. 문제에 대한 해결책도 알아본다. 효율적인 해결방안과 비효율적인 해결방안은 무엇인지, 문제해결을 위한 자원은 무엇이 있는지 찾아보고 행동을 위한 구체적인 방안을 행동 지향적이며 작고 실행 가능한 것으로 세분화하여 실천할 것을 나누어 본다.

22) 갈등 중재를 위한 집단모형 세우기

갈등 중재를 위해 먼저, 집단원이 열 명이면 다섯 명씩 두 그룹으로 나눈다. A 그룹 한 명의 집단원이 내담자가 되어서 갈등상황을 얘기하도록 하고, B 그룹 한명이 상대방의 입장이 되어서 얘기를 나눈다. C는 중재자 역할을 한다. 두 모형을 색깔별로 구분하여 세운다. A 입장, B 입장에 연관된 사람도 모형으로 함께 세운다. A 입장에서의 어려움이나 고충의 문제, 상황 판단, 해결방안들을 A 그룹에서 이야기하면 다시 B 그룹에서 B 입장에서의 어려움, 고충문제, 상황 판단, 해결방안을 집단원과 이야기한다. A 입장, B 입장에서 서로 타협 가능한 것이 있는지 이야기해 본다. C는 중재안을 가지고 협상을 하도록 한다. 이는 학교폭력상담, 갈등상황에 대한 해결방안을 위한 집단활동에서 활용 가능하다.

23) 집단에서의 가족모형 세우기

집단에서 가족모형을 세우는 방법은 세 가지가 있다.

첫째, '나'의 가족 소개하기다. 집단원 가운데 두 사람이 상담사, 내담자로 역할을 맡아서 내담자가 현 상태의 가족의 관계를 모형으로 세운다. 각자의 가족에 대한 역할이나 특성(성격, 의사소통 유형, 역할, 장점, 단점)을 말하도록 한다. 세워진 위치에서 가족이 갖는 느낌이나 소감을 말하도록 한다.

둘째, 변화와 성장을 위한 가족모형 세우기다. 집단에서 두 사람씩 상담사 역, 내담자 역을 이루어 내담자는 자신의 가족이 좀 더 변화와 성장을 한다면 어떤 관계 형성을 원하는지 가족모형으로 세우도록 한다. 모형을 세우고 가족의 역할이나 의사소통에서 어떻게 다르게 해야 성장하는지를 나눈다. 상담사와 내담자는 역할을 바꾸어서 진행한다. 진행 후 피드백과 소감을 서로 나눈다.

셋째, 집단 가족모형 세우기다. 집단에서 여섯 명 정도씩 소그룹으로 나눈다. 한 사람은 내담자 역할을 하고 한 사람은 상담사 역할을 하며, 내담자가 자신의 원가족을 다루거나 핵가족을 다루고 싶다면 이때 필요한 가족구성원을 집단원에서 추가로 선택하게 한다. 예를 들어, 아버지, 어머니, 형, 내담자 자신의 역할을 할 사람을 선택한다. 그리고 역할 들어가기를 한다. 예를 들어, "나는 당신의 아버지(어머니, 딸, 형, 동생 등)입니다."라고 말한다. 그리고 내담자는 문제 상황을 설명하면서 가족모형을 세우도록 한다. 세워진 가족모형에서 역할을 한 사람은 그 역할자로서 다른 가족에게 느끼는 감정을 다른 가족에게 말하도록 기회를 준다. 이때 상담사는 모형을 세운 것을 보고 질문을 한다. 예를 들어, "옆에 서 있는 아버지와 느낌이 어떻습니까?" "뒤에 있는 어머니와는 어떤 감정이 드시는지요?"라고 한다. 실제 내담자는 옆에서 관찰을 하고 듣는다. 가족의 모든 말을 듣고 내담자는 원래 자신의 위치로 들어간다. 상담사는 내담자가 아버지(어머니)모형과 바로 마주 보게 세우고 아버지 역할자에게 자신의 감정이나 고마움, 미안함, 죄책감, 용서를 말할 수 있도록 한다. 상담사는 말할 수 있는 문장을 줄 수 있다. 예를 들어, "내가 아버지에게 미안한 것(감사한 것, 고마운 것, 속상한 것, 말하고 싶은 것, 원하는 것)은 ……." "아버지가 …… 말을 할 때, 나는 …… 생각을 했다. 그래서 나는 …… 반응을 했다." "내가 가족에게 이해받지 못했던 것은 ……." "내가 가장 힘들었던 것은 ……." 등 말하도록 문장을 주면 내담자가 문장을 따라서 자기 표현을 하도록 돕는다. 또 상담사는 내담자가 어머니, 형에게 돌아가면서 자신의 솔직한 감정이나 기대, 원함을 나-전달법으로 표현하도록 촉진한다.

집단원은 한 사람씩 돌아가면서 자신의 가족모형 세우기를 진행할 수 있다. 마친 후 각자의 소감과 피드백을 나눈다.

참고문헌

가족치료연구모임 역(1996). 단기가족치료(Walter, J. & Peller, J. 공저). 서울: 하나의학사.

가족치료연구모임 역(2001). 해결중심적 가족치료(Berg, I. K. & Miller, S. D. 공저). 서울: 하나의학사.

Gottman, J., & 남은영(2007). 내 아이를 위한 사랑의 기술 감정코치. 서울: 한국경제신문.

국제이마고부부치료 협회(2013). 워크숍 자료집.

국제이마고부부치료 협회(2014). 워크숍 자료집.

권기덕, 김동연, 최외선 편저(1997). 가족미술치료. 동아문화사.

권석만, 김진숙, 서수균, 주리애, 유성진, 이지영 공역(2005). 심리도식치료(Young, J. E., Klosko, J. S., & Weishaar, M. E. 공저). 서울: 학지사.

권중돈, 김동배(2005). 인간행동과 사회환경. 서울: 학지사.

권정혜, 채규만(2002). 결혼만족도 검사 사용자 매뉴얼. 서울: 학지사.

김규수 외 역(2002). 인간행동과 사회환경. 서울: 나눔의 집.

김덕일, 나희수(2011). 커플 체크업. 서울: 학지사.

김동연, 공마리아, 최외선(2002). HTP와 KHTP 심리진단법. 대구: 동아문화사.

김동연, 이재연, 홍은주 공역(2002). 아동미술심리이해(Malchiodi, C. A. 저). 서울: 학지사.

김명자 역(1999). 과학혁명의 구조(Kuhn, T. S. 저). 서울: 까치.

김병훈(2009). 하인츠 코헛의 자기치료 해설. 현대정신분석의 임상기법. 서울: 한국 정신역동 치료학회.

김영애, 김정택, 심혜숙, 정석환, 제석봉 공역(2002). 가족치료: 핵심개념과 실제적용(Nichols, M. P. & Schwartz, R. C. 공저)

김영애 편역(1996). 부부 가족치료 기법(Sherman, Robert 저). 서울: 하나의학사.

김용정, 김동광 공역(1999). 생명의 그물(Cafra, F. 저). 서울: 범양사.

김용태(2000). 가족치료이론. 서울: 학지사.

김유숙(2000). 가족치료. 서울: 학지사.

김유숙(2000). 구조적 가족치료이론의 한국적 적용에 관한 연구. 한국가족치료 학회지, 8(1).

김유숙(2002). 가족치료(개정판). 서울: 학지사.

김유숙(2006). 가족상담(2판). 서울: 학지사.

김유숙, 전영주, 김수연(2005). 가족평가 핸드북. 서울: 학지사.

김주열 역(2015). 무의식은 반복이다(Nasio, J. D. 저). 서울: NUN.

김준기, 공성숙(2006). Gottman의 가족치료 모델의 이해와 활용. 제3회 한국상담전문가교육
　　대회 자료집. 한국상담전문가연합회.

김진숙 역(2004). 가족미술심리치료(Landgarten, H. B. 저). 서울: 학지사.

김춘경, 이수연, 최웅용, 홍종관 공역(2004). 상담 및 심리치료의 이해(Palmer, S. 편저). 서울:
　　학지사.

김현주, 심혜원 공역(2013). 커플치료 과제 계획서(Schultheis, G. M., O Hanlon, S. A., & O
　　Hanlon, B. 공저). 서울: 시그마프레스.

김혜란, 홍선미, 공계순(2001). 사회복지실천기술론. 서울: 나남출판.

김혜숙(2003). 가족치료 이론과 기법. 서울: 학지사.

김혜숙(2008). 가족치료 이론과 기법(제2판). 서울: 학지사.

김혜숙, 이희배, 유계숙(2008). 이혼상담과 이혼법. 서울: 학지사.

김혜숙, 박주현, 이영주, 임상록(2012). 가족상담 및 치료. 서울: 신정.

김혜숙, 나임순, 김현경(2013). 사회복지실천기술론. 서울: 학지사.

남순현, 전영주, 황영훈 공역(2005). 보웬의 가족치료이론(Kerr, M., & Bowen, M. 공저). 서
　　울: 학지사.

박선영, 김서미진 공역(2009). 삶의 얽힘을 푸는 가족세우기(Liebermeister, S. R. 저). 서울: 동연.

서울대사회복지실천연구회(1998). 사회복지실천기법과 지침. 서울: 나남출판.

서혜석, 강희숙, 이미영, 고희숙(2013). 가족치료 및 상담. 경기: 공동체.

설영환 역(1986). C. G. 융심리학 해설(Jung, C. G. 저). 섬영사.

성정현, 여지영, 우국희, 최승희(2004). 가족복지론. 경기: 양서원.

손광훈(2009). 사회복지실천기술론. 경기: 공동체.

송성자(1996). 가족과 가족치료. 서울: 법문사.

송성자(2004). 한국문화와 가족치료. 서울: 법문사.

송정아 역(2004). 이마고 부부치료(Luquet, W. 저). 서울: 학지사.

신민섭(2003). 그림을 통한 아동의 진단과 이해 −HTP와 KFD를 중심으로−(증보판). 서울: 학
　　지사.

신선인, 김순천, 서혜석, 송유미, 이규영, 이미영 공역(2006). 가족치료 및 상담 치료계획서
　　(Dattilio, F. M., & Jongsma, A. E. Jr., 공저). 서울: 신정.

신홍민 역(2003). 부모와 아이 사이(Ginott, H. G. 저). 서울: 양철북.

심수명(2006). 한국적 이마고 부부치료. 서울: 다세움.

엄명용, 노충래, 김용석(2008). 사회복지 실천기술의 이해(제2판). 서울: 학지사.

엄예선(1994). 한국 가족치료개발론. 서울: 홍익재.

오규영 역(2012). 가족과 관계의 얽힘을 풀어내는 가족세우기(Preiss, I. T., 저), 서울: 학지사.

오제은(2009). 자기사랑노트. 서울: 샨티.

오제은 역(2004). 상처받은 내면아이 치유(Bradshaw, J. 저). 서울: 학지사.

오제은 역(2009). 이마고 부부관계치료 이론과 실제(Brown, R. 저). 서울: 학지사.

오제은, 김혜진 공역(2021). 세계 최고의 커플테라미 이마고(Hendrix, H. & Lakelly, H. 공저). 서울: 학지사.

오제은, 이현숙 공역(2011). 부부관계패러다임(Luquet, W., & Hannah, M. T. 공저). 서울: 학지사.

유영주(1991). 건강가정 육성을 위한 가족복지 프로그램개발에 관한 연구. 한국 가정관리 학회지.

윤현숙 외(2001). 사회복지실천기술론. 서울: 동인.

이민희 역(2005). 애착이론과 심리치료(Maroone, M. 저). 서울: 시그마프레스.

이성범, 구윤서 공역(1985). 새로운 과학과 문명의 전환(Capra, F. 저). 서울: 범양사.

이영분 외 공역(2011). 가계도 사정과 개입(MacGoldrick, M., & Gerson, R., & Petry, S. 공저). 서울: 학지사.

이원숙(2004). 가족복지론. 서울: 학지사.

이정현 역(2004). 부부상담과 치료(Young, M. E. 저). 서울: 시그마프레스.

이현경(2010). 임상장면에서의 가족상담과 치료. 경기: 양서원.

임주현 역(2002). 행복한 부부 이혼하는 부부(Gottman, J. M. & Silver, N. 공저). 서울: 문학사상사.

정문자(2007). 사티어 경험적 가족치료(2판). 서울: 학지사.

정문자, 정혜정, 이선혜, 전영주(2011). 가족치료의 이해. 서울: 학지사.

정수경(1993). 정신분열증 환자의 질병기간에 따른 가족기능의 효과성 연구. 연세대학교 박사학위논문.

정혜정, 이형실 공역(2001). 가족치료: 체계론적 통합(Becvar, D. D., & Becvar, T. 공저). 서울: 하우기획출판.

조흥식 외(2006). 가족복지학. 서울: 학지사.

정문자 역(1996). 가족생활주기와 가족치료(Carter, B. & McGoldrick, M. 공저). 서울: 중앙서적출판.

정혜정(2004). 가족치료의 태동과 발전과정에서 본 인식론의 변화에 관한 연구. 한국가족치료 학회지, 12(1), 1-35.

정혜정 외 역(1997). 가족치료: 체계론적 통합(Becvar, D., & Becvar, R. J. 저). 서울: 도서출판 하우.

제석봉, 박경 공역(2004). 환상적인 가족 만들기(Nick & Nancy Stinnett, Joe & Alice Beam 공저). 서울: 학지사.

조은경 역(2006). 불안을 없애는 10가지 방법(Torem, M. S. 저). 서울: 생각하는 백성.

조현춘, 조현재 공역(1999). 심리상담과 치료의 이론과 실제(Corey, G. 저). 서울: 시그마프레스.

천성문, 이영순, 박명숙, 이동훈, 함경애(2006). 상담심리학의 이론과 실제. 서울: 학지사.

최범식(1998). 심상치료. 서울: 하나의학사.

최성애(2006). 부부 사이에도 리모델링이 필요하다. 서울: 해냄.

최소영, 조은상, 조영주 공역(2013). 한 번도 소리내어 울지 못한 그대에게 시 치료(Fox, J. 저). 서울: 아시아.

최연실 역(1995). 가족관계학(Burr, W. R. 저). 서울: 도서출판 하우.

최영민(2012). 대상관계이론을 중심으로 쉽게 쓴 정신분석이론(4판). 서울: 학지사.

최인숙, 김성천, 노혜련(1996). 한국의 가족문제를 해결하기 위한 해결중심적 단기치료 기법의 적용효과에 관한 연구. 한국사회복지학, 제28호.

한국부부상담연구소(2005). 당신이 원하는 사랑 만들기. 국제공인이마고 커플샵 매뉴얼.

한국버지니아사티어연구회 역(2002). 사티어 모델(Satir, V. 저). 서울: 김영애가족치료연구소.

Allport, G. (1961). *Pattern and growth in personality*. NY: Holt, Rinehart and Winston.

Anderson, H., & Goolishian, H. A. (1988). Human systems as linguistic systems: Preliminary and evolving ideas about the implications for clinical theory. *Family Process, 27*(4), 371-393.

Bandler, R., & Grinder, J. (1980). *Metasprache und Psychotherapie*. Paderborn: Junfermann.

Bandler, R., & Grinder, J. (1981). *Neue Wege der Kurztherapie*. Paderborn: Junfermann.

Bandler, R., Grinder, J., & Satir, V. (1978). *Mit Familien reden*. Muenchen: Pfeiffer.

Banmen, J. (2001, 2002). Satir Model Workshop.

Barkley, R., Guevremont, D., Anastopoulos, A., & Fletcher, K. (1992). A comparison of three family therapy programs for treating family conflicts in adolescents with attention-deficit hyperaktivity disoder. *Journal of Consulting and Clinical Psychology, 60*, 450-463.

Bateson, B. (1978). *Oekologie des Geistes*. Frankfurt a. M.

Bateson, G. (1981). *Oekologie des Geistes*. Frankfurt: Suhrkamp.

Bateson, G. (1984). *Geist und Natur*. Frankfurt: Suhrkamp.

Bateson, G., & Jackson, D. D. (1964). Some varieties of pathogenic organization. *Disorders of Communication, 12*, 270-290.

Beck, U., & Beck-Gernsheim, E. (1997). *Das Ganz normale Chaos der Liebe*. Frankfurt am Main: Suhrkamp Verlag.

Berg, I. K. (1992). *Family-based services: A solution-focused approach*. Milwaukee, WI: BFTC Press.

Berg, I. K., & De Jong, P. (1996). Solution-building conversations: Co-constructing a sense of competence with clients. *Families in Society, 77*, 376-391.

Bertold, U. (2001). *Das Handwerk des Familien-Stellen*. Ganzheitlich Heilen, Heidelberg: Carl-Auer.

Bischof, N. (1991). *Das Raetsel Oedipus*. Muenchen: Piper.

Boeckhorst, F. (1993). Interaktion als Konversation. *Systemthema, 7*(1), 2-17.

Boskind-Lodal, M., & Sirlin, J. (1979). Frauen zwischen Fress-und Magersucht. *Psychologie heute, 3*.

Boszormenyi-Nagy, I., & Spark, G. (1981). *Unsichtbare Bindungen*. Stuttgart: Klett.

Boszormenyi-Nagy, I., & Spark, G. M. (1984). *Invisible loyalties: Reciprocity in intergenerational family therapy*. New York: Brunner/Mazel.

Bowen, M. (1976). Theory in the practice of psychotherapy. In P. Guerin (Ed.), *Family therapy*. New York: Gardener Press.

Bowen, M. (Ed.) (1978). *Family therapy in clinical practice*. New York: Jason Aronson.

Bowen, M. (1990). *Family therapy in clinical practice*. Northvale and London: Jason Aronson Inc.

Bowlby, J. (1969). *Attachement*. New York: Basic Books.

Bowlby, J. (1980). *Loss, Sadness and Depression, Volume three of Attachment and Loss*. New York: Basic Books.

Bowlby, J. (1985). *Trennung: Psychische Schaeden als Folge der Trennung von Mutter und Kind*. Muenchen.

Bowlby, J. (1989). *Productive and unproductive depression*. London, Tavistok: Routlege.

Bronfenbrenner, U. (1981). *Die Oekologie der menschlichen Entwicklung*. Stuttgart: Klett.

Burns, R. C., & Kaufman, S. F. (1970). *Kinetic Family Drawings (KFD). An Introduction to Understanding Children Through Kinetic Drawings*. N.Y: Brunner. Mazel.

Capra, F. (1984). *Wendezeit*. Muenchen: Scherz.

Capra, F. (1995). *Lebens Netz*. Bern Muenchen, Wien: Scherz Verlag.

Cecchin, G. (1988). Zum Gegenwaertigen Stand von Hypothetisieren, Zirkularitaet und Neutralitaet-eine Einladung zur Neugier. *Familiendynamik, 13*(3), 109-203.

Celcer, E., & Schwartzbein, D. (1989). A Piagetian view of family therapy: Selvini Palazzoli and the invariant approach. *Family Process, 28*, 439-456.

Cittenden, P. (1989). Relationships at risk. In J. Belsky & T. Nezworski (Eds.), *Cinical Impications of Attachment*. Hillsdale, NJ: Erlsbaum.

Cloud, H. (1990). *Changes that heal*. Zondervan Publishing House.

Comer, R. J. (1995). *Klinische Psychologie*. Heidelberg, Berlin, Oxford: Spektrum.

Conger, J. J. (1951). The effects of alcohol on conflict behavior in the albino rat. Quart. J. Stud. *Alcohol, 12*, 1-29.

Corey, G. (1996). *Theory und Practice of Counseling and Psychotherapy*. New York.

De Shazer, S. (1985). *Keys to Solution in Brief Therapy*. New York: Norton.

De Shazer, S. (1989). *Der Dreh*. Carl Auer.

De Shazer, S., & Berg, I. K. (1995). The Brief Therapy Tradition. In Weakland, J. & Ray, W. (Eds.), *Propagations: Thirty years of influence from the mental research institute*. New York: Haworth Press.

De Shazer, S., & Molnar, A. (1984). Rekursivitaet. Die Praxis-Theorie Beziehung. *Zeitschrift fuer systemische Therapie, 1*(3), 2-10.

De Shazer, S., Berg, I. K., Lipchik, E., Nunnaly, E., Molnar, A., Gingerich, W., & Weiner-Davis, M. (1986). Brief therapy: Focused solution development. *Family Process, 25*, 207-221.

Di Leo, J. H. (1973). *Children's drawings as diagnostic aids*. New York: Brunner/Mazel.

Duvall, E. M. (1977). *Marriage and Family Development* (5th ed.), New York: L. B. Lippincott Company.

Engel, G. L. (1977). The need for a new medical model: A challenge for biomedicine. *Science, 196*(4286), 129-136.

Epstein, N. B. & Bishop, D. S. & Levin, S. (1978). The McMaster model of family functioning. *Journal of Marital and Family counseling, 4*(4), 19-31.

Epstein, N. B., & Bishop, D. S. (1981). Problem centered systems therapy of the family. *Journal of Marital and Family Therapy, 7*(1), 23-31.

Fairbairn, W. R. D. (1954). *An object-relations theory of the personality*. New york: Basic Books.

Fend, H. (1988). Zur Sozialgeschichte des Aufwachsens. in deutsche Jugendinstitut (ed). 25 Jahre Deutsches Jugendinstitut e, V.: Dokumentation der Festveranstaltung und des Symposiums, Munich: 157-173.

Field, T. M., Schanberg, S. M., Scafidi, F., & Bauer, C. R. (1986). Tactile/kinesthetic stimulation effects on preterm neonates. *Pediatrics, 77*(5), 654-658.

Fisch, R., Weekland, J., & Segal, S. (1982). *The tactics of change: Doing therapy briefly*. San Fransisco: Jossey-Bass.

Foucault, M. (1974). *Von der Subvision des Wissens*. Muenchen: Hanser.

Freedman, J., & Combs, G. (1996). *Narative therapy: The social construction of preferred realities*. NY: Norton.

Fromm-Reichmann, F. (1948). Notes on the development of treatment of schizophrenics by psychoanalytic psychotherapy. *Psychiatry, 11*(3), 263-273.

Galvin, K., & Brommel, B. (1991). *Family communication: Cohesion and change*. Glenview: Scott, Foresman.

Gergen, K. J. (1990). Die Konstruktion des Selbst im Zeitalter der Postmoderne. *Psychologische Rundschau, 41*, 191-199.

Gergen, K. J. (1991). *The Saturated Self*. New York: Basic Books.

Ginott, H., Goddard, H. W., & Ginott, A. (2003). *Between Parent and Child*. New York: Three Rivers Press.

Glick, S. D. U., & Kessler, D. R. (1974). *Marital and Family Therapy*. New York: Grune & Stratton.

Goodenough, F. L. (1926). *Measurement of intelligence by drawings*. New York: Harcourt, Brace and World.

Goolishan, H., & Anderson, H. (1990). Menschliche Systeme als sprachliche Systeme. *Familiendynamik, 15*(3), 212-243.

Goolishan, H., & Anderson, H. (1992). Der Klient ist Expert: Ein therapeutischer Ansatz des Nicht-Wissens. *Zeitschrift fuer systemische Therapie, 10*(3), 176-189.

Gordon, T. (1970). *Parent Effectiveness Training*. New York: Three Rivers Press.

Greenberg, L. S., & Paivio, S. (1997). *Working with Emotions in Psychotherapy*. New York: Guilford Press.

Grief, G., & Dreschler, L. (1993). Commen issues for parents in methadone maintenance group. *Journal of Substance Abuse Treatment, 10*, 335-339.

Grof, S. (1976). *Realms of the human uniconscious*. New York: Dutton.

Guerin, P. J., & Pendagast, E. G. (1976). Evaluation of family system and genogram, *Family Therapy: Theory and Practice*. New York: Gardner Press.

Haley, J. (1977). *Direktive Familientherapie*. Muenchen: Pfeiffer.

Haley, J. (1978). *Gemeinsamer Nenner Interaktion*. Muenchen: Pfeiffer.

Hall, C. M. (1991). *The Bowen Family Therapy and its uses*. Northval and London: Jason Arnson Inc.

Hammer, E. F. (1971). *The clinical application of projective drawings*. Springfield, IL: Charles C. Thomas.

Harlow, H. F. (1958). The nature of love. *American Psychologist, 13*(12), 673-685.

Hartman, A. (1978). *Diagrammatic assessment of family relationships*. Social case work.

Hawkins, P. J. (1996). Hypnosis in sex therapy. *European Journal of Clinical Hypnosis, 10*, 2-8.

Hellinger, B. (2000). *Was in Familien krank macht und heilt*. Heidelberg: Carl-Auer-Systeme Verlag.

Hellinger, B., & Gabriele T. H. (2001). *Anerkennen, was ist*. Muenchen.

Hellinger, B. (1995). *Gunthard Weber* (hrsg.). Zweierlei Glueck. Carl. Auer.

Hellinger, B. (2001). *Religion, Psychotherapie, Seelsorge*. Muenchen.

Hellinger, B. (2004). *Die Quelle braucht nicht nach dem Weg zufragen*. Carl. Auer.

Hill, R., & Aldous, J. (1969). Socialization from marriage and parenthood. In D. A. Goslin (Ed.), *Handbook of socialization theory and research*. Chicago: Rand McNally.

Hoffman, L. (1982). *Grundlagen der Familientherapie*. Hamburg.

Hoffman, L. (1990). Constructing realities: An art of lenses. *Family Process, 29*(1), 1-12.

Horowitz, M. J. (Ed.) (1997). *Formulation as a basis for planning psychotherapy treatment*. Washington, DC: American Psychiatric Press.

Hulse, W. C. (1951). The emotionally disturbed child draws his family. *Quarterly Journal of Child Behavior, 3*, 152-174.

Huschke-Rhein, R. (1998). *Systemische Erziehungswissenschaft*. Weinheim: Beltz.

Jackson, D. D. (1956). Suicide. *Scientific American, 191*, 88-96.

Jackson, D. D. (1965). The Study of the family. *Family Process, 4*, 1-20.

Jantsch, E. (1980). *Die Selbstorganisation des Universums*. New York.

Kauffman, J. M. (1981). *Characteristics of children's behavior disorders*. Columbus, Ohio: A Bell Howell Company.

Keeney, B. P., & Sprenkle, D. H. (1982). Ecosystemic epistemology: Critical implication for the aesthetics and pragmatic of family therapy. *Family Process, 21*(1), 1-19.

Kelly, G. (1995). *The psychology of personal constructs*. New York.

Kenney, B. (1987). *Aestetik des Wandels*. Hamburg: ISKO.

Kerr, E., & Bowen, M. (1988). *Family evaluation: An approach based on Bowen Theory*. NY: W. W. Norton.

Kim, B. I. (1992). *Familien zusammenhalten*. Modernes lernen: Dortmund.

Kim, H.-S. (2000). *Integrationsperspektive fuer die systemische Familientherapie und die konstruktivistische Therapie in Korea*. Aachen Shaker Verlag.

Klein, M. (1932). *The psycho-analysis of children*. London: Hogarth.

Klessmann, E. (1978). *Katathymes Bilderleben in der Gruppe bei jungeren Drogenkon summenten*. L. H. K. KB Ki.

Koestler, A. (1978). *Janus*. London: Hutchinson.

Kottje-Birnbacher, L. (1981). Paartherapie mit dem Katathymen Bilderleben-eine Fall-darstellung. *Familiendynamik, 6*(3), 260-274.

Kramer, C. H. (1980). *Becoming a Family Therapist*. New York: Human Science Press.

Kriz, J. (1981). *Artefakte in der empirischen Sozialforschung*. Stuttgart: Teubner.

Kuhn, T. (1970). *Die Struktur wissenschaftlicher Revolution*. Muenchen.

Laing, R. D. (1982). Knoten. Reinbek

Laing, R. D., Phillipson, H., & Lee, A. (1973). *Interpersonelle Wahrnehmung*. Frankfurt: Suhrkamp.

Landgarten, H. B. (1981). *Clinical art therapy: A Comprehensive Guide*. New York: Brunner/Mazel.

Langsley, D., Pittman, F., Machotka, P., & Flomenhaft, K. (1968). Family Crisis Therapy Results and Implication. *Family Process, 7*, 145-158.

Larsen, A. S., & Olson, D. H.(1989). Predicting marital satisfaction using prepare: A replication study. *Journal of Marital and Family Therapy. 15*, 311-322.

Leuner, H. (1954). Experimentelles Katathymes Bilderleben. ein klinisches Verfahren fuer Psychotherapie. Grundlegung und Methode. *Zeitschrift fuer Psychotherapie und medizinische Psychotherapie, 5.*

Leuner, H. (1980). *Katathymes Bilderleben. Ergebnis in Theorie und Praxis.* Hueber, Bern.

Leuner, H. (1985). *Lehrbch des Katathymen Bilderlbens. Grundstufe, Mitelstufe, Oberstufe.* Hueber: Bern.

Leuner, H. (1998). *Lehrbuch der Katathym-imaginativen Psychotherapie, 3.* Auflage. Huber, Bern.

Levy, D. (1943). *Maternal overprotection.* New York.

Lewin, K. (1951). *Feld theory in social science.* New York.

Lidz, T., Fleck, S., & Cornelison, A. R. (1965). *Schizophrenia and the Family.* New York: International Universities Press.

Loeschen, S. (1998). *Systematic training in the skills of Virginia Satir.* Pacific Grove, CA.: Brooks/Cole Publishing Co.

Ludewig, K. (1992). *Systemische Therapie: Grundlagen kinischer Theorie und Praxis.* Stuttgart: Klett.

Ludewig, K. (1993). *Systemiscche Therapie, 2.* Auflage, Stuttgart: Klett.

MacGoldrick, M. & Gerson, R.(1990). *Genogramme in der familienberatung.* Stuttgart: Huber.

Machover, K. (1949). *Personality projection in the drawing of the human figure.* Springfield, IL: Charles C Thomas.

Martin, R. T. (1988). *Das Buch der Familientherapie, 3.* Auflage: Goettingen.

Maturana, H. (1974). Cognitiv strategies. In H. von Foerster (Ed.), *Cybernetices of cybernetics.* Urbane IL: University of Illinois.

Maturana, H. (1982). *Erkennen. die Organisation und Verkoerperung von Wirklichkeit.* Braunsweig: Vieweg.

Maturana, H., & Varela, F. (1987). *Der Baum der Erkenntnis.* Muenchen: Scherz.

McGoldrick, M., & Gerson, R. (1990). *Genogramme in der Familienberatung.* Stuttgart: Huber.

McGoldrick, M., Gerson, R., & Petry, S. (2008). *Genograms: Assessment and Intervention* (3rd ed.). New York: W. W. Norton & Co.

Mead, G. H. (1964). *Mind, self and society*. University Chicago Press.

Minuchin, S. (1974). *Families and family therapy*. Havard University Press.

Minuchin, S. (1977). *Familie und Familientherapie*. Freiburg: Lambertus.

Minuchin, S., & Fischman, H. C. (1981). *Family Techniques*. Cambridge, MA: Havard University Press.

Minuchin, S., Baker, L., Rosman, B., Liberman, R., Milman, L., & Todd, T. A. (1975). Conceptual model of psychosomatic illness in children. *Archives of General Psychiatry, 32*, 1031-1038.

Minuchin, S. (1974). *Family and family therapy*. Cambridge, MA: Harvard University press.

Minuchin, S., Rosman, B., & Baker, L. (1978). *Psychosomatic families: Anorexia nervosa in context*. Cambridge, MA: Havard University Press.

Muenz, R. (1983). Vater, Mutter, Kind. In G. Pernhaupt (ed.), Gewalt am Kind, Vienna: 33-44.

Muessig, R. (1991). *Familien-Selbst-Bilder: Gestaltende Verfahren in der Paar-und Familientherapie*. Muenchen, Basel: Ernst Reinhardt.

Nave-Herz, R. (1987). Bedeutungswandel von Ehe und Familie. In H, J. Schulze & T. Mayer (Eds.), *Familie-Zerfall oder neue Selbstverstaendnis?*. Wuerzburg.

Nichols, M. P., & Schwartz, R. C. (2004). *Family therapy: Concept and methods* (6th ed.). Needham Heights, Mass: Allyn and Bacon.

Nichols, W. C., & Everett, C. A. (1986). *Systemic Family Therapy*. New York: Guilford Press.

Olson, D. H., & Russel, C., & Sprenkle, D. H. (1983). Circumplex model of marital and family systems: IV. Theoretical update. *Family Process, 22*, 69-83.

Ostner, I., & Piper, B. (1980). Problemstructur Familie-oder Ueber die Schwierigkeit, in und mit Familie zu leben. In Ostner & Pieper (Eds.), *Arbeitsbereich Familie*. Frankfurt and New York.

Otto, B. (2002). *Spielregeln der Partnerschaft*. Herde: Spekturm.

Pask, G. (1969). The meaning of cybernetics in the behavioural stress of sciences. In. J. Rose (Ed.). *Progress of cybernetics, 1,* 15-43.

Payne, M. (2006). *Narrative therapy: An introduction for counsellors*. London: Sage Publications.

Pittman, F. (1989). *Private lies*. New York: Norton.

Reynolds, C. R. A. (1978). Quick-scoring guide to the interpretation of children's Kinetic Family Drawings (KFD). *Psychology in the Schools, 15*, 489-492.

Richmond, M. (1917). *Social Diagnosis.* New York: Russel Sage Foundation.

Ritscher, W. (1988). *Systemische Modelle für die soziale Arbeit.* Heidelberg. Carl-Auer-Systeme Verlag.

Ritscher, W. (1998). *Systemisch-Psychodramatische Supervision in der psychosozialen Arbit.* Frankfurt: a. M.

Rosenhan, D. L. (1973). On Being Sane in Insane Place. *Science, 179*(4070), 250-258.

Rosman, B. S., Minuchin, S., Liberman, R., & Baker, L. (1976). Input and outcome of family therapy in anorexia nervosa. In. J. L. Claghorn (Ed.), *Successful Psychotherapy.* New York: Brunner/Mazel.

Russell, C., Olson, O. H., Sprenkle, D. H., & Atilano, R. B. (1983). From family symptoms to family system: Review of family therapy research. *American Journal of Family Therapy, 11*(3), 3-11.

Satir, V. (1972). *People making.* Palo Alto: Science and Behavior Books. Inc.

Satir, V. (1975). *Selbstwert und Kommunikation.* Muechen: Pfeiffer.

Satir, V. (1979). *Familienbehandlung.* Freiburg: Lambertus.

Satir, V., Benmen, J., Gerber, J., & Gomori, M. (1991). *The Satir Model: Family therapy and beyond.* Palo Alto, CA: Science & Behavior Books, Inc.

Schlippe, A. V. (1993). *Familientherapie im Ueberblick.* Paderborn: Junfermann-Verlag.

Schlippe, A. V. U., & Schweitzer, J. (1996). *Systemische Therapie und Beratung. Goetingen.* Zuerich: Vandenhoeck & Ruprecht.

Schlippe, A. V., & Lob-Corzilins, T. (1993). Chronische Krankheit im Kontext der Familie. *Familiendynamik, 18*(1), 37-55.

Schuetz, Y. (1986). *Die gute Mutter: Zur Geschichte des normativen Musters Muterliebe.* Bielefeld.

Schwaebisch, L., & Siems, M. (1994). *Anleitung zum sozialen lernen fuer Paare, Gruppen & Erzieher.* Hamburg: Rowohlt.

Selvini-Palazzoli, M., & Boscolo, L. (1981). Hypothetisieren-Zirkularität-Neutralität: 3 Richtlinien für den Leiter der Sitzung. *Familiendynamik, 6,* 123-139.

Selvini-Palazzoli, M., Boscolo, L., Cecchin, G., & Prata, G. (1985). *Paradoxon und Gegen-paradoxon.* Stuttgart, 4. Aufl.

Selvini—Palazzoli, M., Boscolo, L., & Cecchin, G. (1981). Hypothetisiern, Zirkularitaet, Neutralitaet. *Familiendynamik, 4*(2), 138-147.

Sgrio, S. M., Porter. F. S., & Blick, L. C (1985). *Handbook of clinical intervention in child sexual abuse.* D. C. Heathe and Company.

Shem, S. U., & Surrey, J. (1999). *Alphabete der Liebe.* Stuttgart: Klett-Cotta.

Sherman R., & Fredman, N. (1986). *Handbook of stuctured techniques in mrriage and family therapy.* NY: Brunner/Mazel, Inc.

Skinner, B. F. (1975). *Beyond freedom and dignity.* New York: Bantam.

Spitz, R. A. (1950). Anxiety in infancy: a study of its manifestations in the first year of life. *The International Journal of Psychoanalysis, 31,* 138-143.

Sullivan, H. S. (1938). The data of psychiatry. FPSS.

Stirlin, H. (1979). Der Status der Gegenseitigkeit. die 5: Perspektive des Heidelberger familiendynamischen Konzepts. *Familiendynamik, 4.*

Tausch, R., & Tausch A. M. (1990). *Gespraechspsychotherapie.* Goettingen: Dr. C. J. Hogrefe.

Thomas, L. (1975). *The lives of a cell.* New York: Bantam.

Thomas, M. (1992). *An introduction to marital and family therapy.* NY: Merrill.

Tomm, K. (1984). Der Mailaender familientherapeutische Ansatz. *Zeitschrift fuer systemische Therapie, 1*(4), 1-24.

Tomm, K. (1994). *Die Fragen des Beobachters: Schritte zu einer Kybernetik zweiter Ordnung in der systemischen Therapie.* Heildelberg: Carl Auer.

Ulsamer, B. (1999). *Ohne Wurzeln keine Fluegel.* Muenchen: Wilhelm Goldmann Verlag.

Varela, F. (1982). *Die Biologie der Freiheit.* Gespraech. *Psychologie Heute, 9.*

Von Bertalanffy, L. (1968). *General system theory: foundations, development, applications.* New York: George Braziller.

Von Schlippe, A. (1993). *Familientherapie im Ueberblick, 10.* Auflage: Junferman-Verlag.

Voss—Coxead, D. (1989). *Erkennen und Veraendern familiaerer Strukturen-Erst Ergebnisse mit dem KB in der Familientherapie. Strukturbildung im therapeutischen Prozess.* Liters: Wien.

Walter, J. L., & Peller, J. E. (1996). *Loesungs-orientierte Kurztherapie.* moderne lernen: Dortmund.

Wardezki, W. (2006). *Weiblicher Narzissmus.* Muenchen: Koesel-Verlag.

Watzlawick, P. (1966). A Structured Family Interview. *Family Process, 2*(5), 256-271.

Watzlawick, P. (1981). (Hrsg.). *Die erfundene Wirklichkeit, Beitraege zum Konstruktivismus*. Muechen: Piper.

Watzlawick, P., Beavin, J., & Jackson, D. (1969). *Menschliche Kommunikation*. Stuttgart: Huber.

Watzlawick, P., Weakland, J. H., & Fisch, R. (1974). *Loesungen. Stuttgart*. Huber.

Weiss, P. A. (1971). *Within the gates of science and beyond*. New York: Hafner.

Wiener, N. (1948). Cybernetics. *Scientific American, 179*(5), 14-18.

Wilber, K. (1975). Psychologia perennis: The spectrum of consciousness. *Journal of Transpersonal Psychology, 7*(2), 105-132.

Wilfried, N. (2004). 가족세우기 워크숍 강의안.

Winnicott, D. W. (1960). The Theory of the Parent-Infant Relationship. MPFE.

Winnicott, D. W. (1963). Communicating and Not Communicating Leading to a Study of Certain Opposites. MPFE.

Winnicott, D. W. (1971). *Playing and reality*. England: Penguin.

Wittgenstein, L. (1951). *Tractatus Logico-Philosophicus*. New York: Humanities Press.

Wynne, L., Ryckoff, L., Day, J., & Hirsch, S. (1958). Pseudomuality in the family realitions of schizophrenics. *Psychiatry, 21*, 205-220.

Young, J. E. (1999). *Cognitive Therapy for Personality Disorders: A Schema-focused Approach* (rev. ed.). Sarasota, Fl: Professional Resources Press.

동아일보(2014. 9. 4.).

조선일보(2007. 8. 20.).

조선일보(2007. 8. 15.).

지금여기 2004. 7-3호. 미내사 미출판.

두산세계대백과사전(doopedia)

미국부부가족치료학회(AAMFT, American Association for Marriage and Family Terapy). www.aamft.org.

한국인구보건원 https://www.kihasa.re.kr

MBC스페셜(2006. 5. 9.). 행복한 부부 이혼하는 부부.

EBS 교육방송(2004). 아기성장보고서. 제3편 애착, 행복한 아기를 만드는 조건.

찾아보기

[인명]

ㄱ

ㄴ

ㅅ

ㅇ

ㅈ

ㅊ

ㅎ

A

B

[내용]

저자 소개

김혜숙(Kim, Hye Sook)

독일 쾰른대학교 특수치료대학 사회복지학 전공 학사 및 석사 졸업
독일 쾰른대학교 가족상담전공 교육학 박사 졸업
현 백석대학교 사회복지학부 교수
　　마인드웰 심리상담센터 협력상담사
　　서울가정법원 가사조정위원, 서울고등법원 조정위원
　　한국정신분석심리상담학회 부부가족치료지학회장
　　(사)한국통합사례관리학회 이사
　　(사)한국가족관계학회 이사

〈저서〉
가족치료 이론과 기법(3판, 학지사, 2016)
가족상담 및 치료(공저, 신정, 2012)
이혼상담과 이혼법(공저, 학지사, 2008) 외 다수

〈상담도구〉
가족모형세우기 상담도구(학지사)
가족모형세우기 플러스 상담도구(학지사)
관계모형세우기 상담도구(학지사, 예정)

〈자격증〉
국제이마고부부치료사[국제이마고부부관계치료학회(IRI)]
가족상담사 1급(한국가족상담협회)
가족상담사 슈퍼바이저(한국가족관계학회)
정신분석전문심리상담사 1급(한국정신분석심리상담학회)
부부가족상담사 슈퍼바이저(한국정신분석심리상담학회)

가족치료 – 이론과 기법[4판]

The Theory and Practice of Family Therapy

2003년 3월 10일 1판 1쇄 발행
2005년 4월 15일 1판 3쇄 발행
2008년 2월 20일 2판 1쇄 발행
2013년 8월 20일 2판 6쇄 발행
2016년 3월 15일 3판 1쇄 발행
2022년 3월 10일 3판 7쇄 발행
2022년 8월 30일 4판 1쇄 발행
2024년 3월 25일 4판 3쇄 발행

지은이 • 김 혜 숙

펴낸이 • 김 진 환

펴낸곳 • (주)**학지사**

04031 서울특별시 마포구 양화로 15길 20 마인드월드빌딩 5층

대표전화 • 02) 330-5114   팩스 • 02) 324-2345

등록번호 • 제313-2006-000265호

홈페이지 • http://www.hakjisa.co.kr
인스타그램 • https://www.instagram.com/hakjisabook

ISBN 978-89-997-2744-3 93180

정가 **23,000원**

출판미디어기업 **학지사**

간호보건의학출판 **학지사메디컬** www.hakjisamd.co.kr
심리검사연구소 **인싸이트** www.inpsyt.co.kr
학술논문서비스 **뉴논문** www.newnonmun.com
원격교육연수원 **카운피아** www.counpia.com
대학교재전자책플랫폼 **캠퍼스북** www.campusbook.co.kr